U0164035

《淮南子》與《文子》考辨

丁原植 著

目　　錄

說 明

　　本書是拙著《文子研究》的第三部分，主要在考辨《淮南子》與《文子》資料間的對應關係。今本《淮南子》全文約 131324 字，其中有 30208 字見於《文子》。《文子》全書約 39228 字，其中有 30671 字見於《淮南子》，佔全書的 78%。僅 8545 字不見於《淮南子》。因此，二者間的關係極為密切，曾引發各種不同的揣測。在《文子》與《淮南子》多次相對比較的研究中，我們發現今本《淮南子》資料本身，就存在極大的問題。

　　《淮南子》為淮南王劉安及其門客所編撰，本以"鴻烈"為名，後經劉向校訂，乃號曰："淮南"。《漢書・藝文志》〈諸子略・雜家〉有《淮南內》二十一篇，又有《淮南外》三十三篇。至《隋書・經籍志》始列稱《淮南子》，並載錄許慎注二十一篇與高誘注二十一卷兩本。今傳本《淮南子》共二十一篇，包括〈原道訓〉、〈俶真訓〉、〈天文訓〉、〈地形訓〉、〈時則訓〉、〈覽冥訓〉、〈精神訓〉、〈本經訓〉、〈主術訓〉、〈繆稱訓〉、〈齊俗訓〉、〈道應訓〉、〈氾論訓〉、〈詮言訓〉、〈兵略訓〉、〈說山訓〉、〈說林訓〉、〈人間訓〉、〈脩務訓〉、〈泰族訓〉與〈要略〉篇。

　　但今存《淮南子》資料，似已非劉安上呈武帝時（西元前 139 年）原書的文本。各篇不但文字有殘缺脫漏，也有明顯後人整理編輯的痕跡。實際上，今本的內容一如《文子》般，非常的駁雜，除了保留《淮南子》殘文外，也有其他先秦資料的竄入，有所謂《淮南子》中書、外書的文字，有劉安所撰《莊子略要》、《莊子後解》的殘文，也可能有部份劉安門客作品的殘文。《漢書・淮南衡山濟北王傳》記載曰：

> 淮南王安為人好書，鼓琴，不喜弋獵狗馬馳騁，亦欲以行陰德拊循百姓，流名譽。招致賓客方術之士數千人，作為內書二十一篇，外書甚眾，又有中篇八卷，言神仙黃白之術，亦二十餘萬言。

　　據《漢書・藝文志》著錄，〈淮南衡山濟北王傳〉所稱的"內書"當為"淮南內"的二十一篇，顏師古注曰："內篇言道"。"外書甚眾"，顏師古注曰："外篇雜說"，其中當包含劉安門客的作品，"中篇八卷"談論的是"黃白之術"，即神仙之術。但所謂"亦二十餘萬言"，除了指"中書"有二十餘萬字，另外到底指"內書"還是"外書"也有如此多的文字？高誘《淮南鴻列解敘》提到外篇時說："又有十九篇者，謂之《淮南》外篇。"所記篇數與《漢書》不同。按照《漢書》此數句的文意，"外書"有三十三篇，比"內篇"二十一篇爲多，故曰"甚眾"。但也有可能此處所指是"內書"的字數，所謂"外書甚眾"是指"外篇雜說"不確定的數目。

今本各篇資料的字數如下：〈原道訓〉5977字，〈俶真訓〉5205字，〈天文訓〉7179字，〈地形訓〉3745字，〈時則訓〉5388字，〈覽冥訓〉3041字，〈精神訓〉4394字，〈本經訓〉3852字，〈主術訓〉10023字，〈繆稱訓〉5571字，〈齊俗訓〉7364字，〈道應訓〉8977字，〈氾論訓〉8312字，〈詮言訓〉5886字，〈兵略訓〉7830字，〈說山訓〉5507字，〈說林訓〉5116字，〈人間訓〉10414字，〈脩務訓〉5035字，〈泰族訓〉9098字，〈要略〉篇3394字。從現存《淮南子》來看，顯然各篇字數的編排極不平均。〈人間訓〉與〈覽冥訓〉篇幅的差距有7373字之多，前者超過後者三倍。而〈覽冥訓〉有大段資料爲其他篇章的文字竄入，除去此部份，僅餘1600字。此種情況，對於劉安精心編著的作品來說，是相當不可能的。至於其他幅較少的各篇，我們也都能發現資料殘缺的痕跡。因此，我們或許可以設想，《淮南子》的原始文本，應當每篇均約一萬字，二十一篇，恰好與《漢書》所稱"亦二十餘萬言"相同。若真是這樣，現存《淮南子》就殘失至少有八萬字。《淮南子》資料散失的情況，歷史上也有記載。

> 自誘之少，從故侍中同縣盧君受其句讀，誦舉大義。會遭兵災，天下棋峙，亡失書傳，廢不尋脩，二十餘載。建安十年，辟司空橡，除東郡濮陽令。睹時人少為《淮南》者，懼遂陵遲，於是以朝餔事畢之間，乃深思先師之訓，參以經傳道家之言，比方其事，為之注解，悉載本文，並舉音讀。典農中郎將弁揖借八卷刺之，會揖身亡，遂亡不得。至十七年，遷監河東，復更補足。

《淮南子》在兩漢之時，並非顯學，故"時人少爲《淮南》"。因而，高誘"懼遂陵遲"而爲之注解。雖然《隋書》、《舊唐書》、《新唐書》、《崇文總目》均載錄《淮南子》許慎注本與高誘注本各二十一卷，但宋時蘇頌卻說：

> 《中篇》者，〈劉向傳〉所謂《鴻寶怨秘》是也，與《外書》今並亡。
> 《內書》則鴻列是也。〈藝文志〉謂之《內篇》。是書有後漢太尉祭
> 酒許慎、東郡濮陽令高誘二家之注。《隋書》目錄皆別傳行。今校崇
> 文舊書與蜀川印本暨臣某家書凡七部，並提曰《淮南子》，二注相參，
> 不復可辨。……然今本皆有高氏訓敘，題卷各不同，或于解經下云許
> 慎記上，或于閒詁上云高氏，或但云鴻列解，或不言高氏注，或以〈人
> 間訓〉為第七，或以〈精神訓〉為第十八，參差不齊，非復昔時之體。
> 臣某據文推次，頗見端緒……互相考正，去其重複，共得高注十三篇，
> 許注八篇。

從蘇頌〈校《淮南子》題序〉中，我們似乎可以體會當時《淮南子》文
本錯亂與殘缺的情況。蘇頌"據文推次"所得的文本，或許就是今傳《淮南
子》的原始文本。它應當與劉安當時所編著的完整資料，有相當的差距。

西漢初期，劉安在其封地，今安徽壽春附近，建立起一個重要而龐大的
學術研究中心，它不但"招致賓客方數之士數千人"，由於"淮南王安為人
好書"，應當也匯集大量先秦至漢初各種學術的思想史料。這些資料極可能
就是後來《淮南子》編撰時的底本。在劉安被控謀反自殺後，這些資料似乎
也隨著他門客的逃散，而流落民間。其中也包括《淮南子》不同傳寫的文本，
詳略各有不同。我們對於《文子》資料的研究，發現有部份這種資料與《淮
南子》的別本文字，在六朝晚期竄入《文子》[1]。由於一些不見於《淮南子》
的文字出現于《文子》，而這些文字的內容與竹簡《文子》的思想有別，但
近於《淮南子》，我們杜撰"文子外編"一詞，來指稱這些資料。

《淮南子》資料的問題，除了流傳中的殘缺之外，與後人的編整外，當
時編著的旨意也似乎相當特別。〈要略〉篇中不但對於每篇的篇旨，均有敘
說，同時更從總體面加以說明，曰：

> 故言道(指〈原道訓〉的內容)而不明終始(指〈俶真訓〉的內容)，則不知所
> 倣依；言終始而不明天地(指〈天文訓〉、〈地形訓〉的內容)四時(指〈時則訓〉

---

[1] 參閱拙著《文子資料探索》，萬卷樓出版社，1999年，台北。

的內容），則不知所避諱；言天地四時而不引譬援類（指〈覽冥訓〉的內容），則不知精微；言至精而不原人之神氣（指〈精神訓〉的內容），則不知養生之機；原人情而不言大聖之德（指〈本經訓〉的內容），則不知五行之差；言帝道而不言君事（指〈主術訓〉的內容），則不知小大之衰；言君事而不為稱喻（指〈繆稱訓〉的內容），則不知動靜之宜；言稱喻而不言俗變（指〈齊俗訓〉的內容），則不知合同大指；已言俗變而不言往事（指〈道應訓〉的內容），則不知道德之應；知道德而不知世曲（指〈氾論訓〉的內容），則無以耦萬方；知氾論而不知詮言（指〈詮言訓〉的內容），則無以從容；通書文而不知兵指（指〈兵略訓〉的內容），則無以應卒；已知大略而不知譬喻（指〈說山訓〉、〈說林訓〉的內容），則無以推明事；知公道而不知人間（指〈人間訓〉的內容），則無以應禍福；知人間而不知脩務（指〈脩務訓〉的內容），則無以使學者勤力。欲強省其辭，覽總其要，弗曲行區入，則不足以窮道德之意（指〈道應訓〉的內容）。故著書二十篇，則天地之理究矣，人間之事接矣，帝王之道備矣。

　　上面的引文，似乎是劉安編著《淮南子》的綱要。因此，極容易使人認為《淮南子》的成書是由劉安集合他的賓客，“共講論道德，總統仁義，而著此書”[2]。但所謂“講論道德，總統仁義”，到底僅是編輯《淮南子》撰寫時的綱要，還是另有其他哲學的意含？

　　〈要略〉篇所說明《淮南子》各篇的旨意，與現存資料間時相違逆，這或許是後來傳本的錯亂，但就是〈要略〉篇對各篇撰寫內容的說明，也多有重複之處[3]。這應當不是按照既定大綱編輯時，會產生的情況。我們認為，《淮南子》的成書，顯示出一種對春秋至西漢間人文建構探索的總結。

　　〈要略〉篇中四次提到所謂“作為書論”之事。篇中首句即曰：

　　夫作為書論者，所以紀綱道德，經緯人事，上考之天，下揆之地，中通諸理。

　　這種說法，與《呂氏春秋‧序意》所言：“嘗得學黃帝之所以誨顓頊矣”，

---

[2] 高誘〈解敘〉語。
[3] 參閱本書各篇辨析的說明。

是極爲不同的。呂不韋編撰《呂氏春秋》時，身爲秦國丞相，手握權柄，主導朝政。始皇才初即位，尊他爲“仲父”，因此“黃帝之所以誨顓頊”，實際上影射呂不韋以仲父之尊教誨始皇之義。《呂氏春秋》的編撰具有主導政治的作用。而劉安在漢初，中央對地方諸王極其猜忌與蓄意打擊的政治氣氛下，絕不敢持有此種用意。因此，所謂“書論”是一種哲學上的要求。〈要略〉篇是對春秋之後各種人文方向的探索，歸納出總結性的解說，並提出人文問題處置的一種龐大而完整的結構。他獻呈武帝此書，是本著這種人文學術探討的用心。

因此，“講論道德”與“總統仁義”，就指對這種人文結構的思索。它建立在既有學術傳承發展的成果之上，也就是在他所輯略與整理的先秦思想史料的研究之上。因此，我們認爲《淮南子》其他二十篇資料，可能各有其思想的傳承，劉安及其門客加以編輯整理，而作爲“鴻烈”的一種說明素材。我們似乎不能單從〈要略〉篇的解說，來思索《淮南子》全書資料的內容。而應當從《淮南子》各篇資料的學術傳承，來看〈要略〉篇所總結性呈顯的人文規劃。

本書是在“文子研究”計畫下完成的初步結果，主要目標是要確立《文子》與《淮南子》二者資料關聯探索的基礎。對於《淮南子》的考辨，僅及于《淮南子》與《文子》有文字互見的部份。〈天文訓〉、〈地形訓〉、〈時則訓〉與〈要略〉等四篇，無文字見於《文子》，故省略。對於書中撰寫的方式，說明如下：

第一、每篇按資料的內容加以分章。凡與《文子》互見部份，均以楷書體排列，于其後以小號字附《文子》文字，並加註出現《文子》篇章號碼。

第二、《文子》分章，按“老子曰”，或少數以“文子問”、“平王問”、“孔子問”、“文子曰”等體例。《文子》章中之分節，以圈號字碼注明。對《文子》互見文字前後出現次序，以英文字母標示，如“〈上德〉篇第五章①b”，即指“〈上德〉篇第五章第一節第二段”。《文子》章節排列，參閱拙著“《文子》資料探索”。

第三、凡與《淮南子》互見文字中，《文子》有而《淮南子》無的部份，以"〔 〕"號加於文句前後。

第四、因《淮南子》與保存今本《文子》中之"文子外編",關係密切,
　　　凡《淮南子》引述其他古典資料者,均加以輯略,並加以說明。

第五、凡《淮南子》錯簡部份,以後退數格方式排列,並加以說明。

第六、每篇與各章之前,均略述該篇、章撰寫旨意。

一 〈原道訓〉辨析

《淮南子・要略》曰：

> 〈原道〉者，盧牟六合，混沌萬物，象太一之容，測窈冥之深，以翔虛無之軫。託小以苞大，守約以治廣，使人知先後之禍福，動靜之利害。誠通其志，浩然可以大觀矣。欲一言而窹，則尊天而保眞；欲再言而通，則賤物而貴身；欲參言而究，則外物而反情。執其大指，以內洽五藏，瀸〔漬〕（原作“濇”，據王念孫校改）肌膚，被服法則，而與之終身，所以應待萬方，覽耦百變也，若轉丸掌中，足以自樂也。”

高誘注：“原，本也。本道根眞，包裹天地，以歷萬物，故曰原道，因以題篇。”

由〈要略〉篇的說明，〈原道訓〉撰述宗旨有二：

第一、建立起始源之道與精神間的聯繫：明察天地四方之域的格局，混同萬物個別的殊異，描述太一始源的形象，探測窈冥根基的深沈，以使精神遨遊於虛無曠達之中。

第二、強調持靜守本的人存準則：藉著“道”爲樞要的精微，來包容其展現的廣大；把握道理的簡約，來順理其伸延的廣泛；使人能知曉：進先實爲災禍，居後反得福祉，燥動將遭傷害，執靜乃爲得利。因此，若能通達以上的要旨，就可以浩然默觀而洞徹一切。

就此敍說的旨意，全篇以三個層次來解說：

第一、若扼要地說明，就是尊崇天道的自然運作，而保持自在的眞實本性。

第二、再進一步言之，就是將外在事物視爲卑賤，而貴重自己處身的得失。

第三、更進一步言之，就是把事物的牽連隔絕於外，而復返人性存在的實情。

因此，〈要略〉篇認爲：把握了此種要領，將可內調五臟的氣運，潤澤肌膚的顯形,身被天理的運作,而終身不離其道。這樣應對處置萬端的事物,觀覽調應各式的變遷,就像在手中轉弄彈丸般,得其所樂。

總結而言,〈要略〉篇所說明〈原道訓〉資料的內容,分爲四大部份:第一、對於始源之道的形容;第二、"托小苞大、守約治廣"所持守的原理;第三、對禍、福、動、靜事態的明辨;第四、"尊天保真、賤物貴身、外欲反情"的準則。可是,今本《淮南子》各篇內容,並非完全符應〈要略〉篇所言的宗旨。〈原道訓〉資料雖然較《淮南子》其他各篇完整,但仍有脫文或錯簡。全篇內容,似乎也並不是按照如〈要略〉篇所說的規劃來撰寫或編定的。〈原道訓〉可能原屬先秦的思想資料,由劉安門客傳承下來,後編入《淮南子》一書。這種資料,特別強調"道原"問題的闡釋與抒發。

今傳世《淮南子》與《文子》二書中,均有論及"道原"的部份,《淮南子》以"原道"名篇,而《文子》則稱之爲"道原",皆爲二書首篇。《文子·道原》約 3442 字,《淮南子·原道》約 5977 字,而〈道原〉篇中有 2380 字,即約有 69%,見於〈原道訓〉,幾佔〈原道訓〉的 40 %,若就對應《文子》之〈原道訓〉的文字來計算,更佔有 43.6%之多。二書之間應有密切的關連。若從《文子·道原》全篇十章的內容來看,二者的關係更爲明顯。〈道原〉篇第一、二、三章全見於〈原道訓〉;第四章除兩段見於〈俶真訓〉外,也出現於〈原道訓〉;第五章與第六章第一段爲〈道應訓〉節本的竄入,而第六章其他部份見於〈原道訓〉;第七章第一段見於〈齊俗訓〉,第二段以下與第八、九兩章全出現於〈原道訓〉;十章第一段見於〈原道訓〉,其他部份有兩處出現於〈齊俗訓〉,另有一大段不見於《淮南子》而爲先秦形名問題的佚文資料。因此,〈道原〉篇與〈原道訓〉所論述的內容基本上是相同的。它們之間的關連問題需要從更早的資料來探索。

在馬王堆帛書《老子》乙本前的古佚書中有〈道原〉一篇,篇名與《文子》相同。其全篇內容爲:

> 恒先之初,迵同大虛,虛同爲一,恒一而止。濕濕夢夢,未有明晦。
> 神微周盈,精靜不熙。故未有以,萬物莫以。故無有刑,大迵無名。天
> 弗能復,地弗能載。小以成小,大以成大,盈四海之內,又包其外。在

陰不腐，在陽不焦。一度不變，能適規僥。鳥得而蜚，魚得而流，獸得而走。萬物得之以生，百事得之以成。人皆以之，莫知其名。人皆用之，莫見其形。

一者其號也，虛其舍也，無為其素也，和其用也。是故上〈夫〉道高而不可察也，深而不可測也。顯明弗能為名，廣大弗能為形。獨立不偶，萬物莫之能令（離）。天地陰陽，〔四〕時日月，星辰雲氣，蚑行蟯重（動），戴根之徒，皆取生，道弗為益少；皆反焉，道弗為益多。堅強而不損（□），柔弱而不可化。精微之所不能至，稽極之所不能過。

故唯聖人能察無形，能聽無〔聲〕。知虛之實，後能大虛；乃通天地之精，通（週）同而無間，周襲而不盈。服此道者，是謂能精。明者固能察極，知人之所不能知，服人之所不能得。是謂察稽知極。聖王用此，天下服。

無好無惡，上用〔察極〕而民不麇（迷）惑。上虛下靜而道得其正。信能無欲，可為民命；信〔能〕無事，則萬物周扁（便）：分之以其分，而萬民不爭；授之以其名，而萬物自定。不為治勸，不為亂解（懈）。廣大，弗務及也；深微，弗索得也。夫為一而不化：得道之本，握少以知多；得事之要，操正以政（正）畸（奇）。前知大（太）古，後〔能〕精明。抱道執度，天下可一也。觀之大（太）古，周其所以；索之未無，得之〈其〉所以。

佚書〈道原〉篇的主旨可分為兩層，一是說明始源之道，一是說明"聖人"之治。關於"始源"的問題，強調兩點：①"始源"是無形、無名、渾同於太虛，天地不能覆載，至大無外，萬物、萬事得以生成，而莫見其形名。②"始源"以"一"為名號，以"虛"為舍止，以"無為"為本質，以"和"為利用，獨立而不偶，天地萬物皆返原而取資。關於"聖人"的作為，說明三事：①"聖人"能察無形、聽無聲，而通天地之精，周合無間。②"聖王"循用此道，則天下順服。③"聖人"無好無惡、無欲無事，上虛下靜，分之以其分，授之以其名，則萬名不爭，萬物自定，天下可一。從哲學的結構上來看，佚書〈道原〉篇的思想集中在以下幾點上：

第一、就一切存在者的根基而言，"始源"無形，無名，混同爲虛，而爲
萬物萬事存在的始源。

第二、就一切存在者所資用而言，"始源"被規定爲"一"、"虛"、"無
爲"與"和"，以顯示其運作的本然效用。

第三、就"人"與"始源"的關係而言，"聖人"以察無形、聽無聲，而
通天地之精。

第四、就"人"與"天下"之事的聯繫而言，"聖王"執道守度，以順理
天下。

第五、就處置"天下"的準則而言，無欲無事，上虛下靜，萬物自理。

佚書〈道原〉篇顯示著一個清楚的哲學結構，其根本的意旨強調："始源"
表現出不爲形名所限的自然運作，"聖人"以通達天地之至精來確立人存的基
礎，而"天下"之事的處置，則在於清靜與無爲。相對此種結構，《文子》與
《淮南子》的內容顯現出頗多推衍的性質。

今存《淮南子·原道訓》的資料，實際上可分爲四個主要的部份：

第一部份：此部份闡述"道"的始源作用，顯示天道與人存間因循而互應
的本質關連，當爲〈原道訓〉撰寫的重要內容。全文可分爲兩章，第一章，描
述萬物始源之"道"的本然，同時說明泰古二皇持道以治天下的情況。第二章
以"大丈夫"的觀念，說明人存始源的運作。

第二部份：此部份資料相當雜亂，諸多不同問題的闡述，散置各處，全文
似著重在清靜無爲、尊天保真、因循自然的探討。

第三部份：強調聖人守清道、抱雌節，入於無形之"一"，而渾合於天下。
全文可分爲兩章。第一章，論述"柔弱"、"居後"的旨意。第二章，敘說由
"柔弱"與"虛無"作用，復歸始源無形的"一"。

第四部份：此部份似原屬獨立資料，其中多處使用第一人稱的敘說，與其
他資料的體例不同。全文說明心術之論，強調以"中"制"外"，以通於神明
之內得。按行文的次序，可分爲三章。第一章，說明去除情欲，恢復"道德"、
"心性"的本然。第二章，說明以"無爲"、"無執"的心態處置天下的事物。
第三章，敘說"心"與"形"、"神"、"氣"、"志"的關係。

〈原道訓〉的內容，與佚書〈道原〉篇差異頗大。其與《文子・道原》的關係，我們可提出以下幾點的推測：

第一、〈道原〉篇與〈原道訓〉的論述均與佚書〈道原〉篇有別，應當是先秦哲學對於“道原”問題處理的推演性發展。佚書〈道原〉篇的資料要早於今本《文子・道原》。

第二、《文子・道原》似包含戰國至秦漢間論述“道原”的思想資料，部份見於《莊子》，尤其是〈刻意〉篇。《淮南子》撰寫時曾引用同源的資料。

第三、〈道原〉篇與〈原道訓〉二書中有部份資料來源相同，各有傳承，此部份並無相互抄襲的問題。

第四、〈道原〉篇保存部份解《老》資料的殘文，《淮南子》撰寫時曾加以利用。

第五、今本《文子・道原》有《淮南子》別本的殘文竄入，但其中部份保留《淮南子》舊文，或段落的次序。

第一部份：

1

此章描述萬物始源之“道”，發揮〈要略〉篇所稱“盧牟六合，混沌萬物，象太一之容，測窈冥之深，以翔虛無之軫。”全章分為三個段落：第一段，提出始源之“道”的本然運作，稟授萬物於無形；第二段，說明泰古二皇持道柄以治天下的實存樣態；第三段，敘說“太上之道”與萬物間“為而無為”的運作關係，並顯示“道”之非人文的始源絕對性。全章有三分之二的文字均見於《文子・道原》第一章。《文子》此章似直接襲自“文子外編”所輯“道原”之論的資料。《文子》文句較簡要古樸，而《淮南子》則多所申述，同時《文子》以普遍性概念的“萬物”對應《淮南子》舉以具體事例的“跂行喙息，蠉飛蝡動”，說明二者論述的方式不同。基本上，二者的資料同源，並不存在抄襲的問題。

夫道者，覆天載地，廓四方，柝八極，高不可際，深不可測，包裹天地，稟授無形（夫道者，高不可極，深不可測，苞裹天地，稟受無形。）。原流泉浡，沖而徐盈（原流浯浯，沖而不盈）；混混滑滑，濁而徐清（濁以靜之徐清。）。故植之而塞於天地，橫之而彌于四海，施之無窮而無所朝夕（施之無窮，無所朝夕）。舒之幎於六合，卷之不盈於一握。約而能張，幽而能明（表之不盈一握，約而能張，幽而能明），弱而能強，柔而能剛（柔而能剛）。橫四維而含陰陽，紘宇宙而章三光（含陰吐陽，而章三光。）。甚淖而漍，甚纖而微。山以之高，淵以之深，獸以之走，鳥以之飛（山以之高，淵以之深，獸以之走，鳥以之飛，），日月以之明，星歷以之行，麟以之游，鳳以之翔（麟以之游，鳳以之翔，星歷以之行。〔以亡取存，以卑取尊，以退取先。〕）〈道原〉篇第一章）② 。

上段文意見於《莊子・天地》，〈天地〉篇曰："夫道，覆載萬物者也，洋洋乎大哉！"

泰古二皇，得道之柄，立於中央，神與化游，以撫四方（古者三皇，得道之統，立於中央，神與化游，以撫四方。）。是故能天運地滯，輪轉而無廢，水流而不止，與萬物終始（是故能天運而地滯，輪轉而無廢，水流而不止，與物終始。）。風興雲蒸（風興雲蒸），事無不應；雷聲雨降，並應無窮（雷聲雨降，並應無窮）。鬼出電入，龍興鸞集；鈞旋轂轉，周而復匝。已彫已琢，還反於樸（已雕已琢，還復於樸。）。無為為之而合於道，無為言之而通乎德；恬愉無矜而得於和，有萬不同而便於性（無為為之而合乎生死，無為言之而通乎道德，恬愉無矜而得乎和，有萬不同而便乎生。；神託於秋毫之末，而大宇宙之總。其德〔覆〕（原作"優"，據劉文典校改。）天地而和陰陽，節四時而調五行（和陰陽，節四時，調五行）；呴諭覆育，萬物群生；潤於草木，浸於金石；禽獸碩大，毫毛潤澤（潤乎草木，浸乎金石，禽獸碩大，毫毛潤澤），羽

翼奮也，角觡生也；獸胎不贕，鳥卵不毈；父無喪子之憂，兄無哭
弟之哀；童子不孤，婦人不孀；虹蜺不出，賊星不行。含德之所致
也（鳥卵不敗，獸胎不殰，父無喪子之憂，兄無哭弟之哀，童子不孤，婦人不孀，虹蜺不見，
盜賊不行，含德之所致也。）〈道原〉篇第一章③。

　　上段"鬼出電入"句，劉文典云："《文選》〈新刻漏銘〉注引作'鬼出神入'"。
馬宗霍云："高氏以'疾也'釋'電入'，則高所據本自是'電'字，謂疾如
電光之激耀也。〈新刻漏銘〉原有'鬼出神入'之語，而李善引《淮南》證之，
則李所據本自是'神'字。……作'神'或是許注本意謂可知。"何寧云："馬
疑許作'神'而高作'電'似是也。"植案：此《淮南子》有不同文本傳世之
一證。又，"已彫已琢，還反於樸"兩句，《文子》作"已雕已琢，還復於樸。"
此兩句說明由樸質之始源所完成之推衍與復返的環周運作，當為古典哲學重要
觀念之一。《韓非子·外儲說左上》曰：書曰："既雕既琢，還歸其樸。"《莊
子·山木》亦曰"奢聞之："既彫既琢，復歸於朴。"本篇下文所謂"瀏覽遍
照，復守以全"、"經營四隅，還反於樞"，均指此意。"無為為之而合於道"
等四句文意，似本諸《莊子·天地》，〈天地〉篇曰："無為為之之謂天，無
為言之之謂德，愛人利物之謂仁，不同同之之謂大，行不崖異之謂寬，有萬不
同之謂富。故執德之謂紀，德成之謂立，循於道之謂備，不以物挫志之謂完。"

　　夫太上之道，生萬物而不有，成化像而弗宰（天常之道，生物而不有，
成化而不宰。）。跂行喙息，蠉飛蠕動，待而後生，莫之知德；待之後死，
莫之能怨（萬物恃之而生，莫之知德，恃之而死，莫之能怨。）；得以利者不能譽，
用而敗者不能非；收聚畜積而不加富，布施稟授而不益貧（收藏蓄積而
不加富，布施稟受而不益貧。）；旋〔縣〕（原作"縣"，據王念孫校改）而不可究，纖
微而不可勤。累之而不高，墮之而不下；益之而不眾，損之而不寡；
斲之而不薄，殺之而不殘；鑿之而不深，填之而不淺。忽兮怳兮，
不可為象兮：怳兮忽兮，用不屈兮；幽兮冥兮，應無形兮；遂兮洞
兮，不虛動兮。與剛柔卷舒兮，與陰陽俛仰兮（忽兮怳兮，不可為象兮，怳
兮忽兮，用不詘兮，窈兮冥兮，應化無形兮，遂兮通兮，不虛動兮，與剛柔卷舒兮，與陰陽俛
仰兮。）〈道原〉篇第一章④。

傳曰：「天生萬物，以地養之，聖人成之，功德參合而道術生焉。」故曰：張日月，列星辰，序四時，調陰陽。布氣治性，次置五行，春生夏長，秋收冬藏。陽生雷電、陰成雪霜，養育群生，一茂一亡，潤之以風雨，曝之以日光，溫之以節氣，降之以殞霜，位之以眾星，制之以斗衡，苞之以六合，羅之以紀綱，改之以災變，告之以禎祥，動之以生殺，悟之以文章。故在天者可見，在地者可量，在物者可紀，在人者可相。故地封五嶽，畫四瀆，規洿澤，通水泉，樹物養類，苞殖萬根，暴形養精，以立群生，不違天時，不奪物性，不藏其情，不匿其詐。故知天者仰觀天文，知地者俯察地理。跂行喘息，蜎飛蠕動之類，水生陸行，根著葉長之屬，為寧其心而安其性，蓋天地相承，氣感相應而成者也。《新語‧道基》

陸賈《新語》首篇曰“道基”。黃震云：“〈道基〉言天地既位，而列聖制作之功。”“道基”與“道原”或“原道”，意含相同，均指始源之根基。《淮南子》此章文意與〈道基〉相近，其中部份文字的敘說亦相雷同。《淮南子》此章的撰述，或曾參照《新語》之文。

2

此章以“大丈夫”的觀念，建立人存始源的探索，並標顯此種人格的操持與運作。“大丈夫”一詞，先秦文獻除《孟子‧滕文公》一見外，另見於《老子‧三十八章》與《韓非子‧解老》，《淮南子》僅見於此章，而《文子》卻出現有三次之多。除此處外，另見於〈精誠〉篇第二十一章與〈上仁〉篇第十二章。〈精誠〉篇與〈上仁〉篇此二章資料，均不見於《淮南子》。《文子》“大丈夫”的觀念應與《老子》思想發展的傳承有關。文子據傳為老子弟子，此種思想可能源自古本《文子》。此節似屬“文子學派”資料，《淮南子》以“是故”的句法，加以引用申述。

昔者馮夷、大丙之御也，乘〔雷〕（原作“雲”，據王念孫校改。）車，〔六〕（原作“入”，據王念孫校改。）雲蜺，游微霧，騖怳忽，歷遠彌高以極往，經霜雪而無跡，照日光而無景，扶搖抮抱羊角而上。經紀山川，蹈騰崑崙，排閶闔，淪天門。末世之御，雖有輕車良馬，勁策利〔銜〕（原作"鍛"，據劉積、王念孫校改。），不能與之爭先。

上段"昔者馮夷、大丙之御也"句，高誘注曰："'夷'或作'遲'，'丙'或作'白'。皆古之得道能御陰陽者。"陶方琦云："《文選》〈七發〉注引許注云：'馮遲、太白，河伯也。'"植案：此高注本與許注本之異。

是故：大丈夫恬然無思，澹然無慮，以天為蓋，以地為車，四時為馬，陰陽為御（〔老子曰：〕大丈夫恬然無思，澹然無慮，以天為蓋，以地為車，以四時為馬，以陰陽為御〔；行乎無路，游乎無怠，出乎無門〕。）〈道原〉篇第二章①；乘雲陵霄，與造化〔逍遙〕（原作"者具"，據何寧校改。）；縱志舒節，以馳大區；可以步而步，可以驟而驟；令雨師灑道，使風伯掃塵；電以為鞭策，雷以為車輪。上游於霄雿之野，下出於無垠〔鄂〕（據王念孫校改。）之門。瀏覽遍照，復守以全；經營四隅，還反於樞。

上段"乘雲陵霄，與造化者具"兩句，何寧云："《文選》〈東都賦〉、〈景福殿賦〉、〈東方朔畫贊〉、〈奏彈曹景宗〉、〈辨命論〉、〈女史箴〉、〈新刻漏銘〉、繆熙伯〈輓歌詩〉注引皆作'大丈夫恬然無為，與造化逍遙'，郭景純〈遊仙詩〉注引作'大丈夫乘雲凌霄，與造化逍遙'，其所約引異，其作'無為''逍遙'同。"

故：以天為蓋，則無不覆也；以地為輿，則無不載也；四時為馬，則無不使也；陰陽為御，則無不備也（以天為蓋，即無所不覆也，以地為車，則無所不載也，四時為馬，則無所不使也，陰陽御之，則無所不備。）。是故疾而不搖，遠而不勞，四支不〔勤〕（原作"動"，據王念孫校改），聰明不損，而知八紘九野之形埒者（是故疾而不搖，遠而不勞，四支不動，聰明不損，而照見天下者），何也？執道（原有"要"字，據俞樾校刪。）之柄，而游於無窮之地也（執道之要，觀無窮之地也。）〈道原〉篇第二章② 。

上段"執道要之柄"二句，《文子》作"執道之要，觀無窮之地也"，《淮南子》文字有誤，俞樾據《文子》校改。

第二部份：

〈原道訓〉以下資料，相當雜亂，不同問題的闡述，散置各處，不但內容有別，甚且行文體例亦不相同，今分列七節來辨析。

①

是故：天下之事，不可為也，因其自然而推之；萬物之變，不可究也，秉其要〔趨而歸之〕（原作"歸之趣"，據王念孫校改。）（故天下之事不可為也，因其自然而推之；萬物之變不可究也，稟其要而歸之。）〈道原〉篇第二章③。

上段文意與前文關連不大，而下文曰："故天下神器，不可為也，〔不可執也，〕為者敗之，執者失之。"與上段文意相近，應屬同組資料。

夫鏡水之與形接也，不設智故，而方圓曲直弗能逃也。是故響不肆應，而景不一設，叫呼仿佛，〔噈〕（原作"默"，據王念孫校改。）然自得。

上段以鏡、水之映照為譬，說明不設智而噈然自得，雖與前段"因順"之義相近，但文氣似有間斷，恐為殘簡，或有脫文。

②

此節內容說明人本性清靜，與外物相接，而生好憎，似屬於〈要略〉篇所言"尊天保真"、"外欲反情"的資料。但此處僅為殘文，恐為下文第四部份錯簡。全文見於《文子·道原》篇第六章第二部份。〈道原〉此部份全文如下：

人生而靜，天之性也；感物而動，性之欲也；物至而應，智之動也。智與物接，而好憎生焉。好憎成形，而智出於外，不能返己，而天理滅矣。是故聖人不以人易天，外與物化，而內不失情。

故通於道者，反於清靜，究於物者，終於無為，以恬養智，以漠合神，即乎無門。循天者與道游也，隨人者與俗交也。

故聖人不以事滑天，不以欲亂情；不謀而當，不言而信，不慮而得，不為而成。是以處上而民不重，居前而人不害，天下歸之，姦邪畏之。以其無爭於萬物也，故莫敢與之爭。

〈道原〉這部份資料文意相當完整，但文句次序與〈原道訓〉有異，似襲自不同來源文本資料。"人生而靜"段另見於《禮記·樂記》。〈樂記〉篇曰：

人生而靜，天之性也；感於物而動，性之欲也。物至知知，然後好惡形焉。好惡無節於內，'知誘於外，不能反躬，天理滅矣。夫物之感人無窮，而人之好惡無節，則是物至而人化物也。人化物也者，滅天理而窮人欲者也。於是有悖逆詐偽之心，有淫泆作亂之事。是故強者脅弱，眾者暴寡，知者詐愚，勇者苦怯，疾病不養，老幼孤獨不得其所，此大亂之道也。是故先王之制禮樂，人為之節；衰麻哭泣，所以節喪紀也；鐘鼓干戚，所以和安樂也；昏姻冠笄，所以別男女也；射鄉食饗，所以正交接也。禮節民心，樂和民聲，政以行之，刑以防之，禮樂刑政，四達而不悖，則王道備矣。

《樂記》此處說明聖人制定禮樂，在於節制人民的情慾，而《文子》則強調"不以人易天"、"反己"，以保持"天理"的本性，二者解說的方向並不相同。

人生而靜，天之性也；感〔物〕（據王叔岷校補。）而後動，性之〔容〕（原作'害'，據俞樾校改。）也；物至而神應，知之動也（人生而靜，天之性也；感物而動，性之欲也；物至而應，智之動也。）；知與物接，而好憎生焉。好憎成形，而知誘於外，不能反己，而天理滅矣（智與物接，而好憎生焉。好憎成形，而智出於外，不能返己，而天理滅矣。）〈道原〉篇第六章②a。

故：達於道者，不以人易天，外與物化，而內不失其情（是故聖人不以人易天，外與物化，而內不失情。）〈道原〉篇第六章②b。

至無而供其求，時騁而要其宿。小大修短，各有其具。萬物之至，騰踴肴亂而不失其數。

視乎冥冥！聽乎無聲。冥冥之中，獨見曉焉，無聲之中，獨聞和焉。故深之又深而能物焉，神之又神而能精焉；故其與萬物接也，至無而供其求，時騁而要其宿。大

小，長短，修遠。《莊子·天地》

上段文字出自《莊子·天地》，文義似與前文"達於道者"段相關，但"至無而供其求"句，實不能承接"而內不失其情"，文氣亦非連貫。《文子》第六章無此段文字，恐為《莊子》錯簡竄入《淮南子》。

是以處上而民弗重，居前而眾弗害，天下歸之，姦邪畏之（是以處上而民不重，居前而人不害，天下歸之，姦邪畏之。）。**以其無爭於萬物也，故莫敢與之爭**（以其無爭於萬物也，故莫敢與之爭。）〈道原〉篇第六章③④b。

江海（海）所以為百浴（谷）王，以其能為百浴（谷）下，是以能為百浴（谷）王。聖人之才（在）民前也，以身後之；其才（在）民上也，以言下之。其才（在）民上也，民弗厚也；其才（在）民前也，民弗害也。天下樂進而弗詀（厭），以其不靜（爭）也，古（故）天下莫能與之靜（爭）。 郭店楚簡《老子》第六十六章

江海之所以能為百谷王者，以其善下之，故能為百谷王。是以欲上民，必以言下之；欲先民，必以身後之。是以聖人處上而民不重，處前而民不害。是以天下樂推而不厭，以其不爭，故天下莫能與之爭。 王弼本《老子》第六十六章

《淮南子》上段文字似本諸《老子》第六十六章，全文見於《文子·道原》第六章"故聖人不以事滑天"段。《淮南子》此處句序與《文子》不同，恐亦為錯簡。

③

此節闡釋體道者，持無形之像，神德內全，而可懷柔天下。其中部份資料見於《文子·道原》篇第十章第一段。

夫臨江而釣，曠日而不能盈羅，雖有鉤箴芒距，微綸芳餌，加之以詹何、娟嬛之數，猶不能與網罟爭得也。射者〔扜〕（原作"扞"，據王引之校改。）烏號之弓，彎〔綦〕（原作"棋"，據洪頤煊校改。）衛之箭，重之羿、逢蒙子之巧，以要飛鳥，猶不能與羅者競多。何則？以所持之小也。張天下以為之籠，因江海以為之〔罭〕（原作"罟"，據王念孫校增

改。），又何亡魚矢鳥之有乎（一雀適羿，羿必得之，威也；以天下爲之籠，則雀無所逃。）《莊子·庚桑楚》？故矢不若繳，〔繳不若網〕（據王念孫校補。），網不若無形之像。

> 一雀適羿，羿必得之，威也；以天下爲之籠，則雀無所逃。是故湯以胞人籠伊尹，秦穆公以五羊之皮籠百里奚。是故非以其所好籠之而可得者，無有也。《莊子·庚桑楚》

> 故宋人語曰："一雀過羿，羿必得之，則羿誣矣。以天下爲之羅，則雀不失矣。"
> 《韓非子·難三》

上段論證"網不若無形之像"的舉喻，似本諸《莊子·庚桑楚》。《韓非子·難二》引"宋人語曰"，應亦與《莊子》一書的資料有關。

夫釋大道而任小數，無以異於使蟹捕鼠，蟾蜍捕蚤，不足以禁姦塞邪，亂乃逾滋。昔者夏鯀作九（原作"三"，據王念孫校改。）仞之城，諸侯背之，海外有狡心。禹知天下之叛也，乃壞城平池，散財物，焚甲兵，施之以德，海外賓伏，四夷納職，合諸侯於塗山，執玉帛者萬國。

故：機械之心藏於胸中，則純白不粹，神德不全，在身者不知，何遠之所能懷（〔老子曰：〕機械之心藏於中，即純白之不粹，神德不全，於身者不知，何遠之能懷。）〈道原〉篇第十章①a！

> 機心存於胸中，則純白不備；純白不備，則神生不定，神生不定者，道之所不載也。《莊子·天地》

《淮南子》上段文字，似取自《莊子·天地》而文字略異，見於《文子》者與竹簡《文子》思想不類，恐爲《淮南子》別本或"文子外編"殘文竄入。

是故：革堅則兵利，城成則衝生，若以湯沃沸，亂乃逾甚。

是故：鞭噬狗，策蹄馬，而欲教之，雖伊尹、造父弗能化。欲〔宾〕（原作"害"，據王念孫校改。）之心亡於中，則飢虎可尾，何況狗馬之類乎（欲害之心忘乎中者，即饑虎可尾也，而況於人乎。）！

故：體道者逸而不窮，任數者勞而無功（體道者佚而不窮，任數者勞而無功。）〈道原〉篇第十章①b。

④

此節論述"因循道術"之旨，強調"萬物固以自然，聖人又何事焉"。部份文句見於《文子·道原》第十章。

夫峭法刻誅者，非霸王之業也；箠策繁用者，非致遠之〔御〕（原作"術"，據王念孫校改。）也（夫法刻刑誅者，非帝王之業也；垂策繁用者，非致遠之御也〔，好憎繁多，禍乃相隨〕。）〈道原〉篇第十章①d。離朱之明，察箴末於百步之外，不能見淵中之魚。師曠之聰，合八風之調，而不能聽十里之外。故任一人之能，不足以治三畝之宅也。〔循〕（原作"脩"，據王念孫校改。）道理之數，因天地之自然，即六合不足均也（任一人之材難以致治，一人之能不足以治三畝之宅。循道理之數，因天地自然，即六合不足均也。）〈道原〉篇第十章②。是故禹之決瀆也，因水以為師；神農之播穀也，因苗以為教。

夫萍樹根於水，木樹根於土；鳥排虛而飛，獸蹠實而走；蛟龍水居，虎豹山處：天地之性也。兩木相摩而然，金火相守而流；員者常轉，竅者〔常〕（原作"主"，據何寧校改。）浮：自然之勢也。是故春風至則甘雨降，生育萬物，羽者嫗伏，毛者孕育，草木榮華，鳥獸卵胎，莫見其為者，而功既成矣。秋風下霜，倒生挫傷，鷹彫搏鷙，昆蟲蟄藏，草木注根，魚鱉湊淵，莫見其為者，滅而無形。木處榛巢，水居窟穴；禽獸有〔芄〕（原作"芄"，據王念孫校改。），人民有室；陸處宜牛馬，舟行宜多水；匈奴出穢裘，干、越生葛絺：各生所急以備燥溼，各因所處以禦寒暑，並得其宜，物便其所。由此觀之，萬物固以自然，聖人又何事焉！

上段文意近於《莊子》，〈外物〉篇："木與木相摩則然，金與火相守則流"，即為《淮南子》"兩木相摩而然"兩句所本。

九疑之南，陸事寡而水事眾。於是民人〔剺〕（原作"被"，據王引之校改。）髮文身，以像鱗蟲；短綺不褌，以便涉游；短袂攘卷，以便刺舟，因之也。鴈門之北，狄不穀食；賤長貴壯，俗尚氣力；人不弛弓，馬不解勒，便之也。故禹之裸國，解衣而入，衣帶而出，因之也。今夫徙樹者，失其陰陽之性，則莫不枯槁。故橘樹之江北則化而為〔橙〕（原作"枳"，據王念孫校改。），鴝鵒不過濟，貉度汶而死，形性不可易，勢居不可移也。

> 夫審天者，察列星而知四時，因也。推歷者視月行而知晦朔，因也。禹之裸國，裸入衣出，因也。墨子見荊王，錦衣吹笙，因也。孔子道彌子瑕，見釐夫人，因也。湯、武遭亂世，臨苦民，揚其義，成其功，因也。故因則功，專則拙。因者無敵，國雖大民雖眾，何益？《呂氏春秋・貴因》

《淮南子》上段內容與《呂氏春秋・貴因》有關，"禹之裸國"三句，即出自〈貴因〉篇。

⑤

> 此節論述"清靜"與"無為"之旨，並說明"天"、"人"之辨。部份文字見於《文子・道原》第六、八兩章，與〈上義〉篇第四章。《淮南子》此處行文次序似有錯亂。《文子》"故通於道者"段接《淮南子》此部份第二節"故達於道者"段，文意前後連貫。《淮南子》此處以"故"的形式引述，但文字內容與上節文意實不相承續。

是故達於至道者，反於清靜，究於物者，終於無為。以恬養性，以漠處神，則入於天門（故通於道者，反於清靜，究於物者，終於無為。以恬養智，以漠合神，即乎無門。）〈道原〉篇第六章③a。所謂天者，純粹樸素，質〔真〕（原作"直"，據向宗魯校改。）皓白，未始有與雜揉者也。所謂人者，偶䁢智故，曲巧偽詐，所以俛仰於世人而與俗交者也。故牛歧蹏而戴角，馬被髦而全足者，天也。絡馬之口，穿牛之鼻者，人也。循天者，與道游者也；隨人者，與俗交者也（循天者與道游也，隨人者與俗交也。）〈道原〉篇第六章③b。

> 上段文字部份取自《莊子·刻意》，〈刻意〉篇曰：＂故素也者，謂其無所與雜也；純也者，謂其不虧其神也。能體純素，謂之真人。＂〈秋水〉篇曰：＂牛馬四足，是謂天；落馬首，穿牛鼻，是謂人。＂

夫井魚不可與語大，拘於隘也；夏蟲不可與語寒，篤於時也；曲士不可與語至道，拘於俗，束於教也（故曲士不可與論至道，訊寤於俗而束於教也。）〈上義〉篇第四章④。

> 井鼃不可以語於海者，拘於虛也；夏蟲不可以語於冰者，篤於時也；曲士不可以語於道者，束於教也。《莊子·秋水》

> 《淮南子》上段內容出自《莊子·秋水》，與前後文間文意有出入，此數句似錯簡，若刪除之，則下段義理可直接承接上段。又，上段文字與《莊子·秋水》相近，疑為《莊子》殘文竄入。＂曲士＂段見於《文子·上義》，〈上義〉篇彼處亦似錯簡。

故聖人不以人滑天，不以欲亂情，不謀而當，不言而信，不慮而得，不為而成（故聖人不以事滑天，不以欲亂情；不謀而當，不言而信，不慮而得，不為而成。）〈道原〉篇第六章④a，精通于靈府，與造化者為人（真人者，通於靈府，與造化者為人。）〈道原〉篇第八章⑤。

> 上段文意取自《莊子》，文字亦多相近，如〈大宗師〉篇曰：＂彼方且與造物者為人，而遊乎天地之一氣。＂〈應帝王〉篇曰：＂予方將與造物者為人，厭，則又乘夫莽眇之鳥，以出六極之外，而遊無何有之鄉，以處壙垠之野。＂〈天運〉篇曰：＂久矣夫丘不與化為人！不與化為人，安能化人！＂又，〈道原〉篇＂不為而成＂句後，接＂是以處上而民不重＂，而＂精通於靈府＂句屬第八章。《淮南子》與《文子》似均襲自＂文子外編＂資料，而各有所取擇。

⑥

此節敘說"不爭"之義,所謂"得在時,不在爭;治在道,不在聖"。全文主
要部份見於《文子・符言》第五章,〈符言〉篇第五章全文為:

> 山生金,石生玉,反相剝;木生蟲,還自食;人生事,還自賊。
>
> 夫好事者未嘗不中,利者未嘗不窮;善游者溺,善騎者墜,各以所好,
> 反自為禍。
>
> 得在時,不在爭,治者道,不在聖。士處下,不爭高,故高而不危;
> 水流下,不爭疾,故去而不遲。"是以聖人無執故無失,無為故無敗。"

〈符言〉篇此章為《文子》所輯數則古時的諺語,並用以解證《老子》經文。
《淮南子》似引述與《文子》同源的資料,卻用以申論"先後"、"禍福"之
理,二者引文的作用並不相同。

夫善游者溺,善騎者墮,各以其所好,反自為禍。是故好事者
未嘗不中,爭利者未嘗不窮也(夫好事者未嘗不中,利者未嘗不窮;善游者溺,善
騎者墮,各以所好,反自為禍。)〈符言〉篇第五章②。昔共工之力,〔怒〕(據王叔岷校
補。)觸不周之山,使地東南傾,與高辛爭為帝,遂潛於淵,宗族殘
滅,繼嗣絕祀。越王翳逃山穴,越人熏而出之,遂不得已。由此觀
之,得在時,不在爭;治在道,不在聖(得在時,不在爭,治者道,不在聖。)。
土處下,不爭高,故安而不危;水〔流下〕(原作"下流",據王叔岷校改。),
不爭先,故疾而不遲(士處下,不爭高,故高而不危;水流下,不爭疾,故去而不遲。
〔"是以聖人無執故無失,無為故無敗。"〕)〈符言〉篇第五章③。

> 越人三世弒其君,王子搜患之,逃乎丹穴。而越國無君,求王子搜不得,從之丹
> 穴。王子搜不肯出,越人薰之以艾。乘以王輿。王子搜援綏登車,仰天而呼曰:"君
> 乎君乎!獨不可以舍我乎!" 《莊子・讓王》
>
> 越人三世殺其君,王子搜患之,逃乎丹穴。越國無君,求王子搜而不得,從之丹
> 穴。王子搜不肯出,越人薰之以艾,乘之以王輿。王子搜援綏登車,仰天而呼曰:"君
> 乎!獨不可以舍我乎!" 王子搜非惡為君也,惡為君之患也。若王子搜者,可謂不以
> 國傷其生矣!此固越人之所欲得而為君也。 《呂氏春秋・貴生》

然則天地亦物也，物有不足，故昔者女媧氏練五色石以補其闕，斷鼇之足以立四極。其後共工氏與顓頊爭爲帝，怒而觸不周之山，折天柱，絕地維；故天傾西北，日月星辰就焉；地不滿東南，故百川水潦歸焉。《列子·湯問》

上段所引"共工"與"越王翳"二則事例，另見於《莊子》、《呂氏春秋》與《列子》。

⑦

此節論述聖人持靜守本，並解釋"無爲"、"無治"所產生"神化"的功效，全文就"因循"與"自然"兩觀念，提出"無爲"與"無治"完整的闡釋，爲古典文獻所僅有。全文重要文句見於《文子·道原》第八章與第二章。〈道原〉篇第二章缺"所謂無不爲者"句，〈道原〉篇第八章第四段全文爲：

夫無形者，物之太祖；無音者，類之太宗。／真人者，通於靈府，與造化者爲人。執玄德於心，而化馳如神。是故不道之道，芒乎大哉！／未發號施令而移風易俗，其唯心行也。／萬物有所生而獨如其根，百事有所生而獨守其門。故能窮無窮，極無極，照物而不眩，響應而不知。

《文子》上段資料，整組文句間並無連貫，尤其以"真人"與"移風易俗"之事相連，並不合於《文子》全書論述"真人"的意旨。《文子》彼處當爲《淮南子》別本殘文竄入。

昔舜耕於歷山，期年，而田者爭處墝埆，以封〔畔〕（原作"壞"，據王念孫校改。）肥饒相讓；釣於河濱，期年，而漁者爭處湍瀨，以曲隈深潭相予。當此之時，口不設言，手不指麾，執玄德於心，而化馳若神（執玄德於心，而化馳如神。）。使舜無其志，雖口辯而戶說之，不能化一人。是故不道之道，莽乎大哉（是故不道之道，芒乎大哉！）！夫能理三苗，朝羽民，徙裸國，納肅慎，未發號施令而移風易俗者，其唯心行者乎（未發號施令而移風易俗，其唯心行也。）〈道原〉篇第八章④c！法度刑罰，何足以致之也？

歷山之農者侵畔，舜往耕焉，朞年，甽畝正。河濱之漁者爭坻，舜往漁焉，朞年，而讓長。東夷之陶者器苦窳，舜往陶焉，朞年而器牢。仲尼歎曰：“耕、漁與陶，非舜官也，而舜往爲之者，所以救敗也。舜其信仁乎！乃躬藉處苦而民從之，故曰：聖人之德化乎！”《韓非子‧難一》

《淮南子》上段“昔舜耕於歷山”事，似本諸《韓非子‧難一》。又，“心行”的觀念，見於《管子》，何寧云：“……《管子》〈形勢〉篇云：‘四方所歸，心行者也。’房注：‘心行所不見，則四方歸之。’此《淮南》所本。”植案：《管子‧形勢解》曰：“明主之使遠者來而近者親也，為之在心，所謂夜行者，心行也，能心行德，則天下莫能與之爭矣；故曰：‘唯夜行者獨有之乎！’”〈覽冥訓〉引述《管子‧形勢》曰：“故：召遠者使無為焉，親近者言無事焉，惟夜行者為能有之。”所謂“心行”與“夜行”，均指精誠的神化。“精誠”為“精氣”、“精神”觀念的推衍，亦為《淮南子》所保存道家哲學重要的觀念之一。此處“心行”的說明，可視為承襲稷下道家思想的一種闡發。

是故聖人內修其本，而不外飾其末，保其精神，偃其智故，漠然無為而無不為也，澹然無治（植案：原有“也”字，據《文子》校刪。）而無不治也（是以聖人內修其本，而不外飾其末，厲其精神，偃其智故，漠然無為而無不為也，無治而無不治也。）。所謂無為者，不先物為也；所謂無不為者，因物之所爲。所謂無治者，不易自然也；所謂無不治者，因物之相然也（所謂無為者，不先物為也；無治者，不易自然也；無不治者，因物之相然。）〈道原〉篇第二章③。

上段以“是故”引述，似取自前人資料。《老子》第三章曰：“為無為，則無不治。”第三十七章曰：“道常無為，而無不為。”[1]上段似總結《老子》思想一項重要觀念推衍的完整資料。尤其以“因物之所為”、“因物之自然”來闡釋“無不為”的效用，是對《老子》思想的一種闡發。《老子》全書並未使用“因”字，而在《莊》中，卻成為重要的哲學觀念。稷下學派甚至提出“貴因”之說，《呂氏春秋》更有〈貴因〉篇。“因”的觀念，即是順著《老子》書中“自然”與“無為”的觀念推演而提出。

---

[1] 關於《老子》第三十七章“道常無爲而無不爲”句的辨析，參閱拙著《郭店老子釋析與研究》，頁93，台灣萬卷樓出版社，1998年9月。

萬物有所生，而獨知守其根；百事有所出，而獨知守其門。故窮無窮，極無極，照物而不眩，響應而不乏（萬物有所生而獨知其根，百事有所出而獨守其門。故能窮無窮，極無極，照物而不眩，響應而不知。）〈道原〉篇第八章①d，此之謂天解。

　　萬物有乎生而莫見其根，有乎出而莫見其門。人皆尊其知之所知而莫知恃其知之所不知而後知，可不謂大疑乎！已乎已乎！且無所逃。此所謂然與，然乎？《莊子·則陽》

　　《淮南子》上段"萬物有所生"四句，似本諸《莊子·則陽》文意。

第三部份

　　此部份資料較為完整，敘說"柔弱"與"居後"的作用，並強調"無形"之"一"的始源，應為〈原道訓〉重要組成部份。全文似發揮《老子》第四十章"反者道之動；弱者道之用。天下萬物生於有，有生於無"的思想。今按行文的次序，分為兩章。

1

　　此章論述"柔弱"、"居後"的重要，與〈要略〉篇所言"託小以苞大，守約以治廣"之義相合。全文重要文句全見於《文子·道原》第九章。〈道原〉篇第九章全文為：

　　〔老子曰：〕夫德道者，志弱而事強，心虛而應當。志弱者，柔毳安靜，藏於不取，行於不能，澹然無為，動不失時。故："貴必以賤為本，高必以下為基。"託小以包大，在中以制外，行柔而剛，力無不勝，亂無不陵，應化揆時，莫能害之。

　　欲剛者必以柔守之，欲強者必以弱保之。積柔即剛，積弱即強，觀其所積，以知存亡。強勝不若己者，至於若己者而格，柔勝出於己者，其力不可量。故曰："兵強即滅，木強即折。"革強而裂，齒堅於舌先斃。故曰：“柔弱者生之幹也，堅強者死之徒也。”

先唱者窮之路，後動者達之原。夫執道以耦變，先亦制後，後亦制先，何則？不失所以制人，人亦不能制也。所謂後者，調其數而合其時。時之變則，間不容息，先之則太過，後之則不及。日回月周，時不與人游。故聖人不貴尺之璧，而貴寸之陰，時難得而易失。故聖人隨時而舉事，因資而立功，守清道，拘雌節，因循而應變，常後而不先，柔弱以靜，安徐以定，功大靡堅，不能與爭也。

〈道原〉篇與〈原道訓〉此處論述的方式不同。〈原道訓〉中使用“所謂志弱而事強”、“所謂其事強者”與“所謂後者”三重界定性的解析。而〈道原〉篇僅說“所謂後者，調其數而合其時”。〈原道訓〉分別解釋“志弱”與“事強”，“所謂志弱而事強”句，因下文有“所謂其事強者”，“而事強”三字似衍文。但“所謂其事強”之後的文句，與“事強”的聯繫並不緊密，若上接“而以少正多”，則文氣甚為連貫，其中均談論“柔弱”之義。〈道原〉篇並無〈原道訓〉此處“所謂”的語法，“所謂其事強者”句恐為後世校編《淮南子》者所加。〈道原〉篇文字似文子學派解老傳承資料，而保留在“文子外編”中，此處〈原道訓〉引用並加以申述，但恐有脫文。

故得道者，志弱而事強，心虛而應當（〔老子曰：〕夫德道者，志弱而事強，心虛而應當。）《道原》第九章①a。

所謂志弱（原有“而事強”三字，據向宗魯校刪。）者，柔毳安靜，藏於不敢，行於不能，恬然無慮，動不失時（志弱者，柔毳安靜，藏於不敢，行於不能，澹然無為，動不失時。），與萬物回周旋轉，不爲先唱，感而應之。是故貴者必以賤為號，而高者必以下為基（故“貴必以賤為本，高必以下為基。”）。託小以包大，在中以制外，行柔而剛（託小以包大，在中以制外，行柔而剛。）《道原》第九章①b，用弱而強，轉化推移，得一之道，而以少正多。

故貴以賤爲本，高以下爲基。《老子》第三十九章

上段文意似本諸《管子・勢》，〈勢〉篇曰：“故賢者安徐正靜，柔節先定。行於不敢，而立於不能，守弱節而堅處之。”又，“是故貴者必以賤為號”兩

句，語出《老子》第三十九章。

所謂其事強者，遭變應卒，排患扞難，**力無不勝，敵無不凌，應化揆時，莫能害之**（力無不勝，敵無不陵，應化揆時，莫能害之。）〈道原〉篇第九章①c。

是故：**欲剛者必以柔守之，欲強者必以弱保之**（欲剛者必以柔守之，欲強者必以弱保之。）。**積於柔則剛，積於弱則強，觀其所積，以知禍福之鄉**（積柔即剛，積弱即強，觀其所積，以知存亡。）。**強勝不若己者，至於若己者而同；柔勝出於己者，其力不可量**（強勝不若己者，至於若己者而格，柔勝出於己者，其力不可量。）〈道原〉篇第九章①d。

> 天下有常勝之道，有不常勝之道；常勝之道曰柔，常不勝之道曰彊。二者亦知，而人未之知；故上古之言："彊先不己若者，柔先出於己者。"先不己若者，至於若己，則殆矣。先出於己者，亡所殆矣。以此勝一身若徒，以此任天下若徒。謂不勝而自勝，不任而自任也。鬻子曰："欲剛必以柔守之，欲彊必以弱保之。積於柔，必剛，積於弱，必彊。觀其所積，以知禍福之鄉。彊勝不若己，至於若己者剛；柔勝出於己者，其力不可量。"老聃曰："兵彊則滅，木彊則折，柔弱者生之徒，堅彊者死之徒。"《列子・黃帝》

《淮南子》上段內容見於《列子・黃帝》，《列子》稱引自《鬻子》。《漢書・藝文志》著錄《鬻子》二十二篇。班固自注曰："名熊，為周師。自文王以下問焉，周封為楚祖。"《列子》中三引《鬻子》，另二處作："鬻熊曰：'運轉亡已，天地密移，疇覺之哉？故物損於彼者，盈於此；成於此者，虧於彼；損盈成虧，隨世隨死，往來相接，間不可省，疇覺之哉？凡一氣不頓進，一形不頓虧，亦不覺其成，不覺其虧；亦如人自世至老，貌色智態，亡日不異；皮膚爪髮，隨世隨落，非嬰孩時有停而不易也。間不可覺，俟至後知。'"（〈天瑞〉篇）；"鬻子曰：'去名者無憂。'"（〈楊朱〉篇）。《鬻子》似戰國時人輯略與道家思想淵源有關的資料而編成。《淮南子》以"故曰"形式引述，當取自此書。

故：**兵強則滅，木強則折，革固則裂，齒堅於舌而先之敝**（故曰

"兵強即滅，木強即折。革強而裂，齒堅於舌先斃。"）〈道原〉篇第九章①e。

是故：柔弱者，生之幹也；而堅強者，死之徒也（故曰"柔弱者生幹
之也，堅強者死之徒也。"）〈道原〉篇第九章①f。

> 人之生也柔弱，其死也堅強。草木之生也柔脆，其死也枯槁。故堅強者死之徒，
> 柔弱者生之徒。是以兵強則不勝，木強則兵。強大處下，柔弱處上。《老子》第七十六章

上兩段文字取自《老子》第七十六章，"木強則折"句，王弼注作"木強則兵"，
河上公注本作"木強則共"，《淮南子》與《列子》引文均作"木強則折"。
帛書甲本作"木強則恆"，乙本作"木強則競"。高明曰："'共'字與'恆'、
'競'古讀音相同，在此均當假借為'烘'。《爾雅》〈釋言〉：'烘，燎也。'"

＊

以下數段申述"先唱者，窮之路；後動者，達之原"，並舉以例證說明"先者"
為後者的"弓矢質地"，強調"居後"的重要。但其中以"所謂後者"之界定
性語法所作的說明，與"夫執道理以耦變，先亦制後，後亦制先"的義理似有
衝突。《文子》文句次序較為緊湊。《淮南子》引用與其同源之"文子外編"
資料，但此處似有脫文或錯簡。

先唱者，窮之路也；後動者，達之原也（先唱者窮之路，後動者達之原。）
〈道原〉第九章③a。何以知其然也？凡人中壽七十歲，然而趨舍指湊，日以
月悔也，以至於死。故蘧伯玉年五十，而有四十九年非。何者？先
者難為知，而後者易為攻也。先者上高，則後者攀之；先者蹢下，
則後者〔躡〕（原作"躞"，據王念孫校改。）之；先者隤陷，則後者以謀；先
者敗績，則後者違之。由此觀之，先者，則後者之弓矢質的也。猶
錞之與刃，刃犯難而錞無患者，何也？以其託於後位也。此俗世庸
民之所公見也，而賢知者弗能避，〔有所屏蔽〕也（據王念孫校補。）。

> 蘧伯玉行年六十而六十化，未嘗不始於是之而卒詘之以非也，未知今之所謂是之
> 非五十九非也。《莊子·則陽》

莊子謂惠子曰:"孔子行年六十而六十化,始時所是,卒而非之,未知今之所謂是之非五十九非也。"《莊子·寓言》

夫蘧伯玉五十而知四十九年非。《北山錄》〈外信〉第十六

上段所舉"蘧伯玉年五十,而有四十九年非"之事例,似本諸《莊子》,唯文字記述有異,《淮南子》此處與見於《北山錄》〈外信〉篇者同。

所謂後者,非謂其底滯而不發,凝竭而不流,貴其周於數而合於時也(所謂後者,調其數而合其時。)〈道原〉篇第九章②c。

上段句序與《文子·道原》篇有異。〈道原〉篇"所謂後者"在"人亦不能制也"之後,而"調其數而合其時"句,下接"時之變則,間不容息",文理較為緊密。《文子》此段說明"能操持道理應對變化,則在先亦可制後,居後亦可制先",並非僅強調"先後"之別的單方面意義。因此,"後"的作用並不僅是"居後",而是"周於數而合於時"。"時難得而易失",故"聖人隨時而舉事,因資而立功","因循應變,常後而不先"。聖人之"常後",指因隨時宜而應對變化的深思,"不先"指不盪逸於時機之外。〈原道訓〉此段申述"先唱後動"之義,立論並不連貫。

夫執道理以耦變,先亦制後,後亦制先(夫執道以耦變,先亦制後,後亦制先,)。是何則?不失其所以制人,人不能制也(何則?不失所以制人,人亦不能制也。〈道原〉篇第九章②b)。

時之反側,間不容息,先之則太過,後之則不逮(時之變則,間不容息,先之則太過,後之則不及。)。夫日回而月周,時不與人游(日回月周,時不與人游。)。故聖人不貴尺之璧,而重寸之陰,時難得而易失也(故聖人不貴尺之璧,而貴寸之陰,時難得而易失。)。禹之趨時也,履遺而弗取,冠挂而弗顧,非爭其先也,而爭其得時也。是故聖人守清道而抱雌節,因循應變,常後而不先(故聖人〔隨時而舉事,因資而立功,〕守清道,抱雌節,因循而應變,常後而不先。)。柔弱以靜,舒安以定,攻大磨堅,莫能與之爭(柔弱以靜,安徐以定,功大靡堅,不能與爭也。)〈道原〉篇第九章②c。

2

此章敘說由"柔弱"與"虛無"作用，復歸於始源無形的"一"。全章可分為三節，第一節以水取譬，說明水能以柔弱而成其至德於天下。第二節論述"無形之一"，布施不既，用之不勤。第三節講述萬物皆出於"一"，聖人執一而不易。第一節見於〈道原〉篇第八章第四段，第二節見於〈道原〉篇第七章第三、四兩段。第三節見於〈道原〉篇第八章第一段，其中有兩處，似錯簡竄入。

①

天下之物，莫柔弱於水（天下莫柔弱於水。）。然而大不可極，深不可測；脩極於無窮，遠淪於無涯（水之為道也，廣不可極，深不可測，長極無窮，遠淪無涯。）；息耗減益，通於不訾（息耗減益，過於不訾。）；上天則為雨露，下地則為潤澤；萬物弗得不生，百事不得不成；大包群生而無〔私好〕（原作"好憎"，據王引之校改。），澤及蚑蟯而不求報；富贍天下而不既，德施百姓而不費（上天為雨露，下地為潤澤，萬物不得不生，百事不得不成，大包群生而無私好，澤及蚑蟯而不求報，富贍天下而不既，德施百姓而不費。）；行而不可得窮極也，微而不可得把握也（行不可得而窮極，微不可得而把握。）；擊之無創，刺之不傷，斬之不斷，焚之不然；淖溺流遁，錯繆相紛而不可靡散；利貫金石，強濟天下（擊之不創，刺之不傷，斬之不斷，灼之不熏，綽約流循而不可靡散，利貫金石，強淪天下。）；動溶無形之域，而翱翔忽〔芒〕（原作"區"，據王引之校改。）之上，遭回川谷之閒，而滔騰大荒之野；有餘不足，與天地取與，〔稟〕（據俞樾校補。）授萬物而無所前後（有餘不足，任天下取與，稟受萬物而無所先後。）。是故無所私而無所公，靡濫振蕩，與天地鴻洞，無所左而無所右，蟠委錯紾，與萬物〔終始〕（原作"始終"，據王念孫校改。），是謂至德（無私無公，與天地洪同，是謂至德。）〈道原〉篇第八章①a。

夫水所以能成其至德於天下者，以其淖溺潤滑也（夫水所以能成其至德者，以其綽約潤滑也。）。故老聃之言曰："天下至柔，馳騁於天下之至堅。出於無有，入於無閒（故曰："天下之至柔，馳騁天下之至堅，無有入於無間。"）

〈道原〉篇第八章③b。**吾是以知無爲之有益。”**

上段引老聃之言，語出《老子》第四十三章。《老子》：“天下之至柔，馳騁天下之至堅。無有入無間。吾是以知無為之有益。不言之教，無為之益，天下希及之。”

*

下段文氣似與前文不能連貫，恐有脫文。劉文典《淮南鴻烈集解》批語曰：“‘故有像之類，莫尊於水’句下有挩文，《金樓子·立言》篇可證。”

夫無形者，物之大祖也；無音者，聲之大宗也(夫無形者，物之太祖；無音者，類之太宗。)〈道原〉篇第八章④a。**其子爲光，其孫爲水，皆生於無形乎！夫光可見而不可握，水可循而不可毀，故有像之類，莫尊於水。出生入死，自無蹟有，自有蹟無，而以衰賤矣。**

②

是故：清靜者，德之至也；而柔弱者，道之要也；虛無恬愉者，萬物之用也(清靜者，德之至也；柔弱者，道之用也；虛無恬愉者，萬物之祖也。)。**蕭然應感，殷然反本，則淪於無形矣。所謂無形者，一之謂也。所謂一者，無匹合於天下者也**(〔三者行則淪於無形。〕無形者，一之謂也。一者，無心合於天下也。)。**卓然獨立，塊然獨處；上通九天，下貫九野；員不中規，方不中矩；大渾而爲一，葉累而無根；懷囊天地，爲道〔開〕**(原作“關”，劉文典云：“《御覽》五十八引，‘關’作‘開’。又引注，作‘開道之門’。”)**門；穆忞隱閔，純德獨存；布施而不既，用之而不勤**(布德不溉，用之不勤。)〈道原〉篇第七章③a。

上段文字與《文子》有異。“清靜、柔弱、虛無恬靜”三者，為《文子·道原》第三章的重要觀念，所謂“故道者，虛無、平易，清靜、柔弱、純粹素樸，此五者，道之形象也。"[1]《文子》第三章資料，當為《淮南子》此處所本。《文子》是從"清靜、柔弱、虛無恬靜"的作用，導出"無形"與"一"，故曰"三者行則淪於無形。無形者，一之謂也。一者，無心合於天下也"。"無心合於天下"，故下接"布施而不既，用之而不勤"兩句。《淮南子》稱"所謂無形者，一之謂也。所謂一者，無匹合於天下者也"。"無匹合於天下"，故下接"卓然獨立，塊然獨處"。"匹"與"心"二字的差異，使二書表述的義理迥然不同。《淮南子》似引用"文子外編"資料，將"心"改作"匹"。

是故：視之不見其形，聽之不聞其聲，循之不得其身，無形而有形生焉，無聲而五音鳴焉，無味而五味形焉，無色而五色成焉（視之不見，聽之不聞，無形而有形生焉，無聲而五音鳴焉。無味而五味形焉，無色而五色成焉。）。是故有生於無，實出於虛（故有生於無，實生於虛。），天下為之圈，則名實同居。音之數不過五，而五音之變不可勝聽也（音之數不過五，五音之變不可勝聽也；）。味之和不過五，而五味之化不可勝嘗也（味之數不過五，五味之變不可勝嘗也；）。色之數不過五，而五色之變不可勝觀也（色之數不過五，五色之變不可勝觀也。）。故音者，宮立而五音形矣；味者，甘立而五味亭矣；色者，白立而五色成矣；道者，一立而萬物生矣（音者，宮立而五音形矣，味者，甘立而五味定矣，色者，白立而五色成矣，道者，一立而萬物生矣。）〈道原〉篇第七章③ b 。

是故：一之理，施四海；一之解，際天地（故一之理，施於四海；一之嘏，察於天地。）。其全也，純兮若樸；其散也，混兮若濁。濁而徐清，沖而徐盈；澹兮其若深淵，泛兮其若浮雲；若無而有，若亡而存（其全也，敦兮其若樸；其散也，渾兮其若濁。濁而徐清，沖而徐盈，澹然若大海，氾兮若浮雲，若無而有，若亡而存。）〈道原〉篇第七章④ 。

---

[1] 此段《文子‧道原》第三章文字未見於《淮南子》。

③

萬物之總，皆閱一孔；百事之根，皆出一門（老子曰：萬物之總，皆閱
一孔，百事之根，皆出一門。）〈道原〉篇第八章①a。其動無形，變化若神；其行無
跡，常後而先。

> 以下兩段文意與前後文均不相連屬，恐為他處錯簡。其相應文句分別見於《文
> 子·道原》第三章與第八章。何寧云：“‘約其所守，寡其所求’二句，《道
> 藏》本、中立本、景宋本皆無，蓋後人據《文子》〈道原〉篇所臆增，因下文
> 有‘約其所守則察，寡其所求則得’，遂以為上當有此二句而下文釋之也。然
> ‘去其誘慕，除其嗜欲，損其思慮’三句不得獨無釋文也。且高誘注‘去其誘
> 慕’以下三句而上二句無注，其非原文可知矣。”

是故：至人之治也，掩其聰明，滅其文章，依道廢智，與民
同出於公(夫至人之治也，棄其聰明，滅其文章，依道廢智，與民同出乎公。)。
約其所守，寡其所求，去其誘慕，除其嗜欲，〔捐〕（原作“損”，
據王念孫校改。）其思慮。約其所守則察，寡其所求則得（約其所守，
寡其所求，去其誘慕，除其嗜欲，損其思慮。約其所守即察，寡其所求即得。）〈道原〉
篇第三章②a。

夫任耳目以聽視者，勞形而不明；以知慮為治者，苦心而無
功（夫任耳目以聽視者，勞心而不明；以智慮而為理者，苦心而無功。）〈道原〉篇第
十章④。

是故：聖人一度循軌，不變其宜，不易其常，放準循繩，曲因
其當（故聖人一度循軌，不變其故，不易其常，放準循繩，曲因其直，直因其常。）〈道原〉篇
第八章①b。

> 此節首段與末段見於《文子·道原》第八章第一段。〈道原〉篇文意直接承續，
> 保留較佳的行文次序。

第四部份：

此部份文字相當特殊，其中使用第一人稱的敘說，尤與其他部份有異，似原屬
獨立資料，經劉安及其門客編入〈原道訓〉中。全文意旨與"心術"之論有關，
說明人之精神，通於神明，若排除外在情欲，內得於心，以"中"制"外"，
使"形、氣、神、志"各得其宜，無所喜怒，無所樂苦，與萬物玄同，而得其
至德之樂。此種義理與《淮南子・俶真》、〈精神〉兩篇篇旨相近，此處見於
〈原道訓〉，以作為存身之道的始源，顯見《淮南子》全書的構造，並非在〈要
略〉篇所言的架構下撰寫。又，全章思想與《莊子・刻意》相近，二者應有承
襲上的密切關連。全文按行文的敘說方向，可分為三章。

1

此章說明去除情欲，恢復"道德"、"心性"的本然，以通於神明，而有自得
之樂。主要文字分別見於《文子・道原》第八章、第三章與《莊子・刻意》、
〈在宥〉兩篇。《莊子》、《文子》與《淮南子》此處對應的文句為：

《莊子》：

> 故曰：悲樂者，德之邪；喜怒者，道之過；好惡者，德之失。故心不
> 憂樂，德之至也。〈刻意〉篇／人大喜邪？毗於陽；大怒邪？毗於陰。陰陽
> 並毗，四時不至，寒暑之和不成，其反傷人之形乎！〈在宥〉篇／一而不
> 變，靜之至也；無所於忤，虛之至也；不與物交，惔之至也；無所於
> 逆，粹之至也。〈刻意〉篇

《文子》：

> 夫喜怒者，道之邪也；憂悲者，德之失也；好憎者，心之過也；嗜欲
> 者，生之累也。人大怒破陰，大喜墜陽，薄氣發喑，驚怖為狂，憂悲焦心，
> 疾乃成積。〈道原〉篇第八章②a／好憎繁多，禍乃相隨。〈道原〉篇第十章②／人能
> 除此五者，即合於神明。神明者，得其內也。得其內者，五臟寧，思
> 慮平，耳目聰明，筋骨勁強。疏達而不悖，堅強而不匱，無所太過，
> 而無所不逮。〈道原〉篇第八章②b／嗜欲不載，虛之至也；無所好憎，平之

至也；一而不變，靜之至也；不與物雜，粹之至也；不憂不樂，德之
至也。〈道原〉篇第三章① ／夫至人之治也，棄其聰明，滅其文章，依道廢智，
與民同出於公。約其所守，寡其所求，去其誘慕，除其嗜欲，損其思
慮。約其所守即察，寡其所求即得。〈道原〉篇第三章② ／故以中制外，百事
不廢，中能得之，則外能牧之。中之得也，五臟寧，思慮平，筋骨勁
強，耳目聰明。大道坦坦，去身不遠，求之遠者，往而復返。〈道原〉篇
第三章③

三者資料的關係，分四點說明：

第一、"喜怒者"與"心不憂樂"兩段，三書中有相近文句，但均不似抄
襲。〈刻意〉篇以"故曰"形式引述，此項資料當早於〈刻意〉篇。張恆壽認
為："〈刻意〉全篇文句，幾乎無一語不見於《淮南子》者，可見〈刻意〉語
《淮南子》的關係，非常密切。……或即淮南門客的最初作品。"[1] 但我們認
為，〈刻意〉篇很難確定是淮南門客所為，而應為他們整理秦漢之前道家資料
而編定。其資料來源當屬先秦道家發展中的某個學派。

第二、自"能此五者"句以下，〈原道訓〉與〈道原〉篇文句次序不同。
"能此五者"，〈道原〉篇作"人能除此五者"，意理完全相反。〈原道訓〉
此句接"心不憂樂……粹之至也"段，所以"五者"清楚地指此段所說的五種
事情，但〈道原〉篇此句接"夫喜怒者……疾乃成積"段，"五者"毫無所指，
〈道原〉篇第三章第二段"嗜欲不載……德之至也"，應在〈道原〉篇第八章
此句之前。

第三、〈道原〉篇第三章第一段保留不見於《淮南子》的重要思想資料，
它為："〔執道以御民者，事來而循之，物動而因之〕[2]，萬物之化無不應也，
百事之變無不耦也[3]。〔故道者，虛無、平易，清靜、柔弱、純粹素樸，此五
者，道之形象也。虛無者，道之舍也；平易者，道之素也；清靜者，道之鑒也；
柔弱者，道之用也；反者，道之常也；柔者，道之剛也；弱者，道之強也。 純
粹素樸者，道之幹也。虛者，中無載也，平者，心無累也。〕"此種"道"之

---

[1] 張恆壽：《莊子新探》，頁177

[2] 括號中文句不見於《淮南子》全書，下同。

[3] 此兩句〈原道訓〉下章引用。

五種形象的說明，為先秦文獻所僅見。《淮南子》此處似取自與《文子》同源資料。

　　第四、"以中治外"段，〈原道訓〉接"得其內者"之後，故下文即言"中之得，則五臟寧……"，而〈道原〉篇第三章第二段則接"夫至人之治"段"寡其所求"句後。〈道原〉篇第三章第二段，文意連貫，層次較為分明。此段思想同時也與《莊子・外篇》部份資料相近，如："是以自外入者，有主而不執；由中出者，有正而不距。"（〈則陽〉篇）"中無主而不止，外無正而不行。由中出者，不受於外，聖人不出；由外入者，無主於中，聖人不隱。"（〈天道〉篇）。〈原道訓〉似引用此類資料而加以改寫。

　　第五、〈道原〉篇第八章與第三章各有錯簡，"好憎繁多"句應屬〈道原〉篇第八章第二段。第八章第二段全文，當屬第三章全章所保留秦漢之前道家資料殘文。"大道坦坦"句出現於〈道原〉篇第三章，與該處前後文義理相通。但在〈原道訓〉中與其下文文氣並不銜接。"中之得……為天下梟"段當下接"感則能動"等句。"中有所得"則必"感則能應，迫則能動"，如此文氣才能通暢，義理也相連貫。"大道坦坦"句錯置於〈原道訓〉此處，不知《文子》資料是否曾混入《淮南子》之中？二者資料流傳情況，必相當複雜。

夫喜怒者，道之邪也；憂悲者，德之失也；好憎者，心之過也；嗜欲者，性之累也（夫喜怒者，道之邪也；憂悲者，德之失也；好憎者，心之過也；嗜欲者，生之累也。）〈道原〉篇第八章②a。人大怒破陰，大喜墜陽；薄氣發瘖，驚怖為狂；憂悲多恚，病乃成積（人大怒破陰，大喜墜陽，薄氣發瘖，驚怖為狂，憂悲焦心，疾乃成積。）〈道原〉篇第八章②b，好憎繁多，禍乃相隨（好憎繁多，禍乃相隨。）〈道原〉篇第十章②。故心不憂樂，德之至也；通而不變，靜之至也；嗜欲不載，虛之至也；無所好憎，平之至也；不與物〔殽〕（原作"散"，據王引之校改。），粹之至也（嗜欲不載，虛之至也；無所好憎，平之至也；一而不變，靜之至也；不與物雜，粹之至也；不憂不樂，德之至也。〈道原〉篇第三章①c）。能此五者，則通於神明（人能除此五者，即合於神明。）。通於神明者，得其內者也（神明者，得其內也。）〈道原〉篇第八章②c。

　　〈原道訓〉此部份資料與《莊子・刻意》篇關係密切，〈刻意〉篇中多以"故

曰"形式引述,可視為道家史料的一種編輯,其全文曰:

刻意尚行,離世異俗,高論怨誹,爲亢而已矣;此山谷之士,非世之人,枯槁赴淵者之所好也。語仁義忠信,恭儉推讓,爲修而已矣;此平世之士,教誨之人,遊居學者之所好也。語大功,立大名,禮君臣,正上下,爲治而已矣;此朝廷之士,尊主強國之人,致功并兼者之所好也。就藪澤,處閒曠,釣魚閒處,無爲而已矣;此江海之士,避世之人,閒暇者之所好也。吹呴呼吸,吐故納新,熊經鳥申,爲壽而已矣;此道引之士,養形之人,彭祖壽考者之所好也。若夫不刻意而高,無仁義而修,無功名而治,無江海而閒,不道引而壽,無不忘也,無不有也,澹然無極而眾美從之。此天地之道,聖人之德也。

故曰:夫恬惔、寂漠、虛無、無爲,此天地之平而道德之質也。

故曰:聖人休,休焉則平易矣,平易則恬惔矣。平易恬惔,則憂患不能入,邪氣不能襲,故其德全而神不虧。

故曰:聖人之生也天行,其死也物化;靜而與陰同德,動而與陽同波;不爲福先,不爲禍始,感而後應,迫而後動,不得已而後起。去知與故,循天之理。故無天災,無物累,無人非,無鬼責。其生若浮,其死若休。不思慮,不豫謀。光矣而不燿,信矣而不期。其寢不夢,其覺無憂。其神純粹,其魂不罷。虛無恬惔,乃合天德。

故曰:悲樂者,德之邪;喜怒者,道之過;好惡者,德之失。故心不憂樂,德之至也。一而不變,靜之至也;無所於忤,虛之至也;不與物交,惔之至也;無所於逆,粹之至也。

故曰:形勞而不休則弊,精用而不已則勞,勞則竭。水之性,不雜則清,莫動則平;鬱閉而不流,亦不能清;天德之象也。

故曰:純粹而不雜,靜一而不變,惔而無爲,動而以天行,此養神之道也。夫有干越之劍者,柙而藏之,不敢用也,寶之至也。精神四達並流,無所不極,上際於天,下蟠於地,化育萬物,不可爲象,其名爲同帝。

純素之道,唯神是守;守而勿失,與神爲一;一之精通,合於天倫。野語有之曰:"眾人重利,廉士重名,賢人尚志,聖人貴精。"故素也者,謂其無所與雜也;純也者,謂其不虧其神也。能體純素,謂之真人。《莊子·刻意》

人大喜邪?毗於陽;大怒邪?毗於陰。陰陽並毗,四時不至,寒暑之和不成,其反傷人之形乎!使人喜怒失位,居處無常,思慮不自得,中道不成章,於是乎天下始喬詰卓鷙,而後有盜跖曾史之行。故舉天下以賞其善者不足,舉天下以罰其惡者不給,故天下之大,不足以賞罰。自三代以下者,匈匈焉終以賞罰爲事,彼何暇安其性命之情哉!《莊子·在宥》

是故以中制外，百事不廢；中能得之，則外能〔牧〕（原作"收"，據王念孫校改。）之。中之得，則五藏寧，思慮平，筋力勁強，耳目聰明（故以中制外，百事不廢，中能得之，則外能牧之。中之得也，五臟寧，思慮平，筋骨勁強，耳目聰明。）〈道原〉篇第三章②b／（得其內者，五臟寧，思慮平，耳目聰明，筋骨勁強，）〈道原〉篇第八章②d，疏達而不悖，堅強而不鞼，無所大過而無所不逮（疏達而不悖，堅強而不匱，無所太過，無所不逮。）〈道原〉篇第八章②e，處小而不逼，處大而不窕，其魂不躁，其神不嬈，湫漻寂漠，爲天下梟。

大道坦坦，去身不遠，求之近者，往而復反（大道坦坦，去身不遠，求之遠者，往而復返。）〈道原〉篇第三章②c。

上句似錯簡，王念孫云："'大道坦坦，去身不遠，求之近者，往而復返'，注'近謂身也'，宋本在'無忘玄伏'下，《道藏》本無此四句及注。案：'能存之此，其德不虧'，上承'沕穆無窮'以下八句，所謂'烏穆無窮，純德獨存'也，中間不得有此四句。'感則能應，迫則能動'，上承'湫漻寂寞，為天下梟'，所謂'寂然不動，感而遂通'也，中間亦不得有此四句。且《文子》〈道原〉篇'大道坦坦，去身不遠，求之遠者，往而復返'，蓋言道在不遠，往求於遠，必將無所得而復返也。"

〔感則能應，迫則能動〕（原作"迫則能應，感則能動"，據王念孫校改。）；物穆無窮，變無形像。優游委縱，如響之與景；登高臨下，無失所秉：履危行險，無忘玄伏。（宋本此下有"大道坦坦，去身不遠，求之近者，往而復反"。）能存之此，其德不虧，萬物紛糅，與之轉化，以聽天下，若背風而馳，是謂至德。至德則樂矣。

上段"迫則能應，感則能動"兩句，王念孫云："此當作'感而能應，迫而能動'。感與應相因，迫與動相因。"《莊子·刻意》曰"感而後應，迫而後動，不得已而後起。"《說苑·指武》亦云："魯石公劍，迫則能應，感則能動，吻穆無窮，變無形像，復柔委從，如影與響，如彫之守戶，如輪之逐馬，響之應聲，影之像形也。"

*

以下數段文字，部份資料見於《文子·道原》、〈九守〉兩篇，其次序為：〈道原〉篇第四章→第七章→〈九守〉篇第十三章→〈道原〉篇第七章→〈九守〉篇第十三章→〈道原〉篇第四章→〈九守〉篇第十三章。其中以見於〈九守〉篇第十三章為主要。〈九守〉篇第十三章前段文句相當雜亂，其全文如下：

〔老子曰：聖人〕與陰俱閉，與陽俱開。

能至於無樂也，即無不樂也，無不樂即至樂極矣。是以內樂外，不以外樂內。〔故有自樂也，即有自志，貴乎天下。〕所以然者，因天下而為天下之要也，不在於彼而在於我，不在於人而在於身，身得則萬物備矣。故達於心術之論者，嗜欲好僧外矣。是故無所喜，無所怒，無所樂，無所苦，萬物玄同，無非無是。

故士有一定之論，女有不易之行。不待勢而尊，不須財而富，不須力而強，不利貨財，不貪世名，不以貴為安，不以賤為危，形神氣志，各居其宜。（注：方括號內文字不見於《淮南》）

〈九守〉篇各文句之間毫無連貫，當為《淮南子》殘文竄入今本《文子》。

古之人有居巖穴而神不遺者，末世有勢為萬乘而日憂悲者。由此觀之，聖亡乎治人，而在于得道；樂亡于富貴，而在于德和（〔老子曰：〕聖人忘乎治人，而在乎自理。）。知大己而小天下，則幾於道矣（知大己而小天下，幾於道矣。）〈道原〉篇第四章① 。

上段文字與前後文意不相連貫，前段 "至德則樂矣" 句，似可接續下文 "所謂樂者" 段。"聖亡乎治人" 等句，見於〈道原〉篇第四章第一段，彼處作 "聖人忘乎治人，而在乎自理。貴忘乎勢位，而在乎自得，自得即天下得我矣。樂忘乎富貴，而在乎和。知大己而小天下，幾於道矣。故曰：'至虛極也，守靜篤也，萬物並作，吾以觀其復。'" 《文子》彼處似解《老》資料殘文，《淮南子》此處疑為錯簡。

*

以下數段與下章，文中以第一人稱"吾"來敘說，如："吾所謂樂者"、"吾
獨慷慨遺物而與道同出"、"吾所謂有天下者"、"吾所謂得者"等。此說明
這些資料原應同屬一組，而與前文有別。但今本此處文字，仍似有部份他處錯
簡，且文意亦非完整，恐僅保留部份殘文。"所謂樂者"句，似申論前文"至
德則樂矣"。

所謂樂者，豈必處京臺、章華，游雲夢、〔陟高〕（原作"沙"，據
莊逵吉校改。）丘，耳聽〈九韶〉、〈六瑩〉。口味煎熬芬芳，馳騁夷道，
釣射鷫鸘之謂樂乎？吾所謂樂者，人得其得者也。夫得其得者，不
以奢爲樂，不以廉爲悲，與陰俱閉，與陽俱開（〔老子曰：聖人〕與陰俱閉，
與陽俱開。）〈九守〉篇第十三章① 。

上段"調射鷫鸘"句，莊逵吉云："《太平御覽》引作‘雕射瀟湘’，當是異
本。"

故子夏心戰而臞，〔道勝〕（原作"得道"，據王念孫校改。）而肥。聖
人不以身役物，不以欲滑和，是故其為歡不忻忻，其為悲不
惙惙（是故聖人不以智役物，不以欲滑和，其為樂不忻忻，其於憂不惋惋。〔是以
高而不危，安而不傾。〕）〈道原〉篇第七章② ，

上段子夏"一臞一肥"之事，另見於〈精神訓〉與〈說山訓〉，此處似錯簡竄
入。上文有"吾所謂樂者"句，下文也提到"吾獨慷慨"，上段"聖人"一詞，
與此種"吾"的第一人稱敘說不合，當為錯簡竄入。上段"與陽俱開"應銜接
下段"萬方百變"，文氣義理乃能通貫。此段或屬下文"至於無樂者"段資料。

萬方百變，消搖而無所定，吾獨慷慨，遺物而與道同出。是故有以
自得之也，喬木之下，空穴之中，足以適情。無以自得也，雖以天
下爲家，萬民爲臣妾，不足以養生也。

下段文氣似不能直接上承前段，此處恐有脫文。

能至於無樂者，則無不樂；無不樂則至〔樂極〕（原作"極樂"，據王

念孫校改。）矣（能至於無樂也，即無不樂也，無不樂即至樂極矣。）〈九守〉篇第十三章②a。夫
建鍾鼓，列管弦，席旃茵，傅旄象，耳聽朝歌北鄙靡靡之樂，齊靡
曼之色，陳酒行觴，夜以繼日，強弩弋高鳥，走犬逐狡兔，此其為
樂也，炎炎赫赫，怳然若有所誘慕。解車休馬，罷酒徹樂，而心忽
然若有所喪，悵然若有所亡也。是何則？不以內樂外，而以外樂內（是
以內樂外，不以外樂內。〔故有自樂也，即有自志，貴乎天下。〕）〈九守〉篇第十三章②b，樂作
而喜，曲終而悲，悲喜轉而相生，精神亂營，不得須臾平。察其所
以，不得其形，而日以傷生，失其得者也。

　　是故內不得於中，稟授於外而以自飾也，不浸于肌膚，不浹于
骨髓，不留于心志，不滯于五藏。故從外入者，無主於中，不止；
從中出者，無應於外，不行。

> 向宗魯云：“‘從外入者’四句，蓋古語，‘應’作‘匹’，疑後人改之。《莊
> 子》〈天運〉篇：‘中無主而不止，外無正而不行。由中出者，不受於外，聖
> 人不出；由外入者，無主於中，聖人不隱。’又，〈則陽〉篇：‘自外入者，
> 有主而不執；由中出者，有正而不拒。’《莊子》兩‘正’字，亦‘匹’之誤。
> 《公羊・宣三年傳》：‘自內出者，無匹不行，自外至者，無主不止。’《白
> 虎通》〈郊祀〉篇亦同。《莊子》、《公羊》同用古語，雖取意各殊，而語出
> 一原。‘匹’、‘正’形近，故今《莊子》譌作‘正’，本書用《莊子》，又
> 後人改作‘應’，俱失之矣。”

> 故：聽善言便計，雖愚者知說之；稱至德高行，雖不肖者知
> 慕之（故聽善言便計，雖愚者知說之；稱聖德高行，雖不肖者知慕之。）。說之
> 者眾而用之者鮮，慕之者多而行之者寡（說之者眾而用之者寡，慕之
> 者多而行之者少。）。所以然者，何也？不能反諸性也（所以然者，牽
> 於物而繫於俗。）〈道原〉篇第七章②。

> 上段文意與前後文欠聯貫，疑為錯簡竄入。若刪除此段，則上下兩段之間，均
> 集中論述“以中制外”之義，文氣通貫。

夫內不開於中而強學問者，〔雖〕（原作"不"，據王叔岷校改。）入於耳而不
著於心。此何以異於聾者之歌也？效人爲之而無以自樂也，聲出於
口則越而散矣。夫心者，五藏之主也，所以制使四支，流行血氣，
馳騁于是非之境，而出入於百事之門戶者也。是故不得於心而有經
天下之氣，是猶無耳而欲調鍾鼓，無目而欲喜文章也，亦必不勝其
任矣。

> 《淮南子》上段文意與《荀子・勸學》相近，〈勸學〉篇曰："君子之學也，
> 入乎耳，箸乎心，布乎四體，形乎動靜。端而言，蝡而動，一可以為法則。小
> 人之學也，入乎耳，出乎口；口耳之間，則四寸耳，曷足以美七尺之軀哉！古
> 之學者為己，今之學者為人。君子之學也，以美其身；小人之學也，以為禽犢。"
> 《淮南子》所稱"內不開於中而強學問者"，即從反面來強調"君子之學"必
> 要"入乎耳，箸乎心"。

2

> 此章論述以"無為"、"無執"處天下，"處天下之要"在於"得性命之情"，
> 能有自得，則天下亦將得我。首句以"故"引述《老子》經文，與前文文意不
> 相承續，其前恐有脫文。

故"天下神器，不可爲也，〔不可執也，〕（據王叔岷校補。）爲者
敗之，執者失之。"夫許由小天下而不以己易堯者，志遺于天下也。
所以然者，何也？因天下而為天下也（所以然者，因天下而為天下之要也。）。
天下之要，不在於彼而在於我；不在於人而在於（原有"我"字，據王念孫校
刪。）身（不在於彼而在於我，不在於人而在於身。）。身得，則萬物備矣（身得，
則萬物備矣。）。徹於心術之論，則嗜欲好憎外矣（故達於心術之論者，嗜欲好
憎外矣。）〈九守〉篇第十三章③。是故無所喜而無所怒，無所樂而無所苦。萬物
玄同也，無非無是（是故無所喜，無所怒，無所樂，無所苦，萬物玄同，無非無是。）

〈九守〉篇第十三④／（無所樂、無所苦、無所喜、無所怒，萬物玄同，無非無是。〈道原〉篇第四章③，
化育玄燿，生而如死。

> 上段"天下神器"等句，語出《老子》第二十九章，《老子》曰："將欲取天
> 下而為之，吾見其不得已。天下神器，不可為也，為者敗之。"《文子・道德》
> 第七章曰："文子問曰：古之王者，以道蒞天下，為之奈何？老子曰：執一無
> 為，因天地與之變化。"天下大器也，不可執也，不可為也，為者敗之，執者
> 失之。"[1]《文子》所引《老子》"神器"作"大器"，並有"不可執也"四
> 字。今本《老子》與《淮南子・原道訓》似均脫"不可執也"四字。王叔岷云：
> "案：此本《老子》。'為者敗之'承'不可為也'而言；'執者失之'四字
> 無著。《文子》〈道德〉篇作'天下大器也，不可執也，不可為也，為者敗之，
> 執者失之'，多'不可執也'四字，與'執者失之'相應，極是！今本《老子》、
> 《淮南子》並脫四字，當補。據《老子》王弼注：'萬物以自然為性，故可因
> 而不可為也；可通而不可執也。'是所見本原有'不可執也'四字。"

夫天下者亦吾有也，吾亦天下之有也，天下之與我，豈有間哉！
夫有天下者，豈必攝權持勢，操殺生之柄而以行其號令邪？吾所謂
有天下者，非謂此也，自得而已。自得，則天下亦得我矣（貴忘乎勢位，
而在乎自得，自得即天下得我矣。）〈道原〉篇第四章①。吾與天下相得，則常相有已，
又焉有不得容其間者乎！

所謂自得者，全其身者也。全其身，則與道為一矣。故雖游於
江潯海裔，馳要褭，建翠蓋，目觀〈掉羽〉、〈武象〉之樂，耳聽
滔朗奇麗激抮之音，揚鄭、衛之浩樂，結〈激楚〉之遺風，射沼濱
之高鳥，逐苑囿之走獸，此齊民之所以淫泆流湎，聖人處之，不足
以營其精神，亂其氣志，使心怳然失其情性。處窮僻之鄉，側谿谷
之間，隱于榛薄之中，環堵之室，茨之以生茅，蓬戶甕牖，揉桑為
樞，上漏下溼，潤浸北房，雪霜滾灖，浸潭苴蔣，逍遙於廣澤之中，

---

[1] 《文子・道德》第七章未見於《淮南子》，竹簡《文子》有部份殘文與此章對應。參閱拙著：
《文子資料探索》，萬卷樓出版社，1999年9月。

而仿洋於山〔岬〕（原作“峽”，據王念孫校改。）之旁，此齊民之所爲形植黎黑，憂悲而不得志也，聖人處之，不爲愁悴怨〔慰〕（原作“懟”，據王引之校改。），而不失其所以自樂也。是何也？則內有以通於天機，而不以貴賤貧富勞逸失其自（原作“志”，據楊樹達校改。）德者也。故夫烏之啞啞，鵲之唶唶，豈嘗爲寒暑燥溼變其聲哉！

> 上段“環堵之室”等句，似取自《莊子·讓王》，〈讓王〉篇曰：“原憲居魯，環堵之室，茨以生草；蓬戶不完，桑以爲樞；而甕牖二室，褐以爲塞；上漏下溼，匡坐而弦。”下文以“是故”或“故”的形式，申述前文義理。其中部份文字，竄入《文子·九守》第十三章。

是故：夫得道已定，而（原有“不”字，據陶鴻慶、何寧校刪。）待萬物之推移也，非以一時之變化而定吾所以自得也。吾所謂得者，性命之情，處其所安也。夫性命者，與形俱出其宗，形備而性命成，性命成而好憎生矣。

故：士有一定之論，女有不易之行（故士有一定之論，女有不易之行。）〈九守〉篇第十三章⑤a，規矩不能方圓，鉤繩不能曲直。天地之永，登丘不可爲脩，居卑不可爲短。

> 上段“天地之永”等句，似取自《莊子·徐無鬼》，〈徐無鬼〉篇曰：“天地之養也一，登高不可以爲長，居下不可以爲短。”文字與《淮南子》此處相近。

是故：得道者，窮而不懾，達而不榮，處高而不機，持盈而不傾，新而不朗，久而不渝，入火不焦，入水不濡。

是故：不待勢而尊，不待財而富，不待力而強，平虛下流，與化翱翔。若然者，藏金於山，藏珠於淵，不利貨財，不貪勢名（不待勢而尊，不須財而富，不須力而強。不利貨財，不貪世名。）〈九守〉篇第十三章⑤b。

> 上段“若然者”等句，似取自《莊子·天地》，〈天地〉篇曰：“若然者，藏金於山，沈珠於淵，不利貨財，不近貴富；不樂壽，不哀夭；不榮通，不醜窮；

不拘一世之利以為己私分，不以王天下為己處顯。顯則明，萬物一府，死生同狀。"

是故：不以康為樂，不以憔為悲；**不以貴為安，不以賤為危；形神氣志，各居其宜**（不以貴為安，不以賤為危；形神氣志，各居其宜。）〈九守〉篇第十三章⑤c，以隨天地之所為。

3

此章論述"心"與"形"、"神"、"氣"、"志"的關係。此種對於"人"之本質問題的探討，應起自稷下學宮，與"精神"觀念的產生有密切關係。《管子·心術》曰："形不正者德不來，中不精者心不治。……是故曰，無以物亂官，毋以官亂心，此之謂內德。是故意氣定然後反正。氣者，身之充也。行者正之義也。充不美，則心不得。行不正，則民不服。"全章主要部份見於《文子·九守》第十三章第二段。《淮南子》此章似取自先秦史料，《文子》就混入其中之"文子外編"資料，編入〈九守〉篇中。

夫形者，生之舍也；氣者，生之充也；神者，生之制也。一失位，則三者傷矣（夫形者，生之舍也；氣者，生之元也；神者，生之制也，一失其位即三者傷矣。）〈九守〉篇第十三章⑥。**是故聖人使人各處其位，守其職，而不得相干也。故夫形者非其所安也而處之則廢，氣不當其所充而用之則泄，神非其所宜而行之則〔昧〕**（原作"昧"，據楊樹達校改。）**。此三者，不可不慎守也。**

告子曰："不得於言，勿求於心；不得於心，勿求於氣。"不得於心，勿求於氣，可；不得於言，勿求於心，不可。夫志，氣之帥也；氣，體之充也。夫志至焉，氣次焉。故曰：持其志，無暴其氣。《孟子·公孫丑上》

氣者，身之充也。行者正之義也。充不美，則心不得。行不正，則民不服。《管子·心術》

古之道士有言曰：“將欲無陵，固守一德。”此言神無離形，而氣多內充，而忍饑寒也。和樂者，生之外泰也，精神者，生之內充也，外泰不若內充，而況外傷乎！

《春秋繁露·循天之道》

《淮南子》上段所謂“氣者，生之充也”，另見於《孟子》與《管子》，《春秋繁露》則稱“精神者，生之內充也”。《淮南子》就“形”、“氣”、“神”三者來解釋，說理較為完備。

夫舉天下萬物，蚑蟯貞蟲，蠕動蚑作，皆知其所喜憎利害者，何也？以其性之在焉而不離也，忽去之，則骨肉無倫矣。今人之所以眭然能視，營然能聽，形體能抗，而百節可屈伸，察能分白黑、視醜美，而知能別同異、明是非者，何也？氣為之充，而神為之使也。何以知其然也？凡人之志各有所在而神有所繫者，其行也，足蹪趎埳，頭抵植木而不自知也，招之而不能見也，呼之而不能聞也。耳目非去之也，然而不能應者，何也？神失其守也。故在於小則忘於大，在於中則忘於外；在於上則忘於下，在於左則忘於右，無所不充則無所不在。是故，貴虛者，以毫末為宅也。

今夫狂者之能不（原作“不能”，據俞樾校改。）避水火之難而越溝瀆之險者，豈無形神氣志哉？然而用之異也。失其所守之位，而離其外內之舍，是故舉錯不能當，動靜不能中，終身運枯形于連嶁列埒之門，而蹪蹈於污壑阱陷之中，雖生俱與人鈞，然而不免為人戮笑者，何也？形神相失也。

故以神為主者，形從而利；以形為制者，神從而害（故以神為主者，形從而利，以形為制者，神從而害。）。貪饕多欲之人，〔湎眠〕（原作“漠睸”，據王念孫校改。）於勢利，誘慕於名位，冀以過人之智，〔植高於世〕（原作“植於高世”，據王念孫校改。），則精神日以耗而彌遠，久淫而不還，形閉中距，則神無由入矣（其生貪饕多欲之人，顛冥乎勢利，誘慕乎名位，幾以過人之知，位高於世，即精神日耗以遠，久淫而不還，形閉中拒，即無由入矣。）。是以天下時有

盲妄自失之患（是以時有盲忘自失之患。）〈九守〉篇第十三章⑦。此膏燭之類也，火
逾然而消逾亟。

　　夫精神氣志者，靜而日充者以壯，躁而日耗者以老（夫精神志氣者，
靜而日充以壯，躁而日耗以老。）。是故聖人將養其神，和弱其氣，平夷其形，
而與道沈浮俛仰（是故聖人持養其神，和弱其氣，平夷其形，而與道浮沈。）〈九守〉篇第
十三章⑧，恬然（原有"則"字，據王叔岷校刪。）縱之，迫則用之。其縱之也若委
衣，其用之也若發機。如是，則萬物之化無不遇，而百事之變無不
應（如此，則萬物之化無不偶也，百事之變無不應也。）〈九守〉篇第十三章⑨。／（〔老子曰：執
道以御民者，事來而循之，動物而因之，〕萬物之化無不應也，百事之變無不耦也。）〈道原〉篇
第三章① 。

二　〈俶真訓〉辨析

《淮南子‧要略》曰：

> 〈俶真〉者，窮逐終始之化，嬴坪有無之精，離別萬物之變，合同死生之形，使人遺物反己，審仁義之間，通同異之理，觀至德之統，知變化之紀，說符玄妙之中，通迴造化之母也。

高誘注：“俶，始也。真，實也。說道之實始於無有，化育於有，故曰俶真，因以題篇。”

就〈要略〉篇所言的內容，〈俶真訓〉論述以下幾個思想的要點：

第一、通透地探索始源與展衍間的運作遷化。

第二、深究“有”、“無”二者的精蘊。

第三、辨析釐清萬物的殊別變化。

第四、混同生死差異的轉形。

透過這種探討，使人能遺棄外物的牽涉，返回本己的實情。這也就是以“俶真”為篇名的意義。因此，此篇〈要略〉篇的作者強調此篇的旨意，在於對以下幾件事情的把握：

第一、洞察施行仁義的細微內涵。

第二、通曉事物的同異交合道理。

第三、靜觀至德之世的質樸。

第四、確知世事變化的規律。

第五、解說玄眇幽隱的符應現象。

第六、通達萬物造化的本源。

今存〈俶真訓〉資料，雖勉強符合〈要略〉篇所提示的義理結構，但其資料相當雜亂，有相當數量的脫文與錯簡，更有他篇文句的竄入，今本〈俶真訓〉似僅保留部份原本的形式。今按其文意段落，可分為四個主要部份。

第一部份：此部份資料論述"始源"在"有"、"無"之際所展現的層域，似體現〈要略〉篇所稱"窮逐終始之化，嬴坪有無之精"。全文可分為兩章，第一章，分別闡釋始源展發的各個層次。第二章，說明萬物周迴的變化，人不能窮盡其極，唯聖人能"仗性依神"，相扶而得其終始。此部份資料與《莊子》內容關係極為密切。

第二部份：此部份資料強調道之始源與人之本性的交互作用。萬物皆本於一根，同出於道。人當靜默恬淡，不以物事為累，對於仁義的人文規劃採取批判的態度，應為〈俶真訓〉的主要部份。相關內容的資料，分置於兩處。（甲）處可分三章。第一章，藉遠古的質樸盛世，說明人能相忘於道術，則休其精神，抱其太素，以遊於太清。第二章，說明"道出一原"，聖人寄託其精神於靈府，歸返於萬物之初。第三章，探析"審仁義之間"的問題，強調"仁義立"，即"道德廢"，"聖人內修道術，不外飾仁義，而游心於精神之和。"（乙）處可分三節。第一節，說明人性安靜，則精神清明，嗜欲即不能擾亂。第二節，敘說古之治天下，在於達乎性命之情，恬默無事，故"能有天下者，必無以天下為"。第三節，說明"靜默恬淡"以養性，"和愉虛無"以養德。體道之人，能"養生以經世，抱德以終年"。

第三部份：此部份探討遠古以來世代的衰變，合於〈要略〉篇所稱"觀至德之統，知變化之紀"。認為古之盛世，渾同自然的運作，純樸不散，萬物大優。而隨著世代的演進，人類的覺識萌生，以致"澆淳散樸"，離道德以偽行。因此，聖人之學，即在"返性於初，而遊心於虛"。此種論述的體例與〈本經訓〉"垺略衰世古今之變，以襃先聖之隆盛，而貶末世之曲政"相近。

第四部份：說明遠古之盛世，人能自得於其間，乃由於時命的所處。聖人志得道行，繫於世代的治亂。因此，"性遭命而後能行，命得性而後能明。"此部份文意似與〈俶真訓〉關連不大，恐為他處錯簡。

今本〈俶真〉篇約有 5205 字，應非原書全文，而為後人就《淮南子》殘文加以編整而成，其中似有劉安注《莊子》資料，或莊子殘文混入。全篇有 1568

字與《文子》可對應，約佔 30%。〈俶真訓〉文字見於與《文子》者為：〈道原〉篇第四章第二與第四段；〈微明〉篇第十三章第三、四、五段；〈精誠〉篇第六、七、八章；〈上禮〉篇第一章；〈九守〉篇第七、八、九章；〈道德〉篇第四章。

第一部份：

此部份文字，疑原屬劉安注《莊子》資料殘文，《淮南子》撰述時或曾摘引編入〈俶真訓〉。

1

此章似顯出〈要略〉篇所言"窮逐終始之化，嬴垎有無之精"的意含，但全章文意結構，卻與《莊子·齊物論》所論述之"有、無"不定性導源的程序有關。全章對此程序，提出個別註解的說明。此種文體資料，恐取自劉安《莊子后解》、《莊子略要》等書[1]，或即此類資料的殘文竄入。

有"有始者"，有"未始有有始者"，有"未始有夫未始有有始者"。有"有者"，有"無者"，有"未始有有無者"，有"未始有夫未始有有無者"。

---

[1] 《文選》江文通〈雜體詩〉、謝靈運〈入華子崗詩〉、〈歸去來辭〉、〈竟陵文宣王行狀〉、李善注皆引淮南王《莊子略要》，張協〈七命〉，李善注引淮南王《莊子后解》。《漢書·藝文志》著錄《莊子》五十二篇，其中有《解說》三篇，江世榮云："《解說》三篇包括《莊子解》、《莊子後解》、《莊子要略》（一作《莊子略要》）。經考證，這三篇《解說》為西漢時淮南王劉安所作。"（江世榮，〈劉安《莊子解說》輯要〉，《文史》第二十七輯），另參閱江著〈有關《莊子》的一些歷史資料〉（《文史》第一輯），〈有關《莊子》歷史資料續考〉（《中華文史論叢》1981 年第一輯），〈《莊子》佚文舉例〉（《文史》第十三輯）。

所謂“有始者”，繁憤未發，萌兆牙蘖，未有形埒（原有 '垠堮' 二字，據王念孫校刪。），無無蠕蠕，將欲生興而未成物類。

有“未始有有始者”，天氣始下，地氣始上，陰陽錯合，相與優游競暢于宇宙之間，被德含和，繽紛蘢茸，欲與物接而未成兆朕。

有“未始有夫未始者有有始者”，天含和而未降，地懷氣而未揚，虛無寂寞，蕭條霄霏，無有仿佛，氣遂而大通冥冥者也。

有“有者”，言萬物摻落，根莖枝葉，青蔥苓蘢，〔萑薵〕（原作“萑薵”據王念孫校改。）炫煌，蠉飛蠕動，蚑行噲息，可切循把握而有數量。

有“無者”，視之不見其形，聽之不聞其聲，捫之不可得也，望之不可極也，儲與扈冶，浩浩瀚瀚，不可隱儀揆度而通光燿者。

有“未始有有無者”，包裹天地，陶冶萬物，大通混冥（〔夫道者，〕陶冶萬物，〔終始無形，寂然不動，〕大通混冥。），深閎廣大，不可為外，析毫剖芒，不可為內，無環堵之宇，而生有無之根。（深宏廣大不可為外，折豪剖芒不可為內，無環堵之宇，而生有無之總名也。）〈原道訓〉第四章②

有“未始有夫未始有有無者”，天地未剖，陰陽未判，四時未分，萬物未生，汪然平靜，寂然清澄，莫見其形。

> 今且有言於此，不知其與是類乎？其與是不類乎？類與不類，相與為類，則與彼無以異矣。雖然，請嘗言之。有“始”也者，有“未始有始”也者，有“未始有夫未始有始”也者。有“有”也者，有“無”也者，有“未始有無”也者，有“未始有夫未始有有無”也者。俄而有“無”矣，而未知“有”、“無”之果孰有孰無也。〈莊子·齊物論〉

〈齊物論〉篇上段是在辨解始源界定無限後退的不定性，亦即：任何界定的始源，均以其界定的限制，而無法呈現其始源的性質。但〈俶真訓〉卻將〈齊物論〉篇的形式分析，轉換成實質的位列，並提出個別層域意含的註解。此種涉及本體論內容的闡釋，與〈齊物論〉篇以思辨邏輯解析所表現的作用，迥然不同。〈俶真訓〉界定六個推衍的層域，其中所謂"有未始有有無"段，似引用《文子》資料。下段文意雖仍論述"有"、"無"問題，但文氣不能直接上承，恐僅為殘文。

若光燿之〔問〕（原作"間"，據陳觀樓校改。）於無有，退而自失也，曰："予能有'無'，而未能無'無'也。及其為無'無'，至妙何從及此哉！"

光燿問乎無有曰："夫子有乎？其無有乎？"光燿不得問，而孰視其狀貌，窅然空然，終日視之而不見，聽之而不聞，搏之而不得也。光燿曰："至矣！其孰能至此乎！予能有'無'矣，而未能無'無'也；及為無'有'矣，何從至此哉！"《莊子‧知北遊》

上段文字似本諸《莊子‧知北遊》。"及其為無無"句，〈知北遊〉篇作"及其為無有"。〈俶真訓〉與〈知北遊〉篇前文均曰"予能有'無'，而未能無'無'也。"此句是針對"未能無無"說，故當作"及其為無'無'，至妙何從及此哉"，意謂：何從及於"無'無'"之至妙。

2

此章可分為三段，第一段文字全見於《莊子‧大宗師》，似《莊子》資料竄入。第二段說明"物豈可謂無大揚攉乎？"主要內容見於《莊子》〈大宗師〉、〈齊物論〉兩篇，似引自劉安《莊子略要》或《莊子后解》，或即該書殘文竄入。第三段文意與前文並不連貫，疑似他處錯簡。

夫大塊載我以形，勞我以生，逸我以老，休我以死。善我生者，乃所以善吾死也。夫藏舟於壑，藏山於澤，人謂之固矣。雖然夜半有力者負而趨，寐者不知，〔藏小大有宜，〕（據劉文典說增。）猶有所遁。若藏天下於天下，則無所遁其形矣。

夫大塊載我以形，勞我以生，佚我以老，息我以死。故善吾生者，乃所以善吾死也。

夫藏舟於壑，藏山於澤，謂之固矣。然而夜半有力者負之而走，昧者不知也。藏小大有宜，猶有所遯。若夫藏天下於天下而不得所遯，是恆物之大情也。《莊子・大宗師》

《淮南子》上段文字與《莊子・大宗師》幾乎全同，疑即〈大宗師〉篇資料。此應與劉安整理與註解《莊子》之事有關。

　　物豈可謂無大揚攉乎？一範人之形而猶喜。若人者，千變萬化而未始有極也。弊而復新，其爲樂也，可勝計邪！譬若〔夢〕（據劉文典說增。），夢爲鳥而飛於天，夢爲魚而沒於淵，方其夢也，不知其夢也，覺而後知其夢也。今將有大覺，然後知今此之爲大夢也。始吾未生之時，焉知生之樂也？今吾未死，又焉知死之不樂也？昔公牛哀轉病也，七日化爲虎。其兄掩戶而入覘之，則虎搏而殺之。是故文章成獸，爪牙移易，志與心變，神與形化。方其爲虎也，不知其嘗爲人也；方其爲人，不知其且爲虎也。二者代謝舛馳，各樂其成形。狡猾鈍惛，是非無端，孰知其所萌！夫水嚮多則凝而爲冰，冰迎春則泮而爲水，冰水移易於前後，若周員而趨，孰暇知其所苦樂乎！

顏回問仲尼曰：「孟孫才，其母死，哭泣無涕，中心不戚，居喪不哀。無是三者，以善處喪蓋魯國。固有無其實而得其名者乎？回壹怪之。」仲尼曰：「夫孟孫氏盡之矣，進於知矣，唯簡之而不得，夫已有所簡矣。孟孫氏不知所以生，不知所以死；不知孰先，不知孰後；若化爲物，以待其所不知之化已乎！且方將化，惡知不化哉？方將不化，惡知已化哉？吾特與汝，其夢未始覺者邪！且彼有駭形而無損心，有旦宅而無情死。孟孫氏特覺人哭亦哭，是自其所以乃。且也相與吾之耳矣，庸詎知吾所謂吾之非吾乎？且汝夢爲鳥而厲乎天，夢爲魚而沒於淵。不識今之言者，其覺者乎，其夢者乎？造適不及笑，獻笑不及排，安排而去化，乃入於寥天一。」《莊子・大宗師》

《淮南子》上段文意似本諸《莊子・大宗師》，而文字亦多襲自《莊子》。「一範人之形而猶喜。」數句，〈大宗師〉篇曰：「特犯人之形而猶喜之。若人之形者，萬化而未始有極也，其爲樂可勝計邪！」「譬若夢」等句，〈大宗師〉篇曰：「且汝夢為鳥而厲乎天，夢為魚而沒於淵。」〈齊物論〉亦云：「方其夢也，不知其夢也。夢之中又占其夢焉，覺而後知其夢也。且有大覺而後知此其大夢也。"此種文體的資料，應與《莊子后解》、《莊子要略》相類。又，"昔公牛哀轉病"事，《論衡》也有記述，曰："魯公牛哀寢疾，七日變而成虎。"

*

下段文意與前文不能通貫。前數段均論述萬物的遷變來自造化，各樂其成形，而無是非之端，以共融於天地之中。而此段則言"形神"相互依持的養生問題，二者文意不能直接相承續，其間應有脫文，或為錯簡。

是故：形傷於寒暑燥溼之虐者，形苑而神壯；神傷乎喜怒思慮之患者，神盡而形有餘。（夫形傷乎寒暑燥濕之虐者，形究而神杜，神傷於喜怒思慮之患者，神盡而形有餘。）故罷馬之死也，剝之若槁；狡狗之死也，割之猶〔蠕〕（原作"濡"，據劉文典校改。）。是故傷死者其鬼嬈，時既者其神漠。是皆不得形神俱沒也。夫聖人用心，杖性依神，相扶而得終始，是故其寐不夢，其覺不憂（故真人用心，杖性依神，相扶而得終始，是以其寢不夢，覺而無憂。）〈道原〉篇第四章④。

> 古之真人，其寢不夢，其覺無憂，其食不甘，其息深深。《莊子·大宗師》

> 故曰：聖人之生也天行，其死也物化……其寢不夢，其覺無憂。其神純粹，其魂不罷。虛無恬惔，乃合天德。《莊子·刻意》

上段"其寐不夢，其覺不憂"兩句，即取自《莊子》。

第二部份（甲）：

1

此章可分為兩節，第一節主要說明原始至德之世的情狀，即〈要略〉篇所言之"觀至德之統"；第二節說明真人之德，相忘於道術，秉持平易之心而與時變化，遊於太清。符合〈要略〉篇所稱"離別萬物之變，合同死生之形，使人知遺物反己"之義，但其中似有錯簡竄入。

①

　　古之人有處混冥之中，神氣不蕩於外，萬物恬漠以愉靜，攙搶衡杓之氣莫不彌靡，而不能為害。當此之時，萬民倡狂，不知東西；含哺而游，鼓腹而熙；交被天和，食於地德；不以曲故、是非相尤，茫茫〔沉沉〕（原作"沈沈"，據王念孫校改）：是謂大治。於是在上位者，左右而使之，毋淫其性；鎮撫而有之，毋遷其德。是故仁義不布而萬物蕃殖，賞罰不施而天下賓服。其道可以大美興，而難以算計舉也。是故日計之不足，而歲計之有餘。

　　　　古之人，在混芒之中，與一世而得澹漠焉。當是時也，陰陽和靜，鬼神不擾，四時得節，萬物不傷，群生不夭，人雖有知，無所用之，此之謂至一。當是時也，莫之為而常自然。《莊子·繕性》

　　　　吾聞至人，尸居環堵之室，而百姓猖狂不知所如往。《莊子·庚桑楚》

　　　　浮遊不知所求；猖狂不知所往；遊者鞅掌，以觀無妄。《莊子·在宥》

　　　　夫赫胥氏之時，民居不知所為，行不知所之，含哺而熙，鼓腹而遊，民能以此矣。《莊子·馬蹄》

　　　　夫赫胥氏之時，民居不知所為，行不知所之，含哺而熙，鼓腹而遊，民能以此矣。《莊子·胠篋》

　　　　夫至人者，相與交食乎地而交樂乎天，不以人物利害相攖，不相與為怪，不相與為謀，不相與為事，脩然而往，侗然而來。是謂衛生之經已。《莊子·庚桑楚》

　　　　今吾日計之而不足，歲計之而餘。《莊子·庚桑楚》

上節受《莊子》思想影響，強調非人文性規劃的始源之治。其中多處文字即取自《莊子》。"左右而使之"四句，蔣禮鴻云："'使'當作'在'，'有'讀作'宥'。《莊子》〈在宥〉篇曰：'聞在宥天下，不聞治天下也。在之也者，恐天下之淫其性也；宥之也者，恐天下之遷其德也。'《莊子》文即《淮南》所本。又，“其道可以大美興”句，馬宗霍云：“《莊子》〈知北遊〉篇云：‘天地有大美而不言，四時有明法而不議，萬物有成理而不說。聖人者，原天地之美而達萬物之理。’此《淮南》所本。”

②

夫魚相忘於江湖，人相忘於道術。古之真人，立於天地之本，中至優游，抱德煬和，而萬物〔炊〕（原作“雜”，據孫詒讓校改。）累焉，孰肯解構人間之事，以物煩其性命乎！

> 孔子曰：“魚相造乎水，人相造乎道。相造乎水者，穿池而養給；相造乎道者，無事而生定。故曰：‘魚相忘乎江湖，人相忘乎道術。’”《莊子·大宗師》

> 故君子苟能無解其五藏，無擢其聰明；尸居而龍見，淵默而雷聲，神動而天隨，從容無爲而萬物炊累焉。吾又何暇治天下哉！《莊子·在宥》

上段文意本諸《莊子》，“夫魚相忘於江湖”兩句，語出《莊子·大宗師》，“抱德煬和而萬物雜累焉”句，孫詒讓云：“雜’疑作‘炊’。《莊子》〈在宥〉篇云：‘從榮無為而萬物炊累焉。’……《淮南》書似即本彼文。”又，“以物煩其性命乎”句下，可接下文“夫挾依於跂躍之術”段，文氣通暢，文意連貫。

＊

以下數段似他處錯簡。各段內容也不相同，尤其提出“仁義禮樂”的積極性作用，與前文“仁義不布”、“孰肯解構人間之事，以物煩其性命”，或後文“雖以天下之大，易骭之一毛，無所概於志”的思想不合。其中“故能戴大員”句，見於《文子·微明》第十三章第三段。〈微明〉篇彼處為“文子外編”資料，出現於〈俶真訓〉兩處，《淮南子》似分別加以引用，但此處則為錯簡（見下文“道出一原”段分析）。

夫道有經紀條貫，得一之道，連千枝萬葉。

是故貴有以行令，賤有以忘卑，貧有以樂業，困有以處危。夫大寒至，霜雪降，然後知松柏之茂也。據難履危，利害陳于前，然後知聖人之不失道也。

上段“夫大寒至”三句，向宗魯云：《莊子》〈讓王〉篇載孔子語曰：‘大寒既至，霜雪既降，吾是以知松柏之茂也。’（又見《呂氏春秋》〈慎人〉篇）即此文所本。“

故：能戴大員者履大方，鏡太清者視大明，立太平者處大堂，能游冥冥者與日月同光（是故：能戴大圓者履大方，鏡太清者視大明，立太平者處大堂，能游於冥冥者，與日月同光。）〈微明〉篇第十三章③c 。

能戴大圓者體乎大方。鏡大淸者視乎大明。《管子・心術下》

人能正靜，皮膚裕寬，耳目聰明，筋信而骨強，乃能戴大圜，而履大方。鑒於大淸，視於大明。敬愼無忒，日新其德；徧知天下，窮於四極；敬發其充，是謂內得。《管子・內業》

上段文字似引自《管子》。

是故：以道爲竿，以德爲綸，禮樂爲鉤，仁義爲餌，投之於江，浮之於海，萬物紛紛，孰非其有！

《初學記・武部》、《太平御覽》卷八百三十四引，並作“聖人以道德為竿綸，以仁義為鉤餌，投之天地間，萬物孰非其有哉！”，此為《淮南子》有別本傳世之證。

夫挾依於跂躍之術，提挈人間之際，撢掞挺挏世之風俗，以摸蘇牽連物之微妙，猶得肆其志，充其欲，何況懷瓌瑋之道，忘肝膽，遺耳目，獨浮游無方之外，不與物相弊摋，中徙倚無形之域而和以天〔倪〕（原作“地”，據俞樾校改。）者乎！若然者，偃其聰明而抱其太素，以利害爲塵垢，以死生爲晝夜。是故目觀玉輅琬象之狀，耳聽〈白雪〉、〈清角〉之聲，不能以亂其神；登千仞之谿，臨蝯眩之岸，不足以滑其和。譬若鍾山之玉，〔灼〕(原作'炊'，據王念孫校改。)以鑪炭，三日三夜而色澤不變，(原有"則至"二字，據何寧校刪。)德天地之精也。是故生不足以使之，利何足以動之！死不足以禁之，害何足以恐之！明於死生之分，達於利害之變，雖以天下之大，易骭之一毛，無所概於志也！

《淮南子》上段文意本諸《莊子》。"忘肝膽"等句，〈達生〉篇曰："子獨不聞夫至人之自行邪？忘其肝膽，遺其耳目，芒然彷徨乎塵垢之外，逍遙乎無事之業，是謂為而不恃，長而不宰。""以利害為塵垢"兩句，〈至樂〉篇曰："生者，假借也，假之而生；生者，塵垢也。死生為晝夜。"〈田子方〉篇亦云："夫天下也者，萬物之所一也。得其所一而同焉，則四肢百體將為塵垢，而死生終始將為晝夜，而莫之能滑，而況得喪禍福之所介乎！"又，"而和之以天地"句，俞樾據〈齊物論〉篇，改"地"字為"倪"。何寧云："《莊子》〈齊物論〉'何謂和之以天倪？曰：忘年忘義，振於無竟，故寓諸無竟。'彼謂'振於無竟'，即此'中徙倚無形之域'也。"又，"是故生不足以使之"等句，向宗魯云："'是故'六語見《慎子》。"植案：《墨海金壺》本《慎子》作："始吾未生之時，焉知生之為樂也。今吾未死，又焉知死之為不樂也，故生不足以使之，利何足以動之。死不足以禁之，害何足以恐之。明於死生之分，達於利害之變，是以目觀玉輅琬象之狀，耳聽白雪清角之聲，不能以亂其神。登千仞之谿，臨蝯眩之岸，不足以淆其知。夫如是，身可以殺，生可以無，仁可以成。""生不足以使之"四句，亦見於《呂氏春秋》，〈知分〉篇曰："生不足以使之，則利曷足以使之矣？死不足以禁之，則害曷足以禁之矣？"

夫貴賤之於身也，猶條風之時麗也；毀譽之於己，猶蚊虻之一過也。夫秉皓白而不黑，行純粹而不揉，處玄冥而不闇，休於天鈞而不碭；孟門、終隆之山不能禁也，

"天鈞"是《莊子》書中的重要觀念，如：〈寓言〉篇曰："萬物皆種也，以不同形相禪，始卒若環，莫得其倫，是謂天均。天均者天倪也。"〈齊物論〉篇曰："是以聖人和之以是非而休乎天鈞，是之謂兩行。"〈庚桑楚〉篇曰："知止乎其所不能知，至矣；若有不即是者，天鈞敗之。"《淮南子》上段即

本諸《莊子》思想。

唯體道者能不敗，

王念孫云：「‘唯體道者能不敗’六字，與上下文義不相屬，乃上文‘休乎天均而不碼’之注誤衍於此。」

湍瀨旋淵、呂梁之深不能留也，大行、石澗、飛狐、句望險不能難也。

下列四個“是故”引述的資料，與上文文氣似欠聯繫，恐後人就殘亂文句，按其相近文意而編輯於此。

是故：身處江海之上，而神游魏闕之下。非得一原，孰能至於此哉！

　　中山公子牟謂瞻子曰：「身在江海之上，心居乎魏闕之下，柰何？」瞻子曰：「重生。重生則利輕。」中山公子牟曰：「雖知之，未能自勝也。」瞻子曰：「不能自勝則從，神無惡乎？不能自勝而強不從者，此之謂重傷。重傷之人，無壽類矣。」魏牟，萬乘之公子也，其隱巖穴也，難為於布衣之士；雖未至乎道，可謂有其意矣。《莊子·讓王》；另見於《淮南子·道應》

　　中山公子牟謂詹子曰：「身在江海之上，心居乎魏闕之下，柰何？」詹子曰：「重生。重生則輕利。」中山公子牟曰：「雖知之，猶不能自勝也。」詹子曰：「不能自勝則縱之，神無惡乎。不能自勝而強不縱者，此之謂重傷，重傷之人無壽類矣。」《呂氏春秋·審為》

是故：與至人居，使家忘貧，使王公簡其貴富而樂卑賤，勇者衰其氣，貪者消其欲；坐而不教，立而不議，虛而往者實而歸，故不言而能飲人以和。

　　上段資料似出自《莊子》，〈則陽〉篇曰：「故聖人，其窮也使家人忘其貧，其達也使王公忘爵祿而化卑。其於物也，與之為娛矣；其於人也，樂物之通而保己焉；故或不言而飲人以和，與人並立而使人化。」又，〈德充符〉篇曰：

　　"王駘，兀者也，從之遊者，與夫子中分魯。立不教，坐不議，虛而往，實而歸。固有不言之教，無形而心成者邪？是何人也？"《淮南子》此處文意並不明晰，"與至人居"與"坐而不教"兩句主詞，當非指一人，〈則陽〉篇文意完整，〈俶真訓〉恐有脫文，或為殘文綴合。

　　是故：至道無爲，一龍一蛇，盈縮卷舒，與時變化；外從其風，內守其性，耳目不燿，思慮不營。其所居神者，臺簡以游太清，引楯萬物，群美萌生。

　　上段"一龍一蛇"等句，似本諸《莊子·山木》，〈山木〉篇曰："若夫乘道德而浮遊則不然。無譽無訾，一龍一蛇，與時俱化，而無肯專為。"

　　是故：事其神者神去之，休其神者神居之。

2

　　此章論說萬物出於同源，皆根基於道，道本無形，唯無形乃生有形之物。按行文的結構，可分為三節。第一節說明萬物皆出於同源之道，歸本於造化之母。第二節說明萬物有所受，而生殊異之形。道"無形而生有形"，故聖人歸於萬物之初。全章內容合於〈要略〉篇所言"窮逐終始之化，嬴坿有無之精，離別萬物之變，合同死生之形。"

　　①

　　道出一原，通九門，散六衢，設於無垓坫之宇；寂漠以虛無，非有為於物也，物以有為於己也（道者，寂寞以虛無，非有為於物也，不以有為於己也。）。是故：舉事而順於道者，非道之所為也，道之所施也（是故舉事而順道者，非道者之所為，道之所施也。）〈微明〉篇第十三章③a。

　　上段見於《文子·微明》第十三章，"物以有為於己也"句，〈微明〉篇作"不以有為於己"，"不"字誤，"非道之所為"句，〈微明〉篇"道"下衍"者"

字。

　　夫天之所覆，地之所載，六合所包，陰陽所呴，雨露所濡，道德所扶，此皆生〔於〕（據劉文典校補。）一父母而閱一和也（天地之所覆載，日月之所照明，陰陽之所煦，雨露之所潤，道德之所扶，皆同一和也。）〈微明〉篇第十三章③ b 。是故：槐榆與橘柚合而為兄弟，有苗與三危通而為一家。

　　　　下段說明精神分離馳騖在六合之內，一舉可穿越千萬里。似與上下文意不能契合，文氣亦非通貫，恐為錯簡。下文引"自其異者視之"等句，可直接承續"有苗與三危通而為一家"。

　　夫目視鴻鵠之飛，耳聽琴瑟之聲，而心在鴈門之間，一身之中，神之分離剖判，六合之內，一舉而千萬里。

　　是故：自其異者視之，肝膽胡越也；自其同者視之，萬物一圈也。百家異說，各有所出。若夫墨、楊、申、商之於治道，猶蓋之（原有 '無' 字，據王念孫校刪。）一橑，而輪之（原有 '無' 字）一輻，有之可以備數，無之未有害於用也。己自以為獨擅之，不通（原有 "之" 字，據王叔岷、何寧校刪。）於天地之情也。

　　　　上段 "自其異者視之" 四句，取自《莊子·德充符》，〈德充符〉篇曰："自其異者視之，肝膽楚越也；自其同者視之，萬物皆一也。"

②

　　今夫冶工之鑄器，金踊躍于鑪中，必有波溢而播棄者，其中地而凝滯，亦有以象於物者矣。其形雖有所小用哉？然未可以保於周室之九鼎也，有況比於規形者乎？其與道相去亦遠矣！

　　　　上段似參引《莊子·大宗師》文意，〈大宗師〉篇曰："今之大冶鑄金，金踊躍曰：'我且必為鏌鋣！'大冶必以為不祥之金。今一犯人之形，而曰：'人耳！人耳！'夫造化者必以為不祥之人。今一以天地為大鑪，以造化為大冶，惡乎往而不可哉！"

今夫萬物之疏躍枝舉，百事之莖葉條蘗，皆本於一根，而條循千萬也。若此，則有所受之矣，而非所授者。所〔授〕（受）者，無〔受〕（授）也，而無不〔授〕（受）也。無不〔授〕（以上"授"、"受"之分，據蔣禮鴻校改。）也者，譬若周雲之蘢蓯，遼巢彭〔薄〕（原作"濞"，據王念孫校改。）而爲雨，沉溺萬物而不與爲溼焉。

今夫善射者，有儀表之度，如工匠有規矩之數，此皆〔有〕（據陳觀樓校補。）所得以至於妙。然而奚仲不能爲逢蒙，造父不能爲伯樂者，是〔皆〕（原作"曰"，據王叔岷、何寧校改。）諭於一曲，而不通于萬方之際也。

今以涅染緇，則黑於涅，以藍染青，則青於藍。涅非緇也，〔藍非青〕（原作'青非藍'，據楊樹達校改。）也，茲雖遇其母而無能復化已！是何則？以諭其轉而益薄也。何況夫未始有涅藍造化之者乎！其爲化也，雖鏤金石，書竹帛，何足以舉其數！由此觀之，物莫不生於有也，小大優游矣。

夫秋毫之末，淪於無間而復歸於大矣；蘆符之厚，通於無墾而復反於敦龐。若夫無秋毫之微，蘆符之厚，四達無境，通於無圻，而莫之要御夭遏者；其襲微重妙，挺挏萬物，揣丸變化，天地之間何足以論之！

夫疾風勃木，而不能拔毛髮；雲台之高，墜者折脊碎腦，而蚊虻適足以翱翔。夫與蜻蟯同乘天機，（原有"夫"字，據王念孫校刪。）受形於一圈，飛輕微細者，猶足以〔託〕（原作"脫"，據楊樹達校改。）其命，又況未有類也？由此觀之，**無形而生有形**（無形而生於有形。）〈微明〉篇第十三章④a亦明矣。

上段文意似本諸《鶡冠子·天權》，〈天權〉篇曰："夫蚊虻墜乎千仞之谿，乃始翱翔而成其容。牛馬墜焉，碎而無形。由是觀之，則大者不便，重者創深。"

《淮南子》文字與〈天權〉篇相類。

是故：聖人託其神於靈府，而歸於萬物之初，視於冥冥，聽於無聲，冥冥之中獨見曉焉，寂漠之中獨有照焉（視於冥冥，聽於無聲，冥冥之中獨有曉焉，寂寞之中獨有照焉。）〈微明〉篇第十三章④b。其用之也以不用，其不用也而後能用之；其知也乃不知，其不知也而後能知之也（其用之乃不用，不用而後能用之也；其知之乃不知，不知而後能知之也。）〈微明〉篇第十三章④c。

上段"聖人託其神於靈府"數句，取自《莊子》，〈天地〉篇曰："是故真人託期於靈台，而歸居於物之初。視乎冥冥！聽乎無聲。冥冥之中，獨見曉焉，無聲之中，獨聞和焉。""其用之也以不用"數句，似本諸〈外物〉篇文意，〈外物〉篇曰："惠子謂莊子曰：'子言無用。'莊子曰：'知無用而始可與言用矣。天地非不廣且大也，人之所用容足耳。然則廁足而墊之致黃泉，人尚有用乎？'惠子曰：'無用。'莊子曰：'然則無用之為用也亦明矣。'"上段文字仍似與劉安注解《莊子》資料有關。又，由"無形"句始，見於《文子·微明》篇第十三章第五節，但在〈微明〉篇中"無形生於有形"句衍'於'字，同時與下"是故"句，文氣不相連貫，當為《淮南子》殘文混入今本《文子》。

*

下段提出"所立於身者不定，即是非無所形"，並引述《莊子》所稱"有真人然後有真知"，與上文文意欠聯繫，似錯簡竄入。

夫天不定，日月無所載；地不定，草木無所植；所立於身者不寧，是非無所形（〔老子曰：〕天不定，日月無所載，地不定，草木無所立，身不寧，是非無所形。）。是故有真人然後有真知。其所持者不明，庸詎知吾所謂知之非不知歟（是故"有真人而後有真知"，其所持者不明，何知吾所謂知之非不知與？）〈精誠〉篇第六章①？

上段"草木無所植"三句，《文子·精誠》作"草木無所立，身不寧，是非無所形。"高注曰："植，立也。"又曰："形，見也。""植"字，《文子》作"立"。高誘或曾見混入今本《文子》之《淮南子》別本。《淮南子》此處文意欠明晰，前六句似意謂：天穹若不能恆定，日月就無處可運行；大地若不能安定，草木就無處生長，存身所據的依持不能寧定，是非之辨就不能形成。《淮南子》書中對"是非"觀念，有不同的看法。一、採取消極的態度，如："狡猾鈍憎，是非無端，孰知其所萌！""不以曲故、是非相尤，茫茫沈沈，是謂大治。"〈俶真訓〉"是故仁義立而道德遷矣，禮樂飾則純朴散矣，是非形而百姓眩矣，珠玉尊而天下爭矣。凡此四者，衰世之造也，末世之用也。"二、採取積極的態度，如："文王周觀得失，遍覽是非，堯舜所以昌、桀紂所以亡者，皆著於明堂。"〈主術訓〉"聖人見是非，若白黑之於目辨。"〈脩務訓〉"此使君子小人紛然殽亂，莫知其是非者也。"〈泰族訓〉三、說明如何明辨是非，如："知能別同異、明是非者，何也？氣為之充，而神為之使也。"〈原道訓〉"故耳目之察，不足以分物理；心意之論，不足以定是非。故以智為治者難以持國，唯通於太和而持自然之應者，為能有之。"〈覽冥訓〉"為學者，蔽於論而尊其所聞，相與危坐而稱之，正領而誦之。此見是非之分不明。"〈脩務訓〉四、提出所謂的真是非，如："至是之是無非，至非之非無是，此真是非也。"〈齊俗訓〉"故是非有處，得其處則無非，失其處則無是。"〈氾論訓〉五、提出"是非"未可定，如："天下是非無所定，世各是其所是，而非其所非，所謂是與非各異，皆自是而非人。由此觀之，事有合於己者，而未始有是也；有忤於心者，而未始有非也。""若以聖人為之中，則兼覆而幷有之，未有可是非者也。"〈齊俗訓〉《淮南子》此處所稱"所立於身者不寧，是非無所形"，似屬上述第四種情形，但前後段文意並不完整，恐為殘文的綴合。"是故有真人然後有真知"三句，取自《莊子》，〈大宗師〉篇曰："庸詎知吾所謂天之非人乎？所謂人之非天乎？且有真人而後有真知。"〈齊物論〉篇亦曰："庸詎知吾所謂知之非不知邪？庸詎知吾所謂不知之非知邪？"

3

此章資料頗為雜亂，第一段論述"道散而為德，德溢而為仁義"，似承襲《老子》第三十八章觀念加以闡發。其後數段，敘說精神不能守於中，即以身役物，而為世俗所繫。部份段落錯入他處關於"聖人"與"真人"之辨的資料。

今夫積惠重厚，累愛襲恩，以聲華嘔苻、嫗掩萬民百姓，使（原有'知'字，據王念孫校刪。）之訢訢然，人樂其性者，仁也。舉大功，立顯名，體君臣，正上下，明親疏，等貴賤，存危國，繼絕世，決嫌治煩，興毀宗，立無後者，義也。閉九竅，藏心志，棄聰明，反無識，芒然仿佯于塵埃之外，而消搖于無事之業，含陰吐陽，而萬物和同者，德也。是故道散而為德，德溢而為仁義，仁義立而道德廢矣（積惠重貨，使萬民欣欣，人樂其生者，仁也。舉大功，顯令名，體君臣，正上下，明親疏，存危國，繼絕世，立無後者，義也。閉九竅，藏志意，棄聰明，反無識，芒然仿佯乎塵垢之外，逍遙乎無事之際，含陰吐陽而與萬物同和者，德也。是故道散而為德，德溢而為仁義，仁義立而道德廢矣。）〈精誠〉篇第六章②。

> 上段發揮《老子》之旨，《老子》第三十八章曰："故失道而後德，失德而後仁，失仁而後義，失義而後禮。"文中多引用《莊子》文字，"舉大功"四句，〈刻意〉篇曰："語大功，立大名，禮君臣，正上下，為治而已矣。"又，"閉九竅"等句，〈大宗師〉篇曰："假於異物，託於同體；忘其肝膽，遺其耳目；反覆終始，不知端倪；芒然彷徨乎塵垢之外，逍遙乎無為之業。彼又惡能憒憒然為世俗之禮，以觀眾人之耳目哉！"《淮南子》此處與上章末段，主要部份均見於《文子·精誠》第六章。〈精誠〉篇此處兩段資料之間，義理毫無關連，而〈俶真訓〉上章"夫天不定"段即為錯簡，〈精誠〉篇仍保留其句序，顯見其為《淮南子》別本殘文。

百圍之木，斬而為犧尊，鏤之以剞劂，雜之以青黃，華藻鑄鮮，龍蛇虎豹，曲成文章。然其斷在溝中，壹比犧尊溝中之斷，則醜美有間矣，然而失木性，鈞也。

> 百年之木，破為犧樽，青黃而文之，其斷在溝中。比犧樽於溝中之斷，則美惡有間矣，其於失性一也。《莊子·天地》

《淮南子》上段直接引用《莊子·天地》而改動部份文字。

是故：神越者其言華，德蕩者其行偽，至精亡於中，而言行觀於外，此不免以身役物矣（〔老子曰：〕神越者言華，德蕩者行偽，至精芒乎中，而言行觀乎外，此不免以身役物也。）。夫趨舍行偽者，爲精求于外也，精有湫盡而行無窮極（精有愁盡而行無窮極。），則滑心濁神而惑亂其本矣。其所守者不定而外淫於世俗之風（所守不定而外淫於世俗之風。）〈精誠〉篇第七章①。所斷〔者〕（“者”字原在“跌”下，據向宗魯校改。）差跌者，而內以濁其清明，是故躊躇以終，而不得須臾恬淡矣。

以下關於“聖人”、“真人”幾段資料，恐為錯簡。《淮南子》此處主要部份見於〈精誠〉篇第七、八兩章。〈精誠〉篇此兩章全文為：“神越者言華，德蕩者行偽，至精芒乎中，而言行觀乎外，此不免以身役物也。精有愁盡而行無窮極，所守不定而外淫於世俗之風。是故聖人內修道術而不外飾仁義，知九竅四肢之宜，而游乎精神之和，此聖人之游也。〈精誠〉篇第七章若夫聖人之游也，即動乎至虛，游心乎太無，馳於方外，行於無門，聽於無聲，視於無形，不拘於世，不繫於俗。故聖人所以動天下者，真人不過，賢人所以矯世俗者，聖人不觀。夫人拘於世俗，必形繫而神泄，故不免於累，使我可拘繫者，必其命自在外者矣。〈精誠〉篇第八章”“神越者言華……此聖人之游也”段，文句語意完整，敘說聖人之所遊。“若夫聖人之游也，不繫於俗”段，“若夫聖人”四字，〈俶真訓〉作“若夫真人”，因“若夫”表現為語氣的轉詞，《文子》“聖人”二字，當作“真人”。“故聖人所以動天下”四句，重見於〈微明〉篇第十九章，此處與上下文關連不大，當係錯簡。若刪除之，則“夫人拘於世”句文意直接上承“不繫於俗”段。《文子》與《淮南子》此處文意均不清晰。〈俶真訓〉“聖人”與“真人”的比較，很難區分二者的差別。尤其“不知耳目之宜”（〈精誠〉篇無‘不’字），顯出“聖人之遊”的超越與獨存。“若然者”五句（不見於〈精誠〉篇）所描述的內容，與“真人之遊”的內涵，亦極其相近。“聖人”與“真人”的區別，另見於《文子·微明》。〈微明〉篇第十九章有許多不見於《淮南子》的資料，其末段保存“中黃子”的言論，它為：“昔者中黃子曰：天有五方，地有五行，聲有五音，物有五味，色有五章，人有五位。故天地之間有二十五人也。上五有神人、真人、道人、至人、聖人；次五有德人、賢人、善人、辯人；中五有公人、忠人、信人、義人、禮人；次五有士人、工人、虞人、農人、商人；下五有衆人、奴人、愚人、肉人、小人。上五之與下五，猶人之與牛馬也。聖人者，以目視，以耳聽，以口言，以足行。真人者，不視而

61

明，不聽而聰，不行而從，不言而公。故聖人所以動天下者，真人未嘗過焉；賢人所以驕世俗者，聖人未嘗觀焉。”“中黃子”史書未詳，但《文子》此處對於“聖人”與“真人”的區分，則極為清楚。“聖人”是“以目視，以耳聽，以口言，以足行”，而“真人”則為“不視而明，不聽而聰，不行而從，不言而公”。“故聖人所以動下”句，談到“聖人”、“真人”、“賢人”，可能僅為此種論述資料的殘文。《莊子‧外物》中，也有與此解說相近的文字。它為：“靜然可以補病，眥𢯲可以休老，寧可以止遽。雖然，若是，勞者之務也，非佚者之所未嘗過而問焉。聖人之所以駴天下，神人未嘗過而問焉；賢人所以駴世，聖人未嘗過而問焉；君子所以駴國，賢人未嘗過而問焉；小人所以合時，君子未嘗過而問焉。”〈俶真訓〉下文“聖人之所以駴天下者”四句，極可能為〈外物〉篇殘文竄入。

是故：聖人內修道術，而不外飾仁義，不知耳目之〔宜〕（原作‘宜’，據俞樾校改。），而游于精神之和（是故聖人內修道術而不外飾仁義，知九竅四肢之宜，而游乎精神之和）。若然者，下揆三泉，上尋九天，橫廓六合，揲貫萬物，此聖人之游也（此聖人之游也。）〈精誠〉篇第七章②。

上段“不知耳目之宜”兩句，取自《莊子‧大宗師》，〈大宗師〉篇曰：“自其異者視之，肝膽楚越也；自其同者視之，萬物皆一也。夫若然者，且不知耳目之所宜而遊心乎德之和。”

若夫真人，則動溶於至虛，而游於滅亡之野，騎蜚廉而從敦圉，馳於外方，休乎〔內宇〕（原作“宇內”，據王念孫校改。），燭十日而使風雨，臣雷公，役夸父，妾宓妃，妻織女，天地之間，何足以留其志（〔老子曰：〕若夫聖人之游也，即動乎至虛，游心乎太無，馳於方外，〔行於無門，聽於無聲，視於無形，不拘於世，不繫於俗。〕）〈精誠〉篇第八章①！

是故：虛無者，道之舍；平易者，道之素（虛無者，道之舍也；平易者，道之素也。）〈道原〉篇第三章①。

下段文意，似可上承 "而不得須臾恬淡矣"。

　　夫人之事其神而嬈其精，營慧然而有求於外，此皆失其神明而離其宅也。是故凍者假兼衣於春，而暍者望冷風於秋，夫有病於內者必有色於外矣。夫榩木〔已〕（原作 "色"，據王引之校改）青翳，而〔蠃蟲愈燭睆〕（原作 "蠃瘉蝸睆"，據王引之校改。），此皆治目之藥也。人無故求此物者，必有蔽其明者。

　　上段 "是故凍者假兼衣於春" 兩句語出《莊子·則陽》，〈則陽〉篇曰："夫凍者假衣於春，暍者反冬乎冷風。"

　　聖人之所以駭天下者，真人未嘗過焉；賢人之所以矯世俗者，聖人未嘗觀焉（故聖人所以動天下者，真人不過，賢人所以矯世俗者，聖人不觀。）〈精誠〉篇第八章②；（故聖人所以動天下者，真人未嘗過焉；賢人所以驕世俗者，聖人未嘗觀焉。）〈微明〉篇第十九章②。

　　上段文字也見於《莊子·外物》，與前後文意不相連屬，或為〈外物〉篇殘文竄入。

　　夫牛蹏之涔，無尺之鯉；塊阜之山，無丈之材。所以然者何也？皆其營宇狹小，而不能容巨大也。又況乎以無裹之者邪！此其為山淵之勢亦遠矣。

　　夫人之拘於世也，必形繫而神泄，故不免於虛。使我可繫羈者，必其〔命有〕（原作 "有命"，據王念孫校改。）在於外也（夫人拘於世俗，必形繫而神泄，故不免於累。使我可拘繫者，必其命自在外者矣。）〈精誠〉篇第八章③。

　　上段文意似本諸《莊子·山木》，〈山木〉篇曰："始用四達，爵祿並至而不窮，物之所利，乃非己也，吾命其在外者也。"

第三部份：

此部份探討至德之世以來的衰變，即〈要略〉篇所言："觀至德之統，知變化之紀"。"至德"為天下之事的始源樣態，合於"俶真"之論。主要部份見於《文子·上禮》第一章。〈上禮〉篇原似"文子外編"資料，而由後人編入今本《文子》。〈上禮〉篇第一章前半部全文為：

> 上古真人，呼吸陰陽，而群生莫不仰其德以和順。當此之時，莫不領理，隱密自成，純樸未散，而萬物大優。
>
> 及世之衰也，至伏羲氏，昧昧懋懋，皆欲離其童蒙之心，而覺悟乎天地之間，其德煩而不一。
>
> 及至神農、黃帝，核領天下，紀綱四時，和調陰陽。於是萬民莫不竦身而思，戴聽而視，故治而不和。
>
> 下至夏、殷之世，嗜欲達於物，聰明誘於外，性命失其真。
>
> 施及周室，澆醇散樸，離道以為偽，險德以為行，智巧萌生。狙學以擬聖，華誣以脅眾，琢飾《詩》《書》，以賈名譽。各欲以行其智偽，以容於世，而失大宗之本。故世有喪性命，衰漸所由來久矣。

《淮南子》與《文子》此種思想的論述，均似源自《莊子》。《莊子·繕性》曰：

> 古之人，在混芒之中，與一世而得澹漠焉。當是時也，陰陽和靜，鬼神不擾，四時得節，萬物不傷，群生不夭，人雖有知，無所用之，此之謂至一。當是時也，莫之為而常自然。
>
> 逮德下衰，及燧人伏羲始為天下，是故順而不一。
>
> 德又下衰，及神農黃帝始為天下，是故安而不順。
>
> 德又下衰，及唐虞始為天下，興治化之流，澆淳散樸，離道以善，險德以行，然後去性而從於心。心與心識知而不足以定天下，然後附之以文，益之以博。文滅質，博溺心，然後民始惑亂，無以反其性情而復其初。由是觀之，世喪道矣，道喪世矣。

〈上禮〉篇的"上古真人"，近於〈繕性〉篇的"古之人"，而〈俶真訓〉則作"至德之世"。若就文體而言，〈上禮〉篇文句較〈俶真訓〉此處古樸，〈俶真訓〉的撰述應當在〈上禮〉篇之後。尤其〈俶真訓〉中多有鋪張堆砌，可能就保留於〈上禮〉篇的資料加以申述發揮。

　　至德之世，甘暝於溷澖之域，而徙倚於汗漫之宇，提挈天地而委萬物，以鴻濛爲景柱，而浮揚乎無畛崖之際。是故聖人呼吸陰陽之氣，而群生莫不顒顒然，仰其德以和順（〔老子曰：〕上古真人，呼吸陰陽，而群生莫不仰其德以和順。）。當此之時，莫之領理決離，隱密而自成，渾渾蒼蒼，純樸未散，旁薄為一，而萬物大優（當此之時，莫不領理，隱密自成，純樸未散，而萬物大優。）〈上禮〉篇第一章①，是故雖有羿之知而無所用之。

　　　　上段"是故雖有羿之知而無所用之"句，《太平御覽》卷七十七引作"是故雖有明知，無所用之"，以"明知"的泛稱代替"羿之知"，所據《淮南子》文本似與今本不同。唯何寧云："案：《太平御覽》引疑'明'乃'羿'字殘形，又脫'之'字。"

　　及世之衰也，至伏羲氏，其道昧昧芒芒然（及世之衰也，至伏羲氏，昧昧懋懋，），〔含〕（原作"吟"，據王念孫校改。）德懷和，被施頗烈，而知乃始昧昧〔楙楙〕（原作"眇眇"，據王念孫校改。），皆欲離其童蒙之心，而覺視於天地之間，是故其德煩而不能一（皆欲離其童蒙之心，而覺悟乎天地之間，其德煩而不一。）〈上禮〉篇第一章②。

　　〔及〕（原作"乃"，據王念孫校改。）至神農、黃帝，剖判大宗，竅領天地（及至神農、黃帝，竅領天下，紀綱四時，和調陰陽。），襲九竅，重九〔墊〕（原作"㸑"，據王念孫校改。），提挈陰陽，嫥捖剛柔，枝解葉貫，萬物百族，使各有經紀條貫，於此萬民睢睢盱盱然，莫不竦身而載聽視，是故治而不能和下（於是萬民莫不竦身而思，戴聽而視，故治而不和。）〈上禮〉篇第一章③a。

　　　　上段"莫不竦身而載聽視"兩句，《文子》作"於是萬民莫不竦身而思，戴聽而視，故治而不和"，二者來源文本不同。

　　棲遲至于昆吾、夏后之世，嗜欲連於物，聰明誘於外，而性命失其得（下至夏、殷之世，嗜欲達於物，聰明誘於外，性命失其真。）〈上禮〉篇第一章③b。

　　　　上段"性命失其得"，文意本諸《莊子·天地》，〈天地〉篇曰："泰初有無，無有無名;一之所起,有一而未形。物得以生,謂之德;未形者有分,且然無間,謂之命;留動而生物,物成生理,謂之形;形體保神,各有儀則,謂之性。""物得以生"指物的本質之德,而"性命失其得"即失其德也。

施及周室(原有"之衰"二字,據王引之校刪。),澆淳散樸,〔離〕(原作'雜',據王念孫校改。)道以偽,儉德以行,而巧故萌生(施及周室,澆醇散樸,離道以為偽,險德以為行,智巧萌生。)〈上禮〉篇第一章③c。

上段文意似本諸《莊子·繕性》,〈繕性〉篇曰:"德又下衰,及唐虞始為天下,興治化之流,澆淳散樸,離道以善,險德以行,然後去性而從於心。"一言"周室",一說"唐虞",《淮南子》此處以周文為人文建構之肇始,與事實的發展較為契合,而《莊子》則就古史神話傳說來立言。

周室衰而王道廢,儒墨乃始列道而議,分徒而訟。於是博學以疑聖,華誣以脅眾;弦歌鼓舞,緣飾《詩》、《書》,以買名譽於天下(狙學以擬聖,華誣以脅眾,琢飾《詩》《書》,以賈名譽。)〈上禮〉篇第一章④a;繁登降之禮,飾紱冕之服;聚眾不足以極其變,積財不足以贍其費。於是萬民乃始憔悴離跂,各欲行其知偽,以求鑿枘於世而錯擇名利。是故百姓曼衍於淫荒之陂,而失其大宗之本(各欲以行其智偽,以容於世,而失大宗之本。)。夫世之所以喪性命,有衰漸以然,所由來者久矣(故世有喪性命,衰漸所由來久矣。)〈上禮〉篇第一章④b。

上段"博學以疑聖"句,取自《莊子·天地》,〈天地〉篇曰:"子非夫博學以擬聖,於于以蓋眾,獨弦哀歌以賣名聲於天下者乎?"下列數段,均以"是故"形式,對上述世代衰漸的義理加以申論。其中部份見於〈上禮〉篇第一章第二部份,〈俶真訓〉似引用〈上禮〉篇資料。"聖人之學"段,前用"是故"的形式,後又自稱曰:"此我所羞而不為也",尤見引述他人資料的行跡。

是故:聖人之學也,欲以反性於初,而游心於虛也(是故至人之學也,欲以反性於無,游心於虛。)。達人之學也,欲以通性於遼廓,而覺於寂漠也。若夫俗世之學也則不然,擢德塞性,內愁五藏,外勞耳目,乃始招蟯振繢物之豪芒，搖消掉捎仁義禮樂，暴行越智於天下，以招號名聲於世（世俗之學，擢德攓性，內愁五藏，暴行越知，以澆名聲於世，）。此我所羞而不為也（此至人所不為也。〔擢德，自見也，攓性，絕生也。〕）〈上禮〉篇第一章⑤。

上段"擢德攓性"句，《文子》保存不見於《淮南子》之古注，曰："擢德，自見也，攓性，絕生也。"

是故：與其有天下也，不若有說也；與其有說也，不若尚羊物之終始（原有"也"字，據俞樾校刪。），而條達"有""無"之際。

是故：舉世而譽之不加勸，舉世而非之不加沮，定于死生之境，而通於榮辱之理（若夫至人定乎死生之意，通乎榮辱之理，舉世譽之而不益勸，舉世非之而不加沮。〔得至道之要也。〕）〈上禮〉篇第一章⑥，雖有炎火洪水彌靡於天下，神無虧缺於胸臆之中矣。若然者，視天下之間，猶飛羽浮芥也，孰肯〔介介〕（原作"分分"，據吳承仕校改。）然以物為事也。

且舉世而譽之而不加勸，舉世而非之而不加沮；定乎內外之分，辯乎榮辱之境，斯已矣。《莊子·逍遙遊》

《淮南子》上段"舉世而譽之不加勸"四句取自《莊子·逍遙遊》，並加以申述。

第二部份（乙）：

此處資料屬第二部份內容。說明人性本然安靜，唯嗜欲亂之，並強調"靜默恬淡"、"和愉虛無"，以養性抱德，近於第二部份"神越者其言華，德蕩者其行偽"的思想。

①

此節內容並不完整，主要部份見於《文子·九守》第七章。〈九守〉篇似《淮南子》別本殘文竄入。"或通於神明，或不免於癡狂者"兩句，〈九守〉篇改作"或以死，或以生，或為君子，或為小人"。《淮南子》作"神明"、"癡狂"，故與下文所稱"神者智之淵"、"智者心之府"文意相聯，而"死、生"，"君子、小人"的用語，即無此種意含的關連。又，下節"故古之治天下句"，〈九守〉篇連綴於第七章之後，與全章文意無關，當為編輯《文子》者所妄改。"夫鑑明者，塵垢弗能薶"句，高誘注曰："薶，汙也。"《文子》作"夫鑑明者，則塵垢不能汙"。《文子》似也保留部份《淮南子》別本舊文。

水之性（原有'真'字，據王念孫校刪。）淸，而土汨之，人性安靜而嗜欲亂之。

　　未水之性淸，土者抇之，故不得淸；人之性壽，物者抇之，故不得壽。《呂氏春秋·本生》

　　夫水之性淸，而土壤汨之。人之性安，而嗜慾亂之。《孔叢子·抗志》

上段見於《呂氏春秋·本生》與《孔叢子·抗志》，恐均為古時哲人雋語的引述。但《淮南子》此處與下文間，雖義理相近，文氣卻欠連貫，前後似有脫文。《太平御覽·方術部》一引作"夫水之性淸而沙土汨之，人之性安而欲亂之。"

夫人之所受於天者，耳目之於聲色也，口鼻之於〔臭味〕（原作"芳臭"，據王念孫校改。）也，肌膚之於寒燠，其情一也，或通於神明，或不免於癡狂者，何也？其所〔以〕（據王叔岷校補。）為制者異也（〔老子曰：〕人受氣於天者，耳目之於聲色也，鼻口之於芳臭也，肌膚之於寒溫也，其情一也。或以死，或以生，或為君子，或為小人，所以為制者異。）〈九守〉篇第七章①。

是故：神者，智之淵也，〔神〕（原作"淵"，據王念孫校改。）淸則智明矣；智者，心之府也，智公則心平矣（神者，智之淵也，神淸則智明；智者，心之府也，智公則心平。）。人莫鑑於流沫，而鑑於止水者，以其靜也（人莫鑑於流潦，而鑑於澄水，以其淸且靜也。）；莫窺形於生鐵，而窺於明鏡者，以

（原有 '睹' 字，據王念孫校刪。）其易也。**夫唯易且靜，形物之性也**（故神清意平，乃能形物之情。）。**由此觀之，用也必假之於弗用也**（故用之者必假於不用者。）〈九守〉篇第七章②，

> 上段"人莫鑑於流沫"三句，見於〈說山訓〉，〈說山訓〉作"人莫鑑於沫雨而鑑於澄水者，以其休止不蕩也。"俞樾云："今案當以'流潦'為正，流潦即行潦也。……《文子》〈九守〉篇亦作'流潦'，可知古本如此矣。"陶方琦云："《文選》〈江賦〉注引作'莫鑒於流潦而鑒於澄水'，又引許注'楚人謂水暴溢曰潦'，是許本作'流潦'，與高本正文亦異，高本'流沫'當作'流潦'。"又，"用也必假之於弗用也"句，兩"也"字，王念孫改作"者"，《文子》作"故用之者必假於不用者"，《莊子·知北遊》曰："是用之者假不用者也"。馬宗霍、何寧認為兩"也"字不誤。植案：此處《淮南子》與《文子》或所據文本有異。

是故：虛室生白，吉祥止也。

> 上段似引自《莊子·人間世》，〈人間世〉篇曰："瞻彼闋者，虛室生白，吉祥止止。"

夫鑑明者，塵垢弗能薶，神清者，嗜欲弗能亂（夫鑑明者，則塵垢不汙也，神清者，嗜欲不誤也。）。**精神已越於外，而事復返之，是失之於本，而求之於末也。外內無符而欲與物接，弊其玄光而求知之于耳目，是釋其照照，而道其冥冥也，是之謂失道。心有所至而神喟然在之，反之於虛則消鑠滅息，此聖人之游也**（故心有所至，則神慨然在之，反之於虛則消躁藏息矣，此聖人之游也。）〈九守〉篇第七章③。

> 上段"心有所至而神喟然在之"句，《文子·九守》作"故心有所至，則神慨然在之"，接上文"嗜欲不誤也"句下，文意連貫。《淮南子》此處句序似有錯亂，"精神已越於外……是之謂失道"段，恐為獨立段落，似在"夫鑑明者"段前，或在"此聖人之遊"句後。

②

故：古之治天下也，必達乎性命之情（故治天下者，必達性命之情而後可也。）〈九守〉篇第七章④。其舉錯未必同也，其合於道一也。夫夏日之不被裘者，非愛之也，〔煖〕（原作“燠”，據劉文典、何寧校改。）有餘於身也。冬日之不用翣者，非簡之也，〔凊〕（原作‘清’，據揚樹達校改。）有餘於適也。

客有問季子曰：“奚以知舜之能也？”季子曰：“堯固已治天下矣，舜言治天下而合己之符，是以知其能也。”“若雖知之，奚道知其不爲私？”季子曰：“諸能治天下者，固必通乎性命之情者，當無私矣。夏不衣裘，非愛裘也，暖有餘也。冬不用箑，非愛箑也，凊有餘也。聖人之不爲私也，非愛費也，節乎己也。節己，雖貪汙之心猶若止，又況乎聖人？”《呂氏春秋·有度》

《淮南子》文意上段似本諸《呂氏春秋》，部份文字即取自〈有度〉篇。

夫聖人量腹而食，度形而衣，節於己而已，貪污之心奚由生哉（〔老子曰：〕夫所謂聖人者，適情而已，量腹而食，度形而衣，節乎己而貪汙之心無由生也。）！故能有天下者，必無以天下為也；能有名譽者，必無以趨行求者也（故能有天下者，必無以天下為也，能有名譽者，必不以越行求之。）〈九守〉篇第八章①。聖人有所於達，達則嗜欲之心外矣。

上段談論聖人“節於己”、“無嗜欲之心”，與此節論述“性命之情”的關連不大，恐為錯簡。

孔、墨之弟子，皆以仁義之術教導於世，然而不免於儡。身猶不能行也，又況所教乎？是何則？其道外也。夫以末求返於本，許由不能行也，又況齊民乎！誠達于性命之情，而仁義固附矣（誠達性命之情，仁義因附也。）〈九守〉篇第八章②，趨捨何足以滑心！

上段文意似本諸《呂氏春秋·有度》，〈有度〉篇曰：“孔、墨之弟子徒屬充滿天下，皆以仁義之術教導於天下，然而無所行，教者術猶不能行，又況乎所教？”

　　若夫神無所掩，心無所載，通洞條達，恬漠無事，無所凝滯，虛寂以待，勢利不能誘也，辯者不能說也，聲色不能淫也，美者不能濫也，知者不能動也，勇者不能恐也，此真人之〔遊〕（原作“道”，據王念孫校改。）也（若夫神無所掩，心無所載，通洞條達，澹然無事，勢利不能誘，聲色不能淫，辯者不能說，智者不能動，勇者不能恐，此真人之游也。）〈九守〉篇第八章③。若然者，陶冶萬物，與造化者為人，天地之閒，宇宙之內，莫能夭遏。

　　　　上段文意似本諸《莊子·田子方》，〈田子方〉篇曰：“古之真人，知者不得說，美人不得濫，盜人不得劫，伏戲黃帝不得友。死生亦大矣，而無變乎己，況爵祿乎！”

　　夫〔生〕（原作“化”，據俞樾校改。）生者不死，而化物者不化（夫生生者不生，化化者不化。），神經於驪山、太行而不能難，入於四海九江而不能濡，處小隘而不塞，橫扃天地之間而不窕。不通此者，雖目數千羊之群，耳分八風之調，足蹀〈陽阿〉之舞，而手會〈綠水〉之趨，智〔絡〕（原作“終”，據劉文典校改。）天地，明照日月，辯解連環，〔辭〕（原作“澤”，據王念孫校改。）潤玉石，猶無益於治天下也（不達此道者，雖知統天地，明照日月，辯解連環，辭潤金石，猶無益於治天下也。〔故聖人不失所守。〕）〈九守〉篇第八章④。

　　　　上段“夫生生者不死”兩句，見於〈精神〉篇作“故：生生者未嘗死也，其所生則死矣；化物者未嘗化也，其所化則化矣。”又，“智終天地”句，劉文典云：“‘終’當為‘絡’，形近而譌也。《莊子》〈天道〉篇：‘故古之天下者，知雖落天地，不自慮也。’此即《淮南》所本。”

③

　　　　此節主要論說：人之性情相同，因制約的差異，而產生不同的結果。人能本諸精神的清明，嗜欲即不能擾亂。精神若無所掩，則“靜默恬澹”、“和愉虛無”、“恬默無事”而“通洞條達”，如此，即能“養生以經世，抱德以終年”。因此，古時治理天下必求“達乎性命之情”，而無涉於仁義智辨之事。此種思想源自《莊子・外篇》，如，"自三代以下者，匈匈焉終以賞罰為事，彼何暇安其性命之情哉！""故君子不得已而臨蒞天下，莫若無為。無為也而後安其性命之情。"《莊子・在宥》"吾所謂臧者，非仁義之謂也，臧於其德而已矣；吾所謂臧者，非所謂仁義之謂也，任其性命之情而已矣。"《莊子・駢拇》《淮南子》此章見於《文子・九守》第九章。《淮南子》此處有錯簡，而〈九守〉第九章仍保留其相同行文次序，顯見其為《淮南子》別本殘文竄入。

靜漠恬澹，所以養性；和愉虛無，所以養德也（〔老子曰：〕靜漠恬淡，所以養生也；和愉虛無，所以據德也。）。外不滑內，則性得其宜；性不動和，則德安其位（外不亂內，即性得其宜，靜不動和，即德安其位。）。養生以經世，抱德以終年，可謂能體道矣（養生以經世，抱德以終年，可謂能體道矣。）。若然者，血脈無鬱滯，五藏無蔚氣，禍福弗能撓滑，非譽弗能塵垢（若然者，血脈無鬱滯，五臟無積氣，禍福不能矯滑，非譽不能塵垢。）〈九守〉篇第九章①a，故能致其極。

下段論述"遇時與否"的問題，文意與前後文有別，恐為錯簡，似屬下文第四部份資料，若刪除此段，則上下文均言養性之事，文氣極為通暢。

非有其世，孰能濟焉（非有其世，孰能濟焉？）？有其人不遇其時，身猶不能脫，又況無道乎（有其才，不遇其時，身猶不能脫，又況無道乎？）〈九守〉篇第九章①b？

且人之情，耳目應感動，心志知憂樂，手足之攢疾痒、辟寒暑，所以與物接也。蜂蠆螫指而神不能憺，蚊虻噆膚而〔性〕（原作"知"，據王念孫、王叔岷校改。）不能平，夫憂患之來，攖人心也，非直蜂蠆之螫毒而蚊虻之慘怛也，而欲靜漠虛無，奈之何哉！夫目察秋毫之末，耳不聞雷霆之音；耳調玉石之聲，目不見太山之高（夫目察秋毫之末者，耳不聞雷霆之聲；耳調金玉之音者，目不見太山之形。）。何則？小有所志而大有所忘也。今萬物之來，擢拔吾性，攫取吾情，有若泉源，雖欲勿稟，其可得邪（故小有所志，則大有所忘。今萬物之來，擢拔吾生，攫取吾精，若泉源也，雖欲勿稾，其可得乎？）〈九守〉篇第九章②！

今夫樹木者，灌以瀿水，疇以肥壤，〔十〕（原作"一"，據王念孫校改。）人養之，〔一〕（原作"十"，據王念孫校改。）人拔之，則必無餘蘖，又況與一國同伐之哉？雖欲久生，豈可得乎！今盆水在庭，清之終日，未能見眉睫；濁之不過一撓，而不能察方員（今盆水若清之經日，乃能見眉睫；濁之不過一撓，即不能見方圓也。）。人神易濁而難清，猶盆水之類也（人之精神難清而易濁，猶盆水也。）〈九守〉篇第九章③，況一世而撓滑之，曷得須臾平乎！

第四部份：

此部份說明體道者仍需繫命於世，世治則志得而道行，世亂則道不得行而禍及之。故聖人安於和愉寧靜之性，以待其命。此種義理似與〈要略〉篇所言〈俶真訓〉篇旨並無直接關係，恐為他處錯簡。

古者至德之世，賈便其肆，農樂其業，大夫安其職，而處士脩其道（〔老子曰：〕至德之世，賈便其市，農樂其野，大夫安其職，處士修其道，〔人民樂其業〕。）。當此之時，風雨不毀折，草木不夭〔死〕（據王念孫校補。）（是以風雨不毀折，草木不夭死，），九鼎重（原有"味"字，據王念孫校改。），珠玉潤（原有"澤"自，據何寧校刪。），洛出《丹書》，河出《綠圖》（河出圖，洛出書。）〈道德〉篇第四章①，故許由、方回、善卷、披衣得達其道。何則？世之主有欲利天下之心，是以人得自樂其間。四子之才，非能盡善，蓋今世也，然莫能與之同光者，遇唐、虞之時。

逮至夏桀、殷紂（及世之衰也，），燔生人，辜諫者，為炮烙，鑄金柱，剖賢人之心，析才士之脛，醢鬼侯之女，葅梅伯之骸。當此之時，嶢山崩，三川涸（〔賦斂無度，殺戮無止，〕刑諫者，殺賢士，是以山崩川涸〔，頓動不息,野無百蔬〕。)〈道德〉篇第四章②,飛鳥鎩翼,走獸擠腳。當此之時,豈獨無聖人哉?然而不能通其道者,不遇其世。夫鳥飛千仞之上,獸走叢薄之中,禍猶及之,又況編戶齊民乎?由此觀之,體道者不專在於我,亦有繫於世者矣。夫歷陽之郡,一夕反而為湖,勇力聖知與罷怯不肖者同命。巫山之上,順風縱火,膏夏、紫芝與蕭艾俱死。故河魚不得明目,稺稼不得〔胥〕(原作"育",據向宗魯校改。)時,其所生者然也。

故世治則愚者不得獨亂,世亂則智者不能獨治(故世治則愚者不得獨亂,世亂則賢者不能獨治。)〈道德〉篇第四章③。身蹈於濁世之中,而責道之不行也,是猶兩絆騏驥,而求其致千里也。置猨檻中,則與豚同,非不巧捷也,無所肆其能也。舜之耕陶也,不能利其里;南面王,則德施乎四海,仁非能益也,處便而勢利也。

> 上段"故世治則愚者不得獨亂"兩句,《韓非子》從"勢"的觀點,提出類似的說法,〈難勢〉篇曰:"今日堯、舜得勢而治,桀、紂得勢而亂,吾非以堯、桀為不然也。雖然,非一人之所得設也。夫堯、舜生而在上位,雖有十桀、紂不能亂者,則勢治也;桀、紂亦生而在上位,雖有十堯、舜而亦不能治者,則勢亂也。"

古之聖人,其和愉寧靜,性也;其志得道行,命也(故聖人和愉寧靜,生也,至德道行,命也。)。是故性遭命而後能行,命得性而後能明(故生遭命而後能行,命得時而後能明〔,必有其世而後有其人〕。)〈道德〉篇第四章③b。烏號之弓,谿子之弩,不能無弦而射。越舲蜀艇,不能無水而浮。今矰繳機而在上,網罟張而在下,雖欲翱翔,其勢焉得?故《詩》云:"采采卷耳,不盈傾筐。嗟我懷人,寘彼周行。"以言慕遠世也。

> 引《詩》語出《詩經·周南·卷耳》。

三 〈覽冥訓〉辨析

《淮南子・要略》曰：

〈覽冥〉者，所以言至精之通九天也，至微之淪無形也，純粹之入至清
也，昭昭之通冥冥也。乃始攬物引類，覽取橋掇，浸想宵類。物之可以
喻意象形者，乃以穿通窒滯，決瀆壅塞，引人之意，繫之無極；乃以明
物類之感，同氣之應，陰陽之合，形埒之朕，所以令人遠觀博見者也。

高誘注曰：“覽觀幽冥變化之端，至精感天，通達無極，故曰‘覽冥’，
因以題篇。”

就〈要略〉篇所言，〈覽冥訓〉首在說明：至極的精誠能上達九天，至極
的微眇能渾同無形，純粹的心性能進入極致的清明，光明的顯發能會通隱蔽的
幽深。

〈覽冥訓〉的宗旨是要達致：統覽萬物之域，援引聚類，觀察蒐集，沈思
於萬物的渾同關連。對於物類之實情可以喻意象形者，就疏通阻滯，清除障礙，
引導人們的意念聯繫於無極之域；同時顯明物類的感通，同氣的相應，陰陽的
交合，形域的際界，使人得以博觀遠見。

但今存本篇資料似殘缺嚴重，全篇內容可分為兩個部份：

第一部份，由篇首至“此以弗御御之者也”句，集中在“物類相應”的探
討，應為〈覽冥訓〉主要內容。就其論述的事項，可分為四章。第一章舉出事
例說明物類的相應，精神的感通，玄妙深微。第二章強調“道”無私就、無私
去，順之則利。第三章前段說明“道”與“德”的關係，後段敘說“道”體現
為“太和”與“大通”。第四章分別“小、大”之辨，強調“弗御之御”。此
部份資料，重要字句分別接續見於《文子・精誠》第三、四兩章。

　　第二部份，由"昔者，黃帝治天下"至篇尾，解析歷史發展中不同階段治術的興衰變化，與所呈現的政治情狀。這部份資料與〈要略〉篇所說〈覽冥訓〉意旨，不甚相合，可能是他篇錯簡，其中主要字句分別見於〈精誠〉篇第五章與〈上禮〉篇第七章。

　　〈覽冥訓〉全篇僅約 3041 餘字，若除去第二部份僅留 1600 餘字，與他篇資料數量差距極大。可能後人整理《淮南子》時，〈覽冥訓〉殘缺嚴重，摘取他篇資料補綴而成。見於《文子》者約 899 字，約佔 29.5%，基本上都是《淮南子》殘文的竄入。

第一部份：

　　此部份說明至精與天的感應關係，強調"天和"與"大通"，申述聖人之心若鏡，合於〈要略〉篇所說的篇旨，當為〈覽冥訓〉原始資料，但似僅存殘文，全文按文意的敘說，可分為四章。

1

　　此章說明萬物的感應，玄妙深微，能全性保真，至精即可上通於天，文意合於"覽觀幽冥變化之端"。但其中有脫文，部份解說並不完整。此章主要文句見於《文子・精誠》第三章。《文子》此章資料的原文為：

　　夫人道者，全性保真，不虧其身，遭急迫難，精通乎天。若乃未始出其宗者，何為而不成。死生同域，不可脅凌，又況官天地，府萬物，返造化，含至和，而己未嘗死者也。精誠形乎內，而外諭於人心，此不傳之道也。

　　聖人在上，懷道而不言，澤及萬民，〔故不言之教，芒乎大哉！〕君臣乖心，倍譎見乎天，神氣相應，徵矣，此謂不言之辯，不道之道也。"夫召遠者使無為焉，親近者言無事焉，唯夜行者能有之"。故卻走馬以糞，車軌不接於遠方之外，是謂"坐馳""陸沈"。

　　夫天道，無私就也，無私去也，能者有餘，拙者不足，順之者利，逆之者凶。是故以智為治者難以持國,唯同乎大和而持自然應者,為能有之。

定州竹簡《文子》編號 0918 有殘文:"口請問人道。文子"。此簡的原來形式可能為:"平王曰:請問人道。文子曰:……"因此,"文子曰"之後當為正面提出關於"人道"的說明。"人道"一詞見於今本《文子》三次¹,只有此處專言"人道"問題。因此,〈精誠〉篇第三章"夫人道者",似乎與古本《文子》資料有關。但此段之後的文句,文氣並不連貫,應當出於《淮南子》別本。可能是編輯今本《文子》者就"人道"之殘文增添《淮南子》資料,加以整編。又"故不言之教,芒乎大哉"兩句,似編輯今本者所加的案語,或舊注串入。

①

　　昔者,師曠奏《白雪》之音而神物為之下降,風雨暴至,平公癃病,晉國赤地(事見於《韓非子·十過》)。庶女叫天,〔而〕(據劉文典校補。)雷電下擊,景公臺隕,支體傷折,海水大出。夫瞽師、庶女,位賤〔俯〕(原作"尚",據于鬯校改。)桑,權輕飛羽,然而專精厲意,委務積神,上通九天,激厲至精。由止觀之,上天之誅也,雖在壙虛幽閒,遼遠隱匿,重襲石室,界障險阻,其無所逃之亦明矣。

　　平公曰:"清角可得而聞乎?"師曠曰:"不可。昔者黃帝合鬼神於泰山之上,駕象車而六蛟龍,畢方並鎋,蚩尤居前,風伯進掃,雨師灑道,虎狼在前,鬼神在後,騰蛇伏地,鳳皇覆上,大合鬼神,作為清角。今主君德薄,不足聽之,聽之將恐有敗。"平公曰:"寡人老矣,所好者音也,願遂聽之。"師曠不得已而鼓之。一奏之,有玄雲從西北方起;再奏之,大風至,大雨隨之,裂帷幕,破俎豆,墮廊瓦,坐者散走,平公恐懼,伏於廊室之間。晉國大旱,赤地三年。平公之身遂癃病。《韓非子·十過》

　　傳書言:"師曠奏〈白雪〉之曲,而神物下降,風雨暴至,平公因之瘤病,晉國赤地。"或言:"師曠〈清角〉之曲,一奏之,有雲從西北起;再奏之,大風至,大雨隨之,裂帷幕,破俎、豆,墮廊瓦,坐著散走。平公恐懼,伏乎廊室,晉國大旱,

¹ 另二次為:"所以和君臣父子兄弟夫婦人道之際也"〈上禮〉篇第五章;"言者所以通己於人也,聞者所以通人於己也,既闇且聾,人道不通。"〈符言〉篇第二十二章

赤地三年，平公癃病。"夫〈白雪〉與〈清角〉，或同曲而異名，其禍敗同一實也。傳書之家，載以爲是，世俗觀見，信以爲然。原省其實，殆虛言也。夫〈清角〉，何音之聲而致此？"〈清角〉，木音也，故致風。而如木爲風，雨與風俱。"三尺之木，數弦之聲，感動天地，何其神也！此復一哭崩城，一嘆下霜之類也。師曠能鼓〈清角〉，必有所受，非能質性生出之也。其初受學之時，宿昔習弄，非直一再奏也。審如傳書之言，師曠學〈清角〉時，風雨當至也。《論衡·感虛》

上段"師曠奏《白雪》之音而神物為之下降"事，《韓非子·十過》記述較祥，《太平御覽》卷七百六十七引《莊子》佚文曰："師曠為晉平公作清角，一奏，有雲從西北起；再奏，大雨大風隨之，裂帷幕，破俎豆，墮廊瓦。平公懼，伏於室內。"《論衡·感虛》以"傳書曰"引述此事，下段"武王伐紂"事，《論衡·感應》亦以同樣方式記述。此或為前秦所傳故事，多家引用。"庶女叫天"事，《事類賦·天部》引《說苑》曰："庶女者，齊之寡婦，養姑。姑女利母財，而殺母以告寡婦。婦不能自解，以冤告天，而大風襲齊殿。""上天之誅也"等句，似取自賈誼《新書·耳痺》，〈耳痺〉篇曰："故天之誅伐，不可為廣虛幽閒，攸遠無人，雖重襲石中而居，其必知之乎！"

武王伐紂，渡于孟津，陽侯之波，逆流而擊，疾風晦冥，人馬不相見。於是武王左操黃鉞，右秉白旄，瞋目而撝之，曰："余〔在〕（原作'任'，據王念孫校改），天下誰敢害吾意者！"於是風濟而波罷。魯陽公與韓構難，戰酣日暮，援戈而撝之，日爲之反三舍。

傳書言："武王伐紂，渡孟津，陽侯之波，逆流而擊，疾風晦冥，人馬不見。於是武王左操黃鉞，右執白旄，瞋目而麾之曰：'余在，天下誰敢害吾意者！'於是風霽波罷。"《論衡·感應》

夫全性保真，不虧其身，遭急迫難，精通于天（〔老子曰：夫人道者，〕全性保真，不虧其身，遭急迫難，精通乎天。）。若乃未始出其宗者，何為而不成（若乃未始出其宗者，何而不成。）！夫死生同域，不可脅凌，（死生同域，不可脅凌。）勇武一人，爲三軍雄。彼直求名耳，而能自要者尙猶若此，又況夫宮天地，懷萬物，而友造化，含至和（又況官天地，府萬物，返造化，含至和），直偶於人形，觀九鑽，一知之所不知，而心未嘗死者乎（而己末嘗死者也。）〈精誠〉篇第三章①a ！

> 仲尼曰："……夫保始之徵，不懼之實。勇士一人，雄人於九軍。將求名而能自要者，而猶若是，而況官天地，府萬物，直寓六骸，象耳目，一知之所知，而心未嘗死者乎！彼且擇日而登假，人則從是也。彼且何肯以物爲事乎！"〈莊子·德充符〉

上段文意本諸《莊子》，部份文字即取自〈德充符〉篇。此節舉出四個事例來說明"精通於天"。此四例分爲兩組，"師曠奏〈白雪〉"與"庶女叫天"爲一組，"武王伐紂"與"魯陽公"爲第二組。二者說明的體例並不整齊。上段爲此節內容的主要部份，但與前後文文氣似有間斷，可能有脫文。

②

昔雍門子以哭見於孟嘗君，已而陳辭通意，撫心發聲，孟嘗君爲之增欷歇唈，流涕狼戾不可止（事詳載於《說苑·善說》）。精神形於內，而外諭哀於人心，此不傳之道（精誠形乎內，而外諭於人心，此不傳之道也。）〈精誠〉篇第三章①b。使俗人不得其君形者而效其容，必爲人笑。

上段敘說的形式與前節相同，均舉古時事例，說明精神的感通。"雍門子以哭見於孟嘗君"事，詳見於桓譚《新論·琴道》與《說苑·善說》。

> 雍門周以琴見孟嘗君，孟嘗君曰："先生鼓琴，亦能令文悲乎？"對曰："臣之所能令悲者，先貴而後賤，昔富而今貧，擯壓窮巷，不交四鄰。不若身材高妙，懷質抱真，逢讒罹謗，怨結而不得信；不若交歡而結愛，無怨而生離，遠赴絕國，無相見期；不若幼無父母，壯無妻兒，出以野澤爲鄰，入用堀穴爲家，困于朝夕，無所假貸。若此人者，但聞飛鳥之號，秋風鳴條，則傷心矣。臣一爲之，援琴而太息，未有不悽惻而涕泣者也。今若足下，居則廣廈高堂，連闥洞房，下羅帷，來清風，倡優在前，詔諛侍側揚激，楚舞鄭妾，流聲以娛耳，練色以淫目；水戲則舫龍舟，建羽旗，鼓吹乎不測之淵；野遊則登平原，馳廣囿，強弩下高鳥，勇士格猛獸，置酒娛樂，沈醉忘歸。方此之時，視天地曾不若一指，雖有善鼓琴，未能動足下也。"孟嘗君曰："固然。"雍門周曰："然臣竊爲足下有所常悲。夫角帝而困秦者君也，連五國而伐楚者又君也。天下未嘗無事，不從即衡，從成則楚王，衡成則秦帝。夫以秦楚之強而報弱薛，譬猶磨蕭斧而伐朝菌也。有識之士，莫不爲足下寒心酸鼻。天道不常盛，寒暑更

進退，千秋萬歲之後，宗廟必不血食，高臺既以傾，曲池又已平，墳墓生荊棘，狐兔穴其中，游兒牧豎，躑躅其足而歌其上，行人見之悽愴，曰：‘孟嘗君之尊貴亦猶若是乎？’"于是孟嘗君喟然太息，涕淚承睫而未下，雍門周引琴而鼓之，徐動宮商，叩角羽，初終而成曲。孟嘗君遂歔欷而就曰："先生鼓琴，今文立若亡國之人也。"

《新論·琴道》

雍門子周以琴見乎孟嘗君。孟嘗君曰："先生鼓琴，亦能令文悲乎？"雍門子周曰："臣何獨能令足下悲哉！臣之所能令悲者：有先貴而后賤，先富而后貧者也；不若身材高妙，適遭暴亂無道之主，妄加不道之理焉；不若處勢隱絕，不及四鄰，詘折儌厭，襲于窮巷，無所告愬；不若交歡相愛，無怨而生離，遠赴絕國，無復相見之時；不若少失二親，兄弟別離，家室不足，憂感盈胸。當是之時也，固不可以聞飛鳥疾風之聲，竆竆焉固無樂已。凡若是者，臣一為之，徽膠援琴而長太息，則流涕沾衿矣。今若足下，千乘之君也。居則廣廈邃房，下羅帷，來清風，倡優侏儒處前，迭進而謅諛；燕則鬥象棋而舞鄭女，激楚之切風，練色以淫目，流聲以虞耳；水游則連方舟，載羽旗，鼓吹乎不測之淵；野游則馳騁弋獵乎平原廣囿，格猛獸；入則撞鐘擊鼓乎深宮之中。方此之時，視天地曾不若一指，忘死與生，雖有善鼓琴者，固未能令足下悲也。"孟嘗君曰："否，否！固我以為不然。"雍門子周曰："然臣之所以為足下悲者一事也；夫聲敵帝而困秦者，君也；連五國之約南面而伐楚者，又君也。天下未嘗無事，不從則橫。從成則楚王，橫成則秦帝。楚王秦帝，必報仇于薛矣。夫以秦、楚之強而報仇于弱薛，譬之猶摩蕭斧而伐朝菌也，必不留行矣。天下有識之士，無不為足下寒心酸鼻者。千秋萬歲之后，廟堂必不血食矣。高臺既已壞，曲池既已漸，墳墓既已下焉，而青廷矣，嬰兒豎子樵採薪蕘者，躑躅其足而歌其上，眾人見之，無不愀然為足下悲之，曰：‘夫以孟嘗君尊貴，乃可使若此乎？’"于是孟嘗君泫然，泣涕承睫而未殞。雍門子周引琴而鼓之，徐動宮徵，微揮羽角，切終而成曲。孟嘗君涕浪汗增欷，下而就之曰："先生之鼓琴，令文立若破國亡邑之人也。"《說苑·善說》

故：蒲且子之連鳥於百仞之上，而詹何之鶩魚於大淵之中，此皆得清淨之道、太浩之和也。

上段詹何善釣事，另見於〈原道訓〉作"夫臨江而釣，曠日而不能盈羅，雖有鉤箴芒距，微綸芳餌，加之以詹何、娟嬛之數，猶不能與網罟爭得也。"又詳載於《列子·湯問》。上段文氣與前文似不連貫，疑前後有脫文。

詹何以獨繭絲為綸，芒鍼為鉤，荊篠為竿，剖粒為餌，引盈車之魚於百仞之淵，

泪流之中；綸不絕，鉤不伸，竿不撓。楚王聞而異之，召問其故。詹何曰：“臣聞先
大夫之言：‘蒲且子之弋也，弱弓纖繳，乘風振之，連雙鶬於青雲之際；用心專，動
手均也。’臣因其事，放而學釣，五年始盡其道。當臣之臨河持竿，心無雜慮，唯魚
之念；投綸沈鉤，手無輕重，物莫能亂，魚見臣之鉤餌，猶沈埃聚沫，吞之不疑。所
以能以弱制彊，以輕致重也。大王治國誠能若此，則天下可運於一握，將亦奚事哉？”
楚王曰：“善！”《列子・湯問》

③

夫物類之相應，玄妙深微，知不能論，辯不能解。

下六段以“故”的語式引述，從不同角度說明上段意理。最後兩段與上段義理
不合，疑似錯簡。其中部份文字見於《呂氏春秋・應同》。

故：東風至而酒湛溢，蠶咡絲而商弦絕，或感之也。畫隨灰而
月〔暈〕（原作“運”，據王叔岷校改。）闕，鯨魚死而彗星出，或動之也。

故：聖人在位，懷道而不言，澤及萬民（聖人在上，懷道而不言，澤及
萬民。）。君臣乖心，則背譎見於天。神氣相應，徵矣（〔故不言之教，芒
乎大哉！〕君臣乖心，倍譎見乎天，神氣相應，徵矣。）〈精誠〉篇第三章②a。

故：山雲草莽，水雲魚鱗，旱雲煙火，涔雲波水，各象其形，
類所以感之。夫（原有“陽”字，據王念孫校刪。）燧取火於日，方諸取露於月，
天地之間，巧曆不能舉其數。〔玄微〕（原作“手徵”，據蔣禮鴻校改。）忽怳，
不能覽其〔兆〕（原作“光”，據蔣禮鴻校改。），然以掌握之中，引類於太極
之上，而水火可立致者，陰陽同氣相動也。

上段文意似本諸《呂氏春秋・應同》，〈應同〉篇曰：“類固相召，氣同則合，
聲比則應。鼓宮而宮動，鼓角而角動。平地注水，水流溼。均薪施火，火就燥。
山雲草莽，水雲魚鱗，旱雲煙火，雨雲水波，無不皆類其所生以示人。”

此傅說之所以騎辰尾也。

上句文意不完，似注文竄入。

故：至陰飂飂，至陽赫赫，兩者交接成和，而萬物生焉。眾雄而無雌，又何化之所能造乎！所謂不言之辯、不道之道也（此謂不言之辯，不道之道也。）〈精誠〉篇第三章②b。

上段文意似本諸《莊子·田子方》，〈田子方〉篇曰："至陰肅肅，至陽赫赫；肅肅出乎天，赫赫發乎地；兩者交通成和而物生焉。"又，〈應帝王〉篇曰："眾雌而無雄，而又奚卵焉！"

故：召遠者使無為焉，親近者〔言〕（原作‘使’，據王念孫校改。）無事焉，惟夜行者為能有之（夫召遠者使無為焉，親近者言無事焉，唯夜行者能有之。）〈精誠〉第三章②c。

上段文字引自《管子·形勢》，〈形勢〉篇曰："召遠者使無為焉，親近者言無事焉，唯夜行者獨有也。"〈形勢解〉注曰："民利之則來，害之則去；民之從利也，如水之走下，於四方無擇也。故欲來民者，先起其利，雖不召而民自至；設其所惡，雖召之而民不來也，故曰："召遠者使無為焉。"蒞民如父母，則民親愛之，道之純厚，遇之有實。雖不言曰"吾親民"，而民親矣。蒞民如仇讎，則民疏之；道之不厚，遇之無實，雖言曰"吾親民"，民不親也；故曰："親近者言無事焉。"明主之使遠者來而近者親也，為之在心，所謂夜行者，心行也，能心行德，則天下莫能與之爭矣；故曰："唯夜行者獨有之乎！"

故：卻走馬以糞，而車軌不接於遠方之外，是謂坐馳，陸沈（故卻走馬以糞，車軌不接於遠方之外。是謂坐馳陸沈。）〈精誠〉篇第三章②d。晝冥宵明，以冬鑠膠，以夏造冰。

上段"坐馳"、"陸沈"兩觀念來自《莊子》，〈人間世〉篇曰："瞻彼闋者，虛室生白，吉祥止止；夫且不止，是之謂坐馳。"〈則陽〉篇曰："是聖人僕也。是自埋於民，自藏於畔。其聲銷，其志無窮，其口雖言，其心未嘗言，方且與世違而心不屑與之俱。是陸沈者也。""以冬鑠膠，以夏造冰"兩句，〈徐無鬼〉篇曰："吾能冬爨鼎而夏造冰矣。"楊樹達認為："‘是謂’以下與上文語意不貫，疑上當有脫文。"植案："晝冥宵明"句下，高誘注曰："言坐行神化，疾於馳傳，沈浮冥明，與道合也。""以冬鑠膠"兩句，注曰："言以非時鑠膠造冰，難成之也。"此處"坐馳"等六事，均指出違逆自然事務的情態，但高注前後文意不同，一則具肯定義，一則採否定義。"以冬鑠膠"兩句，恐為他處錯簡，或其前有脫文。

2

此章敘說因循天道自然之理，個人耳目之察、心意之論，不足以知物理，定是非。全章主要部份見於《文子·精誠》第三章第三段。〈精誠〉篇彼處，內容精要完整，而〈覽冥訓〉此處，文意參差不齊，恐有脫文或錯簡，《文子》似保留《淮南子》舊文句序。

〔天〕（原作"夫"，據劉文典校改。）道者，無私就也，無私去也（天道無私就也，無私去也。）。能者有餘，拙者不足，順之者利，逆之者凶（能者有餘，拙者不足，順之者利，逆之者凶。）〈精誠〉篇第三章③a。譬如隋侯之珠，和氏之璧，得之者富，失之者貧。得失之度，深微窈冥，難以知論，不可以辯說也。何以知其然？今夫地黃主屬骨，而甘草主生肉之藥也，以其屬骨，責其生肉，以其生肉，論其屬骨，是猶王孫綽之欲倍偏枯之藥而（原有‘欲’字，據王念孫校刪。）以生殊死之人，亦可謂失論矣。若夫以火能焦木也，因使銷金，則道行矣；若以磁石之能連鐵也，而求其引瓦，則難矣，物固不可以輕重論也。

> 萬物之於人也，無私近也，無私遠也；巧者有餘，而拙者不足；其功順天者天助之，其功逆天者天違之；天之所助，雖小必大；天之所違，雖成必敗；順天者有其功，逆天者懷其凶，不可復振也。《管子·形勢》

> 魯人有公孫綽者，告人曰："我能起死人。"人問其故。對曰："我固能治偏枯，今吾倍所以爲偏枯之藥，則可以起死人矣。"物固有可以爲小，不可以爲大；可以爲半，不可以爲全者也。《呂氏春秋·別類》

《淮南子》上段文意似本諸《管子》與《呂氏春秋》。"隋侯之珠，和氏之璧"

之譬喻,〈說山〉篇曰:"得萬人之兵,不如聞一言之當。得隋侯之珠,不若得事之所由。得和氏之璧,不若得事之所適。"

夫燧之取火（原有"於日"二字,據王念孫校刪。）,磁石之引鐵,蟹之敗漆,葵之鄉日,雖有明智,弗能然也。故耳目之察,不足以分物理;心意之論,不足以定是非。

《呂氏春秋·精通》曰:"磁石召鐵,或引之也。""蟹之敗漆",〈說山〉篇曰:"漆見蟹而不乾"。

故:以智為治者難以持國,唯通於太和而持自然之應者,為能有之（是故以智為治者難以持國,唯同乎大和而持自然應者,為能有之。）〈精誠〉篇第三章③b。

故:嶢山崩,而薄落之水涸;區冶生,而淳〔鈞〕（原作"鉤",據何寧校改。）之劍成;紂為無道,左強在側;太公並世,故武王之功立。由是觀之,利害之路,禍福之門,不可求而得也。

3

此章論述"道"與"德"的關係,"道"為始源的運作,"德"為運作的所在。二者有別而無分,如同僅去毛的生獸皮——"革",與再次加工的熟獸皮——"韋",二者均來自於獸皮,差異僅在處理後的展現。若說二者不同,其實體本為一原（"遠之則通"）;若言二者相近,但其存在仍有所分（"近之則疏"）。〈覽冥訓〉此處思想當來自楚學傳承。全章重要部份見於《文子·精誠》,〈精誠〉篇第四章曰:

夫道之與德,若韋之與革,遠之則近,近之則疏,〔稽之不得,察之不虛〕。

是故聖人若鏡,不將不迎,應而不藏,萬物不傷。其得之也,乃失之也,其失之也,乃得之也。故通於大和者,闇若醇醉而甘臥以游其中,若未始出其宗,是謂大通。此假不用能成其用也。

《文子》此章首段似保存文子思想,其中"稽之不得,察之不虛"兩句,〈覽冥訓〉作"不得其道，若觀儵魚"。高誘〈覽冥訓〉注此兩句曰："儵魚，小魚也，在水中可觀見，見而不可得，道亦如是。""見而不可得"之意，近於《文子》。"此假不用"句，見於〈覽冥訓〉下章。

①

夫道之與德，若韋之與革。遠之則邇，近之則〔疏〕（原作"遠"，據王念孫校改。）（〔老子曰：〕夫道之與德，若韋之與革，遠之則近，近之則疏，〔稽之不得，察之不虛〕。）《精誠》第四章①a。不得其道，若觀儵魚。

關於"道"與"德"關係的說明，《管子·心術上》曰："德者道之舍，物得以生。生知得以職道之精。故德者得也，得也者，其謂所得以然也，以無為之謂道，舍之之謂德。故道之與德無間。故言之者不別也。間之理者，謂其所以舍也。"又，"不得其道，若觀儵魚"兩句，本諸《莊子·秋水》所記述"莊周與惠施之辯"，說明不能通達"道、德"之義，即如惠施詰問儵魚之樂，不知已有設定性阻隔。

故：聖〔人〕（據王念孫校補。）若鏡，不將不迎，應而不藏，故萬化而無傷。其得之乃失之，其失之（原有"非"字，據王念孫校刪。）乃得之也（是故聖人若鏡，不將不迎，應而不藏，萬物不傷。其得之也，乃失之也，其失之也，乃得之也。）《精誠》篇第四章①b？

上段引自《莊子·應帝王》，〈應帝王〉篇曰："至人之用心若鏡，不將不迎，應而不藏，故能勝物而不傷。"引證聖人身處"道、德"之間，其心"若鏡"，以映照二者内在的本質聯繫。

②

此節藉調瑟的譬喻，說明"道"呈顯為"太和"與"大通"。文意與前節略有出入。

今夫調〔瑟〕（原作「弦」，據楊樹達校改。）者，叩宮宮應，彈角角動，此同聲相和者也。夫有改調一弦，其於五音無所比，鼓之而二十五弦皆應，此未始異於聲，而音之君已形也。

> 上段文意似本諸《莊子·徐無鬼》，〈徐無鬼〉篇曰：「於是為之調瑟，廢一於堂，廢一於室，鼓宮宮動，鼓角角動，音律同矣。夫或改調一弦，於五音無當也，鼓之，二十五弦皆動，未始異於聲，而音之君已。」另見於〈齊俗訓〉與〈泰族訓〉，《春秋繁露·同類相動》也有類似記載。

> 故叩宮而宮應，彈角而角動，此同音之相應也。其於五音無所比，而二十五絃皆應，此不傳之道也。故蕭條者，形之君；而寂寞者，音之主也。《淮南子·齊俗》

> 琴不鳴，而二十五絃各以其聲應；軸不運，而三十軸各以其力旋。絃有緩急小大然後成曲，車有勞逸動靜而後能致遠。使有聲者，乃無聲者也；能致千里者，乃不動者也。《淮南子·泰族》

> 今平地注水，去燥就溼，均薪施火，去溼就燥。百物去其所與異，而從其所與同，故氣同則會，聲比則應，其驗皦然也。試調琴瑟而錯之，鼓其宮則他宮應之，鼓其商而他商應之，五音比而自鳴，非有神，其數然也。《春秋繁露·同類相動》

故：通於太和者，惽若純醉，而甘臥以游其中（故通於大和者，闇若醇醉而甘臥以游其中。），而不知其所由至也。純溫以淪，鈍悶以終，若未始出其宗，是謂大通（若未始出其宗，是謂大通。）〈精誠〉篇第四章②a。

> 上段諸多觀念均取自《莊子》，〈天運〉篇曰：「太和萬物」，〈大宗師〉篇曰：「墮肢體，黜聰明，離形去知，同於大通」，〈秋水〉篇曰：「跐黃泉而登大皇，無南無北，奭然四解，淪於不測；無東無西，始於玄冥，反於大通」，〈應帝王〉篇曰：「壺子曰：鄉吾示之以未始出吾宗。」此皆《淮南子》文意所本。

4

此章資料可分為兩節，第一節說明「小大」之辨，敘說的方式與《莊子·逍遙遊》第一章相近，似受其影響而作。第二節說明精神的統御，運作於無形之中，其功不可測。

①

今夫赤螭、青虬之游冀州也，天清地定，毒獸不作，飛鳥不駭，入榛薄，食薦梅，嚼味含甘，步不出頃畝之區，而蛇鱓輕之，以爲不能與之爭於江海之中。若乃至於玄雲（原有 “之” 字，據王念孫校刪。）素朝，陰陽交爭，降扶風，雜凍雨，扶搖而登之，威動天墜，聲震海內，蚖鱓（原作 ‘蛇鱔’，據王念孫校改。）著泥百仞之中，熊羆匍匐，丘山〔之〕（原作 “蟄”，據王引之校改。）巖，虎豹襲穴而不敢咆，猨狖顛蹶而失木枝，又況直蛇鱓之類乎。

鳳皇之翔至德也，雷霆不作，風雨不興，川谷不澹，草木不搖，而燕雀佼之，以爲不能與之爭於宇〔棟〕（原作 “宙”，據王叔岷校改。）之間。還至其曾逝萬仞之上，翱翔四海之外，過崑崙之疏圃，飲砥柱之湍瀨，邅回蒙汜之渚，尚佯冀州之際，徑躡都廣，入日抑節，〔濯羽〕（原作 ‘羽翼’，據王念孫校改。）弱水，暮宿風穴。當此之時，鴻鵠鸧鸖莫不憚驚伏竄，注喙江裔，又況直燕雀之類乎！

此明於小動之跡，而不知大節之所由者也。

②

昔者，王良、造父之御也，上車攝轡，馬爲整齊而斂諧，投足調均，勞逸若一，心怡氣和，體便輕畢，安勞樂進，馳騖若滅，左右若鞭，周旋若環，世皆以爲巧，然未見其貴者也。

若夫鉗且、大丙之御也，除轡〔舍〕（據劉文典校補。）銜，去鞭棄策，車莫動而自舉，馬莫使而自走也。日行〔而〕（據陶鴻慶校補。）月動，星燿而玄運，電奔而鬼騰，進退屈伸，不見朕垠。故不招指，不咄叱，過歸雁於碣石，軼鶤雞於姑餘。騁若飛，騖若絕，縱矢躡風，追猋歸忽，朝發榑桑，〔暮〕（原作 “日”，據于鬯、何寧校改。）入落棠。

此假弗用而能以成其用者也（此假不用能成其用也。）〈精誠〉篇第四章②b，非慮思之察，手爪之巧也。嗜欲形於胸中，而精神〔調〕（原作 "踰"，據吳承仕校改。）於六馬，此以弗御御之者也。

第二部份：

此部份論述遠古純樸至德之世，因人欲覺識而逐漸墮落毀失的過程，與〈要略〉篇所言〈覽冥訓〉旨意不合，似他處錯簡。恐為後人整理時，雜置於此，以補〈覽冥訓〉資料大量的殘缺。全章重要部份字句見於《文子·精誠》第五章，與〈上禮〉篇第七章。《文子》此兩處資料，文句說明並不整齊，其中多處舛錯難解，當為《淮南子》別本混入《文子》。編輯今本《文子》者，強分隔為兩章，並略加按語。但《淮南子》此處，文意亦非完整，似有脫文。我們認為二書資料可能各有來源，但均殘缺不全。

昔者，黃帝治天下（〔老子曰：〕昔黃帝之治天下），而力牧、太山稽輔之，以治日月之行，律（原有 "治" 字，據陳觀樓校改。）陰陽之氣，節四時之度，正律曆之數（調日月之行，治陰陽之氣，節四時之度，正律曆之數。），別男女，異雌雄，明上下，等貴賤，使強不掩弱，眾不暴寡。（原有 "人" 字，據劉家立校改。）民保命而不夭，歲時孰而不凶（別男女，明上下，使強不掩弱，眾不暴寡，民保命而不夭，歲時熟而不凶。）。百官正而無私，上下調而無尤，法令明而不闇，輔佐公而不阿。田者不侵畔，漁者不爭隈，道不拾遺，市不豫賈（百官正而無私，上下調而無尤，法令明而不闇，輔佐公而不阿，田者讓畔，道不拾遺，市不預賈。）；城郭不關，邑無盜賊，鄙旅之人相讓以財，狗彘吐菽粟於路而無忿爭之心。於是日月精明，星辰不失其行，風雨時節，五穀登熟（故於此時，日月星辰不失其行，風雨時節，五穀豐昌），虎狼不妄噬，鷙鳥不妄搏，鳳皇翔於庭，麒麟游於郊（鳳凰翔於庭，麒麟游於郊。〈精誠〉篇第五章①，青龍進駕，飛黃伏皂，諸北、儋耳之國莫不獻其貢職。

上段見於《文子 · 精誠》，二者文字略異，當為不同來源文本記述。"以治日月之行，律治陰陽之氣"兩句，《文子》作"調日月之行，治陰陽之氣"。陳觀樓云："'律'下本無'治'字，律陰陽之氣，與上下相對為文。"又，"人民保命而不夭"句，《文子》"民"前無"人"字。又，"於是日月精明，星辰不失其行"兩句，《文子》作"故於此時，日月星辰不失其行"。

然猶未及虚戲氏之道也（處犧氏之王天下也）〈精誠〉篇第五章②a。

上段敘說黃帝之治，能使天道得當，祥瑞頻現，五穀豐登，天下太平。但段末卻說"然猶未及處戲氏之道也"，似對黃帝的治術有所批判。下段並未提到處戲氏之道，而僅言及女媧治世的情況。在古傳說中，女媧為處戲氏之妹，又為其妻，女媧的治事或可說是處戲氏之政，但其中論述事項，並未明顯標示與黃帝之道的不同。此段與下段，原先可能並不連接。此章見於《文子 · 精誠》第五章的文句，即不見黃帝之道與處戲氏之道的比較，而是對於"黃帝之治天下"與"處犧氏之王天下"的分別敘說。〈精誠〉篇此章文字雖多有錯亂，但似仍保留《淮南子》原文章序。

往古之時，四極廢，九州裂，天不兼覆，地不周載，火爁〔焱〕（原作"炎"，據王念孫校改。）而不滅，水浩洋而不息，猛獸食顓民，鷙鳥攫老弱。於是女媧鍊五色石以補蒼天，斷鼇足以立四極，殺黑龍以濟冀州，積蘆灰以止淫水。蒼天補，四極正，淫水涸，冀州平，狡蟲死，顓民生。背方州，抱員天，和春、〔煬〕（原作"陽"，據馬宗霍校改。）夏，殺秋、約冬，枕方寢繩，陰陽之所壅沈不通者，竅理之；逆氣戾物、傷民厚積者，絕止之（〔枕石寢繩，〕秋殺冬約，負方州，抱員天，陰陽所擁沈滯不通者窮理之，逆氣戾物傷民厚積者絕止之。）〈精誠〉篇第五章②b。

當此之時，臥倨倨，興盰盰（原作'眄眄'，據王念孫校改。），一自以為馬，一自以為牛；其行蹎蹎，其視瞑瞑；侗然皆得其和，莫知所由生；浮游不知所求（民童蒙不知西東，視瞑瞑，行蹎蹎，侗然自得，莫知其所由，浮游泛然，不知所本，自養不知所如往。），魍魎不知所往。

上段文意似本諸《莊子》,〈在宥〉篇曰:"浮遊不知所求;猖狂不知所往;遊者鞅掌,以觀無妄。"〈應帝王〉篇曰:"泰氏,其臥徐徐,其覺于于;一以己為馬,一以己為牛;其知情信,其德甚真,而未始入於非人。"〈盜跖〉篇曰:"神農之世,臥則居居,起則于于,民知其母,不知其父,與麋鹿共處,耕而食,織而衣,無有相害之心,此至德之隆也。"

當此之時,禽獸〔蟲〕（原作'蝮',據王念孫校改。）蛇無不匿其爪牙,藏其螫毒（當此之時,禽獸蟲蛇無不懷其爪牙,藏其螫毒,功揆天地。）《精誠》篇第五章②c,無有攫噬之心。考其功烈,上際九天,下契黃壚,名聲被後世,光暉薰（原作'重',據王念孫校改。）萬物。

故至德之世,其行填填,其視顛顛。當是時也,山無蹊隧,澤無舟梁;萬物群生,連屬其鄉;禽獸成群,草木遂長。是故禽獸可係羈而遊,鳥鵲之巢可攀援而闚。夫至德之世,同與禽獸居,族與萬物並,惡乎知君子小人哉!同乎無知,其德不離;同乎無欲,是謂素樸;素樸而民性得矣。《莊子‧馬蹄》

《淮南子》上段文意與《莊子‧馬蹄》相近。下段"乘雷車"句後,文意似與前段欠連貫,二者之間恐有闕文。〈精誠〉篇此處首句作"至黃帝要繆乎太祖之下",語意雖然不清,但"至黃帝"三字,顯出與《淮南子》句序並不相同。《文子》與《淮南子》似均有脫漏。

乘雷車,服（原有"駕"字,據王念孫校刪。）應龍,驂青虹,援絕〔應〕（原作"瑞",據王念孫校改。）,席蘿圖,絡黃雲（原作'黃雲洛',據俞樾校改。）,前白螭,後奔蛇,浮游消搖,道鬼神,登九天,朝帝於靈門,宓穆休于太祖之下（至黃帝要繆乎太祖之下。）《精誠》篇第五章③a。然而不彰其功,不揚其聲,〔雩〕（原作"隱",據陳季皋校改。）真人之道,以從天地之固然。何則（然而不章其功,不揚其名,隱真人之道,以從天地之固然,何則?）?道德上通,而智故消滅也（道德上通,而智故消滅也。）〈精誠〉篇第五章③b。

逮至夏桀之時,主闇晦而不明,道瀾漫而不修,棄捐五帝之恩刑,推蹵三王之法籍,是以至德滅而不揚（〔老子曰:世之將喪性命,猶陰氣之所起也。〕主闇昧而不明，道廢而不行，德滅而不揚。），帝道掩而不興，舉事戾蒼天，發號逆四時，春秋縮其和，天地除其德（舉事戾於天，發號逆四時，春秋縮其和，天地除其德。），仁君處位而不安，大夫隱道而不言，群臣準上意而懷當，疏骨肉而自容，邪人參耦比周而陰謀（人君處位而不安，大夫隱遁而不言。群臣推上意而壞常，踈骨肉而自容。邪人諂而陰謀。），居君臣父子之間而競載，驕主而像其意，亂人以成其事（遷載驕主而像其，亂人以成其事。）。是故君臣乖而不親，骨肉疏而不附（是故君臣乖而不親，骨肉踈而不附。）；植社槁而〔罅〕（原作"墕"，據王念孫校改。）裂，容臺振而掩覆；犬群嘷而入淵，豕銜蓐而席澳；美人挐首墨面而不容，曼聲吞炭內閉而不歌；喪不盡其哀，獵不聽其樂；西〔姥〕（原作"老"，據孫詒讓校改。）折勝；黃神嘯吟；飛鳥鎩翼，走獸廢腳；山無峻榦，澤無洼水；狐狸首穴，馬牛放失；田無立禾，路無〔蘋莎〕（原作"莎蘋"，據王引之校改。）；金積折廉，璧襲無〔贏〕（原作"理"，據王引之校改。）；磬龜無腹，蓍策日施（田無立苗，路無緩步，金積折廉，璧襲無贏，殼龜無腹，蓍筮日施。）〈上禮〉篇第七章①。

> 上段"君臣乖而不親"等句，似本諸《新書・君痺》，〈君痺〉篇曰："君臣乖而不調，置社稷而分裂，容臺榭而掩敗，犬群嘷而入淵，晜銜菹而適奧，燕雀剖而虺蛇生，食蘆菹而見蛭，浴清水而遇蠆。"

晚世之時，七國異族，諸侯制法，各殊習俗（諸侯制法各異習俗。）〈上禮〉篇第七章②b，從橫間之，舉兵而相角。攻城濫殺，覆高危安（舉兵為難，攻城濫殺，覆高危安，）；掘墳墓，揚人骸；大衝車，高重〔壘〕（原作'京'，據王念孫校改）；除戰道，便死路；犯嚴敵，殘不義。百往一反，名聲苟盛也（大衝車，高重壘，除戰隊，使陣死路，犯嚴敵，百往一反，名聲苟盛，兼國有地，伏尸數十萬，老弱飢寒而死者，不可勝計。）〈上禮〉篇第七章②d。是故質狀輕足者為甲卒千里之外，家老羸弱悽愴於內；廝徒馬圉，軵車奉饟，道路遼遠，霜雪亟集，短褐不完，人羸車弊，泥塗至膝，相攜於道，奮首於路，身枕格而死。所謂兼國有地者，伏尸數十萬，破車以千百數，傷弓弩矛戟矢石之創者扶〔舉〕（原作"舉"，據王叔岷校改。）於路，故世至於枕人頭，食人肉，菹人肝，飲人血，甘之於芻豢。

故自三代以後者，天下未嘗得安其情性，而樂其習俗（自此之後，天下未嘗得安其性命，樂其習俗也。）〈上禮〉篇第七章②c，保其脩命（原有‘天’字，據王念孫校刪。"天"、"而"，形近而誤，郭店竹簡多有此例。）而不夭於人虐也。所以然者何也？諸侯力征，天下〔不〕（據王念孫校補。）合而為一家（天下不合而為一家）〈上禮〉篇第七章②a。

逮至當今之時，天子在上位，持以道德，輔以仁義，近者獻其智，遠者懷其德（賢聖勃然而起，持以道德，輔以仁義，近者進其智，遠者懷其德，），拱揖指麾而四海賓服，春秋冬夏皆獻其貢職，天下混而為一，子孫相代（天下混而為一，子孫相代，）〈上禮〉篇第七章③a。此五帝之所以迎天德也。

＊

下段文意與前文關連不大，恐為他處錯簡。上段言"天子在上位，持以道德，輔以仁義，近者獻其智，遠者懷其德"，表現出儒法或黃老的思想特徵。而下段所稱"消知能，循太常，墮肢體，絀聰明，大通混冥，解意釋神，漠然若無魂魄"，則徹底體現南方道家與莊學傳承的要求。前段與後段觀念相悖，也與後文"所脩伏犧氏之跡"不合。又，"輔佐有能"句前，並無主語，並與後數句中"黜"、"息"、"去"、"屏"、"塞"等動詞的主動用法不合，似有脫文。〈精誠〉篇此處作"是以不得中絕，輔佐"，語意不清，顯出文字殘缺的跡象。《淮南子·兵略》曰："聖人勃然而起，乃討強暴，平亂世，夷險除穢，以濁為清，以危為寧，故不得不中絕。"《文子》"是以不得中絕"句，似〈兵略訓〉殘文竄入。

夫聖人者，不能生時，時至而弗失也（夫聖人非能生時，時至而不失也，〔是以不得中絕。〕）〈上禮〉篇第七章③d。輔佐有能，黜讒佞之端，息巧辯之說，除刻削之法，去煩苛之事，屏流言之跡，塞朋黨之門（輔佐，黜讒佞之端，息末辯之說，除刻削之法，去煩苛之事，屏流言之跡，塞朋黨之門。）；消知能，〔循〕（原作"脩"，據王叔岷校改。）太常，隳肢體，絀聰明，大通混冥（消智能，循大常，隳枝體，黜聰明，大通混冥。）〈上禮〉篇第七章③ b，解意釋神，漠然若無魂魄，使萬物各復歸其根（萬物各復歸其根。）〈上禮〉篇第七章③ c，則是所脩伏犧氏之跡，而反五帝之道也。

上段"消知能"等句似本諸《莊子・在宥》，〈在宥〉篇曰"汝徒處無為，而物自化。墮爾形體，黜爾聰明，倫與物忘；大同乎涬溟，解心釋神，莫然無魂。"〈天地〉篇曰："上神乘光，與形滅亡，此謂照曠。致命盡情，天地樂而萬事銷亡，萬物復情，此之謂混冥。"以下兩段，雖與此章思想相近，但彼此語意獨立，不相連貫，可能為《淮南子》殘文，綴合於此。

夫鉗且、大丙不施轡銜而以善御聞於天下，伏戲、女媧不設法度而以至德遺於後世，何則？至虛無純一，而不喋喋苟事也。

《周書》曰："掩雉不得，更順其風。"今若夫申、韓、商鞅之為治也，持拔其根，蕪棄其本，而不窮究其所由生。何以至此也？鑿五刑，為刻削，乃背道德之本，而爭於錐刀之末，斬艾百姓，殫盡太半（悖拔其根而棄其本，鑿五刑，為刻削，爭力錐刀之末，斬刈百姓，盡其太半。）〈上禮〉篇第七章② c，而忻忻然常自以為治，是猶抱薪而救火，鑿竇而〔止〕（原作'出'，據王念孫校改。）水。

吳盛仕云："此文出自《左氏昭六年傳》。"《左傳・昭公六年》曰："民知爭端矣，將棄禮而徵於書，錐刀之末，將盡爭之。亂獄滋豐，賄賂並行。"

夫井植生〔梓〕（原作'梓'，據王念孫校改。）而不容甕，溝植生條而不容舟，不過三月必死。所以然者何也？皆狂生而無其本者也。〔河水九折，注海而流不絕者，有崑崙之輸也〕（原作"河九折注於海而流不絕者，崑崙之輸也"，據王念孫校改。）。潦水不泄，瀇瀁極望，旬月不雨則涸而枯澤，受瀷而無源〔也〕（原作"者"，據俞樾校改。）。譬若羿請不死之藥於西王

母，恒娥竊以奔月，悵然有喪，無以續之。何則？不知不死之藥所
由生也。是故：乞火不若取燧，寄汲不若鑿井。

四 〈精神訓〉辨析

《淮南子・要略》曰：

> 〈精神〉者，所以原本人之所由生，而曉寤其形骸九竅，取象於天，合同其血氣，與雷霆風雨，比類其喜怒，與畫宵寒暑並明。審死生之分，別同異之跡，節動靜之機，以反其性命之宗。所以使人愛養其精神，撫靜其魂魄，不以物易己，而堅守虛無之宅者也。"

高誘注："精者，人之氣；神者，人之守也。本其原，說其意，故曰精神，因以題篇。"因此，〈精神訓〉的宗旨在於：

第一、探究人存在的本源，而使人知曉他的形體九竅是仿效著天而形成的。

第二、說明人血氣的運行，如同雷霆風雨一般，人喜怒的發作，與日夜寒暑一樣。

第三、審明生死的定份，辨別同異的形跡，節制動靜的樞機，以復返於性命的本源。

第四、使人能愛惜護養他的精神，平憮安定他的魂魄，不因外物變易本己，而堅守於虛無的安宅。

但今存本篇資料的結構與內容，並非完整，全篇僅餘約 4394 字。全文按其說明的體例，可分為三個部份：

第一部份：說明天地與人體結構的關係，人需使耳目精明玄達，氣志虛靜恬愉，五臟定寧充盈，以使精神內守而不外越，合於〈要略〉篇所言的篇旨。全文敘說的形式，均先舉出一種事理，然後再以"故曰"的形式，多重引用資料加以解證。此部份可分為兩章。第一章，說明萬物的生成始源，人的本質為精氣，以靜漠為神明之宅，虛無為道之所居。第二章，說明人的精神受於天，形體稟於地。人之構造、情態與天地的運作相參合。人能省嗜欲，則行不僻而

95

精神盛。

　　第二部份：此部份發揮莊子傳承的思想，多處引用或推衍《莊子》的內容。其中更有以第一人稱的"吾"來敘說，與《莊子》部份章節的論述體例相近。[1]全文可分為兩章。第一章，說明天地運而相通，造化生殊異之形，但萬物總而為一。第二章，說明真人之性，通合於道，體本抱神而立於至清之中，以不化應化，千變萬挊而未有始極。

　　第三部份：此部份闡發"重生"的思想，全文具申論衍說的型態，可分為四章。第一章，論述"輕天下"、"細萬物"、"齊死生"、"同變化"四種存身的要求。第二章，敘說至人之論與道德之意。第三章，說明"生尊於天下"之理。第四章，評斷衰世湊學之儒者與深達道德之至人操持的差異。

　　全篇部份資料見於《文子》中〈九守〉篇第一、二、三、四、五、六、十四等章，與〈上禮〉篇第四章，約有 2060 字可互相對應，約佔〈俶真訓〉全文的 46.8%。

第一部份：

　　此部份資料合於〈要略〉篇所言："原本人之所由生，而曉寤其形骸九竅，取象於天。……所以使人愛養其精神，撫靜其魂魄，不以物易己，而堅守虛無之宅者也。"當為〈精神訓〉的主要內容，但各章之間，文意並不完全，似有脫文。就《文子》與《淮南子》此處相近文句來分析，後者似乎闡發前者的思想。今本《文子》保留了先秦關於養生的重要思想資料，直接影響了〈精神訓〉的撰寫。

---

[1] 如：〈齊物論〉篇 "大知閑閑" 章；"既使我與若辯矣" 章；〈養生主〉篇 "吾生也有涯"章；〈大宗師〉篇 "知天之所為" 章；〈駢拇〉篇 "非吾所謂臧也" 段；〈馬蹄〉篇 "吾意善治天下者不然" 段；〈在宥〉篇 "吾又何暇治天下哉" 段；〈天地〉篇 "百年之木" 段；〈至樂〉篇 "天下有至樂無有哉" 段；〈知北遊〉篇 "人之生，氣之聚也" 段。

1

此章論述"精神"的根源，說明人身體的組成是與天地運作的結構相應。首段部份文句另見於《黃帝四經·十大經·觀》。〈觀〉篇曰："黃帝曰：群群□□□□□□，為一囷。無晦無明，未有陰陽。陰陽未定，吾未有以名。今始判為兩，分為陰陽，離為四〔時〕，□□□□□□□□〔德虐之行〕，因以為常。其明者以為法，而微道是行。行法循□□牝牡。牝牡相求，會剛與柔。柔剛相成，牝牡若形。下會於地，上會於天。"《文子》此部份資料當屬"文子外編"，應與《黃帝四經》有關。"渾而為一"近於"為一囷"，"離為四時"與"離而為四時"同，此兩句均不見於《淮南子》。"文子外編"此處資料，與《淮南子》似有共同來源，與南方道家思想傳承有關。但二者闡述的方式不同，《淮南子》標顯出"象"在天地之先的看法，並以"二神"的神話用語來映射"陰陽"的哲學思辨觀念，可能是後續的一種發揮。

①

古未有天地之時，惟像無形，窈窈冥冥，芒芠漠閔，澒濛鴻洞，莫知其門。有二神混生，經天營地，孔乎莫知其所終極，滔乎莫知其所止息。於是乃別為陰陽，離為八極，剛柔相成，萬物乃形，煩氣為蟲，精氣為人（〔老子曰：〕天地未形，窈窈冥冥，〔渾而為一，寂然清澄，重濁為地，精微為天，離而為四時，〕分而為陰陽，精氣為人，粗氣為蟲，剛柔相成，萬物乃生。）〈九守〉篇第一章①a。

上段說明萬物發生的始源，以"精氣"作為人的本質構成。以下兩段以"是故"的形式來加以申說。向宗魯云："《楚辭·天問》：'馮翼惟像'，即《淮南》所本。"上段思想與《楚辭·天問》相近，"曰遂古之初，誰傳道之？上下未形，何由考之？冥昭瞢闇，誰能極之？馮翼惟像，何以識之？"又，"窈窈冥冥"四句，劉文典云："《御覽》一引作'幽幽冥冥，茫茫昧昧，幕幕閔閔。'三百六十引與今本合，蓋許、高本各異也。"

是故：精神〔者〕（據王叔岷校補。），天之有也；而骨骸者，地之有也。精神入其門，而骨骸反其根，我尚何存（精神本乎天，骨骸根於地，精神入其門，骨骸反其根，我尚何存？）〈九守〉篇第一章①b？

是故：聖人法天順情，不拘於俗，不誘於人，以天為父，以地為母，陰陽為綱，四時為紀（故聖人法天順地，不拘於俗，不誘於人。以天為父，以地為母，陰陽為綱，四時為紀。）。天靜以清，地定以寧，萬物失之者死，法之者生（天靜以清，地定以寧，萬物逆之者死，順之者生。）〈九守〉篇第一章①c。

②

此節結構與上節相似，以"靜漠"與"虛無"作為"神明"與"道"的居處，也與前文思想相關。但表達的文氣，似不能直接上承前段，當為獨立的段落。

夫靜漠者，神明之宅也；虛無者，道之所居也（故靜漠者神明之宅，虛無者道之所居。）〈九守〉篇第一章①d。

是故：或求之於外者，失之於內；有守之於內者，〔得〕（原作"失"，據向宗魯、王叔岷校改。）之於外。譬猶本與末也，從本引之，千枝萬葉莫不隨也。

2

此章論述人的精神、形體與天地相應的問題。各段之間，文氣似不能連貫，恐有脫文。

①

夫精神者，所受於天也；而形體者，所稟於地也（夫精神者所受於天也，骨骸者所稟於地也。）。

故曰："一生二，二生三，三生萬物。萬物背陰而抱陽，沖氣以為和（"〔道生一，〕一生二，二生三，三生萬物。萬物負陰而抱陽，沖氣以為和。"）〈九守〉篇第一章②。"

上段《文子》與《淮南子》均引述《老子》第四十二章經文，〈精神訓〉前有"故曰"，而無"道生一"句。但《老子》四十二章經義與此處文意似無直接聯繫。《文子》與《淮南子》此處"一生二"段文字，均似錯簡。若刪除此數句，《文子》此處當作："夫精神者所受於天也，骨骸者所稟於地也，人受天地變化而生，一月而膏……"，文意通暢而清楚。下文以五次"故曰"或"是故"形式，多向說明人身體結構與天地間的關連。

故曰：一月而膏，二月而胅，三月而胎，四月而肌，五月而筋，六月而骨，七月而成，八月而動，九月而躁，十月而生（〔老子曰：人受天地變化而生，〕一月而膏，二月血脈，三月而胚，四月而胎，五月而筋，六月而骨，七月而成形，八月而動，九月而躁，十月而生。）。形體以成，五藏乃形（形骸已成，五臟乃分。）〈九守〉篇第二章①。

上段說明人胎兒生長的狀態，《淮南子》與《文子》略異，《爾雅·識親》曰："一月而膏，二月而脂，三月而胎，四月而胞"，也與此或同或異。

是故：肺主目，腎主鼻，膽主口，〔脾主舌〕（據王念孫校補。），肝主耳。外為表而內為裡（肝主目，腎主耳，脾主舌，肺主鼻，膽主口。外為表，中為裡。），開閉張歙，各有經紀〈九守〉篇第二章①b。

上段脫"脾主舌"句，王念孫據《文子》校補，唯《文子》作"肝主目，腎主耳，脾主舌，肺主鼻，膽主口"，除"膽主口"與《淮南子》相同外，其餘所言均異。

故：頭之圓也象天，足之方也象地（頭圓法天，足方象地。）。天有四時、五行、九解、三百六十六日，人亦有四肢、五藏、九竅、三百六十六節（天有四時、五行、九曜、三百六十日，人有四肢、五臟、九竅、三百六十節。）。天有風雨寒暑，人亦有取與喜怒（天有風雨寒暑，人有取與喜怒。）〈九守〉篇第二章

①c。

人始於生而卒於死。始之謂出，卒之謂入，故曰：「出生入死。」人之身三百六十節，四肢，九竅，其大具也。四肢與九竅十有三者，十有三者之動靜盡屬於生焉。屬之謂徒也，故曰：「生之徒也十有三者。」《韓非子·解老》

凡人三百六十節，九竅、五藏、六府。肌膚欲其比也，血脈欲其通也，筋骨欲其固也，心志欲其和也，精氣欲其行也，若此，則病無所居，而惡無由生矣。《呂氏春秋·達鬱》

人有三百六十節，偶天之數也；形體骨肉，偶地之厚也；上有耳目聰明，日月之象也；體有空竅理脈，川谷之象也；心有哀樂喜怒，神氣之類也；觀人之體，一何高物之甚，而類於天也。物旁折取天之陰陽以生活耳，而人乃爛然有其文理，是故凡物之形，莫不伏從旁折天地而行，人獨題直立端尚正正當之，是故所取天地少者旁折之，所取天地多者正當之，此見人之絕於物而參天地。是故人之身首妾而員，象天容也；髮象星辰也；耳目戻戻，象日月也；鼻口呼吸，象風氣也；胸中達知，象神明也；腹胞實虛，象百物也；百物者最近地，故要以下地也，天地之象，以要爲帶，頸以上者，精神尊嚴，明天類之狀也；頸而下者，豐厚卑辱，土壤之比也；足布而方，地形之象也。是故禮帶置紳，必直其頸，以別心也，帶以上者，盡爲陽，帶而下者，盡爲陰，各其分，陽，天氣也，陰，地氣也，故陰陽之動使，人足病喉痺起，則地氣上爲雲雨，而象亦應之也。天地之符，陰陽之副，常設於身，身猶天也，數與之相參，故命與之相連也。天以終歲之數，成人之身，故小節三百六十六，副日數也；大節十二分，副月數也；內有五臟，副五行數也；外有四肢，副四時數也；占視占瞑，副晝夜也；占剛占柔，副冬夏也；占哀占樂，副陰陽也；心有計慮，副度數也；行有倫理，副天地也；此皆暗膚著身，與人俱生，比而偶之弇合，於其可數也，副數，不可數者，副類，皆當同而副天一也。是故陳其有形，以著無形者，拘其可數，以著其不可數者，以此言道之亦宜以類相應，猶其形也，以數相中也。《春秋繁露·人副天數》

人之骨骼結構象天之日數，當爲古時成說，先秦資料多有引述。王念孫認爲「三百六十六日」、「三百六十六節」，本作「三百六十日」、「三百六十節」。

故：膽爲雲，肺爲氣，肝爲風，腎爲雨，脾爲雷，以與天地相參也，而心爲之主（膽爲雲，肺爲氣，脾爲風，腎爲雨，肝爲雷，人與天地相類，而心爲之主。）〈九守〉篇第二章①d。

　　是故：耳目者，日月也；血氣者，風雨也（耳目者，日月也；血氣者，風雨也。）〈九守〉篇第二章①e。

　　日中有踆鳥，而月中有蟾蜍。

　　上句當為衍文，若刪除，則上下文間文氣連貫，《文子》正如此。"夫天地之道"段，有論及日月"節其章光，愛其神明"之事，此句或屬該段錯簡。下"日月"句，應承接上文"風雨也"。

日月失其行，薄蝕無光；風雨非其時，毀折生災；五星失其行，州國受殃（日月失行，薄蝕無光；風雨非時，毀折生災、五星失行，州國受其殃。）〈九守〉篇第二章①f。

　　②

　　此節藉天地尚需節其章光，愛其神明，強調人當息其耳目，守其精神。並引用三段資料加以申說。"夫天地之道"句，《文子・九守》無"夫"字，文氣緊接於"州國受其殃"之後。"精神何能馳騁而不乏"下，《文子》有"是故聖人守內而不失外"句。"血氣者"句前，〈九守〉篇並無"故曰"。《文子》與《淮南子》此處敘說的方式不同。

　　夫天地之道，至紘以大，尚猶節其章光，愛其神明，人之耳目曷能久〔勤〕（原作"熏"，據孫詒讓校改。）勞而不息乎？精神何能久馳騁而不既乎（天地之道，至閎以大，尚猶節其章光，愛其神明，人之耳目何能久燻而不息？精神何能馳騁而不乏？〔是故聖人守內而不失外。〕）〈九守〉篇第二章②？

　　是故：血氣者，人之華也；而五藏者，人之精也（夫血氣者，人之華也，五臟者，人之精也。）。夫血氣能專於五藏而不外越，則胸腹充而嗜慾省矣（血氣專乎內而不外越，則胸腹充而嗜欲寡。）。胸腹充而嗜欲省，則耳目清、聽視達矣。耳目清、聽視達，謂之明（嗜欲寡則耳目清而聽視聰達，聽視聰達謂之明。）。五藏能屬於心而無乖，則敦志勝而行不僻矣。敦志勝而行不僻，則精神盛而氣不散矣（五臟能屬於心而無離，則氣意勝而行不僻，精

101

神盛而氣不散。）〈九守〉篇第二章③a。精神盛而氣不散則理，理則均，均則通，通則神，神則以視無不見，以聽無不聞也，以為無不成也（以聽無不聞，以視無不見，以為無不成。）。是故憂患不能入也，而邪氣不能襲也（患禍無由入，邪氣不能襲。）。

　　何寧云：“《莊子》〈刻意〉篇：‘平易恬惔，則憂患不能入，邪氣不能襲，故其德全而神不虧。’此淮南所本。

　　故：事有求之於四海之外而不能遇，或守之於形骸之內而不見也。

　　故：所求多者所得少，所見大者所知小（故所求多者所得少，所見大者所知小。）〈九守〉篇第二章③b。

　　③

　　此節論述“精神內守”的思想，似發展《韓非子》對《老子》養生之說的衍論。

　　夫孔竅者，精神之戶牖也；而〔血〕氣（原作‘氣志’，據王念孫校改。）者，五藏之使候也（夫孔竅者，精神之戶牖，血氣者，五臟之使候。）。耳目淫於聲色之樂，則五藏搖動而不定矣（故耳目淫於聲色，即五臟動搖而不定）。五藏搖動而不定，則血氣滔蕩而不休矣。血氣滔蕩而不休，則精神馳騁於外而不守矣。精神馳騁於外而不守（血氣滔蕩而不休，精神馳騁而不守），則禍福之至，雖如丘山，無由識之矣（禍福之至，雖如丘山，無由識之矣。〔故聖人愛而不越。〕）。使耳目精明玄達而無誘慕，氣志虛靜恬愉而省嗜欲，五藏定寧充盈而不泄（〔聖人誠〕使耳目精明玄達，無所誘慕，意氣無失清靜而少嗜欲，五臟便寧，），精神內守形骸而不外越，則望於往世之前，而視於來事之後，猶未足為也，豈直禍福之間哉（精神內守形體而不越，即觀乎往世之外，來事之內，禍福之間可足見也。）！故曰：“其出彌遠者，其知彌少。”以言夫精神之不可使外淫也（故“其出彌遠者，其知彌少。”以言精神不可使外淫也。）〈九守〉篇第二章④a 。

上段文意本諸《韓非子·喻老》，〈喻老〉篇曰："空竅者，神明之戶牖也。耳目竭於聲色，精神竭於外貌，故中無主。中無主則禍福雖如丘山無從識之。"所引《老子》經文，語出《老子》第四十七章。"使耳目……由未足為也，豈直禍福之間哉"數句，《文子》作"聖人誠使……禍福之間可足見也"，二者意涵不同。《文子·道德》曰："故聖人常聞禍福所生而擇其道，智者常見禍福成形而擇其行"。此處文字合於《文子》對"禍福"問題的看法。

是故：五色亂目，使目不明；五聲譁耳，使耳不聰；五味亂口，使口〔厲爽〕（原作 '爽傷'，據王念孫校改。）；趣舍滑心，使〔性〕（原作"行"，據王叔岷校改。）飛揚（故 "五色亂目，使目不明，五音入耳，使耳不聰，五味亂口，使口生創，趣舍滑心，使行飛揚"。）〈九守〉篇第二章④b。此四者，天下之所養性也，然皆人累也。

> 且夫失性有五：一曰五色亂目，使目不明；二曰五聲亂耳，使耳不聰；三曰五臭薰鼻，困慢中顙；四曰五味濁口，使口厲爽；五曰趣舍滑心，使性飛揚。此五者，皆生之害也。《莊子·天地》

> 五色令人目盲，五音令人耳聾，五味令人口爽，馳騁畋獵令人心發狂，難得之貨令人行妨。《老子·第十二章》

> 《老子》曰："五聲亂耳，使耳不聰；五色亂目，使目不明；五味實口，使口爽傷。"《呂氏春秋·本生》高誘注

《淮南子》上段"五色亂目"六句文意，見於《老子》與《莊》，但與《呂氏春秋·本生》高注引《老子》文字較為相近。高誘明引《老子》經文，而其文字不見於今通行本《老子》，其所見文本資料似與《文子》所傳《老子》相同，或即出自《文子·九守》。

故曰：嗜欲者使人之氣越，而好憎者使人之心勞，弗疾去，則志氣日耗（故嗜欲使人氣淫，好憎使人精勞，不疾去之，則志氣日耗。）。夫人之所以不能終其壽命（夫人所以不能終其天年者）而中道夭於刑戮者，何也？以

103

其生生之厚。夫惟能無以生為者,則所以〔得脩生〕（原作"脩得生",據
俞樾校改。）也（以其生生之厚,夫唯無以生為者,即所以得長生。）〈九守〉篇第二章④c。

　　上段"生生之厚"的觀念,襲自《老子》,《老子》第五十章曰:"出生入死,
生之徒,十有三;死之徒,十有三;人之生,動之於死;地亦十有三。夫何故?
以其生生之厚。"上段文字中,劉安避父"劉長"諱,將"長"字改為"脩",
《文子》正作"長"。《淮南子》似引用保留於"文子外編"中的資料。

第二部份:

　　此部份論述"萬物總而為一"之理,真人性合於道,混同死生,渾一萬物,與
造化相終始,料内容與《莊子》極為相似,不但多處引用或摘錄《莊子》文字,
甚至敘說語氣也模仿《莊子》書中第一人稱的表述方式。全文的撰寫,應與劉
安注《莊子》資料有關。

1

　　此章說明天地的運作,相互交應而通貫,個別事物殊異的情勢,均混同於萬物
的整體。能知此種一致而無分的運作本然,則生死存亡僅為造化的偶然創生,
無所喜憎利害表現其中。此章義理合於〈要略〉篇所言,"審死生之分,別同
異之跡,節動靜之機,以反其性命之宗。"與"使人愛養其精神,撫靜其魂魄,
不以物易己,而堅守虛無之宅。"全文承襲闡發《莊子》思想,其敘說的方式,
也與《莊子》部份章節相近。

　　夫天地運而相通,萬物總而為一（天地運而相通,萬物總而為一。）。能
知一,則無一之不知也;不能知一,則無一之能知也（能知一,即無一之
不知也,不能知一,即無一之能知也。）。譬吾處於天下也,亦為一物矣（吾處
天下亦為一物）不識天下之以我備其物與?且惟無我而物無不備者乎?

然則我亦物也，物亦物也。物之與物也，又何以相物也（而物亦物也，物之與物，何以相物。）〈九守〉篇第二章⑤a？

匠石歸，櫟社見夢曰："女將惡乎比予哉？若將比予於文木邪？夫柤梨橘柚，果蓏之屬，實熟則剝，剝則辱；大枝折，小枝泄。此以其能苦其生者也，故不終其天年而中道夭，自掊擊於世俗者也。物莫不若是。且予求無所可用久矣，幾死，乃今得之，爲予大用。使予也而有用，且得有此大也邪？且也若與予也皆物也，奈何哉其相物也？而幾死之散人，又惡知散木！"《莊子·人間世》

上段文意似本諸《莊子》，"物之與物也，又何以相物也"的觀念，即承襲〈人間世〉篇"且也若與予也皆物也，奈何哉其相物也"。

雖然，其生我也，將以何益？其殺我也，將以何損？夫造化者既以我爲坏矣，將無所違之矣。吾安知夫刺灸而欲生者之非惑也？又安知夫絞經而求死者之非福也？或者生乃徭役也，而死乃休息也？天下茫茫，孰知（王念孫校云："'孰知'下有脫文。劉本作'孰知之哉'，此以意補，不可從。"）？其生我也，不彊求已，其殺我也，不彊求止。欲生而不事，憎死而不辭，賤之而弗憎，貴之而弗喜，隨其天資而安之不極（欲生不可事也，憎死不可辭也，賤之不可憎也，貴之不可喜也，因其資而寧之，弗敢極也〔，弗敢極即至樂極矣〕。）〈九守〉篇第二章⑤b。吾生也有七尺之形，吾死也有一棺之土。吾生之比於有形之類，猶吾死之淪於無形之中也。然則吾生也物不以益眾，吾死也土不以加厚，吾又安知所喜憎利害其間者乎！

上段"或曰生乃徭役也，而死乃休息"兩句，高誘〈俶真訓〉注："《莊子》曰：'生乃徭役，死乃休息也。'"高誘所引，似《莊子》佚文。此處上下兩段文意均見於《莊子·大宗師》，〈大宗師〉篇曰：

子祀子輿子犁子來四人相與語曰："孰能以無爲首，以生爲脊，以死爲尻，孰知生死存亡之一體者，吾與之友矣。"四人相視而笑，莫逆於心，遂相與爲友。俄而子輿有病，子祀往問之。曰："偉哉夫造物者，將以予爲此拘拘也！曲僂發背，上有五管，頤隱於齊，肩高於頂，句贅指天。"陰陽之氣有沴，其心閒而無事，跰𨇤而鑑於井。曰："嗟乎！夫造物者又將以予爲此拘拘也！"子祀曰："女惡之乎？"曰："亡，予何惡！浸假而化予之左臂以爲雞，予因以求時夜；浸假而化予之右臂以爲彈，予因以求鴞炙；浸假而化予之尻以爲輪，以神爲馬，予因以乘之，豈更駕哉！且夫得者，時也，失者，順也；安時而處順，哀樂不能入也。此古之所謂縣解也。而不能自解者，物有結之。且夫物不勝天久矣，吾又何惡焉！」俄而子來有病，喘喘然將死，其妻子環而泣之。子犁往問之曰：「叱！避！無怛化！」倚其戶與之語曰：「偉哉造化！又將奚以汝爲，將奚以汝適？以汝爲鼠肝乎？以汝爲蟲臂乎？」子來曰：「父母於子，東西南北，唯命之從。陰陽於人，不翅於父母；彼近吾死而我不聽，我則悍矣，彼何罪焉！夫大塊載我以形，勞我以生，佚我以老，息我以死。故善吾生者，乃所以善吾死也。今之大冶鑄金，金踊躍曰‘我且必爲鏌鋣’，大冶必以爲不祥之金。今一犯人之形，而曰‘人耳人耳’，夫造化者必以爲不祥之人。今一以天地爲大鑪，以造化爲大冶，惡乎往而不可哉！」成然寐，蘧然覺。

夫造化者之攓援物也，譬猶陶人之埏埴也：其取之地而已爲盆盎也，與其未離於地也無以異；其已成器而破碎漫瀾而復歸其故也，與其爲盆盎亦無以異矣。夫臨江之鄉，居人汲水以浸其園，江水弗憎也；苦洿之家，決洿而注之江，洿水弗樂也。是故其在江也，無以異其浸園也；其在洿也，亦無以異其在江也。

以下數段均以“是故”或“故”的形式引述，但其文意或文氣，與前文似有不同，恐爲殘文的編輯。

是故：聖人因時以安其位，當世而樂其業（〔老子曰：所謂〕聖人者，因時而安其位，當世而樂其業。）〈九守〉篇第三章①。

下段文字與〈原道訓〉“夫喜怒者，道之邪也；憂悲者，德之失也；好憎者，心之過也；嗜欲者，性之累也”等句相近。因下文“故曰：其生也天行”之“其”似指上文之“聖人”。但按其文義，或當屬“故：心者，形之主也”段資料的殘文。

夫悲樂者，德之邪也；而喜怒者，道之過也；好憎者，心之暴也（夫哀樂者，德之邪，好憎者，心之累，喜怒者，道之過。）〈九守〉篇第三章②。

故曰：「其生也天行，其死也物化，靜則與陰俱閉，動則與陽
俱開。」（故其生也天行，其死也物化，靜即與陰合德，動即與陽同波。）〈九守〉篇第三章③
精神澹然無極，不與物散，而天下自服。

> 上段"其生也天行"四句引自《莊子·刻意》，〈刻意〉篇作"故曰：聖人之
> 生也天行，其死也物化；靜而與陰同德，動而與陽同波。"此四句亦見於〈天
> 地〉篇，作"故曰：知天樂者，其生也天行，其死也物化。靜而與陰同德，動
> 而與陽同波。"〈天道〉與〈刻意〉兩篇，均出現"故曰聖人之生也天行"等
> 句，並同時見於《文子》。〈刻意〉篇另引用與《文子》相近資料，如："故
> 曰：夫恬惔、寂漠、虛無、無為，此天地之平而道德之質也。""故曰：聖人
> 休，休焉則平易矣，平易則恬惔矣。平易恬惔，則憂患不能入，邪氣不能襲，
> 故其德全而神不虧。""故曰：純粹而不雜，靜一而不變，惔而無為，動而以
> 天行，此養神之道也。"此種思想極可能源自《文子·道原》所言道之五種形
> 象："虛無、平易、清靜、柔弱與純粹素樸"。而"故：心不憂樂，德之至也；
> 一而不變，靜之至也；無所於忤，虛之至也；不與物交，惔之至也；無所於逆，
> 粹之至也"，亦與《文子·道原》相同。《文子》、《淮南子》與《莊子·刻
> 意》三者資料間，應有密切關連。〈刻意〉篇所引"故曰"之後資料，恐為南
> 方楚學思想資料，劉安整理《莊子》時，編入"文子外編"，不但為《淮南子》
> 撰寫時所本，後亦竄入《文子》之中。

故：心者，形之主也；而神者，心之寶也。形勞而不休則蹶，
精用而不已則竭。是故聖人貴而尊之，不敢越也（故：心者，形之主也，神
者，心之寶也；形勞而不休即蹶，精用而不已則竭，是以聖人遵之不敢越也。）〈九守〉篇第三章④。
夫有夏氏之璜者，匣匱而藏之，寶之至也。夫精神之可寶也，非直
夏后氏之璜也。

> 上段"形勞而不休則蹶"兩句，取自《莊子·刻意》，〈刻意〉篇作"故曰：
> 形勞而不休則弊，精用而不已則勞，勞則竭。"〈刻意〉篇又曰："夫有干越
> 之劍者，柙而藏之，不敢用也，寶之至也。精神四達並流，無所不極，上際於
> 天，下蟠於地，化育萬物，不可為象，其名為同帝。"此與上段文意亦極為相

近。

是故：聖人以無應有，必究其理；以虛受實，必窮其節；恬愉虛靜，以終其命（以無應有，必究其理；以虛受實，必窮其節；恬愉虛靜，以終其命；）〈九守〉篇第三章⑤。

是故：無所甚疏，而無所甚親，抱德煬和，以順於天，與道為際，與德為鄰，不為福始，不為禍先。魂魄處其宅，而精神守其根，死生無變於己，故曰至神（無所疏，無所親；抱德煬和，以順於天；與道為際，與德為鄰；不為福始，不為禍先；死生無變於己；故曰至神。〔神則以求無不得也，以為無不成也。〕）〈九守〉篇第三章⑥。

上段"無所甚疏"四句，取自《莊子》，〈徐無鬼〉篇曰："故無所甚親，無所甚疏，抱德煬和以順天下，此謂真人。"

2

此章論述"真人"之德。"真人"是南方道家所提出的一個重要"人義"型態。此章文字多見於《文子·九守》第十四章與《莊子》多處。今本《文子》保存了"文子外編"中與《淮南子》同源的南方楚學資料。《淮南子》此處多摘引《莊子》文字，並闡發《莊子》思想的要旨。

所謂真人者，性合於道也（〔老子曰：〕所謂真人者，性合乎道也。）。故有而若無，實而若虛（故有而若無，實而若虛。），處其一不知其二，治其內不識其外，明白太素，無為復樸，體本抱神，以游于天地之樊，芒然仿佯于塵垢之外，而消搖于無事之業（治其內不治其外，明白太素，無為而復樸；體本抱神，以游天地之根，芒然仿佯塵垢之外，逍遙乎無事之業。）。浩浩蕩蕩乎，機械知巧弗載於心（機械智巧，不載於心。）〈九守〉篇第十四章①a。

孔子曰：“彼假脩渾沌氏之術者也，識其一，不知其二；治其內，而不治其外。夫明白太素，無為復朴，體性抱神，以遊世俗之間者，汝將固驚邪？且渾沌氏之術，予與汝何足以識之哉！”《莊子·天地》

子獨不聞夫至人之自行邪？忘其肝膽，遺其耳目，芒然彷徨乎塵垢之外，逍遙乎無事之業，是謂為而不恃，長而不宰。今汝飾知以驚愚，脩身以明汙，昭昭乎若揭日月而行也。汝得全而形軀，具而九竅，無中道夭於聾盲跛蹇而比於人數，亦幸矣，又何暇乎天之怨哉！《莊子·達生》

《淮南子》上段思想似承襲《莊子》，“所謂真人者”句，即〈天地〉篇所稱“彼假脩渾沌氏之術者”。“識其一不知其二”等句，取自〈天地〉篇。“機械知巧弗載於心”句，亦似本諸〈天地〉篇“有機械者必有機事，有機事者必有機心”文意，而“芒然仿佯于塵垢之外”兩句，亦見於〈達生〉篇。

是故死生亦大矣，而不為變；雖天地覆〔墜〕（原作“育”，據楊樹達校改。），亦不與之捺抱矣。審乎無瑕，而不與物糅；見事之亂，而能守其宗（審於無假，不與物遷；見事之化，而守其宗。）〈九守〉篇第十四章①b。

死生亦大矣，而不得與之變，雖天地覆墜，亦將不與之遺。審乎無假而不與物遷，命物之化而守其宗也。《莊子·德充符》

夫子曰：“夫道，於大不終，於小不遺，故萬物備，廣廣乎其無不容也，淵淵乎其不可測也。形德仁義，神之末也，非至人孰能定之！夫至人有世，不亦大乎！而不足以為之累。天下奮棅而不與之偕，審乎無假而不與利遷，極物之真，能守其本，故外天地，遺萬物，而神未嘗有所困也。通乎道，合乎德，退仁義，賓禮樂，至人之心有所定矣。”《莊子·天道》

上段文字引自《莊子》，“死生亦大矣”四句，取自〈德充符〉篇，“審乎無瑕”四句，出自〈德充符〉篇。

若然者，〔亡〕（原作“正”，據王念孫校改。）肝膽，遺耳目，心志專于內，通達耦于一。居不知所為，行不知所之（心意專於內，通達禍福於一；居不知所為，行不知所之。）〈九守〉篇第十四章①c，渾然而往，逯然而來。形若槁木，心若死灰。忘其五藏，損其形骸。不學而知，不視而見，不為而成，

不治而辯。感而應，迫而動，不得已而往，如光之燿，如景之〔敎〕
（原作 "放"，據王紹蘭校改。），以道為紃，有待而然（不學而知，弗視而見，弗為
而成，弗治而辯，感而應，迫而動，不得已而往，如光之燿，如影之效，以道為循，有待而然。）。
抱其太清之本而無所容與，而物無能營。廓惝而虛，清靖而無思慮（廓
然而虛，清靜而無。）〈九守〉篇第十四章①d，大澤焚而不能熱，河、漢涸而不能寒
也，大雷毀山而不能驚也，大風晦日而不能傷也。是故視珍寶珠玉
猶〔礫石〕（原作 "石礫"，據王引之校改。）也，視至尊窮寵猶行客也，視毛
嬙、西施猶〔俱魄〕（原作 '顀醜'，據王念孫校改）也。

> 上段文字亦多引自《莊子》，"忘其肝膽，遺其耳目" 等句出自〈大宗師〉篇
> 與〈達生〉篇。其他出自《莊子》者，如："翛然而往，侗然而來。"〈庚桑楚〉
> 篇 "形若槁骸，心若死灰。"〈知北遊〉篇 "感而後應，迫而後動，不得已而後起。"
> 〈刻意〉篇 "至人神矣！大澤焚而不能熱，河漢沍而不能寒，疾雷破山而不能傷，
> 飄風振海而不能驚。〈齊物論〉篇

　　以死生為一化，以萬物為一方（以千生為一化，以萬異為一宗。），同精
於太清之本，而游於忽區之旁。有精而不使，有神而不行，契大渾
之樸，而立至清之中（有精而不使，有神不用，守大渾之樸，立至精之中，）〈九守〉篇
第十四章①e。是故其寢不夢，其智不萌（其寢不夢，其智不萌。），其魄不抑，
其魂不騰。反覆終始，不知其端緒。甘瞑〔于〕（據劉文典校補。）太宵
之宅，而覺視于昭昭之宇，休息於無委曲之隅，而游敖於無形埒之
野。居而無容，處而無所；其動無形，其靜無體；存而若亡，生而
若死。役使鬼神，（其動無形，其靜無體，存而若亡，生而若死，出入無間，役使鬼神。）
〈九守〉篇第十四章①f；淪於不測，入於無間。以不同形相嬗也，終始若環，
莫得其倫。此精神之所以能登假於道也（精神之所能登假於道者也。）〈九守〉篇
第十四章①g。〔是真人之遊也〕（原作 "是故真人之所游也"，據俞樾校改。）。

　　上段 "是故真人之所遊也" 句，《文子》作 "此真人之游也"，而置於下段。
　　全段文意仍本諸《莊子》，其思想相近資料如下：

死生亦大矣，而不得與之變，雖天地覆墜，亦將不與之遺。審乎無假而不與物遷，命物之化而守其宗也。《莊子·德充符》

彼方且與造物者為人，而遊乎天地之一氣。彼以生為附贅縣疣，以死為決疣潰癰，夫若然者，又惡知死生先後之所在！假於異物，託於同體；忘其肝膽，遺其耳目；反覆終始，不知端倪；芒然彷徨乎塵垢之外，逍遙乎無為之業。《莊子·大宗師》

萬物一府，死生同狀。《莊子·天地》

萬物一齊，孰短孰長？道無終始，物有死生，不恃其成；一虛一滿，不位乎其形。《莊子·秋水》

生者，假借也；假之而生生者，塵垢也。死生為晝夜。《莊子·至樂》

不以生生死，不以死死生。死生有待邪？皆有所一體。《莊子·知北遊》

彼方跐黃泉而登大皇，無南無北，奭然四解，淪於不測；無東無西，始於玄冥，反於大通。《莊子·秋水》

萬物皆種也，以不同形相禪，始卒若環，莫得其倫，是謂天均。天均者天倪也。《莊子·寓言》

至陰肅肅，至陽赫赫；肅肅出乎天，赫赫發乎地；兩者交通成和而物生焉，或為之紀而莫見其形。消息滿虛，一晦一明，日改月化，日有所為，而莫見其功。生有所乎萌，死有所乎歸，始終相反乎無端而莫知乎其所窮。非是也，且孰為之宗！《莊子·田子方》

若吹呴呼吸，吐故內新，熊經鳥伸，鳧浴蝯躩，鴟視虎顧，是養形之人也，不以滑心。使神滔蕩而不失其充，日夜無傷而與物為春，則是合而生時〔于〕（原作'干'，據王念孫校改。）心也（使精神暢達而不失於元，日夜無隙而與物為春，即是合而生時於心者也。）〈九守〉篇第十四章②a且人有戒形而無損（原有"於"字，據王念孫校刪。）心，有綴宅而無耗精。夫癲者趣不變，狂者形不虧，神將有所遠徙，孰暇知其所為！

上段文意仍本諸《莊子》，其思想相近資料如下：

吹呴呼吸，吐故納新，熊經鳥申，為壽而已矣；此道引之士，養形之人，彭祖壽考者之所好也。若夫不刻意而高，無仁義而修，無功名而治，無江海而閒，不道引而

壽，無不忘也，無不有也，澹然無極而眾美從之。此天地之道，聖人之德也。《莊子·刻意》

死生存亡，窮達貧富，賢與不肖毀譽，飢渴寒暑，是事之變，命之行也；日夜相代乎前，而知不能規乎其始者也。故不足以滑和，不可入於靈府。使之和豫通，而不失於兌；使日夜無郤而與物為春，是接而生時於心者也。是之謂才全。《莊子·德充符》

且彼有駭形而無損心，有旦宅而無情死。《莊子·大宗師》

故：形有摩而神未嘗化者，以不化應化，千變萬抮而未始有極（故形有靡而神未嘗化，以不化應化，千變萬轉而未始有極。）〈九守〉篇第十四章②b 化者復歸於無形也；不化者與天地俱生也（化者復歸於無形也，不化者與天地俱生也。）。夫木之死也，青青去之也。夫使木生者豈木也？猶充形者之非形也。

故：生生者未嘗死也，其所生則死矣；化物者未嘗化也，其所化則化矣（故生生者未嘗生，其所生者即生，化化者未嘗化，其所化者即化〔，此真人之游也，純粹之道也〕。）〈九守〉篇第十四章②c

上段文意似本諸《莊子·大宗師》，〈大宗師〉篇曰："殺生者不死，生生者不生。其為物，無不將也，無不迎也；無不毀也，無不成也。其名為攖寧。攖寧也者，攖而後成者也。"

第三部份：

此部份敘說以無為處世，不以外物累身，強調養生以和，理性命之情，返太素而入於大通。全文可分為四章，均為論說的型態，與前文表達方式不同，似原屬獨立完整的資料，劉安及其門客編入〈精神訓〉中。

1

此章論述"輕天下"、"細萬物"、"齊死生"、"同變化"，如此即"神無

累"、"心不惑"、"志不懾"、"明不眩",合於〈要略〉篇所言:"使人
愛養其精神,撫靜其魂魄,不以物易己,而堅守虛無之宅。"何寧云:"案:
《文選》江淹〈雜體詩〉注引淮南王《莊子略要》曰:'江海之士,山谷之人,
輕天下,細萬物,而獨往者也。'"此章似可視為劉安解《莊》之作。此章與下
章主要部份,分別見於《文子·九守》第四、五兩章。《文子》此兩章全文為:

輕天下,即神無累;細萬物,即心不惑;齊生死,則意不懾;同變化,則
明不眩。/夫至人倚不撓之柱,行無關之途,稟不竭之府,學不死之師,無往
而不遂,無之而不通,屈伸俯仰,抱命不惑而宛轉,禍福利害,不足以患心。
/夫為義者可迫以仁,而不可劫以兵,可正以義,不可縣以利。君子死義,不
可以富貴留也,為義,不可以死亡恐也,又況於無為者乎!〔無為者即無累,〕
無累之人,以天下為影柱。上觀至人之倫,深原道德之意,下考世俗之行,乃
足以羞也。夫無以天下為者,學之建鼓也。　　　　　　　　　　〈九守〉篇第四章

尊勢厚利,人之所貪,比之身則賤。故聖人食足以充虛接氣,衣足以蓋
形御寒,適情辭餘〔,不貪得,不多積〕。清目不視,靜耳不聽,閉口不言,
委心不慮,棄聰明,反太素,休精神,去知故,〔無好無憎〕,是謂大通。除
穢去累,莫若未始出其宗,何為而不成。知養生之和者,即不可縣以利,〔通
內外之符者,不可誘以勢。〕/無外之外,至大,無內之內,至貴,能知大貴,
何往不遂。　　　　　　　　　　　　　　　　　　　　　　　　　〈九守〉篇第五章

此處《文子》與《淮南子》相應文字部份,有一特殊差異,凡《淮南子》中以
個別事例說明者,《文子》均代以普遍性概述。如"晏子可迫以仁,不可劫以
兵;殖、華可止以義,而不可縣以利",《文子》作"夫為義者可迫以仁,而
不可劫以兵,可正以義,不可縣以利"。"使之左據天下圖而右手刎其喉,愚
夫不為。"《文子》作"比之身則賤。"此種情形另多次見於二書文字重疊部
份。南北朝時劉晝著《新論》,曾引用《淮南子》相同或相近的文句兩百五十
餘處,而與《文子》相近者,亦有七十餘處。在與《文子》文字相近部份中,
僅六、七處不見於《淮南子》。而此數處不見於《淮南子》文字,卻另見於《史
記》、《呂氏春秋》、《國語》或《司馬法》。據此來看,劉晝可能並未見過
今本《文子》。《劉子》所引《淮南子》文句中,有部份文字完全同於今本《文
子》,而與《淮南子》有別。其中有引《淮南子》文字為普遍性概念者,而與
今本《淮南子》所舉個別事例者不同。如《淮南子》"故舜不降席而天下治,

桀不下陛而天下亂”兩句，“舜”字，劉晝《新論》引作“聖人”，而無後句，
與今本《文子》同。劉晝所見《淮南子》文本，似與今本不同，當時《淮南子》
應有多種傳本。《文子》與《淮南子》二書重疊部份，凡以普遍觀念代替具體
事例者，有可能原屬與《淮南子》資料同源的“文子外編”資料，但從今本《文
子》來看，則多為《淮南子》別本殘文竄入。

　　輕天下，則神無累矣；細萬物，則心不惑矣；齊死生，則志不
懼矣；同變化，則明不眩矣（〔老子曰：〕輕天下，即神無累；細萬物，即心不惑；
齊生死，則意不懼；同變化，則明不眩。）〈九守〉篇第四章①。眾人以為虛言，吾將舉
類而實之：

　　人之所以樂為人主者，以其窮耳目之欲，而適躬體之便也。今
高臺層榭，人之所麗也，而堯〔樣〕（原作“樸”，據王念孫校改。）桷不斲，
素題不枅；珍怪奇〔味〕（原作 ‘異’，據莊逵吉、王念孫校改。），人之所美也，
而堯糲〔粢〕（原作“粲”，據王紹蘭校改。）之飯，藜藿之羹；文繡狐白，人
之所好也，而堯布衣揜形，鹿裘御寒。養性之具不加厚，而增之以
任重之憂，故舉天下而傳之於舜，若解重負然。非直辭讓，誠無以
為也。此輕天下之具也。

　　禹南省，方濟于江，黃龍負舟，舟中之人五色無主，禹乃熙笑
而稱曰：“我受命於天，竭力而勞萬民。生，寄也；死，歸也。何
足以滑和！”視龍猶蝘蜓，顏色不變，龍乃弭耳掉尾而逃。禹之視
物亦細矣。

　　鄭之神巫相壺子林，見其徵，告列子。列子行泣報壺子。壺子
持以天壤，名實不入，機發於踵。壺子之視死生亦齊。

　　　“鄭之神巫相壺子林”事，似本諸《莊子·應帝王》，《列子·黃帝》篇也有
　　　引述。

　　　　鄭有神巫曰季咸，知人之死生存亡，禍福壽夭，期以歲月旬日，若神。鄭人見之，
　　　　皆棄而走。列子見之而心醉，歸，以告壺子，曰：“始吾以夫子之道為至矣，則又有

至焉者矣。”壺子曰：“吾與汝既其文，未既其實，而固得道與？眾雌而無雄，而又奚卵焉！而以道與世亢，必信，夫故使人得而相汝。嘗試與來，以予示之。”明日，列子與之見壺子。出而謂列子曰：“嘻！子之先生死矣！弗活矣！不以旬數矣！吾見怪焉，見濕灰焉。”列子入，泣涕沾襟以告壺子。壺子曰：“鄉吾示之以地文，萌乎不震不止。是殆見吾杜德機也。嘗又與來。”明日，又與之見壺子。出而謂列子曰：“幸矣，子之先生遇我也！有瘳矣，全然有生矣！吾見其杜權矣。”列子入，以告壺子。壺子曰：“鄉吾示之以天壤，名實不入，而機發於踵。是殆見吾善者機也。嘗又與來。”……《莊子・應帝王》

有神巫自齊來處於鄭，命曰季咸，知人死生、存亡、禍福、壽夭，期以歲、月、旬、日，如神。鄭人見之皆避而走，列子見之而心醉，而歸以告壺丘子曰：“始吾以夫子之道爲至矣，則又有至焉者矣。”壺子曰：“吾與汝無其文，未既其實，而固得道歟？眾雌而無雄，而又奚卵焉？而以道與世抗，必信矣，夫故使人得而相汝。嘗試與來，以予示之。”明日，列子與之見壺子，出而謂列子曰：“譆！子之先生死矣，弗活矣，不可以旬數矣。吾見怪焉，見濕灰焉。”列子入，涕泣沾衾，以告壺子。壺子曰：“向吾示之以地文，罪乎不誫不止。是殆見吾杜德幾也。嘗又與來！”明日又與之見壺子，出而謂列子曰：“幸矣！子之先生遇我也，有瘳矣，灰然有生矣，吾見杜權矣。”列子入告壺子，壺子曰：“向吾示之以天壤，名實不入而機發於踵，此爲杜權。是殆見吾善者幾也，嘗又與來！”……《列子・黃帝》

子〔來〕（原作“求”，據俞樾校改。）行年五十有四而病傴僂，脊管高于頂，腸下迫頤，兩髀在上，燭營指天，匍匐自闚於井曰：“偉哉造化者！其以我爲此拘拘邪？”此其視變化亦同矣。

上段子來之事，見前引《莊子・大宗師》，〈人間世〉篇亦曰：“支離疏者頤隱於臍，肩高於頂，會撮指天，五管在上，兩髀為脇。”

故覩堯之道，乃知天下之輕也；觀禹之志，乃知〔萬物〕（原作“天下”，據王念孫校改。）之細也；原壺子之論，乃知死生之齊也；見子〔來〕之行，乃知變化之同也。

2

此章敘說至人之德，不為世俗所累，而“無以天下為”。其中部份文字，見於
《文子·九守》，但〈九守〉篇文義舛亂，當為《淮南子》別本殘文竄入。

夫至人倚不拔之柱，行不關之塗；稟不竭之府，學不死之師；
無往而不遂，無至而不通（夫至人倚不撓之柱，行無關之途，稟不竭之府，學不死之
師，無往而不遂，無之而不通）；生不足以挂志，死不足以幽神；屈伸俛仰，
抱命而婉轉；禍福利害，千變萬紾，孰足以患心（屈伸俯仰，抱命不惑而宛
轉，禍福利害，不足以患心。）〈九守〉篇第四章②！若此人者，抱素守精，蟬蛻蛇解，
游於太清，輕舉獨〔往〕（原作“住”，據王念孫校改。），忽然入冥。鳳凰不
能與之儷，而況斥鷃乎！勢位爵祿，何足以概志也！

晏子與崔杼盟，臨死地而不易其義。殖、華將戰而死，莒君厚
賂而止之，不改其行。故晏子可迫以仁，不可劫以兵；殖、華可止
以義，而不可縣以利（夫為義者可迫以仁，而不可劫以兵，可正以義，不可縣以利。）。
君子義死，而不可以富貴留也；義為，而不可以死亡恐也。（君子死義，
不可以富貴留也，為義者不可以死亡恐也。）彼則直為義耳，而尚猶不拘於物，
又況無為者矣（又況於無為者乎！）〈九守〉篇第四章③！

上段晏子之事詳見《左傳·襄公二十五年》，《晏子春秋·雜篇》，《呂氏春
秋·知分》。殖華之事詳見《左傳·襄公二十三年》。

堯不以天下為貴，故授舜；公子札不以有國為尊，故讓位。子
罕不以玉為富，故不受寶；務光不以生害義，故自投於淵。

上段務光之事詳見《莊子·讓王》、《呂氏春秋·離俗》。

由此觀之，至貴不待爵，至富不待財。天下至大矣，而以與他
人也；身至親矣，而棄之淵。外此，其餘無足以立矣。此之謂無累
之人。無累之人，不以天下為貴矣（無為者即無累，無累之人，以天下為影柱。）
〈九守〉篇第四章④a。

上段高誘認為：「至貴不待爵」指許由、務光；「至富不待財」，指楚狂接輿；「天下至大矣，而以與他人」，指堯；「身至親矣，而棄之淵」，指務光。下段文意不能直接上承前段，似有脫漏。「至貴不待爵」兩句似本諸《莊子·天運》，〈天運〉篇曰：「故曰，至貴，國爵并焉；至富，國財并焉；至顯，名譽并焉。是以道不渝。」

上觀至人之論，深原道德之意，以下考世俗之行，乃足羞也（上觀至人之倫，深原道德之意，下考世俗之行，乃足以羞也。）〈九守〉篇第四章④b。

前文舉出「堯不以天下為貴」、「公子札不以有國為尊」、「子罕不以玉為富」、「務光不以生害義」，而下文又舉以「許由之意」、「延陵季子不受吳國」、「子罕不利寶玉」、「務光不污於世」四事，原當為兩段相近資料，合編於此。上段末句「乃足羞也」似可接「今夫窮鄙之社也」段。

故通許由之意，〈金縢〉、〈豹韜〉廢矣；延陵季子不受吳國，而訟閒田者慚矣；子罕不利寶玉，而爭券契者媿矣；務光不污於世，而貪利偷生者悶矣。故不觀大義者，不知生之不足貪也；不聞大言者，不知天下之不足利也。

今夫窮鄙之社也，叩盆拊瓴，相和而歌，自以為樂矣。嘗試為之擊建鼓，撞巨鐘，乃〔始〕（原作「性」，據王念孫校改。）仍仍然，知其盆瓴之足羞也。藏《詩》、《書》，修文學，而不知至論之旨，則拊盆叩瓴之徒也。

無（原作「夫」，據何寧校改。）以天下為者，學之建鼓矣（夫無以天下為者，學之建鼓也。）〈九守〉篇第四章⑤。

3

此章論述「貴生」的思想，近於〈要略〉篇所言：「使人愛養其精神，撫靜其魂魄,不以物易己,而堅守虛無之宅。"此章主要部份見於《文子·九守》第五章,〈九守〉篇文句語意較為連貫。《淮南子》恐有脫文或錯簡。

尊勢厚利,人之所貪也。使之左〔手〕(據劉文典、王叔岷校改。)據天下〔之〕(據向宗魯校改。)圖而右手刜其喉,愚夫不為(〔老子曰:〕尊勢厚利,人之所貪,比之身則賤。)〈九守〉篇第五章①a/(左手據天下之圖,而右手刜其喉,雖愚者不為,身貴於天下也。)〈上義〉篇第十一章②。由此觀之,〔身〕(原作"生",據何寧校改。)〔貴〕(原作"尊",據王念孫校改。)於天下也。

> 上段文意似本諸《莊子·讓王》,〈讓王〉篇曰:"子華子曰:'今使天下書銘於君之前,書之言曰:左手攫之則右手廢,右手攫之則左手廢,然而攫之者必有天下。君能攫之乎?'昭僖侯曰:'寡人不攫也。'"又,《御覽》四百七十四引《韓詩外傳》引《莊》曰:"左手據天下之圖,右手吻其肮,愚者不為。"《呂氏春秋·不侵》曰:"天下輕於身,而士以身為人,以身為人者,如此其重也。"亦與《淮南子》文意相近。

聖人食足以接氣,衣足以蓋形,適情不求餘(故聖人食足以充虛接氣,衣足以蓋形御寒,適情辭餘〔,不貪得,不多積〕。)〈九守〉篇第五章①b。無天下不虧其性,有天下不羨其和。有天下,無天下,一實也。今贛人敖倉,予人河水,飢而餐之,渴而飲之,其入腹者不過簞食瓢漿,則身飽而敖倉不為之減也,腹滿而河水不為之竭也。有之不加飽,無之不為之飢。與守其篅笢、有其井,一實也。

> 上段見於《文子·九守》第五章,"聖人食足以接氣,衣足以蓋形"兩句,〈九守〉作"聖人食足以充虛接氣,衣足以蓋形禦寒"。《劉子·防慾》引,與《文子》同。此句當為古時資料,《墨子·節用中》曰:"古者聖王制為飲食之法,曰:足以充虛繼氣。""充虛繼氣"與"充虛接氣"同。《淮南子》引用此類資料而有所省略。

人大怒破陰,大喜墜陽,大憂內崩,大怖生狂。除穢去累,莫若未始出其宗,乃為大通。清目而不以視,靜耳而不以聽,鉗口而不以言，委心而不以慮，棄聰明而反太素，休精神而棄知故（清目不視，靜耳不聽，閉口不言，委心不慮，棄聰明，反太素，休精神，去知故〔，無好無憎〕，是謂大通。除穢去累，莫若末始出其宗，何為而不成。）〈九守〉篇第五章①c，覺而若〔眛〕（原作'昧'，據王引之校改。），生而若死，終則反本未生之時，而與化爲一體，死之與生，一體也。

> 上段文意似本諸《莊子·應帝王》，〈應帝王〉篇曰："人大喜邪？毗於陽；大怒邪？毗於陰。陰陽並毗，四時不至，寒暑之和不成，其反傷人之形乎！"又曰："壺子曰：鄉吾示之以未始出吾宗。"上段文句次序，與見於〈九守〉有異，"除穢去累……乃為大通"、"清目……棄知故"與"覺而若眛……一體也"三段，文意欠連貫，而《文子》全段文意較清晰整齊。

今夫繇者，揭钁臿，負籠土，鹽汗交流，喘息薄喉。當此之時，得茠越下，則脫然而喜矣。巖穴之間，非直越下之休也。病疵瘕者，捧心抑腹，膝上叩頭，跬踦而諦，通夕不寐。當此之時，噲然得臥，則親戚兄弟歡然而喜。夫修夜之寧，非直一噲之樂也。故知宇宙之大，則不可劫以死生；知養生之和，則不可縣以天下（知養生之和者，即不可縣以利〔，通內外之符者，不可誘以勢〕。）〈九守〉篇第五章②a；知未生之樂，則不可畏以死；知許由之貴于舜，則不貪物。

> 下段內容或屬下章"豈若能使無有盜心哉"段，此處與前文文意不能連貫，恐為錯簡。又〈說林訓〉曰"牆之壞也，不若無也，然逾屋之覆"，與此處意含相近。

牆之立，不若其偃也，又況不爲牆乎！冰之凝，不若其釋也，又況不爲冰乎！自無蹠有，自有蹠無，終始無端，莫知其所萌。非通於外內，孰能無好憎？無外之外，至大也；無內之內，至貴也；能知大貴，何往而不遂（無外之外，至大，無內之內，至貴，能知大貴，何往不逐。）〈九守〉篇第五章②b！

4

此章論述"理情性"，"治心術"，以求"原心返本"，故雖"縱體肆意"而不失"心性之和"，並批判儒者"迫性閉欲"之失。全章見於《文子·九守》第六章與〈上禮〉篇第四章。今本《文子》似就《淮南子》殘文整理，編入〈九守〉與〈上禮〉兩篇。〈九守〉篇將"縱體肆意"改為"不縱身肆意"，與〈精神訓〉此章所言"心性之和"的意旨有違。〈精神訓〉"故儒者非能使人"句，〈上禮〉篇作"禮者，非能使人勿欲也，而能止之；樂者，非能使人勿樂也，而能防之。""樂"如何能"防之"？此均顯見改竄之跡。但《文子》仍部份保留《淮南子》舊文。

①

衰世湊學，不知原心反本，直雕琢其性，矯拂其情（〔老子曰：為禮者，〕雕琢人性，矯拂其情。），以與世交。故目雖欲之，禁之以度，心雖樂之，節之以禮，趨翔周旋，詘節卑拜。肉凝而不食，酒澄而不飲。外束其形，內總其德，〔錯〕（原作"鉗"，據何寧校改。）陰陽之和，而迫性命之情。故終身為悲人（目雖欲之禁以度，心雖樂之節以禮，趨翔周旋，屈節卑拜，肉凝而不食，酒澂而不飲，外束其形，內愁其德，鉗陰陽之和，而迫性命之情，故終身為哀人。）〈上禮〉篇第四章① 。

達至道者則不然。理情性，治心術；養以和，持以適；樂道而忘賤，安德而忘貧（〔老子曰：古之為〕道者，理情性，治心術，養以和，持以適，樂道而忘賤，安德而忘貧。）；性有不欲，無欲而不得；心有不樂，無樂而不為；無益〔於〕（據王念孫校補。）情者不以累德，〔不〕（原作 '而'，據王念孫校改。）便〔於〕（據王念孫校補。）性者不以滑和（性有不欲，無欲而不得，心有不樂，無樂而不為，無益於性者不以累德，不便於生者不以滑和。）。故縱體肆意而度制，可以為天下儀（不縱身肆意而制度，可以為天下儀。）〈九守〉篇第六章① 。

今夫儒者，不本其所以欲，而禁其所欲，不原其所以樂，而閉其所樂（〔何則？〕不本其所以欲，而禁其所欲，不原其所以樂，而防其所樂，)），是猶決江河之源而障之以手也。夫牧民者，猶畜禽獸也，不塞其圍垣，使有野心（是猶圈獸不塞其垣而禁其野心，決江河之流而壅之以手。〔故曰：「開其兌，濟其事，終身不救。」〕）〈上禮〉篇第四章②，繫絆其足，以禁其動，而欲脩生壽終，豈可得乎！夫顏回、季路、子夏、冉伯牛，孔子之通學也。然顏淵夭死，季路菹於衛，子夏失明，冉伯牛爲厲。此皆迫性拂情而不得其和也。故子夏見曾子，一臞一肥，曾子問其故，曰：「出見富貴之樂而欲之，入見先王之道又說之，兩者心戰，故臞。先王之道勝，故肥。」推此志，非能〔不〕（據王念孫校補。）貪富貴之位，不便侈靡之樂，〔直〕（原作「宜」，據王念孫校改。）迫性閉欲，以義自防也（〔夫禮者，〕遏情閉欲，以義自防。）。雖情心鬱殪，形性屈竭，猶不得已自強也，故莫能終其天年（雖情心咽噎，形性飢渴，以不得已自強，故莫能終其天年。）〈上禮〉篇第四章③。

　　子夏見曾子，曾子曰：「何肥也？」對曰：「戰勝故肥也。」曾子曰：「何謂也？」子夏曰：「吾入見先王之義則榮之，出見富貴之樂又榮之，兩者戰於胸中，未知勝負，故臞。今先王之義勝，故肥。」是以志之難也，不在勝人，在自勝也。故曰：「自勝之謂強。」《韓非子・喻老》

　　閔子騫始見於夫子，有菜色，後有芻豢之色。子貢問曰：「子始有菜色，今有芻豢之色，何也？」閔子曰：「吾出蒹葭之中，入夫子之門。夫子內切瑳以孝，外爲之陳王法，心竊樂之。出見羽蓋龍旂裷施相隨，心又樂之。二者相攻胸中而不能任，是以有菜色也。今被夫子之文浸深，又賴二三子切瑳而進之，內明於去就之義，出見羽蓋龍旂裷裘相隨，視之如壇土矣，是以有芻豢之色。」《詩》曰：「如切如瑳，如琢如磨。」《韓詩外傳》卷二

　　閔子騫肥。子貢曰：「何肥也？」子騫曰：「吾出，見美車馬則欲之；聞先王之言則又欲之。兩心相與戰，今先王之言勝，故肥。」《御覽》卷三百七十八引《尸子》佚文

上段「曾子見子夏」事，似本諸《韓非子・喻老》，另見於〈原道訓〉與〈說山訓〉。「《韓詩外傳》與《尸子》佚文則記述爲「閔子騫」與「子貢」事，當屬不同傳聞。「是猶決江河」段，〈精神訓〉與〈上禮〉篇句序不同。〈精神訓〉文意不能通達，「使有野心」句後，語意尤其難解，恐有脫文或誤字。

〈上禮〉篇作"是猶圈獸不塞其垣而禁其野心，決江河之流而壅之以手"，前後兩句對稱，文氣通貫，說理簡要明晰，或為《淮南子》別本舊文，但也可能為後人改動而成為解《老》形式。

若夫至人，量腹而食，度形而衣，容身而游，適情而行，餘天下而不貪，委萬物而不利（量腹而食，制形而衣，容身而居，適情而行，餘天下而不有，委萬物而不利，）；處大廓之宇，游無極之野，登太皇，馮太一，玩天地于掌握之中，夫豈為貧富肥臞哉（豈為貧富貴賤失其性命哉！〔若然者，可謂能體道矣。〕）〈九守〉篇第六章②！

故儒者非能使人弗欲，〔欲〕而能止之；非能使人勿樂，〔樂〕（"欲"、"樂"二字，據何寧校補。）而能禁之（〔禮者，〕非能使人勿欲也，而能止之；樂者，非能使人勿樂也，而能防之。）。夫使天下畏刑而不敢盜，豈若能使無有盜心哉（夫使天下畏刑而不敢盜竊，豈若使無有盜心哉！）〈上禮〉篇第四章④！

②

此節論述"嗜欲"之害，內容與前節略異，文氣似不能直接相承，恐有脫文。

越人得髯蛇，以為上肴，中國得而棄之無用。故知其無所用，貪者能辭之；不知其無所用，廉者不能讓也（故知其無所用，雖貪者皆辭之；不知其無所用，廉者不能讓之。）。夫人主之所以殘亡其國家，捐棄其社稷，身死於人手，為天下笑，未嘗非為非欲也（夫人之所以亡社稷，身死人手，為天下笑者，末嘗非欲也。）〈上禮〉篇第四章⑤。

夫仇由貪大鐘之賂而亡其國，虞君利垂棘之璧而擒其身，獻公艷驪姬之美而亂四世，桓公甘易牙之和而不以時葬，胡王淫女樂之娛而亡上地。使此五君者，適情辭餘，以己為度，不隨物而動，豈有此大患哉？故射者，非矢不中也，學射者不治矢也；御者非轡不行，學御者不為轡也。知冬日之箑、夏日之裘無用於己，則萬物之變為塵埃矣（知冬日之扇、夏日之裘無用於己，則萬物變為塵垢矣！）。故以湯止沸，沸乃不止；誠知其本，則去火而已矣（故揚湯止沸，沸乃益甚；知其本者，去火而已。）〈上禮〉篇第四章⑥。

五 〈本經訓〉辨析

《淮道子·要略》曰：

> 〈本經〉者，所以明大聖之德，通維初之道，埒略衰世古今之變，以褒
> 先聖之隆盛，而貶末世之曲政也。所以使人黜耳目之聰明，精神之感動，
> 樽流遁之觀，節養性之和，分帝王之操，列小大之差者也。

高誘注："本，始也。經，常也。天經造化出於道，治亂之由，得失有常，
故曰'本經'，因以題篇也。"

因此，據〈本經訓〉的說明，此篇的宗旨在於：

第一、列述古今世衰的變遷，以讚頌先聖之世的隆盛，而貶抑末代政治的
　　　　邪曲。

第二、使人廢棄耳目的聰明，免除精神的動盪，抑止外欲的散逸，調節養
　　　　性的中和，區別帝王不同的操持，以列序小大治績的差別。

但從全篇哲學探討的淵源來看，它像是一種統觀歷史性人文建構問題部份
資料的匯編。全篇可分爲三個部份。

第一部份：包含三章資料，具有〈要略〉篇所稱"明大聖之德，通維初之
道，埒略衰世古今之變，以褒先聖之隆盛，而貶末世之曲政"的形式。第一章
爲"太清之治"與"衰世"的比較；第二章爲"古之人，同氣於天地"與"衰
世失性而貴仁義"的比較。但"天地之大"句下資料，頗顯雜亂，恐有脫文。
第三章敘說"功名"建立在亂世的所需上，並以古今世代的變遷，舉證加以申
述。但"今至人生亂世之中"與"五帝三王"兩段，文意與前文不盡相合，段
前恐有脫文。

第二部份：論述"帝、王、霸、君"四者的操持，合於〈要略〉篇所稱對

於"帝王之操"與"小大之差"的辨析,提出"大不可行小,小不可行大","帝、王、霸、君"貴賤不失其體,則天下治。

第三部份:可分為兩章。第一章,說明"閉四關"、"止五遁",以"節養人性",使"神明藏於無形,精神返於至真",合於〈要略〉篇所言:"使人黜耳目之聰明,精神之感動,樽流遁之觀,節養性之和。"第二章,論述"樂"、"悲"與"怒"三種人性情態,並以"埒略衰世古今之變"的方式,說明"作樂"、"服喪"與"用兵"三種人文規劃的衰變。

全篇今存約 3852 字,與〈覽冥訓〉同為《淮南子》現有資料最少者。《淮南子》其他各篇中時有"埒略衰世古今之變"體例的文字,如:〈俶真訓〉第四部份;〈主術訓〉第一部份第一章,第二部份(乙)第一章;〈齊俗訓〉第一部份(丙)第一章;〈氾論訓〉第一章,第三章,第五章;〈泰族訓〉第二部份第二章,等。其中或有原屬〈本經訓〉資料。全篇約 1547 字可對應《文子》,約佔全文 40.1%。見於《文子》章節如下:〈下德〉篇第八、九、十一、十二、十五各章,〈上禮〉篇第六章,與〈精誠〉篇第四章,均多似《淮南子》別本殘文竄入。

第一部份:

此部份資料可分為三章,均合於〈要略〉篇所言:"明大聖之德,通維初之道,埒略衰世古今之變,以褒先聖之隆盛,而貶末世之曲政。"

1

此章以"太清之治"與"逮及衰世"對較,說明古今衰世之變。第一段部份文字見於《文子·下德》第九章,第二段部份見於〈上禮〉篇第六章。就《文子》此二章行文次序來看,極似編輯今本《文子》者,將混入其中《淮南子》殘文,分置於兩處。

太清之〔治〕（原作‘始’，據王念孫校改。）也，和順以寂漠，質真而素樸，閑靜而不躁（〔老子曰：〕清靜之治者，和順以寂寞，質真而素樸，閑靜而不躁。），推移而無故；在內而合乎道，出外而調於義（在內而合乎道，出外而同乎義。）；發動而成於文，行〔決〕（原作“快”，據俞樾校改。）而便於物；其言略而循理，其行悅而順情（其言略而循理，其行悅而順情。）；其心愉而不偽，其事素而不飾（其心和而不偽，其事素而不飾。）。是以不擇時日，不占卦兆，不謀所始，不議所終，安則止，激則行（不謀所始，不議所終；安即留，激即行。），通體於天地，同精於陰陽，一和於四時，明照於日月，與造化者相雌雄（通體乎天地，同精乎陰陽，一和乎四時，明朗乎日月，與道化者為人。）〈下德〉篇第九章①a。是以天覆以德，地載以樂，四時不失其敘，風雨不降其虐，日月淑清而揚光，五星循軌而不失其行（是以天覆以德，地載以樂，四時不失序，風雨不為虐，日月清靜而揚光，五星不失其行。〔此清靜之所明也〕。）〈下德〉篇第九章①c。當此之時，玄〔光〕（原作“元”，據俞樾校改。）至碭而運照，鳳麟至，蓍龜兆，甘露下，竹實滿，流黃出，而朱草生，機械詐偽，莫藏於心（機巧詐偽莫載乎心。）〈下德〉篇第九章①b。

> 上段“太清之治”一語，古典文獻未見，《文子》作“清靜之治者”。“太清”源自《莊子》，〈天運〉篇曰：“建之以太清”，〈列御寇〉篇曰：“水流乎無形，發泄乎太清”。何寧云：“案：《晏子春秋·問上》篇：‘四時不失其序，風雨不降虐。’又，〈諫上〉篇”‘是故天地四時和而不失，星辰日月順而不亂’”，此《淮南》所本。”

逮至衰世，鐫山石，鍥金玉，擿蚌蜃，消銅鐵，而萬物不滋（〔老子曰：〕衰世之主，鑽山石，挈金玉，摘蚌蜃，消銅鐵，而萬物不滋。）。剖胎殺夭，麒麟不游；覆巢毀卵，鳳凰不翔；鑽燧取火，構木為臺；焚林而田，竭澤而漁（剖胎焚夭，覆巢毀卵，鳳凰不翔，麒麟不游。構木為臺，焚林而畋，竭澤而漁，）；人械不足，畜藏有餘：而萬物不繁兆，萌牙、卵、胎而不成者，處之太半矣。積壤而丘處，糞田而種穀，掘地而井飲，疏川而為利，築城而為固，拘獸以為畜，則陰陽繆戾，四時失敍（積壤而丘處，掘地而井飲，濬川而為池，築城而為固，拘獸以為畜，則陰陽繆戾，四時失序，），雷霆毀折，〔霆〕（原作“電”，據王念孫校改。）霰降虐，氛霧霜雪不霽，而萬物燋夭。菑榛穢，聚埒畝，芟野〔莽〕（原作“葵”，據王引之校改。），長苗秀，草木之句萌、銜華、戴實而死者，不可勝數（雷霆毀折，電霜為害，萬物焦夭〔，處於太半〕，草木夏枯。）。乃至夏屋宮駕，〔縣〕（原作“縣”，據王念孫校改）聯房植，橑檐榱題，雕琢刻鏤，喬枝〔凌〕（原作“菱”，據俞樾校改。）阿，芙蓉芰荷，五采爭勝，流漫陸離，脩掞曲挍，夭矯曾橈，芒繁紛挐，以相交持，公輸、王爾無所錯其剞劂削鋸，然猶未能澹人主之欲也。是以松柏菌〔蕗〕（原作“露”，據莊逵吉校改。），〔宛而〕（據王念孫校補。）夏槁，江河三川，絕而不流（三川絕而不流。）；夷羊在牧，飛蛩滿野，天旱地坼；鳳凰不下，句爪、居牙、戴角、出距之獸於是鷙矣。民之專室蓬廬，無所歸宿，凍餓飢寒死者相枕席也。及至分山川谿谷使有壤界，計人多少眾寡，使有分數，築城掘池，設機械險阻以為備，飾職事，制服等，異貴賤，差賢不肖（分山川蹊谷，使有壤界，計人眾寡，使有分數，設機械險阻以為備，制服色，等異貴賤，差賢不肖，），經誹譽，行賞罰，則兵革興而〔忿〕（原作“分”，據陶鴻慶、楊樹達校改。）爭生，民之滅抑夭隱，虐殺不辜而刑誅無罪，於是生矣（行賞罰，則兵革起而忿爭生。虐殺不辜，誅罰無罪，於是興矣。）〈上禮〉篇第六章。

上段以“逮至衰世”起首，與前段“太清之治”相對比，《文子》作“衰世之主”，屬另章。“電霰降虐”句，“電”字王念孫據《文子》改作“霆”。又，何寧云：“疑‘民之滅抑夭隱’六字，當在‘刑誅無罪’下，與‘於是生矣’四字做一句讀。兵革興而忿爭生，則殺虐不辜而刑誅無罪，殺虐不辜而刑誅無罪，故民生滅抑夭隱之痛；非殺虐不辜而刑誅無罪生於民之滅抑隱也。注曰：‘言民有滅沒夭折之痛’，正釋‘民滅抑夭隱於是生矣’。《文子》〈上禮〉篇無此六字，則‘殺虐不辜而刑誅無罪’緊承‘兵革興而忿爭生’甚明，不得於期間插入六字，令文義了戾矣。”

＊

以下數段文字，不但與前文文氣不能連貫，也與〈要略〉篇所言篇旨不合，當為他處錯簡。就其內容而言，以"氣"說明天地萬物的貫通感應，或原屬〈覽冥訓〉殘文。此處文字，部份見於《文子·下德》第八章。〈下德〉篇此章，文意不完，結構雜亂，當為《淮南子》別本殘文混入。

天地之合和，陰陽之陶化萬物，皆乘〔一〕(原作"人"，據莊逵吉校改) 氣者也。是故上下離心，氣乃上蒸，君臣不和，五穀不為 (〔老子曰：〕陰陽陶冶萬物，皆乘一氣而生。上下離心，氣乃上蒸，君臣不和，五穀不登。) 〈下德〉篇第八章①a。

距日冬至四十六日，天含和而未降，地懷氣而未揚；陰陽儲與，呼吸浸潭；包裹風俗，斟酌萬殊，旁薄眾宜，以相嘔咐醞釀，而成育群生。

是故：春肅秋榮，冬雷夏霜，皆賊氣之所生 (春肅秋榮，冬雷夏霜，皆賊氣之所生也) 〈下德〉篇第八章①b。由此觀之，天地宇宙，一人之身也；六合之內，一人之〔刑〕(原作"制"，據王念孫校改。) 也。

是故：明於性者，天地不能脅也；審於符者，怪物不能惑也。

故：聖人者，由近知遠，而萬殊為一 (天地之間，一人之身也，六合之內，一人之形也，故明於性者，天地不能脅也，審於符者，怪物不能惑也。聖人由近以知遠，以萬異為一。) 〈下德〉篇第八章①c。

2

此章仍論述"垺略衰世古今之變"，認為"仁、義、禮、樂"的興起，為衰世的表徵。

古之人，同氣於天地，與一世而優游。當此之時，無慶〔賞〕（原作"賀"，據陳觀樓校改。）之利、刑罰之威，禮義廉恥不設，毀譽仁鄙不立，而萬民莫相侵欺暴虐，猶在於混冥之中（同氣蒸乎天地。禮義廉恥不設，萬民不相侵暴虐，由在乎混冥之中也。〔廉恥陵遲。〕）〈下德〉篇第八章①d。

　　上段"古之人"三字，俞樾認為是衍文，他說："'古之人'三字，衍文也。四句一氣同屬，皆蒙'故聖人者'為文。若有'古之人'三字，則文義不貫矣！此文本云'故聖人者，由近而知遠，以萬殊為一同，氣蒸於天地，與一世而優游。'"如俞說可成立，此章由"天地之合和"至"天地不能脅也"仍與下段義理難以連貫。因此，"古之人"並非衍文，而"故聖人者"數句當為錯簡。因"萬物皆乘一氣"與"同氣於天地"觀念相近，故誤編於此。

　　逮至衰世，人眾而財寡，事力勞而養不足，於是忿爭生，是以貴仁。仁鄙不齊，比周朋黨，設詐諝，懷機械巧故之心，而性失矣，是以貴義（及至世之衰，用多而財寡，事力勞而養不足，民貧苦而忿爭生，是以貴仁。人鄙不齊，比周朋黨，各推其與，懷機械巧詐之心，是以貴義。）。陰陽之情，莫不有血氣之感，男女群居雜處而無別，是以貴禮。性命之情，淫而相脅，以不得已，則不和，是以貴樂。是故仁義禮樂者，可以救敗，而非通治之至也（男女群居，雜而無別，是以貴禮。性命之情，淫而相迫於不得已，則不和，是以貴樂。故仁義禮樂者，所以救敗也，非通治之道也。）〈下德〉篇第八章②。

　　夫仁者、所以救爭也；義者、所以救失也；禮者、所以救淫也；樂者、所以救憂也。神明定於天下而心反其初，心反其初而民性善，民性善而天地陰陽從而包之，則財足而人瞻矣。貪鄙忿爭不得生焉。由此觀之，則仁義不用矣（誠能使神明定於天下，而心反其初，即民性善。民性善，即天地陰陽從而包之。是以財足而人贍，貪鄙忿爭之心不得生焉。仁義不用，而道德定於天下，而民不淫於彩色。）〈下德〉篇第八章③。道德定於天下而民純樸，則目不營於色，耳不淫於聲；坐俳而歌謠，被髮而浮游，雖有毛嬙、西施之色，不知說也，《掉羽》、《武象》不知樂也，淫泆無別，不得生焉。由此觀之，禮樂不用也。

是故：德衰然後仁生，行沮然後義立，和失然後聲調，禮淫然後容飾（故德衰然後飾仁義，和失然後調聲，禮淫然後飾容。〈下德〉篇第八章④a。

是故：知神明然後知道德之不足爲也，知道德然後知仁義之不足行也，知仁義然後知禮樂之不足修也（故知道德，然後知仁義不足行也，知仁義，然後知禮樂不足修也。）〈下德〉篇第八章④b。今背〔之於〕（原作"其"，據何寧校改。）本而求之於末，釋其要而索之於詳，未可與言至也。

> 此處〈本經訓〉論述"道德"衰微之後，才發生"仁、義、禮、樂"。這種思想源自《老子》第三十八章。而在《莊子・外篇》的〈駢拇〉、〈馬蹄〉、〈胠篋〉、〈在宥〉等篇有著進一步的發揮。《淮南子》似乎承襲此種思想傳承而加以申論。這種思索的方向與竹簡《文子》所標示以"德仁義禮"為治天下之"四經"的要求不合。〈下德〉篇第八章當為《淮南子》別本殘文混入。

> ＊

> 以下數段，在《老子》始源觀念的基礎上，融合了《莊子・齊物論》與〈徐無鬼〉兩篇重要觀念，提出關於人文問題處理的哲學結構性說明，似原屬此章資料。尤其"立仁義，脩禮樂，則德遷而為偽"的觀念，與前文思想相合。但前兩段文氣不能銜接，恐有脫文。又，全章主要部份，見於《文子・下德》第十一章。《文子》似《淮南子》殘文混入，如其中並無"天地之大"與"星月之行"兩句，僅論述"雷霆之聲"與"風雨之變"，但其後卻有"大可睹者"與"明可見者""聲可聞者"與"色可察者"四事，顯見為殘文之痕跡。

天地之大，可以矩表識也；星月之行，可以歷推得也；雷〔霆〕（原作"震"，據王念孫校改。）之聲，可以鼓鐘寫也；風雨之變，可以音律知也（〔老子曰：〕雷霆之聲，可以鍾鼓象也；風雨之變，可以音律知也。）。是故大可睹者，可得而量也；明可見者，可得而蔽也；聲可聞者，可得而調也；色可察者，可得而別也（大可睹者，可得而量也；明可見者，可得而蔽也；聲可聞者，可得而調也；色可察者，可得而別也。）。夫至大，天地弗能含也；至微，神明弗能領也（夫至大，天地不能函也，至微，神明不能領也。）〈下德〉篇第十一章①。

前段論述自然之"道"乃"至大"、"至微"，超乎天地之域，絕乎神明之知，而下段則談及人文世界建構的變遷，兩段之間似不應以"及至"相聯繫，此處當有脫文。

及至建律歷，別五色，異清濁，味甘苦，則樸散而為器矣（及至建律曆，別五色，異清濁，味甘苦，即樸散而為器矣。）。立仁義，脩禮樂，則德遷而為偽矣（立仁義，修禮樂，即德遷而為偽矣。）。及偽之生也，飾智以驚愚，設詐以巧上，天下有能持之者，〔未〕（據王念孫校補。）有能治之者也（民飾智以驚愚，設詐以攻上，天下有能持之，而未能有治之者也。）。昔者蒼頡作書而天雨粟，鬼夜哭；伯益作井，而龍登玄雲，神棲崑崙；〔智〕（據王念孫校補。）能愈多而德愈薄矣（夫智能彌多，而德滋衰，〔是以至人淳樸而不散〕。）〈下德〉篇第十一章①b故周鼎著倕，使銜其指，以明大巧之不可為也（害眾者倕，而使斷其指，以明大巧之不可為也。）〈精誠〉篇第十八章。

上段"周鼎著錘"句重見於〈道應訓〉。〈精誠〉篇作"害眾者錘"，前三字恐為"周鼎眾"字形殘缺而誤。《呂氏春秋·離謂》曰："周鼎著倕而齕其指，先王有以見大巧之不可為也。"此當為《淮南子》所本。

故：至人之治也，心與神處，形與性調；靜而體德，動而理通；隨自然之性而緣不得已之化；洞然無為而天下自和，憺然無欲而民自樸（夫至人之治，〔虛無寂寞，不見可欲，〕心與神處，形與性調，靜而體德，動而理通，循自然之道，緣不得已矣。漠然無為而天下和，淡然無欲而民自樸，）；無禨祥而民不夭，不忿爭而養足（不忿爭而財足。）；兼苞海內，澤及後世，不知為之者誰何。是故生無號，死無謚；實不聚而名不立，施者不德，受者不讓，德交歸焉而莫之充忍也（施者不德，受者不讓，德反歸焉，而莫之惠。）〈下德〉篇第十一章②。

上段文字似本諸《莊子》，"隨自然之性而緣不得已之化"句，〈庚桑楚〉篇曰："有為也欲當,則緣於不得已,不得已之類,聖人之道。""兼苞海內"
數句,〈徐無鬼〉篇曰"聖人并包天地,澤及天下,而不知其誰氏。是故生無
爵,死無謚,實不聚,名不立,此之謂大人。"

故:〔道〕(原作"德"。)之所總,〔德〕(原作"道"。)弗能〔周〕
(原作"害"'以上三字均據向宗魯校改。)也;智之所不知,辯弗能解也。不言
之辯,不道之道,若或通焉,謂之天府。取焉而不損,酌焉而不竭,
莫知其所由出,是謂瑤光(不言之辯,不道之道,若或通焉,謂之天府。取焉而不損,
酌焉而不竭,莫知其所求由出,謂之搖光。)〈下德〉篇第十一章③a。瑤光者,資糧萬物者
也(搖光者,資糧萬物者也。)〈下德〉篇第十一章③。

上段文字多引自《莊子》,〈徐無鬼〉篇曰:"道之所一者,德不能同也;知
之所不能知者,辯不能舉也。"〈齊物論〉篇曰:"故知止其所不知,至矣。
孰知不言之辯,不道之道?若有能知,此之謂天府。注焉而不滿,酌焉而不竭,
而不知其所由來,此之謂葆光。"

3

此章論述"功名"的生成在於亂世的所需,並以古今世代的不同情況,舉證加
以申述,似近於〈要略〉篇所言要旨。但"今至人生亂世之中"與"五帝三王"
兩段,文意與前文不盡相合,段前恐有脫文。此章見於《文子·精誠》第十四
章。〈精誠〉篇此章文意似較〈本經訓〉完整而連貫,其全文如下:

賑窮補急則名生,起利除害即功成。世無災害,雖聖無所施其德,上下和
睦,雖賢無所立其功。

故至人之治,含德抱道,〔推誠樂施,〕無窮之智寢說而不言。天下莫知
貴其不言者,故"道可道,非常道也,名可名,非常名也。"著於竹帛,鏤於
金石,可傳於人者,皆其粗也。

三皇五帝三王,殊事而同心,異路而同歸。末世之學者,不知道之所體一,
德之所總要,取成事之跡,跪坐而言之,雖博學多聞,不免於亂。

〈精誠〉篇首段與〈本經〉此處同，但第二、三段文意差異頗大。"今至人生亂世之中"句，〈本經訓〉強調身處亂世的至人，抱持著無窮的智慧，但閉口不言，終死於沈默，這樣的人極多；而《文子》作"至人之治"，說明至人的治事，使無窮的智慧止息而不能言說。後者所說的"不言"指至人所達致的教化，能使天下不言，故"貴其不言"指珍視"不言之教"。前者所說的"不言"，指至人生於亂世而不欲言或不得言，與《文子》闡發的義理不同。《文子》與《淮南子》均引老子"道可道，非常道；名可名，非常名"經文，並言及"著於竹帛，鏤於金石，可傳於人者，其粗也"。由於二書中"不言"的意含不同，對此引文的解證也不相同。《文子》偏向於抑制人文名教的彰顯，而《淮南子》則強調至人"含德懷道"的"鉗口寢說"。

振困窮，補不足，則名生；興利除害，伐亂禁暴，則功成（〔老子曰：〕賑窮補急則名生，起利除害即功成。）。世無災害，雖神無所施其德；上下和輯，雖賢無所立其功（世無災害，雖聖無所施其德，上下和睦，雖賢無所立其功。）〈精誠〉篇第十四章①a。

昔容成氏之時，道路鴈行列處，託嬰兒於巢上，置餘糧於畝首，虎豹可尾，虺蛇可蹍，而不知其所由然。

逮至堯之時，十日並出，焦禾稼，殺草木，而民無所食。猰貐、鑿齒、九嬰、大風、封豨、脩蛇，皆為民害。堯乃使羿誅鑿齒於疇華之野，殺九嬰於凶水之上，繳大風於青丘之澤，上射十日而下殺猰貐，斷脩蛇於洞庭，禽封豨於桑林。萬民皆喜，置堯以為天子。於是天下廣狹險易遠近始有道里。

> 陶方琦云："《漢書·揚雄傳下》注應劭曰：'《淮南子》云，堯之時猰貐、封豨、鑿齒皆為民害。猰貐類貙，虎爪食人。'案此必應邵引許君《淮南》也。"
> 何寧云："《海外東經》郭注引《淮南子》云：'堯乃令羿射十日，中其九日，日中烏盡死。'"此皆《淮南子》不同文本。上段文意多本諸《山海經》，如："羿與鑿齒戰於疇華之野，羿射殺之，在崑崙墟東。羿持弓矢，鑿齒持盾，一曰戈。"《海外南經》"猰貐龍首，居弱水中，在狌狌知人名之西，其狀如龍首，

食人。" 《海內南經》

舜之時，共工振滔洪水，以薄空桑，龍門未開，呂梁未發，江、淮通流，四海溟涬，民皆上丘陵，赴樹木。舜乃使禹疏三江五湖，闢伊闕，導瀍、澗，平通溝陸，流注東海。鴻水漏，九州乾，萬民皆寧其性。是以稱堯、舜以為聖。

上段"舜乃使禹疏三江五湖"等句，似本諸《呂氏春秋·貴因》，〈貴因〉篇曰："禹通三江、五湖，決伊闕，溝迴陸，注之東海，因水之力也。"

晚世之時，帝有桀、紂，〔桀〕（據王念孫校補。）為琁室、瑤臺、象廊、玉床，紂為肉圃、酒池，燎焚天下之財，罷苦萬民之力。刳諫者，剔孕婦，攘天下，虐百姓。於是湯乃以革車三百乘伐桀於南巢，放之夏臺；武王甲卒三千破紂牧野，殺之於宣室，天下寧定，百姓和集。是以稱湯、武之賢。由此觀之，有賢聖之名者，必遭亂世之患也。

＊

上段"由此觀之，有賢聖之名者，必遭亂世之患也"三句，即為結論。以下兩段不應接於上段之後，況且劉安也不敢稱所處劉漢之時為亂世，而說至人含德懷道，不言而死者衆。此處似有脫文，或為他處錯簡。《文子·精誠》第十四章句序，雖然與〈本經訓〉此處相近，但其文意卻頗為不同，更顯示此處資料原即混雜舛亂。

今至人生亂世之中，含德懷道，〔抱〕（原作'拘'，據王念孫校改。）無窮之智，鉗口寢說，遂不言而死者衆矣，然天下莫知貴其不言也（故至人之治，含德抱道〔推誠樂施〕，無窮之智寢說而不言。天下莫知貴其不言者。）。故："道可道，非常道；名可名，非常名。"（故"道可道，非常道也，名可名，非常名也。"）著於竹帛，鏤於金石，可傳於人者，其粗也（著於竹帛，鏤於金石，可傳於人者，皆其粗也。）〈精誠〉篇第十四章①b。

135

　　五帝三王，殊事而同指，異路而同歸（三皇五帝三王，殊事而同心，異路而同歸。）／（故夫三皇五帝之禮義法度，不矜於同而矜於治。）《莊子·天運》。晚世學者，不知道之所〔體一〕（原作"一體"，據何寧校改。），德之所總要；取成〔事〕（據陳觀樓校補。）之跡，相與危坐而說之，鼓歌而舞之。故博學多聞，而不免於惑（末世之學者，不知道之所體一，德之所總要，取成事之跡，跪坐而言之，雖博學多聞，不免於亂。）〈精誠〉篇第十四章②。《詩》云："不敢暴虎，不敢馮河。人知其一，莫知其他。"此之謂也。

　　上段引《詩》，語出《詩經·小雅·小旻》。

第二部份：

此部份說明"帝、王、霸、君"四者不同的操持，似與〈要略〉篇所稱"分帝王之操，列小大之差"相合。全文見於《文子·下德》第十五章，但二者說明的句序不同。〈下德〉篇此章全文為：

帝者體太一，王者法陰陽，霸者則四時，君者用六律。

體太一者：明天地之情，通道德之倫，聰明照於日月，精神通於萬物，動靜調於陰陽，喜怒和於四時，〔覆露皆道，薄洽而無私，蚑飛蠕動，莫不依德而生，〕德流方外，名聲傳於後世。

法陰陽者：〔承天地之和，〕德與天地參，光明與日月並照，精神與鬼神齊靈，戴圓履方，抱表寢繩，內能理身，外得人心，發施號令，天下從風。

則四時者：〔春生夏長，秋收冬藏，取與有節，出入有量，喜怒剛柔，不離其理，〕柔而不脆，剛而不壯，寬而不肆，肅而不悖，優游委順，以養群類，其德含愚而容不肖，無所私愛也。

用六律者：〔生之與殺也，賞之與罰也，與之與奪也，非此無道也。〕伐亂禁暴，興賢良，廢不肖，匡邪以為正，攘險以為平，矯枉以為直，明施舍、開塞之道，乘時因勢，以服役人心者也。

帝者不體陰陽即侵，王者不法四時即削，霸者不用六律即辱，君者失準繩

即廢。故小而行大，即窮塞而不親，大而行小，即狹隘而不容。（符號“〔〕”表示
與《淮南子》句序的不同。）

〈本經訓〉的說明，層次分明，文意完整而清晰。〈下德〉篇結構較為混雜，恐
為《淮南子》別本的殘文。但此章思想屬戰國時代後期對“帝、王、霸、君”四
種人文之治的評價，為黃老之學的重要思想史料，或可能與文子學派的思想發展
有關。此項資料，劉安門客編入“文子外編”中，而為《淮南子》撰寫時引述於
此處。

帝者體太一，王者法陰陽，霸者則四時，君者用六律（〔老子曰：〕
帝者體太一，王者法陰陽，霸者則四時，君者用六律。）〈下德〉篇第十五章① 。

（稟）（據王念孫校刪。）太一者，牢籠天地，彈壓山川，含吐陰陽，
伸曳四時，紀綱八極，經緯六合，覆露照導，普氾無私，〔蚑〕（原
作“蠕”，據劉文典校改。）飛蠕動，莫不仰德而生（覆露皆道，並貺而無私，蛸飛蠕
動，莫不依德而生，）〈下德〉篇第十五章②ｂ 。

陰陽者，承天地之和（承天地之和，）〈下德〉篇第十五章③ｂ，形萬殊之體，
含氣化物，以成埒類，贏縮卷舒，淪於不測（無南無北，奭然四解，淪於不
測。）《莊子・秋水》，終始虛滿，轉於無原。

四時者，春生夏長，秋收冬藏，取予有節，出入有〔量〕（原作
“時”，據王念孫校改。），開闔張歙，不失其敘，喜怒剛柔，不離其理（春
生夏長，秋收冬藏，取與有節，出入有量，喜怒剛柔，不離其理，）〈下德〉篇第十五章④ｂ 。

六律者，生之與殺也，賞之與罰也，予之與奪也，非此無道也（生
之與殺也，賞之與罰也，與之與奪也，非此無道也。）〈下德〉篇第十五章⑤ｂ，故謹於權衡準
繩，審乎輕重，足以治其境內矣。

是故：體太一者，明於天地之情，通於道德之倫；聰明燿於日
月，精神通於萬物；動靜調於陰陽，喜怒和於四時（體太一者：明天地之情，
通道德之倫，聰明照於日月，精神通於萬物，動靜調於陰陽，喜怒和於四時，）〈下德〉篇第十五章

②a；德澤施於方外，名聲傳於後世。（德流方外，名聲傳於後世。）〈下德〉篇第十五章②c

法陰陽者(法陰陽者：)〈下德〉篇第十五章③a，德與天地參，明與日月並，精與鬼神總；戴員履方，抱表懷繩，內能治身，〔外得人心〕（原作"外能得人"，據王念孫校改。），發號施令，天下莫不從風（德與天地參，光明與日月並照，精神與鬼神齊靈，戴圓履方，抱表寢繩，內能理身，外得人心，發施號令，天下從風。）〈下德〉篇第十五章③c。

則四時者(則四時者：)〈下德〉篇第十五章④a，柔而不脆，剛而不鞼；寬而不肆，肅而不悖；優柔委從，以養群類。其德含愚而容不肖，無所私愛（柔而不脆，剛而不壯，寬而不肆，肅而不悖，優游委順，以養群類，其德含愚而容不肖，無所私愛也。）〈下德〉篇第十五章④c。

用六律者(用六律者：)〈下德〉篇第十五章⑤a，伐亂禁暴，進賢而退不肖，扶撥以為正，壞險以為平，矯枉以為直，明於禁舍開閉之道，乘時因勢以服役人心也（伐亂禁暴，興賢良，廢不肖，匡邪以為正，攘險以為平，矯枉以為直，明施舍、開塞之道，乘時因勢，以服役人心者也。）〈下德〉篇第十五章⑤c。

何寧云："《管子·宙合》篇：'繩，扶撥以為正；準，壞險以為平；鉤，入枉而出直。'此《淮南》文所本。"

帝者體陰陽則侵，王者法四時則削，霸者〔則〕（原作"節"，據何寧校改。）六律則辱，君者失準繩則廢（帝者不體陰陽即侵，王者不法四時即削，霸者不用六律即辱，君者失準繩即廢。）。故小而行大，則滔窕而不親；大而行小，則狹隘而不容（故小而行大，即窮塞而不親，大而行小，即狹隘而不容。）〈下德〉篇第十五章⑥。貴賤不失其體，而天下治矣。

138

第三部份：

1

此章論述閉四關、止五遁，藏神明於無形，返精氣於至真，合於〈要略〉篇所言："使人黜耳目之聰明，精神之感動，樽流遁之觀，節養性之和。"但此種義理，亦與〈精神訓〉相近，並非〈本經訓〉所專論。可見此章可能原屬個別思想傳承資料，後編入《淮南子》。又，全章說理並不完整，恐有脫文。部份文字見於《文子‧上德》第十二章，〈上德〉篇彼處文字亦不能連貫，似《淮南子》殘文混入。

天愛其精，地愛其平，人愛其情（〔老子曰：〕天愛其精，地愛其平，人愛其情。）。天之精，日月星辰、雷電風雨也；地之平，水火金木土也；人之情，思慮聰明喜怒也（天之精，日月星辰、雷霆風雨也；地之平，水火金木土也；人之情，思慮聰明喜怒也。）〈下德〉篇第十二章①a。

下段所稱"閉四關，止五遁，則與道淪"，與前文文氣並不通貫。當是以"故"的形式，加以申論發揮。

故：閉四關，止五遁，則與道淪（故閉四關，止五道，即與道淪。）〈下德〉篇第十二章①b。

下段解釋"閉四關"之事，但以"是故"引述，表達的形式並不整齊，此處似有脫文。

是故：神明藏於無形，精〔氣〕（原作"神"，據王念孫校改。）反於至真，則目明而不以視，耳聰而不以聽，〔口當而不以言，〕（據馬宗霍、王叔岷校補。）心條達而不以思慮；委而弗為，〔知〕（原作"和"，據何寧校改。）而弗矜，冥性命之情，而智故不得雜焉（神明藏於無形，精氣反於真，目明而不以視，耳聰而不以聽，〔口當而不以言，〕心條通而不以思慮，委而不為，知而不矜，直性命之情，而知故不得害。）。精泄於目則其視明，在於耳則其聽聰，留於口則其言當，集於心則其慮通（精存於目即其視明，存於耳即聽聰，留於口即其言當，集於心即其慮通。）。故閉四關則〔終〕（據王念孫校改。）身無患，百節莫苑，莫死莫生，莫虛莫盈，是謂真人（故閉四關即終身無患，四肢九竅，莫死莫生，是謂真人。）〈下德〉篇第十二章②。

下段解釋"止五遁"之事，首句"凡亂之所由生"，與前文的敘說形式並不一致。《文子·下德》無此段申述，當為混入其中之《淮南子》別本殘文所缺。

凡亂之所由生者，皆在流遁。流遁之所生者五：

大構駕，興宮室；延樓棧道，雞棲井榦，標枺欂櫨，以相支持；木巧之飾，盤紆刻儼，嬴鏤雕琢，詭文回波；淌游瀷淢，菱杼紾抱；芒繁亂澤，巧僞紛挐，以相摧錯：此遁於木也。

鑿汙池之深，肆畛崖之遠；來谿谷之流，飾曲岸之際；積牒旋石，以純脩碕；抑減怒瀨，以揚激波；曲拂邅迴，以像湡、渭；盆樹蓮菱，以食鱉魚；鴻鵠鸕鵝，稻粱饒餘；龍舟鷁首，浮吹以娛：此遁於水也。

高築城郭，設樹險阻；崇臺榭之隆，侈苑囿之大，以窮要妙之望；魏闕之高，上際青雲；大廈曾〔架〕（原作"加"，據王叔岷校改。），擬於崑崙；脩爲牆垣，甬道相連；殘高增下，積土爲山；〔直道夷險〕（此句原在"街徑歷遠"句後，據王念孫校改。），接徑歷遠；終日馳騖，而無〔蹟陷〕（原作‘蹟蹈’，據王念孫校改。）之患：此遁於土也。

大鍾鼎，美重器；華蟲疏鏤，以相繆紾；寢兕伏虎，蟠龍連組；焜昱錯眩，照耀煇煌；偃寋蔘糾，曲成文章；雕琢之飾，鍛錫文鐃；乍晦乍明，抑微滅瑕；霜文沈居，若簟蘧篨；纏錦經冗，似數而疏：此遁於金也。

煎熬焚炙，調齊和之適，以窮荊、吳甘酸之變；焚林而獵，燒燎大木；鼓橐吹埵，以銷銅鐵；靡流堅鍛，無厭足〔日〕（原作‘目’，據莊逵吉、楊樹達校改。）；山無峻幹，林無柘〔樗〕（原作"梓"，據孫詒讓校改。）；燎木以爲炭，燔草而爲灰；野莽白素，不得其時；上掩天光，下殄地財：此遁於火也。

　　此五者一，足以亡天下矣。

　　　"此五者一，足以亡天下矣"兩句，應是總結"止五遁"的說明。下段敘說"明堂之制"，語出《晏子春秋》。《晏子春秋》卷二，〈景公自矜裳遊處之貴晏子諫〉篇曰：

　　　　景公問晏子曰："吾欲服聖王之服，居聖王之室，如此，則諸侯其至乎？"晏子對曰："法其節儉則可，法其服，居其室，無益也。三王不同服而王，非以服致諸侯也。誠于愛民，果于行善，天下懷其德而歸其義，若其衣服節儉而眾說也。夫冠足以修敬，不務其飾；衣足以掩形，不務其美。衣無隅差之削，冠無觚羸之理，身服不雜彩，首服不鏤刻。且古者嘗有紩衣攣領而王天下者，其政好生，而惡殺，節上而羨下。天下不朝其服而並歸其義，其義。古者嘗有處橧巢窟穴而王天下者，其政而不惡，予而不取，天下不朝其室，而共歸其仁。及三代作服，為益敬也，首服足以修敬，而不重也，身服足以行潔，而不害于動作；服之輕重便於身，用財之費順于民。其不為橧巢者，以避風也；其不為窟穴者，以避溼也。是故明堂之制，下之潤溼，不能及也；上之寒暑，不能入也。土事不文，木事不鏤，示民知節也。及其衰也，衣服之侈過足以敬；宮室之美，過避潤溼，用力甚多，用財甚費，與民為讎。今君欲法聖王之服室，不法　甘制，法其節儉也，則雖未成治，庶其有益也。今君窮臺榭之高極汙池之深而不止；務于刻鏤之巧，文章之觀而不厭，則亦與民為讎矣。若臣之慮，恐國之危，而公不平也。公乃願致諸侯，不亦難乎？公之言過矣！"

　　上引文字，晏子以三王的節儉勸戒景公，需以德服諸侯而非"服聖人之服"、"居聖人之室"。《淮南子》多處參引《晏子春秋》此章，如〈氾論訓〉曰："古者有鍪而綣領以王天下者矣，其德生而不辱，予而不奪，天下不非其服，同懷其德。"亦語出《晏子春秋》此處。下段文字，似引自《晏子春秋》而略加發揮。

　　是故：古者明堂之制，下之潤溼弗能及，上之霧露弗能入，四

方之風弗能襲；土事不文，木工不斷，金器不鏤；衣無隅差之削，
冠無觚贏之理；堂大足以周旋理文，靜潔足以饗上帝，禮鬼神：以
示民知儉節。

*

下段"聖人節五行"之說，似與此章"止五遁"觀念相類，但二者行文方式與
敘說文意均不相連貫，恐為錯簡，或其前有脫文。

夫聲色五味，遠國珍怪，瑰異奇物，足以變心易志，搖蕩精神，
感動血氣者，不可勝計也。夫天地之生財也，本不過五，聖人節五
行，則治不荒（地之生財，大本不過五行，聖人節五行，即治不荒。）〈下德〉篇第十二章③。

2

此章論述"樂"、"悲"與"怒"三種人性真情的發生，及其輾轉衍生的變化，
與人文規制順導的措施。其中對於由之而產生"作樂"、"服喪"與"用兵"
三事的意義與作用，以古今對比的方式論述，具有〈要略〉篇所言"埒略衰世
古今之變，以褒先聖之隆盛，而貶末世之曲政"的形式。

凡人之性，心和欲得則樂，樂斯動，動斯蹈，蹈斯蕩，蕩斯歌，
歌斯舞，舞（原作'歌舞節'，據俞樾校改。）則禽獸跳矣。人之性，心有憂喪
則悲，悲則哀，哀斯憤，憤斯怒，怒斯動，動則手足不靜。人之性，
有侵犯則怒，怒則血充，血充則氣激，氣激則發怒，發怒則有所釋
憾矣。故鐘鼓管簫，干鏚羽旄，所以飾喜也；衰絰苴杖，哭踊有節，
所以飾哀也；兵革羽旄，金鼓斧鉞，所以飾怒也。必有其質，乃為
之文。

上段"憤斯怒"句，"怒"字非喜怒之"怒"，而當解為"過"，即逾越，指
逾越節度。又，"釋憾"一詞，並非說"消釋憾恨"，"釋"字當解為"留存"，

指留下憾恨。以下分別敘說“樂之本”、“喪之本”與“兵之本”。

古者聖人在上，政教平，仁愛洽；上下同心，君臣輯睦；衣食有餘，家給人足；父慈子孝，兄良弟順；生者不怨，死者不恨；天下和洽，人得其願。夫人相樂，無所發眖，故聖人爲之作樂以和節之。末世之政，田漁重稅，關市急征；澤梁畢禁，網罟無所布，耒耜無所設；民力竭於徭役，財用殫於會賦；居者無食，行者無糧；老者不養，死者不葬；贅妻鬻子，以給上求，猶弗能澹；愚夫惷婦皆有流連之心，悽愴之志。乃（原有“使”字，據劉文典校刪。）始爲之撞大鐘，擊鳴鼓，吹竽笙，彈琴瑟，失樂之本矣。

古者上求薄而民用給，君施其德，臣盡其忠，父行其慈，子竭其孝，各致其愛而無憾恨其間。夫三年之喪，非強而致之，聽樂不樂，食旨不甘，思慕之心未能絕也。晚世風流俗敗，嗜慾多，禮義廢，君臣相欺，父子相疑，怨尤充胸，思心盡亡，被衰戴絰，戲笑其中，雖致之三年，失喪之本也。

古者天子一畿，諸侯一同，各守其分，不得相侵。有不行王道者，暴虐萬民，爭地侵壤，亂政犯禁，召之不至，令之不行，禁之不止，誨之不變，乃舉兵而伐之，戮其君，易其黨，封其墓，類其社，卜其子孫以代之。晚世務廣地侵壤，并兼無已，舉不義之兵伐無罪之國，殺不辜之民，絕先聖之後，大國出攻，小國城守，驅人之牛馬，傒人之子女，毀人之宗廟，遷人之重寶，〔流血〕（原作“血流”，據王念孫校改。）千里，暴骸滿野，以澹貪主之欲，非兵之所爲生也。故兵者，所以討暴，非所以爲暴也。樂者，所以致和，非所以爲淫也。喪者，所以盡哀，非所以爲僞也。故事親有道矣；而愛爲務；朝廷有容矣，而敬爲上；處喪有禮矣，而哀爲主；用兵有術矣，而義爲本。本立而道行，本傷而道廢。

上段"卜其子孫以代之"句下，高誘注曰："卜，擇立其子孫之賢也。天子不滅國，諸侯不滅姓，古之政也。"陶方琦云："《群書治要》引許注'天子不滅同性，諸侯不滅國，自古之正也。'按此許注羼入高注中者。"今本《淮南子》，已非宋時蘇頌校訂之舊本。又，"係人之子女"數句，何寧云："《孟子》〈梁惠王下〉篇：'若殺其父兄，係累其子弟，毀其宗廟，遷其重器，如之何其可也？'此《淮南》所本。"

六 〈主術訓〉辨析

《淮南子‧要略》曰：

> 〈主術〉者，君人之事也，所以因任督責，使群臣各盡其能也。明攝權操柄，以制群下，提名責實，考之參伍，所以使人主秉數持要，不妄喜怒也。其數宜施而正邪，外私而立公，使百官條通而輻輳，名務其業，人致其功，此主術之明也。

高誘注曰：“主，君也。術，道也。君之宰國統御臣下，五帝三王以來，無不用道而興，故曰主術也。因以題篇。”

因此，〈主術訓〉的宗旨在探討治理人民的事情，可分以下三點：

第一、說明君主要因循臣下的才力加以任用，並監督他們履行職責，各盡所能。

第二、講明君王應掌控權柄，制御群臣，提契名份的職責，要求完成該負的任務，按實參較，考核檢驗，以使君主能掌握治術要領，而不妄為喜怒。

第三、君王的道術應秉持正直，糾正偏邪，拋棄私意，樹立公正，使百官循序施政，像輻輳般匯聚在君王四周，各自致力於本分的職責。

今存〈主術〉篇文字約 10023 字，似《淮南子》資料保存較為完整者，全篇似可分為五個部份：

第一部份：此部份資料為〈主術訓〉內容的綱要，全文闡發道家無為而治的思想，強調以“神化”為貴，按資料的編排，可分為兩章。第一章，論說“人主之術”，合於〈要略〉篇所言“人主秉數持要”之旨。全章可分為四節，說明人主之術，是以“處無為之事，行不言之教”為準則，以“清靜不動，一度不搖”為操持，以“因循任下，責成不勞”為治理，表現出道家人文規劃的政治要求。第二章論述"無爲"爲"道之宗"，萬世而不可易，聖人得之，以爲權衡。

第二部份：此部份分置於兩處，均論述人君的修持。（甲）處論說"君人之道"，如"零星之尸"，儼然玄默，虛心弱志，一人被之不褒，萬人蒙之不褊。（乙）處可分爲兩章，第一章，敘說"君人之道"在於"處靜以修身"。第二章，說明人主之居，如日月之名，能以天下之耳目視聽，以天下之智力慮動，澹漠以明德，寧靜以致遠，寬大以兼覆，平正以制斷。

第三部份：此部份資料分置於兩處，論述君道與臣道的區別，人君御臣、用人之術。（甲）處可分爲五章。第一章，說明"主道員"、"臣道方"，君臣異道則治。第二章，說明聖人舉事，因民之資，兼而用之，使"力勝其任"，"能稱其事"，故人無棄人，物無棄材。第三章，說明人主貴正尙忠，則讒佞姦邪即不得犯上，執權勢之柄，以移風化俗即易。第四章，說明人主需"明分數利害"以知人，操名責實以御下，使治事究於法，爲行治於官，臣下守業以效功。第五章，說明人主處權勢之要，持爵祿之柄，則臣下盡力死節以報君。（乙）處可分爲四章。第一章，提出以法爲天下之度量，人主的準繩，作爲君臣共同依循的準則。第二章，論述人主統御的治術。第三章，論述人主清虛以自持，不與臣下相爭，則百官之事各有所守。第四章，論述人主"攝權勢之柄，其於化民易矣"。

第四部份：論述農政之事可分爲兩節，第一節，說明下民以勞苦爲生，人主自當取下有節，自養有度。其中記述先王應時修備，富國利民之法。第二節，敘說"食爲民之本"，人君需"上因天時，下盡地財，中用人力"，以教民養民，並引述"先王之法"與"先王之政"兩段資料加以解證。

第五部份：此部份具有雜論性質，其中部份文字恐原非〈主術訓〉資料，而爲後人編輯於此，按相近文意可分爲三章。第一章論述人道的操持爲"心小"、"志大"、"智員"、"行方"、"能多"與"欲鮮"。"小大，員方，能多"相互對反，因此，稱之爲"六反"。第二章論述"仁、智、義"等道德觀念，顯示儒家的思想特徵，雖爲重要史料，但不合於〈主術訓〉撰寫的旨意，應爲他篇錯簡。全章前後次序並不完整，似扼要節錄。

全篇約 3787 字見於《文子》，佔 37.7%。其中包括：〈自然〉篇第七、八兩章，〈精誠〉篇第九、十一與十二章，〈下德〉篇第十三、十四兩章，〈上義〉篇第二、三、六與八章，〈上仁〉篇第一、二、七、八與九章，〈微明〉篇第十一章。這些與《文子》相同或相近的部份，似多屬"文子外編"資料，《淮南子》引用而加以發揮。

第一部份：

此部份資料為〈主術訓〉的內容綱要，全文闡發道家無為而治的思想，強調以"神化"為貴，按資料的編排，可分為兩章。

1

此章論說"人主之術"，合於〈要略〉篇所言"人主稟數持要"之旨。全章可分為四節，第一節說明人主之術，是以"處無為之事，行不言之教"為準則，以"清靜不動，一度不搖"為操持，以"因循任下，責成不勞"為治理，表現出道家人文規劃的政治要求。全文主要部份見於《文子‧自然》第七章。〈自然〉篇第七章全文如下：

〔帝者有名，莫知其情。帝者貴其德，王者尚其義，霸者通於理。

聖人之道，於物無有。道狹然後任智，德薄然後任刑，明淺然後任察。任智者心中亂，任刑者上下怨，任察者不求善以事上即弊。是以聖人因天地以變化，其德乃天覆而地載，道之以時，其養乃厚，厚養即治，雖有神聖，夫何以易之。去心知，省刑罰，反清靜，物將自正。〕

*

道之為君如尸，儼然玄默，而天下受其福，一人被之不褒，萬人被之不褊。是故重為惠，重為暴，即道迕矣。為惠者布施也，無功而厚賞，無勞而高爵，即守職者懈於官，而游居者亟於進矣。夫暴者妄誅，無罪而死亡，行道者而被刑，即修身不勸善，而為邪行者輕犯上矣。故為惠者即生姦，為暴者即生亂。
姦亂之俗，亡國之風也。故國有誅者而主無怒也，朝有賞者而君無與也。誅者
不怨君，罪之當也；賞者不德上，功之致也。民知誅賞之來，皆生於身，故務
功修業，不受賜於人。是以朝廷蕪而無跡，田埜辟而無穢，故「太上，下知而
有之。」

＊

王道者，處無為之事，行不言之教，清靜而不動，一度而不搖，因循任下，
責成而不勞。謀無失策，舉無過事，言無文章，行無儀表，進退應時，動靜循
理，美醜不好憎，賞罰不喜怒。名各自名，類各自以，事由自然，莫出於己。
若欲狹之，乃是離之，若欲飾之，乃是賊之。天氣為魂，地氣為魄，反之玄妙，
各處其宅，守之勿失，上通太一，太一之精，通合於天。天道默默，無容無則，
大不可極，深不可測，常與人化，智不能得。／運轉無端，化遂如神，虛無因
循，常後而不先。其聽治也，虛心弱志，清明不闇，是故群臣輻輳並進，無愚
智賢不肖，莫不盡其能。君得所以制臣，臣得所以事君，即治國之所以明矣。

〈自然〉篇此章直接闡發《老子》"無為之治"、"不言之教"的思想，因此，
"君"如祭祀之"尸"，上可通於太一之神，下可虛心聽治，清明而不闇。全章
分為三節。第一節不見於《淮南子》，第二節出現於〈主術訓〉第二部份第二章，
第三節則為《淮南子》此章的主要部份。〈淮南子〉似發揮闡釋此種保存於《文
子》中的黃老思想。將《文子》中的"王道"改易為"人主之術"。但"運轉而
無端"句之後，似《淮南子》別本殘文竄入。[1]

①

人主之術，處無為之事，而行不言之教。清靜而不動，一度而
不搖；因循而任下，責成而不勞（王道者，處無為之事，行不言之教，清靜而不
動，一度而不搖，因循任下，責成而不勞。）〈自然〉篇第七章①a 。

上段"處無為之事，而行不言之教"兩句，襲自《老子》，《老子》第二章曰：
"是以聖人處無為之事，行不言之教。"

---

[1] 詳見本篇第二部份第二章說明。

　　是故：心知規而師傅諭〔道〕（原作“導”，據劉文典校改。），口能言而行人稱辭，足能行而相者先導，耳能聽而執正進諫。是故：慮無失策，〔舉〕（原作“謀”，據王念孫校改。）無過事，言為文章，行為儀表（原有“於天下”三字，據俞樾校刪。），進退應時，動靜循理，不為醜美好憎，不為賞罰〔怒喜〕（原作“喜怒”，據楊樹達校改。）（謀無失策，舉無過事，言無文章，行無儀表，進退應時，動靜循理，美醜不好憎，賞罰不喜怒。），名各自名，類各自類，事〔由〕（原作“猶”，據劉文典校改。）自然，莫出於己（名各自名，類各自以，事由自然，莫出於己。）〈自然〉篇第七章③b。（似可下接“若欲規之”。）

　　上段見於《文子・自然》，〈自然〉篇第七章無“是故心知規而師傅諭導”數句，下接“慮無失策”句。王念孫云：“《賈子》〈保傅〉篇‘是以慮無失策，而舉無過事’，即《淮南》所本。（《大戴禮記》〈保傅〉篇同）”植案：《太平御覽》卷七十六引《慎子》：“昔者，天子手能衣而宰夫設服，足能行而相者導進，口能言而行人稱詞，故無失言失禮也。”賈誼《新書・道術》曰：“明主者，南面而正，清虛而靜，令名自宣，命物自定，如鑑之應，如衡之稱，有譻和之，有端隨之，物鞠其極，而以當施之。”均似《淮南子》所本。又，《春秋繁露・離合根》亦云：“故為人主者，以無為為道，以不私為寶。立為之位而乘備具之官，口不自言而擯者贊辭，心不自慮而群臣效當。”《淮南子》與《春秋繁露》二書可能有共同的資料來源。下段敘說“夫三關者，不可不慎守”，文意與前文不相連接，恐為錯簡，或屬下文第二部份第二章。上段末句“莫出於己”，文氣可下接“若欲規之”。

　　故：古之王者，冕而前旒，所以蔽明也；黈纊塞耳，所以掩聰；天子外屏，所以自障。故所理者遠則所在者邇，所治者大則所守者〔小〕（原作“少”，據王念孫校改。）。夫目妄視則淫，耳妄聽則惑，口妄言則亂。夫三關者，不可不慎守也。

　　上段文字似取自先秦文獻，如《晏子春秋・外篇》曰：“嬰聞之，古者人君出，則闢道十里，非畏也；冕前有旒，惡多所見也；纊紘充耳，惡多所聞也。”《荀子・大略》曰：“天子外屏，諸侯內屏，禮也。外屏，不欲見外也；內屏，不欲見内也。"《大戴禮記‧子張問入官》亦曰:"故古者冕而前旒,所以蔽明也;黈纊充耳,所以弇聰也。"

若欲規之,乃是離之;若欲飾之,乃是賊之(若欲狹之,乃是離之,若欲飾之,乃是賊之。)〈自然〉篇第七章③c。**天氣為魂,地氣為魄,反之玄房,各處其宅,守之勿失,上通太一,太一之精,通〔合於天〕**(原作"於天道",據王念孫校改。)(天氣為魂,地氣為魄,反之玄妙,各處其宅,守之勿失,上通太一,太一之精,通合於天。)。**天道玄默,無容無則,大不可極,深不可測,尚與人化,知不能得**(天道默默,無容無則,大不可極,深不可測,常與人化,智不能得。)〈自然〉篇第七章④。

> 王念孫曰:"此文上下十八句皆用韻。"植案:就此節見於《文子‧自然》處,自"慮無失策"句下,皆以韻文鋪陳,文字亦極為古樸簡練。保留於今本《文子》此處資料,當屬古時詩體的思想史料,《淮南子》似引述"文子外編"中此類文字而成章。

②

> 此節敘說的方式與前節有別,全文以"神農之治"與"末世之政"的比較,說明"事省則易治",應是發揮"無為之事"、"不言之教"的功效。此節主要部份見於《文子‧精誠》第九章。

昔者神農之治天下也,神不馳於胸中,智不出於四域,懷其仁誠之心,甘雨〔以時〕(原作"時降",據向宗魯校改。)**,五穀蕃植,春生夏長,秋收冬藏。月省時考,歲終獻功**(〔老子曰:〕人主之思,神不馳於胸中,智不出於四域,懷其仁誠之心,甘雨以時,五穀蕃植,春生夏長,秋收冬藏,月省時考,終歲獻貢)〈精誠〉篇第九章①a,**以時嘗穀,祀於明堂,**

> **明堂之制,有蓋而無四方,風雨不能襲,寒暑不能傷。**

> 上句解釋"明堂之制",似注文竄入。下"遷延而入之"兩句文意,與"月省

時考"治民之術有關,應上接"祀於明堂",如此,文意乃足,文氣亦可通貫。又,〈本經訓〉第三部份第一章"是故古者明堂之制"段,與其前後文也不相連貫,二者見於《淮南子》,恐均為殘文與錯簡。

遷延而入之,**養民以公**（養民以公）。**其民樸重端愨,不忿爭而財足,不勞形而功成。因天地之資,而與之和同。是故威厲而不〔試〕**（原作'殺',據王念孫校改。）,**刑錯而不用,法省而不煩,〔教〕**（原作"故其",據何寧校改。）**化如神**（威厲不試,法省不煩,教化如神）。**其地南至交阯,北至幽都,東至暘谷,西至三危,莫不聽從。當此之時,法寬刑緩,囹圄空虛,而天下一俗,莫懷姦心**（法寬刑緩,囹圄空虛,天下一俗,莫懷姦心〔,此聖人之恩也〕。）〈精誠〉篇第九章①b。

　　上段"威厲而不殺"兩句,王念孫云:"《荀子‧議兵》、〈宥坐〉兩篇及《史記‧禮書》並云:'威厲而不試,刑錯而不用'。"

　　末世之政則不然,上好取而無量,下貪狼而無讓;民貧苦而忿爭,事力勞而無功;智詐萌興,盜賊滋彰;上下相怨,號令不行（夫上好取而無量,即下貪功而無讓,民貧苦而紛爭生,事力勞而無功,智詐萌生,盜賊滋彰,上下相怨,號令不行。）〈精誠〉篇第九章②a。**執政有司,不務反道,矯拂其本,而事修其末;削薄其德,曾累其刑,而欲以為治,無以異於執彈而來鳥,〔揮〕**（原作"捭",據陳觀樓校改。）**梲而狎犬也,亂乃逾甚。**

　　夫水濁則魚噞,政苛則民亂（夫水濁者魚噞,政苛者民亂。）〈精誠〉篇第九章②b。**故夫養虎豹犀象者,為之圈檻,供其嗜欲,適其飢飽,〔達〕**（原作"違",據向宗魯校改。）**其怒恚,然而不能終其天年者,刑有所劫也。是以:上多故則下多詐,上多事則下多態,上煩擾則下不定,上多求則下交爭。不直之於本,而事之於末,譬猶揚堁而弭塵,抱薪以救火也**（上多欲即下多詐,上煩擾即下不定,上多求即下交爭,不治其本而救之於末,無以異於鑿渠而止水,抱薪而救火。）〈精誠〉篇第九章②c。

上段 “夫水濁則魚喁” 兩句，似古諺，另見於《淮南子》兩處，〈繆稱訓〉曰 “水濁者魚喁，令苛者民亂。” 〈說山訓〉曰：“水濁而魚喁，形勞則神亂。” “故夫養虎豹犀象者” 等句，似本諸《莊子·人間世》，《列子·黃帝》篇也有引述。

> 汝不知夫養虎者乎？不敢以生物與之，為其殺之之怒也；不敢以全物與之，為其決之之怒也；時其飢飽，達其怒心。虎之與人異類而媚養己者，順也；故其殺者，逆也。《莊子·人間世》

> 夫食虎者，不敢以生物與之，為其殺之之怒也。不敢以全物與之，為其碎之之怒也。時其饑飽，達其怒心。虎之與人異類，而媚養己者，順也。故其殺之，逆也。《列子·黃帝》

故：聖人事省而易治，求寡而易澹；不施而仁，不言而信，不求而得，不為而成；塊然保真，抱德推誠；天下從之，如響之應聲，景之像形：其所修者本也（聖人事省而治，求寡而贍，不施而仁，不言而信，不求而得，不為而成，懷自然，保至真，抱道推誠，天下從之，如響之應聲，影之像形，所修者本也。）〈精誠〉篇第九章③。

③

此節論述聖人之治在於神化，而非依恃刑罰。全文包含《文子·精誠》第十一章與第十二章資料，〈主術訓〉此處文句錯亂，而〈精誠〉篇兩章資料相當完整，《淮南子》似有錯簡脫文。又，“至精” 與 “神化” 的觀念，似屬文子學派後續發展的重要思想。其中 “精誠” 的觀念，源自稷下學宮 “精氣” 之說，為先秦道家哲學推衍的一項重要成果。此種思想相當程度影響了《淮南子》的撰寫。

刑罰不足以移風，殺戮不足以禁姦，唯神化為貴。至精為神（是故刑罰不足以移風，殺戮不足以禁姦，唯神化為貴，精至為神。）〈精誠〉篇第十一章③b。夫疾呼不過聞百步，志之所在，〔諭〕（原作 “逾”，據向宗魯校改。）于千里。

上段出自《文子‧精誠》篇第十一章第三段，與上下文氣似乎不能通貫。〈精誠〉彼處作："故聖人精誠別於內，好憎明於外，出言以副情，發號以明指。／是故刑罰不足以移風，殺戮不足以禁姦，唯神化為貴，精至為神。／精之所動，若春氣之生，秋氣之殺。"文意完備而整齊，但〈主術訓〉卻分割而列置於三處。

冬日之陽，夏日之陰，萬物歸之，而莫使之然（〔老子曰：〕冬日之陽，夏日之陰，萬物歸之而莫之使。）。故至精之像，弗招而自來，不麾而自往，窈窈冥冥，不知為之者誰，而功自成（極自然至精之感，弗召自來，不去而往，窈窈冥冥，不知所為者而功自成。）〈精誠〉篇第十一章①a。智者弗能〔頌〕（原作"誦"，拒馬宗霍校改。），辯者弗能形。

昔孫叔敖恬臥，而郢人無所害其鋒；市南宜遼弄丸，而兩家之難無所關其辭。鞅鞈鐵鎧，瞋目扼擥，其於以御兵刃，縣矣！券契束帛，刑罰斧鉞，其於以解難，薄矣！待目而照見，待言而使令，其於為治，難矣（待目而照見，待言而使命，其於治難矣。）〈精誠〉篇第十一章①b！

上段"昔孫叔敖恬臥"等句，似本諸《莊子‧徐無鬼》，〈徐無鬼〉篇曰"丘也聞不言之言矣，未之嘗言，於此乎言之。市南宜僚弄丸而兩家之難解，孫叔敖甘寢秉羽而郢人投兵。丘願有喙三尺。"

蘧伯玉為相，子貢往觀之，曰："何以治國？"曰："以弗治治之。"簡子欲伐衛，使史黯往覘焉。還〔反〕（據何寧校補。）報曰："蘧伯玉為相，未可以加兵。"固塞險阻，何足以致之！

趙簡子將襲衛。使史默往睹之，期以一月。六月而後反。趙簡子曰："何其久也？"史默曰："謀利而得害，猶弗察與？今蘧伯玉為相，史鰍佐焉，孔子為客，子貢使令於君前甚聽。易曰：'渙其群，元吉。'渙者，賢也；群者，眾也；元者，吉之始也；渙其群元吉者，其佐多賢也。"趙簡子按兵而不動。《呂氏春秋‧召類》

趙簡子將襲衛，使史黯往視之，期以一月六月而后反。簡子曰："何其久也？"黯曰："謀利而得害，由不察也。今蘧伯玉為相，史黯佐焉；孔子為客，子貢使令于君前,甚聽。《易》曰:'渙其群,元吉。'渙者,賢也;群者,眾也;元者,吉之始也。'渙其群元吉'者,其佐多賢矣。"簡子按兵而不動耳。《說苑·奉使》

《淮南子》上段"蘧伯玉為相"事,似本諸《呂氏春秋·召類》,唯"史黯"作"史默",另見於《說苑·奉使》,仍作"史黯",與《淮南子》同。此下數段,〈主術訓〉以六次"故"的形式,摘引"文子外編"資料解說"神化為貴",各段之間文意並不承接。

故:皋陶喑而為大理,天下無虐刑,有貴于言者也(皋陶喑而為大理,天下無虐刑,何貴乎言者也。)。師曠瞽而為太宰,晉無亂政,有貴于見者也(師曠瞽而為太宰,晉國無亂政,何貴乎見者也。)。

故:不言之令,不視之見,此伏犧、神農之所以為師也(不言之令,不視之見,聖人所以為師也。)。

故:民之化〔上〕(據王念孫校補。)也,不從其所言,而從其所行(民之化上,不從其言,從其所行。)。

故:齊莊公好勇,不使〔間〕(原作"鬥",據劉家立引譚復堂說校改。)爭,而國家多難,其漸至于崔杼之亂(故人君好勇,弗使鬥爭而國家多難,其漸必有劫殺之亂矣。)。頃襄好色,不使諷議,而民多昏亂,其積至昭奇之難(人君好色,弗使諷議而國家昏亂,其積至於淫泆之難矣。)〈精誠〉篇第十一章①c。

上段〈主術訓〉舉以實例說明"人君好勇與好色"之弊。《文子》中有二十餘處普遍性的概述,《淮南子》均舉出個別的例證。其中多屬《淮南子》不同文本資料混入《文子》。

故:至精之所動,若春氣之生,秋氣之殺也(精之所動,若春氣之生,秋氣之殺。)〈精誠〉篇第十一章③c,雖馳傳騖置,不若此其亟。

故:君人者,其猶射者乎!於此豪末,於彼尋常矣(故君子者,其猶射者也,於此毫末,於彼尋丈矣!)。故:慎所以感之也(〔故理人者,〕慎所以感之。)〈精誠〉篇第十一章④。

④

此節資料主要部份全見於〈精誠〉篇第十二章，僅“古聖王至精形於內”段屬其第十一章。《文子》此處論述“精誠”的教化作用，文意精要，《淮南子》似就“文子外編”的此項資料加以申述，但其中似有脫文。

夫榮啟期一彈，而孔子三日樂，感于和。鄒忌一徽，而威王終夕悲，感於憂。動諸琴瑟，形諸音聲，而能使人為之哀樂，縣法設賞，而不能移風易俗者，其誠心弗施也（〔老子曰：〕懸法設賞而不能移風易俗者，誠心不抱也。）〈精誠〉篇第十二章①。

《列子・天瑞》記述榮啟期與孔子相會之事，曰：

孔子遊於太山，見榮啟期行乎郕之野。鹿裘帶索，鼓琴而歌，孔子問曰：“先生所以樂，何也？”對曰：“吾樂甚多。天生萬物，唯人為貴，而吾得為人，是一樂也。男女之別，男尊女卑，故以男為貴。吾既得為男矣，是二樂也。人生有不見日月，不免襁褓者，吾既已行年九十矣，是三樂也。貧者，士之常也。死者，人之終也。處常得終，當何憂哉？”孔子曰：“善乎！能自寬者也。”

《史記・田敬仲完世家》記載“鄒忌以琴說齊王”事，曰：

騶忌子以鼓琴見威王，威王說而舍之右室。須臾，王鼓琴，騶忌子推戶入曰：“善哉鼓琴！”王勃然不說，去琴按劍曰：“夫子見容未察，何以知其善也？”騶忌子曰：“夫大弦濁以春溫者，君也；小弦廉折以清者，相也；攫之深，醳之愉者，政令也；鈞諧以鳴，大小相益，回邪而不相害者，四時也：吾是以知其善也。”王曰：“善語音。”騶忌子曰：“何獨語音，夫治國家而弭人民皆在其中。”王又勃然不說曰：“若夫語五音之紀，信未有如夫子者也。若夫治國家而弭人民，又何為乎絲桐之閒？”騶忌子曰：“夫大弦濁以春溫者，君也；小弦廉折以清者，相也；攫之深而舍之愉者，政令也；鈞諧以鳴，大小相益，回邪而不相害者，四時也。夫復而不亂者，所以治昌也；連而徑者，所以存亡也：故曰琴音調而天下治。夫治國家而弭人民者，無若乎五音者。”王曰：“善。”

甯戚商歌車下，桓公喟然而寤矣，至精入人深矣！故曰：樂，聽其音則知其俗，見其俗則知其化（故聽其音則知其風，〔觀其樂即知其俗，〕見其俗即知其化。）〈精誠〉篇第十二章②。

上段"甯戚商歌車下"事，另見於《淮南子・繆稱訓》，〈繆稱訓〉曰："甯戚擊牛角而歌，桓公舉以大〔田〕；雍門子以哭見，孟嘗君涕流沾纓。歌哭，衆人之所能為也；一發聲，入人耳，感人心，〔精〕之至者也。故唐、虞之法可效也，其論人心不可及也。"又，"故曰，樂"，王念孫曰："樂字與下文義不相屬，當有脫文。"《文子》作"故聽其音則知其風，觀其樂即知其俗，見其俗即知其化"，似保留《淮南子》舊文。

孔子學鼓琴於師襄，而諭文王之志，見微以知明矣。延陵季子聽魯樂而知殷、夏之風，論近以識遠也。作之上古，施及千歲而文不滅，況於並世化民乎！

《史記・孔子世家》記載"孔子學鼓琴於師襄"事，曰：

孔子學鼓琴師襄子，十日不進。師襄子曰："可以益矣。"孔子曰："丘已習其曲矣，未得其數也。"有閒，曰："已習其數，可以益矣。"孔子曰："丘未得其志也。"有閒，曰："已習其志，可以益矣。"孔子曰："丘未得其為人也。"有閒，有所穆然深思焉，有所怡然高望而遠志焉。曰："丘得其為人，黯然而黑，幾然而長，眼如望羊，如王四國，非文王其誰能為此也！"師襄子辟席再拜，曰："師蓋云文王操也。"

《左傳・襄公二十九年》記載"季札（延陵季子）聽魯樂"事，曰：

請觀於周樂。使工為之歌周南、召南，曰："美哉！始基之矣，猶未也，然勤而不怨矣。"為之歌邶、鄘、衛，曰："美哉淵乎！憂而不困者也。吾聞衛康叔、武公之德如是，是其衛風乎！"為之歌王，曰："美哉！思而不懼，其周之東乎！"為之歌鄭，曰："美哉！其細已甚，民弗堪也。是其先亡乎！"為之歌齊，曰："美哉，泱泱乎！大風也哉！表東海者，其大公乎！國未可量也。"為之歌豳，曰："美哉，蕩乎！樂而不淫，其周公之東乎！"為之歌秦，曰："此之謂夏聲。夫能夏則大，大之至也，其周之舊乎！"為之歌魏，曰："美哉，渢渢乎！大而婉，險而易行，以德輔此，則明主也。"為之歌唐，曰："思深哉！其有陶唐氏之遺民乎！不然，何其憂之遠也？非令德之後，誰能若是？”為之歌陳，曰：“國無主，其能久乎！”

　　湯之時，七年旱，以身禱於桑林之際，而四海之雲湊，千里之雨至。抱質效誠，感動天地，神諭方外；令行禁止（夫抱真效誠者，感動天地，神踰方外，令行禁止。）〈精誠〉篇第十二章③，豈足為哉！

　　（故）（植案：原作“古”，據《文子》改。）：聖王至精形於內，而好憎忘於外；出言以副情，發號以明旨（故聖人精誠別於內，好憎明於外，出言以副情，發號以明指。）〈精誠〉篇第十一章③ a；陳之以禮樂，風之以歌謠；〔葉〕（原作“業”，據王念孫校改。）貫萬世而不壅，橫局四方而不窮；禽獸昆蟲與之陶化（〔誠通其道而達其意，雖無一言，天下萬民、〕禽獸、鬼神與之變化。）〈精誠〉篇第十二章④，又況於執法施令乎！

　　　上段“又況於執法施令乎”句，何寧云：“此言化民為上，法令為下。故上文云：‘抱質效誠，感動天地，神諭方外，令行禁止，豈足為哉？’然此云‘又況執法施令乎’，文義適相反。疑是後人妄加。《文子》無此句。”

　　故：太上神化，其次使不得為非，其次賞賢而罰暴（故太上神化，其次使不得為非，其下賞賢而罰暴。）〈精誠〉篇第十二章⑤。

　　　上段思想近於《老子》，《老子》第十七章曰：“太上，下知有之；其次，親而譽之；其次，畏之；其次，侮之。”

2

　　此章論述“無為”為“道之宗”，萬世而不可易，聖人得之，以為權衡，故應物而無窮。但全章敘說並不完整，恐有錯簡與脫文。全文主要部份出自《文子・下德》第十三、四兩章。《文子》兩章資料雖顯雜亂，但均與“無為之治”有關，原先應未分章，均為“文子外編”中先秦思想史料。《淮南子》似引用並加以申述。

衡之於左右，無私輕重，故可以為平（〔老子曰：〕衡之於左右，無私輕重，故可以為平。）。繩之於內外，無私曲直，故可以為正（繩之於內外，無私曲直，故可以為正。）。人主之於用法，無私好憎，故可以為命（人主之於法，無私好憎，故可以為令。）〈下德〉篇第十三章①a。

夫權〔衡〕（據何寧校補。）輕重不差蚊首，扶撥枉橈不失鍼鋒，直施矯邪不私辟險，姦不能枉，讒不能亂，德無所立，怨無所藏，是任術而釋人心者也，故為治者〔智〕（據王念孫校補。）不與焉（德無所立，怨無所藏，是任道而合人心者也。故為治者，知不與焉。）〈下德〉篇第十三章①b。

上段義理不甚清楚，"故為治者不與焉"句，《文子》作"故為治者，智不與焉"。高誘注此句曰："治在道，不在智。"王念孫認為"不與"前當脫"智"字。但〈主術訓〉此處文意相當混淆，"夫權輕重不差蚊首，扶撥枉橈不失鍼鋒，直施矯邪不私辟險，姦不能枉，讒不能亂"等句，是正面說法，而"德無所立，怨無所藏，是任術而釋人心者也"，是負面說法。全文似意謂：君主治國若只計較於細節，憑藉法術，就會失去人心，所以"為治者"不應該採用此種方式。這與〈下德〉篇第十三章的義理不同。〈下德〉篇"德無所立，怨無所藏"兩句，承接"人主之於法，無私好憎"，意指：人主用法施政，不出於私心，所以人們不會對君主產生任何的感恩或怨恨，這是因循道術而按法行事，而合於人心的。〈下德〉篇的內容較完整。"夫權輕重不差蚊首"等句可能為錯簡，或"德無所立"前有脫文。

夫舟浮於水，車轉於陸，此勢之自然也。木擊折轊，〔石〕（原作"水"，據俞樾校改。）戾破舟，不怨木石而罪巧拙者，知故不載焉（水戾破舟，木擊折軸，不怨木石而罪巧拙者，智不載也。）。是故道有智則惑，德有心則險，心有目則眩（故道有智則亂，德有心則險，心有眼則眩。）〈下德〉篇第十三章②a。

上段文字似取自《鄧析子·無厚》，〈無厚〉篇曰："夫不擊折轊，水戾破舟，不怨木石，而罪巧拙，故不載焉。故有知則惑，有心則嶮，有目則眩。是以規矩一而不易，不為秦楚緩節，不為胡越改容。一而不邪，方行而不流，一日形之，萬世傳之，無為為之也。"文意也與《莊子》相近，〈列御寇〉篇曰："賊莫大乎德有心而心有睫，及其有睫也而內視，內視而敗矣。"

兵莫憯於志而莫邪為下，寇莫大於陰陽而枹鼓為小。

> 兵莫憯於志，鏌鋣為下；寇莫大於陰陽，無所逃於天地之間。非陰陽賊之，心則使之也。《莊子‧庚桑楚》

上段似《莊子》殘文竄入。《鄧析子》並無上兩句。

今夫權衡規矩，一定而不易（夫權衡規矩，一定而不易。），不為秦、楚變節，不為胡、越改容，常一而不邪，方行而不流，一日刑之，萬世傳之，而以無為為之（常一而不邪，方行而不留，一日形之，萬世傳之，無為之為也。〔一者，無為也，百王用之，萬世傳之，為而不易也。〕）〈下德〉篇第十三章②b。

上段資料，〈下德〉篇的敘說較為清楚，明確地提出作為權衡規矩的"一者"是指"無為也"。

故：國有亡主，而世無廢道；人有困窮，而理無不通（〔老子曰：人之言曰：〕國有亡主，世無亡道，人有窮，而理無不通。）。由此觀之，無為者，道之宗（故無為者，道之宗也。）。故得道之宗，應物無窮（得道之宗，並應無窮。）〈下德〉篇第十四章①a。任人之才，難以至治。

上段主要部份見於〈下德〉篇第十四章。"國有亡主，世無亡道，人有窮，而理無不通"等句，《文子》前有"人之言曰"，當為古時雋語。《文子》強調"無為者，道之宗"，《淮南子》似乎據此而衍論"任人以才"不足以為用的觀念。

湯、武、聖主也，而不能與越人乘〔舲〕（原作'幹'，據王念孫校改。）舟而浮於江湖；伊尹、賢相也，而不能與胡人騎騵馬而服駃騠；孔、墨博通，而不能與山居者入榛薄、〔出〕（據王念孫校補。）險阻也。由此觀之，則人知之於物也，淺矣。而欲以（原有"偏"字，據劉文點校刪。）照

159

海內，存萬方，不因道〔理〕（據王念孫校補。）之數，而專己之能，則其窮不〔遠〕（原作‘達’，據王念孫校改。）矣（故不因道理之數，而專己之能，其窮不遠也。）〈下德〉篇第十四章①b。故智不足以治天下也。

桀之力，制觡伸鉤，索鐵歙金，推移、大犧，水殺黿鼉，陸捕熊羆，然湯革車三百乘，困之鳴條，擒之焦門。由此觀之，勇（原有“力”字，據王念孫校刪。）不足以持天下矣。

> 昔夏之衰也，有推侈、大戲；殷之衰也，有費仲、惡來，足走千里，手裂兕虎，任之以力，凌轢天下，威戮無罪，崇尚勇力不顧義理，是以桀、紂以滅，殷、夏以衰。
>
> 《晏子春秋·諫上》

智不足以為治，勇不足以為強，則人材不足任，明也。而君人者不下廟堂之下，而知四海之外者，因物以識物，因人以知人也（夫人君不出戶，而知天下者，因物以識物，因人以知人。）。故積力之所舉，則無不勝也；眾智之所為，則無不成也（故積力之所舉，即無不勝也，眾智之所為，即無不成也。）。培井之無黿鼉，隘也；園中之無脩木，小也。夫舉重鼎者，少力而不能勝也，及至其移徙之，不待其多力者。故千人之群無絕梁，萬人之聚無廢功（千人之眾無絕糧，萬人之群無廢功。）〈下德〉篇第十四章②。

> 向宗魯云：“《呂氏春秋》〈用眾〉篇注引《淮南記》曰：‘萬人之眾無廢功，千人之眾無絕良。’”植案：此當為不同《淮南子》文本。何寧云：“《文子》〈下德〉篇作‘千人之眾無絕糧’，疑糧字是。”

夫華騮、綠耳，一日而至千里，然其使之搏兔，不如〔狼契〕（原作“豺狼”，據王引之校改。），伎能殊也。鴟夜撮蚤蚊，察分秋豪，晝日〔瞑目〕（原作“顛越”，據王引之校改。）不能見丘山，形性詭也。夫螣蛇游霧而〔騰〕（原作“動”，據王念孫校改。），應龍乘雲而舉，猨得木而捷，水而鶩。

> 《上段》文字似取自《莊子》與《慎子》，〈秋水〉篇曰“騏驥驊騮，一日而馳千里，捕鼠不如狸狌，言殊技也；鴟鵂夜撮蚤，察毫末，晝出瞋目而不見丘

山，言殊性也。"《韓非子·難事》引《慎子》曰："慎子曰：'飛龍乘雲，騰蛇遊霧，雲罷霧霽，而龍蛇與蚯蚓同矣，則失其所乘也。'"

故古之爲車也，漆者不畫，鑿者不斲。工無二伎，士不兼官，各守其職，不得相姦；人得其宜，物得其安，是以器械不苦，而職事不嫚（工無異伎，士無兼官，各守其職，不得相干，人得所宜，物得所安，是以器械不惡，職事不慢也。）。夫責少者易償，職寡者易守，任輕者易〔勤〕（原作'權'，據俞樾校改。）（夫債少易償，職寡易守也，任輕易勸也。）。上操約省之分，下效易爲之功，是以君臣彌久而不相厭（上操約少之分，下效易爲之功，是以君臣久而不相厭也。）〈下德〉篇第十四章③。

古者，工不兼事，士不兼官。工不兼事則事省，事省則易勝；士不兼官則職寡，職寡則易守。《慎子》

明主之道，一人不兼官，一官不兼事。《韓非子·難一》

《淮南子》上段文字似本諸《慎子》。

第二部份（甲）：

此部份敘說人君的修持，按今本資料的内容，似文分置於兩處。此處論說"君人之道"，如"零星之尸"般，靜漠而儼然，吉祥以受福。全章資料並不整齊，似有多處錯簡。部份文字似引自《文子·自然》第七章第二段。〈自然〉篇第七章當原爲"文子外編"論述"無爲之治"的史料，其中第一段不見於《淮南子》。此處《淮南子》似直接引用來申述"君人之道"。

君人之道，其猶零星之尸也，儼然玄默，而吉祥受福（道之爲君如尸，儼然玄默，而天下受其福。），〔下接"一人被之"句〕

是故得道者不〔僞〕（原作"爲"。）醜飾，不〔僞善極〕（原作"爲

161

偽善”，據王念孫校改。）。

上兩句文意與前後段有出入，似錯簡，或注文竄入。而下段“一人被之”段當上接“吉祥受福”句。見於《文子》文字中，無上兩句。又，“不為”兩句，王念孫曰：“此本作‘不偽醜飾，不偽善極’，偽即為字。”

一人被之而不褒，萬人蒙之而不褊（一人被之不褒，萬人被之不褊。）。

此章重點強調人君當以“靜漠”持守，後三段分別曰：“人主靜漠而不躁，百官得修焉”、“人主之聽治，清明而不闇，虛心而弱志”、“人主深居隱處……其灌輸之大，而斟酌之眾”，均集中於“人主居靜”的說明。下文兩段“是故”所引資料似衍論首數句義理，強調人主不當“以惠布施”、“以暴妄誅”，文意與全章論說結構並不相稱。此章以下數段結尾均引用與《老子》思想相近或相同文字，如：“故太上下知有之”，語出《老子》第十七章；“是故下者萬物歸之，虛者天下遺之”，與《老子》第三十四章“衣養萬物而不為主，常無欲可名於小。萬物歸焉而不為主，可名為大”相近；“是故不出戶而知天下，不窺牖而知天道”，語出《老子》第四十七章；“故百姓載之上，弗重也；錯之前，弗害也；舉之而弗高也，推之而弗猒”，與《老子》第六十六章“是以聖人，處上而民不重，處前而民不害。是以天下樂推而不厭。以其不爭，故天下莫能與之爭”相近。此處或為解《老》資料殘文，而經後人編輯於此。又，“是故重為慧”等三句，〈自然〉篇作“是故重為慧，重為暴，即道迂矣。”高誘注曰“通，猶順也。”〈自然〉篇“通”字作“忤”，二者文本記載顯然不同。〈主術訓〉“重”字可解為“不輕於”，而〈自然〉篇“重”字，則當了解為“著重於”，二者文義不同。

是故：重為惠若重為暴，則治道通矣（是故重為慧，重為暴，即道迂矣。）。為惠者，尚布施也。無功而厚賞，無勞而高爵，則守職者懈於官，而游居者亟於進矣（為惠者布施也，無功而厚賞，無勞而高爵，即守職者懈於官，而游居者亟於進矣。）。為暴者，妄誅也。無罪者而死亡，行直而被刑，則修身者不勸善，而為邪者輕犯上矣（夫暴者妄誅，無罪而死亡，行道者而被刑，即修身不勸善，而為邪行者輕犯上矣。）。故為惠者生姦，而為暴者生亂。姦亂

之俗，亡國之風（故為惠者即生姦，為暴者即生亂。姦亂之俗，亡國之風也。）〈自然〉篇
第七章① 。

　　是故：明主之治，國有誅者而主無怒焉，朝有賞者而君無與焉（故
國有誅者而主無怒也，朝有賞者而君無與也。）。誅者不怨君，罪之所當也；賞
者不德上，功之所致也（誅者不怨君，罪之當也；賞者不德上，功之致也。）。民
知誅賞之來，皆在於身也，故務功修業，不受賚於君（民知誅賞之來，皆
生於身，故務功修業，不受賜於人。）。是故朝廷蕪而無跡，田野辟而無草，
故：“太上下知有之”（是以朝廷蕪而無跡，田埜辟而無穢，故“太上，下知而有之。”）
〈自然〉篇第七章② 。

　　橋植直立（原作‘橋直植立’，據揚樹達、向宗魯校改。）而不動，俛仰取制焉；
人主靜漠而不躁，百官得脩焉。譬而軍之持麾者，妄指則亂矣。慧
不足以大寧，智不足以安危，與其譽堯而毀桀也，不如掩聰明而反
脩其道也。清靜無為，則天與之時；廉儉守節，則地生之財；處愚
稱德，則聖人為之謀。是故下者萬物歸之，虛者天下遺之。

> “與其譽堯而毀桀也”兩句，出自《莊子》，〈大宗師〉篇曰：“與其譽堯而
> 非桀也，不如兩忘而化其道。”〈外物〉篇亦曰：“與其譽堯而非桀，不如兩
> 忘而閉其所譽。”

　　夫人主之聽治也，清明而不闇，虛心而弱志，是故群臣輻湊並
進，無愚智賢不肖，莫不盡其能。於是乃始陳其禮，建以為基。是
乘眾勢以為車，御眾智以為馬，雖幽野險塗，則無由惑矣。

> 上段“夫人主之聽治……漠不盡其能”等句，重見於下文。此數句與“於是乃
> 始陳其禮”兩句，或“是乘眾勢以為車”等句，文意似均難連接，恐為錯簡。
> “是乘眾勢以為車”四句或原屬下文“乘眾人之智”段。

　　人主深居隱處以避燥濕，闈門重襲以〔備〕（原作“避”，據王念孫校改。）
姦賊，內不知閭里之情，外不知山澤之形。帷幕之外目不能見，十

里之前耳不能聞（原有 "百步之外" 四字，據向宗魯校刪。），天下之物無不通者，其灌輸之者大，而斟酌之者眾也。是故："不出戶而知天下，不窺牖而知天道。"

> 上段文意似本諸《荀子・君道》，〈君道〉篇曰："牆之外，目不見也；里之前，耳不聞也；而人主之守司，遠者天下，近者境內，不可不略知也。"《呂氏春秋・任數》亦曰："十里之間而耳不能聞，帷牆之外而目不能見，三畝之宮而心不能知。"

＊

> 下段資料敘說人主當 "乘眾人之智"，文意似屬下文 "文王智而好問" 段，此處當為錯簡。

乘眾人之智，則天下（原有 '之' 字，據陶鴻慶、馬宗霍校刪。）不足有也；專用其心，則獨身不能保也。是故人主覆之以德，不行其智，而因萬人之所利。夫舉踵〔而〕天下（原 "而" 字在此，據楊樹達校改。）得所利，故百姓載之上，弗重也；錯之前，而弗害也；舉之而弗高也，推之而弗厭。

第三部份（甲）：

> 此部份資料分置兩處，論述君道與臣道的區別，人君御臣、用人之術，與以 "法" 為準衡的作用。

1

> 此章論述 "君道圓"、"臣道方"，此種思想源自《呂氏春秋・圜道》篇，〈圜道〉篇曰："天道圜，地道方，聖王法之，所以立上下。"全章文句見於《文

子》〈自然〉與〈上義〉兩篇。見於〈自然〉篇第七章者，附於"天氣為魄……智不能得"之後，並下接"其聽治也，虛心弱志"，與《淮南子》下文相近。見於〈上義〉篇者僅言"臣道"，但後文"故君臣異道即治，同道即亂"，卻"君臣"連言。《文子》似保留"文子外編"殘文，編輯今本《文子》者將其分別歸入〈自然〉與〈上義〉兩章。

主道員者，運轉而無端，化育如神，虛無因循，常後而不先也（運轉無端，化遂如神，虛無因循，常後而不先。）〈自然〉篇第七章⑤。臣道（原有 '員者運轉而無' 六字，據王念孫校刪。）方者，論是而處當，為事先倡，守職分明，以立成功也（〔老子曰：〕臣道者，論是處當，為事先唱，守職明分，以立成功。）。是故君臣異道則治，同道則亂（故君臣異道即治，同道即亂。）。各得其宜，處其當，則上下有以相使也（各得其宜，處有其當，即上下有以相使也。）〈上義〉篇第八章①ₐ。

上段"君道圓"、"臣道方"思想源自《呂氏春秋‧圜道》，而所稱"君臣異道則治，同道則亂"，則似襲自《管子‧明法解》曰："故主行臣道則亂，臣行主道則危，故上下無分，君臣共道，亂之本也。"〈君臣上〉篇亦曰："主勞者方，主制者圓。圓者運，運者通，通則和。方者執，執則固，固則信。"《莊子‧天道》曰："上無為也，下亦無為也，是下與上同德，下與上同德則不臣；下有為也，上亦有為也，是上與下同道，上與下同道則不主。上必無為而用天下，下必有為為天下用，此不易之道也。"又，下段資料，"夫人主之聽治……末不盡其能者"與上節完全重複，若刪除，則"君得所以制臣"緊承前段"則上下有以相使"。此處當為涉上文而衍。〈自然〉篇第七章此段文字當為《淮南子》別本混入，而〈上義〉篇第八章第一段文字亦當原屬《淮南子》別本。劉家立云："'夫人主之聽治也'六句與上文相同，隔別十餘行，不應有此複文，蓋重出也。上文專言君道，故於此六句下云：'乃始陳其禮，建以為基'，言不如此不能建立基業。此處言君臣道合，則上下有以相使，故君得所以制臣，臣得所以事君也。有此六句，與上下文義不相屬。此由寫者誤衍也。"

夫人主之聽治，虛心而弱意，清明而不闇，是故群臣輻湊並

　　進，無愚智賢不肖，莫不盡其能者，則

　　下段似上接"則上下有以相使也"句。

君得所以制臣，臣得所以事君，治國之道明矣（其聽治也，虛心弱志，清明
不闇，是故群臣輻輳並進，無愚智賢不肖，莫不盡其能。君得所以制臣，臣得所以事君，即治
國之所以明矣。）〈自然〉篇第七章⑥。

2

　　此章論述聖人"乘眾人之智"、"用眾人之力"，因人之資，"兼而用之"，
使"力勝其任"，"能稱其事"，故"人無棄人，物無棄物"。全文主要部份
見於《文子·自然》第八章。《文子》彼處文意完整，似屬編入"文子外編"
的先秦史料，《淮南子》撰述時曾加以引用。"文王智而好問"句，《文
子》無"文王"、"武王"二詞，恐為《淮南子》所加。又"夫推而"三字，《文
子》作"无權"，《淮南子》因形近而誤。

文王智而好問，故聖。武王勇而好問，故勝（〔老子曰：〕知而好問者
聖，勇而好問者勝。）。夫乘眾人之智，則無不〔聖〕（原作"任"，據俞樾校改。）
也；用眾人之力，則無不勝也（乘眾人之智者，即無不任也；用眾人之力者，即無
不勝也。）。千鈞之重，烏獲不能舉也；眾人相一，則百人有餘力矣。
是故任一人之力者，則烏獲不足恃；乘眾人之〔勢〕（原作'制'，據何寧
校改。）者，則天下不足有也（用眾人之力者，烏獲不足恃也；乘眾人之勢者，天下不
足用也。）〈自然〉篇第八章①a。

禹決江疏河，以為天下興利，而不能使水西流。稷辟土墾草，
以為百姓力農，然不能使禾冬生。豈其人事不至哉？其勢不可也。
夫〔權〕（原作"推而"，據王念孫校刪"而"字，何寧校改"權"字。）不可為之勢，而
不〔循〕（原作"脩"，據何寧校改。）道理之數，雖神聖人不能以成其功（无

權不可為之勢，而不循道理之數，雖神聖人不能以成功。）〈自然〉篇第八章①b，而況當世之主乎！

夫載重而馬羸，雖造父不能以致遠。車輕〔而〕（據劉文典校補。）馬良，雖中工可使追速。是故聖〔之〕（據劉文典校補。）人舉事也，豈能拂道理之數，詭自然之性，以曲為直，以屈為伸哉？未嘗不因其資而用之也（故聖人舉事，未嘗不因其資而用之也。）。是以積力之所舉，無不勝也；而眾智之所為，無不成也。

聾者可令〔嚼〕（原作'嗺'，據王紹蘭校改）筋，而不可使有聞也；瘖者可使守圄，而不可使〔通語〕（原作'言'，據王念孫校改）也。形有所不周，而能有所不容也。是故有一形者處一位，有一能者服一事。力勝其任，則舉之者不重也；〔智能〕（原作"能稱"，據向宗魯校改。）其事，則為之者不難也（有一功者處一位，有一能者服一事。力勝其任，即舉者不重也；能稱其事，即為者不難也。）。毋小大修短，各得其宜，則天下一齊，無以相過也。聖人兼而用之，故無棄才（聖人兼而用之，故〔人〕無〔棄人，物無〕棄材。）〈自然〉篇第八章②。

3

此章說明人主當"貴正尚忠"，舉用忠誠正直之士，則姦人伏匿，若邪人得志，忠者即隱矣。

人主貴正而尚忠，忠正在上位，執正管（原作"營"，據王引之校改。）事，則讒佞姦邪無由進矣。譬猶方員之不相蓋，而曲直之不相入。夫鳥獸之不（原有'可'字，據王念孫校刪。）同群者，其類異也；虎鹿之不同游者，力不敵也。

是故：聖人得志而在上位，讒佞姦邪而欲犯〔之〕（原作"主"，據何寧校改。)者,譬猶雀之見鸇而鼠之遇狸也,亦必無餘命矣。

是故:人主之(原有 '一' 字,據王念孫校刪。)舉也,不可不慎也。所任者得其人,則國家治,上下和,群臣親,百姓附。所任非其人,則國家危,上下乖,群臣怨,百姓亂。故一舉而不當,終身傷。得失之道,權要在主。是故繩正於上,木直於下,非有事焉,所緣以〔循〕(原作"修",據向宗魯校改。)者然也。

故:人主誠正,則直士任事,而姦人伏匿矣。人主不正,則邪人得志,忠者隱蔽矣。

夫人之所以莫〔抌〕玉石而〔抌〕(兩"抌"字原作"抌",據王念孫校改。)瓜瓝者,何也?無得於玉石,弗犯也。使人主執正持平,如從繩準高下,則群臣以邪來者,猶以卵投石,以火投水也。故靈王好細腰,而民有殺食自飢也;越王好勇,而民皆處危爭死。

> 主好本,則氓好墾草萊,主好貨,則人賈市,主好宮室,則工匠巧,主好文采,則女工靡,夫楚王好小腰,而美人省食。吳王好劍,而國士輕死。死與不食者,天下之所共惡也,然而為之者何也? 從主之所欲也。《管子・七臣七主》
>
> 昔者楚靈王好士細要,故靈王之臣,皆以一飯為節,脅息然後帶,扶牆然後起。比期年,朝有黧黑之色。是其故何也? 君說之,故臣能之也。昔越王句踐好士之勇,教馴其臣,和合之焚舟失火,試其士曰:"越國之寶盡在此!"越王親自鼓其士而進之。士聞鼓音,破碎亂行,蹈火而死者左右百人有餘。越王擊金而退之。《墨子・兼愛中》
>
> 昔者句踐好勇而民輕死,靈王好細腰而民多餓。夫死與餓,民之所惡也,君誠好之,百姓自然,而況仁義乎!《尸子・處道》
>
> 越王好勇,其民輕死,楚靈王好細腰,其朝多餓死人。《晏子春秋》
>
> 越王好勇,而民多輕死;楚靈王好細腰,而國中多餓人。《韓非子・二柄》

《淮南子》上段說明人主之喜好對於臣民的誘導,文意與《管子・七臣七主》相類,又"靈王好細腰"、"越王好勇"二事,多見於先秦典籍。

由此觀之,權勢之柄,其以移風易(原有"俗"字,據顧廣圻、何寧校刪。)

矣。堯爲匹夫，不能仁化一里；桀在上位，令行禁止。由此觀之，賢不足以爲治，而勢可以易俗，明矣。《書》曰：“一人有慶，萬民賴之。” 此之謂也。

> 堯爲匹夫，不能使其鄰家；至南面而王，則令行禁止。由此觀之，賢不足以服不肖，而勢位足以屈賢矣。
> 《慎子》
>
> 堯爲匹夫不能治三人，而桀爲天子能亂天下，吾以此知勢位之足恃，而賢智之不足慕也。夫弩弱而矢高者，激於風也；身不肖而令行者，得助於眾也。堯教於隸屬而民不聽，至於南面而王天下，令則行，禁則止。由此觀之，賢智未足以服眾，而勢位足以詘賢者也。
> 《韓非子・難勢》

《淮南子》上段文意似本諸《慎子》，引《書》語出《書經・周書・呂刑》。

4

此章以 “治國” 與 “亂國” 的對較，說明人主需 “明分數利害” 以知人，操名責實以御下，使治事究於法，為行治於官，臣下守業以效功。

天下多眩於名聲，而寡察其實。是故處人以譽尊，而游者以辯顯。察其所尊顯，無他故焉，人主不明分數利害之地，而賢眾口之辯也。

治國則不然，言事者必究於法，而爲行者必治於官。上操其名以責其實，臣守其業以效其功；言不得過其實，行不得踰其法；群臣輻湊，莫敢專君。事不在法律中，而可以便國佐治，必參五（原有 “行之” 二字，據顧廣圻、何寧校刪。）陰考以觀其歸，並用周聽以察其化；不偏一曲，不黨一事。是以中立而遍，運照海內；群臣公正，莫敢爲邪；百官述職，務致其〔功〕（原作 ‘公述’，據王念孫校改，“述” 字，據何寧校刪。）也。主精明於上，官勸力於下，姦邪滅跡，庶功日進，是以勇者盡於軍。

俞樾曰:"此下當有'智者'云云,而今闕之。下文'為智者務於巧詐,為勇者務於鬬爭。'亦以智勇並舉,是其證也。"何寧云:"疑當作'智者盡於事'。"

亂國則不然,有衆咸譽者無功而賞,守職者無罪而誅;主上闇而不明,群臣黨而不忠;說談者游於辯,脩行者競於往;主上出令,則非之以與;法令所禁,則犯之以邪;為智者務於巧詐,為勇者務於鬬爭;大臣專權,下吏持勢,朋黨周比,以弄其上。國雖若存,古之人曰亡矣!

> 故人主無便嬖左右足信者,謂之闇;無卿相輔佐足任使者,謂之獨;所使於四鄰諸侯者非其人,謂之孤;孤獨而晻,謂之危。國雖若存,古之人曰亡矣。《詩》曰:"濟濟多士,文王以寧。"此之謂也。《荀子·君道》

《淮南子》上段"脩行者競於往"句,"往"字向宗魯、吳承仕、何寧等認為當從莊奎吉本,作"住",徐匡一云:"《韓詩外傳》:'山林之士為名,故往而不返。'[1]修行者即相當於山林之士。""國雖若存,古之人曰亡矣"兩句,何寧云:"文出《荀子·君道》。"

夫不治官職,〔不〕(原作'而',據王念孫校改。)被甲兵,不隨南畝,而有賢聖之聲者,非所以〔教〕(原作'而',據王念孫校改。)於國也。騏驥騄駬,天下之疾馬也,驅之不前,引之不止,雖愚者不加體焉。今治亂之機,轍跡可見也,而世主莫之能察,此治道之所以塞。

> 不服兵革而顯,不親耕耨而名,又所以教於國也。今有馬於此,如驥之狀者,天下之至良也。然而驅之不前,卻之不止,左之不左,右之不右,則臧獲雖賤,不託其足。《韓非子·外儲說右》

《淮南子》上段文意本諸《韓非子·外儲說右》。

---

[1] 見《淮南子全譯》上冊頁 486 注 13,貴州人民出版社,1993 年。

5

此章論述人主居權勢之柄的作用，首段"權勢者，人主之車輿；爵祿者，人臣之轡銜"，與次段文意並不能直接相連，而內容近於下文"攝權勢之柄，其於化民易矣"段，此處恐為錯簡，或段後有脫文。

權勢者，人主之車輿；爵祿者，人臣之轡銜也。是故人主處權勢之要，而持爵祿之柄，審緩急之度，而適取予之節，是以天下盡力而不倦。

下段說明人臣能為其君主"竭力殊死，不辭其軀"，在於"勢有使之然"，並舉出"豫讓為智伯報仇"與"周人隨武王伐紂"二事，證明人主恩澤與德義所產生"勢"的作用。與上段以"車輿比喻人主的權勢，轡銜比做人臣爵祿"的說理，不但文意不能連貫，"勢"字的意含也不相同。下段中的"勢"字，不能了解為"權勢"，而應為"君臣之施者，相報之勢"的"勢"，指一種"情勢"。下段恐原非接於上段之後，段前恐有脫文。

夫臣主之相與也，非有父子之厚，骨肉之親也，而竭力殊死，不辭其軀者，何也？勢有使之然也。

> 明主之道不然，設民所欲以求其功，故為爵祿以勸之；設民所惡以禁其姦，故為刑罰以威之。慶賞信而刑罰必，故君舉功於臣，而姦不用於上，雖有豎刁，其奈君何？且臣盡死力以與君市，君垂爵祿以與臣市，君臣之際，非父子之親也，計數之所出也。君有道，則臣盡力而姦不生；無道，則臣上塞主明而下成私。《韓非子·難一》

《淮南子》上段文意似本諸《韓非子·難一》，"君臣之際，非父子之親也，計數之所出也"三句，即為《淮南子》所本。

昔者豫讓，中行文子之臣。智伯伐中行氏，并吞其地，豫讓背其主而臣智伯。智伯與趙襄子戰於晉陽之下，身死為戮，國分為三。豫讓欲報趙襄子，漆身為厲，吞炭變音，擿齒易貌。夫以一人之心而事兩主，或背而去，或欲身徇之，豈其趨捨厚薄之勢異哉？人〔主〕

（原作 "之"，據何寧校改。）恩澤使之然也。

紂兼天下，朝諸侯，人跡所及，舟檝所通，莫不賓服。然而武王甲卒三千人，擒之於牧野，豈周民死節，而殷民背叛哉？其主之德義厚而號令行也。

夫〔風疾〕（原作 '疾風'，據王念孫校改。）而波興，木茂而鳥集，相生之氣也。是故臣不得其所欲於君者，君亦不能得其所求於臣也。君臣之施者，相報之〔勢〕（原作 "氣"，按《意林》引文改。）也。是故臣盡力死節以與君，君計功垂爵以與臣。是故君不能賞無功之臣，臣亦不能死無德之君。君德不下流於民而欲用之，如鞭蹇馬矣，是猶不待雨而求熟稼，必不可之數也。

> 上段 "是故君不能賞無功之臣" 兩句，向宗魯云："宋本作 '臣盡力死節以與君計，君垂爵以與臣市'，於文為長。《韓非子》〈難一〉篇 '臣盡死力以與君市，君垂爵祿以與臣市'（植案：見前段引文），即此文所本。"

第二部份（乙）：

1

> 此章所稱 "君人之道，處靜以修身"，與第二部份（甲）"君人之道，其猶零星之尸" 段文意、語法均同，當屬同類資料。首段與末段主要文句見於《文子·上仁》第一章，〈上仁〉篇文字似《淮南子》別本殘文竄入，經後人整篇而成，並改作 "君子之道" 與 "亂主" 的區別。

君人之道，處靜以修身，儉約以率下（〔老子曰：〕君子之道，靜以修身，儉以養生。）。靜則下不擾矣，儉則民不怨矣（靜即下不擾，儉則民不怨。）。下擾則政亂，民怨則德薄（下擾即政亂，民怨即德薄。）。政亂則賢者不為謀，德薄則勇者不為死（政亂賢者不為謀，德薄勇者不為鬥。）〈上仁〉篇第一章①。

> 下文申論"處靜以修身，簡約以率下"，並以"垺略衰世古今之變"的形式，區別"堯之有天下"與"衰世之政"。但此種比較與此處文氣不能通貫，而末句"是故使天下不安其性"，文意亦不完整，此兩段或為他處錯簡。

是故人主好鷙鳥猛獸，珍怪奇物，狡躁康荒，不愛民力，馳騁田獵，出入不時，如此則百官務亂，事勤財匱，萬民愁苦，生業不脩矣。人主好高臺深池，雕琢刻鏤，黼黻文章，絺綌綺繡，寶玩珠玉，則賦斂無度，而萬民力竭矣。

堯之有天下也，非貪萬民之富而安人主之位也，以為百姓力征，強凌弱，眾暴寡，（《太平御覽》引，作"百姓力屈，強弱相乘，眾寡相暴。"）於是堯乃身服節儉之行，而明相愛之仁，以和輯之。是故茅茨不剪，采椽不〔斲〕（原作'斷'，據王念孫校改。）；大路不畫，越席不緣；大羹不和，粢食不毇；巡狩行教，勤勞天下，周流五嶽。豈其奉養不足樂哉？（原有"舉天下而"四字，據俞樾校刪。）以為社稷，非有利焉。年衰志憫，舉天下而傳之舜，猶卻行而脫蹝也。

> 上段"是故茅茨不剪"等句，與《韓非子·五蠹》文意相近，〈五蠹〉篇曰："堯之王天下也，茅茨不剪，采椽不斲，糲粢之食，藜藿之羹，冬日麑裘，夏日葛衣，雖監門之服養，不虧於此矣。"又，馬宗霍云："《禮記》〈郊特性〉篇云：'大羹不和，貴其質也。'〈樂記〉篇云：'大羹不和，有遺味矣。'此皆《淮南》本文所出。"又，"舉天下而傳之舜"兩句，《北堂書鈔》卷百三十六引作"堯舉天下而傳之舜，猶卻行而釋屐，舜猶卻之"，似《淮南子》別本文字。

衰世則不然，一日而有天下之富，處人主之勢，則竭百姓之力，以奉耳目之欲（亂主則不然，一日有天下之富，處一主之勢，竭百姓之力，以養耳目之欲。）。志專在于宮室臺榭、陂池苑囿、猛獸熊羆、玩好珍怪（志專於宮室臺榭，溝池苑囿，猛獸珍怪；）。是故貧民糟糠不接於口，而虎狼熊羆厭芻褻；百姓短褐不完，而宮室衣錦繡(貧民飢餓，虎狼厭芻豢，百姓凍寒，宮室衣綺繡。)。人主急茲無用之功，百姓黎明顑頓於天下，是故使天下不安其性(故人主畜茲無用之物，而天下不安其性命矣。)〈上仁〉篇第一章②。

> 王念孫云：“昭八年《左傳》曰：‘今宮室崇侈，民力彫盡，怨讟並作，莫保其性。’義與此同。”

2

> 此章論述人主“澹漠、寧靜、寬大、慈厚、平正”，得用人之道，以統御群臣。主要部份見於《文子・上仁》第二章。〈上仁〉篇此章仍似《淮南子》殘文竄入。《淮南子》此章後段恐有錯簡。

人主之居也，如日月之明也，天下之所同側目而視，側耳而聽，延頸舉踵而望也。是故非澹漠無以明德，非寧靜無以致遠，非寬大無以兼覆，非慈厚無以懷眾，非平正無以制斷(〔老子曰：〕非淡漠無以明德，非寧靜無以致遠，非寬大無以並覆，非正平無以制斷。)〈上仁〉篇第二章①。(下接“人主者”。)

> 上段內容與下文“人主者，以天下之目視”段，義理相通，文氣通貫，並與《文子》句序相同。《文子》此處保留《淮南子》舊文。而以下數段論述君主用人原則，與前段所敘說人君的操持，二者文意有別。恐為錯簡，或屬後文“所以然者何也，得用人之道”等句之後。

是故賢主之用人也，猶巧工之制木也：大者以為舟航柱梁，小者以為〔接櫺〕(原作‘楫楔’，據王念孫校改。)，脩者以為櫚榱，短者以為朱儒枅櫨；無〔大小〕(原作“小大”，據何寧校改。)修短，各得其所宜；規矩方員，各有所施。〔殊形異才，莫不可得而用也。〕(據王念孫校補。)天下之物，莫凶於〔奚〕(原作“雞”，據王念孫校改。)毒，然而良醫橐而藏之，有所用也。是故林莽之材，猶無可棄者，而況人乎！

　　今夫朝廷之所不舉，鄉曲之所不譽，非其人不肖也，其
所以官之者非其職也。鹿之上山，獐不能跂也，及其下，牧
豎能追之，才有所脩短也。是故有大略者不可責以捷巧，有
小智者不可任以大功。人有其才，物有其形，有任一而大重，
或任百而尚輕。是故審毫釐之計者，必遺天下之大數，不失
小物之選者，惑於大數之舉。譬猶狸之不可使搏牛，虎之不
可使〔捕〕（原作“搏”，據劉文典校改。）鼠也。

　　今人之才，或欲平九州，〔從〕（原作“并”，據王引之校改。）
方外，存危國，繼絕世，志在直〔施〕（原作“道”，據蔣禮鴻校改。）
正邪，決煩理挐，而乃責之以閨閤之禮，隩窔之間；或佞巧
小具，諂進愉說，隨鄉曲之〔卑俗〕（原作‘俗卑’，據馬宗霍校改。），
下眾人之耳目，而乃任之以天下之權，治亂之機。是猶以斧
劗毛，以刀〔伐〕（原作“抵”，據王念孫校改。）木也，皆失其宜矣。

人主者，以天下之目視，以天下之耳聽，以天下之智慮，以天
下之力爭（以天下之目視，以天下之耳聽，以天下之智慮，以天下之力爭。）。是故號
令能下究，而臣情得上聞（故號令能下究，而臣情得上聞。）；百官修〔通〕（原
作“同”，據王念孫校改。），群臣輻湊；喜不以賞賜，怒不以罪誅（百官修達，
群臣輻輳，喜不以賞賜，怒不以罪誅。）。是故威〔厲〕（據莊逵吉校增。）立而不廢，
聰明〔光〕（原作‘先’，據王念孫校改。）而不弊；法令察而不苛，耳目達而
不闇；善否之情，日陳於前而無所逆（法令察而不苛，耳目聰而不闇，善否之情，
日陳於前而不逆。）。是故賢者盡其智，不肖者竭其力，德澤兼覆而不偏，
群臣勸務而不怠，近者安其性，遠者懷其德（故賢者盡其智，不肖者竭其力，
近者安其性，遠者懷其德。）。所以然者，何也？得用人之道（得用人之道也。），
而不任己之才者也。故假輿馬者，足不勞而致千里；乘舟檝者，不
〔假〕（原作“能”，據劉文典校改。）游而絕江海（夫乘輿馬者，不勞而致千里；乘舟
檝者，不游而濟江海。）〈上仁〉篇第二章②。

上段文意似本諸《韓非子·定法》,〈定法〉篇曰:"人主以一國目視,故視莫明焉;以一國耳聽,故聽莫聰焉。"〈難一〉篇曰:"明主之道,一人不兼官,一官不兼事。卑賤不待尊貴而進,大臣不因左右而見。百官修通,群臣輻湊。有賞者君見其功,有罰者君知其罪。見知不悖於前,賞罰不弊於後。""故假輿馬者"等句,取自《荀子》,〈勸學〉篇曰:"假輿馬者,非利足也,而致千里;假舟楫者,非能水也,而絕江河。"

夫人主之情,莫不欲總海內之智,盡眾人之力,然而群臣〔達志〕(原作"志達",據王念孫校改。)效忠者,希不困其身(見於〈上仁〉篇"闇主則不然"句後)。使言之而是也,雖在褐夫芻蕘,猶不可棄也(使言之而是,雖商夫芻蕘,猶不可棄也。)。使言之而非也,雖在卿相人君,揄策于廟堂之上,未必可用(言之而非,雖在人君卿相,猶不可用也。)。是非之所在,不可以貴賤尊卑論也(是非之處,不可以貴賤尊卑論也。)。是明主之聽於群臣,其計乃可用,不羞其位;其言〔而〕('而'字原在下句'不責'之前,據王念孫校改。)可行,不責其辯(其計可用,不羞其位,其言可行,不責其辯。)。〈上仁〉篇第二章③a

闇主則不然,所愛習親近者,雖邪枉不正,不能見也;疏遠卑賤者,〔雖〕(據劉文典校補。)竭力盡忠,不能知也(闇主則不然,群臣盡誠效忠者,稀不用其身也,而親習邪枉,賢者不能見也,疏遠卑賤,竭力盡忠者,不能聞也。)。有言者,窮之以辭,有諫者,誅之以罪。如此而欲照海內,存萬方,是猶塞耳而聽清濁,掩目而視青黃也,其離聰明則亦遠矣(有言者,窮之以辭,有諫者,誅之以罪。如此而欲安海內,存萬方,其離聰明亦以遠矣。)〈上仁〉篇第二章③b

上段見於〈上仁〉篇"群臣……不能見也"段。〈上仁〉篇該處文字舛雜而不可解,當為《淮南子》殘文混入。又,"是猶塞耳而聽清濁"等句,《呂氏春秋·貴直》高注引作"塞其耳而欲聞五音,掩其目而欲睹青黃,不可得也。"何寧云:"《呂氏春秋》乃高注,所引不應有異,今本疑後人以許本混入。"

第三部份（乙）：

1

此章提出以法為天下之度量，君臣共同依循的準則。主要部份見於《文子‧上義》篇第六章。〈上義〉篇此章全文如下：

> 文子問曰：法安所生？老子曰：法生於義，義生於眾適，眾適合乎人心，此治之要也。法非從天下也，非從地出也，發乎人間，反己自正。誠達其本，不亂於末，知其要，不惑於疑。有諸己，不非於人，無諸己，不責於所立。立於下者不廢於上，禁於民者不行於身。故人主之制法也，以自為檢式。故禁勝於身，即令行於民。

> 夫法者，天下之準繩也，人主之度量也。懸法者，法不法也。法定之後，中繩者賞，缺繩者誅。雖尊貴者不輕其賞，卑賤者不重其刑。犯法者，雖賢必誅，中度者，雖不肖無罪。是故公道而行，而私欲塞也。

> 古之置有司也，所以禁民使不得恣也。其立君也，所以制有司使不專行也。法度道術，所以禁君使不得橫斷也。人莫得恣，即道勝而理得矣，故反於無為。無為者，非謂其不動也，言其從己出也。

上段“文子與老子”的問答，是後人改竄了原先“平王與文子”對答的體例。《文子》全書幾乎均是以“老子曰”的形式來分章，〈上義〉此處保留此種問答形式，說明其資料與竹簡《文子》應有密切關係。此處將“法”的觀念導源於“義”，具有相當特殊的哲學意義。全章說明：“法生於義”而“義”生於眾人適切的需求，因此，“法”不但具客觀存在的獨立性，並且建立在眾人共同心意的基礎上。不是“聖人”立“法”，而是“法”本乎人群自我的要求。“法”一但建立，它就成為天下的準繩，也是君主的度量。這在人文建構考量中，是將人群本然的運作視為“道理”的根源。綜觀《老子》全書，並未出現此種意義的“法”觀念[1]。此處的思想極可能是對《老子》第十七章：“功成事遂，百姓皆謂我自然”的推衍。也就是此章所稱“人莫得恣，即道勝而理得矣，故反於無為。”人文之“道”來自於百姓的自然，這是“眾宜”，也就是

---

[1] “法”字僅兩見，一為第二十五章所稱“人、地、天”展轉“效法”之義，一則形成第五十七章“法令”之詞，此均非“法”的哲學觀念。

"義"。由"義"產生"法",換言之,"法"生於人文世界本然運作之"道"。《文子》與《淮南子》此處相近的文字,很難判定何者在先。但按《文子》承繼並發展了《老子》哲學的人文建構來考慮,《文子》此章的資料似乎形成於《淮南子》之前,而為文子學派的思想史料。《淮南子》或許引用,並加以闡釋發揮。

法者,天下之度量,而人主之準繩也(夫法者,天下之準繩也,人主之度量也。)。縣法者,法不法也(懸法者,法不法也。);設賞者,賞當賞也。法定之後,中程者賞,缺繩者誅;尊貴者不輕其罰,而卑賤者不重其刑;犯法者雖賢必誅,中度者雖不肖必無罪(法定之後,中繩者賞,缺繩者誅。雖尊貴者不輕其賞,卑賤者不重其刑。犯法者,雖賢必誅,中度者,雖不肖無罪。)。是故公道通而私〔門〕(原作"道",據向宗魯校改。)塞矣(是故公道而行,而私欲塞也。)〈上義〉篇第六章②a。

上段文意,何寧云:"《韓非子》〈難一〉篇云:'賞罰使天下必行之,令曰:中程者賞,弗中程者誅。'此《淮南》所本。"又云:"《荀子》〈君道〉篇云:'則公道達而私門塞矣。'"

古之置有司也,所以禁民,使不得自恣也(古之置有司也,所以禁民使不得恣也。)。其立君也,所以〔制〕(原作"剬",據于省五校改。)有司,使無專行也(其立君也,所以制有司使不專行也。)。法籍禮義者,所以禁君,使無擅斷也(法度道術,所以禁君使不得橫斷也。)。人莫得自恣,則道勝,道勝而理達矣,故反於無為((人莫得恣,即道勝而理得矣。故反於無為。)。無為者,非謂其凝滯而不動也,以〔言其〕(原作"其言",據王念孫校改。)莫從己出也(無為者,非謂其不動也,言其從己出也。)〈上義〉篇第六章②b。

夫寸生於〔穳〕(原作'稑',據王引之校改。),〔穳〕(稑)生於(原作'穳生於日,日生於'據俞樾校改。)形,形生於景,〔景生於日〕(據俞樾校補。),此度之本也。樂生於音,音生於律,律生於風,此聲之宗也。法生於義,義生於眾適,眾適合於人心,此治之要也(〔文子問曰:法安所生?

老子曰：〕法生於義，義生於眾適，眾適合乎人心，此治之要也。）〈上義〉篇第六章①a。

故通於本者，不亂於末，睹於要者，不惑於詳（誠達其本，不亂於末，知其要，不惑於疑。）〈上義〉篇第六章①c。法者，非天墮，非地生，發於人間而反以自正（法非從天下也，非從地出也，發乎人間，反己自正。）〈上義〉篇第六章①b。是故有諸己不非諸人，無諸己不求諸人（有諸己，不非於人，無諸己，不責於所立。）。所立於下者不廢於上，所禁於民者不行於身（立於下者不廢於上，禁於民者不行於身。）〈上義〉篇第六章①d。

馬宗霍云："《禮記》〈大學〉篇云：'是故君子有諸己而後求諸人，無諸己而後非諸人。'本文句法蓋從彼出，而詞意與彼異。"

所謂亡國〔者〕（"者"字，原在下文"有法"之後，據王念孫校改。），非無君也，無法也；變法者，非無法也，有法而不用，與無法等。是故人主之立法，先自為檢式儀表（故人主之制法也，以自為檢式。），故令行於天下。孔子曰："其身正，不令而行。其身不正，雖令不從。"故禁勝於身，則令行於民矣（故禁勝於身，即令行於民。）〈上義〉篇第六章①e。

上段文意似本諸《管子‧法法》，〈法法〉篇曰："不法法則事毋常，法不法則令不行，令而不行，則令不法也。法而不行，則修令者不審也。審而不行，則賞罰輕也。重而不行，則賞罰不信也。信而不行，則不以身先之也。故曰："禁勝於身，則令行於民矣"。又，"孔子曰"五句，語出《論語‧子路》。

2

此章論述人主統御的治術，全章主要部份分別見於《文子‧上義》第二、三兩章。《文子》此兩章結構完整，當原為"文子外編"論述"治人之道"的資料，而為《淮南子》所引用。《淮南子》此處文意並不整齊，句序恐有錯亂。按文意敘說，可分為兩節。

①

此節以"車輿"與"駟馬"為喻,說明聖主的治術,在於"體不離車輿之安,手不失駟馬之心",執術以御臣,明分以示下。此節主要部份見於《文子·上義》第二章。

聖主之治也,其猶造父之御:齊輯之於轡銜之際,而急緩之於脣吻之和,正度于胸臆之中,而執節於掌握之閒;內得於〔中心〕(原作"心中",據王念孫校改。),外合於馬志(〔老子曰:〕治人之道,其猶造父之御駟馬也。齊輯之乎轡銜,正度之乎胸膺,內得於中心,外合乎馬志。)。是故能進退履繩,而旋曲中規,取道致遠,而氣力有餘,誠得其術也(故能取道致遠,氣力有餘,進退還曲,莫不如意,誠得其術也。)〈上義〉篇第二章①a。

造父之師曰泰豆氏。造父之始從習御也,執禮甚卑,泰豆三年不告。造父執禮愈謹,乃告之曰:"古詩言:'良弓之子,必先為箕。良冶之子,必先為裘。'汝先觀吾趣,趣如吾,然後六轡可持,六馬可御。"造父曰:"唯命所從。"泰豆乃立木為塗,僅可容足,計步而置,履之而行,趣走往還,無跌失也。造父學之三日,盡其巧。泰豆歎曰:"子何其敏也!得之捷乎!凡所御者,亦如此也。曩汝之行,得之於足,應之於心,推於御也,齊輯乎轡銜之際,而急緩乎脣吻之和,正度乎胸臆之中,而執節乎掌握之間。內得於中心,而外合於馬志,是故能進退履繩而旋曲中規矩,取道致遠,而氣力有餘,誠得其術也。得之於銜,應之於轡;得之於轡,應之於手,得之於手,應之於心;則不以目視,不以策驅,心閑體正,六轡不亂,而二十四蹄所投無差。迴旋進退,莫不中節。然後輿輪之外,可使無餘轍。馬蹄之外,可使無餘地。未嘗覺山谷之險,原隰之夷,視之一也。吾術窮矣,汝其識之。"《列子·湯問》

《淮南子》上段對於"造父之御"的敘說,也見於《列子·湯問》。

是故:權勢者,人主之車輿也;大臣者,人主之駟馬也(今夫權勢者,人主之車輿也;大臣者,人主之駟馬也。)。體離車輿之安,而手失駟馬之心(身不可離車輿之安,手不可失駟馬之心。)〈上義〉篇第二章①b,而能不危者,古今未有也。

或曰：景公不知用勢，而師曠、晏子不知除患。夫獵者，託車輿之安，用六馬之足，使王良佐轡，則身不勞而易及輕獸矣。今釋車輿之利，捐六馬之足與王良之御，而下走逐獸，則雖樓季之足無時及獸矣，託良馬固車則臧獲有餘。國者、君之車也，勢者、君之馬也。夫不處勢以禁誅擅愛之臣，而必德厚以與天下齊行以爭民，是皆不乘君之車，不因馬之利車而下走者也。故曰：景公不知用勢之主也，而師曠、晏子不知除患之臣也。《韓非子・外儲說右上》

《淮南子》上段文意似本諸《韓非子・外儲說右上》。

是故：輿馬不調，王良不〔能〕（原作"足"，何寧校改。）以取道；君臣不和，唐、虞不能以為治（故馭馬不調，造父不能以取道；君臣不和，聖人不能以為治。）。執術而御之，則管、晏之智盡矣；明分以示之，則蹠、蹻之姦止矣（執道以御之，中才可盡；明分以示之，姦邪可止。）〈上義〉篇第二章①c。

下段敘說"明主之耳目不勞，精神不竭"，與上段聖人執術以御臣的義理，似不相承接。

夫據〔榦〕（原作'除'，據王引之校改。）而窺井底，雖達視猶不能見其晴；借明於鑑以照之，則寸分可得而察也。是故明主之耳目不勞，精神不竭，物至而觀其〔變〕（原作'象'，據王念孫校改。），事來而應其化，近者不亂，遠者治也（物至而觀其變，事來而應其化。近者不亂，即遠者治矣。）。是故不用適然之數，而行必然之道，故萬舉而無遺策矣（不用適然之數，而得自然之道，萬舉而不失矣。）〈上義〉篇第二章②。

②

此節第一段與後兩段文意不太連貫，其間或有脫文。全節主要內容見於《文子・上義》第三章。〈上義〉篇文意完整，說理明晰，"勿使可欲"等句（兩'日'字為'曰'字之誤），承接章首"凡為道者"數句，文氣通貫。

今夫御者，馬體調于車，御心和於馬，則歷險致遠，進退周游，莫不如志。雖有騏驥、騄駬之良，而臧獲御之，則馬反自恣，而人弗能制矣。

上段"進退周游"兩句，劉文典云："《御覽》七百四十六引作'進退周旋，無不如意'。"

故治者不貴其自是，而貴其不得為非也（〔老子曰：凡為道者，塞邪隧，防未然。〕不貴其自是也，貴其不得為非也。）。故曰："勿使可欲，毋曰弗求。勿使可奪，毋曰不爭。"（故曰："勿使可欲，無曰不求。勿使可奪，無曰不爭。"）如此，則人〔欲〕（原作"材"，據陶鴻慶、何寧校改。）釋而公道行矣（如此則人欲釋，而公道行矣。）。〔羨〕者〔止〕於度，而不足者〔逮〕（以上三字，原作'美'、"正"、"達"，均據王念孫校改。）於用，故海內可一也（有餘者止於度，不足者逮於用，故天下可一也。）〈上義〉篇第三章①。

上段"勿使可欲"四句，以"故曰"形式引述，當屬前人資料，似強調防範於人欲之未起，而非禁制於已發之後，意謂：要做到不使人欲有所興動，而非強制性禁止"不當有欲"；要做到不使爭心有所竄動，而非強制性禁止"不當有爭"。《老子》第三章曰："不尚賢，使民不爭。不貴難得之貨，使民不為盜。不見可欲，使民心不亂。"《淮南子》引述資料，似闡發《老子》的意旨，或為道家思想史料的佚文。又《老子》書中，以"可欲"與"甚欲"說明"欲"的不同程度。《老子》第四十六章曰："辠莫厚虖甚欲，咎莫憯虖谷得，化莫大虖不智足。"（郭店竹簡文本）"罪莫大於可欲，禍莫大於不知足，咎莫憯於欲得。"（帛書甲本）"禍莫大於不知足，咎莫大於欲得。"（王弼本）《韓非子·解老》曰："人有欲則計會亂，計會亂而有欲甚，有欲甚則邪心勝，邪心勝則事經絕，事經絕則禍難生。由是觀之，禍難生於邪心，邪心誘於可欲。可欲之類，進則教良民為姦，退則令善人有禍。姦起則上侵弱君，禍至則民人多傷。然則可欲之類，上侵弱君而下傷人民。夫上侵弱君而下傷人民者，大罪也。故曰：'禍莫大於可欲。'"《韓非子》所見《老子》文本作"禍莫大於可欲"，〈喻老〉篇詳述"有欲"、"有欲甚"與"可欲"之害，似與此處四句思想探索的方向相近。又，《淮南子·精神》曰："故儒者非能使人弗欲，欲而能止之；非能使人勿樂，樂而能禁之。夫使天下畏刑而不敢盜，豈若能使無有盜心哉！"正是據此處文意，對儒家的批判。

　　夫釋職事而聽非譽，棄公勞而用朋黨，則奇材佽長而干次，守官者雍遏而不進（夫釋職事而聽非譽，棄功勞而用朋黨，即奇伎夭長，守職不進。）。如此，則民俗亂於國，而功臣爭於朝（民俗亂於國，功臣爭於朝。）。

　　故：法律度量者，人主之所以執下，釋之而不用，是猶無轡銜而馳也，群臣百姓反弄其上。是故有術則制人，無術則制於人（故有道以御人，無道則制於人。）。〈上義〉篇第三章②。

3

　　此章論述人主滅想去意，持其所守，清虛以待，而不與臣下爭事。主要部份見於《文子・上仁》第七章。〈上仁〉篇此章全文如下：

　　　鯨魚失水，則制於螻蟻；人君舍其所守，而與臣爭事，則制於有司。〔有司〕（植案：似脫"有司"二字重文。）以無為持位，守職者以聽從取容，臣下藏智而不用，反以事專其上。

　　　人君者，不任能而好自為，則智日困而自負責。數窮於下，則不能伸理，行墮於位，則不能持制。智不足以為治，威不足以行刑，則無以與下交矣。喜怒形於心，嗜欲見於外，則守職者離正而阿上，有司枉法而從。賞不當功，誅不應罪，則上下乖心，君臣相怨。

　　　百官煩亂而智不能解，非譽萌生而明不能照，非己之失而反自責，則人主愈勞，人臣愈佚。"是代大匠斲，夫代大匠斲者，稀有不傷其手矣。"與馬逐走，筋絕不能及也；上車攝轡，馬服衡下。伯樂相之，王良御之，明主乘之，無御相之勞而致千里，善乘人之資也。

　　　人君之道，無為而有就也，有立而無好也。有為即議，有好即諛。〔議即可奪，諛即可誘〕。夫以建而制於人者，〔不能持國，〕故"善建者不拔"，〔言建之無形也。〕唯神化者，物莫能勝。

　　　中欲不出謂之扃，外邪不入謂之閉。中扃外閉，何事不節；外閉中扃，何事不成。故不用之，不為之，而有用之，而有為之。

　　　不伐之言，不奪之事，循名責實，使自有司，以不知為道，以禁苛為主。

如此，則百官之事，各有所考。

〈上仁〉篇與〈主術訓〉文字有多處不同，但均以前者為佳。如，"君人者釋所守而與臣下爭，則有司以無為持位，守職者以從君取容"〈上仁〉篇作"人君舍其所守，而與臣爭事，則制於有司。有司以無為持位，守職者以聽從取容。""制於有司"，文意較明確。又，"不正本而反自然，則人主逾勞，人臣逾逸"，〈上仁〉篇作"非己之失而反自責，則人主愈勞，人臣愈佚。""非己之失而反自責"說明人主"智不能解"、"明不能照"，文氣連貫。又，"循名責實，使有司"，〈上仁〉篇作"循名責實，使自有司。""外邪不入謂之塞"，〈上仁〉篇作"外邪不入謂之閉。"因下文有"中扃外閉"、"外閉中扃"二語，〈主術訓〉"塞"字當誤。又，"君人者，無為而有守也，有為而無好也。有為則讒生，有好則諛起"〈上仁〉篇作"人君之道，無為而有就也，有立而無好也。有為即議，有好即諛。議即可奪，諛即可誘。"《文子》說理較完備。今本《淮南子》中有錯簡或脫文。但《文子》中均將"君人"，改作"人君"，尤其"人君之道"一詞，先秦典籍未見。

吞舟之魚，蕩而失水，則制於螻蟻（〔老子曰：〕鯨魚失水，則制於螻蟻。），離其居也。猨狖失木，而擒於狐狸，非其處也。君人者，釋所守而與臣下爭〔事〕（據王念孫校補。），則有司以無為持位，守職者以從君取容（人君舍其所守，而與臣爭事，則制於有司。以無為持位，守職者以聽從取容，）。是以人臣藏智而弗用，反以事轉任其上矣（臣下藏智而不用，反以事專其上。）〈上仁〉篇第七章① 。

上段文意似本諸《莊子》與《呂氏春秋》，〈庚桑楚〉篇曰："吞舟之魚，碭而失水，則蟻能苦之。"《呂氏春秋·慎勢》曰："失之乎數，求之乎信，疑。失之乎勢，求之乎國，危。吞舟之魚，陸處則不勝螻蟻。權鈞則不能相使，勢等則不能相并，治亂齊則不能相正，故小大、輕重、少多、治亂不可不察，此禍福之門也。"

夫富貴者之於勞也，達事者之於察也，驕恣者之於恭也，勢不及君。

上段文意相當費解，高誘無注，前後似有脫文，或為錯簡。下文"君人者"句，可直接上承"轉任其上矣"，《文子》文本即如此。

君人者不任能，而好自為之，則智日困而自負其責也(人君者，不任能而好自為，則智日困而自負責。)。數窮於下則不能伸理，行墮於國則不能專制(數窮於下，則不能申理，行墮於位，則不能持制。)。智不足以為治，威不足以行誅，則無以與(原有"天"字，據王念孫校刪)下交也(智不足以為治，威不足以行刑，則無以與下交矣。)。喜怒形於心者，〔嗜〕(原作"者"，據王念孫校改。)欲見於外，則守職者離正而阿上，有司枉法而從風，賞不當功，誅不應罪，上下離心，而君臣相怨也(喜怒形於心，嗜欲見於外，則守職者離正而阿上，有司枉法而從風。賞不當功，誅不應罪，則上下乖心，君臣相怨。)〈上仁〉篇第七章②a。

上段文意似本諸《鄧析子》，部份文意即取自〈轉辭〉篇，〈轉辭〉篇曰："君人者不能自專而好任下，則智日困而數日窮。迫於下則不能申，行隨於國則不能持。知不足以為治，威不足以行誅，無以與下交矣。故喜而使賞，不必當功；怒而使誅，不必值罪。不慎喜怒，誅賞從其意，而欲委任臣下，故亡國相繼，殺君不絕。古人有言，眾口鑠金，三人成虎，不可不察也。"又，下段首三句恐為錯簡，"百官相煩亂"句，可直接上承"君臣相怨也"。《文子》句序即如此。

是以執政阿主而有過，則無以責之；有罪而不誅，則百官相煩亂，智弗能解也；毀譽萌生，而明不能照也(百官煩亂而智不能解，非譽萌生而明不能照，)。不正本而反自〔脩〕(原作"然"，據何寧校改。)，則人主逾勞，人臣逾逸(非己之失而反自責，則人主愈勞，人臣愈佚。)。是猶代庖宰剝牲，而為大匠斲也(是代大匠斲，夫代大匠斲者，稀有不傷其手矣。)。與馬競走，筋絕而弗能及；上車執轡，則馬〔服〕(原作"伏"，據陳觀樓校改。)於衡下(與馬逐走，筋絕不能及也；上車攝轡，馬服衡下。)。故伯樂相之，王良御之，明主乘之，無御相之勞而致千里者，乘於人資以為羽翼也(伯樂相之，王良御之，明主乘之，無御相之勞而致千里，善乘人之資也。)〈上仁〉篇第七章②b。

是故：君人者，無為而有守也，有〔守〕(原作"爲"，據馬宗霍校改。)而無好也(人君之道，無為而有就也，有立而無好也。)。有為則讒生，有好則諛起(有為即讒，有好即諛。〔讒即可奪，諛即可誘〕。)。昔者齊桓公好味而易牙烹其首子而餌之，虞君好寶而晉獻以璧馬鉤之，胡王好音而秦穆公以女樂誘之，是皆以利見制於人也(夫以建而制於人者，〔不能持國。〕)。故"善建者不拔"(故"善建者不拔"，〔言建之無形也。〕)〈上仁〉篇第七章②a。

> 楊樹達云："桓公事見《管子》〈小稱〉篇，《韓非子》〈二柄〉、〈十過〉、〈難一〉諸篇。虞公事見三傳僖公二年。胡公事見《韓非子》〈十過〉篇。""善建者不拔"句，語出《老子》第五十四章，句下注曰："言建之無形也"。王念孫認為此六字當為正文，《文子》即如此。

夫火熱而水滅之，金剛而火銷之，木強而斧伐之，水流而土遏之，唯造化者，物莫能勝也(唯神化者，物莫能勝。)。故中欲不出謂之扃，外邪不入謂之塞(中欲不出謂之扃，外邪不入謂之閉。)。中扃外閉，何事之不節(中扃外閉，何事不節；)！外閉中扃，何事之不成(外閉中扃，何事不成。)！弗用而後能用之，弗為而後能為之(故不用之，不為之，而有用之，而有為之。)〈上仁〉篇第七章②b。精神勞則越，耳目淫則竭。

> 上段"故中欲不出謂之扃"句，《呂氏春秋·君首》曰："得道者必靜。靜者無知，知乃無知，可以言君道也。故曰：中欲不出謂之扃，外欲不入謂之閉。既扃而又閉：天之用密，有准不以平，有繩不以正；天之大靜，既靜而又寧，可以為天下正。""中欲不出謂之扃"兩句，《呂氏春秋》亦似引自前人資料。王範之曰："案：此語似有所來，未明出處。《淮南子·主術》篇，《文子·上仁》篇引同。文字不必即據《呂覽》。恐都是引的《老子》文。今《道德經》無此，或是佚文。"[1]因此，上段內容，可能襲自與《老子》傳承密切的文子學派思想。

故有道之主，滅想去意，清虛以待；不伐之言，不奪之事；循

---

[1] 《呂氏春秋研究》頁 77，內蒙古大學出版社，1993 年。

名責實，〔官〕（據王念孫校補。）使〔自〕（原作“有”，據王念孫校改。）司（不伐之言，不奪之事，循名責實，使自有司。）。任而弗詔，責而弗教；以不知為道，以奈何為寶（以不知為道，以禁苛為主。）。如此，則百官之事各有所守矣（如此，則百官之事，各有所考。）〈上仁〉篇第七章③c。

上段文意似本諸《呂氏春秋・知度》，〈知度〉篇曰：“故有道之主，因而不為，責而不詔，去想去意，靜虛以待，不伐之言，不奪之事，督名審實，官復自司，以不知為道，以奈何為實。”

4

此章論述人主“攝權勢之柄，其於化民易矣”，屬於人君統御臣下之道的資料。全文主要部份見於《文子・上義》第八章。〈上義〉篇第八章第一段文句見於〈主術訓〉前文，為《淮南子》別本殘文混入《文子》。“下必行之令，從之者利，逆之者凶，日陰未移，而海內莫不被繩矣”等句，〈上義〉篇作“下必行之令，順之者利，逆之者凶，天下莫不聽從者，順也。”“順也”二字見於〈主術訓〉下文“今使烏獲、藉蕃從後牽牛尾，尾絕而不從者，逆也；若指之桑條以貫其鼻，則五尺童子牽而周四海者，順也。”〈主術訓〉“逆也”“順也”對稱，〈上義〉篇繫“順也”於“莫不聽從者”之後，文氣並不能通貫，顯見為《淮南子》別本殘文竄入。

攝權勢之柄，其於化民易矣。衛君役子路，權重也；〔桓、景〕（原作“景桓公”，據王念孫校刪“公”字，俞樾說置“景”字於“桓”字之後。）臣管、晏，位尊也。怯服勇而愚制智，其所託勢者勝也。故枝不得大於幹，末不得強於本，則輕重〔小大〕（“小大”，原作“則”、“大小”，均據王念孫校改。）有以相制也（故枝不得大於幹，末不得強於本，言輕重大小有以相制也。）〈上義〉篇第八章②a；若五指之屬於臂也，搏援攫捷，莫不如志，言以小屬於大也。

是故：得勢之利者，所持甚小，其任（原作‘存’，據王念孫校改。）甚大；所守甚約，所制甚廣（夫得威勢者，所持甚小，所任甚大，所守甚約，所制甚廣。）〈上義〉篇第八章②b。

是故：十圍之木，持千鈞之屋；五寸之鍵，制開闔之門。豈其材之巨小足哉？所居要也（十圍之木，持千鈞之屋〔，所得勢也〕，五寸之關，能制開闔，所居要也。）〈上義〉篇第八章②c。

上段文字《說苑·語叢》記述曰："一圍之木，持千鈞之屋；五寸之鍵，制開闔之門。豈其材之巨小足哉，所居要也。"

孔丘、墨翟脩先聖之術，通六藝之論，口道其言，身行其志，慕義從風而為之服役者不過數十人。使居天子之位，則天下遍為儒墨矣。楚莊王傷文無畏之死於宋也，奮袂而起，衣冠相連於道，遂成軍宋城之下，權柄重也。楚文王好服獬冠，楚國效之；趙武靈王貝帶鵔鸃而朝，趙國化之。使在匹夫布衣，雖冠獬冠，帶貝帶，鵔鸃而朝，則不免為人笑也。

"楚莊王傷文無畏之死於宋"事，見《左傳》與《呂氏春秋》。

楚子使申舟聘于齊，曰："無假道于宋。"亦使公子馮聘于晉，不假道于鄭。申舟以孟諸之役惡宋，曰："鄭昭、宋聾，晉使不害，我則必死。"王曰："殺女，我伐之。"見犀而行。及宋，宋人止之。華元曰："過我而不假道，鄙我也。鄙我，亡也。殺其使者，必伐我。伐我，亦亡也。亡一也。"乃殺之。楚子聞之，投袂而起。屨及於窒皇，劍及於寢門之外，車及於蒲胥之市。秋，九月，楚子圍宋。《左傳·宣公十四年》

楚莊王使文無畏於齊，過於宋，不先假道。還反，華元言於宋昭公曰："往不假道，來不假道，是以宋為野鄙也。楚之會田也。故鞭君之僕於孟諸。請誅之。"乃殺文無畏於揚梁之隄。莊王方削袂，聞之曰："嘻！"投袂而起，屨及諸庭，劍及諸門，車及之蒲疏之市，遂舍於郊，興師圍宋九月。《呂氏春秋·行論》

夫民之好善樂正，不待禁誅而自中法度者，萬無一也；下必行之令，從之者利，逆之者凶，日陰未移，而海內莫不被繩矣（下必行之令，順之者利，逆之者凶，天下莫不聽從者，）。故握劍鋒，〔雖以〕（原作‘以離’，據王念孫、王紹蘭校改。）北宮子、司馬蒯蕢不〔可〕（據王念孫校補。）使應敵；操其觚，招其末，則庸人能以制勝。今使烏獲、藉蕃從後牽牛尾，尾絕而不從者，逆也；若指之桑條以貫其鼻，則五尺童子牽而周四海者，順也（順也。）。夫七尺之橈而制船之左右者，以水爲資；天子發號，令行禁止，以眾爲勢也（發號令行禁止者，以眾爲勢也。）〈上義〉篇第八章③。

上段"今使烏獲、藉蕃從後牽牛尾"數句，本諸《呂氏春秋‧重己》，〈重己〉篇曰："使烏獲疾引牛尾，尾絕力勯，而牛不可行，逆也。使五尺豎子引其棬，而牛恣所以之，順也。"又，"夫七尺之橈而制船之左右者"五句，《北堂書鈔》一百三十八引，作"七尺之樴而制大舟者，因水爲資；君發一言之號而令行於民者，因眾爲勢也。"《北堂書鈔》所引與今本《淮南子》字句有異，似取自《淮南子》不同文本。

夫防民之所害，開民之所利，威〔之〕（據楊樹達說增。）行也，若發城決塘。故循流而下易以至，背風而馳易以遠。桓公立政，去食肉之獸，食粟之鳥，係罝之網，三舉而百姓說；紂殺王子比干而骨肉怨，斮朝涉者之脛而萬民叛，再舉而天下失矣。

上段"桓公立政"等句，似本諸《呂氏春秋‧慎小》，〈慎小〉篇曰："齊桓公即位三年，三言而天下稱賢，群臣皆說，去肉食之獸，去食粟之鳥，去絲罝之網。"

故：義者，非能遍利天下之民也，利一人而天下從風；暴者，非〔能〕（句王叔岷校改。）盡害海內之眾也，害一人而天下離叛（義者，非能盡利於天下之民也，利一人而天下從之；暴者，非能盡害於海内也，害一人而天下叛之。）〈上義〉篇第八章④a。

故：桓公三舉而九合諸侯，紂再舉而不得爲匹夫。故舉錯不可不審（故舉措廢置，不可不審也。）〈上義〉篇第八章④b。

第四部份：

此部份資料，論述農政之事，案敘說的文意，可分為兩節。

①

此節論述人君體恤人民之勞苦，取下有節，自養有度。主要內容見於《文子·上仁》篇第九章，二者文字與文句次序稍有不同。〈上仁〉篇此章全文為：

> 古者明君，取下有節，自養有度，必計歲而收，量民積聚，知有餘不足之數，然後取奉。〔如此，即得承所受於天地，而不罹於飢寒之患〕。其慘怛於民也，國有飢者，食不重味；民有寒者，冬不被裘，與民同苦樂，即天下無哀民。
>
> 闇主〔即不然〕，取民不裁其力，求下不量其積，男女不得耕織之業以供上求，力勤財盡，〔有旦無暮，〕君臣相疾。
>
> 且人之為生也，一人蹠耒而耕，不益十畝，中田之收，不過四石，妻子老弱仰之而食。或時有災害之患，無以供上求，即人主憫之矣。貪主暴君，涸漁其下，以適無極之欲，則百姓不被天和履地德矣。　　〈上仁〉篇
> 第九章

《文子》此章敘說的方式與《淮南子》不同。《文子》是以“古者明君”與“闇主”對於租斂的對比，提出“人之為生”的艱難，以強調人君需重視人民的生計，文意結構完整。《淮南子》的敘說則較為雜亂，首段說明“人主租斂於民”的情況，然後以兩次“故”的形式加以申述，並對“夫民之為生也”段，多有發揮衍論。《淮南子》似闡發“文子外編”的內容。

　　人主租斂於民也，必先計歲〔而〕（據王叔岷校補。）收，量民積聚，知〔饒〕（原作‘饑’，據王念孫校改。）饉有餘不足之數，然後取車輿衣食供養其欲（必計歲而收，量民積聚，知有餘不足之數，然後取奉。〔如此，即得承所受於天地，而不罹於飢寒之患〕。）〈上仁〉篇第九章①b。高臺層榭，接屋連閣，非不麗也，然民〔有〕（據楊樹達校補。）無〔堀〕（原作‘掘’，據王念孫校改。）穴狹廬所以託身者，明主弗樂也。肥醲甘脆，非不美也，然民有糟糠〔橡栗〕（原

作 "菽粟"，據何寧校改。）不接於口者，則明主弗甘也。匡床荐席，非不寧也，然民有處邊城，犯危難，澤死暴骸者，明主弗安也。

故：古之君人者，其慘怛於民也，國有飢者，食不重味；民有寒者，（原有 "而" 字，據王叔岷校改。）冬不被裘。歲登民豐，乃始縣鍾鼓，陳干戚，君臣上下同心而樂之，國無哀人（其慘怛於民也，國有飢者，食不重味；民有寒者，冬不被裘，與民同苦樂，即天下無哀民。）〈上仁〉篇第九章①c。

故：古之爲金石管絃者，所以宣樂也；兵革斧鉞者，所以飾怒也；觴酌俎豆，酬酢之禮，所以效〔喜〕（原作 ‘善’，據王念孫校改。）也；衰絰菅屨，辟踊哭泣，所以諭哀也，此皆有充於內，而成像於外。及至亂主，取民則不裁其力，求（原有 "於" 字，據王叔岷校刪。）下則不量其積，男女不得事耕織之業以供上之求，力勤財匱，君臣相疾也（闇主即不然，取民不裁其力，求下不量其積，男女不得耕織之業，以供上求，力勤財盡，〔有旦無暮，〕君臣相疾。）〈上仁〉篇第九章①d。故民至於焦脣沸肝，有今無儲，而乃始撞大鍾，擊鳴鼓，吹竽笙，彈琴瑟，是猶貫甲冑而入宗廟，被羅紈而從軍旅，失樂之所由生矣。

夫民之爲生也，一人蹠耒而耕，不過十畝，中田之獲，卒歲之收，不過畝四石，妻子老弱仰而食之（且人之爲生也，一人蹠耒而耕，不益十畝，中田之收，不過四石，妻子老弱仰之而食。）。時有涔旱災害之患，無以給上之徵賦車馬兵革之費。由此觀之，則人之生，憫矣（或時有災害之患，無以供上求，即人主憫之矣。）〈上仁〉篇第九章②a！夫天地之大，計三年耕而餘一年之食，率九年而有三年之畜，十八年而有六年之積，二十七年而有九年之儲，雖涔旱災害之殃，民莫困窮流亡也。故國無九年之〔儲〕（原作 "畜"，據何寧校改。），謂之不足；無六年之積，謂之憫急；無三年之畜，謂之窮乏。

國無九年之蓄曰不足，無六年之蓄曰急，無三年之蓄曰國非其國也。三年耕，必有一年之食；九年耕，必有三年之食。以三十年之通，雖有凶旱水溢，民無菜色，然

後天子食，日舉以樂。《禮記·王制》

　　國無九年之蓄，謂之不足；無六年之蓄，謂之急；無三年之蓄，國非其國也。民三年耕，必領一年之食；九年耕，而餘三年之食；三十歲相通，而餘十年之積。雖有凶旱水溢，民無饑饉。然後天子備味而食，日舉以樂。《賈誼·新書》

《淮南子》上段"故國無九年之儲"六句，見於《禮記·王制》與《新書》，文字略異，恐均引述前人資料，而各有所本。

　　故：有仁君明〔主〕（原作"王"，據何寧校改。），其取下有節，自養有度（〔老子仁：古者明君，取下有節，自養有度，）〈上仁〉篇第九章②a，則得承受於天地，而不離飢寒之患矣。若〔得〕（據何寧校補。）貪主暴君，撓於其下，侵漁其民，以適無窮之欲，則百姓無以被天和而履地德矣（貪主暴君，涸漁其下，以適無極之欲，則百姓不被天和履地德矣。）〈上仁〉篇第九章②b。

　　②

　　此節論述"食為民之本"，人君需"上因天時，下盡地財，中用人力"，以教民養民，並引述"先王之法"與"先王之政"兩段資料加以解證。全文似直接引述"文子外編"資料，而略加發揮。

　　食者，民之本也；民者，國之本也（〔老子曰：〕食者民之本也，民者國之基也。）；國者，君之本也。是故〔君人〕（原作"人君"，據王念孫校改。）者，上因天時，下盡地財，中用人力，是以群生遂長，五穀蕃植（故人君者，上因天時，下盡地理，中用人力，是以群生遂長，萬物蕃殖。）。教民養育六畜，以時種樹，務脩田疇，滋植桑麻，肥墝高下，各因其宜。丘陵阪險不生五穀者，以樹竹木，春伐枯槁，夏取果蓏，秋畜疏食，冬伐薪蒸，以為民資（春伐枯槁，夏收百果，秋畜蔬食，冬取薪蒸，以為民資。）。是故生無乏用，死無轉尸（生無乏用，死無傳尸。）〈上仁〉篇第八章①a。

　　上段"是故人君者"句，王念孫云："'君'字當在'人'字上。《群書治要》引此，正作'君人者'。"植案：《淮南子》中"君人"一詞，凡互見於《文

192

子》者，《文子》均作"人君"。就《淮南子》此處作"人君"來看，"人君"當為後人竄改，《文子》"人君"一詞，亦復如此。

　　故，先王之法：畋不掩群，不取麛天，不涸澤而漁，不焚林而獵（先王之法，不掩群而取躈跳，不涸澤而漁，不焚林而獵。）。豺未祭獸，罝罘不得布於野；獺未祭魚，罔罟不得入於水；鷹隼未摯，羅網不得張於谿谷；草木未落，斤斧不得入山林；昆蟲未蟄，不得以火（原有"燒"字，據王念孫校刪。）田（豺未祭獸，置罘不得通於野；獺未祭魚，網罟不得入於水；鷹隼未擊，羅網不得張於谷；草木未落，斤斧不得入於山林；昆蟲未蟄，不得以火田。）。孕育不得殺，鷇卵不得探，魚不長尺不得取，彘不期年不得食（育孕不殺，鷇卵不探，魚不長尺不得取，犬豕不期年不得食。）。是故草木之發若蒸氣（是故萬物之發生若蒸氣出。）〈上仁〉篇第八章①b，禽獸歸之若流泉，飛鳥歸之若煙雲，有所以致之也。

　　天子、諸侯無事則歲三田：一為乾豆，二為賓客，三為充君之庖。無事而不田，曰不敬；田不以禮，曰暴天物。天子不合圍，諸侯不掩群。天子殺則下大綏，諸侯殺則下小綏，大夫殺則止佐車。佐車止，則百姓田獵。獺祭魚，然後虞人入澤梁。豺祭獸，然後田獵。鳩化為鷹，然後設罻羅。草木零落，然後入山林。昆蟲未蟄，不以火田，不麛，不卵，不殺胎，不殀夭，不覆巢。《禮記·王制》

　　禮，聖王之於禽獸也，見其生，不忍見其死，聞其聲，不嘗其肉，隱弗忍也。故遠庖廚，仁之至也。不合圍，不掩群，不射宿，不涸澤。豺不祭獸，不田獵；獺不祭魚，不設網罟；鷹隼不鷙，眣而不逮，不出穎羅；草木不零落，斧斤不入山林；昆蟲不蟄，不以火田；不麛卵，不刳胎，不殀夭，魚肉不入廟門；鳥獸不成毫毛，不登庖廚。取之有時，用之有節，則物蕃多。《賈誼·新書》

　　《淮南子》上段引述"先王之法"，似本諸《禮記·王制》，《賈誼·新書》也有類似記載。

　　故，先王之政：四海之雲至而脩封疆；蝦蟆鳴、燕降而達路除道；陰降百泉則修橋梁；昏張中則務種穀；大火中則種黍菽；虛中則種宿麥；昴中則收斂畜積，伐薪木。上告於天，下布之民。先王之所以應時脩備，富國利民(先王之所以應時修備，富國利民〔之道也〕，)，實曠來遠者，其道備矣。非能目見而足行之也，欲利之也。**欲利之也不忘於心，則官自備矣**(非目見而足行之也，欲利民不忘乎心，則民自備矣。)（上仁）篇第八章②。心之於九竅四肢也，不能一事焉，然而動靜聽視皆以為主者，不忘于欲利之也。

> 上段對"先王之政"的敘說，似本諸《呂氏春秋・十二紀》，如〈孟春〉紀即曰："是月也，天氣下降，地氣上騰，天地和同，草木繁動。王布農事：命田舍東郊，皆修封疆，審端徑術，善相丘陵，阪險原隰，土地所宜，五穀所殖，以教道民，以躬親之，田事既飭，先定準直，農乃不惑。"下段文意與前段不相連接，恐有脫文。

故堯為善而眾善至矣，桀為非而眾非來矣。善積即功成，非積則禍極。

第五部份：

> 此部份資料具有雜論性質，當為後人就《淮南子》殘文編輯於此，按相近文意可分為三章，其中有非屬〈主術訓〉者。

1

> 此章論述人道的操持為"心小"、"志大"、"智員"、"行方"、"能多"與"欲鮮"。"小大，員方，能多"相互對反，因此，稱之為"六反"。全文主要部份見於《文子・微明》第十一章。〈微明〉篇此章全文為：
>
> > 凡人之道，心欲小，志欲大，智欲圓，行欲方，能欲多，事欲少。
> > 所謂心小者，慮患未生，戒禍慎微，不敢縱其欲也。志大者，兼包萬國，一齊殊俗，是非輻輳，中為之轂也。智圓者，終始無端，方流四遠，淵而不竭也。行方者，立直而不撓，素白而不汙，窮不易操，達不肆意也。能多者，文

武備具，動靜中儀，舉錯廢置，曲得其宜也。事少者，秉要以偶眾，執約以治廣，處靜以持躁也。

　　故心小者，禁於微也；志大者，無不懷也；智圓者，無不知也；行方者，有不為也；能多者，無不治也；事少者，約所持也。

　　故：聖人之於善也，無小而不行，其於過也，無微而不改。行不用巫覡，而鬼神不敢先，可謂至貴矣，然而戰戰慄慄，日慎一日。〔是以無為而一之誠也。〕愚人之智，固已少矣，而所為之事又多，故動必窮。

　　故：以政教化，其勢易而必成，以邪教化，其勢難而必敗。舍其易而必成，從事於難而必敗，愚惑之所致。

〈微明〉篇此章文意完整，首段先提出“人之道”在於“心欲小，志欲大，智欲圓，行欲方，能欲多，事欲少”。第二段則分別解釋此六事。第三段總結此六事的功效，然後以“故”的形式，舉出聖人的作為與政教。〈主術訓〉前三段與《文子》的結構相同，但“古者天子聽朝”句後，似引用古時聖人為例，解證六事，但資料錯亂，其中有錯簡，文意多不能通貫。

凡人之論，心欲小而志欲大，智欲員而行欲方，能欲多而事欲鮮（〔老子曰：〕凡人之道，心欲小，志欲大，智欲圓，行欲方，能欲多，事欲少。）〈微明〉篇第十一章① a

所以心欲小者，慮患未生（所謂心小者，慮患未生，），備禍未發，戒過慎微，不敢縱其欲也（戒禍慎微，不敢縱其欲也。）。志欲大者，兼包萬國，壹齊殊俗（志大者，兼包萬國，一齊殊俗，），并覆百姓，若合一族，是非輻湊而為之轂（是非輻輳，中為之轂也。）。智欲員者，環復轉運，終始無端，旁流四達，淵泉而不竭（智圓者，終始無端，方流四遠，淵而不竭也。），萬物並興，莫不嚮應也。行欲方者，直立而不撓，素白而不污，窮不易操，通不肆志（行方者，立直而不撓，素白而不汙，窮不易操，達不肆意也。）。能欲多者，文武備具，動靜中儀，舉〔措〕（原作“動”，據王叔岷校改。）廢置，曲得其宜（能多者，文武備具，動靜中儀，舉錯廢置，曲得其宜也。），無所擊戾，莫不畢宜也。事欲鮮者，執柄持術，得要以應眾，執約以治廣，處靜〔以持躁〕（原作"持中"，據俞樾校改。）（事少者，秉要以偶眾，執約以治廣，處靜以持躁也。）〈微明〉篇第十一章①b 運於璇樞，以一合萬，若合符者也。

故心小者禁於微也，志大者無不懷也，知員者無不知也，行方者有不為也，能多者無不治也，事鮮者約所持也（故心小者，禁於微也；志大者，無不懷也；智圓者，無不知也；行方者，有不為也；能多者，無不治也；事少者，約所持也。）〈微明〉篇第十一章①c

> 下列數段舉出古時聖人的作為，以解證"心欲小"等六事。"古者天子聽朝"至"則聖人之心小矣"，文字有錯亂。《文子》此處作"故聖人之於善也，無小而不行，其於過也，無微而不改。行不用巫覡，而鬼神不敢先，可謂至貴矣，然而戰戰慄慄，日慎一日。是以無為而一之誠也。"《淮南子》中"古者天子聽朝"與"夫聖人之於善也"兩段文意重複，並不能通貫，二者之一當為錯簡。

古者天子聽朝，公卿正諫，博士誦詩，瞽箴師誦，庶人傳語，史書其過，宰徹其膳，猶以為未足也。故堯置敢諫之鼓也，舜立誹謗之木，湯有司直之人，武王立戒慎之鞀，過若豪釐，而既已備之矣。

> 堯有欲諫之鼓，舜有誹謗之木，湯有司過之士，武王有戒慎之鞀，猶恐不能自知，今賢非堯、舜、湯、武也，而有掩蔽之道，奚繇自知哉？《呂氏春秋·自知》

> 堯置敢諫之鼓，舜立誹謗之木，湯有司直之人，武有戒慎之銘。《鄧析子·轉辭》

《淮南子》上段"故堯置敢諫之鼓也"四句，與《鄧析子·轉辭》文字相同，類似資料亦為《呂氏春秋·自知》所引述。

夫聖人之於善也，無小而不舉；其於過也，無微而不改（故聖人之於善也，無小而不行，其於過也，無微而不改。）〈微明〉篇第十一章②a。堯、舜、禹、湯、文、武 皆坦然〔南面而王天下〕（原作"天下而南面"，據王念孫校改。）焉。

當此之時，〔伐鼛〕（原作 '鼛鼓'，據王念孫校改。）而食，奏〈雍〉而徹，已飯而祭灶，行不用巫祝，鬼神弗敢祟，山川弗敢禍，可謂至貴矣，然而戰戰慄慄，日慎一日（行不用巫覡，而鬼神不敢先，可謂至貴矣，然而戰戰慄慄，日慎一日。〔是以無為而一之誠也。〕）〈微明〉篇第十一章②ｂ。由此觀之，則聖人之心小矣。

何寧云："《荀子》〈正論〉篇曰：'曼而饋，伐（今本"代"誤作"代"）睾而食，雍而徹乎五祀。'即《淮南》所本。"又云："《荀子》〈正論〉篇云：'出戶而巫覡有事，出門而宗祝有事。'即'行不用巫祝'所本。"

《詩》云："惟此文王，小心翼翼，昭事上帝，聿懷多福。"其斯之謂歟！

上段見於高誘注前文"所謂心欲小者"句，當為高注竄入。

武王〔克殷〕（原作"伐紂"，據王念孫校改。），發鉅橋之粟，散鹿臺之錢；封比干之墓，表商容之閭，朝成湯之廟，解箕子之囚；使各處其宅，田其田；無故無新，惟賢是親，用非其有，使非其人，晏然若故有之。由此觀之，則聖人之志大〔矣〕（原作"也"，據劉文典校改。）。

武王勝殷，入殷，未下輿，命封黃帝之後於鑄，封帝堯之後於黎，封帝舜之後於陳；下輿，命封夏后之後於杞，立成湯之後於宋以奉桑林。武王乃恐懼，太息流涕，命周公旦進殷之遺老，而問殷之亡故，又問眾之所說、民之所欲。殷之遺老對曰："欲復盤庚之政。"武王於是復盤庚之政；發巨橋之粟，賦鹿臺之錢，以示民無私；出拘救罪，分財棄責，以振窮困；封比干之墓，靖箕子之宮，表商容之閭，士過者趨，車過者下，三日之內，與謀之士封為諸侯，諸大夫賞以書社，庶士施政去賦；然後濟於河，西歸報於廟；乃稅馬於華山，稅牛於桃林，馬弗復乘，牛弗復服；釁鼓旗甲兵，藏之府庫，終身不復用。此武王之德也。《呂氏春秋・慎大》

《淮南子》上段文意似本諸《呂氏春秋・慎大》。

文王周（原有"公"字，據劉文典校刪。）觀得失，遍覽是非，堯舜所以昌、桀紂所以亡者，皆著於明堂。於是略智博問，以應無方。由此觀之，則聖人之智員矣。

成、康繼文、武之業，守明堂之制，觀存亡之跡，見成敗之變，非道不言，非義不行，言不苟出，行不苟爲，擇善而後從事焉。由此觀之，則聖人之行方矣。

孔子之通，智過於萇弘，勇服於孟賁，足躡郊菟，力招城關，能亦多矣。然而勇力不聞，伎巧不知，專行教道，以成素王，事亦鮮矣。

> 下段"論之博"、"分之明"二事，與此處所言"論人"之六事不合，恐原屬他處錯簡。

春秋二百四十二年，亡國五十二，弒君三十六，采善鉏醜，以成王道，論亦博矣。然而圍於匡，顏色不變，絃歌不輟，臨死亡之地，犯患難之危，據義行理而志不懾，分亦明矣。然爲魯司寇，聽獄必爲斷，作爲《春秋》，不道鬼神，不敢專己。

> 上段"然而圍於匡"等句，《莊子·秋水》篇曰："孔子遊於匡，宋人圍之數匝，而絃歌不惙。"

夫聖人之智，固已多矣，其所守者有約，故舉而必榮。愚人之智，固已少矣，其所事者〔有〕（據王念孫校補。）多，故動而必窮矣（愚人之智，固已少矣，而所為之事又多，故動必窮。）〈微明〉篇第十一章③a。吳起、張儀智不若孔、墨，而爭萬乘之君，此其所以車裂支解也。

> 上段"愚人之智"四句，《荀子·王霸》引孔子曰："故孔子曰：'知者之知，固以多矣，有以守少，能無察乎？愚者之知，固以少矣，有以守多，能無狂乎？'此之謂也。"《淮南子》似取自《荀子》。

夫以正教化者，易而必成；以邪巧世者，難而必敗（故以政教化，其勢易而必成，以邪教化，其勢難而必敗。）。凡將設行立趣於天下，捨其易〔而必〕（據王念孫校補）成者，而從事難而必敗者，愚惑之所致也（舍其易而必成，從事於難而必敗，愚惑之所致。）〈微明〉篇第十一章③b。

此六反者，不可不察也。

上段為前文申論的總結，當直接上承"以成素王，事亦鮮矣"句。俞樾云："高注曰：'六反，謂孔、墨、莨宏、孟賁、吳起、張儀也。其行相反，故曰六反。'此注大謬。上文雖言有此六人，然非舉以相較。莨宏、孟賁、，不過謂孔子之智勇過此二人耳，初非言其反也。六反者，即上文所謂'心欲小而志欲大，志欲員而行欲方，能欲多而事欲鮮'也。小與大反，員與方反，多與鮮反，是謂六反。"樾案：由於今本以上數段，文句錯亂，高誘所見本，恐與今本有異。

2

此章論述"仁、智、義"等道德觀念，顯示儒家的思想特徵，雖為重要史料，但不合於〈主術訓〉撰寫的旨意，應為他篇錯簡。全章前後次序並不完整，似扼要節錄。

①

徧知萬物而不知人道，不可謂智，徧愛群生而不愛人類，不可謂仁。仁者，愛其類也；智者，不可惑也。仁者，雖在斷割之中，其（原有"所"字，據王念孫校刪。）不忍之色可見也。智者，雖〔遇〕（據《淮南子》集證本、何寧校補。）煩難之事，其不闇之效可見也。

內恕反情，心之所〔不〕（據楊樹達、顧廣圻校補）欲，其不加諸人；由近知遠，由己知人，此仁智之所合而行也。小有教而大有存也，小有誅而大有寧也，唯惻隱推而行之，此智者之所獨斷也。故仁智〔有時〕（據王念孫校補。）錯，有時合；合者為正，錯者為權：其義一

199

也。

②

府〔史〕守法，君子制義。法而無義，亦府〔史〕（兩"史"字原均作"吏"，據孫詒讓校改。）也，不足以為政。

③

耕之為事也勞，織之為事也擾。擾勞之事，而民不舍者，知其可以衣食也。人之情不能無衣食，衣食之道必始於耕織，萬民之所公見也。物之若耕織者，始初甚勞，終必利也。

④

〔物之可備者眾，愚人之所備者寡；事之可權者多，愚人之所權者少。〕（原作"眾愚人之所見者寡事可權者多愚之所權者少"，據俞樾說增改。）此愚者之所以多患也。物之可備者，智者盡備之，可權者，盡權之。此智者所以寡患也。故智者先忤而後合，愚者始於樂而終於哀。〕

⑤

今日何為而榮乎？且日何為而義乎？此易言也；今日何為而義？且日何為而榮？此難知也。問瞽師曰："白（原有"素"字，據何寧校刪。）何如？"曰："縞然。"曰："黑何若？"曰："黮然。"援白黑而示之，則不處焉。人之視白黑以目，言白黑以口，瞽師有以言白黑，無以知白黑，故言白黑與人同，其別白黑與人異。

子墨子曰："今瞽曰：'鉅者白也，黔者黑也。'雖明目者無以易之。兼白黑，使瞽取焉，不能知也。故我曰瞽不知白黑者，非以其名也，以其取也。今天下之君子之名仁也，雖禹湯無以易之。兼仁與不仁，而使天下之君子取焉，不能知也。故我曰天下之君子不知仁者，非以其名也，亦以其取也。"《墨子·貴義》

上段"問瞽師曰"數句,文意似本諸《墨子·貴義》。

入孝於親,出忠於君,無愚智賢不肖皆知其爲義也,使陳忠孝行而知所出者鮮矣。凡人思慮,莫不先以爲可而後行之,其是或非,此愚知之所以異。

⑥

凡人之性,莫貴於仁,莫急於智。仁以爲質,知以行之。兩者爲本,而加之以勇力辯慧、捷疾劬錄、巧敏〔犀〕（原作"遲",據王念孫校改。）利、聰明審察,盡眾益也。身材未修,伎藝曲備,而無仁智以爲表幹,而加之以眾美,則益其損。

故不仁而有勇力果敢,則狂而操利劍;不智而辯慧、〔懁〕（原作'懷',據王念孫校改。）給,則〔乘〕驥而〔惑〕（原作'乘驥而不式',據王念孫校改。）。雖有材能,其施之不當,其處之不宜,適足以輔僞飾非。伎藝之眾,不如其寡也。

故有野心者不可借便勢,有愚質者不可與利器。

⑦

魚得水而游焉則樂;塘決水涸,則爲螻蟻所食。有掌修其隄防,補其缺漏,則魚得而利之。

國有以存,人有以生。國之所以存者,仁義是也。人之所以生者,行善是也。國無義,雖大必亡;人無善志,雖勇必傷。

⑧

治國〔非〕（據俞樾說增。）上使不得與焉。孝於父母,弟於兄嫂,信於朋友,不得上令而可得爲也。釋己之所得爲,而責於其所不得制,悖矣!

⑨

　　士處卑隱,欲上達,必先反諸己。上達有道:名譽不起,而不能上達矣。取譽有道:不信於友,不能得譽。信於友有道:事親不說,不信於友。說親有道:修身不誠,不能事親矣。誠身有道:心不專一,不能〔誠身〕(原作‘專誠’,據王念孫校改。)。道在易而求之難,驗在近而求之遠,故弗得也。

　　顧廣圻云:“篇末似非〈主術〉文,恐有錯簡。”

七 〈繆稱訓〉辨析

《淮南子・要略》曰：

> 〈繆稱〉者，破碎道德之論，差次仁義之分，略雜人間之事，總同乎神明之德。假象取耦，以相譬喻；斷短為節，以應小具：所以曲說巧論，應感而不匱者也。

許慎注："謬異之論，稱物假類，同之神明，以知所貴。"

按照〈要略〉篇的解釋，〈繆稱訓〉的宗旨在於：剖析解構道德的理論，區分論列仁義的功份，涉略摻雜人間的事理，而把它們總匯於神明的至德之中。

而其論述方式則為：借助個別事物的現象，取得耦合的例證，來相互比喻；將大的道理裁截為短小的節說，以具備應付各種瑣碎小事的需要。

因此它所指向的目標是：藉著本篇中廣為細緻的解說與論述，以求人們在所有感應的問題上，都能無所匱乏地去面對。

但從今本資料來看，〈繆稱訓〉全篇為關於"道、德、仁、義"等哲學觀念片斷的散論。篇中廣泛徵引《易經》、《書經》與《詩經》與孔子、孟子的言說，應與儒家傳承關係密切。楊樹達認為："此篇多引經證義，皆儒家之說也。今校《子思子》佚文，同者凡七、八節之多，疑皆采自彼也。"[1]許匡一解釋此篇篇名說："'繆'有'異'和'交錯'的意思，……'稱'有'引述'、'並舉'的意思。"[2]因此，我們認為，所謂"繆稱"是指：雜引儒家的論說，作為道德析論個別事項的解釋，以使人能在生存處事中得到動靜的適宜。全篇體例類似箴言輯錄，均為短論，彼此之間文意並不連屬，極似一個學派思想資

---

[1] 《淮南子證聞》頁 92，上海古籍出版社 1985 年。

[2] 《淮南子全譯》頁 541，貴州人民出版社，1993 年。

料的集粹，而不是如〈要略〉篇所言，按照某種規劃來撰寫。今按前後文字說理的關係，分爲八十六節。各節主要的意旨如下：

第 1 節：大道包裹宇宙，體道者無喜怒哀樂之情，物來則名，事來即應。

第 2 節：國治者，君臣相忘，至德者，上下一心。

第 3 節：道滅則德用，德衰則仁義生。君子懼失仁義，小人懼失利。

第 4 節：聖人以所願於上以交其下，以所欲於下以事於上。

第 5 節：君子情繫於中，行形於外，滿如陷，實如虛。

第 6 節：人皆求同於己者，故不能必知賢而舉之。

第 7 節：聖人在上，則民樂其治，小人在上，則不得須臾寧。

第 8 節：物莫無所不用，唯聖人能剟制其才。

第 9 節：至精感人之心，舜不降席而能王天下。

第 10 節：執道以御民，能用萬民之力，得天下之心。

第 11 節：聖人之養民，非求取用，乃盡其天職，出於至誠。

第 12 節：君子文不勝質，行事必期於善終。

第 13 節：忠信形於內，則感動應於外，聖人不言，而民遷化。

第 14 節：君子之真情，諭乎人心。

第 15 節：義能勝君，仁能勝父，則君尊臣忠，父慈子孝。

第 16 節：聖人在上，化育如神。

第 17 節：動於近，成文於遠，故君子慎其獨，見善則痛其身。

第 18 節：君子汲汲於求義，小人汲汲於求得，所求者同，所期者異。

第 19 節：仁心之感，其入人深。

第 20 節：聖人爲善，非求名利，而名利歸之；雖不見賢，終而知其大。

第 21 節：動而有益，損必隨之。

第 22 節：君子日孳孳以成煇，小人日怏怏以至辱。

第 23 節：懷情抱質，聲揚天地之間，名配日月之光。

第 24 節：苟向善，雖過無怨；苟不向善，雖終來患。

第 25 節：人之聲名，咸其自取，虛而能滿，淡而無味，被褐懷玉爲貴。

第 26 節：男子樹蘭，美而不芳，繼子得食，肥而不澤，情不相與往來。

第 27 節：世治以義衛身，世亂以身衛義，君子慎用之。

第 28 節：至道之人，不可臨以利而奪其志。

第 29 節：聖人之行義，其憂尋出乎中，快己而天下治。

第 30 節：聖人之行，無所合，無所離。

第 31 節：文情理通，德可懷遠。

第 32 節：上意而民載，必有至誠形於中。聖人敬慎乎其內，而至於極。

第 33 節：功名遂成在天，循理受順在人。

第 34 節：教化本乎君子，小人被其澤；生產本乎小人，君子享其功。

第 35 節：上遷離君位，則失其所尊；臣遷離臣位，則失其所貴。

第 36 節：私慾的滿足，有害於大道；短暫的利益，有害於法度。

第 37 節：成國之道：工無僞事，農無遺力，士無隱行，官無失法。

第 38 節：戎兵以大知小，人以小知大。

第 39 節：君子之道，得諸己而非求諸人。

第 40 節：君子樂有餘而名不足，思義而不慮利，小人樂不足而名有餘，貪利而不顧義。

第 41 節：哀樂之襲人情也深。

第 42 節：唐、虞日孳孳以致於王，桀、紂日快快以致於死。

第 43 節：知生之樂，必知死之哀。

第 44 節：人多欲虧義，多憂害智，多懼害勇。

第 45 節：治國樂其所以存，亡國樂其所以亡。

第 46 節：上憂尋不誠則不法民，絕民之繫。

第 47 節：至德小節備，大節舉。

第 48 節：君下臣而聰明，不與臣爭功，則道通。

第 49 節：照惑者以東爲西，惑也，見日而寤矣。

第 50 節：衛武侯雖年老仍不忘求箴規，通乎存亡之論。

第 51 節：善否之行在人，而禍福之命在天。

第 52 節：君爲根本，臣爲枝葉，根美則葉茂。

第 53 節：有道之世，以人與國，無道之世，以國與人。

第 54 節：凡萬物有所施之，無小不可；爲無所用之，碧瑜糞土也。

第 55 節：人之情，於害之中取小，於利之中取大。

第 56 節：君子時則近，得之以義；不時則退，讓之以義。

第 57 節：聖人知禍福之始終。

第 58 節：明主之賞罰，非以爲己，以爲國。

第 59 節：至之人政，含德履道，上下相樂而不知其所由然。

第 60 節：有國者雖多，而齊桓、晉文獨名。

第 61 節：脩身於近，名聲傳之後世。

第 62 節：君子、小人以義辨，人能尊道行義，化民如草之從風。

第 63 節：聖人舉事，進退不失時。

第 64 節：聖人守柔持後，不爲物先，而常制之。

第 65 節：施德厚義，則威行可遠，所制者大。

第 66 節：通於一伎，未可與廣應，能貫冥冥入昭昭者，則可與言至。

第 67 節：情之至者，感人深，唐虞之法雖可效，其論人心不可及。

第 68 節：齊簡公以怯懦被殺，鄭國子陽以猛證遭劫，皆不得其道者。

第 69 節：聖人見所始即知所終。

第 70 節：政令嚴苛，則民亂，無爲之治，可行於四海。

第 71 節：祿不過功，名符其實，禍不虛至。

第 72 節：身有醜夢，不勝正行；國有妖祥，不勝善政。

第 73 節：積小善以成大善，君子慎於微。

第 74 節：心致其精，則盡知萬物之化。

第 75 節：德粹者王，德駁者霸，無一焉者亡

第 76 節：情勝欲者昌，欲勝情者亡。

第 77 節：欲知人道，察其所欲。

第 78 節：能包天地，唯無形者。

第 79 節：根淺則末短，本傷則枝枯。

第 80 節：福由己發，禍由己生。

第 81 節：聖人不求譽，不避誹，正身而直行。

第 82 節：道，嘗之無味，視之無形，不可傳於人。

第 83 節：物多相類而非，聖人知其微。

第 84 節：愛民而利之，天下可從。

第 85 節：原心返性爲貴，適情知足則富。

第 86 節：聖人兼覆萬物而併有之。

今存全篇文字約 5571 字，見於《文子》者有 1418 字，佔 25.4%，包括：〈精誠〉篇第 15、16 章，17 章；〈九守〉篇第 10 章；〈符言〉篇第 1、8、11、25、26 章；〈上德〉篇第 1、5 章；〈微明〉篇第 12、13、16、17、18章。《文子》這些章節，除少數文字與〈繆稱訓〉略異外，其餘皆大致相同。二書的取材，可能有共同來源。從竹簡《文子》資料，我們發現文子思想具有新人文規劃的要求，這與戰國時代北方學術傳承相近。〈繆稱訓〉資料的來源，或與文子學派的發展有關。

1

道至高無上，至深無下；平乎準，直乎繩，圓乎規，方乎矩；包裹宇宙而無表裡，洞同覆載而無所礙（〔老子曰：〕道至高無上，至深無下，

平乎準,直乎繩,圓乎規,方乎矩,包裹天地而無表裡,洞同覆蓋而無所礙。)。

是故體道者,不哀不樂,不喜不怒,其坐無慮,其寢無夢,物來而名,事來而應(是故體道者,不怒不喜,其坐無慮,寢而不夢,見物而名,事至而應。)〈符言〉篇第一章。

此節見於《文子·符言》第一章,〈繆稱訓〉見於〈符言〉篇者共有四章。〈符言〉篇為先秦思想雋語的輯略,共分為三十一章,其中有六章不見於《淮南子》,餘分別出現於〈詮言訓〉(十五次)、〈說山訓〉(三次)與〈說林訓〉(一次)。《文子》此三篇,同樣是思想資料的節錄,難以斷言《淮南子》與《文子》間有抄襲、引用之事。另外見於〈原道訓〉、〈說林訓〉、〈道應訓〉、〈泰族訓〉與〈人間訓〉者各有一次,就此五處的行文體例來看,雖然明確引自前人資料,但也不能判斷必定出自《文子》。〈符言〉篇與《淮南子》相同或相近部份,基本上似各本諸共同的來源,二者加以引用,並分別有所闡發,但因《淮南子》撰寫時所引用資料,包含保留在今本《文子》中"文子外編"部份,在行文的取捨上,有時《文子》文句較為完整。但也因後世有《淮南子》別本殘文的竄入,《文子》文字時有窒礙難解者。《淮南子》與今本《文子》相同或相近資料的關係說明,需要就個別出現的狀況來解析。此節應屬二者同源的情形。

2

主者,國之心(〔老子曰:〕主者,國之心也。)。心治則百節皆安,心擾則百節皆亂(心治則百節皆安,心擾即百節皆亂。)。故其心治者,支體相遺也;其國治者,君臣相忘也(故其身治者,支體相遺也,其國治者,君臣相忘也。)〈上德〉篇第一章①。

黃帝曰:"芒芒昧昧,從天之〔威〕(原作"道",據王念孫校改。),與元同氣(道曰:芒芒昧昧,從天之威,與天同氣。)〈符言〉篇第十一章②b。"

故:至德者,言同略,事同指,上下壹心,無歧道旁見者(故至德言同路,事同福,上下一心,無歧道旁見者。)。過障之於邪,開道之於善,而

民鄉方矣（遣退之於邪，開道之於善，而民向方矣。）〈符言〉篇第十一章③

故《易》曰："同人于野，利涉大川。"

此節分別見於《文子》的〈上德〉與〈符言〉兩篇。〈上德〉篇與〈符言〉篇均輯略先秦格言、雋語或俗諺。〈繆稱訓〉此處"黃帝曰"段與上下文間並無關連，疑似錯簡。《淮南子》似保留與《文子》同源的先秦資料，但在二書中的編排，並不相同。引《易》，語出《易經·同人》卦辭。

3

道者，物之所導也；德者，性之所扶也；仁者，積恩之見證也；義者，比於人心而合於眾適者也（道者，物之所道也；德者，生之所扶也；仁者，積恩之證也；義者，比於心而合於眾適者也。）。故道滅而德用，德衰而仁義生（道滅而德興，德衰而仁義生。）。故上世體道而不德，中世守德而弗〔懷〕（原作"壞"，據俞樾校改。）也，末世繩繩乎唯恐失仁義（故上世道而不德，中世守德而不懷，下世繩繩而恐失仁義。）〈微明〉篇第十三章⑥a。

君子非仁義無以生，失仁義，則失其所以生；小人非嗜欲無以活，失嗜欲，則失其所以活（故君子非義無以生，失義即失其所以生；小人非利無以活，失利則失其所以活。）。故君子懼失義，小人懼失利；觀其所懼，知各殊矣（故君子懼失義，小人懼失利，觀其所懼，禍福異矣。）〈微明〉篇第十三章⑥b。《易》曰："即鹿無虞，惟入於林中。君子幾，不如舍，往吝。"

此節見於《文子·微明》第十三章。此節推衍《老子》第三十八章始源之道在人文建構過程中逐步遞減的思想，應與《文子》關係密切。〈繆稱訓〉似引用此項資料。第二段中兩處"仁義"，〈微明〉篇均作"義"，按〈微明〉篇義理，此處"君子"當屬"末世"的豪傑，作"義"為佳。引《易》，語出《易經·屯卦》六三爻辭。

4

其施厚者其報美，其怨大者其禍深（〔老子曰：〕其施厚者其報美，其怨大者其禍深。）。薄施而厚望，畜怨而無患者，古今未之有也（薄施而厚望，畜怨而無患者，未之有也。）。是故聖人察其所以往，則知其所以來者（察其所以往者，即知其所以來矣。）〈符言〉篇第八章。

聖人之道，猶中衢而〔設〕（原作"致"，據王念孫校改。）尊邪？過者斟酌，多少不同，各得其所宜。是故得一人，所以得百人也。人以其所願於上交其下，誰弗戴？以其所欲於下以事其上，誰弗喜？《詩》云：“媚茲一人，應侯慎德。”慎德大矣，一人小矣，能善小，斯能善大矣。

> 此節第一段文字，見於《文子·符言》篇第八章。〈符言〉篇與〈繆稱訓〉文字似乎同源。何寧云：“《大學》：‘所惡於上，毋以使下；所惡於下，毋以事上。’此《淮南》所本。”引《詩》，語出《詩經·大雅·下武》。

5

君子見過忘罰，故能諫；見賢忘賤，故能讓；見不足忘貧，故能施。

情繫於中，行形於外。凡行戴情，雖過無怨；不戴其情，雖忠來惡。

后稷廣利天下，迺不自矜；禹無廢功，無廢財，自視猶〔欲〕（原作"觖"，據陶方琦、何寧校改。）如也。滿如陷，實如虛，盡之者也。

6

凡人各賢其所說，而說其所快。世莫不舉賢，或以治，或以亂，非自遁，求同乎己者也。己未必（原有'得'字，據王念孫校刪。）賢，而求與己同者，而欲得賢，亦不幾矣！使堯度舜，則可；使桀度堯，是猶以升量石也。

今謂狐狸，則必不知狐，又不知狸。非未嘗見狐者，必未嘗見狸也。狐、狸非異，同類也，而謂狐狸，則不知狐、狸。是故謂不肖者賢，則必不知賢；謂賢者不肖，則必不知不肖者矣。

向宗魯云："《御覽》九百十二引《子思子》曰：'謂狐為狸者，非直不知狸也，忽得狐，復失狸者也。'即《淮南》所本。"

7

聖人在上，則民樂其治；在下，則民慕其意（故聖人在上則民樂其治，在下則民慕其意〔，志不忘乎欲利人也〕。）〈精誠〉篇第十六章②。小人在上位，如寢關、曝纊，不得須臾寧。故《易》曰："乘馬班如，泣血連如。"言小人處非其位，不可長也。

此節第一句出自《文子·精誠》第十六章第二段。〈精誠〉篇此章全文為："子之死父，臣之死君，非出死以求名也，恩心藏於中而不違其難也。君子之悁悒，非正為也，自中出者也。／亦察其所行，聖人不慚於景，君子慎其獨也，舍近期遠，塞矣。／故聖人在上則民樂其治，在下則民慕其意〔，志不忘乎欲利人也〕。"〈精誠〉全章文氣，極不完整。"子之死父"與"亦察其所行"兩段，分別見於下文第十四章與第十六章。〈精誠〉此章當為《淮南子》殘文混入。

8

物莫無所（原有'不'字，據楊樹達校刪。）用。天雄烏喙，藥之凶毒也，良醫以活人。侏儒瞽師，人之困慰者也，人主以備樂。

是故聖人制其剟材，無所不用矣。

9

　　勇士一呼，三軍皆辟，其出之也誠（〔老子曰：〕勇士一呼，三軍皆辟，其出之誠也。）。故倡而不和，意而不〔載〕（原作“戴”，據王念孫校改。），中心必有不合者也（唱而不和，意而不載，中必有不合者也。）。故舜不降席而匡（原作‘王’，據王念孫校改。）天下者，求諸己也（不下席而匡天下者，求諸己也。）〈精誠〉篇第十七章①。

　　故上多故，則民多詐矣。身曲而景直者，未之聞也。

　　說之所不至者，容貌至焉；容貌之所不至者，感忽至焉（故說之所不至者，容貌至焉；容貌所不至者，感忽至焉。）。感乎心，明乎智，發而成形，精之至也（感乎心，發而成形，精之至者。）。可以形勢接，而不可以照誋（可以形接，不可以照期。）〈精誠〉篇第十七章②。

　　　此節見於《文子・精誠》第十七章。《韓詩外傳》卷六曰：“勇士一呼而三軍皆避，士之誠也。……夫倡而不和，動而不僨，中心〔必〕有不全者矣。夫不降席而匡天下者，求之己也。”《韓詩外傳》引用前人資料以解《詩》，或即本諸後“文子外編”之資料。此處《淮南子》引用，並舉“舜”的事證來說明“不降席而匡天下”。

10

　　戎翟之馬皆可以馳驅，或近或遠，唯造父能盡其力；三苗之民皆可使忠信，或賢或不肖，唯唐、虞能齊其美：必有不傳者。

　　中行繆伯手搏虎，而不能生也，蓋力優而〔德〕不能〔服〕（原作‘克不能及也’，據俞樾校改。）也。用百人之所能，則得百人之力；舉千人之所愛，則得千人之心。譬若伐樹而引其本，千枝萬葉則莫得弗從也。

　　　楊樹達曰：“《太平御覽》三百八十六引《子思子》云：‘中行穆伯手捕虎’，

'繆'與'穆'同。"汪繼培云:"《尸子》:'中黃伯曰:余左執太行之獶而右搏雕虎,惟象之未與試,吾惑焉。有力者則又願為牛,與象鬥以自試。今二三子以為義矣,將惡乎試之?夫貧窮,太行之獶也;疏賤,義之雕虎也。而吾日遇之,亦足以試矣。'此中行繆伯即中黃伯。"

11

慈父之愛子,非為報也,不可內解於心;聖王之養民,非求用也,性不能已(〔老子曰:〕慈父之愛子者,非求其報,不可內解於心;聖主之養民,非為己用也,性不能已也。);若火之自熱,冰之自寒,夫有何脩焉!及恃其力,賴其功者,若失火舟中(及恃其力、賴其功勛而必窮,)。故君子見始,斯知終矣。

媒妁譽人,而莫之德也;取庸而強飯之,莫之愛也。雖親父慈母,不加於此。有以為,則恩不接矣(有以為,即恩不接矣。)〈微明〉篇第十七章。

故送往者,非所以迎來也;施死者,非專為生也。誠出於己,則所動者遠矣。

> 此節見於《文子·微明》第十七章。〈微明〉篇全章文意完整,語氣連貫,而〈繆稱訓〉多有所闡發。

12

錦繡登廟,貴文也,圭璋在前,尚質也。文不勝質之謂君子。

故終年為車,無三寸之錯,不可以驅馳;匠人斲戶,無一尺之楗,不可以閉藏。故君子行〔期〕(原作'斯',據王念孫校改。)乎其所結。

> 楊樹達曰:"《藝文類聚》七十一、《太平御覽》七百七十三引《尸子》云:'文軒六駃題,無四寸之鍵,則車不行,小亡則大者不成也。'《意林》一、

《太平御覽》七百七十三引《子思子》云：'終身為車，無一尺之輪，則不可以馳。'此皆《淮南》所本。"

13

心之精者，可以神化，而不可以導人（〔老子曰：〕心之精者，可以神化，而不可說道。）；目之精者，可以消澤，而不可以昭誋。在混冥之中，不可諭於人。故舜不降席而天下治，桀不下陛而天下亂，蓋情甚乎叫呼也（聖人不降席而匡天下，情甚於謼呼。）〈精誠〉篇第十五章①。無諸己，求諸人，古今未之聞也。

同言而民信，信在言前也；同令而民化，誠在令外也（故同言而信，信在言前也，同令而行，誠在令外也。）。聖人在上，民遷而化，情以先之也。動於上，不應於下者，情與令殊也（聖人在上，民化如神，情以先之。動於上，不應於下者，情令殊也。）〈精誠〉篇第十五章②。故《易》曰："亢龍有悔。"

三月嬰兒，未知利害也，而慈母之愛諭焉者，情也（三月嬰兒未知利害，而慈母愛之愈篤者，情也。）。故言之用者，〔帛縣〕（原作"昭昭"，據何寧校改。）乎小哉（故言之用者，變變乎小哉！）！不言之用者，曠曠乎大哉（不言之用者，變變乎大哉！）！身君子之言，信也；中君子之意，忠也（信、君子之言，忠、君子之意。）。忠信形於內，感動應於外（忠信形於內，感動應乎外，賢聖之化也）。〈精誠〉篇第十五章③。故禹執干戚舞於兩階之間而三苗服。鷹翔川，魚鱉沈，飛鳥揚，必遠害也。

此節主要部份見於《文子·精誠》第十五章，論述"精誠"的效用，這是《文子》思想中的重要組成部份。又，"故舜不降席"句，楊樹達稱："《北堂書鈔》十五及百三十三，《藝文類聚》六十九引《子思子》云：'舜不降席而天下治，桀紂不降席而天下亂'。又，"同言而信"句，楊樹達稱："《中論·貴驗》引四語作子思語。《後漢書·宣秉傳論》亦有此四語，李注謂是《子思子·累德》之辭。"植案："三月嬰兒"段，亦見於《呂氏春秋·審應覽·具備》，其文曰："三月嬰兒，軒冕在前，弗知欲也，斧鉞在後，弗知惡也，慈母之愛諭焉，誠也。故誠有誠乃合於精，精有精乃通於天。"先秦哲學中，"誠"的觀念首由子思提出，《中庸》所記甚詳。文子學派在三晉地域發展中，或許受到子思學派的影響。此處《淮南子》似引用此種資料。但《文子》與《淮南子》此處均有多處誤字，可互為校正。又引《易》，語出《易經·乾卦》上九爻詞。

14

子之死父也，臣之死君也（〔老子曰：〕子之死父，臣之死君），世有行之者矣，非出死以要名也，恩心之藏於中，而不能違其難也（非出死以求名也，恩心藏於中而不違其難也。）。故人之甘甘，非正為蹠也，而蹠焉往；君子之慘怛，非正（原有'為'字，據何寧校刪。）偽形也，諭乎人心，非從外入，自中出者也（君子之惛怛，非正為也，自中出者也。）〈精誠〉篇第十六章①a。

此節見於《文子·精誠》第十六章第一段。"非正為形"句，〈精誠〉篇作"非正為"，似脫'形'字。

15

義正乎君，仁親乎父。故君之於臣也，能死生之，不能使為苟（原有'簡'字，據王念孫校刪。）易；父之於子也，能發起之，不能使無憂尋。故義勝君，仁勝父，則君尊而臣忠，父慈而子孝。

16

聖人在上，化育如神。太上曰："我其性與！"其次曰："微彼，其如此乎！"故《詩》曰："執轡如組。"《易》曰："含章可貞。"

此節與《老子》第十七章思想相類，"我其性與"句，合於"太上，下知有之"；
"微彼，其如此乎"句，也與"百姓皆謂我自然"相近。引《詩》，語出《詩
經·邶風·簡兮》，引《易》，出自《易經·坤卦》六三爻辭。

17

動於近，成文於遠。夫察所夜行，周公慚乎景（亦察其所行，聖人不
慚於景。）。故君子慎其獨也。釋近期遠，塞矣（君子慎其獨也，舍近期遠，塞
矣。）〈精誠〉篇第十六①b。

> 此節所言"慎獨"，原為《中庸》重要觀念之一，其首章即曰："是故君子戒
> 慎乎其所不睹，恐懼乎其所不聞。莫見乎隱，莫顯乎微。故君子慎其獨也。"
> 此一思想似乎影響文子學派，此處《淮南子》引用此項資料。《晏子春秋·外
> 篇》曰："嬰聞之：君子獨立不慚於影，獨寢不慚於衾。"《文子》與《淮南
> 子》此處均有誤字，"察所夜行，周公慚乎景"，王念孫云："'慚'字上當
> 有'不'字，方與下意相屬。"而《文子》作"亦察其所行，聖人不慚於景"，
> "亦"字似"夜"字之誤。

聞善易，以正身難。夫子見禾之三變也，滔滔然曰："狐鄉丘
而死，我其首禾乎！"

> 上段"夫子見禾之三變也"句下，注曰："夫子，孔子也。三變，始於粟，粟
> 生於苗，苗成於穗也。"梁玉繩云："《後漢·張衡傳》注引《淮南子》曰：
> '孔子見禾三變始於粟，生於苗，成於穟，乃歎曰：我豈守禾乎？'……疑正
> 文竄入注中。"植案：《後漢書》所引或為《淮南子》別本。

故：君子見善則痛其身焉。身苟正，懷遠易矣。

故：《詩》曰："弗躬弗親，庶民弗信。"

18

小人之從事也，曰苟得；君子曰苟義（〔老子曰：〕小人從事曰苟得，君子曰苟義。）〈符言〉篇第二十五章①a。所求者同，所期者異乎（所求者同，所極者異。）〈符言〉篇第二十五章①c！擊舟水中，魚沈而鳥揚，同聞而殊事，其情一也。

> 此節見於《文子‧符言》第二十五章，〈符言〉篇此章全文為：〝小人從事曰苟得，君子曰苟義。為善者，非求名者也，而名從之，不與利期，而利歸之。所求者同，所極者異，故動有益則損隨之。／言無常是，行無常宜者，小人也；察於一事，通於一能，中人也；兼覆而並有之，技能而才使之者，聖人也。〞〈符言〉篇此章文意完整，可能為文子學派資料。《淮南子》似引用並申述，而雜置於今本〈繆稱訓〉多處。

19

僖負羈以壺〔飧〕（原作‘飱’，據楊樹達校改。）表其閭，趙宣孟以束脯免其軀。禮不隆而德有餘，仁心之感，恩接而懽怛生，故其入人深。俱之叫呼也，在家老則為恩厚，其在責人則生爭鬥。

> 楊樹達云：〝僖負羈事見《左傳‧僖公二十三年》。趙宣孟事見宣公二年。〞

故曰：〝兵莫憯於意志，莫邪為下；寇莫大於陰陽，枹鼓為小。〞

> 上段引自《莊子‧庚桑楚》，〈庚桑楚〉篇曰：〝兵莫憯於志，鏌鋣為下；寇莫大於陰陽，無所逃於天地之間。非陰陽賊之，心則使之也。〞上段文字竄入〈主術訓〉第一部份第二章。

20

聖人為善，非以求名而名從之，名不與利期而利歸之（為善者，非求名者也，而名從之，不與利期，而利歸之。）〈符言〉篇第二十五章①b。故人之憂喜，非為〔蹠，蹠〕（原作'蹠蹠'，據馬宗霍校改。）焉往（原有"生"字，據馬宗霍校刪。）也。故至至不容。故若眯而撫，若跌而據。

　　此節"聖人為善"數句，《列子・說符》引楊朱曰："行善不以為名，而名從之。名不與利期，而利歸之。利不與爭期，而爭及之。故君子必慎為善。"

　　聖人之為治，漠然不見賢焉，終而後知其可大也。若日之行，騏驥不能與之爭遠。今夫夜有求，與瞽師併；東方開，斯照矣。

21

　　動而有益，則損隨之(故動有益，則損隨之。)〈符言〉篇第二十五章①d。故《易》曰："剝之不可遂盡也，故受之以復。"

　　引《易》，語出《易・序卦》

22

　　積薄為厚，積卑為高。故君子日孳孳以成輝，小人日〔快快〕（原作"快快"，據向宗魯、何寧校改。）以至辱。其消息也，離朱弗能見也（〔老子曰：〕積薄成厚，積卑成高，君子日汲汲以成輝，小人日快快以至辱，其消息也，雖未能見。）。

　　文王聞善如不及，宿（原有"不"字，據向宗魯校改。）善如不祥（故見善如不及，宿不善如不祥。）〈上德〉篇第五章①，非為日不足也，其憂尋推之也。故《詩》曰："周雖舊邦，其命維新。"

　　向宗魯云："'宿不善'當作'宿善'。……《墨子》〈公孟〉篇曰：'吾聞之曰，宿善如不祥。'《說苑》〈政理〉篇曰：'太公曰，宿善如不祥。'皆其明證。"又，此節見於《文子・上德》第五章第一段。〈上德〉篇此章全文為："積薄成厚，積卑成高，君子日汲汲以成輝，小人日快快以至辱，其消息也，雖未能見，故見善如不及，宿不善如不祥。／苟向善，雖過無怨，苟不向善，雖忠來惡，故怨人不如自怨，勉求諸人，不如求諸己。聲自召也，類自求也，名自命也，人自官也，無非己者，操銳以刺，操刃以擊，何怨於人，〔故君子慎其微。〕／〔萬物負陰而抱陽，沖氣以為和，和居中央。是以木實生於心，草實生於莢，卵胎生於中央，不卵不胎，生而須時。地平則水不流，輕重均則衡不傾，物之生化也，有感以然。〕"〈上德〉篇此章第一段中，"雖未能見"，義不可解。"雖未"，或為"離朱"之形誤，並脫"弗"字。第二段見於下文第 28 節，第三段見於第 29 節，而第四段不見於《淮南子》。〈上德〉篇此章似保留文子學派資料，《淮南子》引用並加以申論。又，引《詩》，語出《詩經・大雅・文王》。

23

懷情抱質，天弗能殺，地弗能埋也，聲揚天地之間，配日月之光，甘樂之者也。

24

苟鄉善，雖過無怨；苟不鄉善，雖忠來〔惡〕（原作"患"，據何寧校改。故怨人不如自怨，求諸人不如求諸己得也（苟向善，雖過無怨，苟不向善，雖忠來惡，故怨人不如自怨，勉求諸人，不如求諸己。）〈上德〉篇第五章②。

此節"求諸己而非求諸人"的倫理要求，多見於先秦典籍，如：《論語・衛靈公》曰："君子求諸己，小人求諸人。"《管子・內業》曰："能勿求諸人而得之己乎？"《呂氏春秋・論人》："太上反諸己，其次求諸人。"

25

聲自召也，貌自示也，名自命也，〔人〕（原作"文"，據揚樹達校改。）自官也，無非己者（聲自召也，類自求也，名自命也，人自官也，無非己者。）。操銳以刺，操刃以擊，何自怨乎人（操銳以刺，操刃以擊，何怨於人？〔故君子慎

其微。〕）〈上德〉篇第五章③ _?

故：管子文錦也，雖醜登廟；子產練染也，美而不尊。虛而能滿，淡而有味，被褐懷玉者。

故：兩心不可以得一人，一心可以得百人。

> 此節資料與子思思想有關，楊樹達曰：「《中論・貴驗》篇引子思文略同。彼文云：『人自官也。』本文『文自官也』，『文』字當從彼作『人』。又曰：「集解云：家語：『子思子曰：管仲，績錦也，雖惡而登朝；子產，練絲也，雖美而不尊。』即本文也。樹達案：《太平御覽》八百十五引《子思子》文略同，惟『文錦』作『績錦』，『登廟』作『登朝』，『練染』作『練絲』惟異。此《淮南》及偽撰《家語》者同用《子思子》文爾。今云《家語》本《淮南》，非其實也。《淮南》末明記何人之語，撰《家語》者何由知其為《子思子》之言乎？」植案：《文子》此章極可能是文子學派的思想資料，此一學派主要的發展，或許就在三晉地區，或曾影響《韓非子》的思想，《韓非子・主道》曰：「道者，萬物之始，是非之紀也。是以明君守始以知萬物之源，治紀以知善敗之端。故虛靜以待令，令名自命也，令事自定也。虛則知實之情，靜則知動者正。有言者自為名，有事者自為形，形名參同，君乃無事焉，歸之其情。」〈揚權〉篇亦曰：「用一之道，以名為首。名正物定，名倚物徙。故聖人執一以靜，使名自命，令事自定。」

26

男子樹蘭，美而不芳，繼子得食，肥而不澤，情不相與往來也。

27

> 生所假也，死所歸也（〔老子曰：〕生所假也，死所歸也。）〈符言〉篇第二十六章① _a。故弘演直仁而立死，王子閭張掖而受刃，不以所託害所歸也 故世治則以義衛身，世亂則以身衛義（故世治即以義衛身，世亂即以身衛義。）。死

之日，行之終也，故君子慎一用之（死之日，行之終也，故君子慎一用之而已矣。）
〈符言〉篇第二十六章①ｂ。

此節"生所假也"兩句，《莊子・至樂》曰："生者，假借也，假之而生；生者，塵垢也。死生為晝夜。"二者文意相近。又，"弘演直仁而立死"事，見《呂氏春秋・忠廉》；"王子閭張掖而受刃"事，見《左傳・哀公十六年》。陳季皋云："《意林》引《子思子》'國有道，以義率身，無道，以身率義'，即《淮南》所本。"植案：此節見於《文子・符言》第二十六章，〈符言〉篇彼處作："〔老子曰：〕生所假也，死所歸也。故世治即以義衛身，世亂即以身衛義。死之日，行之終也，故君子慎一用之而已矣。／故生所受於天也，命所遭於時也。有其才不遇其世，天也。求之有道，得之在命。君子能為善不能必得其福，不忍為非而未必免於禍。／故君子逢時即進，得之以義，何幸之有！不時即退，讓之以禮，何不幸之有！故雖處貧賤而猶不悔者，得其所貴也。"《文子》文意完整，當屬文子學派資料，分別見於《繆稱》此節與下文第六十三、第六十八兩章。《淮南子》似引用此項資料。

28

無勇者，非先懾也，難至而失其守也；貪婪者，非先欲也，見利而忘其害也。虞公見垂棘之璧，而不知虢禍之及己也。故至道之人，不可遏奪也。

29

人之欲榮也，以為己也，於彼何益？聖人之行義也，其憂尋出乎中也，於己何（原有 "以" 字，據《淮南子集證》本、何寧校刪。）利！故帝王者多矣，而三王獨稱；貧賤者多矣，而伯夷獨舉。以貴為聖乎？則〔貴〕（原作 '聖'，據楊樹達、向宗魯校改。）者眾矣；以賤為仁乎？則賤者多矣，何聖仁之寡也！

獨專之意樂哉，忽乎日滔滔以自新，忘老之及己也。始乎叔季，歸乎伯孟，必此積也。不〔自〕（原作“身”，據王念孫校改。）遁，斯亦不遁人。故若行獨梁，不爲無人不兢其容。故使人信己者易，而蒙衣自信者難。

情先動，動無不得；無不得，則無著；發著而後快。故唐、虞之舉措也，非以偕情也，快己而天下治；桀、紂非正賊之也，快己而百事廢。喜憎議而治亂分矣。

30

聖人之行，無所合，無所離。譬若鼓，無所與調，無所不比。絲筦金石，小大脩短有敘，異聲而和；君臣上下，官職有差，殊事而調。

夫織者日以進，耕者日以卻，事相反，成功一也。

31

申喜聞乞人之歌而悲，出而視之，其母也。艾陵之戰也，夫差曰：“夷聲陽，句吳其庶乎！”同是聲，而取信焉異，有諸情也。故心哀而歌不樂，心樂而哭不哀。

何寧云：“艾陵之戰見於哀公十一年《左傳》。”

〔閔子騫三年之喪畢，援琴而彈〕（此兩句，據王引之校補。），夫子曰：“絃則是也，其聲非也。”

楊樹達曰：《北堂書鈔》百六引《子思子》云：“情哀而歌，歌弗信矣。其絃則是，其聲則非也。”此《淮南》所本。

文者，所以接物也；情繫於中而欲發外者也。以文滅情則失情，以情滅文則失文。文情理通，則鳳麟極矣，言至德之懷遠也。

32

輸子陽謂其子曰："良工漸乎矩〔矱〕之中。"矩〔矱〕（兩 "矱" 字，原均作 "鑿"，據蔣超伯、何寧校改。）之中，固無物而不周。聖王以治民，造父以治馬，醫駱以治病，同材而自取焉。

上意而民載，誠中者也。未言而信，弗召而至，或先之也。伋於不己知者，不自知也。

矜〔怚〕（原作 '怚'，據王念孫校改。）生於不足，華誣生於矜。誠中之人，樂而不伋，如鶬好聲，熊之好經，夫有誰爲矜！

春女思，秋士悲，而知物化矣；號而哭，噭而哀，知聲動矣；容貌顏色，〔謳伸〕〔倨句〕（原作 '理訕俍倨佝'，據劉績、王念孫校改。），知情僞矣。故聖人栗栗乎其內，而至乎至極矣。

33

功名遂成，天也；循理受順，人也。太公望、周公旦，天非爲武王造之也；崇侯、惡來，天非爲紂生之也；有其世，有其人也。

34

教本乎君子，小人被其澤；利本乎小人，君子享其功（〔老子曰：〕教本乎君子，小人被其澤；利本乎小人，君子享其功。）。昔東戶季子之世，道路不拾遺，耒耜餘糧宿諸畮首，使君子小人各得其宜也（使君子小人各得其宜〔，即通功易食而道達矣〕。）〈微明〉篇第十六章①。故："一人有慶，兆民賴之"。

何寧云：「《天中記》一引《子思子》：'東戶氏之熙載也，紹荒屯，遺美好，垂精拱默而九寰以承流。當是之時，禽獸成群，竹木遂長，道上雁行而不拾遺，耕者餘饟宿之畝首。其歌樂而無淫，其哭衰而不聲者，皆至德之世也。'此《淮南》所本。」又，此節見於《文子·微明》第十六章第一段。〈微明〉篇此章全文為：「〔老子曰：〕教本乎君子，小人被其澤；利本乎小人，君子享其功。使君子小人各得其宜〔，即通功易食而道達矣〕。／人多欲即傷義，多憂即害智。故治國，樂所以存，虐國，樂所以亡。／水下流而廣大，君下臣而聰明，君不與臣爭而治道通。／故君，根本也，臣，枝葉也，根本不美而枝葉茂者，未之有也。」〈微明〉篇此章資料出現於〈繆稱訓〉多處。《文子》與《淮南子》可能保存同源的資料。

35

凡高者貴其左，故下之於上曰左之，臣辭也。下者貴其右，故上之於下曰右之，君讓也。故上左〔還〕（原作'遷'，據楊樹達校改。），則失其所尊也，臣右還則失其所貴矣。

36

小快害道，斯須害儀。子產騰辭，獄煩而無邪。失諸情者，則塞於辭矣。

37

成國之道，工無僞事，農無遺力，士無隱行，官無失法。譬若設網者，引其網而萬目開矣。

38

舜、禹不再受命，堯、舜傳大焉，先形乎小也。〔施〕（原作“刑”，據王念孫校改。）於寡妻，至于兄弟，禪於家國，而天下從風。故戒兵以大知小，人以小知大。

> 此節“施於寡妻”數句，《詩·大雅·思齊》曰：“刑于寡妻，至于兄弟，以御于家邦。”此用《詩》意，而小變其文。

39

君子之道，近而不可以至，卑而不可以登，無載焉而不勝，〔久〕（原作‘大’，據王念孫校改。）而章，遠而隆。知此之道，不可求於人，〔期〕（原作“斯”，據向宗魯校改。）得諸己也。釋己而求諸人，去之遠矣。

> 此節文意似本諸《論語·衛靈公》，〈衛靈公〉篇曰：“君子求諸己，小人求諸人”

40

君子者樂有餘而名不足，小人樂不足而名有餘。觀於有餘不足之相去，昭然遠矣。含而弗吐，〔憤〕（原作“在情”，據蔣禮鴻校改。）而不萌者，未之聞也。君子思義而不慮利，小人貪利而不顧義。

41

子曰：“鈞之哭也，曰：‘子予奈何兮乘我何！’其哀則同，其所以哀則異。”故哀樂之襲人情也深矣。

> 楊樹達曰：“許注云：‘子，孔子。’樹達按：《淮南》書稱子曰者，他篇絕未見。蓋此篇多本《子思子》，祥具上下文，《子思子》書多稱子曰，此節蓋意本之而仍其稱耳。”

42

鑿地〔湮〕（原作 "漂"，據王念孫校改。）池，非〔正〕（原作 "止"，據王念孫校改。）以勞苦民也，各從其蹟而亂生焉。其載情一也，施人則異矣。故唐、虞日孳孳以致於王，桀、紂日快快以致於死，不知後世之譏己也。

43

凡人情，說其所苦即樂，失其所樂則哀，故知生之樂，必知死之哀。

44

有義者不可欺以利，有勇者不可劫以懼，如飢渴者不可欺以虛器也。

人多欲虧義，多憂害智（人多欲即傷義，多憂即害智。）〈微明〉篇第十六章②，多懼害勇。

45

嫚生乎小人，蠻夷皆能之；善生乎君子，誘然與日月爭光，天下弗能遏奪。

故治國，樂其所以存，亡國，亦樂其所以亡也（故治國，樂所以存，虐國，樂所以亡。）〈微明〉篇第十六章③。

　　上段 "故治國" 四句，《呂氏春秋·誣徒》引子華子曰："王者樂其所以王，亡者亦樂其所以亡。" 與此處文意相近。

46

金錫不消釋則不流刑，上憂尋不誠則不法民。憂尋不在民，則是絕民之繫也；君反本，而民繫固也。

47

至德，小節備，大節舉。齊桓舉而不密，晉文密而不舉。晉文得之乎閨內，失之乎境外；齊桓失之乎閨內，而得之本朝。

此節文意與《荀子·王制》相近，〈王制〉篇引孔子曰：“孔子曰：大節是也，小節是也，上君也；大節是也，小節一出焉，一入焉，中君也；大節非也，小節雖是也，吾無觀其餘矣。”“至德”似與孔子所言的“上君”相稱。

48

水下流而廣大，君下臣而聰明。君不與臣爭功，而治道通矣（水下流而廣大，君下臣而聰明，君不與臣爭而治道通。）〈微明〉篇第十六章④。笭夷吾、百里奚經而成之，齊桓、秦穆受而聽之。

49

照惑者以東爲西，惑也，見日而寤矣。

50

衛武侯謂其臣曰：“小子無謂我老〔不〕（原作“而”，據向宗魯校改。）贏我，有過必謁之。”是武侯〔知〕（原作“如”，據向宗魯校改。）弗贏之必得贏，故老而弗舍，通乎存亡之論者也。

此節"衛武侯謂其臣"事，《國語・楚語》曰："昔衛武公年數九十有五矣，猶箴儆於國，曰：'自卿以下至於師長士，苟在朝者，無謂我老耄而舍我，必恭恪於朝，朝夕以交戒我；聞一二之言，必誦志而納之，以訓導我。'"

51

人無能作也，有能爲也；有能爲也，而無能成也。人之爲，天成之。終身爲善，非天不行；終身爲不善，非天不亡。故善否，我也；禍福，非我也。故君子順其在己者而已矣。

性者，所受於天也；命者，所遭於時也（故生所受於天也，命所遭於時也。）。有其材，不遇其世，天也（有其才不遇其世，天也。）。太公何力？比干何罪？循性而行指，或害或利，求之有道，得之在命（求之有道，得之在命。）。故君子能爲善，而不能必〔得其〕（原作"其得"，據王念孫校改。）福；不忍爲非，而未能必免其禍（君子能爲善不能必得其福，不忍爲非而未必免於禍。）〈符言〉篇第二十六章②。

上段所稱"不遇其世"的看法，多見於《淮南子》，如：〈俶真訓〉曰："當此之時，豈獨無聖人哉？然而不能通其道者，不遇其世。"〈詮言訓〉曰："雖有賢聖之實，不遇暴亂之世，可以全身，而未可以霸王也。"〈人間訓〉曰："故：聖人雖有其志，不遇其世，僅足以容身，何功名知可致？"

52

君、根本也，臣、枝葉也（故君，根本也，臣，枝葉也。）。根本不美，枝葉茂者，未之聞也（根本不美而枝葉茂者，未之有也。）〈微明〉篇第十六章⑤。

何寧云："《意林》引《子思子》：'君本也，臣枝葉也，本美而葉茂，本枯則葉雕。'此《淮南》所本。"

53

有道之世，以人與國；無道之世，以國與人。堯王天下而憂不
解，授舜而憂釋。憂而守之，而樂與賢，終不私其利矣。

54

凡萬物有所施之，無小不可；為無所用之，碧瑜糞土也。

55

人之情，於害之中爭取小焉，於利之中爭取大焉。故同味而嗜
厚〔膊〕（原作‘膊’，據王念孫改。）者，必其甘之者也；同師而超群者，
必其樂之者也。弗甘弗樂，而能為表者，未之聞也。

> 上段“人之情”三句，另見於〈說山訓〉，曰：“故人之情，於利之中則爭取
> 大焉，於害之中則爭取小焉。”

56

君子時則進，得之以義，何幸之有（故君子逢時即進，得之以義，何幸之
有！）！不時則退，讓之以義，何不幸之有（不時即退，讓之以禮，何不幸之有！）！
故伯夷餓死首山之下，猶不自悔，棄其所賤，得其所貴也（故雖處貧賤
而猶不悔者，得其所貴也。）〈符言〉篇第二十六章③。

57

福之萌也綿綿，禍之生也分分（〔老子曰：〕福之起也綿綿，禍之生也紛紛，）。
福禍之始萌微，故民嫚之，唯聖人見其始而知其終（禍福之數微而不可見；

聖人見其始終〔，故不可不察〕。）〈微明〉篇第十二章①。

　　故傳曰："魯酒薄而邯鄲圍，羊羹不斟而宋國危。"

　　上段"故傳曰"三句，《莊子·胠篋》曰："故曰，脣竭則齒寒，魯酒薄而邯鄲圍，聖人生而大盜起。"〈胠篋〉篇以"故曰"引述，當取自前人資料，或與《淮南子》所引者同源。又，此節見於《文子·微明》第十二章，〈微明〉篇此章全文為："〔老子曰：〕福之起也綿綿，禍之生也紛紛，禍福之數微而不可見；聖人見其始終〔，故不可不察〕。／明主之賞罰，非以為己，以為國也，適於己而無功於國者，不施賞焉，逆於己而便於國者，不加罰焉。／故義載乎宜謂之君子，遺義之宜謂之小人。通智得而不勞，其次勞而不病，其下病而益勞。古之人味而不舍也，今之人舍而不味也。／紂為象箸而箕子唏，魯人偶人葬而孔子歎，見其所始，即知其所終。"〈微明〉篇此章除見於〈繆稱訓〉此節外，另見於下文第七十、七十三與八十一節。〈微明〉篇此章各段間文意不相連貫，可能為《文子》古本所保留前人的雋語或格言，但也可能為《淮南子》別本殘文的竄入。

58

　　明主之賞罰，非以為己也，以為國也（明主之賞罰，非以為己，以為國也。）。適於己而無功於國者，不施賞焉；逆於己，便於國者，不加罰焉（適於己而無功於國者，不施賞焉，逆於己而便於國者，不加罰焉。）〈微明〉篇第十二章②。

　　故楚莊謂共雍曰："有德者受吾爵祿，有功者受吾田宅。是二者，女無一焉，吾無以與女。"可謂不〔諭〕（原作"踰"，據陶鴻慶、蔣禮鴻校改。）於理乎！其謝之也，猶未之莫與。

59

　　周政至，殷政善，夏政行。行政〔未必〕（據王念孫校補）善，善〔政〕（據王念孫校補）未必至也。至至之人，不慕乎行，不慚乎善，含德履道，而上下相樂也，不知其所由然。

60

有國者多矣，而齊桓、晉文獨名；泰山之上有七十壇焉，而三王獨道。

61

君不求諸臣，臣不假之君，脩近彌遠，而後世稱其大，不越鄰而成章，而莫能至焉。故孝己之禮可為也，而莫能奪之名也，必不得其所懷也。

62

義載乎宜之謂君子，宜遺乎義之謂小人（故義載乎宜謂之君子，遺義之宜謂之小人。）。通智得而不勞，其次勞而不病，其下病而〔益〕（原作"不"，據陶鴻慶校改。）勞（通智得而不勞，其次勞而不病，其下病而益勞。）。古人味而弗貪也，今人貪而弗味（古之人味而不舍也，今之人舍而不味也。）〈微明〉篇第十二章③。

歌之脩其音也，音之不足於其美者也。金石絲竹，助而奏之，猶未足以至於極也。人能尊道行義，喜怒取予，欲如草之從風。

63

召公以桑蠶耕種之時弛獄出拘，使百姓皆得反業修職；文王辭千里之地，而請去炮烙之刑。故聖人之舉事也，進退不失時，若夏

231

就綌絟，上車授綏之謂也。

64

老子學商容，見舌而知守柔矣；列子學壺子，觀景（原有"柱"字，據何寧校刪。）而知持後矣（老子學於常樅，見舌而守柔，〔仰視屋樹，退而目川，〕觀影而知持後。）。故聖人不為物先，而常制之，其類若積薪樵，後者在上（故聖人虛無因循，常後而不先；譬若積薪燎，後者處上。）〈上德〉篇第二章②。

> 常樅有疾，老子往問焉，曰："先生疾甚矣，無遺教可以語諸弟子者乎？"常樅曰："子雖不問，吾將語子。"常樅曰："過故鄉而下車，子知之乎？"老子曰："過故鄉而下車，非謂其不忘故耶？"常樅曰："嘻，是已。"常樅曰："過喬木而趨，子知之乎？"老子曰："過喬木而趨，非謂敬老耶？"常樅曰："嘻，是已。"張其口而示老子曰："吾舌存乎？"老子曰："然。""吾齒存乎？"老子曰："亡。"常樅曰："子知之乎？"老子曰："夫舌之存也，豈非以其柔耶？齒之亡也，豈非以其剛耶？"常樅曰："嘻，是已。天下之事已盡矣，無以復語子哉！"《說苑·敬慎》

> 子列子學於壺丘子林。壺丘子林曰："子知持後，則可言持身矣。"列子曰："願聞持後。"曰："顧若影，則知之。"列子顧而觀影，形枉則影曲，形直則影正；然則枉直隨形而不在影，屈伸任物而不在我。此之謂持後而處先。《列子·說符》

此節"老子學商容，見舌而知守柔"事，《說苑·敬慎》有記載較詳。"商容"，《文子》作"常樅"，《說苑》作"常樅"。吳承仕云："常樅"、商容"，聲近通借。"列子學壺子，觀景而知持後"事，詳見於《列子·說符》。又《文子·上德》篇文字與〈繆稱訓〉略異，並無"列子觀景"之事，二者記述資料可能各有所本。

65

人以義愛，以黨群，以群強（〔老子曰：〕人以義愛，黨以群強。）。是故德之所施者博，則威之所行者遠；義之所加者淺，則武之所制者小（是故德之所施者博，即威之所行者遠，義之所加者薄，則武之所制者小。）〈微明〉篇第十八章。

此節見於《文子・微明》第十八章。〈微明〉篇第十八章的義理較為清楚，似屬文子學派資料。〈繆稱訓〉前三句恐誤。何寧云：「‘人以義愛，以黨群，以群強’，前後文義抵牾。‘黨’上衍‘以’字，下衍‘群’字。人以義愛，黨以群強，正反相對為文。《文子》〈微明〉篇正作‘人以義愛，黨以群強’。」

66

〔吳〕（原作‘矣’，據梁履繩校改。）鐸以聲自毀，膏燭以明自鑠，虎豹之文來射，猨狖之捷來措（〔老子曰：鳴鐸以聲自毀，膏燭以明自煎，虎豹之文來射，猨狖之捷來格。）。故子路以勇死，萇弘以智困，能以智智，而未能以智不智也（故勇武以強梁死，辯士以智能困。以智知，未能以智不知。）〈上德〉篇第一章①。

《淮南子》此節“吳鐸以聲自毀”等句文意，似本諸《莊子・人間世》，〈人間世〉篇曰：“山木自寇也，膏火自煎也。桂可食，故伐之；漆可用，故割之。”〈天地〉篇曰：“執狸之狗來思，猿狙之便來藉。”〈應帝王〉篇曰：“且也虎豹之文來田，猨狙之便來藉。”又，“子路以勇死”事，見《左傳・哀公十五年》；“萇弘以智困”事見《左傳・哀公三年》。

故：行險者不得履繩，出林者不得直道，夜行瞑目而前其手，事有所〔宜〕（原作“至”。），而明有不〔容〕（原作‘害’，以上兩處均據俞樾校改。）。人能貫冥冥入於昭昭，可與言至矣。

鵲巢知風之所起，獺穴知水之高下，暉〔日〕（原作“目”，據莊逵吉校改。）知晏，陰諧知雨，為是謂人智不如鳥獸，則不然。

故通於一伎，察於一辭，可與曲說，未可與廣應也。（故勇於一能，察於一辭，可與曲說，未可與廣應。）〈上德〉篇第一章②。

上段見於《文子・上德》篇第一章"以智知，未能以智不知"句後。〈繆稱訓〉此句與上句文意不合，而〈上德〉篇作"勇於一能，察於一辭"，正合於對"勇武以強梁死，辯士以智能困"二事的批判。《淮南子》似引用《文子》所保存的"文子外編"資料，而中間兩段當為錯簡。

67

甯戚擊牛角而歌，桓公舉以大〔田〕（原作"政"，據王念孫校改。）；雍門子以哭見，孟嘗君涕流沾纓。歌哭，眾人之所能為也；一發聲，入人耳，感人心，〔精〕（原作"情"，據楊樹達校改。）之至者也。故唐、虞之法可效也，其論人心不可及也。

　　此節文意另見於《淮南子》，如：〈主術訓〉曰："甯戚商歌車下，桓公喟然而寤矣，至精入人深矣！"而尤與〈覽冥訓〉相近，〈覽冥訓〉第一部份第一章曰："昔雍門子以哭見於孟嘗君，已而陳辭通意，撫心發聲，孟嘗君為之增欷歔唈，流涕狼戾不可止。精神形於內，而外諭哀於人心，此不傳之道。"

68

簡公以懦殺，子陽以猛劫，皆不得其道者也。故歌而不比於律者，其清濁一也；繩之外與繩之內，皆失直者也。

69

紂為象箸而箕子譏，魯以偶人葬而孔子嘆，見所始則知所終（紂為象箸而箕子唏，魯人偶人葬而孔子歎，見其所始，即知其所終。）〈微明〉篇第十二章④。故水出於山而入於海；稼生乎野而藏乎倉；聖人見其所生，則知其所歸矣。

何寧云："《孟子》〈梁惠王上〉篇：仲尼曰：'始作俑者，其無後乎！'為
其象人而用之。此《淮南》所本。"

70

　　水濁者魚噞，令苛者民亂，城峭者必崩，岸崝者必陀。故商鞅
〔峻〕（原作"立"，據劉文典校改。）法而支解，吳起刻削而車裂。治國譬若
張〔琴〕（據劉文典、王叔岷校補。）瑟，大絃〔絚〕（原作'組'，據王念孫校改。），
則小絃絕矣。故急轡數策者，非千里之御也。有聲之聲，不過百里；
無聲之聲，施於四海。

　　　治國者譬若乎張琴然，大絃急則小絃絕矣。故急轡銜者，非千里之御也。有聲之
　　聲不過百里，無聲之聲延及四海。《韓詩外傳》卷一

　　《淮南子》此節"治國譬若張琴瑟"等句，似本諸《韓詩外傳》。

71

　　是故祿過其功者損，名過其實者蔽。情行合而名副之，禍福不
虛至矣。

72

　　身有醜夢，不勝正行；國有妖祥，不勝善政。是故前有軒冕之
賞，不可以無功取也；後有斧鉞之禁，不可以無罪蒙也。素修正者，
弗離道也。

73

君子不謂小善不足爲也而舍之，小善積而爲大善；不爲小不善爲無傷也而爲之，小不善積而爲大不善。是故積羽沉舟，群輕折軸。故君子禁於微。

此節"是故積羽沉舟"兩句似古諺，《戰國策·魏策》曰："臣聞積羽沉舟，群輕折軸，眾口鑠金。"

壹快不足以成善，積快而爲德；壹恨不足以成非，積恨而成〔惡〕（原作"怨"，據王念孫校改。）。故三代之稱，千歲之積譽也；桀、紂之〔惡〕（原作"謗"，據王念孫校改。），千歲之積毀也。

74

天有四時，人有四用。何謂四用？視而形之莫明於目，聽而精之莫聰於耳，重而閉之莫固於口，含而藏之莫深於心。目見其形，耳聽其聲，口言其誠，而心致之精，則萬物之化咸有極矣。

75

地以德廣，君以德尊，上也；地以義廣，君以義尊，次也；地以強廣，君以強尊，下也。故粹者王，駁者霸，無一焉者亡。

何寧云："《荀子》〈賦〉篇'粹而王，駁而伯，無一焉而亡。'此《淮南》所本。又見〈王霸〉篇。"

昔二皇鳳（原有"皇"字，據王念孫校刪。）至於庭，三代至乎門，周室至乎澤。德彌麤，所至彌遠；德彌精，所至彌近。

76

君子誠仁，施亦仁，不施亦仁。小人誠不仁，施亦不仁，不施亦不仁。善之由我，與其由人，若仁德之盛者也。故情勝欲者昌，欲勝情者亡。

77

欲知天道，察其數；欲知地道，物其樹；欲知人道，從其欲。勿驚勿駭，萬物將自理；勿撓勿攖，萬物將自清（勿撓勿攖，萬物將自清，勿驚勿駭，萬物將自理〔，是謂天道〕。《九守》第十章。

> 此節第二句見於《文子·九守》第二章。〈九守〉篇彼章為：「〔老子曰：上聖法天，其次尚賢，其下任臣。任臣者危亡之道也，尚賢者痴惑之原也，法天者治。天地之道也，虛靜為主；虛無不受，靜無不持；知虛靜之道，乃能終始。故聖人以靜為治，以動為亂。故曰：〕勿撓勿攖，萬物將自清，勿驚勿駭，萬物將自理，是謂天道。」〈九守〉篇第二章前段不見於《淮南子》，為論述「天道」觀念的重要資料。《淮南子》似引用文子學派資料。

78

察一曲者，不可與言化；審一時者，不可與言大。日不知夜，月不知晝，日月為明而弗能兼也，唯天地能函之。能包天地，曰唯無形者也。

79

驕溢之君無忠臣，口慧之人無必信；交拱之木無把之枝，尋常之溝無吞舟之魚。根淺則末短，本傷則枝枯。

《傳》曰：驕溢之君寡忠，口惠之人鮮信。故盈把之木無合拱之枝，滎澤之水無吞舟之魚。根淺則枝葉短，本絕則枝葉枯。《詩》曰："枝葉未有害，本實先撥。"禍福自己出也。《韓詩外傳》卷五

此節文字似本諸《韓詩外傳》，又"尋常之溝無吞舟之魚"句，《莊子·庚桑楚》曰："夫尋常之溝，巨魚無所還其體，而鯢鰌為之制。"

80

福生於無為，患生於多欲，害生於弗備，穢生於弗耨。聖人為善若恐不及，備禍若恐不免。蒙塵而欲毋眯，涉水而欲毋濡，不可得也。是故知己者不怨人，知命者不怨天。福由己發，禍由己生。

此節"是故知己者不怨人"兩句似本諸《荀子·榮辱》，〈榮辱〉篇曰："自知者不怨人，知命者不怨天；怨人者窮，怨天者無志。"

81

聖人不求譽，不辟誹，正身而直行，眾邪自息。今釋正而追曲，倍是而從眾，是與俗儷走，而內行無繩，故聖人反己而弗由也。

82

道之有篇章形埒者，非至者也；嘗之而無味，視之而無形，不可傳於人。

何寧云："〈兵略訓〉：'夫有形埒者，天下訟見之；有篇籍者，世人傳學之；此皆以形相勝者也，善形者弗法也。'即此文之義。"

83

　　大戟去水，亭歷愈張，用之不節，乃反為病。物多類之而非，唯聖人知其微。

84

　　善御者不忘其馬，善射者不忘其弩，善為人上者不忘其下。誠能愛而利之，天下可從也。弗愛弗利，親子叛父。

85

　　天下有至貴而非勢位也，有至富而非金玉也，有至壽而非千歲也；原心反性則貴矣，適情知足則富矣，明死生之分則壽矣。

> 此節文意與《呂氏春秋·為欲》相近，〈為欲〉篇曰："天子至貴也，天下至富也，彭祖至壽也，誠無欲則是三者不足以勸。"

86

　　言無常是，行無常宜者，小人也（言無常是，行無常宜者，小人也。）。察於一事，通於一伎者，中人也（察於一事，通於一能，中人也。）。兼覆蓋而并有之，度伎能而裁使之者，聖人也（兼覆而並有之，技能而才使之者，聖人也。）〈符言〉篇第二十五章②

> 此節見於《文子·符言》第二十五章第二段。《淮南子》似引用保留《文子》中的先秦資料。王念孫云："正文本作'兼覆而并有之，伎能而裁使之'。……《文子》〈符言〉篇同。"

八 〈齊俗訓〉辨析

《淮南字・要略》曰：

> 〈齊俗〉者，所以一群生之短脩，同九夷之風氣，通古今之論，貫萬物之理，財制禮義之宜，擘畫人事之終始者也。

許慎注：“齊，一也，四宇之風，世之眾理，皆混其俗，令為一道也。”楊樹達云：“本篇云：‘行齊於俗，可隨也。矜偽以惑世，伉行以違眾，聖人不以為民俗。’然則，齊謂齊同。注云混一風俗，似非其義。”

就〈要略〉篇所言，〈齊俗訓〉的宗旨有三：

第一，　從“齊一渾同”的觀念出發，說明一切生物都各自有其短長，九夷殊國也各自有其風俗。

第二，　萬物萬事，各有其所然，以此觀念來溝通古今的各種理論，貫穿萬物自有的事理。

第三，　裁斷禮義的適當作用，並析說人世之事的發展全貌。

〈齊俗訓〉的內容顯示出對“俗”的問題一種齊一處置的態度。所謂“俗”，也就是“禮俗”，它涉及人文建構之下，萬民共生共有的生活事務，包含禮法的制度、為政的功業、處世的儀度、風俗的習慣等。全篇應屬劉安門客中具有某種先秦學術傳承的思想史料。而在《淮南子》“鴻烈”的架構下，以“齊俗”名篇，一方面是強調此種傳承所表現“齊同”與“返一”的思想特徵，另方面也顯示出它從“禮俗”的展現層面來思索問題的方式。因此，從思想的內容來解析此篇的資料，可分為四個部份：

第一、禮俗制度的成立是相對的：統治者不能“握一君之法籍，以非傳代之俗”。禮俗的樣式雖然不同，但其發生的緣由與作用是同一的，因此，“稟道以通物者，無以相非”。世異即事變，時宜即俗易；論世而立法，隨時而舉事。

第二、禮俗制度是因循然萬民普遍的本性：聖人之治，是使人民"便其性、安其居、處其宜，為其所能"。因此，如禮樂、仁義等人文價值的規劃，只是為了節度宣發人的情性，"禮不過實"，"仁不溢恩"，"樂足以合歡宣意而已"，而不是以繁文縟節來箝制人民的本性。至於，"高不可及"、"行不可逮"的伉行高節，聖人不以為人量與國俗。

第三、禮俗制度的始源為"道"：人之性無邪穢，縱欲即失性，因此，治物的根源在於治性，而"治性以德，治德以道"。聖人執一無失，以理萬物之情性，能體道而反性，以不化以待化。

第四、面對"天下是非無所定"的無奈何之情：以第一人稱"吾"所表現一種哲學處境，強調"不為虛而自虛"的應世態度，對於是非之論，兼覆而并之，總匯而齊之。

但今本資料的編排相當雜亂，其中有許多錯簡誤置的情況，按其文意的結構，可分為五個部份：

第一部份：敘說仁義之本質的問題，對於人文的規劃似採取批判的態度，近於〈要略〉篇所稱"財制禮義之宜"。全文分置於三處。（甲）處，此部份文字相當雜亂，全文論述道德為人性的本源，並批判衰世禮樂仁義的誤用，但各段之間論述的義理並不相類。（乙）處，敘說"禮豐不足以效愛，而誠心可以懷遠"。（丙）處，可分為三章，第一章，說明"禮不過實，仁不溢恩"，並強調"制禮"在於"佐實喻意"，以求"通乎侈儉之適"。第二章，申述"世異即事變，時移即俗易"的觀念。第三章，說明三皇五帝，雖然法籍殊方，其得民心，均在於秉持不傳之道。

第二部份：此部份似屬〈齊俗訓〉的主要內容，合於〈要略〉篇所謂"通達萬物之理，以齊一群生之短長"、"貫通古今之論，以渾同九夷風氣"之義。全文分置於三處。（甲）處，說明萬物雖形殊性異，但各有所安。聖人之養民，各用其所適，施其所宜。此處可分為兩章。第一章，僅存殘文，似強調"矜偽以惑世，伉行以違眾，聖人不以為民俗"。第二章，說明萬物一齊，聖人因循以安民之情性。（乙）處，此部份亦僅存殘文，敘說禮無一定之制，俗無不變之規。（丙）處，可分爲兩章。第一章，分爲四節，第一、二兩節言治世之時，人人各安其性，各守其職，不以高不可及的才智來作爲衡量，不以難達致的德行來作爲風俗。第三節言“人才不可專用，而度量可世傳”。第四節論說峭法嚴刑，不能用以禁其姦。第二章，說明道德之論，如日月之運行，雖至江南河北，也不改變既定的趨向與軌跡，趨舍禮俗，猶住家的所在，從不同的方向看，就顯出不同的位處。世人的各種舉止，全然無法給予價值的判定，只能兼容並蓄，承受而無是非。

第三部份：論述“本性”與“物欲”的關連，說明人之本性無邪，久湛於俗而忘本，即失性妄爲，舉動不正而惑營。聖人執一無失，神淸意平，物皆自正，而爲民命所繫。

第四部份：論述“是非無定”的問題，主要使用第一人稱來敘說，與全篇其他部份文體有別，當原屬獨立的資料來源，全文分置於兩處。（甲）處，說明天下是非無可定，唯聖人體道反性，以不化待化。（乙）處，說明人之趣行各異，無以相非。

第五部份：此部份內容包含四段文字，雖合於〈要略〉篇所稱“通古今之論”，但資料並非完整，各段之間，文意亦欠連貫。全文論及治國之道，在於“上無苛令，官無煩事，士無僞行，工無淫巧”，亂世則與此不然。並以“神農之法”所強調勤耕以養生，力織以掩形，與衰世之俗“不積養生之具”，“澆亂天下之樸”相對較。

本篇今存約 7364 字，其中 2390 字見於《文子》，佔 32.4%，包括：〈道原〉篇第 7 章，第 10 章；〈道德〉篇第 12 章，第 18 章；〈自然〉篇第 2，第 5 章；〈上德〉篇第 3 章；〈下德〉篇第 7 章，第 10 章；〈上仁〉篇第 12 章；〈上義〉篇第 12 章，第 13 章；〈上禮〉篇第 5 章。

第一部份（甲）：

此部份文字相當雜亂，雖然論述"道德、仁義、禮樂"等人文規劃的問題，近於〈要略〉篇"財制禮義之宜"，但各段之間論述的義理並不相類，極可能是錯簡而誤置於〈齊俗訓〉之前。全文部份文句見於《文子》的〈上禮〉篇第五章第一、二兩段，與〈道原〉篇第十章第七、八兩段。〈上禮〉與〈道原〉兩篇該處文字均就《淮南子》殘文整理而成。

①

此節論說"仁義禮樂"是建立在"道德"根源之後的人文規制。但此種人文價值的規劃，卻成為人性矯情、人欲爭利的肇端。此節文意與下節並不能直接聯繫，其間恐有脫文。

率性而行謂之道，得其天性謂之德。性失然後貴仁，〔行〕（原作"道"，據王叔岷校改。）失然後貴義（〔老子曰：〕循性而行謂之道，得其天性謂之德，性失然後貴仁義。）。是故仁義立而道德遷矣，禮樂飾則純朴散矣，是非形而百姓眩矣，珠玉尊而天下爭矣（仁義立而道德廢，純樸散而禮樂飾，是非形而百姓眩，珠玉貴而天下爭。）〈上禮〉篇第五章①。凡此四者，衰世之造也，末世之用也。

上段文意似結合《中庸》與《老子》的思想。"率性而行謂之道"，即《中庸》所稱"率性之謂道"，而"得其天性謂之德"，與《中庸》"天命之謂性"相近。"性失然後貴仁"數句，則發揮《老子》第三十八章所提出"失道而後德"等人文墮失過程的批判。

②

此節合於〈要略〉篇所說"財制禮義之宜"。其主要部份見於《文子·上禮》第五章。竹簡《文子》對"德、仁、義、禮"四種人文價值的觀念，提出正面、積極而具綱領性的說明。此處是在始源之"道"的觀念基礎上，從事人文展現程序的探討與批判，雖與文子學派的思想發展有關，但〈上禮〉篇第五章卻似

《淮南子》文字的竄入。

夫禮者，所以別尊卑、異貴賤；義者，所以合君臣、父子、兄弟、夫妻、朋友之際也。（夫禮者，所以別尊卑貴賤也；義者，所以和君臣父子兄弟夫婦人道之際也。）今世之為禮者，恭敬而忮；為義者，布施而德；君臣以相非，骨肉以生怨（末世之禮，恭敬而交，為義者，布施而得，君臣以相非，骨肉以生怨也。），則失禮義之本也，故搆而多責。夫水積則生相食之魚，土積則生自〔完〕（原作“宂”，據劉文典校改）之獸，禮義飾則生偽匿之〔士〕（原作“本”，據王念孫校改。）（故水積則生相食之蟲，土積則生自肉之獸，禮樂飾則生詐偽。）〈上禮〉篇第五章②。夫吹灰而欲無眯，涉水而欲無濡，不可得也。

③

> 此節雖近於〈要略〉篇所言“通古今之論”，但此處置於〈齊俗訓〉首章，並未直接關連於“齊俗”的意旨，恐為錯簡。又，此節見於《文子‧道原》第十章。〈道原〉篇第十章包含數段不相聯繫的先秦資料，其中多不見於《淮南子》，但與此處文字相應部份卻似《淮南子》殘文。“高下之不相傾也”句，與《淮南子》意含不同，可能為編輯今本《文子》者所改動。

古者，民童蒙不知東西，貌不美乎情，而言不溢乎行（古者，民童蒙不知西東，貌不離情，言不出行〔，行出無容，言而不文〕。）。其衣（原有“致”字，據王念孫校刪）〔緩〕（原作“煖”，據俞樾校改）而無文，其兵（原有“戈”字，據王念孫校刪）銖而無刃（其衣煖而無采，其兵鈍而無刃。），其歌樂而無轉，其哭哀而無聲。鑿井而飲，耕田而食，無所施其〔義〕（原作“美”，據蔣禮鴻、何寧校改。），亦不求得（〔行蹎蹎，視瞑瞑，〕鑿井而飲，耕田而食，不布施，不求德）。親戚不相毀譽，朋友不相怨德。及至禮義之生，貨財之貴，而詐偽萌興，非譽相紛，怨德並行。於是乃有曾參、孝己之美，而生盜跖、莊蹻之邪。故有大路龍旂，羽蓋垂緌，結駟連騎，則必有穿窬拊楗、〔拍墓〕（原作‘抽箕’，據王引之校改。）踰備之姦；有詭文繁繡，弱緆羅紈，必有菅屩跰蹄,短褐不完者。故高下之相傾也,短脩之相形也,(高下不相傾,長短不相形。)〈道原〉篇第十章⑧亦明矣。

> 上段文意與《莊子·馬蹄》相近。〈馬蹄〉篇據"至德之世"的質樸,以批判聖人的仁義之治,似上段內容所本。何寧云:"河上本《老子》'長短相形,高下相傾',此《淮南》所本。"

④

> 此節包含三段資料,分別說明:"唯聖人知化",能"通於物",可"以小知大,以近知遠"而"見終知微",均與前文文義無關,亦與〈齊俗訓〉篇旨有別,當為錯簡,或屬〈謬稱訓〉文字。

夫蝦蟆為鶉,水蠆重為〔螅〕(原作'螅蒸',據王念孫校改。),皆生非其類,唯聖人知其化。夫胡人見黂,不知其可以為布也;越人見毳,不知其可以為旃也。故不通於物者,難與言化。

> 何寧云:"《呂氏春秋》〈知接〉篇:戎人見暴布者而問之曰:'何以為之莽莽也?'指麻而示之。怒曰:'孰之壤壤也,可以為之莽莽也?'即此文所本"

昔太公望、周公旦受封而相見。太公望問周公曰:"何以治魯?"周公曰:"尊尊親親。"太公曰:"魯從此弱矣!"周公問太公曰:"何以治齊?"太公曰:"舉賢而上功。"周公曰:"後世必有劫殺之君!"其後,齊日以大,至於霸,二十四世而田氏代之;魯日以削,至三十二世而亡。故:《易》曰:"履霜,堅冰至。"聖人之見終始微言!故:糟丘生乎象櫡,炮烙〔始〕(原作"生",據陶方琦、劉文典校改。)於熱斗。

> 呂太公望封於齊,周公旦封於魯,二君者甚相善也。相謂曰:"何以治國?"太公望曰:"尊賢上功。"周公旦曰:"親親上恩。"太公望曰:"魯自此削矣。"周公旦曰:"魯雖削,有齊者亦必非呂氏也。"其後齊日以大,至於霸,二十四世而田成子有齊國;魯日以削,至於覲存,三十四世而亡。《呂氏春秋·長見》

昔者太公望周公旦受封而見。太公問周公何以治魯。周公曰：“尊尊親親。”太公曰：“魯從此弱矣。”周公問太公曰：“何以治齊？”太公曰：“舉賢賞功。”周公曰：“後世必有劫殺之君矣。”其後齊日以大，至於霸，二十四世而田氏代之。魯日以削，三十四世而亡。猶此觀之，聖人能知微矣。《詩》曰：“惟此聖人，瞻言百里。”《韓詩外傳》卷十

魯公伯禽之初受封之魯，三年而後報政周公。周公曰：“何遲也？”伯禽曰：“變其俗，革其禮，喪三年然後除之，故遲。”太公亦封於齊，五月而報政周公。周公曰：“何疾也？”曰：“吾簡其君臣禮，從其俗為也。”及後聞伯禽報政遲，乃歎曰：“嗚呼，魯後世其北面事齊矣！夫政不簡不易，民不有近；平易近民，民必歸之。”《史記・魯周公世家》

《淮南子》上段“昔太公望、周公旦受封而相見”事，似本諸《呂氏春秋》。此事《史記》所記，與《呂氏春秋》或《韓非外傳》有異。又，引《易》，語出《易經・坤卦》初六爻辭。

子路撜溺而受牛謝，孔子曰：“魯國必好救人於患〔矣〕（據劉文典校補。）。”子贛贖人而不受金於府，孔子曰：“魯國不復贖人矣。”子路受而勸德，子贛讓而止善。孔子之明，以小知大，以近知遠，通於論者也。

魯國之法，魯人為人臣妾於諸侯，有能贖之者，取其金於府。子貢贖魯人於諸侯，來而讓不取其金，孔子曰：“賜失之矣。自今以往，魯人不贖人矣。取其金則無損於行，不取其金則不復贖人矣。”子路拯溺者，其人拜之以牛，子路受之。孔子曰：“魯人必拯溺者矣。”孔子見之以細，觀化遠也。《呂氏春秋・察微》

《淮南子》上段“子路撜溺而受牛謝”事，本諸《呂氏春秋・察微》。子貢受贖人賞金而影響魯人贖人之風，是與“子路撜溺不受金於府”相對而說，重點在標明“孔子之明，以小知大，以近知遠”，與下段文意似無關連。《淮南子・道應》第十二章曰：“魯國之法，魯人為人〔臣〕（據王念孫校補。）妾於諸侯，有能贖之者，取金於府。子贛贖魯人於諸侯，來而辭不受金。孔子曰：‘賜失之矣！夫聖人之舉事也，可以移風易俗，而（原有”“受”字，據王念孫校刪。）教順可施後世，非獨以適身之行也。今國之富者寡而貧者眾。贖而受金，則為不

247

廉;不受金,則不復贖人。自今以來,魯人不復贖人於諸侯矣。'孔子亦可謂
知〔化〕(原作"禮",據王念孫校改。)矣。故老子曰:'見小曰明。'"〈齊
俗訓〉此段文字,恐與〈道應訓〉資料同源,此處恐為錯簡。

第二部份(甲):

此部份似〈齊俗訓〉主要內容,說明萬物雖形殊性異,但各有所安。聖人之養
民,各用其所適,施其所宜。

1

此章之前,應有脫文。所謂"廉有所在,而不可公行",不能承接前段文意。
此篇後文曰:"夫先知遠見,達視千里,人才之隆也,而治世不以責於民。博
聞強志,口辯辭給,人智之美也,而明主不以求於下。敖世輕物,不污於俗,
士之伉行也,而治世不以為民化。神機陰閉,剞劂無跡,人巧之妙也,而治世
不以為民業。"此章資料似彼處殘文。

由此觀之,廉有所在,而不可公行也。

故:行齊於俗,可隨也;事周於能,易為也(風齊於俗,可隨也,事周
於能,易為。)。矜偽以惑世,伉行以違眾,聖人不以為民俗也(矜偽以
惑世,軻行以迷眾,聖人不以為民俗。)〈道原〉篇第十章③。

上段見於《文子·道原》第十章,承接《淮南子》此篇第二章見於《文子》者
之後。《文子》似保留《淮南子》舊文句序。

2

此章敘說〈要略〉篇所言："一群生之短脩"、"通古今之論，貫萬物之理"。全文主要部份見於《文子・自然》第五章。〈自然〉篇彼處文意完整，全章要旨論述萬物"形殊性異，各有所安"，聖人因之"以養民，使各便其性，安其居"，如此"萬物一齊，無由相過"，此為"上德之道"，《淮南子》此處似引用並加以闡發。〈齊俗訓〉此章有錯簡，而〈自然〉篇第五章資料亦頗為複雜，試將全文分為以下數段：

① 天之所覆，地之所載，日月之所照，形殊性異，各有所安。樂所以為樂者，乃所以為悲也；安所以安者，乃所以為危也。故聖人之牧民也，使各便其性，安其居，處其宜，為其所能，周其所適，施其所宜，如此則萬物一齊，無由相過。天下之物，無貴無賤，因其所貴而貴之，物無不貴，因其所賤而賤之，物無不賤。故"不尚賢"者，言不放魚於木，不沉鳥於淵。

② 昔堯之治天下也，舜為司徒，契為司馬，禹為司空，后稷為田疇，奚仲為工師。其導民也，水處者漁，林處者採，谷處者牧，陵處者田。地宜其事，事宜其械，械宜其材。皋澤織網，陵阪耕田，如是則民得以所有易所無，以所工易所拙。是以離叛者寡，聽從者眾。若風之過簫，忽然而感之，各以清濁應。

③ 物莫不就其所利，避其所害。是以鄰國相望，雞狗之音相聞，而足跡不接於諸侯之境，車軌不結於千里之外，皆安其居也。

④ 故亂國若盛，治國若虛，亡國若不足，存國若有餘。虛者，非無人也，各守其職也；盛者，非多人也，皆徼於末也；有餘者，非多財也，欲節而事寡也；不足者，非無貨也，民鮮而費多也。

⑤ 故先王之法，非所作也，所因也；其禁誅，非所為也，所守也。〔上德之道也。〕

〈齊俗訓〉此章同時引用三次《莊子》文句，其中見於《文子・自然》者有兩處：

以道觀之，物無貴賤；以物觀之，自貴而相賤；以俗觀之，貴賤不在己。以差觀之，因其所大而大之，則萬物莫不大；因其所小而小之，則萬物莫不小。《莊子・秋水》

足跡接乎諸侯之境，車軌結乎千里之外。《莊子·胠篋》

〈自然〉篇第一段：此段思想與《莊子·齊物論》相近，如："民濕寢則腰疾偏死，鰌然乎哉？木處則惴慄恂懼，猿猴然乎哉？三者孰知正處？民食芻豢，麋鹿食薦，蝍且甘帶，鴟鴉耆鼠，四者孰知正味？猿猵狙以為雌，麋與鹿交，鰌與魚游。毛嬙西施，人之所美也；魚見之深入，鳥見之高飛，麋鹿見之決驟。四者孰知天下之正色哉？"（〈齊物論〉）二者主旨都在說明"萬物一齊，無由相過"。〈自然〉篇此處思想當屬南方道家莊學的傳統，與竹簡《文子》所顯發的晉學傳統有別，極可能為後來竄入《文子》之"文子外編"資料。〈齊俗訓〉似引用此項資料。〈齊俗訓〉論述各國風俗各有其所安，當"各便其性，周其所適"，隱含對統一禮制、中央集權的非議。

〈自然〉篇第二、三段：此兩段文句與〈齊俗訓〉基本上相同。

〈自然〉篇第四段：〈齊俗訓〉原作："故亂國若盛，治國若虛，亡國若不足，存國若有餘。虛者非無人也，皆守其職也；盛者非多人也，皆徼於末也；有餘者非多財也，欲節而事寡也；不足者非無貨也，民躁而費多也。"〈自然〉篇與此同。但《鹽鐵論·本議》有引文，曰："老子曰：貧國若有餘，非多才也，嗜欲眾而民躁也。"陶鴻慶、楊樹達認為今本傳寫錯亂，文義不可通，故作訂正，將"存亡"二字與"有餘者非多財也""不足者非無貨也"二句互易。如此義理與《鹽鐵論》所引者相合。《鹽鐵論》當引自《文子》此處，但所見文本與今本不同。此事可說明兩點：第一、漢時《文子》傳本即有"老子曰"的文體，或當時認為此句出自《老子》的別本。第二、《淮南子》此處引用了漢初流傳的"文子外編"資料。

〈自然〉篇第五段：此段重見於《文子·道原》第十章。原當為《文子》資料，〈齊俗訓〉引用。見於〈道原〉篇者似錯簡重出。

廣廈閎屋，連闥通房，人之所安也，鳥入之而憂；高山險阻，深林叢薄，虎豹之所樂也，人入之而畏；川谷通原，積水重泉，黿鼉之所便也，人入之而死。〈咸池〉、〈承雲〉、〈九韶〉、〈六英〉，人之所樂也，鳥獸聞之而驚；深谿峭岸，峻木尋枝，猨狄之所樂也，人上之而慄。形殊性詭，所以為樂者乃所以為哀，所以為安者乃所以為危也。乃至天地之所覆載，日月之照誋，使各便其性，安其居，處其宜，為其能（〔老子曰：〕天之所覆，地之所載，日月之所照，形殊性異，各有所安。樂所以為樂者，乃所以為悲也；安所以安者，乃所以為危也。故聖人之牧民也，使各便其性，安其居，處其宜，為其所能。）〈自然〉篇第五章①a。

　　　　〈咸池〉、〈九韶〉之樂，張之洞庭之野，鳥聞之而飛，獸聞之而走，魚聞之而下入，人卒聞之，相與還而觀之。魚處水而生，人處水而死，彼必相與異，其好惡故異也。故先聖不一其能，不同其事。名止於實，義設於適，是之謂條達而福持。《莊子·至樂》

　　　　上段文意似本諸《莊子·至樂》。"乃至天地之所覆載"數句，與前文文氣不能接合，《淮南子》此處資料似有錯亂。《文子·自然》篇第五章第一段文意較為清楚。《文子》保留《淮南子》舊文句序。

　　故愚者有所脩，智者有所不足；柱不可以摘齒，〔筳〕（原作"筐"，據王念孫校改。）不可以持屋；馬不可以服重，牛不可以追速，鉛不可以為刀，銅不可以為弩，鐵不可以為舟，木不可以為釜。各用之於其所適，施之於其所宜，即萬物一齊，而無由相過（周其所適，施其所宜，如此則萬物一齊，無由相過。）〈自然〉篇第五章①b。

　　夫明鏡便於照形，其於以〔承〕（原作'函'，據王念孫校改。）食不如竹〔䉛〕（原作'簞'，據王念孫校改。）；犧牛〔騂〕（原作"粹"，據劉文典校改。）毛，宜於廟牲，其於以致雨，不若黑蜧。由此觀之，物無貴賤。因其所貴而貴之，物無不貴也；因其所賤而賤之，物無不賤也（天下之物，無貴無賤，因其所貴而貴之，物無不貴，因其所賤而賤之，物無不賤。）〈自然〉篇第五章①c。

　　　　以道觀之，物無貴賤；以物觀之，自貴而相賤；以俗觀之，貴賤不在己。以差觀之，因其所大而大之，則萬物莫不大；因其所小而小之，則萬物莫不小。《莊子·秋水》

　　　　上段"由此觀之"數句，似本諸《莊子·秋水》。

　　夫玉璞不厭厚，角觡不厭薄；漆不厭黑，粉不厭白。此四者相

251

反也，所急則均，其用則一也。今之裘與蓑，孰急？見雨則裘不用，升堂則蓑不御，此代爲〔帝〕（原作“常”，據陳觀樓校改。）者也。譬若舟、車、楯、〔騂〕（原作‘肆’，據王念孫校改。）、窮廬，故有所宜也。故老子曰：“不上賢”者，言不致魚於木，沈鳥於淵（故“不尚賢”者，言不放魚於木，不沉鳥於淵。）〈自然〉篇第五章①c。

　　故：堯之治天下也，舜爲司徒，契爲司馬，禹爲司空，后稷爲大田（原有“師”字．據王念孫說，移下句“工”字後。），奚仲爲工〔師〕（昔堯之治天下也，舜爲司徒，契爲司馬，禹爲司空，后稷爲田疇，奚仲爲工師。）。其導萬民也，水處者漁，山處者木，谷處者牧，陸處者農（其導民也，水處者漁，林處者採，谷處者牧，陵處者田。）。地宜其事，事宜其械，械宜其用，用宜其人（地宜其事，事宜其械，械宜其材。）。澤臯織網，陵阪耕田，得以所有易所無，以所工易所拙（臯澤織網，陵坡耕田，如是則民得以所有易所無，以所工易所拙。），是故離叛者寡，而聽從者衆（是以離叛者寡，聽從者衆。）。譬若播棊丸於地，員者走澤，方者處高，各從其所安，夫有何上下焉！若風之〔過〕（原作“遇”，據陳觀樓校改。）簫也，忽然感之，各以清濁應矣（若風之過簫，忽然而感之，各以清濁應。）〈自然〉篇第五章②。

　　夫猨狄得茂木，不舍而穴；狟狢得埵防，弗去而緣；物莫避其所利而就其所害（物莫不就其所利，避其所害。）〈自然〉篇第五章③a。是故：鄰國相望，雞狗之音相聞，而足跡不接諸侯之境，車軌不結千里之外者，皆各得其所安（是以鄰國相望，雞狗之音相聞，而足跡不接於諸侯之境，車軌不結於千里之外，皆安其居也。）〈自然〉篇第五章③b。

　　故：亂國若盛，治國若虛，存（原作‘亡’，據陶鴻慶、楊樹達校改。）國若不足，亡（原作‘存’，據陶鴻慶、楊樹達校改。）國若有餘（故亂國若盛，治國若虛，亡國若不足，存國若有餘。）。虛者非無人也，皆守其職也；盛者非多人也，皆徼於末也；不足者，非無貨也（原作‘有餘者，非多財也’，據陶鴻慶、楊樹達校改。），欲節〔而〕（據王叔岷校補。）事寡也；有餘者，非多財也（原作'不足者，非無貨也'，據陶鴻慶、楊樹達校改。），**民躁而費多也**（虛者，非無人也，各守其職也；盛者，非多人也，皆徼於末也；有餘者，非多財也，欲節而事寡也；不足者，非無貨也，民鮮而費多也。）〈自然〉篇第五章③c。

故：先王之法籍，非所作也，其所因也。其禁誅，非所為也，其所守也（故先王之法，非所作也，所因也；其禁誅，非所為也，所守也。〔上德之道也。〕）〈自然〉篇第五章③。／（故先王之法，非所作也，所因也；其禁誅，非所為也，所守也。故能因即大，作即細。能守即固，為即敗。）〈道原〉篇第十章②e

第三部份：

此部份資料論述"本性"與"物欲"的關連，認為"縱欲則失性"。首段文字本於《呂氏春秋·貴當》。其中部份文句，分別見於《文子》〈下德〉篇第七章，〈上德〉篇第三章，與〈道原〉篇第七章首段。它們彼此的關係為：

治物者不於物於人，治人者不於事於君，治君者不於君於天子，治天子者不於天子於欲，治欲者不於欲於性。性者萬物之本也，不可長，不可短，因其固然而然之，此天地之數也。《呂氏春秋·不苟論·貴當》

治物者，不以物以和；治和者，不以和以人；治人者，不以人以君；治君者，不以君以欲；治欲者，不以欲以性；治性者，不以性以德；治德者，不以德以道。

以道本人之性，無邪穢；久湛於物即忘其本，即合於若性。衣食禮俗者，非人之性也，所受於外也。故人性欲平，嗜欲害之，唯有道者能遺物反己。有以自鑒，則不失物之情，無以自鑒，即動而惑營。夫縱欲失性，動未嘗正，以治身則失身，以治國則亂人。故不聞道者，無以反性。

古者聖人得諸己，故令行禁止。凡舉事者，必先平意清神，神清意平，物乃可正。聽失於非譽，目淫於采色，而欲得事正，即難矣。是以貴虛。

故水激則波起，氣亂則智昏。昏智不可以為正，波水不可以為平。故聖王執一，以理物之情性。夫一者至貴，無適於天下，聖王托於無適，故為天下

命。〈下德〉篇第七章

　　夫人從欲失性，動未嘗正也，以治國則亂，以治身則穢。故不聞道者，無以反其性〔，不通物者，不能清靜〕。原人之性，無邪穢，久湛於物即易，易而忘其本，即合於若性。水之性欲清，沙石穢之，人之性欲平，嗜欲害之，唯聖人能遺物反己。〈道原〉篇第七章第一段

　　日月欲明，浮雲蔽之，河水欲清，沙土穢之，人性欲平，嗜欲害之。〈上德〉第三章

以上四者資料間的關係，可分為三點來說明：

第一、〈齊俗訓〉首段論述“治物”在於“治性”，而“性”的根源在於“道德”，因而“不聞道，無以反性”。〈齊俗訓〉顯然是發揮《呂氏春秋·貴當》的思想，進一步以“道、德”的觀念綜合〈貴當〉篇“因其固然而然之，此天地之數也”的說法。〈下德〉篇第七章首段與〈齊俗訓〉相同。此段馬宗霍注曰：“‘睦’當通作‘陸’。《廣雅·釋詁三》云：‘陸，厚也。’……‘睦’既通作‘陸’，‘陸’又訓‘地’，然則‘以睦治物’，猶言物統於地也。……蓋人之生也，食毛踐土，故以人統地。天生民而立之君，使有司牧之，故以君統人。人生而有欲，故以欲統君。欲者性之動，故以性統欲。得其本性謂之德，故以德統性。而終之曰‘治德者不以德以道’，次第相治，猶言道無不統。亦即無不統於道也。”

第二、〈齊俗訓〉篇第二段之後資料文意並不整齊，部份文句分別見於〈下德〉篇第七章第二段、〈上德〉篇第三章，與〈道原〉篇第七章第一段。〈下德〉篇第七章文字與句序與〈齊俗訓〉較為接近，但對應〈齊俗訓〉文句校勘，極似《淮南子》別本殘文。“日月”句，〈齊俗訓〉與〈上德〉篇第三章文字相同（僅‘蓋’作‘蔽’，但含意相同）。“唯聖人”句，〈齊俗訓〉與〈道原〉篇相同，〈下德〉篇作“有道者”。此句當為古時雋語，同時重見於〈道原〉篇。

第三、〈道原〉篇第七章第一段文意完整，說理清楚，可能為“文子外編”資料。就現有跡象顯示，〈齊俗訓〉似參照《呂氏春秋》與“文子外編”撰寫此章，但今本此處已不完整。〈下德〉篇第七章可能全是《淮

南子》別本殘文竄入。

凡（原有「以物」，據王念孫校改。）治物者，不以物以睦；治睦者，不以睦以人；治人者，不以人以君；治君者，不以君以欲；治欲者，不以欲以性；治性者，不以性以德；治德者，不以德以道。（〔老子曰：〕治物者，不以物以和；治和者，不以和以人；治人者，不以人以君；治君者，不以君以欲；治欲者，不以欲以性；治性者，不以性以德；治德者，不以德以道。）〈下德〉篇第七章①

> 上段的體例近於〈詮言訓〉，如：“為治之本，務在於安民；安民之本，在於足用；足用之本，在於勿奪時；勿奪時之本，在於省事；省事之本，在於節欲；節欲之本，在於反性；反性之本，在於去載；去載則虛，虛則平；平者，道之素也；虛者，道之舍也。”

原人之性，蕪濊而不得清明者，物或埋之也。羌、氐、僰、翟，嬰兒生皆同聲，及其長也，雖重象狄鞮，不能通其言，教俗殊也。今〔令〕（據何寧校補。）三月嬰兒，生而徙國，則不能知其故俗。由此觀之，衣服禮俗者，非人之性也，所受於外也（衣食禮俗者，非人之性也，所受於外也。）〈下德〉篇第七章②a。夫竹之性浮，殘以為牒，束而投之水，則沈，失其體也。金之性沈，託之於舟上則浮，勢有所支也。夫素之質白，染之以涅則黑；縑之性黃，染之以丹則赤。人之性無邪，久湛於俗則易。易而忘其本，合於若性（原人之性，無邪穢，久湛於物即易，易而忘其本，即合於若性。）〈道原〉篇第七章①c／（〔以道本〕人之性，無邪穢，久湛於物即忘其本，即合於若性。）〈下德〉篇第七章②b。

> 桀為天子，能制天下，非賢也，勢重也；堯為匹夫，不能正三家，非不肖也，位卑也。千鈞得船則浮，錙銖失船則沈，非千鈞輕錙銖重也，有勢之與無勢也。《韓非子・功名》
>
> 善為上者，能令人得欲無窮，故人之可得用亦無窮也。蠻夷反舌殊俗異習之國，其衣服冠帶，宮室居處，舟車器械，聲色滋味皆異，其為欲使一也。三王不能革，不能革而功成者，順其天也；桀、紂不能離，不能離而國亡者，逆其天也。逆而不知其

逆也，湛於俗也。久湛而不去則若性。性異非性，不可不熟。不聞道者，何以去非性哉？無以去非性，則欲未嘗正矣。欲不正，以治身則夭，以治國則亡。《呂氏春秋·為欲》

《淮南子》上段敘說人的情性之所以會變得無雜污滅，而不能保持清明，是受到外物與習俗的矇蔽。此種思想，多見於前秦典籍，如：《呂氏春秋·本生》曰：“未水之性清，土者抇之，故不得清；人之性壽，物者抇之，故不得壽。物也者，所以養性也，非所以性養也。”《莊子·繕性》曰：“繕性於俗學，以求復其初；滑欲於俗思，以求致其明；謂之蔽蒙之民。”又曰：“故曰：喪己於物，失性於俗者，謂之倒置之民。”“夫竹之性浮”等句，似取自《韓非子·功名》，“人之性無邪”數句，亦與《呂氏春秋·為欲》相近。又，以下數段文氣不相連接，各段之間似脫文，或僅為短語，以作上述義理的論評。

故：日月欲明，浮雲蓋之；河水欲清，沙石濊之；人性欲平，嗜欲害之。唯聖人能遺物而反己。（（日月欲明，浮雲蔽之，河水欲清，沙土穢之，人性欲平，嗜欲害之。《上德》第三章／（水之性欲清，沙石穢之，人之性欲平，嗜欲害之，唯聖人能遺物反己。）〈道原〉篇第七章①d／（故人性欲平，嗜欲害之，唯有道者能遺物反己。）〈下德〉篇第七章②c。

上段“日月欲明”六句，似諺語或古時哲人雋語，另見於〈說林訓〉，作“日月欲明，而浮雲蓋之，蘭〔芷〕欲脩，而秋風敗之。”

夫乘舟而惑者，不知東西，見斗極則寤矣。夫性、亦人之斗極也。有以自見也，則不失物之情；無以自見，則動而惑營（有以自鑒，則不失物之情，無以自鑒，即動而惑營。）〈下德〉篇第七章②d。譬若隴西之遊，愈躁愈沈。孔子謂顏回曰：“吾服汝也忘，而汝服於我也亦忘。雖然，汝雖忘乎吾，猶有不忘者存。”孔子知其本也。

顏淵問於仲尼曰：“夫子步亦步，夫子趨亦趨，夫子馳亦馳；夫子奔逸絕塵，而回瞠若乎後矣！”夫子曰：“回，何謂邪？”曰：“夫子步，亦步也；夫子言，亦言也；夫子趨，亦趨也；夫子辯，亦辯也；夫子馳，亦馳也；夫子言道，回亦言道也；及奔逸絕塵而回瞠若乎後者，夫子不言而信，不比而周，無器而民滔乎前，而不知所以然而已矣。”仲尼曰：“惡！可不察與！夫哀莫大於心死，而人死亦次之。日出東方而入於西極，萬物莫不比方，有目有趾者，待是而後成功，是出則存，是入則亡。萬物亦然，有待也而死，有待也而生。吾一受其成形，而不化以待盡，效物而動，日夜無隙，而不知其所終；薰然其成形，知命不能規乎其前，丘以是日徂。吾終身與汝交一臂而失之，可不哀與！女殆著乎吾所以著也。彼已盡矣，而女求之以爲有，是求馬於唐肆也。吾服女也甚忘，女服吾也亦甚忘。雖然，女奚患焉！雖忘乎故吾，吾有不忘者存。"《莊子・田子方》

《淮南子》上段所謂"自見"，則"不失物之情"，《莊子・駢拇》曰："吾所謂明者，非謂其見彼也，自見而已矣。夫不自見而見彼，不自得而得彼者，是得人之得而不自得其得者也，適人之適而不自適其適者也。"二者思想相近。又，"孔子謂顏回曰"數句，引自《莊子・田子方》。

夫縱欲而失性，動未嘗正也，以治身則危，以治國則亂（〔老子曰：〕夫人從欲失性，動未嘗正也，以治國則亂，以治身則穢。）〈道原〉篇第七章①a／（夫縱欲失性，動未嘗正，以治身則失身，以治國則亂人。）〈下德〉篇第七章②e，以入軍則破。

是故：不聞道者，無以反性。（故不聞道者，無以反其性〔，不通物者，不能清靜〕。）〈道原〉篇第七章①b／（故不聞道者，無以反性。）〈下德〉篇第七章②f。

故：古之聖王，能得諸己，故令行禁止（古者聖人得諸己，故令行禁止。）〈下德〉篇第七章③a，名傳後世，德施四海。

是故：凡將舉事，必先平意清神。神清意平，物乃可正（凡舉事者，必先平意清神，神清意平，物乃可正。）〈下德〉篇第七章③b。若璽之抑埴，正與之正，傾與之傾。

何寧云："《呂氏春秋》〈適威〉篇：'若璽之於塗也，抑之以方則方，抑之以圜則圜。'此《淮南》所本。"

故：堯之舉舜也，決之於目；桓公之取甯戚也，斷之於耳而已矣。爲是釋術數而任耳目，其亂必甚矣。夫耳目之可以斷也，反情性也；聽失於誹譽，而目淫於采色，而欲得事正，則難矣（聽失於非譽，目淫於采色，而欲得事正，即難矣。）〈下德〉篇第七章③c。

257

何寧云："《戰國策·趙策》四：'昔者堯見舜於草茅之中,席隴畝而蔭庇桑,陰移而授天下傳。'故曰:'決之於目'。"又曰:"桓公取甯戚事見《呂氏春秋》〈舉難〉篇,又見本書〈道應訓〉。"

夫載哀者聞歌聲而泣,載樂者見哭者而笑。哀可樂者、笑可哀者,〔何則?〕（據劉文典校改。）載使然也。是故貴虛(是以貴虛。)〈下德〉篇第七章③d。

故:水〔激〕（原作'擊',據王念孫校改。）則波興,氣亂則智昏(故水激則波起,氣亂則智昏。)。昏智〔原作"智昏",據王念孫校改。〕不可以為政,波水不可以為平(昏智不可以為正,波水不可以為平。)〈下德〉篇第七章③e。

故:聖王執一而勿失,萬物之情〔測〕（原作"既",據王念孫校改。）矣(故聖王執一,以理物之情性。),四夷九州服矣。夫一者至貴,無適於天下(夫一者至貴,無適於天下。)。聖人託於無適,故民命繫矣(聖王託於無適,故為天下命。)〈下德〉篇第七章④。

上段引述似本諸《呂氏春秋·為欲》,〈為欲〉篇曰:"聖王執一,四夷皆至者,其此之謂也。執一者至貴也。至貴者無敵。聖王託於無敵,故民命敵焉。"

第一部份（乙）:

此部份強調僅靠仁義的小惠,不足以使人歸服,唯有"誠心可以懷遠",此種文意似屬第一部份資料內容。主要文字見於《文子·上仁》第十二章,與《文子·道原》第十章。

為仁者,必以哀樂諭（原作'論',據王念孫校改。）之,為義者,必以取予明之（〔文子問仁義禮何以為薄於道德也?老子曰:〕為仁,必以哀樂論之;為義者,必以取與明之。）。目所見不過十里,而欲遍照海內（原有"之民"二字,據何寧校改。），哀樂弗能給也。無天下之委財，而欲遍贍萬民，利不能足也（四海之內，哀樂不能遍，竭府庫之財貨，不足以贍萬民。）〈上仁〉篇第十二①。且喜怒哀樂，有感而自然者也。故哭發之於口，涕之出於目，此皆憤於中而形於外者也。譬若水之下流，〔熛〕（原作“煙”，據王引之校改。）之上尋也，夫有孰推之者！故強哭者雖病不哀，強親者雖笑不和。情發於中而聲應於外。故鳌負羈之壺餐，愈於晉獻公之垂棘；趙宣孟之束脯，賢於智伯之大鍾。故：禮豐不足以效愛，而誠心可以懷遠（禮豐不足以防愛，誠心可以懷遠。）〈道原〉篇第十章⑥。

真者，精誠之至也。不精不誠，不能動人。故強哭者雖悲不哀，強怒者雖嚴不威，強親者雖笑不和。真悲無聲而哀，真怒未發而威，真親未笑而和。真在內者，神動於外，是所以貴真也。《莊子·漁父》

《淮南子》上段文意似本諸《莊子·漁父》。又，何寧云：“‘壺餐’事見《左傳·僖公二十三年》，‘垂棘’事見《左傳·僖公二年》。”又云“‘束脯’事，見《呂氏春秋》〈報更〉篇。‘大鍾’事見《戰國策》〈西周策〉、《韓非子》〈說林訓〉、《呂氏春秋》〈權勳〉篇。”

第二部份（乙）：

此部份論述禮無一定之制，俗無不變之規，合於〈要略〉篇所言“同九夷之風氣”，當為〈齊俗訓〉資料的重要組成部份。全文以四重“故”的形式敘說，具有解證作用，但此處卻與前文文意完全無關，其前應有大量脫文。

故：公西華之養親也，若與朋友處；曾參之養親也，若事嚴主烈君；其於養，一也。故胡人彈骨，越人契臂，中國歃血也，所由各異，其於信，一也。三苗髽首，羌人括領，中國冠笄，越人劗髮，其於服，一也。帝顓頊之法，婦人不辟男子於路者，〔祓〕（原作“拂”，據莊逵吉校改。）之於四達之衢。今之國都，男女切踦，肩摩於道，其於

259

俗，一也。

故：四夷之禮不同，皆尊其主而愛其親，敬其兄；貐犹之俗相反，皆慈其子而嚴其上。夫鳥飛成行，獸處成群，有孰教之！

故：魯國服儒者之禮，行孔子之術，地削名卑，不能親近來遠。越王句踐剬髮文身，無皮弁搢笏之服，拘罷拒折之容，然而勝夫差於五湖，南面而霸天下，泗上十二諸侯皆率九夷以朝。胡、貉、匈奴之國，縱體拖髮，箕倨反言，而國不亡者，未必無禮也。楚莊王裾衣博袍，令行乎天下，遂霸諸侯。晉文君大布之衣，牂羊之裘，韋以帶劍，威立於海內。豈必鄒、魯之禮之謂禮乎！

> 何寧云：“《孟子》〈告子〉下：‘魯繆公之時，公儀子為政，子柳、子思為臣，魯之削也滋甚。’即此文所本。”又云：“《墨子》〈公孟〉篇：‘昔者，楚莊王鮮冠組纓，絳衣博袍，以治其國，其國治。’即此文所本。”又云：“《墨子》〈公孟〉篇：‘昔者，晉文公大布之衣，牂羊之裘，韋以帶劍，以治其國，其國治。’又〈兼愛中〉篇：‘昔者晉文公好士之惡衣，故文公之臣，皆牂羊之裘，韋以帶劍，練帛之冠，入以見於君，出以踐於朝。’又〈兼愛下〉篇：‘昔者晉文公好苴服，當文公之時，晉國之士，大布之衣，牂羊之裘，練帛之冠，且苴之屨，入見文公，出以踐之朝。’即此文所本。”

是故：入其國者從其俗，入其家者避其諱，不犯禁而入，不忤逆而進，雖之夷狄徒倮之國，結軌乎遠方之外，而無所困矣。

第一部份（丙）：

此部份資料，按其文意結構可分為三章。

1

此章與〈要略〉篇所言“財制禮義之宜”有關，說明“禮不過實，仁不溢恩”，並強調"制禮"在於"佐實喻意"，以求"通乎侈儉之適"。此章與下章似原屬本篇第一部份第一章之後。全文重要部份見於《文子·上仁》第十二章。〈上仁〉篇第十二章由許多各不連貫的段落組成，其中文句雖有脫漏，但保留平王（文子）與文子（老子）談論"仁義禮何以為薄於道德"的哲學史料資料，與竹簡《文子》論述的體例相合。

①

禮者、實之文也；仁者、恩之效也（夫禮者，實之文也；仁者，恩之效也。）。故禮因人情而為之節文，而仁發怵以見容。禮不過實，仁不溢恩也（故禮因人情而制，不過其實，仁不溢恩。）〈上仁〉篇第十二章③a，治世之道也。

上段"故禮因人情而為之節文"句，出自《管子》，〈心術上〉篇曰："禮者，因人之情，緣義之理，而為之節文者也。"

夫三年之喪，是強人所不及也，而以偽輔情也；三月之服，是絕哀而迫切之性也。夫儒、墨不原人情之終始，而務以行相反之制，五繏之服。悲哀抱於情，葬薶稱於養，不強人之所不能為，不絕人之所〔不〕（據陳觀樓校補。）能已，度量不失於適，誹譽無所由生（悲哀抱於情，送死稱於仁。夫養生不強人所不能及，不絕人所不能已，度量不失其適，非譽無由生矣。）〈上仁〉篇第十二章③b。

古者，非不知繁升降槃還之禮也，蹀〈采齊〉、〈肆夏〉之容也，以為曠日煩民而無所用，故制禮足以佐實喻意而已（原有"矣古者"三字，據何寧校刪。），非不能陳鐘鼓，盛筦簫，揚干戚奮羽旄，以為費財亂政，制樂足以合歡宣意而已，喜不羨於音。非不能竭國糜民，虛府殫財，含珠鱗施，綸組節束，追送死也，以為窮民絕業而無益於槁骨腐肉也，故葬薶足以收斂蓋藏而已。昔舜葬蒼梧，市不變其肆；禹葬會稽之山，農不易其畝；明乎死生之分，通乎侈儉之適者也（故制樂足以合歡，〔不出於和，〕明於死生之分，通於侈儉之適也。〈上仁〉篇第十二章③c。

亂國則不然，言與行相悖，情與貌相反，禮飾以煩，樂優以淫（末世即不然，言與行相悖，情與貌相反，禮飾以煩，樂擾以淫。），崇死以害生，久喪以招行，是以風俗濁於世，而誹譽萌於朝，是故聖人廢而弗用也（風俗溺於世，非譽萃於朝，故至人廢而不用也。）〈上仁〉篇第十二章③d。

②

此節明確申論"財制禮意之宜"。

義者，循理而行宜也；禮者，體情制文者也。

義者，宜也，禮者，體也。

上段資料，王引之云："上二句即是訓'義'為'宜'，訓'禮'為'體'，不須更云'意者宜也，禮者體也'矣。疑後人取〈中庸〉〈禮器〉之文記於旁，而寫者因誤入正文也。"

昔有扈氏爲義而亡，知義而不知宜也；魯治禮而削，知禮而不知體也。

有虞氏之〔禮〕（原作'祀'，據王念孫校改。），其社用土，杞中霤，葬成畝，其樂〈咸池〉、〈承雲〉、〈九韶〉，其服尚黃。夏后氏〔之禮〕（據王念孫校補。），其社用松，祀戶，葬牆置翣，其樂〈夏籥〉、〈九成〉、〈六佾〉、〈六列〉、〈六英〉，其服尚青。殷人之禮，其社用石，杞門，葬樹松，其樂〈大濩〉、〈晨露〉，其服尚白。周人之禮，其社用栗，祀竈，葬樹柏，其樂〈大武〉、〈三象〉、〈棘下〉，其服尚赤。禮樂相詭，服制相反，然而皆不失親疏之恩，上下之倫。

上段對於古禮的記述，當本諸前人資料，《禮記·檀弓》曰："有虞氏瓦棺，夏后氏堲周，殷人棺槨，周人牆置翣。"

2

此章申述"世異即事變，時移即俗易"的觀念，重要部份見於《文子・道德》第十二章。〈道德〉篇第十二章文意較完整，其全文為：

〔老子曰：〕執一世之法籍，以非傳代之俗，譬猶膠柱調瑟。〔聖人者，應時權變，見形施宜，〕世異則事變，時移則俗易，論世立法，隨時舉事。上古之王，法度不同，非故相返也，時務異也。是故不法其已成之法，而法其所以為法者，與化推移。

聖人法之可觀也，其所以作法不可原也，其言可聽也，其所以言不可形也。

三皇五帝輕天下，細萬物，齊死生，同變化，抱道推誠，以鏡萬物之情，上與道為友，下與化為人。今欲學其道，不得其清明玄聖，守其法籍，行其憲令，必不能以為治矣。

〈齊俗訓〉此處錯簡雜陳，文意不清。按〈道德〉篇所論述的內容來看，強調"抱道推誠"、"論世立法"、"隨時舉事"，極似文子學派所發展的思想。或許這也是為戰國時代施行變法建立了理論的基礎。〈齊俗訓〉可能引述"文子外編"此項資料。

今握一君之法籍，以非傳代之俗，譬由膠柱而調瑟也（〔老子曰：〕執一世之法籍，以非傳代之俗，譬猶膠柱調瑟。）〈道德〉篇第十二章① a。

故：明主制禮義而為衣，分節行而為帶。衣足以覆形，從《典》、《墳》，虛循撓，便身體，適行步，不務於奇麗之容，隅〔些〕（原作"皆"，據洪頤煊校改。）之削。帶足以結紐收衽，束牢連固，不亟於為文句疏〔矩〕（原作"短"，據孫詒讓校改。）之鞿。故制禮義，行至德，而不拘於儒墨。

上段恐為錯簡，其中所言"明主制禮義而為衣，分節行而為帶"，對於"禮義節行"是給予正面評價的，而下文卻說"禮義節行，又何以窮至治之本哉"，與此意相違。"從典墳虛循撓"六字，馬宗霍認為當在"衣足以覆形"句前，但就上下文意來看，恐亦為錯簡。蔣禮鴻云："'從《典》、

263

《墳》，虛循撓’六字，乃非毀儒者之詞，與上下文義不屬，明為錯簡，
特不知其原處耳。”何寧云：“蔣謂‘《典、墳》二句為錯簡，似是也。
疑在’今握一君之法籍‘句下，謂握一君之法籍，上托《典》、《墳》以
自重，為虛言以非傳代之俗，故曰虛循撓耳。”

所謂明者，非謂其見彼也，自見而已；所謂聰者，非謂聞彼
也，自聞而已；所謂達者，非謂知彼也，自知而已。是故：
身者，道之所託，身德則道得矣。道之得也，以視則明，以
聽則聰，以言則公，以行則從。

> 吾所謂臧者，非仁義之謂也，臧於其德而已矣；吾所謂臧者，非所謂仁義之
> 謂也，任其性命之情而已矣；吾所謂聰者，非謂其聞彼也，自聞而已矣；吾所謂
> 明者，非謂其見彼也，自見而已矣。《莊子·駢拇》

上段談論“明”、“聰”、“聞”、“達”均來自於自得。自有所得，謂
之“身德”，“身德”即“道得”。此種義理與前後文的論說無關，應屬
錯簡。又，以下數段說明“禮義節行”“不足窮至治之本”，聖人則“論
世而立法，隨時而舉事”，合於〈齊俗訓〉“通古今之論”的篇旨。但下
段之前似有脫文。

故：聖人裁制物也，猶工匠之斲削鑿枘也，宰庖之切割分別也，
曲得其宜而不折傷。拙工則不然，大則塞而不入，小則窕而不周，
動於心，枝於手，而愈醜。夫聖人之斲削物也，剖之判之，離之散
之。已淫已失，復揆以一；既出其根，復歸其門；已雕已琢，還反
於樸。合而為道德，離而為儀表。其轉入玄冥，其散應無形。禮義
節行，又何以窮至治之本哉！

> 何寧云：“《莊子》〈山木〉篇‘既雕既琢，復歸於樸’，《韓非子》〈外儲
> 說左〉‘既雕既琢，還復其樸’，皆《淮南》所本。”

世之明事者，多離道德之本，曰：“禮義足以治天下。”此未
可與言術也。所謂禮義者，五帝三王之法籍風俗，一世之跡也。譬

若芻狗土龍之始成，文以青黃，絹以綺繡，纏以朱絲，尸祝袀袚，大夫端冕以送迎之。及其已用之後，則壤土草〔薊〕（原作“刻”，據王念孫校改。）而已，夫有孰貴之！

> 夫芻狗之未陳也，盛以篋衍，巾以文繡，尸祝齊戒以將之。及其已陳也，行者踐其首脊，蘇者取而爨之而已；將復取而盛以篋衍，巾以文繡，遊居寢臥其下，彼不得夢，必且數眯焉。《莊子·天運》

《淮南子》上段“譬若芻狗土龍之始成”數句，文意似本諸《莊子·天運》。

故當舜之時，有苗不服，於是舜脩政偃兵，執干戚而舞之。禹之時，天下大〔水〕（原作“雨”，據王念孫校改。），禹令民聚土積薪，擇丘陵而處之。武王伐紂，載尸而行，海內未定，故（原有‘不’字，據王念孫校刪。）為三年之喪（原有“始”字，據王念孫校刪。）。禹遭洪水之患，陂塘之事，故朝死而暮葬。此皆聖人之所以應時耦變，見形而施宜者也（聖人者，應時權變，見形施宜。）〈道德〉篇第十二章①b。今知脩干戚而笑钁插，知三年而非一日，是從牛非馬，以徵笑羽也。以此應化，無以異於彈一絃而會〈棘下〉。

夫以一世之變，欲以耦化應時，譬猶多被葛而夏被裘。夫一儀不可以百發，一衣不可以出歲。儀必應乎高下，衣必適乎寒暑。是故世異即事變，時移即俗易〈道德〉篇第十二章①c。

故聖人論世而立法，隨時而舉事（世異則事變，時移則俗易，論世立法，隨時舉事。）〈道德〉篇第十二章①d。尚古之王，封於泰山，禪於梁父，七十餘聖，法度不同，非務相反也，時世異也（上古之王，法度不同，非故相返也，時務異也。）。是故不法其已成之法，而法其所以為法。所以為法者，與化推移者也（是故不法其已成之法，而法其所以為法者，與化推移。）〈道德〉篇第十二章①e。夫能與化推移者（原有“為人”二字，據王念孫校刪。），至貴在焉爾。故：狐梁之歌可隨也，其所以歌者不可為也；聖人之法可觀也，其所以作法

265

不可原也；辯士言可聽也，其所以言不可形也（聖人法之可觀也，其所以作法不可原也，其言可聽也，其所以言不可形也。）〈道德〉篇第十二章②。淳均之劍不可愛也，而歐冶之巧可貴也。

> 以上三段文意，似與《莊子·天運》相近，〈天運〉篇曰："故夫三皇五帝之禮義法度，不矜於同而矜於治。故譬三皇五帝之禮義法度，其猶柤梨橘柚邪！其味相反而皆可於口。故禮義法度者，應時而變者也。今取猨狙而衣以周公之服，彼必齕齧挽裂，盡去而後慊。"

今夫王喬、赤誦子，吹嘔呼吸，吐故納新，遺形去智，抱素反真，以遊玄眇，上通雲天。今欲學其道，不得其養氣處神，而放其一吐一吸，時詘時伸，其不能乘雲升假，亦明矣。五帝三王，輕天下，細萬物，齊死生，同變化，抱大聖之心，以鏡萬物之情，上與神明為友，下與造化為人（三皇五帝輕天下，細萬物，齊死生，同變化，抱道推誠，以鏡萬物之情，上與道為友，下與化為人。）。今欲學其道，不得其清明玄聖，而守其法籍憲令，不能為治亦明矣（今欲學其道，不得其清明玄聖，守其法籍，行其憲令，必不能以為治矣。）〈道德〉篇第十二章③。故曰："得十利劍，不若得歐冶之巧；得百走馬，不若得伯樂之數。"

> 上段"吹嘔呼吸，吐故納新"兩句，見於《莊子·刻意》，"故曰得十利劍"等句，似本諸《呂氏春秋·贊能》，〈贊能〉篇曰："得十良馬，不若得一伯樂，得十良劍，不若得一歐冶；得地千里，不若得一聖人。舜得皋陶而舜受之，湯得伊尹而有夏民，文王得呂望而服殷商。夫得聖人，豈有里數哉？"

3

> 此章論述"貫萬物之理"。全文主要部份見於《文子·自然》第二章。

> 樸，至大者無形狀；道，至大者無度量。故天圓不中規，地方不中矩。往古來今謂之宙，四方上下謂之宇，道在其中而莫知其所。故見不遠者，不可與言大，知不博者，不可與論至。

夫稟道與物通者，無以相非。故三皇五帝，法籍殊方，其得民心一也。

若夫規矩勾繩，巧之具也，而非所以為巧也。故無絃雖師文不能成其曲，徒絃則不能獨悲。故絃悲之具也，非所以為悲也。

至於神和，游於心手之間，放意寫神，論變而形於絃者，父不能以教子，子亦不能受之於父，此不傳之道也。故肅者，形之君也，而寂寞者，音之主也。

關於“宇宙”的觀念，《莊子》書中也有說明，〈庚桑楚〉篇曰：

出無本，入無竅。有實而無乎處，有長而無乎本剽，有所出而無竅者有實。有實而無乎處者，宇也。有長而無本剽者，宙也。有乎生，有乎死，有乎出，有乎入，入出而無見其形，是謂天門。天門者，無有也，萬物出乎無有。有不能以有為有，必出乎無有，而無有一無有。聖人藏乎是。

《文子》與《淮南子》此處思想，與〈庚桑楚〉相近，均指出“宇宙”是有形之域的至大者，而“道”在無形之域，為萬物之所從出，聖人藏於此。就先秦哲學思想的發展來看，《淮南子》此處的思想應有來源，但《文子》此章文意不能連貫，似《淮南子》別本殘文混入。

樸，至大者無形狀，道，至眇者無度量（〔老子曰：〕樸，至大者無形狀；道，至大者無度量。）。故天之圓也不〔中〕規，地之方也不〔中〕（兩“中”字，原均作“得”，據俞樾校改。）矩（故天圓不中規，地方不中矩。）。往古來今謂之宙，四方上下謂之宇，道在其間，而莫知其所（往古來今謂之宙，四方上下謂之宇，道在其中而莫知其所。）。故其見不遠者，不可與語大；其智不閎者，不可與論至（故見不遠者，不可與言大，知不博者，不可與論至。）〈自然〉篇第二章a。

何寧云：“《莊子·齊物論》〈釋文〉引《尸子》‘天地四方曰宇，往古今來曰宙。’”

昔者馮夷得道，以潛大川；鉗且得道，以處崑崙。扁鵲以治病，造父以御馬，羿以之射，倕以之斲，所為者各異，而〔得〕（原作“所”，據《意林》校改。）道者一也。

上段思想與《莊子·大宗師》相近，〈大宗師〉曰：“夫道，……狶韋氏得之，以挈天地；伏羲氏得之，以襲氣母；維斗得之，終古不忒；日月得之，終古不息；堪坏得之，以襲崑崙；馮夷得之，以遊大川；肩吾得之，以處大山；黃帝得之，以登雲天；顓頊得之，以處玄宮；禺強得之，立乎北極；西王母得之，坐乎少廣，莫知其始，莫知其終；彭祖得之，上及有虞，下及五伯；傅說得之，以相武丁，奄有天下，乘東維，騎箕尾，而比於列星。"

夫稟道以通物者，無以相非也（夫稟道與物通者，無以相非。）。譬若同陂而漑田，其受水鈞也。今屠牛而烹其肉，或以酸，或以甘，煎熬燎炙，齊〔和〕（原作"味"，據王念孫校改。）萬方，其本一牛之體。伐梗楠豫樟而剖梨之，或爲棺槨，或爲柱梁，披斷撥逐（原作"橙"，據王念孫校改。），所用萬方，然一木之樸也。故百家之言，指奏相反，其合道一（原有"體"字，據王念孫校刪。）也。譬若絲竹金石之會，樂同也，其曲家異，而不失於體。伯樂、韓風、秦牙、筦青，所相各異，其知馬一也。故三皇五帝，法籍殊方，其得民心鈞也（故三皇五帝，法籍殊方，其得民心一也。）〈自然〉篇第二章①b。故湯入夏而用其法，武王入殷而行其禮，桀、紂之所以亡，而湯、武之所以爲治。

何寧云："韓風、秦牙、管青見《呂氏春秋》〈觀表〉篇。"

故剞劂銷鋸陳，非良工不能以制木；鑪橐埵坊設，非巧冶不能以治金。屠牛〔垣〕（原作"吐"，據莊逵吉校改。）一朝解九牛，而刀〔可〕（據王念孫校補。）以剃毛；庖丁用刀十九年，而刀如新剖〔硎〕（據王念孫校補。）。何則？游乎眾虛之間。若夫規矩鈎繩者，此巧之具也，而非所以〔爲〕（據王念孫校補。）巧也(若夫規矩勾繩，巧之具也，而非所以為巧也。)。故瑟無絃，雖師文不能以成曲；徒絃、則不能悲(故無絃雖師文不能成其曲，徒絃則不能獨悲。)。故絃、悲之具也，而非所以為悲也（故絃悲之具也，非所以為悲也。）。若夫工匠之爲連鑣、運開、陰閉、眩錯，入於冥冥之眇、神調之極，游乎心手〔原有"眾虛"二字，據王念孫校刪。〕之間(至於神和，游於心手之間，)，而莫與物爲際者，父不能以教子。瞽師之放意相物，寫神愈舞，而形乎絃者，兄不能以喻弟（放意寫神，論變而形於絃者，父不能以教子，子亦不能受之於父，）〈自然〉篇第二章②a。今夫爲平者準也，爲直者繩也。若夫不在於繩準之中，可以平直者，此不共之術也。

> 上段"屠牛垣一朝解九牛"事，多見於古典資料，如：《管子・制分》曰："屠
> 牛坦朝解九牛，而刀可以莫鐵，則刃游閒也。"《莊子・養生主》曰："庖丁
> 爲文惠君解牛，……今臣之刀十九年矣，所解數千牛矣，而刀刃若新發於硎。"
> 《呂氏春秋・精通》曰："宋之庖丁好解牛，所見無非死牛者；三年而不見生
> 牛；用刀十九年，刃若新礪研，順其理，誠乎牛也。"《賈誼・新書・制不定》
> 曰："屠牛坦一朝解十二牛。而芒刃不頓者。所排擊。所剝割。皆衆理也。然
> 至髖髀之所。非斤則斧矣。"

故叩宮而宮應，彈角而角動，此同音之相應也。其於五音無所比，而二十五絃皆應，此不傳之道也（此不傳之道也。）。故：蕭條者，形之君；而寂莫者，音之主也（故肅者，形之君也，而寂寞者，音之主也。）〈自然〉篇第二章②b。

> 上段文意似本諸《莊子・徐無鬼》，〈徐無鬼〉篇曰："於是爲之調瑟，廢一
> 於堂，廢一於室，鼓宮宮動，鼓角角動，音律同矣。夫或改調一弦，於五音無
> 當也，鼓之，二十五弦皆動，未始異於聲，而音之君已。"又，另見於〈覽冥〉
> 篇第一部份第三章，作"今夫調瑟者，叩宮宮應，彈角角動，此同聲相和者也。
> 夫有改調一弦，其於五音無所比，鼓之而二十五弦皆應，此未始異於聲，而音
> 之君已形也。"

第四部份（甲）：

> 此部份論述"是非不定"的問題，主要文字以第一人稱敍說，但其中間雜數段
> 後人解說或他篇錯簡。《淮南子》此種敍說的方式見於多處，其內容均與《莊
> 子》思想相近，如：〈原道訓〉第四部份第二章曰：

　　夫天下者亦吾有也，吾亦天下之有也，天下之與我，豈有間哉！夫有天
下者，豈必攝權持勢，操殺生之柄而以行其號令邪？吾所謂有天下者，非謂此
也，自得而已。自得，則天下亦得我矣。吾與天下相得，則常相有，己又焉有
不得容其間者乎！

〈精神訓〉第二部份曰：

　　譬吾處於天下也，亦為一物矣。不識天下之以我備其物與？且惟無我而物
無不備者乎？然則我亦物也，物亦物也。物之與物也，又何以相物也？雖然，
其生我也，將以何益？其殺我也，將以何損？夫造化者既以我為坏矣，將無所
違之矣。吾安知夫刺灸而欲生者之非惑也？又安知夫絞經而求死者之非福也？
或者生乃徭役也，而死乃休息也？天下茫茫，孰知之哉！其生我也不彊求已，
其殺我也不彊求止。欲生而不事，憎死而不辭，賤之而弗憎，貴之而弗喜，隨
其天資而安之不極。吾生也有七尺之形，吾死也有一棺之土。吾生之比於有形
之類，猶吾死之淪於無形之中也。然則吾生也物不以益眾，吾死也土不以加厚，
吾又安知所喜憎利害其間者乎！

此類資料應與劉安編輯《莊子》之事有關，或許原為《莊子》學派史料的佚文。
部份文句見於《文子·道德》第十八章，就文句結構來看，《文子》全章並不
完整，其中部份文字窒礙難解，顯似《淮南子》殘文竄入。

　　天下是非無所定，世各是其所是，而非其所非（〔老子曰：〕天下是
非無所定，世各是其所善，而非其所惡。），所謂是與非各異，皆自是而非人。
由此觀之，事有合於己者，而未始有是也；有忤於心者，而未始有
非也。故求是者，非求道理也，求合於己者也；去非者，非批邪施
也，去忤於心者也（夫求是者，非求道理也，求合於己者也；去非者，非去邪也，去忤
於心者。）〈道德〉篇第十八章①a。忤於我，未必不合於人也；合於我，未必不
非於俗也。至是之是無非，至非之非無是，此真是非也。若夫是於
此而非於彼，非於此而是於彼者，此之謂一是一非也。此一是非，
隅曲也；夫一是非，宇宙也。

　　先秦哲學對於"是非"的探討，道家多採批判的態度，而《淮南子》此處思想

近於《莊子》，如：〈齊物論〉篇曰："彼亦一是非，此亦一是非。果且有彼是乎哉？果且無彼是乎哉？彼是莫得其偶，謂之道樞。樞始得其環中，以應無窮。是亦一無窮。非亦一無窮也，故曰莫若以明。"〈秋水〉篇曰："知是非之不可為分，細大之不可為倪。"〈至樂〉篇曰："天下是非果未可定也。雖然，無為可以定是非。"〈達生〉篇曰："知忘是非，心之適也。"〈天下〉篇更稱莊周為"獨與天地精神往來而不敖倪於萬物，不譴是非，以與世俗處。"又，"故求是者"數句，似本諸〈寓言〉篇，〈寓言〉篇曰："與己同則應，不與己同則反；同於己為是之，異於己，為非之。"

今吾欲擇是而居之，擇非而去之，不知世之所謂是非者（原有"不知"二字，據陳觀樓、王念孫校刪。）孰是孰非（今吾欲擇是而居之，擇非而去之，不知世之所謂是非也。）〈道德〉篇第十八章①b。

上段用第一人稱的"吾"來論述，應當接於下文的"今吾雖欲正身"段。以下資料雖然談論"是非不定"的義理，但可能為他段錯簡，後人就其相近文意，編輯於此。

老子曰："治大國若烹小鮮。"為寬裕者曰勿數撓，為刻削者曰致其鹹酸而已矣（故"治大國若烹小鮮"，勿撓而已。）〈道德〉篇第十八章①c。

上段"為寬裕者曰勿數撓，為刻削者曰致其鹹酸而已矣"兩句，是說明對《老子》經文所產生的兩種不同解釋，《文子》僅說"故治大國若烹小鮮，勿撓而已"，以《淮南子》別本殘文的綴合。所引《老子》，語出《老子》第六十章。

晉平公出言而不當，師曠舉琴而撞之，跌衽〔中〕（原作"宮"，據俞樾校改。）壁。左右欲塗之，平公曰："舍之！以此為寡人失。"孔子聞之曰："平公非不痛其體也，欲來諫者也。"韓子聞之曰："群臣失禮而弗誅，是縱過也。有以也夫，平公之不霸也！"

晉平公與群臣飲，飲酣，乃喟然歎曰："莫樂為人君！惟其言而莫之違。"師曠侍坐於前，援琴撞之，公披袵而避，琴壞於壁。公曰："太師誰撞？"師曠曰："今者有小人言於側者，故撞之。"公曰："寡人也。"師曠曰："啞！是非君人者之言也。"左右請除之。公曰："釋之，以爲寡人戒。"《韓非子·難一》

師經鼓琴，魏文侯起舞，賦曰："使我言而無見違。"師經援琴而撞文侯不中，中旒潰之，文侯謂左右曰："爲人臣而撞其君，其罪如何？"左右曰："罪當烹。"提師經下堂一等。師經曰："臣可一言而死乎？"文侯曰："可。"師經曰："昔堯舜之爲君也，唯恐言而人不違；桀紂之爲君也，唯恐言而人違之。臣撞桀紂，非撞吾君也。"文侯曰："釋之！是寡人之過也，懸琴於城門以爲寡人符，不補旒以爲寡人戒。"《說苑·君道》

《淮南子》上段本諸《韓非子·難一》篇，另《說苑·君道》記述爲魏文侯、師經事，可能源自不同傳聞。

故：〔客〕（賓）有見人於宓子者，賓出，宓子曰："子之賓獨有三過；望我而笑，是攓也。談語而不稱師，是〔反〕（"賓"、"返"二字，均據劉文典校改。）也、交淺而言深，是亂也。"〔客〕（原作"賓"）曰："望君而笑，是公也。談語而不稱師，是通也。交淺而言深，是忠也。"故賓之容一體也，或以爲君子，或以爲小人，所自視之異也。

馮忌請見趙王，行人見之。馮忌接手俛首，欲言而不敢。王問其故，對曰："客有見人於服子者，已而請其罪。服子曰：'公之客獨有三罪：望我而笑，是狎也；談語而不稱師，是倍也；交淺而言深，是亂也。'客曰：'不然。夫望人而笑，是和也；言而不稱師，是庸說也；交淺而言深，是忠也。昔者堯見舜於草茅之中，席隴畝而蔭庇桑，陰移而授天下傳。伊尹負鼎俎而干湯，姓名未著而受三公。使夫交淺者不可以深談，則天下不傳，而三公不得也。'趙王曰：'甚善。'馮忌曰：'今外臣交淺而欲深談可乎？'王曰：'請奉教。'於是馮忌乃談。"《戰國策·趙策》

《淮南子》上段本諸《戰國策·趙策》，于鬯云："《戰國策·趙策》作'客有見人于服子者'，然疑彼文'客'、'人'二字，此文'賓'、'人'二字，皆宜互易，此文即襲彼文也。"

故：趣（原有 "舍" 字，據王念孫校刪。）合，即言忠而益親；身疏，即謀當而見疑（夫趣合者，即言中而益親，身疏而謀當，即見疑。）〈道德〉篇第十八章①d。

親母爲其子治扢禿，而血流至耳，見者以爲其愛之至也；使在於繼母，則過者以爲嫉也。事之情一也，所從觀者異也。從城上視牛如羊，視羊如〔豚〕（原作 "豕"，據楊樹達校改。），所居高也。闚面於盤水則員，於杯則隋。面形不變其故，有所員、有所隋者，所自闚之異也。

上段 "從城上視牛如羊" 等句，似本諸《呂氏春秋·壅塞》，〈壅塞〉篇曰：
"夫登山而視牛若羊，視羊若豚。牛之性不若羊，羊之性不若豚，所自視之勢過也。"

今吾雖欲正身而待物，庸〔詎〕（原作 "遽"，據何寧校改。）知世之所自窺我者乎（今吾欲正身而待物，何知世之所從規我者乎。）！若轉化而與世競走，譬猶逃雨也，無之而不濡（吾若與俗遽走，猶逃雨也，無之而不濡。）〈道德〉篇第十八章②。

下段直接論述 "不爲虛而自虛" 之義，文氣與前段不能接續，上段文意未完，恐有脫文。

常欲在於虛，則有不能爲虛矣；若夫不爲虛而自虛者，此所慕而無不致（原作 "不能"，據王念孫校改。）也（欲在於虛，則不能虛，若夫不爲虛，而自虛者，此所欲而無不致也。）〈道德〉篇第十八章②b。

上段文意似本諸《韓非子·喻老》，〈喻老〉篇曰："所以貴無爲無思爲虛者，謂其意無所制也。夫無術者，故以無爲無思爲虛也。夫故以無爲無思爲虛者，其意常不忘虛，是制於爲虛也。虛者，謂其意無所制也。今制於爲虛，是不虛也。虛者之無爲也，不以無爲爲有常，不以無爲爲有常則虛。"

故：通於道者，如車軸，不運於己，而與轂致千里，轉無窮之原也（故通於道者如車軸，不運於己，而與轂致於千里，轉於無窮之原也。）〈道德〉篇第十八章

273

①a不通於道者，若迷惑，告以東西南北，所居聆聆，一曲而辟，〔忽然〕（原作"然忽"，據王念孫校改。）不得，復迷惑也。故終身隸於人，辟若綄（原作'倪'，據莊逵吉校改。）之見風也，無須臾之間定矣。

　　故：聖人體道反性，不化以待化（故聖人體道反至，不化以待化〔，動而無為也〕。）〈道德〉篇第十八章①b則幾於免矣。

第二部份（丙）：

1

　　此章為〈齊俗訓〉重要資料，全章論述合於〈要略〉篇所言"一群生之短脩"。全文主要內容與《文子·下德》第十章相近，《文子》似《淮南子》殘文混入，但保留部份舊文。

　　①

　　此節言治世之時，人人各安其性，各守其職。

　　治世之〔職〕（原作'體'，據王念孫校改，《文子》正作"職"。）易守也，其事易為也，其禮易行也，其責易償也。是以人不兼官，官不兼事，士農工商，鄉別州異（〔老子曰：〕治世之職易守也，其事易為也，其禮易行也，其責易償也。）。是故農與農言力，士與士言行，工與工言巧，商與商言數（是以人不兼官，官不兼事，士農工商，鄉別州異。故農與農言藏，士與士言行，工與工言巧，商與商言數。）。是以士無遺行，農無廢功，工無苦事，商無折貨，各安其性（是以士無遺行，工無苦事，農無廢功，商無折貨，各安其性。）〈下德〉篇第十章①a，不得相干。

　　上段"是以人不兼官"等句文意，另見於〈主術訓〉，作"工無二伎，士不兼官，各守其職，不得相姦；人得其宜，物得其安，是以器械不苦，而職事不嫚。"

故伊尹之興土功也，修脛者使之跖〔鍤〕（原作'鑺'，據王念孫校改。），強脊者使之負土，眇者使之準，傴者使之塗，各有所宜，而人性齊矣。胡人便於馬，越人便於舟。**異形殊類，易事而悖；失處而賤，得勢而貴**（異形殊類，易事而不悖；失業而賤，得志而貴。）〈下德〉篇第十章①b。聖人摠而用之，其數一也。

> "易事而悖"句，"而"下，《文子》有"不"字。此處似言"胡人"與"越人"變異其習慣，即發生混淆錯亂，《文子》衍'不'字。但何寧先生校《淮南子》則認為"悖"上奪"不"字，曰："蓋後人誤解'易'為更易字，以為使胡人乘舟，越人乘馬，故刪去'不'字。不知此'易'字當作'容易'解。……謂胡人便於馬，越人便於舟，雖異形殊類，而各異其事，不相悖亂也。下文云：'失處而賤，得勢而貴'，二句正反相對為文。此若作易字，則與下句'失處而賤'義複，且與下文不偶矣。《文子》〈下德〉篇正作'易事而不悖'，是其證。"

②

> 此節言治世之時，不以高不可及的才智來作為衡量人們的標準，不以難以達致的德行來作推行於國的風俗。

夫先知遠見，達視千里，人才之隆也，而治世不以責於民（夫先知遠見之人，才之盛也，而治世不以責於人。）。博聞強志，口辯辭給，人智之美也，而明主不以求於下（博聞強志，口辯辭給，人知之溢也，而明主不求於下。）。敖世輕物，不污於俗，士之伉行也，而治世不以為民化（敖世賤物，不從流俗，士之伉行也，而治世不以為化民。）〈下德〉篇第十章②a。神機陰閉，剖剭無跡，人巧之妙也，而治世不以為民業。

故萇弘、師曠，先知禍福，言無遺策，而不可與眾同職也；公孫龍折辯抗辭，別同異，離堅白，不可與眾同道也；北人無擇非舜而自投清泠之淵，不可以為世儀；魯般、墨子以木為鳶而飛之，三日不集，而不可使為工也。

275

上段"師曠"事，何寧云："《左傳・襄公十八年》：'晉人聞有楚師，師曠曰：不害。吾驟歌北風，又歌南風，南風不競，多死聲。楚必無功。'"又，"公孫隆"事，《莊子・秋水》曰："龍少學先王之道，長而明仁義之行；合同異，離堅白；然不然，可不可；困百家之知，窮衆口之辯。"又，"北山無擇"事，《莊子・讓王》曰："舜以天下讓其友北人無擇，北人無擇曰：'異哉后之為人也，居於畎畝之中而遊堯之門！不若是而已，又欲以其辱行漫我。吾羞見之。'因自投清泠之淵。"又，"魯班、墨子"事，向宗魯云："墨子為木鳶，事見《韓非子・外儲說左上》、《列子・湯問》。"

故：高不可及者，不可以為人量；行不可逮者，不可以為國俗（故高不可及者，不以為人量，行不可逮者，不可為國俗。）〈下德〉篇第十章②b。

上段內容近於前文所稱"行齊於俗，可隨也；事周於能，易為也。矜偽以惑世，伉行以違衆，聖人不以為民俗也。"

③

此節言"人才不可專用，而度量可世傳"，治國不可專靠人才，而需道術。此種內容與先後兩節文意不能連貫，恐為錯簡。

夫挈輕重不失銖兩，聖人弗用，而縣之乎銓衡；視高下不差尺寸，明主弗任，而求之乎浣準。何則？人才不可專用，而度量可世傳也（故人才不可專用，而度量道術可世傳也。）〈下德〉篇第十章②c。故國治可與愚守也，而軍制可與權用也（故國法可與愚守也，而軍旅可以法同也。）。夫待騕褭飛兔而駕之，則世莫乘車；待西施、〔絡慕〕（原作"毛嬙"，據王念孫校改。）而為配，則終身不家矣。然非待古之英俊，而人自足者，因所有而〔遂〕（原作"並"，據王念孫校改。）用之（不待古之英雋，而人自足者，因其所有而並用之。）〈下德〉篇第十章②d。夫騏驥千里，一日而通；駑馬十舍，旬亦至之。由是觀之，人才不足專恃，而道術可公行也。

276

何寧云：“《荀子》〈修身〉篇：‘夫驥一日而千里，駑馬時駕，則亦及之矣。’此《淮南》所本。”

④

此節回應第二節的文意，從反面說明亂世用人的方法。

亂世之法，高為量而罪不及，重為任而罰不勝，危為〔難〕（原作“禁”，據王念孫校改。）而誅不敢(末世之法，高為量而罪不及也，重為任而罰不勝也，危為其難而誅不敢也。)。民困於三責，則飾智而詐上，犯邪而干免（民困於三責，即飾智而詐上，犯邪而行危。）。故雖峭法嚴刑，不能禁其姦（雖峻法嚴刑，不能禁其姦。）。何者？力不足也。故諺曰：“鳥窮則噣，獸窮則觸，人窮則詐。”此之謂也（獸窮即觸，鳥窮即啄，人窮即詐，此之謂也。）〈下德〉篇第十章③。

王念孫云：“《莊子》〈則陽〉篇：‘匿為物而愚不識，大為難而罪不敢，重為任而罰不勝，遠其塗而誅不至。’，《呂氏春秋》〈適威〉篇‘煩為教而過不識，數為令而非不從，巨為危而罪不敢，重為任而罰不勝’，文意並與此同。”何寧云：“《荀子》〈哀公〉篇：‘鳥窮則啄，獸窮則攫，人窮則詐’，又《韓詩外傳》二：‘獸窮則齧，鳥窮則啄，人窮則詐’，此《淮南》所本。”

2

此章將“道德之論”比作日月，無論在何處，它們都不會改變行進的軌跡。而人世間的“趨舍禮俗”卻像東西兩種方位一樣，因人所處位置的不同而改易彼此的指稱，永遠無法給予明確的界定。因此，一切人世間的行徑，受到讚譽惑誹謗，遭到困厄或得志，都只是些世俗的認定，或時勢的應合。部份文句見於《文子・上義》第十二章。

道德之論，譬猶日月也，江南河北不能易其指（〔老子曰：〕道德之倫，猶日月也，夷狄蠻貊不能易其指。）〈上義〉篇第十二章①，馳騖千里不能〔改〕（原作"易",據王念孫校改。）其處。趨舍禮俗,猶室宅之居也,東家謂之西家,西家謂之東家,雖皋陶為之理,不能定其處。

故趨舍同,誹譽在俗;意行鈞,窮達在時（趨舍同,即非譽在俗;意行均,即窮達在時。）〈上義〉篇第十二章②a。湯、武之累行積善,可及也;其遭桀、紂之世,天授也。今有湯、武之意,而無桀、紂之時,而欲成霸王之業,亦不幾矣。

> 有湯武之賢而無桀紂之時不成,有桀紂之時而無湯武之賢亦不成。《呂氏春秋·首時》

> 凡治亂存亡,安危彊弱,必有其遇,然後可成,各一則不設。故桀、紂雖不肖,其亡遇湯、武也,遇湯、武,天也,非桀、紂之不肖也;湯、武雖賢,其王遇桀、紂也,遇桀、紂,天也,非湯、武之賢也。若桀、紂不遇湯、武,未必亡也;桀、紂不亡,雖不肖,辱未至於此。若使湯、武不遇桀、紂,未必王也;湯、武不王,雖賢,顯未至於此。《呂氏春秋·長攻》

《淮南子》上段文意,似本諸《呂氏春秋·守時》,〈長攻〉兩篇。

昔武王執戈秉鉞以伐紂勝殷,摷笏杖殳以臨朝。武王既歿,殷民叛之,周公踐東宮,履乘石,攝天子之位,負扆而朝諸侯,放蔡叔,誅管叔,克殷殘商,祀文王於明堂,七年而致政成王。夫武王先武而後文,非意變也,以應時也;周公放兄誅弟,非不仁也,以匡亂也。故事周於世則功成,務合於時則名立（事周於世即功成,務合於時即名立。）〈上義〉篇第十二章②b。

昔齊桓公合諸侯以乘車,退誅於國以斧鉞,晉文公合諸侯以革車,退行於國以禮義。桓公柔而後剛,文公前剛而後柔,然而令行乎天下,權制諸侯鈞者,審於勢之變也。顏闔,魯君欲相之,而不肯,使人以幣先焉,鑿培而遁之,為天下顯武。使遇商鞅、申不害,刑及三族,又況身乎!

> 魯君聞顏闔得道之人也,使人以幣先焉。顏闔守陋閭,苴布之衣而自飯牛。魯君

之使者至，顏闔自對之。使者曰："此顏闔之家與？"顏闔對曰："此闔之家也。"使者致幣，顏闔對曰："恐聽者謬而遺使者罪，不若審之。"使者還，反審之，復來求之，則不得已。《莊子·讓王》

　　魯君聞顏闔得道之人也，使人以幣先焉。顏闔守閭，鹿布之衣，而自飯牛。魯君之使者至顏闔自對之。使者曰："此顏闔之家邪？"顏闔對曰："此闔之家也。"使者致幣，顏闔對曰："恐聽繆而遺使者罪，不若審之。"使者還反審之，復來求之，則不得已。《呂氏春秋·貴生》

《淮南子》上段"顏闔，魯君欲相之"事，似本諸《莊子·讓王》，《呂氏春秋·貴生》也有類似記載。

　　世多稱古之人而高其行，並世有與同者而弗知貴也，非才下也，時弗宜也。故六騏驥、駟駃騠，以濟江河，不若窾木便者，處〔勢〕（原作'世'，據王念孫校改。）然也。是故立功之人，簡於行而謹於時（是故立功名之人，簡於世而謹於時。〔時之至也，間不容息。〕）〈上義〉篇第十二章②ｃ。

第四部份（乙）：

　　此處論述人之趣行各異，無以相非，按文意與行文體例，當屬前文第四部份資料，與"天下是非無所定"段意旨相合。

　　今世俗之人，以功成爲賢，以勝患爲智，以遭難爲愚，以死節爲戇；吾以爲各致其所極而已。

　　王子比干非不知（原有"箕子"二字，據王念孫校刪。）被髮佯狂以免其身也，然而樂直行盡忠以死節，故不爲也。伯夷、叔齊非不能受祿任官以致其功也，然而樂離世伉行以絕眾，故不務也。許由、善卷非不能撫天下、寧海內以德民也，然而羞以物滑和，故弗受也。豫讓、要離非不知樂家室、安妻子以偷生也，然而樂推誠行，必以死主，故

279

不留也。今從箕子視比干，則愚矣；從比干視箕子，則卑矣；從管、晏視伯夷，則戾矣；從伯夷視管、晏，則貪矣。趨舍相非，嗜欲相反，而各樂其務，將誰使正之？

曾子曰："擊舟水中，鳥聞之而高翔，魚聞之而淵藏。"故所趨各異，而皆得所便。故惠子從車百乘以過孟諸，莊子見之，棄其餘魚。鵜胡飲水數斗而不足，鱔〔鮒〕（鮪）入口若露而〔飽〕（"鮪"、"死"二字，據孫詒讓校改。）；智伯有三晉而欲不贍，林類、榮啓期衣若縣衰而意不慊。由此觀之，則趣行各異，何以相非也！

上段"曾子曰"數句，《莊子·齊物論》曰："毛嬙西施，人之所美也；魚見之深入，鳥見之高飛，麋鹿見之決驟。"〈齊物論〉認為"四者孰知天下之正色哉？"與《淮南子》此處所稱"所趨各異，而皆得所便"的文意雖不同，但均指出萬物的反應各隨其所適。《漢書·藝文志》著錄《曾子》十八篇，晁公武云："《隋書》曾有《曾子》兩卷，目一卷，《唐志》則亡其目一卷。"植案：隋唐以來所傳《曾子》，從《大戴禮記》所出，《淮南子》引文似《曾子》佚文。

夫重生者不以利害己，立節者見難不苟免，貪祿者見利不顧身·而好名者非義不苟得。此相爲論，譬猶冰炭鉤繩也，何時而合？若以聖人爲之中，則兼覆而并有之，未有可是非者也。

夫飛鳥主巢，狐狸主穴，巢者巢成而得棲焉，穴者穴成而得宿焉。趣舍行義，亦人之所棲宿也，各樂其所安，致其所蹠，謂之成人。故以道論者，總而齊之。

上段所謂"成人"一語，是先秦哲學表徵人義的重要觀念。不同哲學探索要求，即形成不同的哲學意含。如《論語·憲問》曰："子路問成人。子曰：'若臧武仲之知，公綽之不欲，卞莊子之勇，冉求之藝，文之以禮樂，亦可以為成人矣。'曰：'今之成人者何必然？見利思義，見危授命，久要不忘平生之言，亦可以為成人矣。'"《荀子·勸學》曰："德操然後能定，能定然後能應。能定能應,夫是之謂成人。"《管子·樞言》曰:"動作必思之,無令人識之,卒來者必備之,信之者仁也,不可欺者智也。既智且仁,是謂成人。"

第五部份:

此部份內容涉及〈要略〉篇所稱"通古今之論",但資料並非完整,各段之間,文意亦欠連貫。主要內容出現於《文子·上義》第十三章全章與〈上禮〉篇第五章第二段。見於《文子》兩處資料,均似《淮南子》別本殘文竄入。

①

治國之道,上無苛令,官無煩治,士無偽行,工無淫巧,其事〔任〕(原作"經",據劉文典校改。)而不擾,其器完而不飾(〔老子曰:〕為國之道,上無苛令,官無煩治,士無偽行,工無淫巧,其事任而不擾,其器完而不飾。)。亂世則不然,為行者相揭以高,為禮者相矜以偽,車輿極於雕琢,器用逐於刻鏤,求貨者爭難得以為寶,〔調〕(原作"詆",據呂傳元校改。)文者處煩撓以為慧(亂世即不然,為行者相揭以高,為禮者相矜以偽,車輿極於雕琢,器用逐於刻鏤,求貨者爭難得以為寶,詆文者逐煩撓以為急。)。爭為偽辯,久稽而不〔決〕(原作"訣",據劉文典、王叔岷校改。),無益於治(事為詭辯,久稽而不決,無益於治〔,有益於亂〕。);工為奇器,歷歲而後成,不周於用(工為奇器,歷歲而後成,不周於用。)〈上義〉篇第十三章①。

②

故神農之法曰:"夫丁壯而不耕,天下有受其飢者;婦人當年而不織,天下有受其寒者。"(故神農之法曰:"丈夫丁壯不耕,天下有受其飢者;婦人當年不織,天下有受其寒者。")故身自耕,妻親織,以為天下先(故身親耕,妻親織,以為天下先。)。其導民也,不貴難得之貨,不器無用之物(其導民也，不貴難得之貨，不重無用之物。）〈上義〉篇第十三章②a。

　　上段文字似取自《呂氏春秋·愛類》，〈愛類〉篇曰："《神農之教》曰：'士有當年而不耕者，則天下或受其飢矣；女有當年而不績者，則天下或受其寒矣。'故身親耕，妻親織，所以見致民利也。"相似資料亦見於其他典籍，如：《管子·揆度》曰："農有常業，女常事。一農不耕，民有為之飢者，一女不織，民有為之寒者。"《賈子·新書·無蓄》引曰："古人曰：一夫不耕，或為之飢。一婦不織，或為之寒。"《潛夫論·浮侈》亦曰："　一夫不耕，天下必受其飢者。一婦不織，天下必受其寒者。"

　　是故：其耕不強者，無以養生；其織不力者，無以揜形；有餘不足，各歸其身（是故耕者不強，無以養生；織者不力，無以衣形；有餘不足，各歸其身。）。衣食饒溢，姦邪不生，安樂無事而天下均平。故孔丘、曾參無所施其善，孟賁、成荊無所行其威（衣食饒裕，姦邪不生，安樂無事，天下和平，智者無所施其策，勇者無所措其威。）〈上義〉篇第十三章②b。

　　此節全見於《文子·上義》第十三章。其中所言數事，見於《文子》文句較佳，如："其事'經'而不擾"、"煩撓以為'慧'"、"'爭'為佹辯"、"不'器'無用之物"、"衣食饒'溢'"、"天下'均'平"，《文子》分別作"任"、"急""事"、"重"、"裕"、"和"。又，"故神農之法"段另見於《劉子·貴農》，其文曰："神農之法曰：'丈夫丁壯而不耕，天下有受其飢者；婦人當年而不織，天下有受其寒者。'故天子親耕，后妃親織，以為天下先。是以其耕不強者，無以養其生；其織者不力者，無以蓋其形。衣食饒足，姦邪不生，安樂無事，天下和平，智者無所施其策，勇者無所措其威。"《劉子》與《文子》文句相近，尤以"智者"、"勇者"與《文子》同，《淮南子》分別作"孔丘、曾參"與"孟賁、成荊"，高誘注："成荊，古勇士"，高氏所見《淮南子》文本即已如此。但《劉子》緊接有"是以雕文刻鏤"段，不見於《文子》，而見於《淮南子》本章。可見《劉子》並非直接引用《文子》，而是襲自《淮南子》，引文句與今本《淮南子》並非一致。《文子·上義》第十三章應屬《淮南子》別本資料，或許劉晝之時，尚未編入今本《文子》。

③

此節論述衰世之俗及其引發的弊端，主要部份見於《文子‧上禮》第五章第二段。

衰世之俗，以其知巧詐偽，飾眾無用，貴遠方之貨，珍難得之財，不積於養生之具（末世之為治，不積於養生之具。）；澆天下之淳，析天下之樸，牿服馬牛以爲牢；滑亂萬民，以清為濁，性命飛揚，皆亂以營（澆天下之醇，散天下之樸。滑亂萬民，以清為濁，性命飛揚，皆亂以營。）；貞信漫瀾，人失其情性（貞信爛爛，人失其性。）。於是乃有翡翠犀象、黼黻文章以亂其目，芻豢黍粱、荊吳芬馨以嗛其口，鍾鼓筦簫、絲竹金石以淫其耳，趨舍行義、禮節諦議以營其心。於是，百姓靡沸豪亂，暮行逐利，煩挐澆淺，法與義相非，行與利相反（法與義相背，行與利相反。）〈上禮〉篇第五章③a。雖十管仲，弗能治也。

且富人則車輿衣纂錦，馬飾傅旄象，帷幕茵席，綺繡條組，青黃相錯，不可爲象；貧人〔夏則〕（原作 "則夏"，據劉文典校改。）被褐帶索，唅菽飲水以充腸，以支暑熱，冬則羊裘解札，短褐不揜形，而煬灶口。故其爲編戶齊民無以異，然貧富之相去也，猶人君與僕虜，不足以〔諭〕（原作 "論"，據王念孫校改。）之（貧富之相傾，人君之與僕虜，不足以論。）〈上禮〉篇第五章③b。夫乘奇技、〔爲〕（植按：原作 "僞"，僞讀作爲。）邪施者，自足乎一世之閒，守正脩理、不苟得者，不免乎飢寒之患，而欲民之去末反本，〔是由〕（原作 '由是'，據王念孫校改。）發其原而壅其流也。夫雕〔文〕（原作 "琢"，據劉文典校改。）刻鏤，傷農事者也；錦繡纂組，害女〔功〕（工）者也。農事廢，女〔功〕（原作 "工"，均據王叔岷校改。）傷，則飢之本而寒之原也（《群書治要》引，作 "農事廢業，饑之本也；女工不繼，寒之原也。"）。夫飢寒並至，能不犯法干誅者，古今〔未之〕（原作 "之未"，據劉文典校改。）聞也。

④

此節強調人民的風俗作為，隨世代的不同，情勢的有別而迥異，文意與前三節有出入，並以"故"的形式引述，當為錯簡或僅為殘文。

故：〔仁〕（原作'仕'，據陳觀樓校改。）鄙在時不在行，利害在命不在智。夫敗軍之卒，勇武遁逃，將不能止也；勝軍之陳，怯者死行，懼不能走也。故江河決〔流〕（原作'沈'，據王念孫校改。），一鄉父子兄弟相遺而走，爭升陵阪，上高丘，輕足者先（原有"升"字，據王念孫校刪。），不能相顧也；世樂志平，見鄰國之人溺，尚猶哀之，又況親戚乎！

故：身安則恩及鄰國，志為之滅；身危則忘其親戚，而人（陶鴻慶云："人當讀為仁。"）不能解也。游者不能拯溺，手足有所急也；灼者不能救火，身體有所痛也。夫民有餘即讓，不足則爭。讓則禮義生，爭則暴亂起（夫有餘則讓，不足則爭，讓則禮義生，爭則暴亂起。）〈上禮〉篇第五章④a。扣門求水〔火〕（據王念孫校補。），莫弗與者，所饒足也；林中不賣薪，湖上不鬻魚，所有餘也。

故：物豐則欲省，求澹則爭止（故多欲則事不省，求贍則爭不止。）〈上禮〉篇第五章④b。

秦王之時，或人菹子，利不足也；劉氏持政，獨夫收孤，財有餘也。

故：世治則小人守〔正〕（原作"政"，據劉文典校改。），而利不能誘也；世亂則君子為姦，而法弗能禁也（故世治則小人守正，而利不能誘也。世亂則君子為姦，而法不能禁也。）〈上禮〉篇第五章④c。

九 〈道應訓〉辨析

《淮南子·要略》曰:

> 〈道應〉者,攬掇遂事之蹤,追觀往古之跡,察禍福利害之反,考驗乎老、莊之術,而以合得失之勢者也。"

許慎注曰:"道之所行,物動而應,考之禍福,以知驗符也,故曰‘道應’。"

因此,〈道應訓〉的宗旨在於:蒐集綴聯過去發生的事蹟,與追述觀察往昔古人的行跡,並審視觀察其中涉及禍福利害的轉化,來驗證老莊思想的學說,以此標顯出事物運作得失的情勢。

今本〈道應訓〉可分爲五十六章,全以寓言、傳說或故事的體例來鋪陳,除三章外(各引用《慎子》、《管子》、《莊子》語一條。),章尾都引用《老子》經文作爲解證。此種撰述方式,與《韓非子·喻老》相近,其中有兩章文字即引自〈喻老〉篇。另外取材於《呂氏春秋》二十二次,《莊子》十次(其中〈知北遊〉有四次),《韓非子》其他篇章三次。〈道應訓〉文句見於《文子》者有二十二章,其中大多也見於先秦其他著作,如下表:

〈道應訓〉篇第一章:《莊子·知北遊》、《文子·微明》第一章

〈道應訓〉篇第二章:《呂氏春秋·精諭》、《文子·微明》第二章

〈道應訓〉篇第三章:《呂氏春秋·淫辭》、《文子·微明》第三章

〈道應訓〉篇第四章:《呂氏春秋·執一》、《文子·微明》第四章

〈道應訓〉篇第五章:《呂氏春秋·分職》、《文子·微明》第十九章

〈道應訓〉篇第七章:《莊子·知北遊》、《文子·道原》第五章

〈道應訓〉篇第八章:《呂氏春秋·慎大》、《文子·微明》第七章

〈道應訓〉篇第九章:《呂氏春秋·順說》、《文子·道德》第二章

〈道應訓〉篇第十章:《呂氏春秋·不廣》、《文子·上仁》第十二章

〈道應訓〉篇第十三章:《呂氏春秋·適威》、《文子·道德》第十九章

〈道應訓〉篇第十五章:《莊子·讓王》、《呂氏春秋·審爲》、

《文子‧上仁》第三章

〈道應訓〉篇第十六章：《莊子‧讓王》、《呂氏春秋‧審爲》、
《文子‧下德》第三章

〈道應訓〉篇第十七章：《呂氏春秋‧執一》、《文子‧上仁》第四章

〈道應訓〉篇第十八章：《莊子‧天道》、《文子‧上仁》第四章

〈道應訓〉篇第二十章：《韓非子‧喻老》、《文子‧道德》第六章

〈道應訓〉篇第二十六章：《文子‧下德》第六章

〈道應訓〉篇第三十三章：《荀子‧堯問》、《文子‧符言》

〈道應訓〉篇第三十六章：《文子‧上仁》第五章

〈道應訓〉篇第四十六章：《韓非子‧喻老》、《文子‧精誠》第十章

〈道應訓〉篇第五十章：《呂氏春秋‧離謂》、《文子‧精誠》第五十章

〈道應訓〉篇第五十二章：《文子‧上禮》第八章

〈道應訓〉篇第五十五章：《荀子‧宥坐》、《韓詩外傳》、《文子‧九守》第十二章

因此，〈道應訓〉與《文子》間的關係應當分別來探析。就《文子》書中顯示有解《老子》經文的事實，我們認爲先秦流傳著對《老子》經文解喻的傳承。此一傳承的資料，除在《文子》書中留有部份的殘篇外，比較完整保留在《韓非子‧解老》、〈喻老〉兩篇中。《莊子》外篇，尤其〈知北遊〉篇也有類似資料。《淮南子‧道應》極可能是這個傳承資料在西漢初年的一種彙編，而並非如〈要略〉篇所言爲依照某種理論架構特意撰述的。今本〈道應訓〉雖然仍有五十六段解經形式的資料，但並不整齊，其中有解喻非《老子》經文的資料。因此，它極可能並非原來的足本。本篇現存文字約 8977 字，其中 1499字見於《文子》，佔 16.6%。對於《文子》與〈道應訓〉的關係，我們提出以下幾點說明：

第一、〈道應訓〉原爲解喻《老子》的資料，與《老子》的解經傳承有關連。它原本資料要比存於今本《淮南子》者爲多。今〈道應訓〉文本中有錯簡，文章體例少數並不一致。

第二、《文子》書中保存解《老》資料的殘卷，其中許多文字並不見於《淮南子》。

第三、〈道應訓〉的資料與《文子》書中的解《老》的文字，是併行流傳的。前者編入當時以"鴻烈"爲名的人文規劃著作中，後者後來編入

《文子》書中。

第四、〈道應訓〉有部份殘文，混入今本《文子》。今本《文子》的編輯，可能爲南齊至隋前，由道士所爲。其中混入《淮南子》殘文，部份有摘自〈道應訓〉者。《文子》與〈道應訓〉同出部份中，晚於《呂氏春秋》的成書時期，且文意舛雜不能連貫者，多屬此類。

第五、《文子》有重要觀念的殘文，後人用混入其中的《淮南子》資料加以連綴增補而成者。此類章節多仍保持"文子問老子答"的型態。

第六、〈道應訓〉部份章節，與保存於《文子》中解《老》資料的傳承有關，因此，〈道應訓〉的撰寫，可能參照《文子》中此項資料。

第七、《文子》中保存的解《老》資料，其中部份文句與〈道應訓〉引用先秦故事來解喻《老子》的事例同源，且時常以節要的方式記載。這類資料，晚於《呂氏春秋》的成書時期，可能寫於秦漢之際，也可能與〈道應訓〉編寫同時。其中部份資料，有時與〈道應訓〉所用事例解說的義理並不相同。

1

太淸問於無窮曰："子知道乎？"

無窮曰："吾弗知也。"

又問於無爲曰："子知道乎？"

無爲曰："吾知道。"

〔曰〕（據王叔岷校補。）："子之知道亦有數乎？"

無爲曰："吾知道有數。"

曰："其數奈何？"

無爲曰："吾知道之可以弱，可以強；可以柔，可以剛；可以陰，可以陽；可以窈，可以明；可以包裹天地，可以應待無方（〔老子曰：〕道可以弱，可以強，可以柔，可以剛，可以陰，可以陽，可以幽，可以明，可以包裹天地，可以應待無方。）〈微明〉篇第一章①。此吾所以知道之數也。"

太清又問於無始曰："鄉者,吾問道於無窮,無窮曰:'吾弗知之。'又問於無為,無為曰:'吾知道。'曰:'子之知道,亦有數乎?'無為曰:'吾知道有數。'曰:'其數奈何?'無為曰:'吾知道之可以弱,可以強;可以柔,可以剛;可以陰,可以陽;可以窈,可以明;可以包裹天地,可以應待無方。吾所以知道之數也。'若是,則無為〔之〕(據王念孫校補。)知與無窮之弗知,孰是孰非?"

無始曰:"弗知(原有"之"字據王念孫校刪。)深,而知之淺。弗知內,而知之外。弗知精,而知之粗。(知之淺,不知之深;知之外,不知之內;知之粗,不知之精。)"

太清仰而歎曰:"然則不知乃知邪?知乃不知邪?孰知知之為弗知?弗知之為知邪(知之乃不知,不知乃知之。孰知知之為不知,不知之為知乎!)?"

無始曰:"道不可聞,聞而非也。道不可見,見而非也。道不可言,言而非也。孰知〔形〕(據王念孫校補。)形之不形者乎(夫道不可聞,聞而非也;道不可見,見而非也;道不可言,言而非也。孰知形之不形者乎!)〈微明〉篇第一章②a!"

故老子曰:"天下皆知善之為善,斯不善也。"故"知者不言,言者不知"也(故"天下皆知善之為善也,斯不善矣!""知者不言,言者不知。")〈微明〉篇第一章②b。

於是泰清問乎無窮曰:"子知道乎?"無窮曰:"吾不知。"又問乎無為。無為曰:"吾知道。"曰:"子之知道,亦有數乎?"曰:"有。"曰:"其數若何?"無為曰:"吾知道之可以貴,可以賤,可以約,可以散,此吾所以知道之數也。"泰清以之言也問乎無始曰:"若是,則無窮之弗知與無為之知,孰是而孰非乎?"無始曰:"不知深矣,知之淺矣;弗知內矣,知之外矣。"於是泰清中而歎曰:"弗知乃知乎!知乃不知乎!孰知不知之知?"無始曰:"道不可聞,聞而非也;道不可見,見而非也;道不可言,言而非也。知形形之不形乎!道不當名。"無始曰:"有問道而應之者,不知道也。雖問道者,亦未聞道。道無問,問無應。無問問之,是問窮也;

無應應之，是無內也。以無內待問窮，若是者，外不觀乎宇宙，內不知乎大初，是以不過乎崑崙，不遊乎太虛。"〈莊子・知北遊〉

此章文字取自《莊子・知北遊》，主要文句見於《文子・微明》第一章。〈知北遊〉篇引用多處《老子》經文，或與《老子》解經傳承有關。此處《文子》文字或原為"文子外編"所保留與《淮南子》同源資料，而今本《文子》編輯者定為〈微明〉篇第一章，但就其文句安排，也像似〈道應訓〉資料的摘要。僅就現存文體的形式，我們傾向於前者的看法。所引《老子》經文，分別出自第二章與第五十六章，文字與通行本同。

2

白公問於孔子曰："人可以微言（文子問曰：人可以微言乎？）？"

孔子不應。白公曰："若以石投水（原有"中"字，據俞樾校刪。），何如？"

曰："吳、越之善沒者能取之矣。"

曰："若以水投水，何如？"

孔子曰："菑、澠之水合，易牙嘗而知之。"

白公曰："然則人固不可與微言乎？"

孔子曰："何謂不可！唯（原作"誰"，據王念孫校改。）知言之謂者乎！夫知言之謂者，不以言言也。爭魚者濡，逐獸者趨，非樂之也。故至言去言，至為無為。夫淺知之所爭者，末矣（老子曰：何為不何。唯知言之謂乎？夫知言之謂者，不以言言也。爭魚者濡，逐獸者趨，非樂之也。故至言去言，至為去為，淺知之人，所爭者末矣。）〈微明〉篇第二章①！"

白公不得也，故死於浴室。

故老子曰："言有宗，事有君。夫唯無知，是以不吾知也。"（"言有宗，事有君，夫為無知，是以不吾知。"）〈微明〉篇第二章② 白公之謂也。

夫知遇而不知所不遇，知能能而不能所不能。無知無能者，固人之所不免也。夫務免乎人之所不免者，豈不亦悲哉！至言去言，至為去為。齊知之所知，則淺矣！〈莊

子·知北遊》

白公問於孔子曰：“人可與微言乎？”孔子不應。白公曰：“若以石投水奚若？”孔子曰：“沒人能取之。”白公曰：“若以水投水奚若？”孔子曰：“淄、澠之合者，易牙嘗而知之。”白公：“然則人不可與微言乎？”孔子曰：“胡爲不可？唯知言之謂者爲可耳。”白公弗得也。知謂則不以言矣。言者，謂之屬也。求魚者濡，爭獸者趨，非樂之也。故至言去言，至爲無爲。淺智者之所爭則末矣。此白公之所以死於法室。《呂氏春秋·精諭》

白公問孔子曰：“人可與微言乎？”孔子不應。白公問曰：“若以石投水，何如？”孔子曰：“吳之善沒者能取之。”曰：“若以水投水，何如？”孔子曰：“淄澠之合，易牙嘗而知之。”白公曰：“人故不可與微言乎？”孔子曰：“何爲不可？唯知言之謂者乎！夫知言之謂者，不以言言也。爭魚者濡，逐獸者趨，非樂之也。故至言去言，至爲無爲。夫淺知之所爭者，末矣。”白公不得已，遂死於浴室。”《列子·說符》

此章文字取自《呂氏春秋·精諭》，主要文句見於《文子·微明》第二章。《呂氏春秋》與《淮南子》均爲“白公”與“孔子”的問答，而今本《文子》作“文子”與“老子”。“微言”一詞，在《呂氏春秋》與《淮南子》《列子》等書中，含意極爲平凡。高誘注《呂氏春秋》曰：“微言，陰謀密事也”，指白公勝欲殺楚子西、子期復仇，而問孔子關於“不言之謀”的問題，但在《文子》中，“微言”似指“微渺之言”，具有嚴肅的哲學意含，並表現著晉學謹於禍福的思想特徵。這種“慎微”思想，在竹簡《文子》的殘文中多有所見。因此，它與見於《淮南子》者，敘說的方向與義理，並不相同。所引《老子》經文，語出《老子》第七十章，文字與王弼注本、帛書乙本同，帛書甲本“君”、“事”二字互易。

3

惠子爲惠王為國法（〔文子問曰：〕為國亦有法乎？），已成而示諸先生，先生皆善之。奏之惠王，惠王甚說之，以示翟煎，〔翟煎〕（據王念孫校補。）曰：“善！”

惠王曰：“善，可行乎？”

翟煎曰：“不可。”

惠王曰：“善而不可行，何也？”

翟煎對曰：“今夫舉大木者，前呼邪許，後亦應之，此舉重勸力之歌也。豈無鄭、衛激楚之音哉（〔老子曰：〕今夫挽車者，前呼邪軒，後亦應之，此挽車勸力之歌也。雖鄭衛胡楚之音，）？然而不用者，不若此其宜也。治國〔在〕（原作“有”，據王念孫校改。）禮，不在文辯（不若此之義也。治國有禮，不在文辯。）”。

故老子曰：“法令滋彰，盜賊多有。（“法令滋彰，盜賊多有。”）〈微明〉篇第三章”此之謂也。

> 惠子為魏惠王為法，為法已成。以示諸民人，民人皆善之。獻之惠王，惠王善之，以示翟翦。翟翦曰：“善也。”惠王曰：“可行邪？”翟翦曰：“不可。”惠王曰：“善而不可行，何故？”翟翦對曰：“今舉大木者，前乎輿謣，後亦應之。此其於舉大木者善矣，豈無鄭、衛之音哉？然不若此其宜也。夫國亦木之大者也。”《呂氏春秋·淫辭》

此章文字取自《呂氏春秋·淫辭》。全章主要文句見於《文子·微明》第三章。《文子》此處與《呂氏春秋》、《淮南子》二書，有相當差異。《呂氏春秋》所引用資料來源，似與《文子》所載錄者不同，如“挽車”、“邪許”、“舉重”、“豈無鄭、衛激楚之音”，《文子》分別作“舉大木”、“邪軒”、“勸力”、“雖鄭衛胡楚之音”。又，《呂氏春秋》“惠子為魏惠王為法”句，《淮南子》作“惠子為惠王為國法”，《文子》則作“為國亦有法乎”，前二者意謂“惠子替惠王‘為國法’”，而《文子》則謂“是否治國需要法”，二者義理不同。〈微明〉篇此章似保留文子學派重要解《老》資料。所引《老子》經文，語出《老子》第五十七章。文字與王弼注本同，帛書乙本作“□物茲彰，而盜賊□□”，郭店竹簡《老子》作“法勿（物）茲（滋）章，覝（盜）惻（賊）多又（有）”。

4

　　田駢以道術說齊王，王應之曰："寡人所有，齊國也。道術難以除患，願聞〔齊〕（據楊樹達校補。）國之政。"

　　田駢對曰："臣之言無政，而可以為政。譬之若林木，無材而可以為材（〔老子曰：〕道無正而可以為正。譬若山林而可以為材。）。願王察其所謂，而自取齊國之政焉已。雖無除其患害，天地之間，六合之內，可陶冶而變化也。齊國之政，何足問哉！"此老聃之所謂"無狀之狀，無物之象"者也。若王之所問者，齊也，田駢所稱者，材也。材不及林，林不及雨，雨不及陰陽，陰陽不及和，和不及道（材不及山林，山林不及雲雨，雲雨不及陰陽，陰陽不及和，和不及道。道者，"所謂無狀之狀，無物之象也"。〔無達其意，〕天地之間，可以陶冶而變化也。）〈微明〉篇第四章。

> 　　田駢以道術說齊。齊王應之曰："寡人所有者齊國也，願聞齊國之政。"田駢對曰："臣之言，無政而可以得政。譬之若林木，無材而可以得材。願王之自取齊國之政也。駢猶淺言之也。博言之，豈獨齊國之政哉？變化應求而皆有章，因性任物而莫不宜當，彭祖以壽，三代以昌，五帝以昭，神農以鴻。"〈呂氏春秋・執一〉

此章文字取自《呂氏春秋・執一》，主要內容見於《文子・微明》第四章。〈道應訓〉句序似有錯亂，"若王之所問者"之後數句，當在"此老聃"句前，方合於〈道應訓〉全篇敘說體例，《文子》句序即如此。〈微明〉篇此章似保留與〈道應訓〉併行的解《老》資料。所引《老子》經文，語出《老子》第十四章。"此老聃所謂"句式，與〈道應訓〉其他各章引《老子》者不同。

5

　　白公勝得荊國，不能以其府庫分人。七日，石〔乞〕（原作"乙"，據王念孫校改。）入曰："不義得之，又不能布施，患必至矣（〔老子曰：〕以不義而得之，又不布施，患及其身。）〈微明〉篇第十九章①a。不能予人，不若焚之，毋令人以害我。"

白公弗聽也。九日，葉公入，乃發太府之貨以予眾，出高庫之兵以賦民，因而攻之，十有九日而擒白公。夫國非其有也，而欲有之，可謂至貪也矣。不能為人，又無以自為，可謂至愚矣。譬白公之嗇也，何以異於梟之愛其子也（不能為人，又無以自為，可謂愚人。無以異於梟愛其子也。）〈微明〉篇第十九章①b？

故老子曰："持而盈之，不如其已。揣而銳之，不可長保也。（故"持而盈之，不如其已，揣而銳之，不可長保。"）〈微明〉篇第十九章①c"

> 白公勝得荊國，不能以其府庫分人。七日，石乞曰："患至矣。不能分人則焚之，毋令人以害我。"白公又不能。九日，葉公入，乃發太府之貨以予眾，出高庫之兵以賦民，因攻之。十有九日而白公死。國非其有也而欲有之，可謂至貪矣；不能為人，又不能自為，可謂至愚矣，譬白公之嗇，若梟之愛其子也。《呂氏春秋·分職》

此章文字取自《呂氏春秋·分職》，主要內容見於《文子·微明》第十九章第一段。《文子》此段為〈微明〉篇最後一章的首段，其後有大段文字為不見於《淮南子》的解《老》資料。此處《淮南子》似參照"文子學派"資料，引用《呂氏春秋》所記事例，加以編寫。所引《老子》經文，語出《老子》第九章，文字與王弼注本同，郭店竹簡《老子》作"米而湟（盈）之，不不若已；湍而羣之，不可長保也"。

6

趙簡子以襄子為後，董閼于曰："無卹賤，今以為後，何也？"

簡子曰："是為人也，能為社稷忍羞。"

異日，知伯與襄子飲而批襄子之首，大夫請殺之，襄子曰："先君之立我也，曰能為社稷忍羞，豈曰能刺人哉！"

處十月，知伯圍襄子於晉陽，襄子疏隊而擊之，大敗知伯，破其首以為飲器。

故老子："知其雄，守其雌，其為天下谿。"

令張孟談踰城潛行，與魏桓、韓康期而擊智伯，斷其頭以爲觴，遂定三家，豈非用賞罰當邪？《呂氏春秋·賞義》

趙簡子以襄子爲後，董安于曰："無恤不才，今以爲後，何也？"簡子曰："是其人能爲社稷忍辱。"異日，智伯與襄子飲，而灌襄子之首，大夫請殺之，襄子曰："先君之立我也，曰能爲社稷忍辱，豈曰能刺人哉！"處十月，智伯圍襄子於晉陽，襄子疏隊而擊之，大敗智伯，漆其首以爲酒器。《說苑·建本》

此章文字見於《說苑·建本》，〈建本〉篇取自前人資料，似與〈道應訓〉同源，所引《老子》經文，語出《老子》第二十八章，王弼注本"雌"下無"其"字。

7

齧缺問道於被衣，被衣曰，"正女形，壹女視，天和將至。攝女知，正女度，神將來舍。德將〔爲〕（原作"來附"，據王念孫校改。）若美，而道將爲女居。惥乎若新生之犢，而無求其故。"（孔子問道，老子曰："正汝形，一汝視，天和將至；攝汝知，正汝度，神將來舍。德將爲汝容，道將爲汝居。瞳兮若新生之犢，而無求其故"）言未卒，齧缺繼以讎夷。

被衣行歌而去曰："形若槁骸，心如死灰。〔真其實〕（原作"直實不"，據王念孫校改。）知，不以故自持。墨墨恢恢，無心可與謀（形若枯木，心若死灰，真其實知而不以曲故自持，恢恢無心可謀。"）。彼何人哉！"

故老子曰："明白四達，能無以知乎！"（"明白四達，能無知乎？"）

〈道原〉篇第五章

齧缺問道乎被衣，被衣曰："若正汝形，一汝視，天和將至；攝汝知，一汝度，神將來舍。德將爲汝美，道將爲汝居，汝瞳焉如新生之犢而無求其故！"言未卒，齧缺睡寐。被衣大說，行歌而去之，曰："形若槁骸，心若死灰，真其實知，不以故自持。媒媒晦晦，無心而不可與謀。彼何人哉！"《莊子·知北遊》

此章文字取自《莊子·知北遊》，主要內容見於《文子·道原》第五章。〈道原〉篇第五章似保留與〈道應訓〉同源的"文子外編"資料，但"孔子問道，老子曰"的方式，可能為後人所改篡。所引《老子》經文，語出《老子》第十章，王弼注本作"明白四達，能無為乎"，與《文子》同，而帛書乙本作"明白四達，能毋以知乎"，與《淮南子》同。

8

趙襄子〔使〕（據王念孫校補）攻翟而勝之，取〔左〕（原作"尤"，據王念孫校改。）人、〔中〕（原作"絰"，據《呂世春秋·慎大覽》原文改。）人。使者來謁之，襄子方將食而有憂色。左右曰："一朝而兩城下，此人之所喜也。今君有憂色，何也？"

襄子曰："江、河之大也，不過三日。飄風暴雨，日中不須臾。今趙氏之德行無所積，〔一朝而〕（原作"今一朝"，據王念孫校改。）兩城下，亡其及我乎（〔老子曰：〕江河之大，溢不過三日，飄風暴雨，日中不出須臾止。德無所積而不憂者，亡其及也。）！"

孔子聞之曰："趙氏其昌乎！"

夫憂、所以為昌也，而喜、所以為亡也（夫憂者所以昌也，喜者所以亡也。）。勝非其難者也，〔持之其難者也〕（據劉績本補。）賢主以此持勝，故其福及後世。齊、楚、吳、越皆嘗勝矣，然而卒取亡焉，不通乎持勝也。唯有道之主能持勝。孔子勁〔扚〕（原作"杓"，據王念孫校改。）國門之關，而不肯以力聞。墨子為守攻，公輸般服，而不肯以兵知。善持勝者，以強為弱（故善者，以弱為強，轉禍為福。）。

故老子曰："道沖，而用之又弗盈也。（"道沖而用之又不滿也。"）〈微明〉篇第七章"

趙襄子攻翟，勝老人中人，使使者來謁之，襄子方食，搏飯有憂色。左右曰："一朝而兩城下，此人之所以喜也，今君有憂色何？"襄子曰："江河之大也，不過三日，飄風暴雨，日中不須臾。今趙氏之德行無所於積，一朝而兩城下，亡其及我乎？"孔子聞之曰："趙氏其昌乎！"夫憂所以為昌也，而喜所以為亡也；勝非其難者也，持之其難者也。賢主以此持勝，故其福及後世。齊、荊、吳、越皆嘗勝矣，而卒取亡，不達乎持勝也。唯有道之主能持勝。孔子之勁，舉國門之關，而不肯以力聞，墨子爲守攻，公輸般服，而不肯以兵加。善持勝者以術彊弱。《呂氏春秋·慎大》

趙襄子使新穉穆子攻翟。勝之，取左人中人；使遽人來謁之。襄子方食，而有憂色。左右曰：「一朝而兩城下，此人之所喜也，今君有憂色，何也？」襄子曰：「夫江河之大也，不過三日；飄風暴雨不終朝；日中不須臾。今趙氏之德行無所施於積，一朝而兩城下，亡其及我哉！」孔子聞之曰：「趙氏其昌乎！夫憂者所以爲昌也，喜者所以爲亡也。勝非其難者也，持之其難者也。賢主以此持勝，故其福及後世。齊楚吳越皆嘗勝矣，然卒取亡焉。不達乎持勝也。唯有道之主爲能持勝。」孔子之勁能拓國門之關，而不肯以力聞，墨子爲守攻，公輸般服，而不肯以兵知，故善持勝者以彊爲弱。《列子·說符》

此章文字取自《呂氏春秋·慎大》，主要內容見於《文子·微明》第七章。「江河之大」數句，〈慎大〉篇作「江河之大也，不過三日，飄風暴雨，日中不須臾。」與《淮南子》同。「不過三日」義不可解，句前當如《文子》有「溢」字。「日中不須臾」，〈微明〉篇作「日中不出須臾止」。畢沅、馬敘倫、陳奇猷等認爲「飄風暴雨」句下脫「不終朝」三字，但《說苑·談叢》此數句作「江河之大也，溢不過三日，飄風暴雨，須臾而畢」，近於《文子》。〈道應訓〉此章似與〈微明〉篇同屬併行流傳的解《老》資料，文字載記略異。所引《老子》經文，語出《老子》第四章。王弼注本作「道沖，而用之或不盈」，帛書乙本作「道沖，而用之有弗盈也」，「盈」字，《文子》作「滿」。

9

惠孟見宋康王，〔康王〕（據王念孫校補。）蹀足謦欬，疾言曰：「寡人所說者，勇有功也，不說爲仁義者也。客將何以教寡人？」

惠孟對曰：「臣有道於此，〔使〕（據王念孫校補。）人雖勇，刺之不入；雖巧有力，擊之不中（〔老子曰：夫行道者，〕使人雖勇，刺之不入，雖巧，擊之不中。）。大王獨無意邪？」

宋王曰：「善！此寡人之所欲聞也。」

惠孟曰：「夫刺之而不入，擊之而不中，此猶辱也（夫刺之不入，擊之不中，而猶辱也，）。臣有道於此，使人雖有勇弗敢刺，雖有力不敢擊。夫不敢刺、不敢擊，非無其意也（末若使人雖勇不敢刺，雖巧不敢擊。夫不敢者，非無其意也，末若使人無其意。）。臣有道於此，使人本無其意也。夫無其意，未有愛利之心也（夫無其意者，末有愛利害之心也，）。臣有道於此，使天下丈夫女子，莫不歡然皆欲愛利之（此處原有"心"字，據王念孫校刪。）（不若使天下丈夫女子，莫不懽然皆欲愛利之。此其賢於勇有力也，四累之上也。大王獨無意邪？」

宋王曰：「此寡人所欲得也。」

惠孟對曰：「孔、墨是已。孔丘、墨翟，無地而為君，無官而為長，天下丈夫女子莫不延頸舉踵而願安利之者（若然者，無地而為君，無官而為長，天下莫不願安利之。）。今大王、萬乘之主也。誠有其志，則四境之內皆得其利矣。此賢於孔、墨也遠矣！」

宋王無以應。惠孟出，宋王謂左右曰：「辯矣，客之以說勝寡人也！」

故老子曰：「勇於不敢則活。（故"勇於敢則殺，勇於不敢則活。"）〈道德〉篇第二章"」由此觀之，大勇反為不勇耳。

惠盎見宋康王。康王蹀足謦欬疾言曰："寡人之所說者勇有力也，不說為仁義者。客將何以教寡人？"惠盎對曰："臣有道於此，使人雖勇刺之不入，雖有力擊之弗中。大王獨無意邪？"王曰："善！此寡人所欲聞也。"惠盎曰："夫刺之不入，擊之不中。此猶辱也。臣有道於此，使人雖有勇弗敢刺，雖有力不敢擊。大王獨無意邪？"王曰："善！此寡人之所欲知也。"惠盎曰："夫不敢刺不敢擊，非無其志也。臣有道於此，使人本無其志也。大王獨無意邪？"王曰："善！此寡人之所願也。"惠盎曰："夫無其志也，未有愛利之心也。臣有道於此，使天下丈夫女子莫不驩然皆欲愛利之，此其賢於勇有力也，居四累之上。大王獨無意邪？"王曰："此寡人之所欲得。"惠盎對曰："孔、墨是也。孔丘、墨翟，無地為君，無官為長，天下丈夫女子莫不延頸舉踵而願安利之。今大王萬乘之主也，誠有其志，則四境之內皆得其利，其賢於孔、墨也遠矣。"宋王無以應。惠盎趨而出。宋王謂左右曰："辨矣，客之以說服寡人也。"

宋王，俗主也，而心猶可服，因矣。因則貧賤可以勝富貴矣，小弱可以制彊大矣。《呂
氏春秋·順說》

　　惠盎見宋康王，康王蹀足聲欬，疾言曰：「寡人之所說者，勇有力也，不說爲仁
義者也。客將何以教寡人？」惠盎對曰：「臣有道於此，使人雖有勇，刺之不入；雖
有力，擊之弗中；大王獨無意邪？」宋王曰：「善！此寡人之所欲聞也。」惠盎曰：
「夫刺之不入，擊之弗中，此猶辱也。臣有道於此，使人雖有勇，弗敢刺；雖有力，
弗敢擊。夫弗敢，非無其志也。臣有道於此，使人本無其志也。夫無其志也，未有愛
利之心也。臣有道於此，使天下丈夫女子，莫不驩然，皆欲愛利之。此其賢於勇有力
也，四累之上也。大王獨無意邪？」宋王曰：「此寡人之所欲得也。」惠盎對曰：「孔、
墨是已。孔丘墨翟，無地而爲君；無官而爲長。天下丈夫女子，莫不延頸舉踵，而願
安利之。今大王，萬乘之主也；誠有其志，則四境之內皆得其利矣。其賢於孔、墨也
遠矣。」宋王無以應。惠盎趨而出，宋王謂左右曰：「辯矣！客之以說服寡人也。」
《列子·黃帝》

　　此章文字取自《呂氏春秋·順說》，主要內容見於《文子·道德》第二章。《淮
南子》似摘引《呂氏春秋》文句以解《老》。「雖巧有力，擊之不中」兩句，
《呂氏春秋》作「雖有力，擊之弗中」，《文子》作「雖巧，擊之不中」，文
本記載各有不同。〈道德〉篇此章仍似與〈道應訓〉併行流傳的解《老》資料，
引用《老子》經文，語出《老子》第七十三章，《淮南子》似脫「勇於敢則殺」
句。

10

　　昔堯之佐九人，舜之佐七人，武王之佐五人。堯、舜、武王於
九、七、五者，不能一事焉，然而垂拱受成功焉，善乘人之資也。
故人與驥逐走而不勝驥，託於車上則驥不能勝人。北方有獸，其名
曰蹷，鼠前而兔後，趨則頓，走則顚，常爲蛩蛩駏驉取甘草以與之。
蹷有患害，蛩蛩駏驉必負而走。**此以其能，託其所不能**（與驥逐走，即
人不勝驥；託於車上，即驥不勝人。〔故善用道者，乘人之資以立功。〕以其所能，託其所不
能也。）《上仁》第十二章②。

故老子曰：“夫代大匠斲者，希不傷其手。”

　　智者之舉事必因時，時不可必成，其人事則不廣，成亦可，不成亦可。以其所能託其所不能，若舟之與車。北方有獸，名曰蹶，鼠前而兔後，趨則跲，走則顛，常爲蛩蛩距虛取甘草以與之。蹶有患害也，蛩蛩距虛必負而走。此以其所能託其所不能。

《呂氏春秋·貴因》

　　凡爲善難，任善易。奚以知之？人與驥俱走，則人不勝驥矣；居於車上而任驥，則驥不勝人矣。人主好治人官之事，則是與驥俱走也，必多所不及矣。《呂氏春秋·審分》

　　孔子曰：“北方有獸，其名曰蟨，前足鼠，后足兔。是獸也，甚矣其愛蛩蛩巨虛也，食得甘草，必齧以遺蛩蛩巨虛，蛩蛩巨虛見人將來，必負蟨以走。蟨非性之愛蛩蛩巨虛也，爲其假足之故也。二獸者，亦非性之愛蟨也，爲其得甘草而遺之故也。夫禽獸昆蟲，猶知比假而相有報也，況于士君子之欲興名利于天下者乎？夫臣不復君之恩，而苟營其私門，禍之原也；君不能報臣之功，而憚行賞者，亦亂之基也。夫禍亂之原基，由不報恩生矣。”《説苑·復恩》

此章文字取自《呂氏春秋·審分》，部份見於《文子·上仁》第十二章，〈上仁〉篇該處，並末引《老子》。《淮南子》此章解喻《老子》第七十四章經文，說理似顯勉強。《文子》全文強調“善用道者，乘人之資以立功”，當原屬《文子》古本資料。

11

　　薄疑説衛嗣君以王術，嗣君應之曰：“予所有者，千乘也，願以受教。”
　　薄疑對曰：“烏獲舉千鈞，又況一斤乎！”
　　杜赫以安天下説周昭文君，〔昭〕（據王念孫校補。）文君謂杜赫曰：“願學所以安周。”
　　赫對曰：“臣之所言不可，則不能安周。臣之所言可，則周自安矣。此所謂弗安而安者也。”
　　故老子曰：“大制無割”、“故致數輿無輿也。”

薄疑說衛嗣君以王術。嗣君應之曰："所有者千乘也，願以受教。"薄疑對曰："烏獲奉千鈞，又況一斤？"杜赫以安天下說周昭文君。昭文君謂杜赫曰："願學所以安周。"杜赫對曰："臣之所言者不可，則不能安周矣；臣之所言者可，則周自安矣。"此所謂以弗安而安者也。《呂氏春秋·務大》

此章文字取自《呂氏春秋·務大》，所引《老子》經文，語出《老子》第二十八章與第三十九章。"輿"字，帛書甲本作"與"。"與"、"輿"似均假為"譽"。

12

　　魯國之法，魯人爲人〔臣〕（據王念孫校補。）妾於諸侯，有能贖之者，取金於府。子贛贖魯人於諸侯，來而辭不受金。
　　孔子曰："賜失之矣！夫聖人之舉事也，可以移風易俗，而（原有"受"字，據王念孫校刪。）教順可施後世，非獨以適身之行也。今國之富者寡而貧者衆。贖而受金，則爲不廉；不受金，則不復贖人。自今以來，魯人不復贖人於諸侯矣。"
　　孔子亦可謂知〔化〕（原作"禮"，據王念孫校改。）矣。故老子曰："見小曰明。"

　　　魯國之法，魯人爲人臣妾於諸侯，有能贖之者，取其金於府。子貢贖魯人於諸侯，來而讓不取其金，孔子曰："賜失之矣。自今以往，魯人不贖人矣。取其金則無損於行，不取其金則不復贖人矣。"子路拯溺者，其人拜之以牛，子路受之。孔子曰："魯人必拯溺者矣。"孔子見之以細，觀化遠也。《呂氏春秋·察微》

　　　魯國之法，魯人有贖臣妾于諸侯者，取金于府。子貢贖人于諸侯，而還其金。孔子聞之曰："賜失之矣。聖人之舉事也，可以移風易俗，而教導可施于百姓，非獨適其身之行也。今魯國富者寡而貧者衆，贖而受金，則爲不廉，不受則后莫復贖。自今以來，魯人不復贖矣。"孔子可謂通于化矣，故老子曰："見小曰明。"《說苑·政理》

　　　魯國之法，贖人臣妾于諸侯者，皆取金於府。子貢贖之，辭而不取金。孔子聞之曰："賜失之矣。夫聖人之舉事也，可以移風易俗，而教導可以施之於百姓，非獨適

身之行也。今魯國富者寡，而貧者衆，贖人受金，則爲不廉，則何以相贖乎？自今以後，魯人不復贖人於諸侯。”《孔子家語‧致思》

此章文字取自《呂氏春秋‧察微》，《呂氏春秋》似引用先秦儒家資料，並評論曰：“孔子見之以細，觀化遠也。”“孔子亦可謂知禮矣”句，王念孫云：“‘知禮’本作‘知化’，謂之事禮之變化。”所引《老子》經文，語出《老子》第五十二章。

13

魏武侯問於李克曰：“吳之所以亡者，何也？”

李克對曰：“數戰而數勝。”

武侯曰：“數戰而數勝，國家之福。其獨以亡，何故也？”

對曰：“數戰則民罷，數勝則主憍。以憍主使罷民，而國不亡者，天下鮮矣。憍則恣，恣則極物；罷則怨，怨則極慮。上下俱極，吳之亡猶晚矣（〔老子曰：〕夫亟戰而數勝者，則國必亡，亟戰則民罷，數勝則主驕，以驕主使罷民，而國不亡者寡矣。主驕則恣，恣則極物，民罷則怨，怨則極慮，上下俱極而不亡者，末之有也。）！此夫差之所以自剄於干遂也。”

故老子曰：“功成名遂，身退，天之道也（故“功遂身退，天之道也。”）〈道德〉篇第十九章。”

　　魏武侯之居中山也，問於李克曰：“吳之所以亡者何也？”李克對曰：“驟戰而驟勝。”武侯曰：“驟戰而驟勝，國家之福也。其獨以亡，何故？”對曰：“驟戰則民罷，驟勝則主驕。以驕主使罷民，然而國不亡者，天下少矣。驕則恣，恣則極物；罷則怨，怨則極慮。上下俱極，吳之亡猶晚，此夫差之所以自歿於千隧也。”《呂氏春秋‧適威》

　　魏文侯問里克曰：“吳之所亡者何也？”里克對曰：“數戰而數勝。”文侯曰：“數勝，國之福也，其獨以亡何也？”里克對曰：“數戰則民疲，數勝則主驕。驕則恣，恣則極。上下俱極，吳之亡猶晚矣。此夫差之所以自喪於干遂。”《詩》曰：“天降喪亂，滅我立王。”《韓詩外傳》卷十魏文侯問李克曰："吳之所以亡者，何也？"李克對曰："數戰數勝。"文侯曰："數戰數勝，國之福也，其所以亡，何也？"李克曰："數戰則民疲，數勝則主驕。以驕主治疲民，此其所以亡也。"是故好戰窮兵，未有不亡者也。《新序·雜事五》

此章取材自《呂氏春秋·適威》，主要内容見於《文子·道德》第十九章。《淮南子》似引用《呂氏春秋》文句以解《老》。所引《老子》經文，語出《老子》第九章。王弼注本、帛書《老子》乙本均作"功遂身退，天之道"。郭店竹簡《老子》作"攻（功）述（遂）身退，天之道也"，與王弼注本近。但傅奕本作"成名、功遂、身退，天之道"。

14

甯〔戚〕（原作"越"，據陶方琦校改。）欲干齊桓公，困窮無以自達，於是爲商旅，將任車，以〔適〕（原作"商"，據王叔岷校改。）於齊，暮宿於郭門之外。桓公郊迎客，夜開門，辟任車，燭火甚盛，從者甚眾。甯越飯牛車下，望見桓公而悲，擊牛角而疾商歌。

桓公聞之，撫其僕之手曰："異哉，〔之〕（據俞樾校補。）歌者，非常人也！"

命後車載之。桓公〔反〕（原作"及"，據王念孫校改。）至，從者以請，桓公贛之衣冠而見，說以爲天下。

桓公大說，將任之，群臣爭之曰："客、衛人也。衛之去齊不遠，君不若使人問之。問之而故賢者也，用之未晚。"

桓公曰："不然。問之，患其有小惡也。以人之小惡而忘人之大美，此人主之所以失天下之士也。"

凡聽必有驗，一聽而弗復問，合其所以也。且人固難〔全〕（原作"合"，據王念孫校改。）也，權而用其長者而已矣。當是舉也，桓公得之矣。

故老子曰："天大，地大，道大，王亦大。域中有四大，而王處其一焉。"以言其能包裹之也。

　　寧戚欲干齊桓公，窮困無以自進，於是爲商旅，將任車以至齊，暮宿於郭門之外。桓公郊迎客，夜開門，辟任車，爝火甚盛，從者甚眾。寧戚飯牛居車下，望桓公而悲，擊牛角疾歌。桓公聞之，撫其僕之手曰："異哉！之歌者非常人也。"命後車載之。桓公反，至，從者以請。桓公賜之衣冠，將見之。寧戚見，說桓公以治境內。明日復見，說桓公以爲天下。桓公大說，將任之，群臣爭之曰："客，衛人也。衛之去齊不遠，君不若使人問之，而固賢者也，用之未晚也。"桓公曰："不然。問之患其有小惡，以人之小惡，亡人之大美，此人主之所以失天下之士已。"凡聽必有以矣。今聽而不復問，合其所以也。且人固難全，權而用其長者。當舉也，桓公得之矣。〈呂氏春秋・舉難〉

　　寧戚欲干齊桓公，窮困無以自進，於是爲商旅，賃車以適齊，暮宿於郭門之外。桓公郊迎客，夜開門，辟賃車者執火甚盛，從者甚眾。寧戚飯牛於車下，望桓公而悲，擊牛角疾商歌。桓公聞之，撫其僕之手曰："異哉！此歌者非常人也。"命後車載之。桓公反至，從者以請。桓公曰："賜之衣冠。"將見之。寧戚見，說桓公以治境內。明日復見，說桓公以爲天下。桓公大說，將任之，群臣爭之曰："客，衛人也。去齊五百里不遠，不若使人問之，固賢人也，任之未晚也。"桓公曰："不然。問之恐其有小惡，以其小惡，忘人之大美，此人主之所以失天下之士也。且人固難全，權而用其長者。"遂舉大用之，而授之以爲卿。當此舉也，桓公得之矣，所以霸也。〈新序・雜事五〉

　　妾婧者，齊相管仲之妾也。甯戚欲見桓公，道無從，乃爲人僕。將車宿齊東門之外，桓公因出，甯戚擊牛角而商歌，甚悲，桓公異之，使管仲迎之，甯戚稱曰："浩浩乎白水！"管仲不知所謂，不朝五日，而有憂色，其妾婧進曰："今君不朝五日而有憂色，敢問國家之事耶？君之謀也？"管仲曰："非汝所知也。"婧曰："妾聞之也，毋老老，毋賤賤，毋少少，毋弱弱。"管仲曰："何謂也？""昔者太公望年七十，屠牛於朝歌市，八十爲天子師，九十而封於齊。由是觀之，老可老邪？夫伊尹，有㜪氏之媵臣也。湯立以爲三公，天下之治太平。由是觀之，賤可賤邪？皋子生五歲而贊禹。由是觀之，少可少邪？駃騠生七日而超其母。由是觀之，弱可弱邪？"於是管仲乃下席而謝曰："吾請語子其故。昔日，公使我迎甯戚，甯戚曰：'浩浩乎白水！'吾不知其所謂，是故憂之。"其妾笑曰："人已語君矣，君不知識邪？古有白水之詩。詩不云乎：'浩浩白水，儵儵之魚，君來召我，我將安居，國家未定，從我焉如。'此甯戚之欲得仕國家也。"管仲大悅，以報桓公。桓公乃脩官府，齊戒五日，見甯子，

因以爲佐，齊國以治。君子謂妾婧爲可與謀。詩云："先民有言，詢于芻蕘。"《列女傳·辯通》

此章文字取自《呂氏春秋·舉難》，以"齊桓公用人不以求全"事，解喻"王"為"域中四大"之一。又，《太平御覽》卷五百七十二引《淮南子》曰："甯戚欲干齊桓公，困窮無以自達，為商旅，將任車，以商於齊，暮宿於郭門之外。桓公郊迎客，夜開門，甯越飯牛車下，望見桓公而悲，擊牛角而疾商歌。歌曰：'南山粲，白石爛，短褐單裳長止骭。生不逢堯與舜禪，終日飼牛至夜半，長夜漫漫何時旦。'""歌曰"之後三十四字，吳承仕云："當是〈道應〉篇許慎注。"又，所引《老子》經文，語出《老子》第二十五章。

15

大王亶父居邠，翟人攻之。事之以皮帛珠玉而弗受，曰："翟人所求者地，無以財物爲也。"

大王亶父曰："與人之兄居而殺其弟，與人之父處而殺其子。吾弗爲。皆勉處矣！爲吾臣，與翟人奚以異？且吾聞之也，不以其所〔以〕（據楊樹達校改。）養害其〔所〕（據楊樹達校補。）養。"

杖策而去，民相連而從之，遂成國於岐山之下。大王亶父可謂能保生矣。〔能保生者：〕（據向宗魯校補。）雖富貴，不以養傷身；雖貧賤，不以利累形（〔老子曰：〕能尊生者，雖富貴不以養傷身，雖貧賤不以利累形。）。今受其先人之爵祿，則必重失之（今受先祖之遺爵，必重失之。）。〔生之〕（據王念孫校補。）所自來者久矣，而輕失之，豈不惑哉（生之所由來久矣，而輕失之，豈不惑哉。）！

故老子曰："貴以身為天下，焉可以託天下。愛以身為天下，焉可以寄天下矣。"（故"貴以身治天下，可以寄天下，愛以身治天下，所以託天下。"）

〈上仁〉篇第三章

大王亶父居邠，狄人攻之；事之以皮帛而不受，事之以犬馬而不受，事之以珠玉而不受，狄人之所求者土地也。大王亶父曰：“與人之兄居而殺其弟，與人之父居而殺其子，吾不忍也。子皆勉居矣！爲吾臣與爲狄人臣奚以異！且吾聞之，不以所用養害所養。”因杖筴而去之。民相連而從之，遂成國於岐山之下。夫大王亶父，可謂能尊生矣。能尊生者，雖貴富不以養傷身，雖貧賤不以利累形。今世之人居高官尊爵者，皆重失之，見利輕亡其身，豈不惑哉！《莊子·讓王》

太王亶父居邠，狄人攻之，事以皮帛而不受，事以珠玉而不肯，狄人之所求者地也。太王亶父曰：“與人之兄居，而殺其弟，與人之父處，而殺其子，吾不忍爲也。皆勉處矣，爲吾臣與狄人臣奚以異？且吾聞之：不以所以養害所養。”杖策而去，民相連而從之，遂成國於岐山之下。太王亶父可謂能尊生矣。能尊生，雖貴富不以養傷身，雖貧賤不以利累形。今受其先人之爵祿，則必重失之。生之所自來者久矣，而輕失之，豈不惑哉？《呂氏春秋·審爲》

此章文字取自《呂氏春秋·審爲》，〈審爲〉篇則引述《莊子·讓王》資料。全章主要内容見於《文子·上仁》第三章。《淮南子·道應》引用《呂氏春秋》資料，以解《老》。〈上仁〉篇“能尊生者”四字，與〈讓王〉、〈審爲〉兩篇同，而不見於〈道應訓〉。“所由來久矣”句，〈道應訓〉脫“生之”二字，〈審爲〉篇與〈上仁〉篇有此二字，可見《文子》並非直接摘引〈道應訓〉，而是與之併行流傳的解《老》資料。所引《老子》經文，語出《老子》第十三章。王弼注本作“故貴以身爲天下，若可寄天下。愛以身爲天下，若可託天下”，帛書甲本作“故貴爲身於爲天下，若可迈（託）天下矣。愛以身爲天下，女（如）可以寄天下”，乙本作“故貴爲身於爲天下，若可橐（託）天下□。愛以身爲天下，女（如）可以寄天下矣”。傅奕本作“故貴以身爲天下者，則可以託天下矣。愛以身爲天下者，則可寄天下矣”，郭店竹簡《老子》乙本作“□□□□□爲天下，若可以庀（託）天下矣。惡（愛）以身爲天下，若可（何）以迖天下矣”。

16

中山公子牟謂詹子曰：“身處江海之上，心在魏闕之下。爲之奈何？”

詹子曰：“重生（〔老子曰：〕身處江海之上，心在魏闕之下，即重生。）。重生則輕利（重生即輕利矣。）。"

中山公子牟曰："雖知之，猶不能自勝。"

詹子曰："不能自勝則從之（猶不能自勝，即從之。）。"

"從之，神無怨乎！"

"不能自勝而強弗從者，此之謂重傷（神無所害也。不能自勝，而強不從，是謂重傷。）。重傷之人，無壽類矣（重傷之人，無壽類矣。）！"

故老子曰："知和曰常，知常曰明，益生曰祥，心使氣曰強。"是故"用其光，復歸其明"也（故曰："知和曰常，知常曰明，益生曰祥，心使氣曰強，〔是謂玄同，〕用其光，復歸其明。"）〈下德〉篇第三章。

> 中山公子牟謂瞻子曰："身在江海之上，心居乎魏闕之下，奈何？"瞻子曰："重生。重生則利輕。"中山公子牟曰："雖知之，未能自勝也。"瞻子曰："不能自勝則從，神無惡乎？不能自勝而強不從者，此之謂重傷。重傷之人，無壽類矣。"魏牟，萬乘之公子也，其隱巖穴也，難為於布衣之士；雖未至乎道，可謂有其意矣。〈莊子·讓王〉
>
> 中山公子牟謂詹子曰："身在江海之上，心居乎魏闕之下，奈何？"詹子曰："重生。重生則輕利。"中山公子牟曰："雖知之，猶不能自勝也。"詹子曰："不能自勝則縱之，神無惡乎。不能自勝而強不縱者，此之謂重傷，重傷之人無壽類矣。"〈呂氏春秋·審為〉

此章文字仍似取自《呂氏春秋·審為》，〈審為〉篇資料引述《莊子·讓王》。全文主要文句見於《文子·下德》第三章，〈下德〉篇此章首段作"身處江海之上，心在魏闕之下，即重生。"文意不能通達，顯為摘自《淮南子》殘文。所引《老子》經文兩處，語出《老子》第五十五章與第五十二章。

17

楚莊王問詹何曰："治國奈何？"

對曰："何明於治身（〔文子問治國之本。老子曰：〕本在於治身。），而不明於治國？"

楚王曰："寡人得〔奉〕（原作"立"，據劉文典校改。）宗廟社稷，願學所以守之。"

詹何對曰："臣未嘗聞身治而國亂者也，未嘗聞身亂而國治者也（未嘗聞身治而國亂者也，身亂而國治者，未有也。）。故本〔在〕（原作"任"，據王念孫校改。）於身，不敢對以末。"

楚王曰："善。"

故老子曰："修之身，其德乃真也（故曰"修之身，其德乃真。"）〈上仁〉篇第四章①。"

> 　　楚王問爲國於詹子。詹子對曰："何聞爲身，不聞爲國。"詹子豈以國可無爲哉？以爲爲國之本在於爲身，身爲而家爲，家爲而國爲，國爲而天下爲。故曰，以身爲家，以家爲國，以國爲天下。此四者異位同本。故聖人之事，廣之則極宇宙、窮日月，約之則無出乎身者也。慈親不能傳於子，忠臣不能入於君，唯有其材者爲近之。〈呂氏春秋·執一〉

> 　　楚莊王問詹何曰："治國奈何？"詹何對曰："臣明於治身，而不明於治國也。"楚莊王曰："寡人得奉宗廟社稷，願學所以守之。"詹何對曰："臣未嘗聞身治而國亂者也。又未嘗聞身亂而國治者也。故本在身，不敢對以末。"楚王曰："善！"〈列子·說符〉

此章文字取自《呂氏春秋·執一》，主要內容見於《文子·上仁》第四章第一段。《文子》此章以"文子問治國之本"起首，合於竹簡《文子》問答體例，似古本《文子》殘文。文子所問"治國之本"與《文子·道德》第十三章思想相近。〈道德〉篇第十三章曰："文子問政。老子曰：御之以道，養之以德，無示以賢，無加以力。"〈道德〉篇此章有竹簡《文子》殘文對應，是古本《文子》重要原始資料。〈道應訓〉似參照《呂氏春秋》"楚莊王問爲國於詹何"事例，但其思想內容可能來自《文子》。所引《老子》經文，語出《老子》第五十四章。

18

桓公讀書於堂〔下〕（據王叔岷校改），輪〔扁〕（原作"人"，據王念孫校改。）斲輪於堂下，釋其椎鑿而問桓公曰："君之所讀者，何書也？"

桓公曰："聖人之書。"

輪扁曰："其人〔焉在〕（原作"在焉"，據陳觀樓校改。）？"

桓公曰："已死矣。"

輪扁曰："是直聖人之糟粕耳！"

桓公悖然作色而怒曰："寡人讀書，工人焉得而譏之哉！有說則可，無說則死。"

輪扁曰："然，有說。臣試以臣之斲輪語之：大疾，則苦而不入；大徐，則甘而不固。不甘不苦，應於手，厭於心，而可以至妙者，臣不能以教臣之子，而臣之子亦不能得之於臣（道之所以至妙者，父不能以教子，子亦不能受之於父。）。是以行年七十，老而為輪。今聖人之所言者，亦以懷其〔寶〕（原作"實"，據殷光熹校記改。），窮而死，獨其糟粕在耳！"

故老子曰："道可道，非常道。名可名，非常名（故"道可道，非常道也，名可名，非常名也。"）〈上仁〉篇第四章②。"

桓公讀書於堂上，輪扁斲輪於堂下，釋椎鑿而上，問桓公曰："敢問，公之所讀者何言邪？"公曰："聖人之言也。"曰："聖人在乎？"公曰："已死矣。"曰："然則君之所讀者，古人之糟魄已夫！"桓公曰："寡人讀書，輪人安得議乎！有說則可，無說則死。"輪扁曰："臣也以臣之事觀之。斲輪，徐則甘而不固，疾則苦而不入。不徐不疾，得之於手而應於心，口不能言，有數存焉於其間。臣不能以喻臣之子，臣之子亦不能受之於臣，是以行年七十老而斲輪。古之人與其不可傳也死矣，然則君之所讀者，古人之糟魄已夫！"〈莊子·天道〉

楚成王讀書於殿上，而輪扁在下，作而問曰："不審主君所讀何書也？"成王曰："先聖之書。"輪扁曰："此真先聖王之糟粕耳。非美者也。"成王曰："子何以言之？"輪扁曰："以臣輪言之。夫以規為圓，矩為方，此其可付乎子孫者也。若夫合三木合而為一，應乎心，動乎體，其不可得而傳者也。以為所傳真糟粕耳。"故唐虞

之法可得而攷也。其喻人心不可及矣。《詩》曰：“上天之載，無聲無臭。”其孰能及之？《韓詩外傳》卷五

此章文字取自《莊子・天道》，主要内容見於《文子・上仁》第四章第二段。〈上仁〉篇彼章第二段與前段毫無思想上聯繫。當是解《淮南子》殘文竄入。所引《老子》經文，語出《老子》第一章。

19

昔者司城子罕相宋，謂宋君曰：“夫國家之危安，百姓之治亂，在（原有 “君” 字，據俞樾校刪。）行賞罰。夫爵賞賜予，民之所好也，君自行之。殺戮刑罰，民之所怨也，臣請當之。”

宋君曰：“善！寡人當其美，子受其怨，寡人自知不爲諸侯笑矣。”

國人皆知殺戮之〔制專〕（原作 “專制”，據呂傳元校改。）在子罕也，大臣親之，百姓畏之。居不至期年，子罕遂〔劫〕（原作 “却”，據王念孫校改。）宋君而專其政。

故老子曰：“魚不可脱於淵，國之利器不可以示人。”

　　司城子罕謂宋君曰：“慶賞賜予者，民之所好也，君自行之。誅罰殺戮者，民之所惡也，臣請當之。”於是戮細民而誅大臣，君曰“與子罕議之”。居期年，民知殺生之命制於子罕也，故一國歸焉。故子罕劫宋君而奪其政，法不能禁也。故曰子罕爲出彘，而田成常爲囿池也。令王良、造父共車，人操一邊轡而入門閭，駕必敗而道不至也。令田連、成竅共琴，人撫一絃而揮，則音必敗曲不遂矣。

　　一曰。司城子罕謂宋君曰：“慶賞賜予者，民之所好也，君自行之。誅罰殺戮者，民之所惡也，臣請當之。”於是戮細民而誅大臣，君曰：“與子罕議之”。居期年，民知殺生之命制於子罕也，故一國歸焉。故子罕劫宋君而奪其政，法不能禁也。《韓非子・外儲説右下》

　　子罕謂宋君曰：“夫慶賞賜予者，民之所喜也，君自行之；殺戮刑罰者，民之所惡也，臣請當之。”於是宋君失刑而子罕用之，故宋君見劫。《韓非子・二柄》

309

　　昔者司城子罕相宋，謂宋君曰："夫國家之安危，百姓之治亂，在君之行賞罰也。夫"爵賞賜舉"，民之所好也，君自行之。殺戮刑罰，民之所惡也，臣請當之，"宋君曰："善。寡人當其美，子受其惡，寡人自知不爲諸侯笑矣。"國人知殺戮之刑專在子罕也，大臣親之，百姓畏之。居不期年，子罕遂去宋君而專其政。故《老子》曰："魚不可脫於淵，國之利器不可以示人。"《詩》曰："胡爲我作，不即我謀？"《韓詩外傳》卷七

　　司城子罕相宋，謂宋君曰："國家之危定，百姓之治亂，在君行之賞罰也；賞當則賢人勸，罰得則姦人止；賞罰不當，則賢人不勸，姦人不止，姦邪比周，欺上蔽主，以爭爵祿，不可不慎也。夫賞賜讓與者，人之所好也，君自行之；刑罰殺戮者，人之所惡也，臣請當之。"君曰："善，子主其惡，寡人行其善，吾知不爲諸侯笑矣。"於是宋君行賞賜而與子罕刑罰，國人知刑戮之威，專在子罕也，大臣親也，百姓附之，居期年，子罕逐其君而尊其政，故曰：無弱君無彊大夫。老子曰："魚不可脫於淵，國之利器，不可以借人。"此之謂也。《說苑·君道》

此章文字取自《韓非子·外儲說右下》，《韓詩外傳》有五次引《老子》，除此處外，一處與本篇第三十二章文字相近，另一處作"賢士不以恥食，不以辱得。《老子》曰："名與身孰親？身與貨孰多？得與亡孰病？是故甚愛必大費，多藏必厚亡。知足不辱，知足不殆，可以長久。大成若缺，其用不敝。大盈若沖，其用不窮。大直若詘，大辯若訥，大巧若拙，其用不屈。罪莫大於多欲，禍莫大於不知足，故知足之足常足矣。"（卷九）另兩處作"昔者不出戶而知天下，不窺牖而見天道"（卷三）"是以不出戶而知天下，不窺牖而見天道。"（卷五）《韓詩外傳》此幾處資料似與解《老》資料關。所引《老子》經文，語出《老子》第三十六章。

20

　　王壽負書而行，見徐馮於周。徐馮曰："事者，應變而動，變生於時，故知時者無常行。書者，言之所出也，言出於知（原有"者"字，據何寧校刪。），知〔言〕（據何寧校補。）者〔不〕（據王念孫校補。）藏書（〔老子曰：〕夫事生者應變而動，變生於時，知時者無常之行。故"道可道，非常道；名可名，非常名。"書者言之所生也，言出於智，智者不知，非常道也。名可名，非藏書者也。））。"

　　於是王壽乃焚〔其〕（據王念孫校補。）書而舞之。故老子曰：“多
言數窮，不如守中。”（“多言數窮，不如守中。”〔“絕學無憂”，“絕聖棄智，
民利百倍。”〕）〈道原〉篇第六章①

　　　　王壽負書而行，見徐馮於周塗，馮曰：“事者，為也。為生於時，知者無常事。
　　書者，言也。言生於知，知者不藏書。今子何獨負之而行？”於是王壽因焚其書而舞
　　之。故知者不以言談教，而慧者不以藏書篋。此世之所過也，而王壽復之，是學不學
　　也。故曰：“學不學，復歸眾人之所過也。”《韓非子·喻老》

　　此章文字取自《韓非子·喻老》，主要內容見於《文子·道原》第六章第一段。
〈道原〉篇該段文句相當雜亂，幾不可讀。〈道應訓〉內容完整，語意清晰，
乃藉徐馮評王壽“負書而行”之事，以解證《老子》第五章“多言數窮”經文。
以〈道應訓〉校正《文子》該處文句，全段似作“夫事生者應變而動，變生於
時，知時者無常之行。〔故‘道可道，非常道；名可名，非常名。’〕書者言
之所生也，言出於智，智者〔不知，非常道也。名可名，〕非藏書者也。‘多
言數窮，不如守中。’〔‘絕學無憂’，‘絕聖棄智，民利百倍。’〕”

21

　　令尹子佩請飲莊王，莊王許諾。〔子配具於京臺，莊王不往，
明日〕（據王念孫校改。）子佩疏揖，北面立於殿下，曰：“昔者君王許
之，今不果往。意者，臣有罪乎？”

　　莊王曰：“吾聞子具於強臺。強臺者，南望料山，以臨方皇，
左江而右淮，其樂忘死。若吾薄德之人，不可以當此樂也。恐〔流〕
（原作“留”，據向宗魯、何寧校改。）而不能反。”

　　故老子曰：“不見可欲，使心不亂。”

　　　　劉文典云：“《文選》應休璉〈與滿公琰書〉注引此文曰：‘令尹子瑕佩請
　　飲，莊王許諾。子瑕具於京臺，莊王不往，曰：吾聞京臺者，南望獵山，北臨
　　方皇，左江而右淮，其樂忘歸。若吾薄德之人，不可以當此樂也。恐留而不能

自反。'又引高注:'京臺,高臺也。方皇,大澤也。'與今本多異,高注亦今本所無。蓋〈道應訓〉乃許注本,而文選注引則高注本。"所引《老子》經文,語出《老子》第三章。

22

晉公子重耳出亡,過曹,〔曹君〕（據王叔岷校補。）無禮焉。釐負羈之妻謂釐負羈曰:"君無禮於晉公子。吾觀其從者,皆賢人也,若以相夫子反晉國,必伐曹。子何不先加德焉!"

釐負羈遺之壺餐而加璧焉。重耳受其餐而反其璧。及其反國,起師伐曹,剋之,令三軍無入釐負羈之里。

故老子曰:"曲則全,枉則正。"

晉公子重耳……及曹,曹共公聞其駢脅,欲觀其裸。浴,薄而觀之。僖負羈之妻曰:"吾觀晉公子之從者,皆足以相國。若以相,夫子必反其國。反其國,必得志於諸侯。得志於諸侯,而誅無禮,曹其首也。子盍蚤自貳焉!"乃饋盤飧、寘璧焉。公子受飧反璧。《左傳·僖公二十三年》

奚謂國小無禮?昔者晉公子重耳出亡過於曹,曹君袒裼而觀之。釐負羈與叔瞻侍於前。叔瞻謂曹君曰:"臣觀晉公子非常人也。君遇之無禮,彼若有時反國而起兵,即恐為曹傷,君不如殺之。"曹君弗聽。釐負羈歸而不樂,其妻問之曰:"公從外來而有不樂之色,何也?"負羈曰:"吾聞之:有福不及,禍來連我。今日吾君召晉公子,其遇之無禮,我與在前。吾是以不樂。"其妻曰:"吾觀晉公子,萬乘之主也。其左右從者,萬乘之相也。今窮而出亡過於曹,曹遇之無禮,此若反國,必誅無禮,則曹其首也。子奚不先自貳焉?"負羈曰:"諾。"盛黃金於壺,充之以餐,加璧其上,夜令人遺公子。公子見使者,再拜受其餐而辭其璧。……重耳即位三年,舉兵而伐曹矣。因令人告曹君曰:"懸叔瞻而出之。我且殺而以為大戮。"又令人告釐負羈曰:"軍旅薄城,吾知子不違也。其表子之閭,寡人將以為令,令軍勿敢犯。"曹人聞之率其親戚而保釐負羈之閭者七百餘家。此禮之所用也。故曹小國也,而迫於晉、楚之間,其君之危猶累卵也,而以無禮涖之,此所以絕世也。故曰:國小無禮,不用諫臣,則絕世之勢也。《韓非子·十過》

此章文字似參照《韓非子・十過》，所引《老子》經文，語出《老子》第二十二章。

23

越王勾踐與吳戰而不勝，國破身亡，困於會稽。忿心張膽，氣如湧泉，選練甲卒，赴火若滅，然而請身爲臣、妻爲妾，親執戈，爲吳〔王先馬〕（原作“兵先馬走”，據王念孫校改。），果擒之於干遂。故老子曰：“柔之勝剛也，弱之勝強也，天下莫不知，而莫之能行。”越王親之，故霸中國。

　　句踐入宦於吳，身執干戈爲吳王洗馬，故能殺夫差於姑蘇。文王見詈於王門，顔色不變，而武王擒紂於牧野。故曰：“守柔曰強。”《韓非子・喻老》

此章文字似引申《韓非子・喻老》内容。〈喻老〉篇此處解喻《老子》第五十二章“守柔曰強”，而〈道應訓〉所引經文，語出《老子》第七十八章。“越人親之”兩句，似與〈道應訓〉體例不合，恐爲注文竄入。

24

趙簡子死，未葬，中牟入齊。己葬五日，襄子起兵攻〔之，圍〕（原作“圍之”，王念孫校刪。）未合，而城自壞者十丈，襄子擊金而退之。

軍吏諫曰：“君誅中牟之罪，而城自壞，是天助我，何故去之？”

襄子曰：“吾聞之叔向曰：‘君子不乘人於利，不迫人於險。’使之治城，城治而後攻之。”

中牟聞其義，乃請降。

故老子曰：“夫唯不爭，故天下莫能與之爭。”

　　昔者趙簡子薨而未葬，而中牟畔之。葬五日，襄子興帥而攻之，圍未匝，而城自壞者十丈。襄子擊金而退之。軍吏諫曰：“君誅中牟之罪而城自壞者，是天助之也。君曷爲而退之？”襄子曰：“吾聞之於叔向曰：‘君子不乘人於利，不厄人於險。’使其城，然後攻之。”中牟聞其義而請降，曰：善哉！襄子之謂也。”《詩》曰：“王猷允塞，徐方既來。”（《韓詩外傳》卷六）

昔者，趙之中牟叛，趙襄子率師伐之，圍未合而城自壞者十堵，襄子擊金而退。士軍吏曰：“君誅中牟之罪，而城自壞，是天助也，君曷爲去之？”襄子曰：“吾聞之於叔尙曰：‘君子不乘人於利，不迫人於險。’使之城而後攻。”中牟聞其義，乃請降。詩曰：“王猶允塞，徐方既來。”此之謂也。襄子遂滅知氏，并代爲天下強，本由伐中牟也。（《新序·雜事》第四）

此章文字取自《韓詩外傳》，所引《老子》經文，語出《老子》第二十二章，帛書甲、乙本無“天下”二字，郭店竹簡《老子》作“以其不靜（爭）也，古（故）天下莫能與之靜（爭）。

25

秦穆公謂伯樂曰：“子之年長矣。子姓有可使求馬者乎？”

對曰：“良馬者，可以形容筋骨相也。相天下之馬者，若滅若失，若亡其一。若此馬者，絕塵弭轍（天下馬有成材，若卹若失，若喪其一，若是者，超軼絕塵，不知其所。）《莊子·徐無鬼》。臣之子，皆下材也，可告以良馬，而不可告以天下之馬。臣有所與〔共〕（原作“供”，據王念孫校刪。）儋〔繵〕（原作“纏”，據王念孫校改。）采薪者九方堙，此其於馬，非臣之下也。請見之。”

穆公見之，使之求馬。三月而反，報曰：“已得馬矣。在於沙丘。”

穆公曰：“何馬也？”

對曰：“牡而黃。”

使人往取之，牝而驪。穆公不說，召伯樂而問之曰：“敗矣！子之所使求〔馬〕（據王念孫校補。）者，毛物、牝牡尙弗能知，又何馬之能知。

伯樂喟然大息曰："一至此乎！是乃其所以千萬臣而無數者也。若埞之所觀者，天機也。得其精而忘其粗，在〔其〕（據王念孫校補。）內而忘其外，見其所見而不見其所不見，視其所視而遺其所不視。若彼之所相者，乃有貴乎馬者。"

馬至，而果千里之馬。

故老子曰："大直若屈，大巧若拙。"

> 吾相馬，直者中繩，曲者中鉤，方者中矩，圓者中規，是國馬也，而未若天下馬也。天下馬有成材，若卹若失，若喪其一，若是者，超軼絕塵，不知其所。《莊子·徐無鬼》

> 秦穆公謂伯樂曰："子之年長矣。子姓有可使求馬者乎？"伯樂對曰："良馬可形容筋骨相也。天下之馬者，若滅若沒，若亡若失，若此者絕塵弭蹳。臣之子皆下才也，可告以良馬，不可告以天下之馬也。臣有所與共擔纆薪菜者，有九方皐，此其於馬，非臣之下也，請見之。"穆公見之，使行求馬，三月而反。報曰："已得之矣，在沙丘。"穆公曰："何馬也？"對曰："牝而黃。"使人往取之，牡而驪。穆公不說，召伯樂而謂之曰："敗矣，子所使求馬者！色物牝牡尚弗能知，又何馬之能知也。"伯樂喟然太息曰："一至於此乎！是乃其所以千萬臣而無數者也。若皐之所觀，天機也。得其精而忘其麤，在其內而忘其外；見其所見，不見其所不見；視其所視，而遺其所不視。若皐之相馬，乃有貴乎馬者也。"馬至，果天下之馬也。《列子·說符》

此章文字似參照《莊子·徐無鬼》，所引《老子》經文，語出《老子》第四十五章。全章以"九方埞相馬之術，能觀天機，得精忘粗"，來解喻"大直若屈，大巧若拙"的義理。

26

吳起為楚令尹，適魏，問屈宜〔咎〕（原作"若"，據王念孫校改。）曰："王不知起之不肖，而以為令尹。先生試觀起之為〔之〕（原作"人"，據王念孫校改。）也。"

屈子曰："將奈何？"

吳起曰："將衰楚國之爵而平其制祿，損其有餘而綏其不足，砥礪甲兵，〔以〕（據王念孫校補。）時爭利於天下。"

屈子曰："宜咎聞之，昔善治國家者，不變其故，不易其常（〔老子曰：〕善治國者，不變其故，不易其常。）。今子將衰楚國之爵而平其制祿，損其有餘而綏其不足，是變其故、易其常也。行之者不利！

宜咎聞之曰："'怒者，逆德也，兵者，凶器也，爭者，人之所〔末〕（原作"本"，據何寧校改。）也。'（夫怒者，逆德也；兵者，凶器也；爭者，人之所亂也。）今子陰謀逆德，好用凶器，始人之所〔末〕（原作"本"，據何寧校改。），逆之至也（陰謀逆德，好用凶器，治人之亂，逆之至也。）。且子用魯兵，不宜得志於齊而得志焉。子用魏兵，不宜得志於秦，而得志焉。宜咎聞之，非禍人，不能成禍。吾固惑吾王之數逆天道，戾人理，至今無禍，〔嗟！〕（原作"差"，據俞樾校改。）須夫子也。"

吳起惕然曰："尚可更乎？"

屈子曰："成形之徒，不可更也。子不若敦愛而篤行之。"

故老子曰："挫其銳，解其紛，和其光，同其塵（非禍人不能成禍。不如"剉其銳，解其紛，和其光，同其塵。"）〈下德〉篇第六章① 。"

范蠡進諫曰："夫勇者，逆德也；兵者，凶器也；爭者，事之末也。陰謀逆德，好用凶器，始於人者，人之所卒也；淫佚之事，上帝之禁也，先行此者，不利。"《國語·越語下》

兵者，凶器也；爭者，逆德也。事必有本，故王者伐暴，本仁義焉。《尉繚子·兵令上》

吳起為苑守，行縣，適息。問屈宜臼曰："王不知起不肖，以為苑守，先生將何以教之？"屈公不對。居一年，王以為令尹，行縣，適息，問屈宜臼曰："起問先生，先生不教。今王不知起不肖，以為令尹，先生試觀起為之也。"屈公曰："子將奈何？"吳起曰："將均楚國之爵，而平其祿。損其有餘，而繼其不足。厲甲兵，以時爭于天下。"屈公曰："吾聞昔善治國家者，不變故，不易常。今子將均楚國之爵而平其祿，損其有餘而繼其不足，是變其故而易其常也。且吾聞兵者，凶器也；爭者，逆德也。

今子陰謀逆德，好用凶器，殆人所棄，逆之至也。淫洪之事也，行者不利。且子用魯兵，不宜得志于齊，而得志焉；子用魏兵，不宜得志于秦，而得志焉。吾聞之曰：蛆非禍人不能成禍。蜚吾固怪吾王之數逆天道，至今無禍，嘻！且待夫子也。"吳起惕然曰："尙可更乎？"屈公曰："不可！"吳起曰："起之爲人謀。"屈公曰："成刑之徒，不可更已。子不如敦處而篤行之，楚國無貴于舉賢。"《說苑‧指武》

此章主要內容見於《文子‧下德》第六章第一段。《文子》該段文氣並不連貫，似《淮南子》別本殘文。〈道應訓〉"人之所本也"、"始人之所本"兩句，〈下德〉篇分別作"人之所亂"與"治人之亂"。按文意，〈道應訓〉似有誤字，《文子》保留後者舊文。又，《文子》此章第二段曰："人之性情皆願賢己而疾不及人。願賢己則爭心生，疾不及人則怨爭生，怨爭生則心亂而氣逆。故古之聖王退爭怨，爭怨不生則心治而氣順。故曰：'不尚賢，使民不爭。'"此段資料，文意完整，但不見於《淮南子》，當爲今本《文子》所保存之解《老》資料，與〈道應訓〉併傳於世。所引《老子》經文，語出《老子》第四章。

27

晉伐楚，三舍不止，大夫請擊之。

莊王曰："先君之時，晉不伐楚。及孤之身而晉伐楚，是孤之過也。若何其辱群大夫？"

〔大夫〕（據王叔岷校改。）曰："先臣之時，晉不伐楚。今臣之身而晉伐楚，此臣之罪也。請（原有"三"字，據楊樹達校改。）擊之。"

王俛而泣涕沾襟，起而拜群大夫。

晉人聞之曰："君臣爭以過爲在己，且輕下其臣，不可伐也。"夜還師而歸。

故老子曰："能受國之垢，是謂社稷主。"

晉人伐楚，三舍不止。大夫曰："請擊之。"莊王曰："先君之時，晉不伐楚，及孤之身，而晉伐楚，是寡人之過也。如何其辱諸大夫也？"大夫曰："先君之時，晉不伐楚，及臣之身，而晉伐楚，是臣之罪也。請擊之。"莊王俛泣而起，拜諸大夫。

晉人聞之曰：“君臣爭以過爲在己，且君下其臣猶如此，所謂上下一心，三軍同力，未可攻也。”乃夜還師。孔子聞之曰：“楚莊王霸其有方矣。下士以一言而敵還，以安社稷，其霸不亦宜乎？”詩曰：“柔遠能邇，以定我王。”此之謂也。《新序·雜事四》

《淮南子》此章所引事例，見於《新序·雜事四》，〈新序〉所載錄者似原屬解《詩》資料。所引《老子》經文，語出《老子》第七十八章。王弼注本作“受國之垢，是爲社稷主。”帛書甲本作“受邦之訽，是胃社稷之主。”“邦”字，帛書乙本避高祖諱，作“國”。

28

宋景公之時，熒惑在心，公懼，召子韋而問焉，曰：“熒惑在心，何也？”

子韋曰：“熒惑、天罰也；心，宋分野，禍且當君。雖然，可移於宰相。”

公曰：“宰相、所使治國家也，而移死焉，不祥。。”

子韋曰：“可移於民。”

公曰：“民死，寡人誰爲君乎？寧獨死耳！”

子韋曰：“可移於歲。”

公曰：“歲、民之命。歲饑，民必死矣。爲人君而欲殺其民以自活也，其誰以我爲君者乎？是寡人之命固已盡矣，子（原有“韋”字，據王念孫校刪。）無復言矣！”

子韋還走，北面再拜曰：“敢賀君！天之處高而聽卑。君有君人之言三，天必（原有“有”字，據王念孫校刪。）三賞君。今夕星必徙三舍，君延年二十一歲。”

公曰：“子奚知之？”

對曰：“君有君人之言三，故有三賞。星必三徙舍，舍行七〔星〕（原作“里”，據王念孫校改。），〔星當一年〕（據王念孫校補。）三七二十一，故君移年二十一歲。臣請伏於陛下以伺之。星不徙，臣謂死之。”

公曰：“可。”

是夕也，星果三徙舍。

故老子曰：“能受國之不祥，是謂天下王。”

> 宋景公之時，熒惑在心，公懼，召子韋而問焉，曰：“熒惑在心何也？”子韋曰：
> “熒惑者天罰也；心者宋之分野也；禍當於君。雖然，可移於宰相。”公曰：“宰相
> 所與治國家也，而移死焉，不祥。”子韋曰：“可移於民。”公曰：“民死，寡人將
> 誰爲君乎？寧獨死。”子韋曰：“可移於歲。”公曰：“歲害則民饑，民饑必死。爲
> 人君而殺其民以自活也，其誰以我爲君乎？是寡人之命固盡已，子無復言矣。”子韋
> 還走，北面載拜曰：“臣敢賀君。天之處高而聽卑。君有至德之言三，天必三賞君。
> 今夕熒惑其徙三舍。君延年二十一歲。”公曰：“子何以知之？”對曰：“有三善言
> 必有三賞。熒惑必三徙舍，舍行七星，星一徙當七年，三七二十一，臣故曰君延年二
> 十一歲矣。臣請伏於陛下以伺候之。熒惑不徙，臣請死。”公曰：“可。”是夕熒惑
> 果徙三舍。《呂氏春秋·制樂》

> 三十七年，楚惠王滅陳。熒惑守心。心，宋之分野也。景公憂之。司星子韋曰：
> “可移於相。”景公曰：“相，吾之股肱。”曰：“可移於民。”景公曰：“君者待
> 民。”曰：“可移於歲。”景公曰：“歲饑民困，吾誰爲君！”子韋曰：“天高聽卑。
> 君有君人之言三，熒惑宜有動。”於是候之，果徙三度。《史記·宋世家》

> 宋景公時，熒惑在心，公懼，召子韋而問焉：“熒惑在心，何也？”子韋曰：“熒
> 惑，天罰也；心，宋分野也，禍當君身。雖然，可移於宰相。”公曰：“宰相，使治
> 國也，而移死焉，不詳，寡人請自當也。”子韋曰：“可移於民。”公曰：“民死，
> 將誰君乎？寧獨死耳。”子韋曰：“可移於歲。”公曰：“歲饑，民餓必死，爲人君
> 欲殺其民以自活，其誰以我爲君乎？是寡人之命固盡矣。子無復言。”子韋還走，北
> 而再拜曰：“臣敢賀君，天之處高而聽卑，君有仁言三，天必三賞君，今夕星必徙三
> 會，君延壽二十一歲。”公曰：“子何以知之？”對曰：“君有三善，故三賞，星必
> 三舍，舍行七星，星當一年，三七二十一，故曰延壽二十一年，臣請伏於陛下，以伺
> 之，星不徙，臣請死之。”公曰：“可。”是夕也，星果三徙舍，如子韋言。老子曰：
> “能受國之不祥，是謂天下之王也。”《新序·雜事四》

> 傳書曰：“宋景公之時，熒惑守心。公懼，子韋而問之曰：“熒惑在心，何也？”
> 公曰：“宰相所使治國家也，而移死焉，不祥。”子韋曰：“可移於民。”公曰：“民

死,寡人將誰爲也?寧獨死耳。"子韋曰:"可移於歲。"公曰:"民飢,必死。爲
人君而欲殺其民以自活也,其誰以我爲君者乎?是寡人命固盡也,子毋復言。"子韋
退走,北面再拜曰:"臣敢賀君。天之處高而耳卑,君有君人之言三,天必三賞君。
今夕星必徙三舍,君延命二十一年。"公曰:"奚知之?"對曰:"君有三善,故有
三賞,星必三徙。三徙行七星,星當一年,三七二十一,故君命延二十一歲。臣請伏
於殿下以伺之,星必不徙,臣請死耳。"是夕也,火星果徙三舍。如子韋之言,則延
年審得二十一歲矣。星徙審,則延命,延命明,則景公爲善,天祐之也。則夫世間人
能爲景公之行者,則必得景公祐矣。此言虛也。何則?皇天遷怒,使熒惑本景公身有
惡而守心,則雖聽子韋言,猶無益也。使其不爲景公,則雖不聽子韋之言,亦無損也。

《論衡·變虛》

此章文字取自《呂氏春秋·制樂》。所引《老子》經文,語出《老子》第七十
八章。王弼注本作"受國不祥,是爲天下王。"帛書甲本作"受邦之不祥,是
胃天下之王。""邦"字,帛書乙本避高祖諱,作"國"。此章與上章均解喻
《老子》第七十八章經文。〈道應訓〉似解《老》資料的殘篇。

29

昔者,公孫龍在趙之時,謂弟子曰:"人而無能者,龍不能與
遊。"

有客衣褐帶索而見曰:"臣能呼。"

公孫龍顧謂弟子曰:"門下故有能呼者乎?"

對曰:"無有。"

公孫龍曰:"與之弟子之籍。"

後數日,往說燕王,至於河上,而航在一("一"字,《北堂書抄》、《太
平御覽》引,並作"北"。《藝文類聚》引作"水"。)汜,使善呼者呼之,一呼而航
來。故(原有"曰"字,據王念孫校刪。)聖人之處世,不逆有伎能之士。

故老子曰:"人無棄人,物無棄物,是謂襲明。"

此章以"公孫龍不棄能呼者之技"事,解喻《老子》"人無棄人,物無棄物,

是謂襲明"三句的義理。所引《老子》經文，語出《老子》第二十七章。王弼
注本作"是以聖人常善救人，故無棄人；常善救物，故無棄物，是謂襲明"，
帛書甲本作"是以聲（聖）恆善伏（救）人，而無棄人，物無棄財（才），是謂
㥋（曳）明"。

30

子發攻蔡，踰之。宣王郊迎，列田百頃而封之執圭。

子發辭不受，曰："治國立政，諸侯入賓，此君之德也。發號
施令，師未合而敵遁，此將軍之威也。兵陳戰而勝敵者，此庶民之
力也。夫乘民之功勞而取其爵祿者，非仁義之道也。"

故辭而弗受。

故老子曰："功成而不居，夫唯不居，是以不去。"

> 公孫子曰：子發將西伐蔡，克蔡，獲蔡侯，歸致命曰："蔡侯奉其社稷，而歸之
> 楚；舍屬二三子而治其地。"既，楚發其賞，子發辭曰："發誠布令而敵退，是主威
> 也；徒舉相攻而敵退，是將威也；合戰用力而敵退，是衆威也。臣舍不宜以衆威受賞。"
> 〈荀子·彊國〉

此章文字似參照《荀子·彊國》，以"子發有功而不受爵祿"事，解說"功成
而不居，夫唯不居，是以不去"，甚為貼切。所引《老子》經文，語出《老子》
第二章。

31

晉文公伐原，與大夫期三日。三日而原不降，文公令去之。

軍吏曰："原不過一二日將降矣。"

君曰："吾不知原三日而不可得下也，以與大夫期。盡而不罷，
失信得原，吾弗為也。"

原人聞之曰：“有君若此，可弗降也？”

遂降。溫人聞，亦請降。

故老子曰：“窈兮冥兮，其中有精。其精甚真，其中有信。”

故“美言可以市尊，美行可以加人。”

多，晉侯圍原，命三日之糧。原不降，命去之。諜出，曰：“原將降矣。”軍史曰：“請待之。”公曰：“信，國之寶也，民之所庇也。得原失信，何以庇之？所亡滋多。”退一舍而原降。遷原伯貫于冀。趙衰爲原大夫，狐溱爲溫大夫。《左傳·僖公二十五年》

文公伐原，令以三日之糧。三日而原不降，公令疏軍而去之。諜出曰：“原不過一二日矣！”軍吏以告，公曰：“得原而失信，何以使人？夫信，民之所庇也，不可失。”乃去之，及孟門，而原請降。《國語·晉語》

晉文公攻原，裹十日糧，遂與大夫期十日，至原十日而原不下，擊金而退，罷兵而去，士有從原中出者曰：“原三日即下矣。”群臣左右諫曰：“夫原之食竭力盡矣，君姑待之。”公曰：“吾與士期十日，不去，是亡吾信也。得原失信，吾不爲也。”遂罷兵而去。原人聞曰：“有君如彼其信也，可無歸乎？”乃降公。衛人聞曰：“有君如彼其信也，可無從乎？”乃降公。孔子聞而記之曰：“攻原得衛者信也。”《韓非子·外儲說左上》

晉文公伐原，與士期七日，七日而原不下，命去之。謀士言曰：“原將下矣。”師吏請待之。公曰：“信，國之寶也。得原失寶，吾不爲也。”遂去之。明年復伐之，與士期必得原然後反，原人聞之乃下。衛人聞之，以文公之信爲至矣，乃歸文公。故曰：“攻原得衛”者，此之謂也。文公非不欲得原也，以不信得原，不若勿得也，必誠信以得之，歸之者非獨衛也，文公可謂知求欲矣。《呂氏春秋·爲欲》

晉文公伐原，與大夫期五日，五日而原不降，文公令去之。軍吏曰：“原不過三日，將降矣，君不待之？”君曰：“得原失信，吾不爲也。”原人聞之曰：“有君義若此，不可不降也。”遂降，溫人聞之，亦請降。《新序·雜事》

此章文字似取自《韓非子·外儲說左上》，唯“三日”，《韓非子》作“十日”，《呂氏春秋》作“七日”，《新序》作“五日”，而《國語·晉語》與《淮南子》同。“窈兮冥兮”四句，語出《老子》第二十一章。〈道應訓〉此處解喻《老子》“精”、“信”之義，具有“精誠”的意含，是對《老子》經文思想的闡發。又，"故美言可以市尊"兩句，語出《老子》第六十二章。王弼注本，帛書甲、乙本，"尊"下均無"美"字。"加"字，帛書兩本均作"賀"。俞樾云："按《淮南子》〈道應訓〉、〈人間訓〉引此文並作'美言可以市尊，美行可以加人'，是今本脫下'美字'。"高明云："今同帛書甲、乙本勘校，甲、乙本均作'美言可以市，尊行可以賀人'；尤其甲本，在'美言可以市'之後而有一逗。說明自古以來即如此斷句，王弼等今本既無挩也無誤……甲、乙本'賀'字今本作'加'，'加'、'賀'古同音，當從今本假為'加'。王弼注：'美言之，則可以奪眾人之賈，故曰：美言可以市。尊行之，則千里之外應之，故曰：可以加於人也。"植案：古典時代，《老子》流傳的文本應有多種，甚至也有不同方式的解釋與證喻。《淮南子》所引《老子》，當有其引用文本。此處以晉文公之"美言"與"尊行"，解喻《老子》。

32

公儀休相魯，而嗜魚。一國獻魚，公儀子弗受。

其弟子諫曰："夫子嗜魚，弗受，何也？"

答曰："夫唯嗜魚，故弗受。夫受魚而免於相，雖嗜魚，不能自給魚。毋受魚而不免於相，則能長自給魚。"

此明於為人為己者也。

故老子曰："後其身而身先，外其身而身存。非以其無私邪？故能成其私。"

一曰："足知不辱。"

　　公儀休相魯而嗜魚，一國盡爭買魚而獻之，公儀子不受，其弟諫曰："夫子嗜魚而不受者何也？"對曰："夫唯嗜魚，故不受也。夫即受魚，必有下人之色，有下人之色，將枉於法，枉於法則免於相，雖嗜魚，此不必能自給致我魚，我又不能自給魚。即無受魚而不免於相，雖嗜魚，我能長自給。"此明夫恃人不如自恃也，明於人之為己者不如己之自為也。《韓非子·外儲說右下》

　　公儀休相魯而嗜魚。一國人獻魚而不受。其弟諫曰："嗜魚不受，何也？"曰："夫唯嗜魚，故不受也。受魚而免於相，則不能自給魚。無受而不免於相，長自給於魚。"此明於為己者也。故《老子》曰:"後其身而身先,外其身而身存。非以其無私乎,故能成其私。"《詩》曰:"思無邪。"此之謂也。 《韓詩外傳》卷三

公儀休者,魯博士也。以高弟為魯相。奉法循理,無所變更,百官自正。使食祿者不得與下民爭利,受大者不得取小。客有遺相魚者,相不受。客曰:"聞君嗜魚,遺君魚,何故不受也?"相曰:"以嗜魚,故不受也。今為相,能自給魚;今受魚而免,誰復給我魚者?吾故不受也。" 《史記·循吏傳》

昔者,有餽魯於鄭相者,鄭相不受。或謂鄭相曰:"子嗜魚,何故不受?"對曰:"吾以嗜魚,故不受魚。受魚失祿,無以食魚;不受得祿,終身食魚。" 《新序·節士》

此章文字取自《韓非子·外儲說左上》,所引《老子》經文,語出《老子》第七章與四十四章,文字與今通行本同。見於《韓詩外傳》者,似與解《老》資料有關。

33

狐丘丈人謂孫叔敖曰:"人有三怨,子知之乎?"

孫叔敖曰:"何謂也?"

對曰:"爵高者士妒之,官大者主惡之,祿厚者怨處之。"

孫叔敖曰:"吾爵益高,吾志益下;吾官益大,吾心益小;吾祿益厚,吾施益博。以是(原作"是以",據王念孫校改。)免三怨,可乎?"

故老子曰:"貴必以賤為本,高必以下為基(〔老子曰:〕人有三怨:爵高者人妒之,官大者主惡之,祿厚者人怨之。夫爵益高者意益下,官益大者心益小,祿益厚者施益博,〔修此三者,怨不作。〕"故貴以賤為本,高以下為基。") 〈符言〉篇第二十一章。"

肩吾問於孫叔敖曰:"子三為令尹而不榮華,三去之而無憂色。吾始也疑子,今視子之鼻間栩栩然,子之用心獨柰何?"孫叔敖曰:"吾何以過人哉!吾以其來不可卻也,其去不可止也,吾以為得失之非我也,而無憂色而已矣。我何以過人哉!且不知其在彼乎,其在我乎?其在彼邪?亡乎我;在我邪?亡乎彼。方將躊躇,方將四顧,何暇至乎人貴人賤哉!"仲尼聞之曰:"古之真人,知者不得說,美人不得濫,盜人不得劫,伏戲黃帝不得友。死生亦大矣,而無變乎己,況爵祿乎!若然者,其神

經乎大山而無介，入乎淵泉而不濡，處卑細而不憊，充滿天地，既以與人，己愈有。"
《莊子·田子方》

　　語曰："緡丘之封人，見楚相孫叔敖曰：'吾聞之也：處官久者士妒之，祿厚者
民怨之，位尊者君恨之。爲相國有此三者而不得罪楚之士民，何也？'孫叔敖曰：'吾
三相楚而心瘉卑，每益祿而施瘉博，位滋尊而禮瘉恭，是以不得罪於楚之士民也。'"
《荀子·堯問》

　　孤丘丈人謂孫叔敖曰："人有三怨，子知之乎？"孫叔敖曰："何謂也？"對曰：
"爵高者，人妒之；官大者，主惡之；祿厚者，怨逮之。"孫叔敖曰："吾爵益高，
吾志益下；吾官益大，吾心益小；吾祿益厚，吾施益博。以是免於三怨，可乎？"《列
子·說符》

　　孫叔敖遇孤丘丈人。孤丘丈人曰："僕聞之，人有三利必有三患，子知之乎？"
孫叔敖蹴然易容曰："小子不敏，何足以知之。敢問何謂三？何謂三患？"狐丘丈人
曰："夫爵高者，人妒之。官大者，主惡之。祿厚者，怨歸之。此之謂也。"孫叔敖：
"不然。吾爵益高，吾志益下。吾官益大，吾心益小。吾祿益厚，吾施益博。可以免
於患乎？"狐丘丈人曰："善哉言乎！堯舜其猶病諸。"《詩》曰："溫溫恭人，如
集于木。惴惴小心，如臨于谷。"《韓詩外傳》卷七

　　孫叔敖爲楚令尹，一國吏民皆來賀。有一老父，衣粗布，冠白冠，后來弔。孫叔
敖正衣冠而出見之，謂老父曰："楚王不知臣不肖，使臣受吏民之垢，人盡來賀，子
獨后來弔，豈有說乎？"父曰："有說。身已貴而驕人者，民去之；位已高而擅權者，
君惡之；祿已厚而不知足者，患處之。"孫叔敖再拜曰："敬受命，願聞餘教。"父
曰："位已高而意益下，官益大而心益小，祿已厚而慎不敢取。君謹守此三者，足以
治楚矣。"《說苑·敬慎》

此章所記孫叔敖事，分別見於《荀子》、《韓詩外傳》與《列子》。其中以《荀
子》所記爲最早，《韓詩外傳》前有"語曰"，當爲先秦傳言，《韓詩外傳》
引用以解《詩》，《淮南子》與《韓詩外傳》，二者文句最爲相近，似直接改
動後者詞句，但用以解喻《老子》經文。〈符言〉篇此章仍可能是與〈道應訓〉
并行流傳的解《老》資料。所引《老子》經文，語出《老子》第三十九章，文
字與今通行本同。

34

大司馬捶鉤者年八十矣，而不失鉤芒。大司馬曰："子巧邪？有道邪？"

曰："臣有守也。臣年二十好捶鉤，於物無視也，非鉤無察也。是以用之者，必假於弗用也，而以長得其用。而況持無不用者乎？物孰不濟焉！"

故老子曰："從事於道者，同於道。"

> 大馬之捶鉤者，年八十矣，而不失豪芒。大馬曰："子巧與？有道與？"曰："臣有守也。臣之年二十而好捶鉤，於物無視也，非鉤無察也。是用之者，假不用者也以長得其用，而況乎無不用者乎！物孰不資焉！"《莊子·知北遊》

此章文字取自《莊子·知北遊》，所引《老子》經文，出於第二十三章，文字與今通行本同。

35

文王砥德修政，三年而天下二垂歸之。

紂聞而患之曰："余夙興夜寐，與之競行，則苦心勞形。縱而置之，恐伐余一人。"

崇侯虎曰："周伯昌（原有"行"字，據俞樾校刪。）仁義而善謀，太子發勇敢而不疑，中子旦恭儉而知時。若與之從，則不堪其殃。縱而赦之，身必危亡。冠雖弊，必加於頭。及未成，請圖之！"

屈商乃拘文王於羑里。於是散宜生乃以千金求天下之珍怪，得騶虞、雞斯之乘，玄玉百工，大貝百朋，玄豹、黃羆、青犴，白虎文皮千合，以獻於紂，因費仲而通。紂見而說之，乃免其身，殺牛而賜之。文王歸，乃為玉門，築靈臺，相女童，擊鍾鼓，以待紂之失也。

紂聞之，曰：「周伯昌改道易行，吾無憂矣！」

乃爲炮烙，剖比干，剔孕婦，殺諫者。文王乃遂其謀。

故老子曰：「知其榮，守其辱，爲天下谷。」

> 此章文字似取自《六韜》，向宗魯云：「《御覽》六百九十七引《六韜》：『崇侯虎曰：今周伯昌懷仁而善謀。』即此文所本。」所引《老子》經文，出於第二十八章，文字與今通行本同。

36

成王問政於尹佚曰：「吾何德之行，而民親其上（〔文子問曰：何行而民親其上？〕）？」

對曰：「使之〔以〕（據王念孫校補。）時，而敬順之（〔老子曰：〕使之以時而敬慎之。。）。」

王曰：「其度安至（原作「在」，據王念孫校改。）？」

曰：「如臨深淵，如履薄冰（如臨深淵，如履薄冰。）。」

王曰：「懼哉！王人乎！」

尹佚曰：「天地之間，四海之內，善之則吾畜也，不善則吾讎也。昔夏、商之臣反讎桀、紂而臣湯、武，宿沙之民皆自攻其君而歸神農（天地之間，善即吾畜也，不善即吾讎也。昔者夏商之臣，反讎桀紂，而臣湯武，宿沙之民，自攻其君，歸神農氏。），此世之所明知也。如何其無懼也？」

故老子曰：「人之所畏，不可不畏也（故曰「人之所畏，不可不畏也。」〈上仁〉篇第五章。）。」

> 成王問政于尹逸曰：「吾何德之行，而民親其上？」對曰：「使之以時，而敬順之，忠而愛之，布令信而不食言。」王曰：「其度安至？」對曰：「如臨深淵，如履薄冰。」王曰：「懼哉！」對曰：「天地之間，四海之內，善之則畜，不善則仇也。夏、殷之臣，反仇桀、紂而臣湯、武；夙沙之民，自攻其主而歸神農氏。此君之所明知也，若何其無懼也？」《說苑·政理》

成王與尹佚的談話，當是先秦傳說，〈道應訓〉用以解喻《老子》。〈上仁〉篇"文子與老子"的問答形式，應是編輯今本《文子》者所改，但其中表現之敬謹戒懼以保天命的思想，確為西周人文建構之初所強調的憂患心態，與"成王與尹佚"對談的事例也極相合。此章資料似屬古本《文子》，並與周王畿史官思想的特徵有關。〈道應訓〉資料或即取自《文子》。所引《老子》經文，語出《老子》第二十章。"人之所畏"兩句，帛書乙本作"人之所畏，亦不可以不畏人。"郭店竹簡《老子》乙本作"人之所禖（畏），亦不可以不禖（畏）"，與今本同，但"禖"字下，接第十三章，作"人憨（寵）辱若纓（驚），貴大患若身"。

37

跖之徒問跖曰："盜亦有道乎？"

跖曰："奚適其〔有〕（原作"無"，據王念孫校改。）道也！夫意而中藏者，聖也；入先者，勇也；出後者，義也；分均者，仁也；知可否者，智也。五者不備，而能成大盜者，天下無之。"

由此觀之，盜賊之心必託聖人之道而後可行。

故老子曰："絕聖棄智，民利百倍。"

> 故跖之徒問於跖曰："盜亦有道乎？"跖曰："何適而無有道邪！夫妄意室中之藏，聖也；入先，勇也；出後，義也；知可否，知也；分均，仁也。五者不備而能成大盜者，天下未之有也。"由是觀之，善人不得聖人之道不立，跖不得聖人之道不行。
>
> 《莊子·胠篋》
>
> 跖之徒問於跖曰："盜有道乎？"跖曰："奚啻其有道也？夫妄意關內，中藏，聖也；入先，勇也；出後，義也；知時，智也；分均，仁也。不通此五者，而能成大盜者，天下無有。"《呂氏春秋·當務》

此章文字取自《莊子·胠篋》。所引《老子》經文，語出《老子》第十九章。郭店竹簡《老子》作"亓（絕）智弃卞（辯），民利百伓（倍）"，並無"絕聖"之義，與帛書甲、乙本，或今通行各本均異。

38

　　楚將子發好求技道之士，楚有善爲偷者往見曰："聞君求技道之士。臣，〔楚市〕（據王念孫校補。）偷也，願以技齎一卒。"

　　子發聞之，衣不給帶，冠不暇正，出見而禮之。

　　左右諫曰："偷者、天下之盜也。何爲〔禮之〕（原作"之禮"，據王念孫校補。）！"

　　〔子發〕（原作"君"，據何寧校改。）曰："此非左右之所得與。"

　　後無幾何，齊興兵伐楚。子發將師以當之，兵三卻。楚賢良大夫皆盡其計而悉其誠，齊師愈強。

　　於是市偷進請曰："臣有薄技，願爲君行之。"

　　子發曰："諾。"

　　不問其辭而遣之。偷則夜〔出〕（據王念孫校補。）解齊將軍之幬帳而獻之。

　　子發因使人歸之，曰："卒有出薪者，得將軍之帷，使歸之於執事。"

　　明〔夕〕復往取其枕，子發又使人歸之。明〔夕〕（兩"夕"字，原均作"日又"，據王念孫校改。）復往取其簪，子發又使歸之。

　　齊師聞之，大駭，將軍與軍吏謀曰："今日不去，楚〔軍〕（原作"君"，據王念孫校改。）恐取吾頭。"

　　則還師而去。故〔伎無細而無薄〕（原作"曰無細而能薄"，據王念孫、何寧校改。），在人君用之耳。

　　故老子曰："不善人，善人之資也。"

　　　此章以"善爲偷者替子發卻齊軍"故事，解喻"不善人，善人之資"，所引《老子》經文，語出《老子》第二十七章，文字與帛書乙本同，王弼注本作"不善人者"。

39

顏回謂仲尼曰："回益矣。"

仲尼曰："何謂也?"

曰："回忘禮樂矣。"

仲尼曰："可矣,猶未也。"

異日復見,曰："回益矣。"

仲尼曰："何謂也?"

曰："回忘仁義矣。"

仲尼曰："可矣,猶未也。"

異日復見,曰："回坐忘矣。"

仲尼造然曰："何謂坐忘?"

顏回曰:"隳支體,黜聰明,離形去知,洞於化通,是謂坐忘。"

仲尼曰:"洞則無善也,化則無常矣。而夫子薦賢,丘請從之後。"

故老子:"載營魄抱一,能毋離乎!專氣至柔,能如嬰兒乎!"

> 顏回曰:"回益矣。"仲尼曰:"何謂也?"曰:"回忘禮樂矣。"曰:"可矣,猶未也。"他日,復見,曰:"回益矣。"曰:"何謂也?"曰:"回忘仁義矣。"曰:"可矣,猶未也。"他日,復見,曰:"回益矣。"曰:"何謂也?"曰:"回坐忘矣。"仲尼蹴然曰:"何謂坐忘?"顏回曰:"墮肢體,黜聰明,離形去知,同於大通,此謂坐忘。"仲尼曰:"同則無好也,化則無常也。而果其賢乎!丘也請從而後也。"《莊子·大宗師》

此章文字取自《莊子·大宗師》,以"顏回能得坐忘"之寓言,解喻"載營魄抱一,能毋離乎!專氣至柔,能如嬰兒乎",是對《老子》思想的闡發。所引《老子》經文,語出《老子》第十章,王弼注本作"載營魄抱一,能無離乎?專氣致柔,能嬰兒乎?"

40

秦穆公興師，將以襲鄭。

蹇叔曰：“不可。臣聞襲國者，以車不過百里，以人不過三十里，爲其謀未及發泄也，甲兵未及銳弊也，糧食未及乏絕也，人民未及罷病也。皆以其氣之高與其力之盛至，是以犯敵能威。今行數千里，又數絕諸侯之地，以襲國，臣不知其可也。君重圖之！”

穆公不聽。蹇叔送師，衰絰而哭之。師遂行，過周而東，鄭賈人弦高矯鄭伯之命，以十二牛勞秦師而賓之。

三帥乃懼而謀曰：“吾行數千里以襲人，未至而人已知之，其備必先成，不可襲也。”

還師而去。當此之時，晉文公適薨，未葬。

先軫言於襄公曰：“昔吾先君與穆公交，天下莫不聞，諸侯莫不知。今吾君薨未葬，而不弔吾喪，而不假道，是死吾君而弱吾孤也。請擊之！”

襄公許諾。先軫舉兵而與秦師遇於殽，大破之，擒其三軍以歸。穆公聞之，素服廟臨，以說於衆。

故老子曰：“知而不知，尙矣。不知而知，病也。”

昔秦繆公興師以襲鄭，蹇叔諫曰：“不可。臣聞之，襲國邑，以車不過百里，以人不過三十里，皆以其氣之趫與力之盛，至，是以犯敵能滅，去之能速。今行數千里，又絕諸侯之地以襲國，臣不知其可也。君其重圖之。”繆公不聽也。蹇叔送師於門外而哭曰：“師乎！見其出而不見其入也。”蹇叔有子曰申與視，與師偕行。蹇叔謂其子曰：“晉若遏師必於殽。女死不於南方之岸，必於北方之岸，爲吾尸女之易。”繆公聞之，使人讓蹇叔曰：“寡人興師，未知何如？今哭而送之，是哭吾師也。”蹇叔對曰：“臣不敢哭師也。臣老矣，有子二人，皆與師行，比其反也，非彼死則臣必死矣，是故哭。”

師行過周，王孫滿要門而窺之，曰：“嗚呼！是師必有疵。若無疵，吾不復言道矣。夫秦非他，周室之建國也。過天子之城，宜橐甲束兵，左右皆下，以爲天子禮。今袀服回建，左不軾，而右之超乘者五百乘，力則多矣，然而寡禮，安得無疵？”師過周而東。

鄭賈人弦高、奚施將西市於周，道遇秦師，曰："嘻！師所從來者遠矣，此必襲鄭。"遽使奚施歸告，乃矯鄭伯之命以勞之，曰："寡君固聞大國之將至久矣。大國不至，寡君與士卒竊為大國憂，日無所與焉，惟恐士卒罷弊與糗糧匱乏。何其久也，使人臣犒勞以璧，膳以十二牛。"秦三帥對曰："寡君之無使也，使其三臣丙也、術也、視也於東邊候晉之道，過是，以迷惑陷入大國之地。"不敢固辭，再拜稽首受之。三帥乃懼而謀曰："我行數千里，數絕諸侯之地以襲人，未至而人已先知之矣，此其備必已盛矣。"還師去之。

當是時也，晉文公適薨，未葬。先軫言於襄公，曰："秦師不可不擊也，臣請擊之。"襄公曰："先君薨，尸在堂，見秦師利而因擊之，無乃非為人子之道歟？"先軫曰："不弔吾喪，不憂吾哀，是死吾君而弱其孤也。若是而擊，可大彊。臣請擊之。"襄公不得已而許之。先軫遏秦師於殽而擊之，大敗之，獲其三帥以歸。繆公聞之，素服廟臨，以說於眾曰："天不為秦國，使寡人不用蹇叔之諫，以至於此患。"此繆公非欲敗於殽也，智不至也，智不至則不信。言之不信，師之不反也從此生，故不至之為害大矣。《呂氏春秋·悔過》

此章文字似參照《呂氏春秋·悔過》，以"秦穆公興師襲鄭，需行數千里，並數絕諸侯之地，其謀必泄"之事，解喻"知而不知為尚，不知而知為病"。此種說法似對《老子》思辨哲學意含的實用性引申。所引《老子》經文，語出《老子》第七十一章。王弼注本作"知不知，上；不知知病。"帛書甲本作"知不知，尚矣；不知不知，病矣。"乙本作"知不知，尚矣；不知知，病矣。"

41

齊王后死，王欲置后而未定，使群臣議。薛公欲中王之意，因獻十珥而美其一。且日，（原有"因"字，據劉家立校改。）問美珥之所在，因勸立以為王后。齊王大說，遂（原有"尊"字，據王念孫校刪）重薛公。故人主之〔嗜〕（原作"意"，據王念孫校改）欲見於外，則為人臣之所制。

故老子曰："塞其兌，閉其門，終身不勤。"

齊王夫人死，有七孺子皆近。薛公欲知王之所欲立，乃獻七珥，美其，明日視美

珥所在,勸王立爲夫人。《戰國策·齊策三》

薛公相齊,齊威王夫人死,中有十孺子皆貴於王,薛公欲知王所欲立而請置一人以爲夫人,王聽之、則是說行於王而重於置夫人也,王不聽、是說不行而輕於置夫人也,欲先知之所欲置以勸王置之,於是爲十玉珥而美其一而獻之,王以賦十孺子,明日坐,視美珥之所在而勸王以爲夫人。《韓非子·外儲說右上》

此章文字似參照《韓非子》,以反向方式,就齊威王的意欲爲薛公所探知,解欲 "塞其兌,閉其門,終身不勤"。所引《老子》經文,語出《老子》第五十二章,文字與通行本同。

42

盧敖游乎北海,經乎太陰,入乎玄闕,至於蒙穀之上,見一士焉,深目而玄鬢,〔渠頸〕(原作 "涙注",據王念孫校改。)而鳶肩,豐上而殺下,軒軒然方迎風而舞。顧見盧敖,慢然下其臂,遯逃乎碑〔下〕(據王念孫校改。)。盧敖就而視之,方倦龜殼而食蛤梨。

盧敖與之語曰:"唯敖爲背羣離黨,窮觀於六合之外者,非敖而已乎?敖幼而好遊,至長不渝〔解〕(據王念孫校補)。周行四極,唯北陰之未闚。今卒睹天子於是,子殆可與敖爲友乎?"

若士者齾然而笑曰:"嘻!子中州之民,寧肯〔遠而〕(原作 "而遠",據何寧校改。)至此。此猶光乎日月而載列星,陰陽之所行,四時之所生。其比夫不名之地,猶窔奧也。若我南游乎罔㝗之野,北息乎沉墨之鄉,西窮窅冥之黨,東〔關〕(原作 "開"字,據王念孫校改。"關"與"貫"同)鴻濛之光。此其下無地而上無天,聽焉無聞,視焉無眴。此其外,猶有汰沃之汜。其餘一舉而千萬里,吾猶未能之在。今子游始於此,乃語窮觀,豈不亦遠哉?然子處矣!吾與汗漫期于九垓之〔上〕(原作 "外",據王念孫校改),吾不可以久(原有 "駐"字,據王念孫校刪)。"

若士舉臂而竦身,遂入雲中。

盧敖仰而視之，弗見，乃止駕，〔心〕（原作"止"字，據王念孫校改。）杅治，悷若有喪也。曰："吾比夫子，猶黃鵠與蠰蟲也。終日行不離咫尺，而自以爲遠，豈不悲哉！"

故莊子曰："小年不及大年，小知不及大知，朝〔秀〕（原作"菌"，據王念孫校改。）不知晦朔，蟪蛄不知春秋。"此言明之有所不見也。

> 小知不及大大知，小年不及大年。奚以知其然？朝菌不知晦朔，蟪蛄不知春秋。
>
> 《莊子・逍遙遊》

> 儒書言：盧敖游乎北海，經乎太陰，入乎玄關，至於蒙谷上，見一士焉，深目玄准，雁頸而戴肩，浮上而殺下，軒軒然方迎風而舞。顧見盧敖，樊然下其臂，遁逃乎碑下。敖乃視之，方卷然龜背而食合梨。盧敖仍與之語曰："吾子唯以敖爲倍俗，去群離黨，窮觀於六合之外者，非敖而已。敖幼而游，至長不倫解，周行四極，唯北陰之未窺。今卒睹夫子於是，殆可與敖爲友乎？"若士者悷然而笑曰："嘻！子中州之民也，不宜遠至此。此猶光日月而戴列星，四時之所行，陰陽之所生也。此其比夫不名之地，猶屹屼也。若我，南游乎罔浪之野，北息乎沈薪之鄉，西窮乎杳冥之黨，而東貫須情之先。此其下無地，上無天，聽焉無聞，而視焉則營；此其外猶有狀，有狀之餘，壹舉而能千萬里，吾猶未能之在。今子游始至於此，乃語窮觀，豈不亦遠哉！然子處矣。吾與汗漫期於九垓之上，吾不可久。"若士者舉臂而縱身，遂入雲中。盧敖目仰而視之，不見，乃止喜。心不怠，悵若有喪，曰："吾比夫子也，猶黃鵠之與壤蟲也，終日行而不離咫尺，而自以爲遠，豈不悲哉！"《論衡・道虛》

此章"盧敖遊乎北海"故事，與《莊子・秋水》篇的敘說相類，似與劉安曾整理注解《莊子》之事有關。〈要略〉篇所稱〈道應訓〉撰述宗旨在"考驗乎老、莊之術"，此處並未引用《老子》，所引《莊子》經文，語出〈逍遙游〉篇。

43

〔宓〕（原作"季"，據王念孫校改。）子治亶父三年，而巫馬期絻衣短褐，易容貌，往觀化焉，見〔夜魚者〕（據王念孫校補。），得魚釋之。

巫馬期問焉曰："凡子所爲魚者，欲得也。今得而釋之，何也？"

　　漁者對曰：“宓子不欲人取小魚也。所得者小魚，是以釋之。”

　　巫馬期歸以報孔子曰：“宓子之德至矣！使人闇行，若有嚴刑在其側者。宓子何以至於此？”

　　孔子曰：“丘嘗問之以治，言曰：‘〔誠〕（原作“誠”，據王念孫校改。）於此者刑於彼。’宓子必行此術也。”

　　故老子曰：“去彼取此。”

　　宓子賤治亶父，恐魯君之聽讒人，而令己不得行其術也。將辭而行，請近吏二人於魯君，與之俱至於亶父。邑吏皆朝，宓子賤令吏二人書。吏方將書，宓子賤從旁時掣搖其肘。吏書之不善，則宓子賤為之怒，吏甚患之，辭而請歸。宓子賤曰：“子之書甚不善，子勉歸矣。”二吏歸報於君，曰：“宓子不得為書。”君曰：“何故？”吏對曰：“宓子使臣書，而時掣搖臣之肘，書惡而有甚怒，吏皆笑宓子，此臣所以辭而去也。”魯君太息而歎曰：“宓子以此諫寡人之不肖也。寡人之亂子，而令宓子不得行其術，必數有之矣。微二人，寡人幾過。”遂發所愛，而令之亶父，告宓子曰：“自今以來，亶父非人之有也，子之有也。有便於亶父者，子決為之矣。五歲而言其要。”宓子敬諾，乃得行其術於亶父。三年，巫馬旗短褐衣弊裘，而往觀化於亶父，見夜漁者，得則舍之。巫馬旗問焉，曰：“漁為得也。今子得而舍之何也？”對曰：“宓子不欲人之取小魚也。所舍者小魚也。”巫馬旗歸，告孔子曰：“宓子之德至矣。使民闇行，若有嚴刑於旁。敢問宓子何以至於此？”孔子曰：“丘嘗與之言曰：‘誠乎此者刑乎彼’宓子必行此術於亶父也。”夫宓子之得行此術也，魯君後得之也。魯君後得之者，宓子先有其備也。先有其備，豈遽必哉？此魯君之賢也。（《呂氏春秋·具備》）

　　孔子弟子有宓子賤者，仕於魯，為單父宰，恐魯君聽讒言，使己不得行其政，於是辭行，故請君之近史二人與之俱至官，宓子戒其邑吏，令二史書，方書輒掣其肘，書不善則從而怒之。二史患之，辭請歸魯，宓子曰：“子之書甚不善，子勉而歸矣。”二史歸報於君曰：“宓子使臣書而掣肘，書惡而又怒臣，邑吏皆笑之，此臣所以去之而來也。”魯君以問孔子，子曰：“宓不齊，君子也。其才任霸王之佐，屈節治單父，將以自試也。意者，以此為諫乎？”公寤，太息而歎曰：“此寡人之不肖，寡人亂宓子之政，而責其善者非矣。微二史，寡人無以知其過；微夫子，寡人無以自寤。”遽發所愛之使告宓子曰：“自今已往，單父非吾有也，從子之制，有便於民者，子決為之，五年一言其要。”宓子敬奉詔，遂得行其政，於是單父治焉。躬敦厚，明親親，尚篤敬，施至仁，加懇誠，致忠信，百姓化之。齊人攻魯，道由單父，單父之老請曰：“麥已熟矣，今齊寇至，不及人人自收其麥，請放民出，皆穫傅郭之麥，可以益糧，

且不資於寇。"三請而宓子不聽,俄而齊寇逮于麥,季孫聞之怒,使人以讓宓子曰:
"民寒耕熱耘,曾不得食,豈不哀哉!不知猶可,以告者而子不聽,非所以為民也。"
宓子蹙然曰:"今茲無麥,明年可樹;若使不耕者穫,是使民樂有寇;且得單父一歲
之麥,於魯不加強;喪之,不加弱,若使民有自取之心,其創必數世不息。"季孫聞
之,赧然而愧曰:"地若可入,吾豈忍見宓子哉?"三年,孔子使巫馬期遠觀政焉,
巫馬期陰免衣,衣敝裘,入單父界,見夜漁者,得魚輒舍之,巫馬期問焉,曰:"凡
漁者為得,何以得魚即舍之?"漁者曰:"魚之大者名為　　,吾大夫愛之;其小者名
為鱦,吾大夫欲長之,是以得二者輒舍之。"巫馬期返,以告孔子曰:"宓子之德,
至使民闇行,若有嚴刑於旁,敢問宓子何行而得?"於是孔子曰:"吾嘗與之言曰:
'誠於此者刑乎彼,'宓子行此術於單父也。"《孔子家語·屈節解》

此章文字似取自《呂氏春秋·具備》,以"季子治亶,表現至德之教化"事,
解證《老子》"去彼取此"一句,當為解《老》資料殘篇。所引《老子》經文,
語出《老子》第十二章。

44

罔兩問於景曰:"昭昭者,神明也?"

景曰:"非也。"

罔兩曰:"子何以知之?"

景曰:"扶桑受謝,日照宇宙,昭昭之光,輝燭四海。闔戶塞
牖,則無由入矣。若神明,四通並流,無所不及,上際於天,下蟠
於地,化育萬物而不可為象,俛仰之間而撫四海之外。昭昭何足以
明之!"

故老子曰:"天下之至柔,馳騁天下之至堅。"

眾罔兩問於景曰:"若向也俯而今也仰,向也括撮而今也被髮,向也坐而今也起,
向也行而今也止,何也?"景曰:"搜搜也,奚稍問也!予有而不知其所以。予,蜩
甲也,蛇蛻也,似之而非也。火與日,吾屯也;陰與夜,吾代也。彼吾所以有待邪?
而況乎以無有待者乎!彼來則我與之來,彼往則我與之往,彼強陽則我與之強陽。強
陽者又何以有問乎!"《莊子·寓言》

精神四達並流，無所不極，上際於天，下蟠於地，化育萬物，不可爲象，其名爲同帝。《莊子‧刻意》

人心排下而進上，上下囚殺，淖約柔乎剛彊。廉劌彫琢，其熱焦火，其寒凝冰。其疾俛仰之間而再撫四海之外，其居也淵而靜，其動也懸而天。僨驕而不可係者，其唯人心乎！《莊子‧在宥》

此章敘說方式與《莊子‧寓言》相類，何寧云：“《莊子》〈寓言〉篇有罔兩其名，而文絕異。”所引《老子》經文，語出《老子》第四十三章。

45

光耀問於無有曰：“子果有乎？其果無有乎？”

無有弗應也。光耀不得問，而〔孰〕（原作“就”，據王念孫校改。）視其狀貌，冥然忽然，視之不見其形，聽之不聞其聲，搏之不可得，望之不可極也。

光耀曰：“貴矣哉，孰能至於此乎！予能有無矣，未能無無也。及其爲無無，又何從至於此哉！”

故老子曰：“無有入於間，吾是以知無爲之有益也。”

光曜問乎無有曰：“夫子有乎？其無有乎？”光曜不得問，而孰視其狀貌，窅然空然，終日視之而不見，聽之而不聞，搏之而不得也。光曜曰：“至矣！其孰能至此乎！予能有無矣，而未能無無也；及爲無有矣，何從至此哉！”《莊子‧知北遊》

此章文字取自《莊子‧知北遊》。所引《老子》經文，語出《老子》第四十三章。“無有入於無間”句，帛書甲本同，王弼注本作“無有入無間”。《淮南子‧原道》篇引《老子》作“出於無有，入於無間”。此處似脫“出於”二字。

46

白公勝慮亂，罷朝而立，倒杖策，錣上貫頤，血流至地而弗知也。鄭人聞之曰："頤之忘,將何不忘哉!"

此言精神之越於外,智慮之蕩於內,則不能漏理其形也。是故神之所用者遠,則所遺者近也。

故老子曰:"不出戶以知天下,不窺牖以見天道。其出彌遠,其知彌少(老子曰:精神越於外,智慮蕩於內者,不能治形。神之所用者遠,則所遺者近。故"不出於戶以知天下,不窺於牖以知天道,其出彌遠,其知彌少。"此言精誠發於內,神氣動於天也。)〈精誠〉篇第十章。" 此之謂也。

> 白公勝慮亂,罷朝,倒杖而策銳貫頣,血流至於地而不知。鄭人聞之曰:"頣之忘,將何為忘哉!"故曰:"其出彌遠者,其智彌少。"此言智周乎遠,則所遺在近也,是以聖人無常行也。能並智,故曰:"不行而知。"能並視,故曰:"不見而明。"隨時以舉事,因資而立功,用萬物之能而獲利其上,故曰:"不為而成。"《韓非子·喻老》

> 白公勝慮亂,罷朝而立,倒杖策,鋭上貫頣,血流至地而弗知也。鄭人聞之曰:"頤之忘,將何不忘哉?"意之所屬著,其行足躓株埳,頭抵植木而不自知也。《列子·說符》

此章文字,似參照《韓非子·喻老》,《老子》第四十七章曰:"不出戶,知天下;不闚牖,見天道。其出彌遠、其知彌少。是以聖人不行而知、不見而名,不為而成。"〈喻老〉篇解說"其出彌遠"下五句,而〈道應訓〉則解說"不出戶以知天下"四句,與《文子·精誠》同。〈喻老〉曰:"此言智周乎遠,則所遺在近也",〈精誠〉篇作"此言精誠發於內,神氣動於天也。"此二句未見於《淮南子》。《文子》此處解《老》資料似與〈道應訓〉來源不同。"不出戶以知天下"兩句,王弼注本無兩"以"字,帛書甲本,作"不出於戶,以知天下,不規(窺)於牖,以知天道",與此處引文較近。

47

秦皇帝得天下,恐不能守,發邊戍,築長城,修關梁,設障塞,具傳車,置邊吏。然劉氏奪之,若轉閉錘。昔武王伐紂,破之牧野,

乃封比干之墓，表商容之閭，柴箕子之門，朝成湯之廟，發鉅橋之
粟，散鹿臺之錢，破鼓折枹，弛弓絕絃，去舍露宿以示平易，解劍
帶笏以示無仇。於此天下歌謠而樂之，諸侯執幣相朝，三十四世不
奪。

故老子曰："善閉者，無關鍵而不可開也。善結者，無繩約而
不可解也。"

此章以秦暴虐天下，而劉邦奪之，如轉閉錘，以反向解說"善閉者，無關鍵而
不可開"，以武王施行德政，三十四世不可奪，以正面顯示"善結者，無繩約
而不可解"。"築長城"句，何寧云："《御覽》引，彼'長'作'修'，是
知今本《淮南》有經後人寫亂者。"所引《老子》經文，語出《老子》第二十
七章，王弼注本兩句均無"者"、"也"二字，帛書乙本作"善閉者，無關籥
而不可啓也。善結者，無纆約而不可解也。"

48

尹需學御，三年而無得焉，私自苦痛，常寢想之。中夜夢受秋
駕於師。

明日，往朝。師望〔而〕（原作"之"，據王念孫校改。）謂之曰："吾非
愛道於子也，恐子不可予也。今日教子以秋駕。"

尹需反走，北面再拜曰："臣有天幸，今夕固夢受之。"

故老子曰："致虛極，守靜篤，萬物並作，吾以觀其復也。"

養由基、尹儒，皆文藝之人也。荊廷嘗有神白猿，荊之善射者莫之能中，荊王請
養由基射之。養由基矯弓操矢而往，未之射，而括中之矣，發之則猿應矢而下，則養
由基有先中中之者矣。尹儒學御三年而不得焉，苦痛之，夜夢受秋駕於其師。明日往
朝其師，望而謂之曰，吾非愛道也，恐子之未可與也。今日將教子以秋駕。"尹儒反
走，北面再拜曰："今昔臣夢受之。"先爲其師言所夢，所夢固秋駕已。上二士者可
謂能學矣，可謂無害之矣，此其所以觀後世已。《呂氏春秋·博志》

尹需學御，三年無所得，夜夢受秋駕於其師。明日往朝其師，其師望而謂之曰：
"吾非獨愛道也，恐子之未可與也。今將教子以秋駕。"《莊子》佚文，《文選》左太沖〈魏都
賦注〉、王元長〈三月三日曲水詩序注〉並引

此章文字取自《呂氏春秋·博志》，以"尹需學御，夜夢受秋駕於師"事，解
說"致虛極，守靜篤，萬物並作，吾以觀其復"，說理稍嫌牽強。所引《老子》
經文，語出《老子》第十六章。王弼注本與引文同，唯無"其"字。此處引文
與出土簡帛《老子》，文字與斷句均有差異，如帛書甲本作"至（致）虛，極
也；守情（靜），表（篤）也。萬物旁（並）作，吾以觀其復也。"乙本作"至
（致）虛，極也；守靜，督（篤）也。萬物旁（並）作，吾以觀其復也。"郭店
竹簡《老子》作"至虛，互（恆）也；戵（守）中，箮（篤）也。萬勿（物）方（旁）
复（作），居以須復也。"

49

昔孫叔敖三得令尹，無喜志；三去令尹，無憂色；延陵季子，
吳人願（原有"一"字，據楊樹達校刪。）以爲王而不肯；許由，讓天下而弗受；
晏子與崔杼盟，臨死地不變其儀；此皆有所遠通也。

精神通於死生，則物孰能惑之！荆有佽非，得寶劍於干隊。還
反度江，至於中流，陽侯之波，兩蛟挾繞其船。

佽非謂枻船者曰："嘗〔見〕（據俞樾校補。）有如此而得活者乎？"

對曰："未嘗見也。"

於是佽非〔勃然瞋目〕（原作"瞋目勃然"，據王念孫校改。）攘臂拔劍，曰：
"武士可以仁義之禮說也，不可劫而奪也。此江中之腐肉朽骨，棄
劍而已，余有奚愛焉！"

赴江刺蛟，遂斷其頭，船中人盡活，風波畢除，荆爵爲執圭。

孔子聞之曰："夫善載！〔不以〕（據俞樾校改。）腐肉朽骨棄劍者，
佽非之謂乎！"

故老子曰："夫唯無以生爲者，是賢於貴生焉。"

達士者達乎死生之分。達乎死生之分，則利害存亡弗能惑矣。故晏子與崔杼盟，而不變其義；延陵季子，吳人願以爲王而不肯；孫叔敖三爲令尹而不喜，三去令尹而不憂，皆有所達也。有所達則物弗能惑。荆有次非者，得寶劍于干遂，還反涉江，至於中流，有兩蛟夾繞其船。次非謂舟人曰："子嘗見兩蛟繞船能兩活者乎？"船人曰："未之見也。"次非攘臂祛衣拔寶劍曰："此江中之腐肉朽骨也。棄劍以全己，余奚愛焉！"於是赴江刺蛟，殺之而復上船，舟中之人皆得活。荆王聞之，仕之執圭。孔子聞之曰："夫善哉！不以腐肉朽骨而棄劍者，其次非之謂乎？"《呂氏春秋・知分》

此章文字似參照《呂氏春秋・知分》，〈知分〉篇此處說明"達乎死生之分，則利害存亡弗能惑"之義，而〈道應訓〉則用之以解喻《老子》"夫唯無以生爲者，是賢於貴生"。所引《老子》經文，語出《老子》第七十五章，文字與今通行本同。

50

齊人淳于髡以從說魏王，魏王辯之。約車十乘，將使荆，辭而行。〔又〕（原作"人"，據孫詒讓校改。）以爲從未足也，復以衡說，其辭若然。魏王乃止其行而疏其身。失從〔之〕（原作"心"，據王念孫校改。）志，而又不能成衡之事，是其所以固也。夫言有宗，事有本。失其宗本，技能雖多，不若其寡也（老子曰：言有宗，事有本，失其宗本，技能雖多，不如寡言。）。故周鼎著倕，而使齕其指，先王以見大巧之不可〔爲〕（據王念孫校改。）也。故慎子曰："匠人知爲門能以門，所以不知門也，故必杜然後能門（害衆者倕，而使斷其指，以明大巧之不可爲也。故："匠人智爲，不以能以時，閉不知閉也，故必杜而後開。"）〈精誠〉篇第十八章。

　　齊人有淳于髡者，以從說魏王。魏王辯之，約車十乘，將使之荆。辭而行，有以橫說魏王。魏王乃止其行。失從之意，又失橫之事。夫其多能不若寡能，其有辯不若無辯。周鼎著倕而齕其指，先王有以見大巧之不可爲也。《呂氏春秋・離謂》

此章文字取自《呂氏春秋・離謂》，但敘說的體例與其餘各章不同。"言有宗，事有本"兩句，出自《老子》第七十章，而章末引《慎子》之言。"慎子曰"

等數句，文意費解。馬宗霍云："此蓋言匠人為門，但知門能以守，不知門之所以守，別有司其啓閉者在，即戲門之具也。戲門之具，如關鑰等，皆別於門而為物。故徐注云：'門之要在門外。'下文'故必杜然後能門'，為《淮南》引《慎子》後所加申繹之語，非《慎子》本文。'杜'者，'戲'之借字。'門'字義亦為'守'，言必杜然後能守也。"何寧先生補述云："'能以門'之'門'，亦當為名詞。門之要在戲門之具，故知為門者，門成而戲門之具從之。使為門而不知為門杜，則是'知為門能以門'，而不能復以杜。故曰：'所以不知門也'。下文'故必杜然後能門'，'門'上省'為'字，猶言必知有戲門知具亦司啓閉，而後始能為門也。"此可備一說。全文主要文字見於《文子‧精誠》第十八章，〈精誠〉篇該章應為〈道應訓〉殘文，其中"害眾者"三字似"周鼎著"之形誤，"斷"與"齗"，字形亦相近而誤。

51

墨者有田鳩者，欲見秦惠王，約車申轅，留於秦，〔三〕（原作"周"，據劉文典校改。）年不得見。客有言之楚王者，往見楚王。楚王甚悅之，予以節，使於秦。至，因見（原有"予之將軍之節"六字，據陳觀樓校刪。）惠王，而說之。

出舍，喟然而歎，告從者曰："吾留秦三年不得見，不識道之可以從楚也。"

物故有近之而遠，遠之而近者。故大人之行，不〔扶〕（原作"掩"，據俞樾校改。）以繩，至所極而已矣。此《筦子》〔所謂〕（"所謂"二字原在"此"字之後，據陳觀樓校改。）"梟飛而維繩"者。

> "鳥飛准繩"，此言大人之義也。夫鳥之飛也，必還山集谷；不還山則因，不集谷則死。山與谷之處也，不必正直，而還山集谷，曲則曲矣，而名繩焉。以為鳥起于北，意南而至于南。起于南，意北而至于北。苟大意得，不以小缺為傷。故聖人美而著之，曰：千里之路，不可扶以繩。萬家之都，不可平以准。言大人之行，不必以先帝，常義立之謂賢。故為上者之論其下也，不可以失此術也。《管子‧宙合》
>
> 墨者有田鳩欲見秦惠王，留秦三年，而弗得見。客有言之於楚王者，往見楚王，

楚王說之，與將軍之節以如秦，至，因見惠王。告人曰：“之秦之道乃之楚乎？”固有近之而遠，遠之而近者。時亦然。有湯武之賢而無桀紂之時不成，有桀紂之時而無湯武之賢亦不成。聖人之見時，若步之與影不可離。〈呂氏春秋·首時〉

此章文字取自《呂氏春秋·守時》，“梟飛而維繩”句，陳觀樓云：“當作‘鳥非而準繩’。《管子》〈宙合〉篇曰：‘鳥非而準繩，此言大人之義也’云云，大意謂鳥非雖不必如繩之直，然意南而南，意北而北，總期於還山集谷而後止，則亦與準於繩者無異。”〈道應訓〉此章末引《老子》，而以田鳩藉楚以見秦王之事，解說《管子》，與〈道應訓〉解《老》體例不合。

52

灃水之深〔十〕（原作“千”，據何寧校改。）仞，而不受塵垢，投金鐵（原有“鍼”字，據王念孫校刪。）焉，則形見於外（〔老子曰：〕酆水之深十仞，而不受塵垢，金石在中，形見於外，）。非不深且清也，魚鱉龍蛇莫之肯歸也（非不深且清也，魚鱉蛟龍莫之歸也。）。是故石上不生五穀，禿山不游麋鹿，無所陰蔽（原有“隱”字，據王念孫校刪。）也（石上不生五穀，禿山不游麋鹿，無所蔭蔽也。）。

昔趙文子問於叔向曰：“晉六將軍，其孰先亡乎？”

對曰：“中行、知氏。”

文子曰：“何乎？”

對曰：“其為政也，以苛為察，以切為明，以刻下為忠，以〔訐〕（原作“計”，據何寧校改。）多為功（故為政以苛為察，以切為明，以刻下為忠，以計多為功。）。譬之猶廓革者也，廓之，大則大矣，裂之道也（如此者，譬猶廣革者也，大即大，裂之道也。）。”

故老子曰：“其政悶悶，其民純純。其政察察，其民缺缺。”（“其政悶悶，其民淳淳，其政察察，其民缺缺。”）〈上禮〉第八章

〈道應訓〉此章主要部份，見於《文子·上禮》。〈上禮〉篇此處文句結構完整，文意連貫，似屬《文子》解《老》資料，而與〈道應訓〉併行流傳。所引

《老子》經文，語出《老子》第五十八章，"純純"，王弼注本、《文子》、帛書《老子》乙本，均作"淳淳"。

53

景公謂太卜曰："子之道何能？"對曰："能動地。"

晏子往見公，公曰："寡人問太卜曰：'子之道何能？'對曰：'能動地。'地可動乎？"

晏子默然不對。出，見太卜曰："昔吾見句星在〔駟〕（原作"房"，據王念孫校改。）、心之間，地其動乎？"

太卜曰："然。"

晏子出，太卜走往見公曰："臣非能動地，地固將動也。"

田子陽聞之曰："晏子默而不對者，不欲太卜之死。往見太卜者，恐公之欺。晏子可謂忠於上而惠於下矣。"

故老子曰："方而不割，廉而不劌。"

景公問太卜曰："汝之道何能？"對曰："臣能動地。"公召晏子而告之，曰："寡人問太卜曰：『汝之道何能？』對曰：『臣能動地。』地可動乎？"晏子默然不對，出，見太卜曰："昔吾見鉤星在四心之閒，地其動乎？"太卜曰："然。"晏子曰："吾言之，恐子之死也；默然不對，恐君之惶也。子言，君臣俱得焉。忠于君者，豈必傷人哉！"晏子出，太史走入見公，曰："臣非能動地，地固將動也。"陳子陽聞之，曰："晏子默而不對者，不欲太卜之死也；往見太卜者，恐君之隉也。晏子，仁人也。可謂忠上而惠下也。"《晏子春秋·外篇》

此章文字取自《晏子春秋》，以晏子"忠於上，惠於下"之德，解說《老子》"方而不割，廉而不劌"，所引《老子》經文，語出第五十八章，文字與今通行本同。

54

魏文侯觴諸大夫於曲陽。飲酒酣，文侯喟然歎曰：“吾獨無豫讓以爲臣乎！”

蹇重舉白而進之，曰：“請浮君！”

君曰：“何也？”

對曰：“臣聞之，有命之父母不知孝子，有道之君不知忠臣。夫豫讓之君亦何如哉？”

文侯受觴而飲釂不獻，曰：“無管仲、鮑叔以爲臣，故有豫讓之功。”

故老子曰：“國家昏亂，有忠臣。”

> 魏文侯觴大夫于曲陽，飲酣，文侯喟焉歎曰：“吾獨無豫讓以爲臣！”蹇重舉酒進曰：“臣請浮君。”文侯曰：“何以？”對曰：“臣聞之，有命之父母，不知孝子；有道之君，不知忠臣。夫豫讓之君，亦何如哉？”文侯曰：“善。”受浮而飲之，釂而不讓，曰：“無管仲、鮑叔以爲臣，故有豫讓之功也。”《說苑·尊賢》

此章所引資料，見於《說苑·尊賢》，〈尊賢〉篇取自前人資料，似與〈道應訓〉同源，所引《老子》經文，語出《老子》第十八章。

55

孔子觀桓公之廟，有器焉，謂之宥卮。

孔子曰：“善哉乎！予得見此器。”

顧曰：“弟子取水！”

水至，灌之，其中則正，其盈則覆（故三皇五帝有戒之器，命曰侑卮，其中即正，其滿即覆。）〈九守〉篇第十二章①。

孔子造然革容曰：“善哉，持盈者乎！”

子貢在側曰：“請問持盈。”

曰：“〔揖〕而損之。”

曰：“何謂〔揖〕（前後兩“揖”字均原作“益”，據王念孫校改。）而損之？”

曰：“夫物盛而衰，樂極則悲，日中而移，月盈而虧。是故聰明叡智，守之以愚；多聞博辯，守之以儉；武力毅勇，守之以畏；富貴廣大，守之以儉；德施天下，守之以讓。此五者，先王所以守天下而弗失也（夫物盛則衰，日中則移，月滿則虧，樂終而悲。是故聰有廣智守以愚，多聞博辯守以儉，武力勇毅守以畏，富貴廣大守以狹，德施天下守以讓。此五者，先王所以守天下也。）。反此五者，未嘗不危也。”

故老子曰：“服此道者不欲盈。夫唯不盈，是以能弊而不新成（“服此道者不欲盈，夫唯不盈，是以弊不新成。”〈九守〉篇第十二章②。”

孔子觀於魯桓公之廟，有欹器焉。孔子問於守廟者曰：“此為何器？”守廟者曰：“此蓋為宥坐之器。”孔子曰：“吾聞宥坐之器者，虛則欹，中則正，滿則覆。”孔子顧謂弟子曰：“注水焉！”弟子挹水而注之，中而正，滿而覆，虛而欹。孔子喟然而歎曰：“吁！惡有滿而不覆者哉！”子路曰：“敢問持滿有道乎？”孔子曰：“聰明聖知，守之以愚；功被天下，守之以讓；勇力撫世，守之以怯；富有四海，守之以謙。此所謂挹而損之之道也。”〈荀子·宥坐〉

孔子觀於魯桓公之廟，有欹器焉。夫子問於守廟者曰：“此謂何器？”對曰：“此蓋為宥坐之器。”孔子曰：“吾聞宥坐之器，虛則欹，中則正，滿則覆，明君以為至誠，故常置之於坐側。”顧謂弟子曰：“試注水焉。”乃注之水，中則正，滿則覆。夫子喟然歎曰：“嗚呼！夫物惡有滿而不覆哉？”子路進曰：“敢問持滿有道乎？”子曰：“聰明睿智，守之以愚；功被天下，守之以讓；勇力振世，守之以怯；富有四海，守之以謙，此所謂損之又損之之道也。”〈孔子家語·三恕〉

孔子觀於周廟，有欹器焉。孔子問於守廟者曰：“此謂何器也？”對曰：“此蓋為宥座之器。”孔子曰：“聞宥座之器，滿則覆，虛則欹，中則正，有之乎？”對曰：“然。”孔子使子路取水試之，滿則覆，中則正，虛則欹。孔子喟然而嘆曰：“嗚呼！惡有滿而不覆者哉！”子路曰：“敢問持滿有道乎？”孔子曰：“持滿之道，抑而損之。”子路曰：“損之有道乎？”孔子曰：“德行寬裕者，守之以恭。土地廣大者，守之以儉。祿位尊盛者，守之以卑。人眾兵強者，守之以畏。聰明睿智者，守之以愚。博聞強記者，守之以淺。夫是之謂抑而損之。”《詩》曰：“湯降不遲，聖敬日躋。”〈韓詩外傳〉卷三此章孔子觀周廟之宥卮事，見於《荀子・宥坐》、《孔子家語・三恕》與《韓詩外傳》卷三。〈道應訓〉似就保留此三書的記述加以改寫。全文主要文句見於《文子・符言》第十二章第二段，此章第一段不見於《淮南子》。對於“盈損之道”的解釋，《荀子》僅指出“愚、讓、怯、謙”四種情況，《孔子家語》說明“智、愚、讓、怯、謙”六種，《韓詩外傳》言及“恭、儉、卑、畏、愚、淺”六種，《文子》則羅列“愚、儉、畏、狹、讓”五種，與《淮南子》所舉出“愚、陋、畏、儉、讓”的五種相同。《淮南子》似直接引用《韓詩外傳》。《韓詩外傳》引述《荀子》用以解《詩》。《淮南子》與《文子》均在解喻《老子》第十五章經文。其中“是以能弊而不新成”句，《文子》引作“是以弊不新成”。〈符言〉篇此章全文均論述“天道盈損”的義理，語意完整，文氣連貫，並有不見於《淮南子》者，似均屬文子學派解經資料。此章顯示出〈道應訓〉撰述時，確實參閱此項保留在《文子》中解《老》資料。所引《老子》經文，語出《老子》第十五章，王弼注本作“保此道者不欲盈，夫唯不盈，故能蔽不新成。”帛書甲本作“葆此道不欲盈。夫唯不欲□，□□□□□成。”乙本作“葆此道□欲盈。是以能斃（蔽）而不成。”郭店竹簡《老子》作“保此術（道）者不谷（欲）蛗（尚）呈（盈）”。

56

武王問太公曰：“寡人伐紂，天下是臣殺其主而下伐其上也。吾恐後世之用兵不休，鬬爭無已，爲之奈何？”

太公曰：“甚善，王之問也！夫未得獸者，惟恐其創之小也；已得之，唯恐傷肉之多也。王若欲久持之，則塞民於兌，道〔令〕（原作“全”，據俞樾校改。）爲無用之事，煩擾之教。彼皆樂其業，〔佚〕（原作“供”，據王念孫校改。）其情，〔釋〕（據向宗魯校補。）昭昭而道冥冥，於是乃去其〔鎈〕（原作“瞀”，據俞樾校改。）而載之朮（原作“木”，據王念孫校改。），解其劍而帶之笏。爲三年之喪，令類不蕃。高辭卑讓，使民不爭。酒肉以通之，竽瑟以娛之，鬼神以畏之。繁文滋禮，以弇其質。厚葬久喪，以亶其家。含珠、鱗施、綸組，以貧其財。深鑿高壟，以盡其力。家貧族少，慮患者貧。以此移風，可以持天下弗失。"

故老子曰："化而欲作，吾將鎮之以無名之樸也。"

此章"道全為無用之事"數句，文意費解，多有誤字，"為三年之喪"至"慮患者貧"，疑似錯簡。所引《老子》經文，語出《老子》第三十七章。

十〈氾論訓〉辨析

《淮南子·要略》曰：

〈氾論〉者，所以箴縷綻織之間，㯩睨呡齬之際也。接徑直施，以推本樸，而兆見得失之變，利病之反，所以使人不妄沒於勢利，不誘惑於事態，有符儳睨，兼稽時世之變，而與化推移者也。

高誘注：“博聞世間，古今得失，以道爲化，大歸於一，故曰‘氾論’，因以題篇。”

就〈要略〉篇所作的說明，〈氾論訓〉撰寫的宗旨爲：

第一，縫綴塡補人們在事理領會上的斷裂缺陷，導正現實中曲邪的路徑，以來推究萬物質樸的本源。

第二，能預見得失利弊間相互的轉化，使人們不妄自陷沒於權勢利益之中，不被世事的情態所誘惑。

第三，由此而能使自身符合於天道的運作，明察判析時勢的變遷，而與造化偕行並作。

但就今本〈氾論訓〉資料而言，它包含一些廣泛探索人世問題的資料，譬如涉及“變法”的思想，“權變”的觀念，“是非不定”的看法，“人才取用”的準則等。〈氾論訓〉原先可能屬於先秦某個思想傳承資料的結集，似乎並無〈要略〉篇所言的撰寫宗旨。按文意的結構，可分爲十五章。

第一章，此章與第二、三兩章內容，論述人文制度的設施，隨世代的變遷而更易，變古未可非，循俗未足多。第一章，可分爲兩節，首節資料，說明遠古有被頭散髮，衣服翻毛皮領，不用禮制，而能王天下者。次節則從歷史的發展，說明“民迫其難”、“困其患”，聖人爲之“求其便”、“造其備”，故先王之法度，因時而易。前後兩節文意不能通貫，首節恐爲他處錯簡。

　　第二章，說明聖人法與時變，禮與俗化，苟利於民，不必法古，苟周於事，不必循舊。

　　第三章，說明天下並無常法，"當於世事，得於人理，順於天地，祥於鬼神"，即可以正治。

　　第四章，強調"貴和"的觀念。天地之氣，莫大於和，聖人法之，故寬而栗，嚴而溫，柔而直，猛而仁。

　　第五章，說明"是、非"不可定，因時宜的相異就會形成不同的論斷，唯無所嚮者，則無所不通。

　　第六章，說明國以得道而存，不在於大小，王道以仁義爲本，國之所以存亡，就在於仁義與道德的施行與否。

　　第七章，說明"權變"的思想，聖人知權，論事之曲直，而與之屈伸偃仰，無常儀表，乘時以應變。

　　第八章，說明聖人隨時而動靜，因資以立功，具獨見之明，物動即知其反，事萌則察其變，故終身行而無所困。

　　第九章，說明聖人能屈寸而伸尺，小枉而大直。

　　第十章，說明"論人之道"，人之情均有所短，雖有小過，不足以爲累。故聖人屈寸而伸尺，小枉而大直。

　　第十一章，說明聖人因民之喜惡而勸善禁姦，故賞一人而天下譽之，罰一人而天下畏之。

　　第十二章，說明"爲善者，靜而無爲，故易；爲不善者，躁而多欲，故難"，天下人之爲惡，皆由於嗜欲無厭，不循度量。故聖人審動靜之變，而適受與之度，理好憎之情，而和喜怒之節。

　　第十三章，說明"鬼神"的作用，聖人因鬼神禨祥而立禁。

　　第十四章，說明愚者以無知之術妄求避禍，正成爲引禍的緣由。

　　第十五章，說明"道之在者爲貴"，"至和"爲萬物所歸嚮。

全篇現存約 8312 字，見於《文子》者有 1949 字，佔 23.4%，包括：〈上禮〉篇第二、四章，〈上義〉篇第五、七、九、十，〈下德〉篇第四章，〈道德〉篇第十四章，〈微明〉篇第九章。其中有引用保留於今本《文子》中先秦資料者，但大部份是《淮南子》殘文，竄入今本《文子》中。

1

此章與以下兩章內容，論述人文制度的設施，隨世代的**變遷**而更易，聖人之治，法與時變，禮與俗化，順於天理，擅道而行。此章主要部份見於《文子·上禮》第二章。〈上禮〉篇全文為：

> 古者被髮而無卷領，以王天下，其德生而不殺，與而不奪，天下非其服，同懷其德；當此之時，陰陽和平，萬物蕃息，飛鳥之巢，可俯而探也，走獸可係而從也。〔及其衰也，〕鳥獸蟲蛇，皆為民害，故鑄鐵鍛刃，以禦其難。夫民迫其難即求其便，因其患即操其備，各以其智，去其所害，就其所利，常故不可循，器械不可因。故先王之法度，有變易者也。〔故曰："名可名，非常名也。"〕

> 五帝異道而德覆天下，三王殊事而名立後世，因時而變者也。譬猶師曠之調五音也，所推移上下，無常尺寸以度，而靡不中者。故通於樂之情者能作音，有本主於中，而知規矩鈎繩之所用者能治人。故先王之制，不宜即廢之，末世之事，善即著之。故聖人之制禮樂者，不制於禮樂。〔制物者，不制於物，制法者，不制於法。故曰"道可道，非常道也。"〕

〈氾論訓〉此章第一段文字，與後文論述的文氣不連貫，語意也有別，顯然是他篇錯簡，或其中有脫文。〈上禮〉篇此章結構也相當複雜。〈氾論訓〉此章第一段出現於〈上禮〉篇第一節首段，"鳥獸蟲蛇"句前有"及其衰也"，與前"古者"段相對應，形成古今衰變的比較。

第二節"五帝異道"之後數句，全接續見於〈氾論訓〉此章。〈上禮〉篇前、後兩節分別用《淮南子》別本殘文來解證《老子》第一章"名可名，非常名"、"道可道，非常道"。但〈上禮〉篇這些文字內容，與其所引《老子》經文義理，毫無關係，似編輯今本《文子》者改竄混入其中之《淮南子》殘文，形成解《老》資料形式。或"名可名"句與不見於《淮南子》之"制物者，不制於物"等數句原為解《老》殘文，而編輯今本《文子》者，加以變動湊合。

①

此節敘述古時王天下者，雖無禮制措施，但陰陽和順，人民歸服，此種敘說與下節論述"民迫其難則求其便，困其患則造其備"與"因時變而制禮樂"的義理，差異頗大。《晏子春秋·諫篇》曰："且古者嘗有紩衣攣領而王天下者，其政好生而惡殺"。《荀子·哀公》曰："古之王者，有務而拘領者矣，其政好生而惡殺焉，是以鳳在列樹，麟在郊野，烏鵲之巢可俯而窺也。"此節或源自稷下傳承，與《晏子春秋》、《荀子》資料同源，但此處當為錯簡。

古者有鍪而綣領以王天下者矣，其德生而不辱，予而不奪，天下不非其服，同懷其德（〔老子曰：〕古者被髮而無卷領，以王天下，其德生而不殺，與而不奪，天下不非其服，同懷其德。）。當此之時，陰陽和平，風雨時節，萬物蕃息，烏鵲之巢可俯而探也，禽獸可羈而從也（當此之時，陰陽和平，萬物蕃息，飛鳥之巢可俯而探也，走獸可係而從也。）〈上禮〉篇第二章①，豈必褒衣博帶，句襟、委、章甫哉！

景公問晏子曰："吾欲服聖王之服，居聖王之室，如此，則諸侯其至乎？"晏子對曰："法其節儉則可，法其服，居其室，無益也。三王不同服而王，非以服致諸侯也。誠于愛民，果于行善，天下懷其德而歸其義，若其衣服節儉而眾說也。夫冠足以修敬，不務其飾；衣足以掩形，不務其美。衣無隅差之削，冠無觚嬴之理，身服不雜彩，首服不鏤刻。且古者嘗有紩衣攣領而王天下者，其政好生，而惡殺，節上而羨下。天下不朝其服而並歸其義，其義。古者嘗有處橧巢窟穴而王天下者，其政而不惡，予而不取，天下不朝其室，而共歸其仁。及三代作服，爲益敬也，首服足以修敬，而不重也，身服足以行潔，而不害于動作；服之輕重便於身，用財之費順于民。其不爲橧巢者，以避風也；其不爲窟穴者，以避溼也。是故明堂之制，下之潤溼，不能及也；上之寒暑，不能入也。土事不文，木事不鏤，示民知節也。及其衰也，衣服之侈過足以敬；宮室之美，過避潤溼，用力甚多，用財甚費，與民爲讎。今君欲法聖王之服室，不法　甘制，法其節儉也，則雖未成治，庶其有益也。今君窮臺榭之高極汙池之深而不止；務于刻鏤之巧，文章之觀而不厭，則亦與民爲讎矣。若臣之慮，恐國之危，而公不平也。公乃願致諸侯，不亦難乎？公之言過矣！”《晏子春秋·諫》

　　魯哀公問舜冠於孔子，孔子不對。三問，不對。哀公曰：“寡人問舜冠於子，何以不言也？”孔子對曰：“古之王者，有務而拘領者矣，其政好生而惡殺焉，是以鳳在列樹，麟在郊野，烏鵲之巢可俯而窺也。君不此問而問舜冠，所以不對也。”《荀子·哀公》

　　故至德之世，其行填填，其視顛顛。當是時也，山無蹊隧，澤無舟梁；萬物群生，連屬其鄉；禽獸成群，草木遂長。是故禽獸可係羈而遊，鳥鵲之巢可攀援而闚。《莊子·馬蹄》

《淮南子》上段文意，似本諸《呂氏春秋·諫》，“古者有鍪而縐領以王天下者矣”數句，即取自〈諫〉篇。上引《荀子》與《莊子》兩段，對古時之政的敘說，也與《淮南子》相近。

②

此節就歷史發展，舉事例說明“古者”與“後世”生活狀況的不同。當人民迫於困難，就會找出方便的辦法，被禍患困擾，就會造出防備的器具。此種論述，與上節強調古時以無爲“王天下”的敘說，明顯不同。二節之間似有脫文，或〈氾論訓〉此章資料應從此節始。

　　古者民澤處而復穴，冬日則不勝霜雪霧露，夏日則不勝暑熱蚊虻。聖人乃作爲之，築土構木，以爲〔室居〕（原“宮室”，據王念孫校改。），上棟下宇，以蔽風雨，以避寒暑，而百姓安之。伯余之初作衣也，緂麻索縷，手經指挂，其成猶網羅；後世爲之機杼勝複以便其用，而民得以掩形御寒。古者剡耜而耕，摩蜃而耨，木鉤而樵，抱甀而汲，民勞而利薄；後世爲之耒耜耰鋤，斧柯而樵，桔皋而汲，民逸而利多焉。古者大川名谷，〔衡絕〕（原作“衝絕”，據楊樹達校改。）道路，不通往來也，乃爲窬木方版，以爲舟航，故地勢有無，得相委輸。（原

353

有 "乃" 字，據王念孫校刪。）為〔軺〕（原作 '軥'，據王念孫校改。）蹻而超千里，肩（原有 "荷" 字，據王念孫校刪。）負儋之勤也，而作為之楺輪建輿，駕馬服牛，民以致遠而不勞；為鷙禽猛獸之害傷人而無以禁御也，而作為之鑄金鍛鐵，以為兵刃（〔及其衰也，〕鳥獸蟲蛇，皆為民害，故鑄鐵鍛刃，以禦其難。）〈上禮〉篇第二章②，猛獸不能為害。故民迫其難則求其便，因其患則造其備，人各以其（原有 '所' 字，據王念孫校刪。）知，去其所害，就其所利（夫民迫其難即求其便，因其患即操其備，各以其智，去其所害，就其所利，）〈上禮〉篇第二章③a。常故不可循，器械不可因也，則先王之法度有移易者矣（常故不可循，器械不可因，故先王之法度，有變易者也，〔故曰："名可名，非常名也。"〕）〈上禮〉篇第二章③b。

古之制，婚禮不稱主人，舜不告而娶，非禮也；立子以長，文王舍伯邑考而用武王，非制也；禮三十而娶，文王十五而生武王，非法也。夏后氏殯於阼階之上，殷人殯於兩楹之間，周人殯於西階之上，此禮之不同者也；有虞氏用瓦棺，夏后氏堲周，殷人用槨，周人牆置翣，此葬之不同者也；夏后氏祭於闇，殷人祭於陽，周人祭於日出以朝，此祭之不同者也；堯〈大章〉，舜〈九韶〉，禹〈大夏〉，湯〈大濩〉，周〈武象〉，此樂之不同者也。

夏后氏殯於東階之上，則猶在阼也；殷人殯於兩楹之間，則與賓主夾之也；周人殯於西階之上，則猶賓之也。《禮記·檀公》

郊之祭，大報天而主日，配以月。夏后氏祭其闇，殷人祭其陽，周人祭日，以朝及闇。祭日於壇，祭月於坎，以別幽明，以制上下。祭日於東，祭月於西，以別外內，以端其位。日出於東，月生於西。陰陽長短，終始相巡，以致天下之和。《禮記·祭義》

《淮南子》上段 "古之制" 兩句，楊樹達云："文本隱公二年及桓公八年《公羊傳》。" 又，向宗魯云："文王舍伯邑考而用武王，本《禮記·檀公上》。" 又，何寧云："《周禮·地官·媒氏》：'另男三十而娶，女二十而嫁。' 此《淮南》所本。"

故：五帝異道而德覆天下，三王殊事而名施後世，此皆因時變而制禮樂者也（五帝異道而德覆天下，三王殊事而名立後世，因時而變者也。），譬猶師曠之施瑟柱也，所推移上下者無寸尺之度，而靡不中音（譬猶師曠之調五音也，所推移上下，無常尺寸以度，而靡不中者。）。故通於禮樂之情者能作音，有本主於中，而以知矩彠之所周者也（故通於樂之情者能作音，有本主於中，而知規矩鉤繩之所用者，能治人。）〈上禮〉篇第二章④。

　　上段 "故通於禮樂之情者能作音" 句，"音" 字王念孫校改作 "言"，《文子》此處數句作 "故通於樂之情者能作音，有本主於中，而知規矩鉤繩之所用者，能治人。" "能作音" 與 "能治人"，二者相對為文，"音" 字似不誤。《文子》所據資料文本，恐與今本《淮南子》有異。

　　魯昭公有慈母而愛之，死，爲之練冠，故有慈母之服。陽侯殺蓼侯而竊其夫人，故大饗廢夫人之禮。先王之制，不宜則廢之；末世之事，善則著之（故先王之制，不宜即廢之，末世之事，善即著之。）；是故禮樂未始有常也。故聖人制禮樂，而不制於禮樂（故聖人之制禮樂者，不制於禮樂。〔制物者，不制於物，制法者，不制於法。故曰 "道可道，非常道也。"〕）〈上禮〉篇第二章⑤。

　　　　子游問曰："喪慈母如母，禮與？" 孔子曰："非禮也。古者，男子外有傅，內有慈母，君命所使教子也，何服之有？昔者，魯昭公少喪其母，有慈母良，及其死也，公弗忍也，欲喪之，有司以聞，曰：'古之禮，慈母無服，今也君爲之服，是逆古之禮而亂國法也；若終行之，則有司將書之以遺後世。無乃不可乎！' 公曰：'古者天子練冠以燕居。' 公弗忍也，遂練冠以喪慈母。喪慈母，自魯昭公始也。"《禮記·曾子問》

　　"有慈母之服" 事見於《禮記·曾子問》。《文子·上禮》第二章多 "制物者，不制於物，制法者，不制於法" 四句，並用以解證《老子》第一章經文，恐為後人所編改。

2

此章論述"法與時變"、"禮與俗化",主要文句幾乎全見於《文子·上義》第四章。〈上義〉篇此處近於商鞅變法的思想,《商君書·更法》曰:"杜摯曰:'臣聞之,利不百,不變法,功不十,不易器。臣聞法古無過,循禮無邪。君其圖之。'公孫鞅曰:'前世不同教,何古之法?帝王不相復,何禮之循?伏羲、神農教而不誅;黃帝、堯、舜誅而不怒;及至文、武,各當時而立法,因事而制禮。禮法以時而定,制令各順其宜,兵甲器備,各便其用。臣故曰:'治世不一道,便國不必法古。'"〈氾論訓〉此章似引用保存於《文子外編》中先秦晉法家思想的史料。

治國有常而利民為本,政教有經而令行為上;苟利於民不必法古,苟周於事不必循舊(〔老子曰:〕治國有常,而利民為本。政教有道而令行為古。苟利於民,不必法古;苟周於事,不必循俗。)。夫夏、商之衰也,不變法而亡;三代之起也,不相襲而王。故聖人法與時變,禮與俗化,衣服器械各便其用,法度制令各因其宜(故聖人法與時變,禮與俗化,衣服器械,各便其用,法度制令,各因其宜。)。故變古未可非,而循俗未足多也(故變古未可非,而循俗未足多也。)〈上義〉篇第四章①。

百川異源而皆歸於海,百家殊業而皆務於治。王道缺而《詩》作,周室廢、禮義壞而《春秋》作。《詩》、《春秋》,學之美者也,皆衰世之造也,儒者循之以教導於世,豈若三代之盛哉!以《詩》、《春秋》為古之道而貴之,又有未作《詩》、《春秋》之時。夫道其缺也,不若道其全也。誦先王之書(原作"《詩》、《書》",據王念孫校改。),不若聞(得)其言;聞(原有兩"得"字,據王念孫校刪。)其言,不若得其所以言(誦先王之書,不若聞其言;聞其言,不若得其所以言;得其所以言者,言不能言也。)。得其所以言者,言弗能言也。故:"道可道者,非常道也。"(故"道可道,非常道也,名可名,非常名也。")〈上義〉篇第四章②。

上段說明《詩》與《春秋》的興作,是由於周道的廢缺,強調三代聖治之道,不在百家的言說之中。這種對周文式微的解說,似戰國時代流行的認知,《孟子·離婁下》亦云:"孟子曰:'王者之跡熄而《詩》亡,《詩》亡然後《春秋》作。晉之《乘》、楚之《檮杌》、魯之《春秋》,一也。'"又,劉家立曰:"'以《詩》、《春秋》為古之道而貴之,又有未作《詩》、《春秋》之時',繹此二句詞意,與上下文語氣不接。此言王道缺而作《詩》作《春秋》,其學之美,儒者循之以教導於世,雖用以為教,終不若三代之隆,故曰:'豈若三代之盛哉!夫道其缺也,不若道其全也。'則'三代之盛'句下,不應有此二句,疑即此處之注而寫者誤入正文也蓋此言《詩》、《春秋》雖可貴,而三代未有《詩》、《春秋》之時更可貴也。此二句正釋三代之盛之義,若入正文中則成贅詞。"又,"誦先王之書"等句文意,與《莊子·天道》相近,〈天道〉篇曰:"世之所貴道者書也,書不過語,語有貴也。語之所貴者意也,意有所隨。意之所隨者,不可以言傳也,而世因貴言傳書。世雖貴之,我猶不足貴也,為其貴非其貴也。"

周公事文王也,行無專制,事無由己,身若不勝衣,言若不出口,有奉侍於文王,洞洞屬屬,而〔將不能勝之〕(原作 "將不能,恐失之",據俞樾校改。),可謂能子矣!武王崩,成王幼少,周公繼文王之業,履天子之籍,聽天下之政,平夷狄之亂,誅管、蔡之罪,負扆而朝諸侯,誅賞制斷,無所顧問,威動天地,聲懾海內,可謂能武矣!成王既壯,周公屬籍致政,北面委質而臣事之,請而後為,復而後行,無擅恣之志,無伐矜之色,可謂能臣矣!故一人之身而三變者,所以應時矣。

王念孫云:"《荀子》〈儒孝〉篇曰:'周公履天〔子〕(原作 "下",據宋本改)之位,聽天下之斷。'又曰:'周公歸周,反籍成王。'此皆《淮南》所本。"

何況乎君數易〔法〕(原作 '世',據楊樹達校改。),國數易君,人以其位達其好憎,以其威勢供〔其〕(據王念孫校補。)嗜欲,而欲以一行之禮,一定之法,應時偶變,其不能中權,亦明矣。

上段似錯簡，另見於〈詮言訓〉：「凡人之性，少則猖狂，壯則暴強，老則好利。一人之身既數變矣，又況君數易法，國數易君！人以其位通其好憎，下之徑衢，不可勝理。故君失一則亂，甚於無君之時。」《文子・道德》第八章作：「君數易法，國數易君。人以其位，達其好憎，下之任懼，不可勝理。故君失一，其亂甚於無君也，君必執一而後能群矣。」以下以三次"故"的形式，引述資料加以解證前文之義。

故：聖人所由曰道，所為曰事（故聖人所由曰道。）。道猶金石，一調不更；事猶琴瑟，每〔終〕（原作"絃"，據王叔岷校改。）改調（猶金石也，一調不可更；事、猶琴瑟也，曲終改調。）〈上義〉篇第四章③a

故：法制禮義者，治（原有"人"字，據王念孫校刪。）之具也，而非所以為治也（法制禮樂者，治之具也，非所以為治也。）〈上義〉篇第四章③b

故：仁以為經，義以為紀，此萬世不更者也。若乃人考其才而時省其用，雖日變可也。

3

此章強調天下並恆無常不易之法，能當於世事，合於人理，順於天道，即可正治。主要內容見於《文子・上義》第五章。全章表現晉學思想特色，〈氾論訓〉編撰時，或許曾參照此項資料而加以申述。但〈上義〉篇第五章卻似《淮南子》別本的殘文。

天下豈有常法哉！當於世事，得於人理，順於天地，祥於鬼神，則可以正治矣（〔老子曰：〕天下幾有常法哉！當於世事，得於人理，順於天地，詳於鬼神，即可以正治矣。）〈上義〉篇第五章①。

古者人醇、工厖、商樸、女〔童〕（原作"重"，據洪頤煊校改。），是以政教易化，風俗易移也。今世德益衰，民俗益薄，欲以樸重之法，治既弊之民，是猶無鏑銜（原有＂橛＂字，據王念孫校刪。）策錣而御馯馬也。昔者，神農無制令而民從，唐、虞有制令而無刑罰，夏后氏不負言，殷人誓，周人盟（昔者三皇無制令而民從，五帝有制令而無刑罰，夏后氏不負言，殷人誓，周人盟。）。逮至當今之世，忍訽而輕辱，貪得而寡羞（末世之衰也，忍垢而輕辱，貪得而寡羞。）〈上義〉篇第五章②，欲以神農之道治之，則其亂必矣。伯成子高辭爲諸侯而耕，天下高之。今時之人，辭官而隱處，爲鄉邑之下，豈可同哉！古之兵，弓劍而已矣，槽矛無擊，脩戟無刺。晚世之兵，隆衝以攻，渠幨以守，連弩以射，銷車以鬥。古之伐國，不殺黃口，不獲二毛。於古爲義，於今爲笑。古之所以爲榮者，今之所以爲辱也；古之所以爲治者，今之所以爲亂也。夫神農、伏犧不施賞罰而民不爲非，然而立政者不能廢法而治民；舜執干戚而服有苗，然而征伐者不能釋甲兵而制彊暴。

> 上段＂古者人醇＂兩句，俞樾云：＂《大戴禮記》〈王言〉篇：＇民敦、工璞、商愨、女憧＇，即《淮南》所本。＂又，＂伯成子高辭為諸侯而耕＂事，見於《莊子‧天地》，〈天地〉篇曰：＂堯治天下，伯成子高立為諸侯。堯授舜，舜授禹，伯成子高辭為諸侯而耕。＂

由此觀之，法度者，所以論民俗而節緩急也；器械者，因時變而制宜適也（故法度制令者，論民俗而節緩急；器械者，因時變而制宜適。）〈上義〉篇第五章③。

夫聖人作法而〔萬民〕（原作＇萬物＇，據劉文典、楊樹達校改。）制焉，賢者立禮而不肖者拘焉。制法之民，不可與遠舉；拘禮之人，不可使應變（夫制於法者，不可與遠舉，拘禮之人，不可使應變。）。耳不知清濁之分者，不可令調音；心不知治亂之源者，不可令制法。必有獨聞之〔聰〕（原作＂耳＂，據王念孫校改。），獨見之明，然後能擅道而行矣（必有獨見之明，獨聞之聰，然後能擅道而行。）〈上義〉篇第五章④。

上段＂獨聞＂與＂獨見＂兩用語，見於《莊子‧天地》，〈天地〉篇曰：＂……

此謂王德之人。視乎冥冥！聽乎無聲。冥冥之中，獨見曉焉，無聲之中，獨聞和焉。故深之又深而能物焉，神之又神而能精焉；故其與萬物接也，至無而供其求，時騁而要其宿。大小，長短，修遠。"〈天地〉篇所敘說"王德之人"，似影響《淮南子》此處"聖人"之義。

夫殷變夏，周變殷，春秋變周，三代之禮不同，何古之從！

大人作而弟子循。

上句與前後段之間，文意不相連貫，恐為錯簡，或注文竄入。

知法治所由生，則應時而變；不知法治之源，雖循古，終亂（夫知法之所由生者，即應時而變；不知治道之源者，雖循終亂。）。今世之法籍與時變，禮義與俗易，為學者循先襲業，據籍守舊，教以為非此不治。是猶持方枘而周員鑿也，欲得宜適致固焉，則難矣（今為學者，循先襲業，握篇籍，守文法，欲以為治，非此不治，猶持方柄而內圓鑿也，欲得宜適亦難矣。）〈上義〉篇第五章⑤。

今儒墨者稱三代、文武而弗行，是言其所不行也；非今時之世而弗改，是行其所非也。稱其所是，行其所非，是以盡日極慮而無益於治，勞形竭智而無補於〔時〕（原作"主"，據劉家立、何寧校改。）也。今夫圖工好畫鬼魅，而憎圖狗馬者，何也？鬼魅不世出，而狗馬可日見也。夫存危治亂，非智不能；〔而道〕（原作'道而'，據王念孫校改。）先稱古，雖愚有餘（夫存危治亂，雖智不能；道先稱古，雖愚有餘。）。故不用之法，聖王弗行；不驗之言，聖王弗聽（故不用之法，聖人不行也；不驗之言，明主不聽也。）〈上義〉篇第五章⑥。

客有為齊王畫者，齊王問曰："畫孰最難者？"曰："犬馬最難。""孰最易者？"曰："鬼魅最易。夫犬馬、人所知也，旦暮罄於前，不可類之，故難。鬼魅、無形者，不罄於前，故易之也。"《韓非子·外儲說左上》

《淮南子》上段"圖工好畫鬼魅"事，似本諸《韓非子·外儲說左上》。"鬼魅不世出"兩句，《群書治要》引，作"鬼魅無信驗，而狗馬切於前。"《群書治要》所據文本，似與今本不同。

4

此章論述"中和"之義，主要文句見於《文子・上仁》第十章。〈上仁〉篇彼處，文意完整而連貫，強調"天地之氣，莫大於和"，萬物"得和之精"，"聖人之道"在於"貴和"，似保存文子學派的思想資料，〈氾論訓〉發揮《文子》旨意，但句序恐有錯亂。"積陰則沉"段，當在"必得和之精"句後。

天地之氣，莫大於和。和者，陰陽調，日夜分。〔故萬〕（原作"而生"，據俞樾校改。）物，春分而生，秋分而成，生之與成，必得和之精（〔老子曰：〕天地之氣，莫大於和。）和者，陰陽調，日夜分，故萬物春分而生，秋分而成，生之與成，必得和之精。）〈上仁〉篇第十章①a。 故聖人之道，寬而栗，嚴而溫，柔而直，猛而仁（是以聖人之道，寬而栗，嚴而溫，柔而直，猛而仁。）〈上仁〉篇第十章①c。 太剛則折，太柔則卷，聖人正在剛柔之間（夫太剛則折，太柔則卷，道正在於剛柔之間。）〈上仁〉篇第十章①d，乃得道之本。積陰則沉，積陽則飛，陰陽相接，乃能成和（故積陰不生，積陽不化，陰陽交接，乃能成和。）〈上仁〉篇第十章①b。

上段"天地之氣，莫大於和"的思想，似承襲《老子》第四十二章意含，《老子》第四十二章曰："道生一，一生二，二生三，三生萬物。萬物負陰而抱陽，沖氣以為和。""故聖人之道"數句，《書經・舜典》曰："直而溫，寬而栗，剛而無虐，簡而無傲。"〈皋陶謨〉曰："皋陶曰：'寬而栗，柔而立，愿而恭，亂而敬，擾而毅，直而溫，簡而廉，剛而塞，強而義；彰厥有常，吉哉。'"此種強調"中和之德"的思想，似源自古老的哲學傳統。

夫繩之為度也，可卷而〔懷〕（原作"伸"，據王念孫校改。）也；引而伸之，可直而睎也（夫繩之為度也，可卷而懷也，引而伸之，可直而布之，）〈上仁〉篇第十章②a。 故聖人以身體之（故聖人體之。）〈上仁〉篇第十章②c。 夫脩而不橫，短而不窮，直而不剛（長而不橫，短而不窮，直而不剛，）〈上仁〉篇第十章②b，久而不忘者，其唯繩乎！

故恩推則懦，懦則不威；嚴推則猛，猛則不和；愛推則縱，縱則不令；刑推則虐，虐則無親（夫恩推即懦，懦即不威；嚴推即猛，猛即不和；愛推即縱，縱即不令；刑推即禍，禍即無親。〔是以貴和也。〕）〈上仁〉篇第十章②d。

昔者齊簡公釋其國家之柄，而專任大臣，將相攝威擅勢，私門成黨，而公道不行，故使陳成（原有"田"字，據王引之、王紹蘭校改。）常、鴟夷子皮得成其難。使呂氏絕祀而陳氏有國者，此柔懦所生也。鄭子陽剛毅而好罰，其於罰也，執而無赦。舍人有折弓者，畏罪而恐誅，則因獵狗之驚以殺子陽，此剛猛之所致也。今不知道者，見柔懦者侵，則務（原作'矜'，據王念孫改。）爲剛毅；見剛毅者亡，則務（原作'矜'，據王念孫改。）爲柔懦。此〔無本〕（原作"本無"，據陳觀樓校改。）主於中，而聞見舛馳於外者也，故終身而無所定趨。譬猶不知音者之歌也，濁之則鬱而無轉，清之則燋而不〔調〕（原作"謳"，據陳觀樓校改。）。及至韓娥、秦青、薛談之謳，侯同、曼聲之歌，憤於志，積於內，盈而發音，則莫不比於律而和於人心。何則？中有本主以定清濁，不受於外而自爲儀表也。

> 上段"陳成常弑簡公"事，另見於〈人間訓〉，〈人間訓〉第五部份曰："諸御鞅復於簡公曰：'陳成常、宰予二子者，甚相憎也。臣恐其構難而危國也。君不如去一人。'簡公不聽。居無幾何，陳成常果殺宰予於庭中，而弑簡公於朝。"又，"鄭子陽"事，見於《呂氏春秋・適威》，〈適威〉篇曰："子陽極也好嚴，有過而折弓者，恐必死，遂應獵狗而弑子陽，極也。"

今夫盲者行於道，人謂之左則左，謂之右則右；遇君子則易道，遇小人則陷溝壑。何則？目無以接物也。故魏兩用樓、翟（原有"吳起"二字，據顧廣圻校改。）而亡西河，湣王專用淖齒而死於東廟，無術以御之也。文王兩用呂望、召公奭而王，楚莊王專任孫叔敖而霸，有術以御之也。

上段"魏兩用樓、翟而亡西河"事，見於《韓非子・難一》，〈難一〉篇曰："韓宣王問於摎留："吾欲兩用公仲、公叔其可乎？"摎留對曰："昔魏兩用樓、翟而亡西河，楚兩用昭、景而亡鄢、郢，今君兩用公仲、公叔，此必將爭事而外市，則國必憂矣。"又，"湣王專用淖齒而死於東廟"事，見於《戰國策・齊策》曰："王奔莒，淖齒數之曰：'夫千乘、博昌之間，方數百里，雨血沾衣，王知之乎？'王曰：'不知。''嬴、博之間，地坼至泉，王知之乎？'王曰：'不知。''人有當闕而哭者，求之則不得，去之則聞其聲，王知之乎？'王曰：'不知。'淖齒曰：'天雨血沾衣者，天以告也；地坼至泉者，地以告也；人有當闕而哭者，人以告也。天地人皆以告矣，而王不知戒焉，何得無誅乎？'於是殺閔王於鼓里。"另見於〈秦策〉、〈楚策〉。

5

此章論述是非因時而異，"是非"均不可定，，唯無所嚮往者，則無所不通。就其闡述的方式，可分為兩節。

①

夫弦歌鼓舞以為樂，盤旋揖讓以修禮，厚葬久喪以送死，孔子之所立也，而墨子非之；兼愛尚賢，右鬼非命，墨子之所立也，而楊子非之；全性保真，不以物累形，楊子之所立也，而孟子非之。趨捨人異，各有曉心。故：是非有處，得其處則無非，失其處則無是。丹穴、太蒙、反踵、空同、大夏、北戶、奇肱、修股之民，是非各異，習俗相反，君臣上下，夫婦父子，有以相使也。此之是，非彼之是也；此之非，非彼之非也；譬若斤斧椎鑿之各有所施也。

②

禹之時，以五音聽治，懸鍾鼓磬鐸，置鞀，以待四方之士，為號曰："教寡人以道者擊鼓，諭寡人以義者擊鍾，告寡人以事者振鐸,語寡人以憂者擊磬,〔語寡人以〕(原作"有",據王叔岷校改。)獄訟者搖鞀。"當此之時,一饋而十起,一沐而三捉髮,以勞天下之民,此而不能達善效忠者,則才不足也。

> 上段本諸《鬻子·禹政》,〈禹政〉曰:"禹治天下也,以五聲聽。門懸鐘鼓鐸磬,而置鞀,以得四海之士。為銘于簨虡曰:教寡人以道者擊鼓;教寡人以義者擊鐘;教寡人以事者振鐸;語寡人以憂者擊磬;語寡人以獄訟者揮鞀,此之謂五聲。是以禹嘗據一人饋而七十起,日中而不暇飽食。曰:吾猶恐四海之士留于道路,是以四海之士皆至,是以禹當朝廷間也,可以羅爵。"

秦之時,高為臺榭,大為苑囿,遠為馳道,鑄金人,發適戍,入芻槁,頭會箕賦,輸於少府。丁壯丈夫,西至臨洮、狄道,東至會稽、浮石,南至豫章、桂林,北至飛狐、陽原,道路死人以溝量。當此之時,忠諫者謂之不祥,而道仁義者謂之狂。

> 上段"遠為馳道"等句,《太平御覽》引作:"造馳道數千里,鑄金人,發邊戍,入芻槁,頭會箕斂,輸於少府。丁壯丈夫,西至臨洮、狄道,東至會稽、浮石,南至象郡、桂林,北至飛狐、陽原,道路死人以溝量"。與今本差異較大。

逮至高皇帝,存亡繼絕,舉天下之大義,身自奮袂執銳,以為百姓請命于皇天。當此之時,天下雄儁豪英暴露於野澤,前蒙矢石,而後墮谿壑,出百死而紿一生,以爭天下之權,奮武厲誠,以決一旦之命。當此之時,豐衣博帶而道儒墨者,以為不肖。

逮至暴亂已勝,海內大定,繼文之業,立武之功,履天子之(原有"圖"字,據王念孫校刪。)籍,造劉氏之(原有"貌"字,據王念孫校刪。)冠,總鄒、魯之儒墨,通先聖之遺教,戴天子之旗,乘大路,建九斿,撞大鍾,擊鳴鼓,奏〈咸池〉,揚干戚。當此之時,有立武者見疑。

> 上段"繼文之業,立武之功"兩句,何寧曰:"二句借用咎犯語,見《呂氏春

秋》〈不廣〉篇。"

　　一世之間，而文武代爲雌雄，有時而用也。今世之爲武者則非
文也，爲文者則非武也，文武更相非，而不知時世之用也。此見隅
曲之一指，而不知八極之廣大也。故東面而望，不見西牆；南面而
視，不覩北方；唯無所嚮者，則無所不通。

6

　　此章論述"存國以道，而不在於大小"。全文主要部份見於《文子·上仁》第
十一章。〈氾論訓〉似闡發保存於"文子外編"中先秦晉學資料。

　　國之所以存者，道德也；家之所以亡者，理塞也（〔老子曰：〕國之
所以存者，得道也，所以亡者，理塞也。）。堯無百戶之郭，舜無置錐之地，以
有天下。禹無十人之眾，湯無七里之分，以王諸侯。文王處岐周之
間也，地方不過百里，而立爲天子者，有王道也。夏桀、殷紂之盛
也，人跡所至，舟車所通，莫不爲郡縣，然而身死人手，而爲天下
笑者，有亡形也。故聖人見化以觀其徵，德有盛衰，風先萌焉（故聖
人見化以觀其徵，德有昌衰，風爲先萌。）。故得王道者，雖小必大；有亡形者，
雖成必敗（故得存道者，雖小必大；有亡徵者，雖成必敗。）〈上仁〉篇第十一章①a。

　　　上段"國之所以存者，道德也"兩句，俞樾云："'德'當爲'得'，字之誤
　　也。《文子》〈上仁〉篇正作'得'。"楨案，"道得"與"理塞"，相對爲
　　文，《文子》作"得道"，二字似誤置，當作"道得"。

　　夫夏之將亡，太史令終古先奔於商，三年而桀乃亡。殷之將敗
也，太史令向藝先歸文王，期年而紂乃亡。故聖人見存亡之跡，成
敗之際也，非乃鳴條之野，甲子之日也。今謂彊者勝則度地計眾，

富者利則量粟稱金，若此，則千乘之君無（原有"不"字，據王念孫校刪。）霸王者，而萬乘之國無（原有"不"字，據王念孫校刪。）破亡者矣。存亡之跡，若此其易知也，愚夫蠢婦皆能論之。

> 夏太史令終古，出其圖法，執而泣之。夏桀迷惑，暴亂愈甚，太史令終古乃出奔如商。湯喜而告諸侯曰："夏王無道，暴虐百姓，窮其父兄，恥其功臣，輕其賢良，棄義聽讒，眾庶咸怨，守法之臣，自歸于商。殷內史向摰見紂之愈亂迷惑也，於是載其圖法，出亡之周。武王大悅，以告諸侯曰："商王大亂，沈于酒德，辟遠箕子，爰近姑與息，妲己為政，賞罰無方，不用法式，殺三不辜，民大不服，守法之臣，出奔周國。"《呂氏春秋·先識》

> 今世之言兵也，皆強大者必勝，小弱者必滅。是則小國之君，無霸王者，而萬乘之主，無破亡也。昔夏廣而湯狹，殷大而周小，越弱而吳強，此所謂不戰而勝，善之善者也。此陰經之法，夜行之道，天武之類也。《鶡冠子·武靈王》

《淮南子》上段"太史令終古先奔於商"、"太史令向摰先歸文王"二事，均見於《呂氏春秋·先識》。又，"今謂彊者勝則度地計眾"等句，似本諸《鶡冠子·武靈王》。

趙襄子以晉陽之城霸，智伯以三晉之地擒；湣王以大齊亡，田單以即墨有功。故國之亡也，雖大不足恃；道之行也，雖小不可輕（國之亡也，大不足恃；道之行也，小不可輕。）。由此觀之，存在得道而不在於大也，亡在失道而不在於小也（故存在得道，不在於小；亡在失道，不在於大。）〈上仁〉篇第十一章①b。《詩》云："乃眷西顧，此唯與宅。"言去殷而遷於周也。

> 上段"存在得道而不在於大"、"亡在失道而不在於小"，〈上仁〉篇作"存在得道而不在小"、"亡在失道而不在大"，二者說明的方式不同。又，"乃眷西顧，此惟與宅"二句，語出《詩經·大雅·皇矣》，《淮南子》用以說明上帝摒棄大邑商而眷顧小邦周，不在於商、周之"大"、"小"，而在於兩國的"失道"與"有道"。

故亂國之君，務廣其地而不務仁義，務高其位而不務道德，是釋其所以存，而造其所以亡也（故亂國之主，務於地廣，而不務於仁義，務在高位，而不務於道德，是捨其所以存，而造其所以亡也。）〈上仁〉篇第十一章②a。故桀囚於焦門，而不能自非其所行，而悔不殺湯於夏臺；紂〔拘〕（原作“居”，據劉文典校改。）於宣室，而不反其過，而悔不誅文王於羑里。二君處彊大〔之勢〕（原作“勢位”，據王念孫校改。），脩仁義之道，湯、武救罪之不給，何謀之敢〔慮〕（原作“當”，據王念孫校改。）！

若上亂三光之明，下失萬民之心，雖微湯、武，孰弗能奪也（若上亂三光之明，下失萬民之心，孰不能承？）？今不審其在己者，而反備之于人（故審其己者，不備諸人也。）〈上仁〉篇第十一章②b，天下非一湯、武也，殺一人，則必有繼之者也。且湯、武之所以處小弱而能以王者，以其有道也；桀、紂之所以處彊大而見奪者，以其無道也。今不行人之所以王者，而反益己之所以奪，是趨亡之道也。

> 武王剋殷，欲築宮於五行之山。周公曰：“不可！夫五行之山，固塞險阻之地也。使我德能覆之，則天下納其貢職者迴也。使我有暴亂之行，則天下之伐我難矣。”此所以三十六世而不奪也。周公可謂能持滿矣。

上段敘說“持滿”之義，與前文義理有出入，可能為錯簡或其前有脫文。

7

此章論述“權變”的思想，主要部份見於《文子·道德》篇第十四章。竹簡《文子》有兩簡提到“權”字，編號0837簡曰“〔之權〕，欲化久亂之民，其庸能”，此簡文字見於今本《文子·道德》第二十章，今本作：“平王問文子曰：吾聞子得道於老聃，今賢人雖有道，而遭淫亂之世，以一人之權，而欲化久亂之民，其庸能乎？”編號0198簡曰：“ 以壹異知足，以〔知權彊（強）足，

367

以蜀立節□〕",此簡文字不見於今本《文子》。兩處竹簡所顯示的"權"字,似與"權變"有關,尤其後一竹簡,"以知權強足",明確說到"權變"的觀念。〈道德〉篇此章集中說明"權變"的觀念,具有晉法家學思想的特徵。魏啓鵬先生說:"《逸周書·命》有'權以知微'的論點,又云'以權從法則行'立說,惜原篇有錯訛脫文,語焉不詳。而《文子》以'聖人論事之曲直,與之屈伸,無常儀表,祝則名君,溺則捽父'喻因勢而權變,並指出'夫權者,聖人所以獨見,夫先迕而後合者之謂權,先合而後迕者不知權'。時變事異,法與勢迕,循道變法則合,不僅闡明古學,而且確屬晉學道法思想之精彩言論。"[1]〈氾論訓〉似發揮文子學派的思想,但此處有錯簡與脫文。

昔者,《周書》有言曰:"上言者,下用也;下言者,上用也。上言者,常也;下言者,權也(〔老子曰:〕上言者,下用也,下言者,上用也。上言者,常用也,下言者,權用也。。" 此存亡之術也。唯聖人為能知權(唯聖人為能知權。)〈道德〉篇第十四章①a。言而必信,期而必當,天下之高行也(言而不信,期而必當,天下之高行。)直躬其父攘羊而子證之,尾生與婦人期而死之。直而證父,信而〔死女〕(原作"溺死",據王念孫校改。),雖有直信,孰能貴之(直而證父,信而死女,孰能貴。)〈道德〉篇第十四章①b!

上段引《周書》當為《逸周書》佚文。《韓非子·說林》曰:"伯樂教其所憎者相千里之馬,教其所愛者相駑馬。千里之馬時一,其利緩,駑馬日售,其利急。此《周書》所謂'下言而上用者惑也。'"又,"直躬其父攘羊而子證之,尾生與婦人期而死之",似本諸《莊子·盜跖》,〈盜跖〉篇曰:"直躬證父,尾生溺死,信之患也。"此二事亦見於其他先秦典籍,如:《論語·子路》:"葉公語孔子曰:'吾黨有直躬者,其父攘羊,而子證之。'孔子曰:'吾黨之直者異於是。父為子隱,子為父隱,直在其中矣。'"《韓非子·五蠹》曰:"楚之有直躬,其父竊羊而謁之吏,令尹曰:'殺之',以為直於君而曲於父,報而罪之。"《莊子·盜跖》曰:"尾生與女子期於梁下,女子不來,水至不去,抱梁柱而死。"

---

[1] 《文子》學術探微

　　夫三軍矯命，過之大者也。秦穆公興兵襲鄭，過周而東，鄭賈人弦高將西販牛，道遇秦師於周、鄭之間，乃矯鄭伯之命，犒以十二牛，賓秦師而卻之，以存鄭國。故事有所至，信反爲過，誕反爲功。

上段"弦高矯鄭伯之命犒秦軍而卻之"事，另見〈道應訓〉第四十章，與〈人間訓〉"第二部分（丙）第一章。又，下段敘說的體例也與〈人間訓〉相類，二者資料似有關連，此處與下文"故禮者、實之華而僞之文也"段，或爲〈人間訓〉錯簡。

　　何謂失禮而有大功？昔楚〔恭王與晉厲戰於陰陵，呂錡射恭王，中目，因而擒之〕（原作"戰於陰陵"，據俞樾校改。），潘尫、養由基、黃衰微、公孫丙相與篡之。恭王懼而失體，黃衰微舉足蹴其體，恭王乃覺。怒其失禮，奮體而起，四大夫載而行。〔此所謂失禮而有大功者也〕（據于鬯校補。）。昔蒼吾繞娶妻而美，以讓兄。此所謂"忠"、"愛"而不可行者也。

　　是故聖人論事之（原有'局'字，據王念孫校刪。）**曲直，與之屈伸偃仰，無常儀表，時屈時伸**（故聖人論事之曲直，與之屈伸，無常儀表。）〈道德〉篇第十四章②ａ。（原有"卑"字，據王念孫校改。）**弱柔如薄韋，非攝奪也；剛彊猛毅，志厲青雲，非〔夸〕**（原作'本'，據王念孫校改。）**矜也；以乘時應變也。**

上段文意似本諸《荀子・不苟》，〈不苟〉篇曰："君子崇人之德，揚人之美，非諂諛也；正義直指，舉人之過，非毀疵也；言己之光美，擬於舜禹，參於天地，非夸誕也；與時屈伸，柔從若蒲葦，非懾怯也；剛強猛毅，篡所不信，非驕暴也；以義變應，知當曲直故也。詩曰：'左之左之，君子宜之；右之右之，君子有之。'此言君子能以義屈信變應故也。"

　　夫君臣之接，屈膝卑拜，以相尊禮也；至其迫於患也，則舉足蹴其體，天下莫能非也。是故忠之所在，禮不足以難之也。孝子之事親，和顏卑體，奉帶運履；至其溺也，則捽其髮而拯，非敢驕侮，以救其死也。故溺則捽父，祝則名君，勢不得不然也（祝即名君，溺則捽父，勢使然也。）〈道德〉篇第十四章②b。此權之所設也。

故孔子曰："可以共學矣，而未可與適道也。可以適道，未可以立也。可以立，未可與權。"權者、聖人之所獨見也（夫權者，聖人所以獨見。）。故忤而後合者，謂之知權；合而後〔忤〕（原作"舛"，據何寧校改。）者，謂之不知權。不知權者，善反醜矣（夫先迕而後合者之謂權，先合而後迕者不知權，不知權者，善反醜矣。）〈道德〉篇第十四章③。

> 上段"孔子曰"引自《論語・子罕》。"知權"的觀念，也見於《韓非子》〈六反〉篇曰："古者有諺曰：'為政、猶沐也，雖有棄髮、必為之。'愛棄髮之費，而忘長髮之利，不知權者也。"又，下段文意似應聯繫上文"何謂失禮而有大功"段，此章恐缺殘過多，文句有錯亂。

故禮者、實之華而偽之文也，方於卒迫窮遽之中也，則無所用矣。是故聖人以文交於世，而以實從事於宜，不結於一跡之塗，凝滯而不化，是故敗事少而成事多，號令行于天下而莫之能非矣。

8

> 此章論述聖人之處世，能隨時而舉事，因資而立功，物動知其反，事萌而察其變，故終身行而無所困。主要文字見於《文子・微明》第九章。〈微明〉篇該章文意完整，為保存《文子外編》中之先秦晉學資料。〈氾論訓〉似舉以事例，闡述〈微明〉篇論述聖人"全性之具"的義理。

猩猩知往而不知來，乾鵲知來而不知往，此修短之分也。昔者萇弘周室之執數者也，天地之氣，日月之行，風雨之變，律曆之數，無所不通，然而不能自知，〔鈹〕（原作‘車’，據王念孫校改。）裂而死。蘇秦、匹夫徒步之人也，靷蹻贏蓋，經營萬乘之主，服諾諸侯，然不能自免於車裂之患。徐偃王被服慈惠，身行仁義，陸地之朝者三十二國，然而身死國亡，子孫無類。大夫種輔翼越王句踐，而爲之報怨雪恥，擒夫差之身，開地數千里，然而身伏屬鏤而死。**此皆達於治亂之機，而未知全性之具者**（〔老子曰：〕人皆知治亂之機，而莫知全生之具。）〈微明〉篇第九章①a。

故萇弘知天道而不知人事，蘇秦知權謀而不知禍福，徐偃王知仁義而不知時，大夫種知忠而不知謀。**聖人則不然，論世而為之事，權事而為之謀**（故聖人論世而為之事，權事而為之謀。）〈微明〉篇第九章①b，是故舒之天下而不窕，內之尋常而不塞。

使天下荒亂，禮義絕，綱紀廢，彊九弱相乘，力征相攘，臣主無差，貴賤無序，甲冑生蟣虱，燕雀處帷幄，而兵不休息，而乃始服屬臾之貌、恭儉之禮，則必滅抑而不能興矣。天下安寧，政教和平，百姓肅睦，上下相親，而乃始立氣矜，奮勇力，則必不免於有司之法矣。

是故聖人者，能陰能陽，能弱能彊，隨時而動靜，因資而立功，物動而知其反，事萌而察其變，化則為之象，運則為之應，是以終身行而無所困（聖人能陰能陽，能柔能剛，能弱能強，隨時動靜，因資而立功，睹物往而知其反，事一而察其變，化即為之象，運則為之應，是以終身行之無所困。）〈微明〉篇第九章①c。

故事有可行而不可言者，有可言而不可行者，有易為而難成者，有難成而易敗者（故事或可言而不可行者，或可行而不可言者，或易為而難成者，或難成而易敗者。）。**所謂可行而不可言者，趨舍也；可言而不可行者，偽詐也；易為而難成者，事也；難成而易敗者，名也**（所謂可行而不可言者，取捨也；可言而不可行者，詐偽也；易為而難成者，事也；難成而易敗者，名也。）。**此四策者，聖人之所獨見而留意也**（此四者，聖人之所留心也，明者之所獨見也。）〈微明〉篇第九章②。

9

此章論述聖人能屈寸而伸尺，小枉而大直。主要內容見於《文子·上義》第九章。〈氾論訓〉或與“文子外編”資料有關，並曾引用申述，但今本《文子》恐為《淮南子》別本殘文竄入。

屈寸而伸尺，聖人為之；小枉而大直，君子行之（〔老子曰：〕屈寸而伸尺，小枉而大直，聖人為之。）〈上義〉篇第九章a。

周公有殺弟之累，齊桓有爭國之名，然而周公以義補缺，桓公以功滅醜，而皆為賢。今以人之小過揜其大美，則天下無聖王賢相矣。故目中有疵，不害於視，不可灼也；喉中有病，無害於息，不可鑿也。河上之丘冢，不可勝數，猶之為易也。水激興波，高下相臨，差以尋常，猶之為平。

昔者曹子為魯將兵，三戰不勝，亡地千里。使曹子計不顧後，足不旋踵，刎頸於陣中，則終身為破軍擒將矣。然而曹子不羞其敗，恥死而無功。柯之盟，揄三尺之刃，造桓公之胸，三戰所亡，一朝而反之，勇聞于天下，功立於魯國。管仲輔公子糾而不能遂，不可謂智；遁逃奔走，不死其難，不可謂勇；束縛桎梏，不諱其恥，不可謂貞。當此三行者，布衣弗友，人君弗臣。然而管仲免於累紲之中，立齊國之政，九合諸侯，一匡天下。使管仲出死捐軀，不顧後圖，豈有此霸功哉！

上段“曹子為魯將兵”事，向宗魯云：“此節用《戰國策》〈齊策〉、《史記》〈魯仲連傳〉語。”

今人君論其臣也，不計其大功，總其略行，而求其小善，則失賢之數也（今人君之論臣也，不計其大功，總其略行，而求其小善，即失賢之道也。）。故人有厚德，無〔間〕（原作「問」，據王念孫校改。）其小節；而有大譽，無疵其小故（故人有厚德，無間其小節，人有大譽，無疵其小故。）〈微明〉篇第九章①b。

夫牛蹄之涔不能生鱣鮪，而蜂房不容鵠卵，小形不足以包大體也。

上段文意似與前後文不相連貫，恐為錯簡。

夫人之情，莫不有所短（夫人情莫不有所短，成其大略是也，）。誠其大略是也，雖有小過，不足以為累（雖有小過，不足以為累也。）。若其大略非也，雖有閭里之行，未足大舉（成其大略非也，閭里之行，未足多也。）〈上義〉篇第九章c。夫顏〔啄〕（原作「喙」，據王念孫校改。）聚、梁父之大盜也，而為齊忠臣。段干木、晉國之大駔也，而為文侯師。孟卯妻其嫂，有五子焉，然而相魏，寧其危，解其患。景陽淫酒，被髮而御於婦人，威服諸侯。此四人者，皆有所短，然而功名不滅者，其略得也。季〔哀〕（原作「襄」，據王念孫校改。）、陳仲子立節抗行，不入洿君之朝，不食亂世之食，遂餓而死。不能存亡接絕者何？小節伸而大略屈。

故：小謹者無成功，訾行者不容於眾，體大者節疏，蹠距者舉遠（故小謹者無成功，訾行者不容眾，體大者節踈，度巨者譽遠，〔論臣之道也。〕）〈上義〉篇第九章d。

上段"小謹者無成功"數句文意，《管子·形勢》曰："小謹者不大立，訾食者不肥體。"下數段主要內容見於《文子·上義》第十章。〈上義〉篇彼處文意舛雜，如："道德文武"段幾不可解；"眾人之見位之卑"段，似〈氾論訓〉"論人之道"數段的殘句，當為《淮南子》殘文竄入。

自古及今，五帝三王，未有能全其行者也（〔老子曰：〕自古及今，未有能全其行者也。）〈上義〉篇第十章①a。故《易》曰："小過亨，利貞。"言人莫不有過，而不欲其大也。夫堯、舜、湯、武，世主之隆也；齊桓、晉文，五霸之豪英也。然堯有不慈之名，舜有卑父之謗，湯、武有放弒之事，五伯有暴亂之謀。

> 堯有不慈之名，舜有不孝之行，禹有淫湎之意，湯、武有放殺之事，五伯有暴亂之謀。世皆譽之，人皆諱之，惑也。《呂氏春秋·當務》
>
> 物不可全也，以全舉人固難，物之情也。人傷堯以不慈之名，舜以卑父之號，禹以貪位之意，湯、武以放弒之謀，五伯以侵奪之事。由此觀之，物豈可全哉？故君子責人則以人，自責則以義。《呂氏春秋·舉難》
>
> 《淮南子》上段"然堯有不慈之名"數句，似取自《呂氏春秋·當務》，此事也見於〈舉難〉篇，《莊子·盜跖》也有類似記載，〈盜跖〉篇曰："堯不慈，舜不孝，禹偏枯，湯放其主，武王伐紂，文王拘羑里。"

是故：君子不責備於一人，方正而不以割，廉直而不以切，博通而不以訾，（故君子不責備於一人，方而不割，廉而不劌，〔直而不肆〕，博達而不訾，）文武而不以責。求於（原有"一"字，據王念孫校刪。）人，則任以人力，自修則以道德。責人以人力，易償也；自修以道德，難為也（道德文武，不責備於人力，自修以道。而不責於人，易償也，自修以道，則無病矣。）〈上義〉篇第十章①b。難為則行高矣，易償則求贍矣。夫夏后氏之璜不能無考，明月之珠不能無纇，然而天下寶之者，何也？其小惡不足妨大美也（夫夏后氏之璜，不能無瑕，明月之珠，不能無穢，然天下寶之者，不以小惡妨大美。）。今志人之所短，而忘人之所修，而求得其賢乎天下，則難矣（今志人之所短，忘人之所長，而欲求賢於天下，即難矣。）〈上義〉篇第十章②。

> 上段"方正而不以割"三句，《文子·上義》作："，方而不割，廉而不劌，直而不肆，博達而不訾。"《淮南子》與《文子》均似本諸《老子》，《老子》第五十八章曰："是以聖人方而不割，廉而不劌，直而不肆、光而不燿。"《文子》文字與《老子》相近，《淮南子》似脫"直而不肆"句。

10

　　此章闡述 "論人之道"，聖人能見微知明，見人之一行而賢不肖可分。

　　夫百里奚之飯牛，伊尹之負鼎，太公之鼓刀，甯戚之商歌，其美有存焉者矣。**眾人見其位之卑賤，事之污辱，而不知其大略**（眾人之見位卑身賤，事之洿辱，而不知其大略。）〈上義〉篇第十章①，以爲不肖。及其爲天子三公，而立爲諸侯賢相，乃始信於異眾也。夫發於鼎俎之閒，出於屠酤之肆，解於累紲之中，興於牛頷之下，洗之以湯沐，被之以爓火，立之於本朝之上，倚之於三公之位，內不慙於國家，外不愧於諸侯，符勢有以內合。故未有功而知其賢者，堯之知舜也；功成事立而知其賢者，市人之知舜也。爲是釋度數而求之於朝肆草莽之中，其失人也必多矣。何則？能效其求，而不知其所以取人也。

　　　　魏昭王問於田詘曰："寡人之在東宮之時，聞先生之議曰：'爲聖易。'有諸乎？"田詘對曰："臣之所舉也。"昭王曰："然則先生聖于？"田詘對曰："未有功而知其聖也，是堯之知舜也，待其功而後知其舜也，是市人之知聖。今詘未有功，而王問詘曰：'若聖乎'，敢問王亦其堯邪？"昭王無以應。田詘之對昭王固非曰："我知聖也耳"，問曰："先生其聖乎"，己因以知聖對昭王，昭王有非其有，田詘不察。
　　〈呂氏春秋·審應〉

　　《淮南子》上段 "百里奚之飯牛，伊尹之負鼎，太公之鼓刀" 三事，〈脩務訓〉作 "伊尹負鼎而干湯，呂望鼓刀而入周，百里奚轉鬻。" "甯戚之商歌" 事，〈主術訓〉曰："甯戚商歌車下，桓公喟然而寤矣，至精入人深矣！"〈繆稱訓〉曰："甯戚擊牛角而歌，桓公舉以大田。" "故未有功而知其賢者" 四句，似取自《呂氏春秋·審應》。

　　夫物之相類者，世〔俗〕（原作 "主"，據陶鴻慶校改。）之所亂惑也；嫌疑肖象者，眾人之所眩耀。故狠者類知而非知，愚者類仁而非仁，戇者類勇而非勇也。使人之相去也，若玉之與石，〔葵〕之與〔莧〕（原作 "美" "惡"，據王念孫校改。），則論人易矣。夫亂人者，芎藭之與藁本也,蛇床之與麋蕪也,此皆相似者。故劍工惑劍之似莫邪者,唯歐冶能名其種;玉工眩玉之似碧盧者,唯猗頓不失其情;闇主亂于姦臣小人之疑君子者,唯聖人能見微以知明。故蛇舉首尺,而修短可知也;象見其牙,而大小可論也。薛燭庸子,見若〔爪〕(原作"狐",據俞樾校改。)甲於劍而利鈍識矣;俞兒、易牙,淄、澠之水合者,嘗一哈水而甘苦知矣。故聖人之論賢也,見其一行而賢不肖分也。

> 上段文意似本諸《呂氏春秋‧疑似》,〈疑似〉篇曰:" 使人大迷惑者,必物之相似也。玉人之所患,患石之似玉者;相劍者之所患,患劍之似吳干者;賢主之所患,患人之博聞辯言而似通者。亡國之主似智,亡國之臣似忠。相似之物,此愚者之所大惑,而聖人之所加慮也。故墨子見歧道而哭之,為其可以南可以北。"

孔子辭廩丘,終不盜刀鉤;許由讓天子,終不利封侯。故未嘗灼而不敢握火者,見其有所燒也;未嘗傷而不敢握刃者,見其有所害也。由此觀之,見者可以論未發也,而觀小節可以知大體矣。故論人之道,貴則觀其所舉,富則觀其所施,窮則觀其所不受,賤則觀其所不為,貧則觀其所不取(故論人之道,貴即觀其所舉,富即觀其所施,窮即觀其所不受,賤即觀其所不為。)。視其〔處〕(原作"更",據何寧校改。)難,以知其勇;動以喜樂,以觀其守;委以貨財,以論其仁;振以恐懼,以知其節;則人情備矣(視其所處難,以知其所勇;動以喜樂,以觀其守;委以貨財,以觀其仁;振以恐懼,以觀其節。如此,則人情可得矣。)〈上義〉篇第十章④。

> 故君子遠使之而觀其忠,近使之而觀其敬,煩使之而觀其能,卒然問焉而觀其知,急與之期而觀其信,委之以財而觀其仁,告之以危而觀其節,醉之以酒而觀其側,雜之以處而觀其色。九徵至,不肖人得矣。《莊子‧列御寇》

> 凡論人,通則觀其所禮,貴則觀其所進,富則觀其所養,聽則觀其所行,止則觀其所好,習則觀其所言,窮則觀其所不受,賤則觀其所不為,喜之以驗其守,樂之以驗其僻,怒之以驗其節,懼之以驗其特,哀之以驗其人,苦之以驗其志,八觀六驗,此賢主之所以論人也。論人者,又必以六戚四隱。何謂六戚?父母兄弟妻子。何為四

隱？交友故舊邑里門郭。內則用六戚四隱，外則用八觀六驗，人之情偽貪鄙美惡無所失矣，譬之若逃，雨汙無之而非是，此先聖王之所以知人也。《呂氏春秋·論人》

《淮南子》上段"孔子辭廩邱"二句，何寧云："事見《呂氏春秋》〈高義〉篇，又見《說苑》〈立節〉篇。"又"故論人之道"數句，文意似本諸《呂氏春秋·論人》與《莊子·列御寇》

11

此章論述"善於賞罰者，費少刑省；善於取予者，入多而用約"，敘說的體例與〈人間訓〉相類。全章主要內容見於《文子·上義》第七章。〈上義〉篇此章，似受到晉學思想影響的《淮南子》別本資料。

古之善賞者，費少而勸眾；善罰者，刑省而姦禁；善予者，用約而為德；善取者，入多而無怨（〔老子曰：〕善賞者，費少而勸多；善罰者，刑省而姦禁；善與者，用約而為德；善取者，入多而無怨。）〈上義〉篇第七章①。

趙襄子圍於晉陽，罷圍而賞有功者五人，高赫為賞首。左右曰："晉陽之難，赫無大功，今為賞首，何也？"襄子曰："晉陽之圍，寡人社稷危，國家殆，群臣無不有驕侮之心，唯赫不失君臣之禮。"故賞一人，而天下〔之為〕（原作'為忠之'，據王念孫校改。）臣者，莫不終忠於其君。此費少而勸善者（原有"眾"字，據王念孫校刪。）也。

> 襄子圍於晉陽中，出圍，賞有功者五人，高赫為賞首。張孟談曰："晉陽之事，赫無大功，今為賞首何也？"襄子曰："晉陽之事，寡人國家危，社稷殆矣。吾群臣無有不驕侮之意者，惟赫子不失君臣之禮，是以先之。"仲尼聞之曰："善賞哉襄子！賞一人而天下為人臣者莫敢失禮矣。"《韓非子·難一》

> 趙襄子出圍，賞有功者五人，高赦為首。張孟談曰："晉陽之中，赦無大功，賞而為首何也？"襄子曰："寡人之國危，社稷殆，身在憂約之中，與寡人交而不失君臣之禮者惟赦，吾是以先之。"仲尼聞之曰："襄子可謂善賞矣。賞一人而天下之為人臣莫敢失禮。"《呂氏春秋·義賞》

趙襄子見圍於晉陽，罷圍，賞有功之臣五人，高赫無功而受上賞，五人皆怒，張孟談謂襄子曰：“晉陽之中，赫無大功，今與之上賞，何也？”襄子曰：“吾在拘厄之中，不失臣主之禮唯赫也。子雖有功皆驕，寡人與赫上賞，不亦可乎？”仲尼聞之曰：“趙襄子可謂善賞士乎！賞一人而天下之人臣，莫敢失君臣之禮矣。”《說苑・復恩》

齊威王設大鼎於庭中，而數無鹽令曰：“子之譽，日聞吾耳。察子之事，田野蕪，倉廩虛，囹圄實。子以姦事我者也。”乃烹之。齊以此三十二歲道路不拾遺。此刑省〔而〕（據王叔岷校補。）姦禁者也。

威王初即位以來，不治，委政卿大夫，九年之閒，諸侯並伐，國人不治。於是威王召即墨大夫而語之曰：“自子之居即墨也，毀言日至。然吾使人視即墨，田野闢，民人給，官無留事，東方以寧。是子不事吾左右以求譽也。”封之萬家。召阿大夫語曰：“自子之守阿，譽言日聞。然使使視阿，田野不闢，民貧苦。昔日趙攻甄，子弗能救。衛取薛陵，子弗知。是子以幣厚吾左右以求譽也。”是日，烹阿大夫，及左右嘗譽者皆并烹之。遂起兵西擊趙、衛，敗魏於濁澤而圍惠王。惠王請獻觀以和解，趙人歸我長城。於是齊國震懼，人人不敢飾非，務盡其誠。齊國大治。諸侯聞之，莫敢致兵於齊二十餘年。《史記・田齊世家》

秦穆公出遊而車敗，右服失（原有“馬”字，據王念孫校刪。），野人得之。穆公追而及之岐山之陽，野人方屠而食之。穆公曰：“夫食駿馬之肉，而不還飲酒者，傷人。吾恐其傷汝等。”遍飲而去之。處一年，與晉惠公為韓之戰，晉師圍穆公之車，梁由靡扣穆公之驂，〔將〕（據王念孫說增。）獲之。食馬肉者三百餘人，皆出死為穆公戰於車下，遂克晉，虜惠公以歸。此用約而為得者也。

昔者秦繆公乘馬而車為敗，右服失而埜人取之。繆公自往求之，見野人方將食之於岐山之陽。繆公歎曰：“食駿馬之肉而不還飲酒，余恐其傷女也！”於是遍飲而去。處一年，為韓原之戰，晉人已環繆公之車矣，晉梁由靡已扣繆公之左驂矣，晉惠公之右路石奮投而擊繆公之甲，中之者已六札矣。野人之嘗食馬肉於岐山之陽者三百有餘人，畢力為繆公疾鬥於車下，遂大克晉，反獲惠公以歸。《呂氏春秋・愛士》

秦繆公將田，而喪其馬，求三日而得之於堃山之陽，有鄙夫乃相與食之。繆公曰：

"此駿馬之肉，不得酒者死。" 繆公乃求酒，徧飲之然後去。明年，晉師與繆公戰，晉之左格右者圍繆公而擊之，甲已墮者六矣。食馬者三百餘人，皆曰："吾君仁而愛人，不可不死。" 還擊晉之左格右，免繆公之死。《韓詩外傳》卷十

秦繆公嘗出，而亡其駿馬，自往求之，見人已殺其馬，方共食其肉，繆公謂曰："是吾駿馬也。" 諸人皆懼而起，繆公曰："吾聞食駿馬肉，不飲酒者殺人。" 即以次飲之酒，殺馬者皆慚而去。居三年，晉攻秦繆公，圍之，往時食馬肉者，相謂曰："可以出死報食馬得酒之恩矣。" 遂潰圍。繆公卒得以解難，勝晉獲惠公以歸，此德出而福反也。《說苑·復恩》

齊桓公將欲征伐，甲兵不足，令有重罪者出犀甲一戟，有輕罪者贖以金分，訟而不勝者出一束箭。百姓皆說，乃矯箭爲矢，鑄金而爲刃，以伐不義而征無道，遂霸天下。此入多而無怨者也。

桓公問曰："夫軍令則寄諸內政矣，齊國寡甲兵，爲之若何？" 管子對曰："輕過而移諸甲兵。" 桓公曰："爲之若何？" 管子對曰："制重罪贖以犀甲一戟，輕罪贖以鞼盾一戟，小罪讁以金分，宥閒罪。索訟者三禁而不可上下，坐成以束矢。美金以鑄劍戟，試諸狗馬，惡金以鑄鉏夷斤斸，試諸壞土。" 甲兵大足。《國語·齊語》

公曰："民辦軍事矣，則可乎？" 對曰："不可，甲兵未足也。請薄刑罰以厚甲兵。" 於是死罪不殺，刑罪不罰，使以甲兵贖。死罪以犀甲一戟，刑罰以脅盾一戟。過罰以金軍。無所計而訟者。成以束矢。《管子·中匡》

制重罪入以兵甲犀脅二戟，輕罪入蘭盾鞈革二戟，小罪入以金鈞分宥薄罪，入以半鈞。無坐抑而訟獄者，正三，禁之而不直，則入一束矢以罰之。美金以鑄戈劍矛戟，試諸狗馬。惡金以鑄斤斧鉏夷鋸欘，試諸木土。《管子·小匡》

故：聖人因民之所喜而勸善，因民之所惡以禁姦，故賞一人而天下譽之，罰一人而天下畏之（故聖人因民之所喜以勸善，因民之所憎以禁姦，賞一人而天下趨之，罰一人而天下畏之。）。故至賞不費，至刑不濫（是以至賞不費，至刑不濫。）〈上義〉篇第七章②ba。

孔子誅少正卯而魯國之邪塞，子產誅鄧析而鄭國之姦禁，以近論遠，以小知大也。故聖人守約而治廣者，此之謂也（聖人守約而治廣，

此之謂也。）〈上義〉篇第七章②b.。

12

此章論述“為善者，靜而無為，故易；為不善者，躁而多欲，故難”。全章主要部份見於《文子·下德》第四章。〈下德〉篇此章，文意相當舛雜，似《淮南子》殘文竄入。

①

天下莫易於為善，而莫難於為不善也（〔老子曰：〕天下莫易於為善，莫難於為不善。）〈下德〉篇第四章①a。所謂為善者，靜而無為也（所謂為善易者，靜而無為。）〈下德〉篇第四章①b；所謂為不善者，躁而多欲也（所謂為不善難者，）〈下德〉篇第四章①d。適情辭餘，無所誘惑，循性保真，無變於己，故曰：為善易（適情辭餘，無所誘惑，循性保真，無變於己，故曰為善易也。）〈下德〉篇第四章①c。越城郭，踰險塞，姦符節，盜管〔璽〕（原作“金”，據王念孫校改。），篡弒矯誣，非人之性也，故曰：為不善難（篡弒矯詐，躁而多欲，非人之性也，故曰為不善難也。）〈下德〉篇第四章①e。

今人所以犯囹圄之罪，而陷於刑戮之患者，由嗜慾無厭，不循度量之故也（今之以為大患者，由無常厭度量生也。）〈下德〉篇第四章①f何以知其然？天下縣官法曰：“發墓者誅，竊盜者刑。”此執政之所司也。夫法令（原有“者”字，據王念孫校刪。）罔其姦邪，勒率隨其蹤跡，無愚夫蠢婦，皆知爲姦之無脫也，犯禁之不得免也。然而不材子不勝其欲，蒙死亡之罪，而被刑戮之羞。（原有“然而”二字，據王念孫校刪。）立秋之後，司寇之徒繼踵於門，而死市之人血流於路。何則？惑於財利之得，而蔽於死亡之患也。

上段見於〈下德〉篇第四章，〈下德〉篇“今之以為大患者”句似改竄〈氾論訓〉“今人所以犯圄圉之罪，而陷於刑戮之患者”兩句，而“由無常厭度量生也”句，文意亦不可解，當為〈氾論訓〉“由嗜欲無厭，不循度量之故也”兩句殘文的綴合。

今夫（原作‘夫今’，據王念孫校改。）陳卒設兵，兩軍相當，將施令曰：“斬首〔者〕（據王念孫校補。）拜爵，而屈撓者要斬。”然而隊〔伯〕（原作‘階’，據王念孫校改。）之卒皆不能前逐斬首之功，而後被要斬之罪，是去恐死而就必死也。故：利害之反，禍福之接，不可不審也（故利害之地，禍福之際，不可不察。〔聖人無欲也，無避也。〕）〈下德〉篇第四章①g。

②

此節敍說的體例與〈人間訓〉相同，或為該篇錯簡而誤編於此。

事或欲之，適足以失之；或避之，適足以就之（事或欲之，適足以失之；事或避之，適足以就之。）〈下德〉篇第四章②a。楚人有乘船而遇大風者，波至而〔恐〕（據王念孫校補。），自投於水。非不貪生而畏死也，惑於恐死而反忘生也。故人之嗜慾，亦猶此也。

齊人有盜金者，當市繁之時，至掇而走。勒問其故曰：“而盜金於市中，何也？”對曰：“吾不見人，徒見金耳！”志〔有〕所欲，則忘其〔所〕（“有”、“所”二字，均據王叔岷校補。）為矣（志有所欲，即忘其所為矣。）〈下德〉篇第四章②b。

上段文意似本諸《呂氏春秋‧去宥》，〈去宥〉篇曰：“齊人有欲得金者，清旦被衣冠往鬻金者之所，見人操金，攫而奪之。吏搏而束縛之，問曰：‘人皆在焉，子攫人之金何故？’對吏曰：‘殊不見人，徒見金耳。’此真大有所宥也。”

是故：聖人審動靜之變，而適受與之度，理好憎之情，和喜怒之節（是以聖人審動靜之變，適授與之度，理好憎之情，和喜怒之節。）。夫動靜得，

則患弗〔遇〕（原作‘過’，據王念孫校改。）也；受與適，則罪弗累也；好
憎理，則憂弗近也；喜怒節，則怨弗犯也（夫動靜得即患不侵也，授與適即罪
不累也，理好憎即憂不近也，和喜怒即怨不犯也。） 〈下德〉篇第四章②c 。

故：達道之人，不苟得，不〔攘〕（原作"讓"，據俞樾校改。）福；其
有弗棄，非其有弗索，常滿而不溢，恆虛而易足（體道之人，不苟得，不讓
禍，其有不棄，非其有不制，恆滿而不溢，常虛而易贍。） 〈下德〉篇第四章②d 。

今夫霤水足以溢壺榼，而江、河不能實漏卮，故人心猶是也。
自當以道術度量，食充虛，衣御寒，則足以養七尺之形矣（故自當以道
術度量，即食充虛，衣圍寒，足溫飽七尺之形。）。若無道術度量而以自儉約，則
萬乘之勢不足以為尊，天下之富不足以為樂矣（無道術度量而以自要尊貴，
即萬乘之勢不足以為快，天下之富不足以為樂。） 〈下德〉篇第四章③a 。孫叔敖三去令尹而
無憂色，爵祿不能累也；荊佽非兩蛟夾繞其船而志不動，怪物不能
驚也。聖人心平志易，精神內守，物莫足以惑之（故聖人心平志易，精神內
守，物不能惑。） 〈下德〉篇第四章③b 。

夫醉者，俛入城門，以為七尺之闉也；超江、淮，以為尋常之
溝也：酒濁其神也。怯者，夜見立表，以為鬼也；見寢石，以為虎
也：懼揜其氣。又況〔夫〕（原作"無"，據向宗魯校改。）天地之怪物乎！夫
雌雄相接，陰陽相薄，羽者為雛鷇，毛者為駒犢，柔者為皮肉，堅
者為齒角，人弗怪也；水生蠬蜄，山生金玉，人弗怪也；老槐生火，
久血為燐，人弗怪也。山出梟陽，水生罔象，木生畢方，井生墳羊，
人怪之，聞見鮮而識物淺也。天下之怪物，聖人之所獨見；利害之
反覆，知者之所獨明：達也。同異嫌疑者，世俗之所眩惑也。

上段文意似本諸《荀子·解蔽》，〈解蔽〉篇曰："凡觀物有疑，中心不定，
則外物不清。吾慮不清，則未可定然否也。冥冥而行者，見寢石以為伏虎也，
見植林以為後人也，冥冥蔽其明也。醉者越百步之溝，以為蹞步之澮也；俯而
出城門，以為小之闉也：酒亂其神也。"又，"老槐生火"三句，《事類賦》

八〈地部〉三注引《莊子》作“老槐生火，久血為燐，人弗怪也。”

13

此章資料可分為兩節，均與“鬼神”之事相關，但彼此闡述的義理，並不相同。

①

此節敘說聖人因鬼神禨祥而為之立禁，與前節義理不同。

夫見不可布於海內，聞不可明於百姓，是故因鬼神禨祥而爲之立禁，總形推類而爲之變象。何以知其然也？

世俗言曰：“饗大高者而豕爲上牲，葬死人者裘不可以藏，相戲以刃者大祖軵其肘，枕戶橉而臥者鬼神蹠其首。”此皆不著於法令，而聖人之所（原有“不”字，據向宗魯校刪。）口傳也。

夫饗大高而豕爲上牲者：非豕能賢於野獸麋鹿也，而神明獨饗之，何也？以爲豕者，家人所常畜而易得之物也。故因其便以尊之。

裘不可以藏者：非能具綈〔錦〕（原作‘綿’，據王念孫校改。）曼帛溫暖於身也，世以爲裘者，難得貴賈之物也，而（原有‘不’，據王念孫校刪。）可傳於後世，無益於死者，而足以養生，故因其資以譽之。

相戲以刃，太祖軵其肘者：夫以刃相戲，必爲過失，過失相傷，其患必大，無涉血之仇爭忿鬬，而以小事自內於刑戮，愚者所不知忌也，故因太祖以累其心。

枕戶橉而臥，鬼神履其首者：使鬼神能玄化，則不待戶牖〔而〕（原作“之”，據王念孫校改。）行，若循虛而出入，則亦無能履也。夫戶牖者、風氣之所從往來，而風氣者、陰陽相犀（原作“搹”，據王念孫校改。）者也，離者必病，故託鬼神以伸誠之也。

何寧云："《易・觀・彖》曰：'聖人以神道設教而天下服矣。'本節即申其義。"

　　凡此之屬，皆不可勝著於書策竹帛而藏於宮府者也，故以禨祥明之，為愚者之不知其害，乃借鬼神之威以聲其教，所由來者遠矣。而愚者以為禨祥，而狠者以為非，唯有道者能通其志。

　　②

此節論述"鬼神之所以立"，乃因其有功德於人。

　　今世之祭井竈、門戶、箕帚、臼杵者，非以其神為能饗之也，恃賴其德，煩苦之無已也。是故以時見其德，所以不忘其功也。觸石而出，膚寸而合，不崇朝而雨天下者，唯太山；赤地三年而不絕流，澤及百里而潤草木者，唯江、河也，是以天子秩而祭之。故馬免人於難者，其死也葬之，〔以帷為衾〕；牛〔有德於人者〕其死也，葬〔之〕以大車〔之箱〕（以上括號中文字，均據王念孫校補。）為薦。牛馬有功，猶不可忘，又況人乎！此聖人所以重仁襲恩。

上段"觸石而出"等句，似本諸《公羊傳》，《公羊傳・僖公三十一年》曰："山川有能潤于百里者，天子秩而祭之。觸石而出，膚寸而合，不崇朝而遍雨乎天下者，唯泰山爾。河海潤于千里。猶者何？通可以已也。"

　　故炎帝〔作〕（原作"於"，據王念孫校改。）火，死而為竈；禹勞力天下，死而為社；后稷作稼穡，而死為稷；羿除天下之害，死而為宗布。此鬼神之所以立。

14

此章論述以無知之術妄求避禍，反成為引禍的緣由。

北楚有任俠者，其子孫數諫而止之，不聽也。縣有賊，大搜其
廬，事果發覺，夜驚而走，追，道及之，其所施德者皆為之戰，得
免而遂反；語其子曰：“汝數止吾為俠。今有難，果賴而免身。而
諫我，不可用也。”知所以免於難，而不知所以無難，論事如此，
豈不惑哉！

宋人有嫁子者，告其子曰：“嫁未必成也。有如出，不可不私
藏。私藏而富，其於以復嫁易。”其子聽父之計，竊而藏之。若公
知其盜也，逐而去之。其父不自非也，而反得其計。知為出藏財，
而不知藏財所以出也，為論如此，豈不勃哉！

> 衛人嫁其子而教之曰：“必私積聚。為人婦而出，常也。其成居，幸也。”其子
> 因私積聚，其姑以為多私而出之，其子所以反者倍其所以嫁。其父不自罪於教子非也，
> 而自知其益富。今人臣之處官者皆是類也。《韓非子·說林上》

> 人有為人妻者。人告其父母曰：“嫁不必生也。衣器之物可外藏之，以備不生。”
> 其父母以為然，於是令其女常外藏。姑妐知之，曰：“為我婦而有外心，不可畜。”
> 因出之。婦之父母以謂為己說者以為忠，終身善之，亦不知所以然矣。《呂氏春秋·遇合》

今夫僦載者，救一車之任，極一牛之力，為軸之折也，有〔加〕
轅軸其上以為造，不知軸轅之趨軸折也。
（原作“如”，據馬宗霍、蔣禮鴻校改。）

楚王之佩玦而逐菟，為走而破其玦也，因珮兩玦而為之豫，兩
玦相觸，破乃逾疾。亂國之治，有似於此。

> 《太平御覽》卷九百七引，作“楚王佩玦逐兔，馬速玦破，乃取兩玦重而著之，
> 其破疾愈。”文字與今本異，當為《淮南子》別本。

15

> 此章論述“道之在者為貴”，“至和”為萬物所歸嚮。

　　夫鷗目大而睛不若鼠，蚈足眾而走不若蛇，物固有大不若小，眾不若少者。及至夫彊之弱，弱之彊，危之安，存之亡也，非聖人，孰能觀之！大小尊卑，未足以論也，唯道之在者爲貴。何以明之？

　　天子處於郊亭，則九卿趨，大夫走，坐者伏，倚者齊。當此之時，明堂太廟，懸冠解劍，緩帶而寢。非郊亭大而廟堂狹小也，至尊居之也。

　　〔夫〕（原作"天"，據向宗魯校改。）道之貴也，非特天子之爲尊也，所在而眾仰之。夫蟄蟲鵲巢，皆嚮〔太〕（原作"天"，據楊樹達校改。）一者，至和在焉爾。帝者誠能〔稟太一〕（原作"包裹道"，據何寧校改。），合至和，則禽獸草木莫不被其澤矣，而況兆民乎？

十一 〈詮言訓〉辨析

《淮南子·要略》曰：

> 〈詮言〉者，所以譬類人事之指，解喻治亂之體也。差擇微言之眇，詮
> 以至理之文，而補縫過失之闕者也。"

許慎注："詮，就也。就萬物之指以言其徵，事之所謂，道之所依也，故曰詮言。"

就〈要略〉篇所作的說明，〈詮言訓〉撰寫的宗旨在於完成以下三個作用：

第一，以譬喻、類比的方式，推論人間事務所顯露的要旨。

第二，解析闡明天下所以平治或混亂的根源。

第三，選擇先人精微的要言，配合深刻道理的解說，以來補救世人不當知
　　　識的缺陷。

今本資料似摘錄前人格言或雋語，有略加闡釋發揮者。此種體例的資料可能早有流傳，如古典文獻曾提到：《商箴》、《周箴》、《伊》、《志》、《記》、《周諺》、《夏諺》、《諺》、《建言》、《先人有言》、《用兵有言》等。現存先秦至兩漢的著作中，也有將此類資料集結成篇者，如《逸周書·周祝解》、《黃帝四經》的〈稱〉篇，《韓非子》的〈說林〉上下篇，〈儲說〉六篇，《淮南子》的〈說山〉、〈說林〉兩篇，《說苑》有〈談叢〉篇與〈雜言〉篇，《列子》有〈說符〉篇，《劉子》有〈言苑〉篇。最近出土的郭店楚墓竹簡中，也有整理者定為"語叢"的四篇。〈詮言訓〉當為劉安及其門客所輯略的此項資料，今按文意的不同，分為五十七節。有些部份似有脫文，或他處錯簡，並不完整。各章主要內容如下：

第一節：萬物生於太一。

第二節：能反其所生，若未有形，謂之真人。

第三節：聖人揜明於不形，藏跡於無為。

第四節：人能貴其所賤，賤其所貴，可與言至論。

第五節：通於道者，物莫不足滑其調。

第六節：未聞枉己而能正人者。

第七節：原天命，治心術，理好憎，適情性，則治道通。

第八節：故得道則愚者有餘，失道則智者不足。

第九節：為治之本，在於虛，虛者，道之舍。

第十節：能全其性者必不惑於道，抱神以靜，形將自正。

第十一節：能自得者，必柔弱。

第十二節：輕天下者，身不累於物，故能處之。

第十三節：無以天下為者，必能治天下者。

第十四節：人能虛己以遊於世，孰能訾之！

第十五節：釋道而任智者必危，棄數而用才者必困。

第十六節：聖人知禍福之制不在於己也，故閑居而樂，無為而治。

第十七節：聖人守其所以有，不求其所未得。

第十八節：聖人無思慮，無設儲，來者弗迎，去者弗將。

第十九節：聖人不以行求名，不以智見譽。法修自然，己無所與。

第二十節：慮不勝數，行不勝德，事不勝道。

第二十一節：有智若無智，有能若無能，道理為正。

第二十二節：名與道不兩明，人受名則道不用，道勝人則名息矣。

第二十三節：人能接物而不與己焉，則免於累矣。

第二十四節：文勝則質掩，邪巧則正塞。

第二十五節：雖賢王，必遭時而得之，非智能所求而成。

第二十六節：聖人揜跡於為善，而息名於為仁。

第二十七節：上下一心，君臣同志，與之守社稷，此必全之道。

第二十八節：君執一則治，無常則亂。君道者，無為也。

第二十九節：君好智，窮術也，好勇，危術也，好與，來怨之道也。

第三十節：聖人勝心，眾人勝欲。君子行正氣，小人行邪氣。

第三十一節：非藏無形，孰能形！

第三十二節：三代之所道者，因也。

第三十三節：君賢不見，諸侯不備；不肖不見，則百姓不怨。

第三十四節：聖人內藏，不為物先倡，事來而制，物至而應。

第三十五節：飾其外者傷其內，扶其情者害其神，見其文者蔽其質。

第三十六節：滅跡於無為，而隨天地自然者，能勝理而無愛名。

第三十七節：人主無好，則誅而無怨，施而不德，放準循繩，身無與事。

第三十八節：聖人容而與眾同，謂大通。

第三十九節：升降揖讓，趨翔周遊，不得已而為，非性所有於身。

第四十節：滅欲則數勝，棄智則道立。

第四十一節：君子其結於一。

第四十二節：位愈尊而身愈伕，身愈大而事愈少。

第四十三節：無為者，道之體；執後者，道之容。

第四十四節：非易不可以治大，非簡不可以合眾。

第四十五節：遊心於恬，舍形於佚，以俟天命，自樂於內，無急於外。

第四十六節：大道無形，大仁無親，大辯無聲，大廉不嗛，大勇不矜。

第四十七節：其作始簡者，其終本必調。

第四十八節：詩之失僻，樂之失刺，禮之失責。

第四十九節：仁義智勇，聖人之所備有，然而皆立一名者，言其大者。

第五十節：聖人謹慎其所積。

第五十一節：見所始則知終。

第五十二節：先王貴“先本後末”。

第五十三節：聖人之接物，千變萬軫，必有不化而應化者。

第五十四節：聖人常後而不先，常應而不唱；不進而求，不退而讓。

第五十五節：不憂天下之亂，而樂其身之治者，可與言道。

第五十六節：知道者不惑，知命者不憂。

第五十七節：神制則形從，形勝則神窮。聰明雖用，反諸神，謂之太沖。

現存本篇文字約 5886 字，見於《文子》者有 2153 字，佔 36.5%。包括：〈符言〉篇第、三、九、十至二十章，〈道原〉篇第三章部份文字，〈道德〉篇第六、八、十、十七章，〈上德〉篇第四章，〈下德〉篇第五章。《文子·符言》共有三十一章，其中有十五章見於〈詮言訓〉，彼此資料的關係極為密切。但就二者分析比較，很難認定何者為抄襲，極可能二書採自同源的資料。

1

洞同天地，渾沌為樸，未造而成物，謂之太一。

同出於一，所為各異，有鳥有魚有獸，謂之〔方〕（原作“分”，據劉家立校改。）物。

方以類別，物以群分，性命不同，皆形於有。

隔而不通，分而為萬（原有“物”字，據馬宗霍校刪。），莫能〔反〕（原作“

據王念孫校改。）宗。故動而為之生，死而為之窮。皆為物矣，非不物而物物者也，物物者，亡乎萬物之中。

此節說明由"始源"之處所展現的創發過程，其中"太一"的觀念，淵源甚早，荊門郭店出土竹簡《老子》即有殘簡曰：

> 大一生水，水反輔大一，是以成天；天反輔大一，是以成地；天地□□□（復相輔）也，是以成神明。神明復輔也，是以成陰陽；陰陽復相輔也，是以成四時；四時復相輔也，是以成寒熱；寒熱復相輔也，是以成濕燥；濕燥復相輔也，成歲而止。古歲者，濕燥知所生……是古大一藏於水，行於時，　而或□□□萬物母……

據考定，郭店竹簡《老子》出土於戰國中期楚墓之中，其下葬年代為紀元前 300 年左右。此段簡文為今存世最早關於"太一"觀念的記載。《淮南子》此處當引自先秦時代資料。

2

稽古太初，人生於無，形於有，有形而制於物。能反其所生，若未有形，謂之真人。真人者，未始分於太一者也。

以上兩節資料當為引用先秦道家哲學的重要史料，但或僅為殘文。

3

聖人不為名尸，不為謀府，不為事任，不為智主；藏無形，行無跡，遊無朕；不為福先，不為禍始；保於虛無，動於不得已（〔老子曰：〕無為名尸，無為謀府，無為事任，無為智主。藏於無形，行於無怠。不為福先，不為禍始。始於無形，動於不得已。）〈符言〉篇第三章a。

此節文字似與《莊子·應帝王》部份資料同源，〈應帝王〉篇曰："無為名尸，無為謀府；無為事任，無為知主。體盡無窮，而遊無朕；盡其所受乎天，而無見得，亦虛而已。"又〈庚桑楚〉篇曰："動以不得已之謂德"。

欲福者或為禍，欲利者或離害（欲福先無禍，欲利先遠害。）。故無為而寧者，失其所以寧則危；無事而治者，失其所以治則亂（故無為而寧者，失其所寧則危，無為而治者，失其所治即亂。〔故"不欲碌碌如玉，落落如石。"〕））〈符言〉篇第三章b。

星列於天而明，故人指之；義列於德而見，故人視之。人之所指，動則有章；人之所視，行則有跡。動有章則〔訶〕（原作‘詞’，據王引之校改。），行有跡則議。故聖人掩明於不形，藏跡於無為。

> 此節主要部份見於《文子·符言》與《莊子·應帝王》。《文子》"無為名尸"段，引《老子》三十九章語作為解證。此種論述方式，〈符言〉篇有九章之多（出現於第3、4、5、11、21、23、24、27、30等章），其中第4、23、27、30四章文字並不見於《淮南子》。此種先秦時代哲學性的雋語，似乎廣為流傳，《文子》與《淮南子》各有所徵引，而所表現的作用不同。

4

王子慶忌死於劍，羿死於桃棓，子路菹於衛，蘇秦死於口。人莫不貴其所〔長〕（原作"有"，據王念孫校改。），而賤其所短，然而皆溺其所貴，而極其所賤。所貴者有形，所賤者無朕也。故虎豹之彊來射，蝯狖之捷來措。人能貴其所賤，賤其所貴，可與言至論矣。

> 此節文意似本諸《莊子·應帝王》，〈應帝王〉篇曰："且也虎豹之文來田，猨狙之便來藉"，〈天地〉篇曰"執狸之狗來思，猿狙之便來藉。"

5

自信者不可以誹譽遷也，知足者不可以勢利誘也。

故：通性之情者，不務性之所無以為；通命之情者，不憂命之所無奈何，通於道者，物莫（原有 "不" 字，據王念孫校改。）足滑其〔和〕（原作 "調"，據王念孫校改。）。

此節文意似本諸《莊子・達生》，〈達生〉篇曰："達生之情者，不務生之所無以為；達命之情者，不務知之所無奈何。"

6

詹何曰："未嘗聞身治而國亂者也，未嘗聞身亂而國治者也。矩不正，不可以為方；規不正，不可以為員；身者，事之規矩也。未聞枉己而能正人者也。"

此節 "未嘗聞身治而國亂者也，未嘗聞身亂而國治者也" 兩句，另見於〈道應訓〉第十七章，作 "詹何對曰："臣未嘗聞身治而國亂者也，未嘗聞身亂而國治者也"，〈道應訓〉第十七章文字見於《文子・上仁》第四章。

7

原天命，治心術，理好憎，適情性，則治道通矣（〔老子曰：〕原天命，治心術，理好憎，適情性，即治道通矣。）。

原天命則不惑禍福，治心術則不妄喜怒，理好憎則不貪無用，適情性則欲不過節（原天命即不惑禍福，治心術即不妄喜怒，理好憎即不貪無用，適情性即欲不過節。）。

不惑禍福則動靜循理，不妄喜怒則賞罰不阿，不貪無用則不以欲害（原有 "用" 字，據王念孫校刪。）性，欲不過節則養性知足（不惑禍福即動靜順理，不妄喜怒即賞罰不阿，不貪無用即不以欲害性，欲不過節即養生知足。）。

凡此四者，弗求於外，弗假於人，反己而得矣（凡此四者，不求於外，不假於人，反己而得矣。）〈符言〉篇第九章。

此節全見於《文子‧符言》第九章，二者文句完全相同，僅"則"、"弗"二字，《文子》作"即"、"不"。〈符言〉篇此章，似保存與〈詮言訓〉同源的資料。"心術"為稷下道家重要觀念之一，《管子》即有〈心術〉上、下兩篇。"心術"觀念另見於《淮南子》兩處，〈原道訓〉曰："徹於心術之論，則嗜欲好憎外矣"，〈精神訓〉曰："達至道者則不然，理情性，治心術，養以和，持以適。"

8

天下不可以智為也，不可以慧識也，不可以事治也，不可以仁附也，不可以強勝也。五者，皆人才也，德不盛，不能成一焉。德立則五無殆，五見則德無位矣。

故：得道則愚者有餘，失道則智者不足。

渡水而無游數，雖強必沉；有游數，雖羸必遂；又況託於舟航之上乎！

9

為治之本，務在於安民；安民之本，在於足用；足用之本，在於勿奪時；勿奪時之本，在於省事；省事之本，在於節欲；節欲之本，在於反性；反性之本，在於去載；去載則虛，虛則平（故為治之本，務在安民；安民之本，在於足用；足用之本，在於不奪時；不奪時之本，在於省事；省事之本，在於節用；節用之本，在於去驕。去驕之本，在於虛無）〈下德〉篇第五章①b；平者，道之素也；虛者，道之舍也（虛無者，道之舍也；平易者，道之素也）〈道原〉篇第三章。

此節重見於〈泰族訓〉。〈泰族訓〉曰："為治之本，務在寧民；寧民之本，在於足用；足用之本，在於勿奪時；勿奪時之本，在於省事；省事之本，在於節用；節用之本，在於反性。未有能搖其本而靜其末，濁其源而清其流者也。"〈泰族訓〉有《文子‧下德》第五章文字可對應。此處"節欲"二字，〈泰族訓〉作“節用”，而《文子》兩處皆作“節用”。〈詮言訓〉此節似引用“文子外編”中南方道家思想傳承的資料，“平者”數句，即取自《文子·道原》第三章。

10

能有天下者必不失其國，能有其國者必不喪其家，能治其家者必不遺其身，能脩其身者必不忘其心，能原其心者必不虧其性，能全其性者必不惑於道。

故廣成子曰：“慎守而內，周閉而外。多知爲敗，毋視毋聽。抱神以靜，形將自正。”

> 廣成子蹶然而起，曰：“善哉問乎！來！吾語汝至道。至道之精，窈窈冥冥；至道之極，昏昏默默。無視無聽，抱神以靜，形將自正。必靜必清，無勞汝形，無搖汝精，乃可以長生。目無所見，耳無所聞，心無所知，汝神將守形，形乃長生。慎汝內，閉汝外，多知爲敗。”《莊子·在宥》

> 《淮南子》上段“故廣成子曰”數句文字，似取自《莊子·在宥》。高誘注曰：“廣成子，黃帝時人也。”陳直云：“西漢方士好言廣成子。如新疆發現王莽時絲帛，上繡有‘新神靈廣成壽萬年’是也。”

不得之己而能知彼者，未之有也。故《易》曰：“括囊，無咎無譽。”

> 此節引述《莊子》中廣成子語，解說《易》坤卦六四爻辭。資料似源自秦漢時《易》學傳承，或與淮南王“九師”《易》說有關。

11

能成霸王者，必得勝者也；能勝敵者，必強者也；能強者，必用人力者也；能用人力者，必得人心者也；能得人心者，必自得者也；能自得者，必柔弱者也（〔老子曰：〕能成霸王者，必德勝者也；能勝敵者，必強者也；能強者，必用人力者也；能用人力者，必得人心者也；能得人心者，必自得者也；自得者，必柔弱者。）。強勝不若己者，至於與同則格；柔勝出於己者，其力不可度（能勝不如己者，至於若己者而格，柔勝出於若己者，其事不可度。）。故能以眾不勝成大勝者，唯聖人能之（故能以眾不勝成大勝者，唯聖人能之。）〈符言〉篇第三十一章。

> 此節"能成霸王者"數句，重見於〈泰族訓〉。〈泰族訓〉曰："〔能〕（原作"欲"，據王念孫校改。）成霸王之業者，必得勝者也。能得勝者，必強者也。能強者，必用人力者也。能用人力者，必得人心者也。能得人心者，必自得者也。" 又，"強勝不若己者"數句，另見於《淮南子·原道》與《文子·道原》。"至於與同則格"句，〈符言〉篇作"至於若己者而格"，〈符言〉篇文意較清晰。〈詮言訓〉與〈符言〉篇此處資料似屬同源。何寧云："《莊子》〈秋水〉篇'故以眾小不勝為大勝也，為大勝者，唯聖人能之。'此《淮南》所本"

12

善游者，不學刺舟而便用之（事見《莊子·達生》）；勁筋者；不學騎馬而便居之。輕天下者，身不累於物，故能處之。

泰王亶父處邠，狄人攻之，事之以皮幣珠玉而不聽，乃謝耆老而徙岐周，百姓攜幼扶老而從之，遂成國焉。推此意，四世而有天下，不亦宜乎！

> 此節"善游者，不學刺舟而便用之"事，另見《莊子·達生》。"輕天下者"兩句，〈精神訓〉第三部分第一章曰："輕天下，則神無累矣。""泰王亶父徙岐周"事，詳見於〈道應訓〉第十五章，並另見於〈泰族訓〉。

13

無以天下爲者，必能治天下者。

霜雪雨露，生殺萬物，天無爲焉，猶之貴天也。

厭文搔法，治官理民者，有司也，君無事焉，猶尊君也。

辟地墾草者，后稷也；決河濬江者，禹也；聽獄制中者，皋陶也；有聖名者，堯也。

故：得道以御者，身雖無能，必使能者爲己用；不得其道，伎藝雖多，未有益也。

> 治水潦者禹也，播五種者后稷也，聽獄折衷者皋陶也。舜無爲也，而天下以爲父母，愛天下莫甚焉。《尸子·仁意》

> 夫霜雪雨露，殺生萬物者也，天無事焉，猶之貴天也。執法厭文，治官治民者，有司也，君無事焉，猶之尊君也。夫闢土殖穀者后稷也，決江流河者禹也，聽獄執中者皋陶也。然而有聖名者堯也。故有道以御之，身雖無能也，必使能者爲己用也。無道以御之，彼雖多能，猶將無益於存亡矣。《詩》曰：「執轡如組，兩驂如舞。」貴能御也。《韓詩外傳》卷二

此節文字取自《韓詩外傳》，《尸子·仁意》有文意相近資料。

14

方船濟乎江，有虛船從一方來，觸而覆之，雖有忮心，必無怨色。有一人在其中，一謂張之，一謂歙之，再三呼而不應，必以醜聲隨其後。嚮不怒而今怒，嚮虛而今實也。人能虛己以游於世，孰能皆之！

> 方舟而濟於河，有虛船來觸舟，雖有惼心之人不怒；有一人在其上，則呼張歙之；一呼而不聞，再呼而不聞，於是三呼邪，則必以惡聲隨之。向也不怒而今也怒，向也虛而今也實。人能虛己以遊世，其孰能害之！《莊子·山木》

此節似取自《莊子‧山木》。

15

釋道而任智者必危，棄數而用才者必困（〔老子曰：〕釋道而任智者危，棄數而用才者困。）。有以欲多而亡者，未有以無欲而危者也；有以欲治而亂者，未有以守常而失者也。故智不足〔以〕（據劉文典校補。）免患，愚不足以至於失寧。

守其分，循其理，失之不憂，得之不喜（故守分循理，失之不憂，得之不喜。）。故成者非所為也，得者非所求也（成者非所為，得者非所求。）。入者有受而無取，出者有授而無予；因春而生，因秋而殺，所生者弗德，所殺者非怨，則幾於道也（入者有受而無取，出者有授而無與；因春而生，因秋而殺，所生不德，所殺不怨，則幾於道矣。）〈道德〉篇第十章。

> 此節“釋道而任智者必危”兩句，與《管子‧任法》文意相近，〈任法〉篇曰：“聖君任法而不任智，任數而不任說，任公而不任私，任大道而不任小物，然後身佚而天下治。”此節文字，除個別虛辭不同外，全見於《文子‧道德》第十章。《文子》與《淮南子》似保存同源的資料。

16

聖人不為可非之行，不憎人之非己也；脩足譽之德，不求人之譽己也（〔老子曰：〕不求可非之行，不憎人之非己，修足譽之德，不求人之譽己。）。不能使禍不至，信己之不迎也；不能使福必來，信己之不攘也（不能使禍無至，信己之不迎也，不能使福必來，信己之不讓也。）。禍之至也，非其求所生，故窮而不憂；福之至也，非其求所成，故通而弗矜（禍之至，非己之所生，故窮而不憂；福之來，非己之所成，故通而不矜。）。知禍福之〔至〕（原作“制”，據何寧校改。），不在於己也，故閑居而樂，無為而治（是故閑居而樂，無為而治。）〈符言〉篇第十章。

此節全見於《文子‧符言》第十章。《文子》與《淮南子》似保存同源的“文子外編”資料。

17

聖人守其所以有，不求其所未得（〔老子曰：〕道者守其所已有，不求其所未得。）。求其所〔未得〕（原作“無”，據王念孫校改。），則所有者亡矣；脩其所〔已〕（據王念孫校補。）有，則所欲者至（求其所未得即所有者亡，循其所已有即所欲者至。）〈符言〉篇第十一章①a。

故用兵者，先為不可勝，以待敵之可勝也；治國者，先為不可奪，以待敵之可奪也。舜脩之歷山而海內從化，文王脩之岐周而天下移風。使舜趨天下之利，而忘修己之道，身猶不能保，何尺地之有！

故治未固於不亂，而事為治者，必危；行未固於無非，而急求名者，必剉也（治未固於不亂，而事為治者，必危；行未免於無非，而急求名者，必剉。）。福莫大無禍，利莫美不喪（故福莫大於無禍，利莫大於不喪。〔“故物或益之而損，損之而益。”〕）〈符言〉篇第十一章①b。動之為物，不〔益〕則〔損〕（原作‘不損則益’，據楊樹達、馬宗霍校改。），不成則毀，不利則病，皆險也，道之者危。故秦勝乎戎而敗乎殽，楚勝乎諸夏而敗乎柏莒。

故道不可以勸（原有“而”字，據王念孫校改。）就利者，而可以寧避害者（夫道不可以勸就利者，而可以安神避害。）。故常無禍，不常有福；常無罪，不常有功（故常無禍，不常福，常無罪，不常有功。〔道曰：芒芒昧昧，從天之威，與天同氣。〕）〈符言〉篇第十一章②a。

此節主要部份見於《文子‧符言》第十一章。“聖人守其所以有”句，《文子》作“道者守其所已有”。“利莫美不喪”句下，《文子》引《老子》第四十二章"故物或益之而損，損之而益"兩句經文。《文子》"道曰"數句，不見於〈詮言訓〉而出現於〈謬稱〉篇，作："黃帝曰：芒芒昧昧，從天之道，與元同氣。"《文子・符言》第十一章似保留於"文子外編"中，前人解《老》與論"道"資料的殘文。《淮南子》或引用並加以發揮。

18

聖人無思慮，無設儲，來者弗迎，去者弗將（無思慮也，無設儲也，來者不迎，去者不將。）。人雖東西南北，獨立中央（人雖東西南北，獨立中央。）。故處眾枉之中，不失其直；〔與〕（據于鬯校補。）天下皆流，獨不離其壇域（故處眾枉，不失其直，與天下並流，不離其域。）。故不為善，不避醜，遵天之道；不為始，不專己，循天之理；不豫謀，不棄時，與天為期；不求得，不辭福，從天之則（不為善，不避醜，遵天之道；不為始，不專己，循天之理；不豫謀，不棄時，與天為期；不求得，不辭福，從天之則。）。不求所無，不失所得，內無〔奇〕禍，外無〔奇〕（兩"奇"字，原作"㝏"，據王念孫校改。）福。禍福不生，安有人賊！（內無奇福，外無奇禍，故禍福不生，焉有人賊。）〈符言〉篇第十一章②c。

此節思想近於《莊子》，如〈知北遊〉曰："無思無慮始知道，無處無服始安道，無從無道始得道。"，〈山木〉篇亦云"侗乎其無識，儻乎其怠疑；萃乎芒乎，其送往而迎來；來者勿禁，往者勿止；從其強梁，隨其曲傅，因其自窮。"。全文見於〈符言〉篇第十一章第二段，二者資料當屬同源。"天下皆流"句，于鬯云"《文子》〈符言〉篇作'與天下並流，不離其域'，'與'字似宜據補，無'與'字，不成義。"又，兩"㝏"字，《文子・符言》作"奇"，〈詮言訓〉誤。

19

為善則觀，為不善則議；觀則生〔責〕（原作"貴"，據王念孫校改。），議則生患（〔老子曰：〕為善即勸，為不善即觀，勸即生責，觀即生患。）。

故：道術不可以進而求名，而可以退而修身（故道不可以進而求名，可以退而修身。）；不可以得利，而可以離害。

故：聖人不以行求名，不以智見譽。（故聖人不以行求名，不以知見求譽。）〔治隨〕（原作"法脩"，據呂傳元校改。）自然，己無所與（治隨自然，己無所與。）〈符言〉篇第十二章①。

> 此節《文子》與《淮南子》資料亦似同源，但《淮南子》中有誤字，"觀則生貴"句，"貴"字，王念孫據《文子》校改作"責"；"治隨"二字，呂傳言校改作"治隨"，與《文子》同。

20

慮不勝數，行不勝德，事不勝道。為者有不成，求者有不得，人有窮，而道無不通（為者有不成，求者有不得，人有窮，而道無通。）〈符言〉篇第十二章②a，與道爭則凶。故《詩》曰："弗識弗智，順帝之則。"

> 引《詩》語出《詩經・大雅・皇矣》。

21

有智而無為，與無智者同道，有能而無事，與無能者同德（有智而無為與無智同功，有能而無事與無能同德。）。其智也，告之者至，然後覺其動也。〔其能也〕（據俞樾校補。），使之者至，然後覺其為也。有智若無智，有能若無能（有智若無智，有能若無能。），道理為正也。故功蓋天下，不施其美；澤及後世，不有其名；道理通而人偽滅矣（道理達而人才滅矣。）〈符言〉篇第十二章②b。

> 以上兩節見於《文子・符言》第十二章第二段。《淮南子》引《詩經》解證有18次之多，而《文子》全無。此處《文子》與《淮南子》資料仍屬同源。又，"故功蓋天下"等句文意，見於《莊子》〈應帝王〉篇曰："明王之治，功蓋

天下而似不自己。"〈天運〉篇曰:"夫德遺堯舜而不為也,利澤施於萬世,天下莫知也,豈直太息而言仁孝乎哉!"

22

　　名與道不兩明,人〔愛〕(原作"受",據王念孫校改。)名則道不用,道勝人則名息矣(人與道不兩明,人愛名即不用道,道勝人即名息,)。道與人競長,章〔名〕(原作"人",據何寧校改。)者,息道者也。〔名〕(原作"人",據何寧校改。)章道息,則危不遠矣(道息而名章即危亡。)〈符言〉篇第十二章③。故世有盛名,則衰之日至矣。

　　此節文字似本諸《韓詩外傳》,《韓詩外傳》卷一曰:"《傳》曰:喜名者必多怨,好與者必多辱。唯滅跡於人能隨天地自然者,為能勝理而無愛名,名興則道不用,道行則人無位矣。夫利為害本,而福為禍先。唯不求利者為無害,唯不求福者為無禍。《詩》曰:'不忮不求,何用不臧。'"《韓詩外傳》"唯滅跡於人能隨天地自然者"四句,見於本篇第三十六章。

　　欲尸名者必為善,欲為善者必生事,事生則釋公而就私,〔背〕(原作'貨',據王引之校改。)數而任己(〔老子曰:〕欲尸名者必生事,事生即捨公而就私,倍道而任己。)。欲見譽於為善,而立名於為〔賢〕(原作'質',據王念孫校改。),則治不脩故,而事不須時(見譽而為善,立名而為賢,即治不順理而事不順時。)。治不脩故,則多責;事不須時,則無功(治不順理則多責,事不順時則無功。)。責多功鮮,無以塞之,則妄發而邀當,妄為而要中(妄為要中。)。功之成也,不足以更責;事之敗也,(原作"不",據王念孫校改。)足以弊身(功成不足以塞責,事敗足以滅身。)〈符言〉篇第二章。故重為善若重為非,而幾於道矣。

　　此節主要部份,分別見於〈符言〉篇第十二章第三段與第二章。二者資料似屬同源,但〈詮言訓〉有所闡發,以致文意略有不同。"妄為而要中"句,〈符言〉篇聯繫"功成不足以塞責,事敗足以滅身",表達的義理與〈詮言訓〉有異。

23

天下非無信士也，臨貨分財必探籌而定分（老子曰：使信士分財，不如定分而探籌，何則？），以爲有心者之於平，不若無心者也（有心者之於平，不如無心者也。）。

天下非無廉士也，然而守重寶者必關戶而〔璽〕（原作“全”，據俞樾校改。）封，以為有欲者之於廉，不若無欲者也（使廉士守財，不如閉戶而全封，以為有欲者之於廉，不如無欲者也。）。

人舉其疵則怨人，鑑見其醜則善鑑。人能接物而不與己焉，則免於累矣（人舉其疵則怨，鑑見其丑則自善，人能接物而不與己，則免於累矣。）〈符言〉篇第十三章。

> 此節見於〈符言〉篇第十三章，《劉子・去情》引用此處資料曰：“使信士分財，不如投策探鉤；使廉士守藏，不如閑局全封。何者？有心之於平，不若無心之不平也；有慾之於廉，不若無慾之不廉也。”此與《文子》較為近似。劉書所見為《淮南子》別本，此種文本與“文子外編”關係密切。此處《淮南子》似發揮與《文子》同源資料的思想。

24

公孫龍粲於辭而貿名，鄧析巧辯而亂法，蘇秦善說而亡〔身〕（原作“國”，據王念孫校改。）。由其道則善無章，脩其理則巧無名。

故以巧鬬力者，始於陽，常卒於陰；以慧治國者，始於治，常卒於亂。

> 上段似取自《莊子・人間世》，〈人間世〉篇曰：“且以巧鬬力者，始乎陽，常卒乎陰，泰至則多奇巧；以禮飲酒者，始乎治，常卒乎亂，泰至則多奇樂。”

使水流下，孰弗能治；激而上之，非巧不能。故文勝則質掩，邪巧則正塞也。

25

德可以自修，而不可以使人暴；道可以自治，而不可以使人亂。雖有賢聖之〔實〕（原作"寶"，據于鬯、王叔岷校改。），不遇暴亂之世，可以全身，而未可以霸王也。

湯、武之王也，遇桀、紂之暴也。桀、紂非以湯、武之賢暴也，湯、武遭桀、紂之暴而王也。

故雖賢王，必待遇。遇者，能遭於時而得之也，非智能所求而成也。

> 有湯武之賢而無桀紂之時不成，有桀紂之時而無湯武之賢亦不成。聖人之見時，若步之與影不可離。《管子・首時》
>
> 凡治亂存亡，安危彊弱，必有其遇，然後可成，各一則不設。故桀、紂雖不肖，其亡遇湯、武也，遇湯、武，天也，非桀、紂之不肖也；湯、武雖賢，其王遇桀、紂也，遇桀、紂，天也，非湯、武之賢也。若桀、紂不遇湯、武，未必亡也；桀、紂不亡，雖不肖，辱未至於此。若使湯、武不遇桀、紂，未必王也；湯、武不王，雖賢，顯未至於此。《呂氏春秋・長攻》

此節文意似本諸《管子・首時》與《呂氏春秋・長攻》。

26

君子脩行而使善無名，布施而使仁無章，故士行善而不知善之所由來，民贍利而不知利之所由出，故無為而自治。

善有章則士爭名，利有本則民爭功，二爭者生，雖有賢者，弗能治。故聖人揜跡於為善，而息名於為仁也。

27

外交而爲援，事大而爲安，不若內治而待時。凡事人者，非以寶幣，必以卑辭（〔老子曰：〕凡事人者，非以寶幣，必以卑辭。）。事以玉帛，則貨殫而欲不屬；卑體婉辭，則諭說而交不結；約束誓盟，則約定而反無日（幣單而欲不厭；卑體免辭，論說而交不結；約束誓盟，約定而反先日。〔是以君子不外飾仁義，而內修道德。〕）；雖割國之錙錘以事人，而無自恃之道，不足以爲全。

若誠〔釋外〕（原作 '外釋'，據陳觀樓校改。）交之策，而愼修其境內之事，盡其地力以多其積，屬其民死以牢其城，上下一心，君臣同志，與之守社稷，效死而民弗離，則爲名者不伐無罪，而爲利者不攻難勝，此必全之道也（修其境內之事，盡其地方之廣，勸民守死，堅其城郭，上下一心，與之守社稷。即爲民者不伐無罪，爲利者不攻難得，此必全之道〔，必利之理〕）。〈符言〉篇第十四章。

持國之難易，事強暴之國難，使強暴之國事我易。事之以貨寶，則貨寶單，而交不結；約信盟誓，則約定而畔無日；割國之錙銖以賂之，則割定而欲無厭。事之彌煩，其侵人愈甚，必至於資單國舉然後已。雖左堯而右舜，未有能以此道得免焉者也。辟之是猶使處女嬰寶珠，佩寶玉，負戴黃金，而遇中山之盜也，雖爲之逢蒙視，詘要橈膕，君盧屋妾，由將不足以免也。故非有一人之道也，直將巧繁拜請而畏事之，則不足以持國安身。故明君不道也。必將脩禮以齊朝，正法以齊官，平政以齊民；然後節奏齊於朝，百事齊於官，衆庶齊於下。如是，則近者競親，遠方致願，上下一心，三軍同力，名聲足以暴炙之，威強足以捶笞之，拱揖指揮，而強暴之國莫不趨使，譬之是猶烏獲與焦僥搏也。故曰：事強暴之國難，使強暴之國事我易。此之謂也。〈荀子・富國〉

此節文意似本諸《荀子・富國》，主要部份見於〈符言〉篇第十四章，二者似屬同源資料，各有所闡發，文字與說明略有不同。

28

民有道所同道，有法所同守，為義之不能相固，威之不能相必也，故立君以一民（〔老子曰：〕民有道所同行，有法所同守，義不能相固，威不能相必，故立君以一之。）。君執一則治，無常則亂（君執一即治，無常即亂。）。

君道者，非所以為也，所以無為也（君道者，非所以有為也，所以無為也。）。何謂無為？智者不以位為事，勇者不以位為暴，仁者不以位為〔惠〕（原作‘患’，據王念孫校改。），可謂無為矣（智者不以德為事，勇者不以力為暴，仁者不以位為惠，可謂一矣。）。夫無為則得於一也。一也者，萬物之本也，無敵之道也（一也者，無適之道也，萬物之本也。）。

凡人之性，少則猖狂，壯則暴強，老則好利。一〔人〕（原作‘身’，據俞樾校改。）之身既數變矣，又況君數易法，國數易君（君數易法，國數易君。）！人以其位通其好憎，下之徑衢，不可勝理（人以其位，達其好憎，下之任懼，不可勝理。）。故君失一則亂，甚於無君之時（故君失一，其亂甚於無君也〔，君必執一而後能群矣〕。）。〈道德〉篇第八章。

故《詩》曰：“不愆不忘，率由舊章。”此之謂也。

此節文意與《荀子·大略》相近，〈大略〉篇曰：“天之生民，非為君也；天之立君，以為民也。故古者列地建國，非以貴諸侯而已；列官職，差爵祿，非以尊大夫而已。主道知人，臣道知事。故舜之治天下，不以事詔而萬物成。”又，“君道執一無為”的觀念，也見於竹簡《文子》，編號2262與0564兩殘簡曰：“王曰：吾聞古聖立天下，以道立天下”“□何？文子曰：執一無為。平王曰：”此兩處簡文可對應《文子·道德》第七章，屬於文子的思想史料，《淮南子》此處似受到此種思想的影響。“一者，萬物之本也”兩句，《莊子·天道》曰：“夫虛靜恬淡寂漠無為者，萬物之本也。”又，引《詩》語出《詩經·大雅·假樂》。

29

君好智，則倍時而任己，棄數而用慮（〔老子曰：〕君好智，即信時而任己，棄數而用惠。）。天下之物博而智淺，以淺瞻博，未有能者也（物博智淺，以淺瞻博，未之有也。）。獨任其智，失必多矣。故好智，窮術也（獨任其智，失必多矣。好智，窮術也。）。

好勇，則輕敵而簡備，自儳而辭助。一人之力，以〔圉〕（原作"圍"，據王念孫校改。）強敵，不杖眾多而專用身才，必不堪也。故好勇，危術也（好勇，危亡之道也。）。

好與，則無定分；上之分不定，則下之望無止（好與，則無定分；上之分不定，則下之望無止。）。若多賦斂，實府庫，則與民為讎；少取多與，數未之有也。故好與，來怨之道也（若多斂即與民為讎；少取而多與，其數無有。故好與，來怨之道也。）。

仁智勇力，人之美才也，而莫足以治天下。由此觀之，賢能之不足任也，而道術之可〔循〕（原作"脩"，據孫詒讓校改。），明矣（由是觀之，財不足任，道術可因，明矣。）〈道德〉篇第六章。

此節見於《文子·道德》第六章，〈道德〉篇第六章有多處誤字，文句說明並不整齊，對於"好智"與"好與"均有詳盡解釋，而對於"好勇"，僅"危術也"一句說明。按文體結構來看，〈道德〉篇此章極似摘引他書而成，恐為"文子外編"殘文，或〈詮言訓〉資料竄入。

30

聖人勝心，眾人勝欲（〔老子曰：〕聖人不勝其心，眾人不勝其欲。）。君子行正氣，小人行邪氣（君子行正氣，小人行邪氣。）。內便於性，外合於義，循理而動，不繫於物者，正氣也（內便於性，外合於義，循理而動，不繫於物者，正氣也。）。重於滋味，淫於聲色，發於喜怒，不顧後患者，邪氣也（推於滋味,淫於聲色,發於喜怒,不顧後患者,邪氣也。)。邪與正相傷,欲與性相害,不可兩立(邪與正相傷,欲與性相害,不可兩立。)。一植一廢,故聖人損欲而從〔原有 "事於" 二字,據王念孫校刪。〕性(一起一廢,故聖人損欲而從性。)〈符言〉篇第十五章a。

目好色,耳好聲,口好味,接而說之,不知利害嗜欲也(目好色,耳好聲,鼻好香,口好味,合而說之,不離利害嗜欲也。)。食之不寧於體,聽之不合於道,視之不便於性。三〔關〕(原作 "官" ,據王念孫校改。)之爭,以義為制者,心也。割痤疽非不痛也,飲毒藥非不苦也,然而為之者,便於身也。渴而飲水非不快也,飢而大餐非不贍也,然而弗為者,害於性也。此四者,耳目鼻口不知所取去,心為之制,各得其所。由是觀之,欲之不可勝,明矣(耳目鼻口不知所欲,皆心為之制,各得其所。由此觀之,欲不可勝亦明矣。)〈符言〉篇第十五章b。

> 聖人深慮天下,莫貴於生,夫耳目鼻口,生之役也。耳雖欲聲,目雖欲色,鼻雖欲芬香,口雖欲滋味,害於生則止。在四官者,不欲利於生者則弗為。由此觀之,耳目鼻口,不得擅行,必有所制。譬之若官職不得擅為,必有所制。此貴生之術也。〈呂氏春秋・貴生〉

《淮南子》此節 "耳目鼻口不知所取去,心為之制" 的思想,似本諸《呂氏春秋・貴生》所謂 "耳目鼻口,不得擅行,必有所制。"

凡治身養性,節寢處,適飲食,和喜怒,便動靜,使在己者得,而邪氣〔自〕(原作 "因而" ,據王念孫校改。)不生(老子曰:治身養性者,節寢處,適飲食,和喜怒,便動靜,內在己者得,而邪氣無由入。)〈符言〉篇第十六章①,豈若憂痕疵之與痤疽之發而豫備之哉!夫函牛之鼎沸而蠅蚋弗敢入,崑山之玉瑱而塵垢弗能污也。聖人無去之心而心無醜,無取之美而美不失。故祭祀思親不求福,饗賓修敬不思德,唯弗求者能有之。

此節主要部份文字,分別見於《文子・符言》第十五章與第十六章第一段。二者均屬 "文子外編" 資料。但部份文字略異。"聖人勝心,眾人勝欲" 兩句,

〈符言〉篇兩"勝"字前均有"不"字。〈詮言訓〉"勝"字當"任"解，意謂"聖人聽任其心，小人聽任其欲"。而〈符言〉篇因作"不勝"，雖可解為"聖人不超脫其心，小人不超脫其欲"，但後文有"欲之不可勝亦明矣"，此句不應作"欲之不可超脫"解，〈符言〉篇前後"勝"字取義不應相違，首兩句似衍兩"不"字。"不知利害"、"不知所取去"兩句，〈符言〉篇分別作"不離利害"、"不知所欲"，二敘說的方式不同。

31

處尊位者，以有公道而無私說，故稱尊焉，不稱賢也；有大地者，以有常術而無鈐謀，故稱平焉，不稱智也。內無暴事以離怨於百姓，外無賢行以見忌於諸侯，上下之禮，襲而不離，而為論者莫然不見所觀焉，此所謂藏無形者。非藏無形，孰能形！

32

三代之所道者，因也。故禹決江河，因水也；后稷播種樹穀，因地也；湯、武平暴亂，因時也。故天下可得而不可取也，霸王可受而不可求也。

33

〔任〕智則人與之訟，〔任〕（前後兩 '任' 字，均原作 '在'，據王念孫校改。）力則人與之爭。未有使人無智者，有使人不能用其智於己者也；未有使人無力者，有使人不能施其力於己者也。此兩者常在〔不〕（原作 '久'，據蔣禮鴻校改。）見。

故君賢不見，諸侯不備；不肖不見，則百姓不怨。百姓不怨則民用可得，諸侯弗備，則天下之時可承。

事所與眾同也，功所與時成也，聖人無焉。故老子曰："虎無
所措其爪，兕無所措其角。"蓋謂此也。

> 此節敘說的方式近於〈道應訓〉第九章，所引《老子》語出第五十章，似取自
> 先秦解《老》傳承資料。

34

鼓不〔藏〕（原作"滅"，據王念孫校改。）於聲，故能有聲；鏡不〔設〕
（原作"沒"，據王念孫校改。）於形，故能有形。金石有聲，弗叩弗鳴；管籥
有音，弗吹無聲（〔老子曰：〕鼓不藏聲，故能有聲，鏡不沒形，故能有形；金石有聲，
不動不鳴，管籥有音，不吹無聲）。聖人內藏，不為〔原有"物"字，據何寧校刪。〕先
倡，事來而制，物至而應（是以聖人內藏，不為物唱，事來而制，物至而應。）〈上
德〉篇第四章。

> 此節似本諸前人雋語，"金石有聲，弗叩弗鳴"兩句，出自《莊子·天地》，
> 〈天地〉篇曰："夫道，淵乎其居也，漻乎其清也。金石不得，無以鳴。故金
> 石有聲，不考不鳴。"此節見於《文子·上德》第四章。〈上德〉篇第三、四
> 兩章輯錄大批古時諺語與格言，第四章後段更記載幾十段與解《易》有關的殘
> 文。

35

飾其外者傷其內，扶其情者害其神，見其文者蔽其質（飾其外，傷
其內，扶其情者害其神，見其文者蔽其真。）。無須臾忘〔其為賢〕（原作"為質"，
據王念孫校改。）者，必困於性；百步之中不忘其〔為〕（據王念孫校補。）容
者，必累其形（夫須臾無忘其為賢者，必困其性；百步之中無忘其為容者，必累其形。）。
故羽翼美者傷骨骸，枝葉美者害根〔荄〕（原作"莖"，據孫詒讓校改。），能
兩美者，天下無之也（故羽翼美者傷其骸骨，枝葉茂者害其根荄，能兩美者天下無之。）

〈符言〉篇第十六章②。

此節見於《文子·符言》第十六章第二段。《文子》與《淮南子》資料當屬同源，《淮南子》有三處誤奪，"爲質"、"爲"、"莖"三處，王念孫與孫詒讓據《文子》改正校補。

36

天有明，不憂民之晦也（老子曰：天有明，不憂民之晦也，），百姓穿戶鑿牖，自取照焉。地有財，不憂民之貧也（地有財，不憂民之貧也。），百姓伐木芟草，自取富焉。至德道者若丘山，嵬然不動，行者以爲期也。直己而足物，不爲人賜，用之者亦不受其德，故寧而能久（至得道者，若丘山，嵬然不動，行者以爲期。直己而足物，不爲人賜，用之者亦不受其德，故安而能久。）。

> 夫天有明而不憂民之晦也，百姓闢其戶牖而各取昭焉；天無事焉。地有財而不憂民之貧也，百姓斬木刈薪而各取富焉；地亦無事焉。《黃帝四經·稱》

> 天有明，不憂人之暗也；地有財，不憂人之貧也；聖人有德，不憂人之危也。天雖不憂人之暗，闢戶牖必取己明焉，則天無事也；地雖不憂人之貧，伐木刈草必取己富焉，則地無事也，聖人雖不憂人之危，百姓準上而比於下，其必取己安焉，則聖人無事也。《慎子·威德》

此節"天有明"數句，似先秦成說，見於《黃帝四經·稱》與《慎子·威德》。

天地無予也，故無奪也；日月無德也，故無怨也（天地無與也，故無奪也；無德也，故無怨也。）。喜得者必多怨，喜予者必善奪（善怒者必多怨，善與者必善奪，）。唯滅跡於無爲而隨天地自然者，唯能勝理（唯隨天地之自然而能勝理。）而〔無愛名〕（原作'爲受名'，據王念孫校改。）。名興則道〔不〕（據王念孫校補。）行，道行則人無位矣。

此節"唯滅跡於無爲而隨天地自然者"四句，見於《韓詩外傳》，此四句論述

"名"與"道"的關連，與上段文意不合，且《韓詩外傳》卷一此四句前文曰："喜名者必多怨，好與者必多辱。"與本篇第二十二章文意相合。上段四句恐原屬該處。

故譽生則毀隨之，善見則〔惡〕（原作"怨"，據王念孫校改。）從之（故譽見即毀隨之，善見即惡從之。）。利則為害始，福則為禍先；唯不求利者為無害，唯不求福者為無禍（利為害始，福為禍先，不求利即無害，不求福即無禍。）。

侯而求霸者必失其侯，霸而求王者必喪其霸。故國以全爲常，霸王其寄也；身以生爲常，富貴其寄也（身以全為常，富貴其寄也。）〈符言〉篇第十七章。能不以天下傷其國，而不以國害其身者，焉可以托天下也。

不知道者，釋其所已有，而求其所未得也。苦心愁慮，以行曲故，福至則喜，禍至則怖，神勞於謀，智遽於事，禍福萌生，終身不悔，己之所生，乃反愁人。不喜則憂，中未嘗平，持無所監，謂之狂生。

此節《太平御覽》卷七百三十九引作"不知道者，釋其所已有，而求其所未得。故福至則喜，禍至則怖，不悔己之所生，乃反怨人，不喜則憂謂之狂生。"全節部份文句見於《文子・符言》第17章。〈詮言訓〉似引用晉學思想傳承的文字加以闡發，取自與《文子》同源的"文子外編"資料。

37

人主好仁，則無功者賞，有罪者釋；好刑，則有功者廢，無罪者誅（〔老子曰：〕人主好仁，即無功者賞，有罪者釋；好刑，即有功者廢，無罪者及。）。及無好者，誅而無怨，施而不德，放準循繩，身無與事，若天若地，何不覆載（及無好憎者，誅而無怨，施而不德，放準循繩，身無與事，若天若地，何不覆載。）？

故合而〔和〕（原作"舍"，據楊樹達校改。）之者，君也，制而誅之者，法也（合而和之，君也，別而誅之，法也。）。民已受誅，〔無所怨憾〕（原作“怨無所滅”，據王念孫校改。），謂之道（民以受誅，無所怨憾，謂之道德。）〈道德〉篇第十七章。道勝，則人無事矣。

此節見於《文子・道德》第十七章，〈道德〉篇此章與其第十六章（不見於《淮南子》）近於文子學派的思想。〈詮言訓〉似引用此種思想資料，但今本有誤字，“舍”、“苑無所滅”兩處，楊樹達、王念孫即據《文子》校改。

38

聖人無屈奇之服，無瑰異之行，服不視，行不觀，言不議，通而不華，窮而不懾，榮而不顯，隱而不〔辱〕（原作“窮”，據何寧校改。），異而不見怪，容而與眾同，無以名之，此之謂大通（老子曰：聖人無屈奇之服、詭異之行，服不雜，行不觀，通而不華，窮而不懾，榮而不顯，隱而不辱，異而不怪，同用無以名之，是謂大通。）〈符言〉篇第十八章。

此節“大通”的觀念似取自《莊子》，〈大宗師〉篇曰：“墮肢體，黜聰明，離形去知，同於大通。”〈秋水〉篇亦曰：“無東無西，始於玄冥，反於大通。”全文見於《文子・符言》第十八章，二者似屬同源資料，所記文字略異。

39

升降揖讓，趨翔周〔旋〕（原作“遊”，據楊樹達、何寧校改。），不得已而爲也，非性所有於身，情無符檢，行所不得已之事，而不解構耳，豈加故爲哉！故不得已而歌者，不事爲悲；不得已而舞者，不〔務〕（原作“矜”，據蔣禮鴻校改。）爲麗。歌舞而（原有“不”字，據楊樹達、蔣禮鴻校刪。）事爲悲麗者，皆無有根心者。

40

善博者不欲牟，不恐不勝，平心定意，〔投〕（原作“捉”，據王念孫校改。）得其齊，行由其理，雖不必勝，得籌必多。何則？勝在於數，不在於欲。

馳者不貪最先，不恐獨後，緩急調乎手，御心調乎馬，雖不能必先載，馬力必盡矣。何則？先在於數，而不在於欲也。

是故：滅欲則數勝，棄智則道立矣。

41

賈多端則貧，工多技則窮，心不一也。故木之大者害其〔修〕（原作“條”，據楊樹達校改。），水之大者害其深。有智而無術，雖鑽之不〔達〕（原作“通”，據王念孫校改。）；有百技而無一道，雖得之弗能守。

故《詩》曰：“淑人君子，其儀一也。其儀一也，心如結也。”君子其結於一乎！

> 上段引《詩》語出《詩經·曹風·鳲鳩》。劉文典云：“《荀子》〈勸學〉篇引此詩：”淑人君子，其儀一兮。其儀一兮，心如結兮。“

42

舜彈五絃之琴，而歌〈南風〉之詩，以治天下。周公殽〔腶〕（原作“臑”，據王引之校改。）不收於前，鍾鼓不解於縣，以輔成王而海內平。匹夫百晦一守，不遑啓處，無所移之也。以一人兼聽天下，日有餘而治不足，使人為之也。

> 周公之治天下也，酒肉不徹於苛，鍾鼓不解於縣，聽樂而國治，勞無事焉；飲酒而賢舉，智無事焉；自為而民富，仁無事焉。知此道也者，眾賢為役，愚智盡情矣。

《尸子·分》

人主者，以官人爲能者也；匹夫者，以自能爲能者也。人主得使人爲之，匹夫則無所移之。百畝一守，事業窮，無所移之也。今以一人兼聽天下，日有餘而治不足者，使人爲之也。《荀子·王霸》

《傳》曰：舜彈五絃之琴，以歌《南風》，而天下治。周平公酒不離於前，鐘石不解於懸，而宇內亦治。匹夫百畝一室，不遑啓處，無所移之也。夫以一人而兼聽天下，其日有餘而下治，是使人爲之也。夫擅使人之權，而不能制眾於下，則在位者非其人也。《詩》曰：「維南有箕，不可以簸揚。維北有斗，不可以挹酒漿。」言有位無其事也。《韓詩外傳》卷四

此節文字似取自《韓詩外傳》，《韓詩外傳》似本諸前人資料，“周公之治天下”事，見於《尸子·分》，“以一人兼聽天下”三句，似出自《荀子·王霸》。

處尊位者如尸，守官者如祝宰。尸雖能剝狗燒彘，弗爲也，弗能無虧；俎豆之列次，黍稷之先後，雖知弗教也，弗能〔無害〕（原作‘害也’，據王念孫校改。）。不能祝者，不可以爲祝，無害於爲尸；不能御者，不可以爲僕，無害於爲〔左〕（原作‘佐’，據俞樾校改。）。

故位愈尊而身愈佚，〔官〕（原作“身”，據蔣禮鴻校改。）愈大而事愈少。譬如張琴，小絃雖急，大絃必緩。

43

無爲者，道之體也；執後者，道之容也。無爲制有爲，術也；執後之制先，數也。放於術則強，審於數則寧。

今與人卞氏之璧，未受者，先也；求而致之，雖怨不逆者，後也。三人同舍，二人相爭，爭者各自以爲直，不能相聽，一人雖愚，必從旁而決之，非以智，〔以〕（據莊逵吉校補。）不爭也。兩人相鬭，一贏在側，助一人則勝，救一人則免，鬭者雖彊，必制一贏，非以勇也，以不鬭也。由是觀之，後之制先，靜之勝躁，數也。

倍道棄數，以求苟遇，變常易故，以知要遮，過則自非，中則以爲候，闇行繆改，終身不寤，此之謂狂。

有禍則詘，有福則嬴，有過則悔，有功則矜，遂不知反，此〔之〕謂狂人。（據劉文典校補。）

此節似取自黃老道家"無爲"、"執後"思想的重要史料。

44

員之中規，方之中矩，行成獸，止成文，可以將少，而不可以將眾。蓼菜成行，瓶甌有堤，量粟而舂，數米而炊，可以治家，而不可以治國。滌杯而食，洗爵而飲，浣而後饋，可以養家老，而不可以饗三軍。

簡髮而櫛，數米而炊，竊竊乎又何足以濟世哉！《莊子·庚桑楚》

此節另見於〈泰族訓〉，〈泰族訓〉第二部分第四章曰："蓼菜成行，甌甌有堤，秤薪而爨，數米而炊，可以治小，而未可以治大也。員中規，方中矩，動成獸，止成文，可以愉舞，而不可以陳軍。員中規，方中矩，動成獸，止成文，可以愉舞，而不可以陳軍。"

非易不可以治大，非簡不可以合眾。大樂必易，大禮必簡。易故能天，簡故能地。大樂無怨，大禮不責，四海之內，莫不繫統，故能帝也。

45

心有憂者，筐床衽席弗能安也，菰飯犓牛弗能甘也，琴瑟鳴竽弗能樂也。患解憂除，然後食甘寢寧，居安遊樂。由是觀之。性有以樂也，（原有"死"字，據蔣禮鴻校改。）有以哀也。今務益性之所不能樂，而以害性之所以樂，故雖富有天下，貴爲天子，而不免爲哀之人。

　　凡人之性，樂恬而憎憫，樂佚而憎勞。心常無欲，可謂恬矣；形常無事，可謂佚矣。遊心於恬，舍形於佚，以俟天命。自樂於內，無急於外，雖天下之大，不足以易其一概，日月廐而無漑於志。故雖賤如貴，雖貧如富。

46

　　大道無形，大仁無親，大辯無聲，大廉無嗛，大勇不矜，五者無棄而幾鄉方矣。

　　　　夫大道不稱，大辯不言，大仁不仁，大廉不嗛，大勇不忮。道昭而不道，言辯而不及，仁常而不周，廉清而不信，勇忮而不成。五者無棄而幾向方矣。《莊子·齊物論》

　　此節見於《莊子·齊物論》，此處或為《莊子》殘文竄入。

47

　　軍多令則亂，酒多約則辯。亂則降北，辯則相賊。故始於都者常〔卒〕(大)於鄙，始於樂者常〔卒〕(兩"卒"字原均作"大"，據王念孫校改。)於悲，其作始簡者，其終〔卒〕(原作"本"，據王念孫校改。)必〔錭〕(原作"調"，據俞樾校改。)。今有美酒嘉肴以相饗，卑體婉辭以接之，欲以合懽。爭盈爵之間，反生鬬。鬬而相傷，三族結怨，反其所憎，此酒之敗也。

　　　　且以巧鬬力者，始乎陽，常卒乎陰，泰至則多奇巧；以禮飲酒者，始乎治，常卒乎亂，泰至則多奇樂。凡事亦然。始乎諒，常卒乎鄙；其作始也簡，其將畢也必巨。《莊子·人間世》

　　此節文意似本諸《莊子·人間世》，部份文字即取自〈人間世〉篇。

48

《詩》之失，僻；樂之失，刺；禮之失，責。

上句文意與前後文無關，似他處錯簡，或前有脫文。《淮南子·泰族》曰：“故
易之失也卦，書之失也敷，樂之失也淫，詩之失也辟，禮之失也責，春秋之失
也刺。”

49

徵音非無羽聲也，羽音非無徵聲也，五音莫不有聲，而以徵羽
定名者，以勝者也。故仁義智勇，聖人之所備有也，然而皆立一名
者，言其大者也。

50

陽氣起於東北，盡於西南；陰氣起於西南，盡於東北。陰陽之
始，皆調適相似，日長其類，以侵相遠，或熱焦沙，或寒凝水。故
聖人謹慎其所積。

51

水出於山而入於海，稼生於野而藏於廩，見所始則知終矣。

52

席之〔上〕先藋蓐，樽之上〔先〕玄酒，俎之〔上〕先生魚，
豆之〔上〕先泰羹（以上四字，均據王念孫校補。），此皆不快於耳目，不適於
口腹，而先王貴之，先本而後末。

此節似本諸《荀子・禮論》，〈禮論〉篇曰：“故尊之尚玄酒也，俎之尚生魚
也，俎之先大羹也，一也。”《大戴禮記・三本》亦曰：“故尊之尚玄酒也，
俎之生魚也，豆之先大羹也，一也。”

53

聖人之接物，千變萬軫，必有不化而應化者。夫寒之與暖相反，
大寒地坼水凝，火弗爲衰其〔熱〕（暑）；大〔暑〕（熱）鑠石流金，
火弗爲益其烈。寒暑之變，無損益於己，質有〔定〕（原作 “之”，此節均
據王引之校改。）也。

54

聖人常後而不先，常應而不唱；不進而求，不退而讓；隨時三
年，時去我〔走〕（原作 “先”，據呂傳元校改。）；〔先〕（原作 “去”，據何寧校改。）
時三年，時在我後，無去無就，中立其所（故聖人不進而求，不退而讓。隨時
三年，時去我走，去時三年，時在我後，無去無就，中立其所。）。天道無親，唯德是
與（天道無親，唯德是與。）〈符言〉篇第十九章②。

有道者，不失時與人；無道者，失於時而取人。直己而待命，
時之至不可迎而反也；要遮而求合，時之去不可追而援也（老子曰：道
者，直己而待命，時之至不可迎而返也，時之去不可追而援也。）〈符言〉篇第十九章①。故不曰：
我無以爲而天下遠，不曰：我不欲而天下不至。

此節見於《文子・符言》第十九章，論述 “時” 的問題，與文子學派思想相近，
《淮南子》似取自原屬受到文子學派影響的 “文子外編” 資料。

55

古之存己者，樂德而忘賤，故名不動志；樂道而忘貧，故利不動心（〔老子曰：〕古之存己者，樂德而忘賤，故名不動志；樂道而忘貧，故利不動心。）；名利充天下不足以概志，故兼而能樂，靜而能澹（是以謙而能樂，靜而能澹。）。故其身治者，可與言道矣。

自身以上至於荒芒，〔亦〕遠矣；自死而天地無窮，〔亦〕（兩"亦"字，原均作"爾"，據王念孫校改。）滔矣，以數雜之壽，憂天下之亂，猶憂河水之少，泣而益之也（以數箕之壽，憂天下之亂，猶憂河水之涸，泣而益之。）。龜三千歲，浮游不過三日，以浮游而為龜憂養生之具，人必笑之矣。

> 上段"龜三千歲，浮游不過三日，以浮游而為龜憂養生之具"三句，《藝文類聚》卷九十七引作"龜三千歲，蜉蝣不過三日。人以數離之壽，憂天下之亂，猶憂河水之少，而泣以益之也。"今本《淮南子》似有奪誤。此數句文意，見於《尸子》，〈尸子〉曰："費子陽謂子思曰：'吾念周室將滅，涕泣不可禁也。'子思曰：'然。今以一人之身憂世之不治而涕泣不禁，是憂河水濁而以泣清之也。'"

故：不憂天下之亂，而樂其身之治者，可與言道矣（故不憂天下之亂，而樂其身治者，可與言道矣。）〈符言〉篇第二十章。

56

君子為善，不能使福必來，不為非，而不能使禍無至。福之至也，非其所求，故不伐其功；禍之來也，非其所生，故不悔其行（福之至，非己之所求，故不伐其功；禍之來，非己之所生，故不悔其行。）。內修極而橫禍至者，皆天也，非人也，故中心常恬漠，〔不累〕（原作"累積"，據王引之校改。）其德；狗吠而不驚，自信其情。故知道者不惑，知命者不憂（中心其恬，不累其德；狗吠不驚，自信其情，〔誠無非分。〕故通道者不惑，知命者不憂。）

〈符言〉篇第十九章②。

此節 "內修極而橫禍至者，皆天也" 句，文意近於《莊子·大宗師》所稱 "死生，命也，其有夜旦之常，天也。" 主要文字見於《文子·符言》第十九章第二段，《淮南子》似引用與《文子》同源的資料而加以申述。

57

萬乘之主卒，葬其骸於曠野之中，祀其（原有 "鬼" 字，據劉家立、何寧校刪。）神於明堂之上，神貴於形也。故神制〔形則〕（原作 "則形"，據俞樾校改。）從，形勝〔神則〕（原作 "則神"，據俞樾校改。）窮。聰明雖用，必反諸神，謂之太沖（帝王之崩，藏骸於野，其祭也祀之於明堂，神貴於形也。故神制形則從，形勝神則窮，聰明雖用，必反諸神，謂之大通。）〈符言〉篇第十九章③。

此節見於《文子·符言》第十九章第三段，二者記述略異，《淮南子》似引用與《文子》同源的資料。

十二 〈兵略訓〉辨析

《淮南子·要略》曰：

> 〈兵略〉者，所以明戰勝攻取之數，形機之勢，詐譎之變，體因循之道，操持後之論也。所以知戰陣分爭之非道不行也，知攻取堅守之非德不強也。誠明其意，進退左右無所擊危，乘勢以為資，清靜以為常，避實就虛，若驅群羊，此所以言兵也。”

許慎注：“兵，防也。防亂之萌，皆在謀略，解喻至論，用師之意也。”按〈要略〉篇所作的說明，〈兵略訓〉撰寫的宗旨在於以下幾個方面：

（甲）就戰爭技術方面：

> 第一、闡明攻取獲勝的戰術、戰爭形勢的分析與詭譎應變的謀詐。
> 第二、要能體察因循天道的規律。
> 第三、堅持遵守以後制先的原則。

（乙）就戰爭理論方面，戰場決鬥必須依靠著“道”方能成功，攻取或堅守必須仰賴著“德”才能壯盛。

（丙）就理論成效方面：

> 第一、在戰術應用上，進退運作無掛礙；
> 第二、懂得利用氣勢作為憑資，以清淨作為常法，避實就虛，就操持應心自如。

〈兵略訓〉資料較其他各篇完整，集中論述“用兵”之事，今按文字的內容分為五個部份：

第一部份：此部份為“兵略”的總論，可分為兩章，第一章，說明古之用兵，非貪圖他人的土地財貨，而是為禁亂討暴，存亡繼絕。第二章，說明霸王行義用兵的戰略佈署。

第二部份：此部份論述“用兵之道”，分置於兩處。（甲）可分爲三章。第一章，說明善用兵者法天道，能制形於無形，因民之欲，乘民之力，爲天下除害。第二章，說明用兵的三種不同資憑，兵之勝敗，在於內修德政。第三章，說明行文德者王，好用兵者亡。（乙）可分爲三章。第一章，說明“天、地、時、人”之利，雖爲兵之幹植，但必待道而後可行。兵以道理制勝，而不以人才之賢。第二章，說明上視下如父子，則民爲之死。第三章，說明“上足仰，則下可用，德足慕，則威可立”。

第三部份：此部份論述“用兵之術”，分置於兩處。（甲）可分爲五章。第一章，說明善用兵者，若聲之與響，神出而鬼入，運於無形，出其不意，凌人而勝。第二章，說明兵靜則固，專一則威，分決則勇。第三章，說明用兵之“氣勢”、“地勢”、“因勢”與“知權”、“事權”。第四章，說明勝敵之道，在於“靜以制躁，治以待亂”。第五章，說明善用兵者，當擊其亂，不攻其治。第六章，說明良將之用卒，必同其心，一其力。（乙）可分爲四章。第一章，說明爲將者必須具備“三隧”、“四義”、“五行”、“十守”。第二章，說明“以異爲奇”之理，善用兵者，必“持五殺以應”。第三章，說明善用兵者，“上隱之天，下隱之地，中隱之人”。第四章，說明爲將者必具獨見獨知之明，“見人所不見，知人所不知”。第五章，說明“虛實之氣”爲用兵之所貴。

第四部份：說明古時用兵解難的措施，似引自《六韜·立將》。

本篇現存文字約〈兵略〉篇 7830 字，見於《文子》者有 1565 字，佔 19.9%，包括：〈上義〉篇第十二、十四、十五、十六章，〈自然〉篇第十二章，〈下德〉篇第十六章，〈上禮〉篇第九章。

第一部份：

此部份述用兵的原則，在於存亡繼絕，禁暴討亂。全章資料並不完整，其中似有脫文。前兩節主要部份見於《文子·上義》第十二章，第三節見於〈上義〉第十四章。〈上義〉篇似保留與《淮南子》同源的"文子外編"資料。

①

古之用兵者，非利〔壤土〕（原作"土壤"，據何寧校改。）之廣而貪金玉之〔賂〕（原作"略"，據劉文典校改。），將以存亡繼絕，平天下之亂，而除萬民之害也（古之用兵者，非利土地而貪寶賂也，將以存亡平亂為民除害也。）〈上義〉篇第十二章②a。

凡有血氣之蟲，含牙〔戴〕（原作"帶"，據楊樹達校改。）角，前爪後距，有角者觸，有齒者噬，有毒者螫，有蹄者趹，喜而相戲，怒而相害，天之性也。人有衣食之情，而物弗能足也，故群居雜處，分不均，求不贍，則爭。爭則強脅弱而勇侵怯。人無筋骨之強，爪牙之利，故割革而為甲，鑠鐵而為刃。

下段與上段之間，文氣並不連貫，恐有脫文。《文子》並無上段，"為民除害也"句後，銜接下段。

貪昧饕餮之人，殘賊天下，萬人騷動，莫寧其所（貪叨多欲之人，殘賊天下，萬民騷動，莫寧其所。）。有聖人勃然而起，乃討強暴，平亂世，夷險除穢，以濁為清，以危為寧，故不得不中絕（有聖人勃然而起，討強暴，平亂世，為天下除害，以濁為清，以危為寧，故不得不中絕。）〈上義〉篇第十二章②b。

兵之所由來者遠矣！黃帝嘗與炎帝戰矣，顓頊嘗與共工爭矣。故黃帝戰於涿鹿之野，堯戰於丹水之浦，舜伐有苗，啟攻有扈。自五帝而弗能偃也，又況衰世乎！

②

夫兵者，所以禁暴討亂也。炎帝為火災，故黃帝擒之；共工為水害，故顓頊誅之（赤帝為火災，故黃帝擒之；共工為水害，故顓頊誅之。）。教之以道，導之以德而不聽，則臨之以威武（教人以道，導之以德而不聽，即臨之以威武。）。臨之威武而不從，則制之以兵革（臨之不從，則制之以兵革。）〈上義〉篇第十二章③a。故聖人之用兵也，若櫛髮耨苗，所去者少，而所利者多。

上段"若櫛髮耨苗"三句，何寧云："《韓非子》〈六反〉篇云：'古者有諺曰：為政猶沐也，雖有棄髮，必為之。'〈八說〉篇云：'沐者有棄髮。'《尸子》〈恕〉篇云：'農夫之耨，去害苗者也。賢者之治，去害義者也。'此皆《淮南》所本。"植案：下段之前似有脫文。

殺無罪之民，而養無義之君，害莫大焉；殫天下之財，而贍一人之欲，禍莫深焉（殺無罪之民，養不義之主，害莫大焉；聚天下之財，贍一人之欲，禍莫深焉。）〈上義〉篇第十二章③b。使夏桀、殷紂有害於民而立被其患，不至於為炮〔格〕（原作"烙"，據俞樾、何寧校改。）：晉厲、宋康行一不義而身死國亡，不至於侵奪為暴。此四君者，皆有小過而莫之討也，故至於攘天下，〔虐〕（原作"害"，何寧校改。）百姓。

下段與前句文氣不相承接，似有脫文，〈上義〉篇接"禍莫深焉"句下，文意較為連貫。

肆一人之邪，而長海內之禍，此〔天倫〕（原作"大論"，據王念孫校改。）之所不取也（肆一人之欲，而長海內之患，此天倫所不取也。）〈上義〉篇第十二章③c。所為立君者，以禁暴討亂也（所為立君者，以禁暴亂也。）。今乘萬民之力，而反為殘賊，是為虎傅翼，曷為弗除（今乘萬民之力，反為殘賊，是以虎傅翼，何謂不除。）！夫畜池魚者，必去猵獺，養禽獸者，必去豺狼，又況治人乎（夫畜魚者，必去其猵獺，養禽獸者，必除其豺狼，又況牧民乎！〔是故兵革之所為起也。〕）〈上義〉篇第十二章④！

上段"夫畜池魚者"兩句，何寧云："蘇頌《本草圖經》引文作'養池魚者，不畜獱獺。'蘇公曾校《淮南》，應從之訂正。"

③

此節資料主要部份見於《文子‧上義》第十四章。〈上義〉篇此章全文如下：

霸王之道，以謀慮之，以策圖之，挾義而動，非以圖存也，將以存亡也。故聞敵國之君，有暴虐其民者，即舉兵而臨其境，責以不義，刺以過行。兵至其郊，令軍帥曰："無伐樹木！無掘墳墓！無敗五穀！無焚積聚！無捕民虜！無聚六畜！"

乃發號施令曰："其國之君，逆天地，侮鬼神，決獄不平，殺戮無罪，天之所誅，民之所仇也。兵之來也，以廢不義而授有德也。有敢逆天道，亂民之賊者，身死族滅！以家聽者，祿以家；以里聽者，賞以里；以鄉聽者，封以鄉；以縣聽者，侯其縣。"

克其國不及其民，廢其君，易其政，尊其秀士，顯其賢良，振其孤寡，恤其貧窮，以其囹圄，賞其有功。百姓開戶而納之，漬米而儲之，唯恐其不來也。

義兵至於境，不戰而止。不義之兵，至於伏尸流血，相交以前。故為地戰者，不能成其王，為身求者，不能立其功。舉事以為人者，眾助之，以自為者，眾去之，眾之所助，雖弱必強，眾之所去，雖大必亡。

《司馬法‧仁本》曰：

其有失命亂常、悖德逆天之時，而危有功之君，遍告於諸侯，彰明有罪；乃告於皇天上帝，日月星辰，禱於后土，四海神祇，山川塚社，乃造於先王。肉塚宰徵師於諸侯曰："某國為不道，征之；以某年月日，師至於某國，會天子正刑。"塚宰與百官布令於君曰："入罪人之地，無暴神祇，無行田獵，無伐林木，無取六畜、禾黍、器械。見其老幼，奉歸勿傷。雖遇壯者，不校勿敵。敵若傷之，醫藥歸之。"既誅有罪，王及諸侯修正其國，舉賢立明，正復厥職。

而此節資料也見於《呂氏春秋‧懷寵》曰：

故兵入於敵之境，……至於國邑之郊，不虐五穀，不掘墳墓，不伐樹木，不燒積聚，不焚室屋，不取六畜。……先發聲出號曰："……子之在上無道，據傲荒怠，貪戾虐眾，恣睢自用也，辟遠聖制，警醜先王，排訾舊典，上不順天，下不惠民，徵斂無期，求索無厭，罪殺不辜，慶賞不當，若此者天之所誅也，……今兵之來也，將以誅不當為君者也，以除民之讎而順天之道也。民有逆天之道衛人之讎者，身死家戮不赦。有能以家聽者，祿之以家；以里聽者，祿之以里；以鄉聽者，祿之以鄉；以邑聽者，祿之以邑；以國聽者，祿之以國。"故克其國不及其民，獨誅所誅而已矣。舉其秀士而封侯之，選其賢良而尊顯之，求其孤寡而振恤之，見其長老而敬禮之。……論其罪人而救出之；分府庫之金，散倉廩之粟，以鎮撫其眾，不私其財；……故義兵至，則鄰國之民歸之若流水，誅國之民望之若父母，行地滋遠，得民滋眾，兵不接刃，而民服若化。

上述引文，《司馬法》的敘說似較為原始，而就《文子》與《呂氏春秋》比較，《文子》文字古樸簡要，《呂氏春秋》似對《文子》資料加以引述改寫。《淮南子》當直接引用"文子外編"中此項資料。又"義兵"一詞，見於竹簡《文子》（對應今本《文子·道德》第九章的"五兵之說"）。先秦哲學資料中，"義兵"觀念的使用最早見於《吳子》（僅一次），除此之外全出現於《呂氏春秋》（有十二次之多）。"義兵"可能是文子所提出的重要哲學觀念，《吳子》受其影響，而在《呂氏春秋》中得到進一步的發揮。

故：霸王之兵，以論慮之，以策圖之，以義扶之，非以亡存也，將以存亡也〔老子曰：〕霸王之道，以謀慮之，以策圖之，挾義而動，非以圖存也，將以存亡也。。故聞敵國之君有加虐於民者，則舉兵而臨其境，責之以不義，刺之以過行。兵至其郊，乃令軍〔帥〕（原作"師"，據馬宗霍、何寧校改。）曰（故聞敵國之君，有暴虐其民者，即舉兵而臨其境，責以不義，刺以過行。兵至其郊，令軍帥曰：）〈上義〉篇第十四章①："毋伐樹木！毋扶墳墓！毋爇五穀！毋焚積聚！毋捕民虜！毋收六畜（"無伐樹木！無掘墳墓！無敗五穀！無焚積聚！無捕民虜！無聚六畜！。"）〈上義〉篇第十四章②a！"乃發號施令曰："其國之君，傲天侮鬼，決獄不辜，殺戮無罪，此天之所（原有"以"字，據俞樾校刪。）誅也，民之所（原有"以"字，據俞樾校刪。）仇也（乃發號施令曰："其國之君，逆天地，侮鬼神，決獄不平，殺戮無罪，天之所誅，民之所仇也。）。兵之來也，以廢不義而復有德也（兵之來也，以廢不義而授有德也。）。有逆天之道，〔率民為〕（原作"帥民之"，據

428

劉文典校改。）賊者，身死族滅（有敢逆天道，亂民之賊者，身死族滅！）！以家聽者，祿以家；以里聽者，賞以里；以鄉聽者，封以鄉；以縣聽者，侯以縣（以家聽者，祿以家；以里聽者，賞以里；以鄉聽者，封以鄉；以縣聽者，侯其縣。”）〈上義〉篇第十四章②b。”

剋國不及其民，廢其君而易其政，尊其秀士而顯其賢良，振其孤寡，恤其貧窮，出其囹圄，賞其有功（剋其國不及其民，廢其君，易其政，尊其秀士，顯其賢良，振其孤寡，恤其貧窮，出其囹圄，賞其有功。）。百姓開門而待之，淅米而儲之，唯恐其不來也（百姓開戶而納之，漬米而儲之，唯恐其不來也。）〈上義〉篇第十四章②c。此湯、武之所以致王，而齊桓、〔晉文〕（據何寧校補。）之所以成霸也。故君爲無道，民之思兵也，苦旱而望雨，渴而求飲，夫有誰與交兵接刃乎！故義兵之至也，至於〔境〕（據何寧校補。），不戰而止（義兵至於境，不戰而止。）〈上義〉篇第十四章②d。

晚世之兵，君雖無道，莫不設渠塹，傅堞而守，攻者非以禁暴除害也，欲以侵地廣壤也。是故至於伏尸流血，〔相交於前〕（原作“相支以日”，據俞樾校改。）（〔不義之兵，〕至於伏尸流血，相交以前。），而霸王之功不世出者，自爲之故也。

夫爲地戰者，不能成其王，爲身戰者，不能立其功（故爲地戰者，不能成其王，爲身求者，不能立其功。）。舉事以爲人者，眾助之，舉事以自爲者，眾去之（舉事以爲人者，眾助之，以自爲者，眾去之。）。眾之所助，雖弱必強；眾之所去，雖大必亡（眾之所助，雖弱必強；眾之所去，雖大必亡。）〈上義〉篇第十四章④。

《晏子春秋・内篇・雜上》，晏子引述曰：“臣聞之，爲地戰者，不能成其王；爲祿仕者，不能正其君。”“爲地戰……爲祿仕者……”數句，當爲古人所言的雋語。《文子》的文意較近於《晏子春秋》，可見“爲地戰者……爲身戰者”是《淮南子》改動《文子》“爲地戰……爲身求”的意含，來配應它此處專對戰爭的討論。

第二部份：

1

此章見於《文子·自然》第十二章。《文子》此章並非專論"用兵"之事，而在敘說"道"的功效在於"制形於無形"，"物物而不物"，所以得道者若上法天道，下順民欲，則天下可用。〈兵略訓〉似引用此項資料，申論用兵之道理與法則。〈兵略訓〉引用保留於《文子》中"文子外編"的資料。

①

兵失道而弱，得道而強；將失道而拙，得道而工；國得道而存，失道而亡。

上段標示出"道"在國家軍事問題上所具有的重要關係。下段乃引用"文子外編"關於"道"的闡述來作說明。

所謂道者，體圓而法方，背陰而抱陽，左柔而右剛，履幽而戴明，變化無常，得一之原，以應無方，是謂神明（〔老子曰：〕夫道者，體圓而法方，背陰而抱陽，左柔而右剛，履幽而載明，變化無常，得一之原，以應無方，是謂神明。）〈自然〉篇第十二章①a。夫圓者、天也，方者、地也。天圓而無端，故不可得而觀；地方而無垠，故莫能窺其門（天圓而無端，故不得觀其形；地方而無涯，故莫窺其門。）。天化育而無形象，地生長而無計量（天化逐無形狀，地生長無計量。）〈自然〉篇第十二章①b，渾渾〔沄沄〕（原作"沉沉"，據王念孫、何寧校改。），孰知其藏！凡物有朕，唯道無朕。所以無朕者，以其無常形勢也（夫物有勝，唯道無勝，所以無勝者，以其無常形勢也。）。輪轉而無窮，象日月之運行，若春秋有代謝，〔日月晝夜〕（原作"若日月有晝夜"，據何寧校改。），終而復始，明而復晦（輪轉無窮，象日月之運行，若春秋之代謝，日月之晝夜，終而復始，明而復晦。）〈自然〉篇第十二章①c，莫能得其紀。

上段文字多取自先秦典籍，如："體圓而法方"句，《莊子·說劍》曰："上法圓天以順三光，下法方地以順四時，中和民意以安四鄉。"《管子·心術下》曰："能戴大圓者體乎大方。""凡物有朕，唯道無朕"兩句，文意近於《莊子·應帝王》，〈應帝王〉篇曰："體盡無窮，而遊無朕；盡其所受乎天，而無見得，亦虛而已。至人之用心若鏡，不將不迎，應而不藏，故能勝物而不傷。"

②

制刑而無刑，故功可成；物物而不物，故勝而不屈(制形而無形，故功可成，物物而不物，故勝而不屈。)〈自然〉篇第十二章①d。刑、兵之極也，至於無刑，可謂極之〔極〕(據王念孫校補。)矣。

上段"物物而不物"的觀念似襲自《莊子》，〈在宥〉篇曰："有大物者，不可以物，物而不物故能物物。"〈知北遊〉篇曰："物物者與物無際，而物有際者，所謂物際者也；不際之際，際之不際者也。"又曰："物物者非物。物出不得先物也，猶其有物也。猶其有物也，無已。"

是故：大兵無創，與鬼神通，五兵不厲，天下莫之敢當。建鼓不出庫，諸侯莫不慴慄，沮膽其處。

故：廟戰者帝，神化者王(廟戰者帝，神化者王。)。所謂廟戰者，法天道也；神化者，法四時也(廟戰者法天道，神化者明四時。)。脩政於境內而遠方慕其德，制勝於未戰而諸侯服其威也(修正於境內，而遠方懷德，制勝於未戰，而諸侯賓服也。)，〈自然〉篇第十二章②a(原有"內政治"三字，據何寧校刪。)。

③

古得道者，靜而法天地，動而順日月，喜怒而合四時，叫呼而比雷霆，音氣不戾八風，詘伸不獲五度(古之得道者，靜而法天地，動而順日月，喜怒合四時，號令比雷霆，音氣不戾八風，詘伸不變五度。)〈自然〉篇第十二章②b。下至介鱗，上及毛羽，條脩葉貫，萬物百族，由本至末，莫不有序。是故入小而不偪，處大而不窕；浸乎金石，潤乎草木；宇中六合，振豪之末，莫不順比。道之浸洽，滑淖纖微，無所不在，是以勝權多也。

④

夫射，儀度不得，則〔招〕（原作“格”，據蔣禮鴻校改。）的不中；驥，一節不用，而千里不至。夫戰而不勝者，非鼓之日也，素行無刑久矣。

> 上段列出作戰之不能取勝，在於平時失去治兵的法度。以下三段，以“故”的形式，引用資料來加以佐證說明。

故：得道之兵，車不發軔，騎不被鞍，鼓不振塵，旗不解卷，甲不離矢，刃不嘗血，朝不易位，賈不去肆，農不離野，招義而責之，大國必朝，小城必下。因民之欲、乘民之力而為之，去殘除賊也（因民之欲，乘民之力，為之去殘除害。）〈自然〉篇第十二章②c。

故：同利相死，同情相成，同欲〔相趨，同惡〕（據王念孫校補。）相助。順道而動，天下為嚮；因民而慮，天下為鬥（夫同利者相死，同情者相成，同行者相助，循己而動，天下為鬥。）〈自然〉篇第十二章②d。獵者逐禽，車馳人趨，各盡其力，無刑罰之威，而相為斥闥要遮者，同所利也。同舟而濟於江，卒遇風波，百族之子，捷捽招杼船，若左右手，不以相德，其憂同也。

> 上段“故同利相死”四句，似前人成說，《史記・吳王濞列傳》曰：“同惡相助，同好相留，同情相成，同欲相趨，同利相死。”

故：明王之用兵也，為天下除害，而與萬民共享其利，民之為用，猶子之為父，弟之為兄，威之所加，若崩山決塘，敵孰敢當！

故：善用兵者，用其自為用也；不能用兵者，用其為己用也。用其自為用，則天下莫不可用也；用其為己用，所得者鮮矣（故善用兵者，用其自為用；不能用兵者，用其為己用。用其自為用，天下莫不可用；用其為己用，無一人之可用也。)〈自然〉篇第十二章②e。

2

此章資料主要部份全見於《文子・上義》第十五章。〈兵略訓〉論述 "兵有三詆",即用兵的三種境界,而〈上義〉篇則為 "上義之道" 的三種層次。《文子・上仁》第十一章曰:"上德者天下歸之,上仁者海內歸之,上義者一國歸之,上禮者一鄉歸之。""上義" 的觀念原為《文子》所原有,〈上義〉篇此章文字屬 "文子外編" 資料,《淮南子》引用,並改造為 "用兵之道"。

①

兵有三詆:

治國家、理境內、行仁義,布德惠,立正法,塞邪隧,群臣親附,百姓和輯,上下一心,君臣同力,諸侯服其威而四方懷其德,脩政廟堂之上而折衝千里之外,拱揖指撝而天下響應,此用兵之上也(〔老子曰:上義者,〕治國家,理境內,行仁義,布德施惠,立正法,塞邪道,群臣親附,百姓和輯,上下一心,群臣同力,諸侯服其威,四方懷其德,修政廟堂之上,折衝千里之外,發號行令而天下響應,此其上也。)〈上義〉篇第十五章①a。

> 士尹池歸荊,荊王適興兵而攻宋,士尹池諫於荊王曰:"宋不可攻也。其主賢,其相仁。賢者能得民,仁者能用人。荊國攻之,其無功而為天下笑乎!" 故釋宋而攻鄭。孔子聞之曰:"夫脩之於廟堂之上,而折衝乎千里之外者,其司城子罕之謂乎?"
> 《呂氏春秋・召類》

上段 "脩政廟堂之上而折衝千里之外" 句,取自《呂氏春秋・召類》。

地廣民眾,主賢將忠,國富兵強,約束信,號令明,兩軍相當,鼓鐸相望,未至〔交兵〕(原作 "兵交",據王念孫校改。)接刃,而敵人奔亡,此用兵之次也(地廣民眾,主賢將良,國富兵強,約束信,號令明,兩敵相當,未交兵接刃,而敵人奔亡,此其次也。)〈上義〉篇第十五章①b。

　　知土地之宜,習險隘之利,明奇正之變,察行陣解〔續〕(原作"贖",俞樾校改。)之數,〔絟枹〕(原作"維枹絟",據王念孫校刪改。)而鼓之,白刃合,流矢接,涉血〔履〕(原作"屬",據王叔岷·顧廣圻校改。)腸,輿死扶傷,流血千里,暴骸盈場,乃以決勝,此用兵之下也(知土地之宜,習險隘之利,明苛政之變,察行陣之事,白刃合,流矢接,輿死扶傷,流血千里,暴骸滿野,義之下也。)〈上義〉篇第十五章①c。

　　今夫天下皆知事治其末,而莫知務脩其本,〔是〕(據于省吾校補。)釋其根而樹其枝也。

　　②

　　夫兵之所以佐勝者眾,而所以必勝者寡。

　　甲堅兵利,車固馬良,畜積給足,士卒殷軫,此軍之大資也,而勝亡焉。明於星辰日月之運,刑德奇賌之數,背鄉左右之便,此戰之助也,而全亡焉。良將之所以必勝者,恒有不原之智、不道之道,難以與眾同也。

　　夫論除謹,動靜時,吏卒辨,兵甲治,正行伍,連什伯,明鼓旗,此尉之官也。〔營軍辨,賦地極,錯軍處,此司馬之官也〕(王叔岷據日本古鈔卷子本校補。)。前後知險易,見敵知難易,發斥不忘遺,此候之官也。隧路亟,行輜治,賦丈均,處軍輯,井竈通,此司空之官也。收藏於後,遷舍不離,無淫輿,無遺輜,此輿之官也。凡此五官之於將也,猶身之有股肱手足也,必擇其人,技(原有"能"字,據念孫、于鬯校刪。)其才,使官勝其任,人能其事。告之以政,申之以令,使之若虎豹之有爪牙,飛鳥之有六翮,莫不爲用。然皆佐勝之具也,非所以必勝也。

　　兵之勝敗，本在於政（兵之勝敗，皆在於政。）。政勝其民，下附其上，則兵強矣（政勝其民，下附其上，即兵強。）。民勝其政，下畔其上，則兵弱矣（民勝其政，下叛其上，即兵弱。）〈上義〉篇第十五章②a。

　　故：德義足以懷天下之民，事業足以當天下之急，選舉足以得賢士之心，謀慮足以知強弱之勢，此必勝之本也（義足以懷天下之民，事業足以當天下之急，選舉足以得賢士之心，謀慮足以決輕重之權，此上義之道也。）〈上義〉篇第十五章②b。

　　上段論述兵得勝的基礎在於政事處置的得當，這是"必勝之本"，《文子》原作"上義之道"。

3

　　此章論述"為存政"與"為亡政"的區別，主要部份見於《文子・下德》第十六章。《文子》此章資料文意簡要而完整，似屬與《淮南子》同源的"文子外編"資料，〈兵略訓〉則多有闡發。

　　地廣人眾，不足以為強；堅甲利兵，不足以為勝；高城深池，不足以為固；嚴令繁刑，不足以為威（〔老子曰：〕地廣民眾，不足以為強；甲堅兵利，不可以持勝；城高池深，不足以為固；嚴刑峻法，不足以為威。）。為存政者，雖小必存；為亡政者，雖大必亡（為存政者，雖小必存；為亡政者，雖大必亡。）〈下德〉篇第十六章①。

　　昔者楚〔王之〕（原作"人"，據于省吾校改。）地，南卷沅、湘，北繞潁、泗，西包巴、蜀，東裹郯、〔邳〕（原作"淮"，據王念孫校改。）；潁、汝以為洫，江漢以為池，垣之以鄧林，綿之以方城；山高尋雲〔霓〕（據王念孫校補。），谿〔深〕（據王念孫校補。）肆無景，地利形便，卒民勇敢；蛟革犀兕，以為甲胄，脩鎩短鏦，齊為前行，積弩陪後，〔銷〕（原作“錯”，據于省吾校改。）車衛旁，疾如〔鏃〕（原作‘錐’，據王引之校改。）矢，合如雷電，解如風雨。然而兵殆於垂沙，衆破於柏舉。楚國之強，〔支〕（原作‘大’，據王念孫校改。）地計衆，中分天下，然懷王北畏孟嘗君，背社稷之守而委身強秦，兵挫地削，身死不還。

　　二世皇帝勢為天子，富有天下，人迹所至，舟楫所通，莫不為郡縣。然縱耳目之欲，窮侈靡之變，不顧百姓之飢寒窮匱也，興萬乘之駕而作阿房之宮，發閭左之戍，收太半之賦，百姓之隨逮肆刑、〔枕〕（原作“挽”，據何寧校改。）轄首路死者，一旦不知千萬之數。天下敖然若焦熱，傾然若苦烈，上下不相寧，吏民不相愒。戍卒陳勝興於大澤，攘臂袒右，稱為大楚，而天下響應。當此之時，非有堅甲利兵，勁弩強衝也，伐〔檊〕（原作“棘”，據王念孫校改。）棗而為矜，周錐鑿而為刃，剡摲笶，奮儋钁，以當脩戟強弩，攻城略地，莫不降下。天下為之糜沸螘動，雲徹席卷，方數千里。勢位至賤，而器械甚不利，然一人唱而天下應之者，積怨在於民也。

　　　楚人鮫革犀兕以為甲，靹如金石；宛鉅鐵釶，慘如蠆蠆，輕利儇速，卒如飄風；然而兵殆於垂沙，唐蔑死。莊蹻起，楚分而為三四，是豈無堅甲利兵也哉！其所以統之者非其道故也。汝潁以為險，江漢以為池，限之以鄧林，緣之以方城；然而秦師至，而鄢郢舉，若振槁然，是豈無固塞隘阻也哉！其所以統之者非其道故也。《荀子·議兵》

　　　禮者，治辯之極也，強國之本也，威行之道也，功名之統也。王公由之，所以一天下也。不由之，所以隕社稷也。是故堅甲利兵不足以為武，高城深池不足以為固，嚴令繁刑不足以為威，由其道則行，不由其道則廢。昔楚人鮫革犀兕以為甲，堅如金石，宛“如鉅地”，慘若蜂蠆，輕利剛疾，卒如飄風。然兵殆於垂沙，唐子死，莊蹻走，楚“分為三四者”，此豈無堅甲利兵也哉？所以統之非其道故也。汝淮以為險，江漢以為池，緣之以方城，限之以鄧林，然秦師至於鄢郢，舉若振槁然。是豈無固塞限險也哉？其所以統之者非其道故也。《韓詩外傳》卷四

《淮南子》上段敘說“雖有堅甲利兵而積怨於民則不能存國”，文意與《荀子·議兵》，《韓詩外傳》相近。

436

武王伐紂，東面而迎歲。至汜而水，至共頭而墜。慧星出而授殷人其柄。當戰之時，十日亂於上，風雨擊於中，然而前無蹈難之賞，而後無遁北之刑，白刃不畢拔而天下得矣。

是故：善守者無與禦，而善戰者無與鬥，明於禁舍開塞之道，乘時勢、因民欲而取天下（故善守者，無與禦，善戰者，無與鬥。乘時勢，因民欲，而取天下。）〈下德〉篇第十六章② 。

故：善為政者，積其德，善用兵者，畜其怒（故善為政者，積其德；善用兵者，畜其怒。）。德積而民可用，怒畜而威可立也（德積而民可用也，怒畜而威可立也。）〈下德〉篇第十六章③ a 。

故：文之所（原有 '以' 字，據王念孫校刪。）加者淺，則勢之所〔服〕（原作 "勝"，據王念孫校改。）者小；德之所施者博，則威之所制者廣（故文之所加者深，則權之所服者大；德之所施者博，則威之所制者廣。）。威之所制者廣，則我強而敵弱矣（廣則我強而敵弱。）〈下德〉篇第十六章③ b 。

> 文德者，帝王之利器；威武者，文德之輔助也。夫文之所加者深，則武之所服者大；德之所施者博，則威之所制者廣。三代之盛，至於刑錯兵寢者，其本末有序，帝王之極功也。
>
> 《漢書・刑法志》

《淮南子》上段引文亦見於《漢書・刑法志》。

故：善用兵者，先弱敵而後戰者也，故費不半而功自倍也（善用兵者，先弱敵而後戰，故費不半而功十倍。）〈下德〉篇第十六章③ c 。

湯之地方七十里而王者，脩德也；智伯有千里之地而亡者，窮武也。故千乘之國，行文德者王，萬乘之國，好用兵者亡（千乘之國，行文德者王；萬乘之國，好用兵者亡。）〈下德〉篇第十六章④ a 。

故：全兵先勝而後戰，敗兵先戰而後求勝（王兵先勝而後戰，敗兵先戰而後求勝，〔此不明於道也〕。）〈下德〉篇第十六章④ b 。德均則眾者勝寡，力敵則智者勝愚，〔智〕（原作‘勢’，據王念孫校改。）**侔則有數者禽無數**（故德均則眾者勝寡，力敵則智者制愚，智同則有數者禽無數。）〈上禮〉篇第九章②。

上段“德均”句見於《文子・上禮》，《淮南子》似引用編入〈上禮〉篇的“文子外編”資料。

凡用兵者，必先自廟戰：主孰賢？將孰能？民孰附？國孰治？蓄積孰多？士卒孰精？甲兵孰利？器備孰備？故運籌於廟堂之上，而決勝乎千里之外矣。

上段文意與前段有出入，文氣亦不能通貫，似他處錯簡。

第三部份：

1

此章言用兵的技巧，似原為兵家之言。

夫有形埒者，天下訟見之；有篇籍者，世人傳學之；此皆以形相勝者也，善（原有‘形’字，據楊樹達校刪。）者弗法也。所貴道者，貴其無形也。無形，則不可〔劫〕（原作“制”，據楊樹達校改。）迫也，不可〔量度〕（原作“度量”，據楊樹達校改。）也，不可巧詐也，不可規慮也。智見者，人爲之謀，形見者，人爲之〔巧〕（原作“功”，據何寧校改。），眾見者人爲之伏，器見者人爲之備。動作周還，倨句詘伸，可巧詐者，皆非善者也。善者之動也，神出而鬼行，星燿而玄〔運〕（原作‘逐’，據王念孫校改。），進退詘伸，不見朕垠；鸞舉麟振，鳳飛龍騰，發如〔猋〕（原作‘秋’，據王念孫校改。）風，疾如駭〔電〕（原作‘龍’，據王念孫校改。）。（此處原有‘當’字，據王念孫校刪。）以生擊死，以盛乘衰，以疾掩遲，以飽制飢。

若以〔水〕（原作‘逐’，據王念孫校改。）滅火，若以湯沃雪，何往而不遂？何之而不（原有"用"字，據劉績校改。）達？在中虛神，在外漠志，運於無形，出於不意。與飄飄往，與忽忽來，莫知其所之。與〔倏〕（原作"條"。）出，與〔闇〕（原作"間"。"倏"、"闇"二字據顧廣圻校改。）入，莫知其所集。卒如雷霆，疾如風雨，若從地出，若從天下，獨出獨入，莫能〔壅〕（原作"應"，據于省吾校改。）圉。疾如〔鍭〕（原作"鏃"，據王念孫校改。）矢，何可勝偶？一晦一明，孰知其端緒？未見其發，固已至矣。

> 臨武君與孫卿子議兵於趙孝成王前，王曰："請問兵要？"臨武君對曰："上得天時，下得地利，觀敵之變動，後之發，先之至，此用兵之要術也。"孫卿子曰："不然！臣所聞古之道，凡用兵攻戰之本，在乎壹民。弓矢不調，則羿不能以中微；六馬不和，則造父不能以致遠；士民不親附，則湯武不能以必勝也。故善附民者，是乃善用兵者也。故兵要在乎附民而已。"臨武君曰："不然。兵之所貴者埶利也，所行者變詐也。善用兵者，感忽悠闇，莫知其所從出。孫吳用之無敵於天下，豈必待附民哉！"孫卿子曰："不然。臣之所道，仁者之兵，王者之志也。君之所貴，權謀埶利也；所行，攻奪變詐也；諸侯之事也。仁人之兵，不可詐也；彼可詐者，怠慢者也，路亶者也，君臣上下之間，滑然有離德者也。"（荀子‧議兵）

此章論兵之言，可參考《荀子‧議兵》記述臨武君與孫卿子議兵之事。

故善用兵者，見敵之虛，乘而勿假也，追而勿舍也，迫而勿去也。擊其猶猶，陵其與與，疾雷不及塞耳，疾霆不暇掩目。善用兵〔者〕（王叔岷據日本古鈔卷子本校補。），若聲之與響，若鎗之與鞈；眒不給撫，呼不給吸。當此之時，仰不見天，俯不見地，手不麾戈，兵不盡拔，擊之若雷，薄之若風，炎之若火，凌之若波。敵（原有"之"字，王叔岷據日本古鈔卷子本校刪。）靜不知（原有"其"字，據何寧校刪。）所守，動不知（原有"其"字，據何寧校刪。）所為。故鼓鳴旗麾，當者莫不廢滯崩阤，天下孰敢厲威抗節而當其前者！故凌人者勝，待人者敗，為人杓者死。

上段"為人杓者死"句，馬宗霍云："《莊子》〈庚桑楚〉篇：'我其杓之人耶！'《淮南》此文似取其意。"

2

兵靜則固，專一則威，分決則勇，心疑則北，力分則弱。故能分人之兵，疑人之心，則錙銖有餘；不能分人之兵，疑人之心，則數倍不足。故紂之卒百萬，〔而有百萬〕（王叔岷據日本古鈔卷子本校補。）之心；武王之卒三千（人），皆專而〔為〕一。故千人同心則得千人〔之〕（以上皆據于省吾校改。）力，萬人異心則無一人之用。將卒吏民，動靜如身，乃可以應敵合戰。故計定而發，分決而動。將無疑謀，卒無二心，動無墮容，口無虛言，事無嘗試，應敵必敏，發動必亟。

> 上段“故紂之卒百萬”數句，何寧云：“《書·泰誓》：‘受有臣億萬，惟億萬心。予有臣三千，惟一心。’此《淮南》所本。”以下引述四段文字佐證前段的義理。

故：將以民為體，而民以將為心。心誠則肢體親刃，心疑則肢體撓北。心不專一，則體不節動；將不誠〔必〕（原作“心”，據王念孫校改。），則卒不勇敢。

故：良將之卒，若虎之牙，若兕之角，若鳥之羽，若蚈之足，可以行，可以舉，可以噬，可以觸，強而不相敗，眾而不相害，一心以使之也。

故：民誠從其令，雖少無畏；民不從令，雖眾為〔累〕（原作“寡”，王叔岷據日本古鈔卷子本校改。）。

故：下不親上，其心不用；卒不畏將，其形不戰。守有必固，而攻有必勝，不待交兵接刃，而存亡之機固以形矣。

3

此章說明用兵需配合"氣勢"、"地勢"、"因勢"的三勢，與使用"智權"、"事權"的二權。《淮南子》似記述先秦兵家史料。

兵有三勢，有二權。

有氣勢，有地勢，有因勢。

將充勇而輕敵，卒果敢而樂戰，三軍之眾，百萬之師，志厲青雲，氣如飄風，聲如雷霆，誠積〔精〕（王叔岷據日本古鈔卷子本校補。）踰而威加敵人，此謂氣勢。硤路津關，大山名塞，龍虵蟠，〔篸〕（原作'卻'，據王念孫校改。）笈居，羊腸道，〔魚〕（原作'發'，據王念孫校改。）笱門，一人守隘，而千人弗敢過也，此謂地勢。因其勞倦怠亂，飢渴凍喝，推其〔搶搶〕（原作'搶搶'，據王念孫校改。），擠其揭揭，此謂因勢。

善用間諜，審錯規慮，設〔施蔚〕（原作'蔚施'，據王念孫校改。）伏，隱匿其形，出於不意，〔使〕（據王念孫校補。）敵人之兵，無所適備，此謂知權。陳卒正，前行選，進退俱，什伍〔摶〕（原作"搏"，據楊樹達校改。），前後不相揵，左右不相干，受刃者少，傷敵者眾，此謂事權。

權勢必形，吏卒專精，選良用才，官得其人，計定謀決，明於死生，舉錯得〔時〕（原作'失'，據王念孫校改。），莫不振驚。故攻不待衝隆雲梯而城拔，戰不至交兵接刃而敵破，明於必勝之〔數〕（原作'攻'，據王念孫校改。）也。

以下以三次"故"的形式，引述資料加以衍論。

故：兵不必勝，不苟接刃；攻不必取，不為苟發。

故：勝定而後戰，〔鈐〕（原作"鈴"，據于省吾校改。）縣而後動。

故：眾聚而不虛散，兵出而不徒歸。唯無一動，動則凌天振地，〔抌〕（原作"抗"，據何寧校改。）泰山，蕩四海，鬼神移徙，鳥獸驚駭。

如此，則野無校兵，國無守城矣。

4

　　此章以"無形而制有形，無為而應變"之理，來解釋克敵之術。

　　靜以合躁，治以〔待〕（原作"持"，據王念孫校改。）亂，無形而制有形，無爲而應變，雖未能得勝於敵，敵不可得勝之道也。

　　何寧云："《孫子》〈軍爭〉篇：'以治待亂，以靜待譁'，此《淮南》所本。"

　　敵先我動，則是見其形也；彼躁我靜，則是罷其力也。形見則勝可制也，力罷則威可立也。視其所爲，因與之化；觀其邪正，以制其命；餌之以所欲，以罷其足。彼若有間，急填其隙，極其變而束之，盡其節而朴之。

　　敵若反靜，爲之出奇，彼不吾應，獨盡其調。若動而應，有見所爲，彼持後節，與之推移。彼有所積，必有所虧，精若轉左，陷其右陂。敵潰而走，後必可移。

　　敵迫而不動，名之曰奄遲，擊之如雷霆，斬之若草木，爚之若火電，欲疾以遨，人不及步〔趨〕（原作"銷"，據王引之校改。），車不及轉轂，兵如植木，弩如羊角，人雖眾多，勢莫敢格。

　　諸有象者，莫不可勝也；諸有形者，莫不可應也。是以聖人藏形於無，而遊心於虛。風雨可障蔽，而寒暑不可〔關〕（原作"開"，據王念孫說改。）閉，以其無形故也。夫能滑淖精微，貫金石，窮至遠，放乎九天之上，蟠乎黃盧之下，唯無形者也。

5

此章說明用兵貴靜之術。

善用兵者,當擊其亂,不攻其治,不襲堂堂之寇,不擊塡塡之旗。容未可見,以數相持。彼有死形,因而制之。敵人執數,動則就陰。以虛應實,必爲之禽。虎豹不動,不入陷阱;麋鹿不動,不離罝罘;飛鳥不動,不絓罔羅;魚鱉不動,不摲〔唇〕（原作‘蜃’,據楊樹達校改。）喙。物未有不以動而制者也。

是故:聖人貴靜,靜則能應躁,後則能應先,數則能勝疏,〔搏〕（原作‘博’,據俞樾校改。）則能禽缺。

6

此章敘說用兵需“協同士卒之心,統一將士之力”。文意與前章不同,首句前“故”字,僅作為引述不同資料的轉折。

故:良將之用卒也,同其心,一其力。勇者不得獨進,怯者不得獨退;止如丘山,發如風雨;所淩必破,靡不毀沮;動如一體,莫之應圍。是故傷敵者眾,而手戰者寡矣。

夫五指之更彈,不若捲手之一挃;萬人之更進,不如百人之俱至也。今夫虎豹便捷,熊羆多力,然而人食其肉而席其革者,不能通其知而壹其力也。夫水勢勝火,章華之臺燒,以升勺沃而救之,雖涸井而竭池,無奈之何也;舉壺榼盆盎而以灌之,其滅可立而待也。今人之與人,非有水火之勝也,而欲以少耦眾,不能成其功,亦明矣。

兵家或言曰:“少可以耦眾。”此言所將,非言所戰也。或將眾而用寡者,勢不齊也;將寡而用眾者,用力諧也。若乃人盡其才,悉用其力，以少勝眾者，自古及今，未嘗聞也。

第二部份（乙）：

此部份內容屬第二部份 " 用兵之道 " 資料。

1

此章從不同的層面說明 " 論兵之道 "，按敘說的文意，可分為六節。

①

神莫貴於天，勢莫便於地，動莫急於時，用莫利於人。凡此四者，兵之幹植也，然必待道而後行，可一用也。夫地利勝天時，巧舉勝地利，勢勝人。故任天者可迷也，任地者可束也，任時者可迫也，任人者可惑也。

②

夫仁勇信廉，人之美才也。然勇者可誘也，仁者可奪也，信者易欺也，廉者易謀也。將眾者，有一見焉，則為人禽矣。由此觀之，則兵以道理制勝，而不以人才之賢，亦自明矣。

是故為麋鹿者則可以罝罘設也，為魚鱉者則可以罔罟取也，為鴻鵠者則可以矰繳加也，唯無形者無可奈也。是故聖人藏於無原，故其情不可得而觀；運於無形，故其陳不可得而經。無法無儀，來而為之宜；無名無狀，變而為之象。深哉瞑瞑，遠哉悠悠，且多且夏，且春且秋，上窮至高之末，下測至深之底；變化消息，無所疑滯；建心乎窈冥之野，而藏志乎九旋之淵。雖有明目，孰能窺其情！

③

兵之所隱議者天道也，所圖畫者地形也，所明言者人事也，所以決勝者鈴勢也。

故上將之用兵也，上得天道，下得地利，中得人心，乃行之以機，發之以勢，是以無破軍敗兵。及至中將，上不知天道，下不知地利，專用人與勢，雖未必能萬全，勝鈴必多矣。下將之用兵也，博聞而自亂，多知而自疑，居則恐懼，發則猶豫，是以動為人禽矣。

④

今使兩人接刃，巧拙不異，而勇〔澄〕（原作“士”，據何寧校改。）必勝者，何也？其行之誠也。夫以巨斧擊桐薪，不待利時良日而後破之。加巨斧於桐薪之上，而無人力之奉，雖順招搖，挾刑德，而弗能破者，以其無勢也。故水激則悍，矢激則遠。夫栝淇衛箘簬，載以銀錫，雖有薄縞之嬍，腐荷之〔櫓〕（原作‘矰’，據王念孫校改。），然猶不能獨〔穿〕（原作‘射’，據王念孫校改。）也。假之筋角之力、弓弩之勢，則貫兕甲而徑於革盾矣。夫風之疾，至於飛屋折木；虛〔輿〕（原作‘舉’，據孫詒讓校改。）之下大〔達〕（原作‘遲’，據孫詒讓校改。）自上高丘，人之有所推也。

是故：善用兵者，勢如決積水於千仞之隄，若轉員石於萬丈之谿，天下見吾兵之必用也，則孰敢與我戰者！故百人之必死也，賢於萬人之必北也，況以三軍之眾，赴水火而不還踵乎！雖誂合刃於天下，誰敢在於上者！

何寧云：“《孫子》〈軍形〉篇：‘勝者之戰，若決積水於千仞之谿。’〈兵勢〉篇：‘故善戰人之勢，如轉圓石於千仞之山。’即此文所本。”

⑤

445

所謂天數者，左青龍，右白虎，前朱雀，後玄武。所謂地利者，後生而前死，左牡而右牝。所謂人事者，慶賞信而刑罰必，動靜時，舉錯疾。此世傳之所以為儀表者，固也，然而非所以生。儀表者，因時而變化者也。

是故處（原有 "於" 字，據俞樾校刪。）堂上之陰而知日月之次序，見瓶中之冰而知天下之寒暑。夫物之所以相形者微，唯聖人達其至。

> 上段文字似取自《呂氏春秋·察今》，〈察今〉篇曰："故審堂下之陰，而知日月之行、陰陽之變；見瓶水之冰，而知天下之寒、魚鱉之藏也；嘗一脟肉，而知一鑊之味、一鼎之調。"

故鼓不與於五音而為五音主，水不與於五味而為五味調，將軍不與於五官之事而為五官督。故能調五音者，不與五音者也；能調五味者，不與五味者也；能治五官之事者，不可揆度者也。

是故將軍之心，滔滔如春，曠曠如夏，湫漻如秋，典凝如冬，因形而與之化，隨時而與之移。

⑥

夫景不為曲物直，響不為清音濁。觀彼之所以來，各以其勝應之。是故扶義而動，推理而行，掩節而斷割，因資而成功。使彼知吾所出而不知吾所入，知吾所舉而不知吾所集。始如狐狸，彼故輕來；合如兕虎，敵故奔走。夫飛鳥之〔鷙〕（原作 "摯"，據劉文典校改。）也俛其首，猛獸之攫也匿其爪，虎豹不外其〔牙〕（原作 "爪"，據王念孫校改。），而噬〔犬〕不見〔其〕（"犬"、"其" 二字，均據王念孫校補。）齒。

> 是故始如處女，敵人開戶，後如脫兔，敵不及拒。　　　　　　《孫子·九地》

故：用兵之道，示之以柔而迎之以剛，示之以弱而乘之以強，為之以歙而應之以張，將欲西而示之以東，先忤而後合，前冥而後明，若鬼之無迹，若水之無創。故所鄉非所之也，所見非所謀也，舉措動靜，莫能識也，若雷之擊，不可爲備。所用不復，故勝可百全。與玄明通，莫知其門，是謂至神。

2

此章論述以“威義”強兵，主要部份見於《文子・上義》第十六章。《商君書》有“所謂刑者，義之本也”之語（《商君書・開塞》篇），《申子》亦言：“君必有明法正義，若懸權衡以稱輕重，所以一群臣也。”（《申子・大體》篇）。《淮南子》此處似引用此種資料。而〈上義〉篇此章文意不太連貫，首句“國之所以強者必死也”，意不可解，全章恐爲《淮南子》殘文資料混入。

①

　　兵之所以強者，民也；民之所以必死者，義也；義之所以能行者，威也（〔老子曰：〕國之所以強者必死也，所以死者必義也，義之所以行者威也。）。是故：合之以文，齊之以武，是謂必取；威〔義〕（原作‘儀’，據劉文典校改。）並行，是謂至強（是故令之以文，齊之以武，是謂必取；威義並行，是謂必強。）〈上義〉篇第十六章① 。

　　何寧云：“《荀子》〈議兵〉篇‘凡用兵攻戰之本，在乎壹民。弓矢不調，則羿不能以中微；六馬不和，則造父不能以致遠；士民不親附，則湯武不能以必勝也。故善附民者，是乃善用兵者也。故兵要在乎附民而已。’（《韓詩外傳》三第三十六章略同）故曰：‘兵之所以強者，民也。’《呂氏》〈蕩兵〉篇：‘凡兵也者，威也，威也者，力也，民之有威力，性也’，義與此文尤近。”又，馬宗霍云：“《淮南》此文出《孫子》〈行軍〉篇。”〈行軍〉篇曰：“故令之以文，齊之以武，是謂必取。令素行以教其民，則民服；令不素行以教其民，則民不服；令素行者，與衆相得也。”

夫人之所樂者，生也，而所憎者，死也；然而高城深池，矢石若雨，平原廣澤，白刃交接，而卒爭先合者，彼非輕死而樂傷也，為其賞信而罰明也（白刃交接，矢石若雨，而士爭先者，賞信而罰明也。）〈上義〉篇第十六章②。

是故：上視下如子，則下視上如父；上視下如弟，則下視上如兄（上視下如子，下事上如父；上視下如弟，下視上如兄。）。上視下如子，則必王四海；下視上如父，則必正天下（上視下如子，必王四海；下事上如父，必政天下；）。上〔視〕（原作'親'，據王念孫校改。）下如弟，則不難為之死；下事上如兄，則不難為之亡（上視下如弟，即不難為之死；下事上如兄，即不難為之亡。）。是故父子兄弟之寇，不可與鬥者（故父子兄弟之寇，不可與之鬥。）〈上義〉篇第十六章③，積恩先施也。故四馬不調，造父不能以致遠；弓矢不調，羿不能以必中；君臣乖心，則孫子不能以應敵。是故內脩其政以積其德，外塞其醜以服其威，察其勞佚，以知其飽飢，故戰日有期，視死若歸（是故〔義君〕內修其政以積其德，外塞於邪以明其勢，察其勞佚，以知飢飽，戰期有日，視死若歸〔，恩之加也。〕。）〈上義〉篇第十六章④。故將必與卒同甘苦，〔共〕（原作"俟"，據何寧校改。"供"與"共"同。）飢寒，故其死可得而盡也。

上段"上視下如子"等句文意與《孟子・離婁》相近，〈離婁〉篇曰："君之視臣如手足，則臣視君如腹心；君之視臣如犬馬，則臣視君如國人；君之視臣如土芥，則臣視君如寇讎。"

故：古之善將者，必以其身先之，暑不張蓋，寒不被裘，所以程寒暑也；險隘不乘，〔丘〕（原作"上"，據楊樹達校改。）陵必下，所以齊勞佚也；軍食熟然後敢食，軍井通然後敢飲，所以同飢渴也；合戰必立矢〔石〕（原作'射'，據王念孫校改。）之所及，〔所〕（據王念孫說校補。）以共安危也。

上段"古之善將者"數句文意，見於《六韜》佚文，《北堂書抄》卷一百一十五引《六韜》曰："將冬不服裘，夏不操扇，天雨不張幔蓋，名曰禮將。將不身服禮，無以知士卒之寒暑。"

故：良將之用兵也，常以積德擊積怨，以積愛擊積憎，何故而不勝！

②

主之所求於民者二，求民爲之勞也，欲民爲之死也。

民之所望於主者三：飢者能食之，勞者能息之，有功者能德之。

民以償其二〔責〕（原作「積」，據王念孫校改。），而上失其三望，國雖大，人雖衆，兵猶且弱也。若苦者必得其樂，勞者必得其利，斬首之功必全，死事之後必賞，四者既信於民矣，主雖射雲中之鳥，而釣深淵之魚，彈琴瑟，聲鍾竽，敦六博，投高壺，兵猶且強，令猶且行也。

是故：上足仰，則下可用也；德足慕，則威可立也。

第三部份（乙）：

此部份內容屬第三部份"用兵之術"資料。

1

此章說明將領具備的條件，在於有"三隧、四義、五行、十守"。

將者必有三隧、四義、五行、十守。

所謂三隧者，上知天道，下習地形，中察人情。

所謂四義者，便國不負兵，爲主不顧身，見難不畏死，決疑不辟罪。

上段“便國不負兵”句，王念孫云：“‘負’當為‘員’，草書之誤也。”楊樹達云：“此文義不可通，注亦難解，疑有誤字。王校改‘負’為‘員’，則決不可從。”

所謂五行者，柔而不可卷也，剛而不可折也，仁而不可犯也，信而不可欺也，勇而不可淩也。

所謂十守者，神清而不可濁也，謀遠而不可〔篡〕（原作“慕”，據楊樹達校改。）也，操固而不可遷也，知明而不可蔽也，不貪於貨，不淫於物，不嚂於辯，不推於方，不可喜也，不可怒也。

是謂至〔旍〕（原作‘於’，據王念孫校改。旍與精同。），窈窈冥冥，孰知其情！發必中〔鈐〕（原作“詮”，據楊樹達校改。），言必合數，動必順時，解必中〔腠〕（原作“揍”，據馬宗霍校改。）；通動靜之機，明開塞之節，審舉措之利害，若合符節；疾如彍弩，勢如發矢，一龍一蛇，動無常體，莫見其所中，莫知其所窮，攻則不可守，守則不可攻。

何寧云：“《呂氏春秋》〈論威〉篇‘窅窅乎冥冥，莫知其情，此之謂至威之誠’，此《淮南》所本。”

2

此章論述善用兵者的“五行相殺”之術，主要內容見於《文子·上禮》第九章。〈上禮〉篇此章引《老子》第五十七章“以正治國，以奇用兵”兩句經文，形成解《老》的形式。

蓋聞善用兵者，必先脩諸己，而後求諸人；**先為不可勝，而後求勝**。脩己於人，求勝於敵，**己未能治也，而攻人之亂，是猶以火救火，以水應水也**（〔老子曰：“以正治國，以奇用兵。”〕先為不可勝之政，而後求勝於敵。以未治而攻人之亂，是猶以火應火，以水應水也。）〈上禮〉篇第九章①a，何所能制！今使陶人化而爲埴，則不能成盆盎；工女化而爲絲，則不能織文錦。**同莫足以相治也，故以異爲奇**（同莫足以相治，故以異爲奇。）〈上禮〉篇第九章①b，兩爵相與鬥，未有死者也；鸇鷹至則爲之解，以其異類也。

上段"是猶以火救火，以水應水也"兩句，見於《莊子·人間世》.〈人間世〉篇曰："是以火救火，以水救水，名之曰益多。""今使陶人化而爲埴"等句，似取自《呂氏春秋·不屈》，〈不屈〉篇曰：

惠子曰："今之城者，或者操大築乎城上，或負畚而赴乎城下，或操表掇以善睎望。若施者其操表掇者也。使工女化而爲絲，不能治絲；使大匠化而爲木，不能治木；使聖人化而爲農夫，不能治農夫。施而治農夫者也。"

故：靜爲躁奇，治爲亂奇，飽爲飢奇，佚爲勞奇（奇，靜爲躁，奇，治爲亂，奇，飽爲飢，奇，逸爲勞。）。奇正之相應，若水、火、金、木之代爲雌雄也（奇正之相應，若水火金木之相伐也。〔何往而不勝。〕）〈上禮〉篇第九章①c。

上段"靜爲躁奇"等句，《文子·上禮》因"奇"字的重文號而有誤。

善用兵者，持五殺以應，故能全其勝。拙者處五死以貪，故動而爲人擒。

3

此章論述用兵的隱蔽之術，上用天象隱蔽，下用地形隱蔽，中用陣勢隱蔽。

兵貴謀之不測也，形之隱匿也，出於不意，不可以設備也。謀見則窮，形見則制。故：善用兵者，上隱之天，下隱之地，中隱之人。

隱之天者，無不制也。

上句似注文竄入，劉家立云：“案：此以天地人並舉，下文方解釋其義，摻入‘隱之天者，無不制也’二句，殊為不倫。疑是‘上隱之天’注文，寫者誤衍於此，而其義正不可通也。”或此處有脫文。

何謂隱之天？大寒甚暑，疾風暴兩，大霧冥晦，因此而爲變者也。

何謂隱之地？山陵丘阜，林叢險阻，可以伏匿而不見形者也。

何謂隱之人？蔽之於前，望之於後，出奇行陳之間，發如雷霆，疾如風雨，撑巨旗，止鳴鼓，而出入無形，莫知其端緒者也。

故：前後正齊，四方如繩，出入解〔續〕（原作“贖”，據孫詒讓校改。），不相越淩，翼輕邊利，或前或後，離合散聚，不失行伍，此善脩行陳者也。明於奇（原有‘正’字，據陳觀樓校刪。）賌陰陽、刑德五行、望氣候星，龜策禨祥，此善爲天道者也。

設規慮，施蔚伏，（原有“見”字，據呂傳元校刪。）用水火，出珍怪，鼓譟軍，所以營其耳也；曳梢肆柴，揚塵起堨，所以營其目者，此善爲詐佯者也。錞鉞牢重，固植而難恐，勢利不能誘，死亡不能動，此善爲充榦者也。剽疾輕悍，勇敢輕敵，疾若滅沒，此善用輕出奇者也。相地形，處次舍，治壁壘，審煙斥，居高陵，舍出處，此善爲地形者也。因其飢渴凍暍，勞倦怠亂，恐懼窘步，乘之以選卒，擊之以宵夜，此善因時應變者也。易則用車，險則用騎，涉水〔用〕（原作‘多’，據劉家立、楊樹達校改。）弓，〔距隘〕（原作“隘則”，據劉家立校改。）用弩，晝則多旌，夜則多火，晦冥多鼓，此善爲設施者也。凡此八者，不可一無也，然而非兵之貴者也。

夫將者，必獨見獨知。獨見者，見人所不見也；獨知者，知人所不知也。見人所不見，謂之明；知人所不知，謂之神。神明者，先勝者也。先勝者，守不可攻，戰不可勝者，攻不可守。

虛實是也。

此段末句"先勝"與"虛實"間並無必然關連。此節主要談論"將之獨見獨知"，而下節則專言用兵中的"虛實"問題。"虛實是也"四字當為錯簡，或其前似有脫文。

4

此章敘說氣勢的盛衰，決定戰爭的勝敗。

上下有隙，將吏不相得，所持不直，卒心積不服，所謂虛也。主明將良，上下同心，氣意俱起，所謂實也。若以水投火，所當者陷，所薄者移，牢柔不相通而勝〔敗〕（據楊樹達校補。）相奇者，虛實之謂也。

故善戰者不在少，善守者不在小，勝在得威，敗在失氣。夫實則鬥，虛則走，盛則強，衰則北。

吳王夫差地方二千里，帶甲士七十萬，南與越戰，棲之會稽。北與齊戰，破之艾陵。西遇晉公，擒之黃池。此用民氣之實也。其後驕溢縱欲，拒諫喜諛，憢悍遂過，不可正喻，大臣怨懟，百姓不附，越王選卒三千人，擒之於隧，因制其虛也。

夫氣之有虛實也，若明之必晦也，故勝兵者非常實也，敗兵者非常虛也。善者，能實其民氣，以待人之虛也；不能者，虛其民氣，以待人之實也。故：虛實之氣、兵之貴者也。

第四部份：

凡國有難，君自宮召將，詔之曰："社稷之命在將軍〔身〕（原作"即"，據王念孫校改。），今國有難，願請子將而應之。"

將軍受命，乃令祝史太卜齊宿三日，之太廟，鑽靈龜，卜吉日，以受鼓旗。君入廟門，西面而立；將入廟門，趨至堂下，北面而立，主親操鉞，持頭，授將軍其柄，曰："從此上至天者，將軍制之。"

復操斧，持頭，授將軍其柄，曰："從此下至淵者，將軍制之。"

將已受斧鉞，答曰："國不可從外治也，軍不可從中御也。二心不可以事君，疑志不可以應敵。臣既以受制於前矣，〔專〕（據王叔岷校補。）鼓旗斧鉞之威，臣無還請，願君亦〔無〕（原作'以'，據王念孫校改。）垂一言之命於臣也。君若不許，臣不敢將。君若許之，臣辭而行。"

乃〔髽爪〕（原作"爪髽"，據何寧校改。），設明衣也，鑿凶門而出。乘將軍車，載旌旗斧鉞，累若不勝。其臨敵決戰，不顧必死，無有二心。

是故無天於上，無地於下，無敵於前，無主於後，進不求名，退不避罪，唯民是保，利合於主，國之〔寶〕（原作"實"，據王念孫校改。）也，上將之道也。如此，則智者為之慮，勇者為之鬥，氣厲青雲，疾如馳騖，是故兵未交接而敵人恐懼。

若戰勝敵奔，畢受功賞，吏遷官，益爵祿；割地而為調，決於封外，卒論斷於軍中。顧反於國，〔伇〕（原作"放"，據呂傳元校改。）旗以入斧鉞，報畢於君曰："軍無後治。"

乃縞素辟舍，請罪於君。君曰："赦之！"退齋服。

大勝三年反舍，中勝二年，下勝期年。

　　兵之所加者，必無道之國也。故能戰勝而不報，取地而不反；民不疾疫，將不夭死；五穀豐昌，風雨時節；戰勝於外，福生於內。是故名必成而後無餘害矣！

　　　武王問太公曰：「立將之道奈何？」太公曰：「凡國有難，君避正殿，召將而詔之曰：『社稷安危，一在將軍。今某國不臣，願將軍帥帥應之。』將既受命，乃命太史卜。齋三日，之太廟，鑽靈龜，卜吉日，以授斧鉞。君入廟門，西面而立；將入廟門，北面而立。君親操鉞持首，授將其柄，曰：『從此上至天者，將軍制之。』復操斧持柄，授將其刃，曰：『從此下至淵者，將軍制之。見其虛則進，見其實則止；勿以三軍為眾而輕敵，勿以受命為重而必死，勿以身貴而賤人，勿以獨見而違眾，勿以辯說為必然；士未坐勿坐，士未食勿食，寒暑必同。如此，士卒必盡死力。』將已受命，拜而報君曰：『臣聞國不可從外治，軍不可從中御。二心不可以事君，疑志不可以應敵。臣既受命專斧鉞之威，臣不敢生還。願君亦垂一言之命於臣，君不許臣，臣不敢將！』君許之，篤辭而行。軍中之事，不聞君命，皆由將出，臨敵決戰，無有二心。若此，則無天於上，無地於下，無敵於前，無君於後。是故智者為之謀，勇者為之鬥，氣勵青雲，疾若馳騖，兵不接刃，而敵降。戰勝於外，功立於內，吏遷士賞，百姓歡悅，將無咎殃。是故風雨時節，五穀豐熟，社稷安寧。」武王曰：「善哉！」
　　　《六韜・立將》

此章似本諸《六韜・立將》，又，"進不求名"等句，《孫子・地形》曰："故進不求名，退不避罪，唯人是保，而利合於主，國之寶也。"

十三　〈說山訓〉辨析

《淮南子・要略》曰：

> 〈說山〉、〈說林〉者，所以彎窕穿鑿百事之壅過，而通行貫扃萬物之窒塞者也。假譬取象，異類殊形，以領理人之意，解墮結〔紐〕（原作“細”，據王念孫校刪。），說〔擇〕（原作“捍”，據王念孫校改。）摶困，而以明事垺（原有“事”字，據王念孫校刪。）者也。”

高誘注曰：“山爲道本，仁者所處。說道之旨，委積若山，故曰說山，因以提篇。”

據此，〈說山訓〉與〈說林訓〉的撰寫宗旨在於：

第一、藉著這些資料的輯略與引述，鑿通那些桎梏在各種物象、各類事務上遮蔽大道運作的表象，使它們得以通理暢達。

第二、借用各種事物來作爲譬喻、象徵，以引導梳理人們的意念，解開存於心中的紐結與疑團，從而明白事物變化的隱微徵兆。

從今本資料來看，〈說山訓〉與〈說林訓〉似乎並非在上述哲學要求下，刻意蒐集與編排。今本所保留資料約有四種性質：一是俚俗的諺語，二是古人的箴言，三是哲理的要論，四是事例的解證。這些資料間並無一定的排列順序，不但〈說山訓〉與〈說林訓〉無法清楚分別，就是個別段落間，前後的聯繫也沒有確定的準則。從〈要略〉篇所言的撰述旨意，與今本資料現有的情況來比較，實際上不容易知道爲何對於這些相近的資料，《淮南子》要分別列爲兩篇。甚至爲何僅留下素樸材料而未加整理，也不得而知。在《淮南子》之前，已有類似此種資料的結集，如《韓非子》的〈說林訓〉，與〈儲說〉等六篇，“說林”是指“廣說諸事，其多如林”[1]，基本上是故事與傳說的匯集，有些引文的

---

[1] 《史記・老莊申韓列傳》《索隱》

末尾加上簡略的評議，而〈儲說〉則對蒐集的資料作過一些初步的加工與分類的整理，二者體例均較爲整齊。但馬王堆帛書中的“黃帝書”，其中第三篇的〈稱〉篇，也集萃了大量的古時格言與諺語，各段之間僅以墨點區隔，沒有顯明的必然聯繫，與《淮南子》相似。

按敘說的文意，〈說山訓〉可分爲 153 段，共約 5507 字，見於《文子》者有 568 字，佔 10.3%；〈說林訓〉可分爲 239 段，共約 5116 字，見於《文子》者有 1466 字，佔 28.6%。《文子·上德》第三章資料性質與《淮南子》此兩篇相類，其中絕大部分文字幾乎全見於〈說山訓〉或〈說林訓〉。

今按照〈說山訓〉內容的性質，略分爲六類：

屬於哲學觀念辨析者：1，7，8，9，11，12，13，14，15，18，23，25，30，35，44，71，83，84，86，131，134，135，139，148，150，151，152 等段。

屬於處世態度者：27，28，34，42，43，45，49，68，75，77，81，87，105，119，122，13，143 等段。

屬於事理辯解者：26，32，33，36，37，38，47，48，50，51，52，53，57，58，78，80，85，89，90，91，92，94，96，97，99，106，108，109，111，115，116，117，118，120，121，123，124，126，127，128，129，132，140，142，145，146，147，149，153 等段。

屬於箴言性質者：3，5，6，10，16，17，19，24，29，31，39，40，41，46，59，60，63，64，65，95，101，107 等段。

屬於古人事故解證者：21，54，102，103，104，112，125，138，144 等段。

屬於俚語俗諺者：56，61，62，66，67，69，70，72，73，76，79，82，88，93，98，100，113，114，130，136，137，141 等段。

1

　　此段主要文字見於《文子・上德》第一章。〈上德〉篇此章似摘錄前人思想的
雋語。《文子》中這種摘錄的情形很多，尤其見於《淮南子・道應》者，多採
取此種方式。此處似屬與《淮南子》同源的“文子外編”資料。

　　魄問於魂曰：“道何以爲體？”
　　曰：“以無有爲體。”
　　魄曰：“無有有形乎？”
　　魂曰：“無有。”
　　〔魄曰：“無有〕（據王念孫校補。），何得而聞也？”
　　魂曰：“吾直有所遇之耳！視之無形，聽之無聲，謂之幽冥。
幽冥者，所以喻道，而非道也。”
　　魄曰：“吾（原有“聞”字，據王念孫校刪。）得之矣！乃內視而自反也（〔老
子曰：〕道以無有爲體，視之不見其形，聽之不聞其聲，謂之幽冥。幽冥者，所以論道，而非
道也。〔夫道者，〕內視而自反。）〈上德〉篇第三章1。”
　　魂曰：“凡得道者，形不可得而見，名而不可得而揚。今汝已
有形名矣，何道之所能乎！”
　　魄曰：“言者，獨何爲者？”
　　〔魂曰：“〕（據俞樾校補。）吾將反吾宗矣。”
　　魄反顧，魂忽然不見，反而自存，亦以淪於無形矣。

2

　　人不小〔覺〕（原作“學”，據王念孫校改。），不大迷；不小慧，不大愚
（故人不小覺，不大迷；不小慧，不大愚。）〈上德〉篇第三章2。

3

　　人莫鑑於沫雨，而鑑於澄水者，以其休止不蕩也（莫鑒於流潦，而鑒

於止水，以其內保之，止而不外蕩。）〈上德〉篇第三章3。

4

　　詹公之釣，千歲之鯉不能避，曾子攀柩車，引輴者為之止也；老母行歌而動申喜，瓠巴鼓瑟，而〔鱣〕（原作"淫"，據陶方琦校改。）魚出聽；伯牙鼓琴，而駟馬仰秣，介子歌龍蛇，而文君垂泣；〔精之至也〕（此句原在"老母"句後，據向宗魯校改。）。故玉在山而草木潤，淵生珠而岸不枯。螾無筋骨之強、爪牙之利，上食晞埃，下飲黃泉，用心一也（玉在山而草木潤，珠生淵而岸不枯。蚯蚓無筋骨之強、爪牙之利，上食晞埃，下飲黃泉，用心一也。）〈上德〉篇第三章5。

　　　昔者瓠巴鼓瑟，而流魚出聽；伯牙鼓琴，而六馬仰秣。故聲無小而不聞，行無隱而不形。玉在山而草木潤，淵生珠而崖不枯。為善不積邪，安有不聞者乎！《荀子·勸學》

　　　昔者瓠巴鼓瑟，而沈魚出聽；伯牙鼓琴，而六馬仰秣，夫聲無細而不聞，行無隱而不行；玉居山而木潤，淵生珠而岸不枯；為善而不積乎？豈有不至哉？《大戴禮記·勸學》

　　　昔者瓠巴鼓瑟而潛魚出聽，伯牙鼓琴而六馬仰秣。《韓詩外傳》

　　　故玉處於山而木潤，淵生珠而岸不枯者。《史記·龜筴列傳》

此段似本諸《荀子·勸學》，類似記載見於《大戴禮記》，《韓詩外傳》與《史記》。又，"詹何之釣"事，《淮南子》使用多次，如〈原道訓〉曰："夫臨江而釣，曠日而不能盈羅，雖有鉤箴芒距，微綸芳餌，加之以詹何、娟嬛之數，猶不能與網罟爭得也。"〈覽冥訓〉亦云："故：蒲且子之連鳥於百仞之上，而詹何之鶩魚於大淵之中，此皆得清淨之道，太浩之和也。"

5

　　清之為明，杯水見眸子；濁之為闇，河水不見太山（清之為明，杯水可見眸子，濁之為害，河水不見太山。〈上德〉篇第三章7。

6

視日者眩，聽雷者聾。

王念孫云：“人視日則眩，聽雷則未必聾也。《玉篇》：‘聭，女工切。《淮南子》曰：聽雷者聭。’……據此則古本作‘聽雷者聭。”何寧云：“《玉篇》引注，疑是許注。蓋許作聭而高作聾也。”

7

人無為則治，有為則傷。無為而治者，載無也。為者不能〔無為〕（原作‘有’，據王念孫校改。）也，不能無為者，不能有為也。人無言而神，有言（原有“者”字，據王念孫校刪。）則傷。無言而神者載無，有言則傷其神之神者（老子曰：人無為而治，有為也即傷。無為而治者，為無為，為者不能無為也。不能無為者，不能有為也。人無言而神，有言也即傷。無言而神者，載無言，則傷有神之神者。）

〈精誠〉篇第二十章

上段見於《文子・精誠》，《文子》與《淮南子》似均有脫文，此處文字的原始形式，疑作：“人無為而治，有為也即傷。無為而治者，載（為）無為，（為者不能無為也）。不能無為者，不能有為也。人無言而神，有言也即傷。無言而神者，載無言，〔言〕則傷有神之神者。”

鼻之所以息，耳之所以聽，終以其無用者為用矣。物莫不因其所有而用其所無，以為不信，視籟與竽。

8

念慮者不得臥，止念慮，則有為其所止矣。兩者俱忘，則至德純矣。

9

聖人終身言治，所用者非其言也。用所以言也。歌者有詩，然使人善之者，非其詩也。鸚鵡能言，而不可使長〔言〕（據王念孫校補。）。
是何則？得其所言，而不得其所以言。故循迹者，非能生迹者也。

10

　　神蛇能斷而復續，而不能使人勿斷也。神龜能見夢元王，而不
能自出漁者之籠。

　　　　此段文字似取自《莊子‧外物》，〈外物〉篇曰：“神龜能見夢於元君，而不
　　　　能避余且之網；知能七十二鑽而無遺筴，不能避刳腸之患。如是，則知有所困，
　　　　神有所不及也。”

11

　　四方皆道之門戶牖嚮也，在所從闚之。故釣可以教騎，騎可以
教御，御可以教刺舟。

12

　　越人學遠射，參天而發，適在五步之內，不易儀也。世已變矣，
而守其故，譬猶越人之射也。

13

　　月望，日奪其光，陰不可以乘陽。日出星不見，不能與之爭光
也。故末不可以強於本，指不可以大於臂。下輕上重，其覆必易。
一淵不兩鮫，〔一棲不兩雄，一則定，兩則爭〕（據王念孫校補。）（月望，
日奪光，陰不可以承陽。日出，星不見，不能與之爭光。末不可強為本，枝不可以大於幹。上
重下輕，其覆必易。一淵不兩蛟，一雌不二雄，一即定，兩即爭。）〈上德〉篇第三章4。

　　　　此段《淮南子》有脫文。王念孫云：“‘一淵不兩鮫’，即承上文言之，以明
　　　　物不兩大之意，而語勢未了，其下必有脫文。《太平御覽》〈鱗介部〉二引此，
　　　　‘一淵不兩鮫’下有‘一棲不兩雄（《韓子》〈揚榷〉篇曰：“毋弛而弓，一棲兩雄。”）。

一則定，兩則爭 ’，凡十一字。又引高注云：‘ 以（喻）日月不德並明，一國
不可兩君也。’（上文‘ 一淵不兩鮫 ’下引‘ 鮫，魚之長，其皮有珠 ’云云，與今本高注
同，則此所引亦是高注。）今本皆脫，當據補。《文子》〈上德〉篇亦云：‘ 一淵
不兩蛟，一雌不二雄，一即定，兩即爭。’ ”

14

水定則清正，動則失平。故唯不動，則所以無不動也。

> 此段與《莊子》思想相近，〈刻意〉篇曰：“水之性，不雜則清，莫動則平；
> 鬱閉而不流，亦不能清；天德之象也。”

15

江、河所以能長百谷者，能下之也。夫惟能下之，是以能上之。

> 此段文字似取自《尸子・明堂》，〈明堂〉篇曰：“孔子曰：‘ 大哉，河海乎！
> 下之也。’ 夫河下天下之川故廣，人下天下之士故大。”

16

天下莫相憎於膠漆，而莫相愛於冰炭。膠漆相賊，冰炭相息也。

17

牆之壞，愈其立也，冰之泮，愈其凝也，以其反宗。

> 〈說林訓〉曰：“牆之壞也，不若無也，然逾屋之覆。”二處文意相近。

18

泰山之容，巍巍然高，去之千里，不見埵堁，遠之故也。秋豪
之末，淪於不測。是故小不可以爲內者，大不可以爲外矣。

> 此段文意似本諸《莊子・齊物論》，〈齊物論〉篇云：“天下莫大於秋豪之末，

而大山為小；莫壽於殤子，而彭祖為夭。"

19

蘭生幽谷，不為莫服而不芳。舟在江海，不為莫乘而不浮。君子行義，不為莫知而止休（蘭芷不為莫服而不芳，舟浮江海不為莫乘而沈，君子行道，不為莫知而止〔，性之有也。〕）〈上德〉篇第三章8。

> 此段"不為莫知而止休"句，劉文典云："'止休'，《北堂書鈔》百三十七作'止也'，今本《文子》〈上德〉篇作'君子行道，不為莫知而止'，亦無休字。'休'，疑衍文也。"何寧云："《文子》上句作'舟浮江海，不為莫乘而沈'，故下句作'不為莫知而止'，此文上二句言'不芳'、'不浮'，則此未必衍'休'字。《北堂書鈔》引或是異本。"案：《文子》作"君子行道，不為莫知而止，性之有也。""性之有也"四字，《淮南子》無。《文子》與《淮南子》當為不同的記述，來源文本不同。

20

夫玉潤澤而有光，其聲舒揚，渙乎其有似也。無內無外，不匿瑕穢，近之而濡，望之而隱。夫照鏡見眸子，微察秋毫，明照晦冥。故和氏之璧、隨侯之珠，出於山淵之精，君子服之，順祥以安寧，侯王寶之，為天下正。

> 此段似有脫文，"夫玉潤澤而有光，其聲舒揚，渙乎其有似也"三句，專言"玉之潤澤而有光"，與下文"故和氏之璧、隨侯之珠，出於山淵之精"，"璧出於山"、"珠出於淵"，並不能完全契合。

21

陳成子恒之劫子淵捷也，子罕之辭其所不欲，而得其所欲，孔子之見黏蟬者，白公勝之倒杖策也，衛姬之謂罪於桓公，〔曾〕（據王念孫校補。）子見子夏日，"何肥也"，魏文侯〔之見〕（原作"見之"，據王念孫校改。)反披裘而負芻也，兒說之爲宋王解閉結也，此皆微眇可以觀論者。

此段"陳成子之劫子淵捷"事，見《左傳·昭公二十六年》"與《新序》；"子罕之辭其所不欲"事，見《韓非子·喻老》；"孔子見黏蟬"事，見《莊子·達生》，又見《列子·黃帝》。"白公勝之倒杖策"事，見《韓非子·喻老》。"曾子見子夏"事，見《韓非子·喻老》。"魏文侯之見反披裘而負芻"事，見《新序·雜事》。"兒說之爲宋王解閉"事，見《呂氏春秋·君守》。

陳恒殺君，使勇士六人劫子淵棲，子淵棲曰："子之欲與我，以我爲知乎？臣弒君，非知也！以我爲仁乎？見利而背君，非仁也！以我爲勇乎？劫我以兵，懼而與子，非勇也。使吾無此三者，與何補於子？若吾有此三者，終不從子矣。"乃舍之。 《新序·義勇》

仲尼適楚，出於林中，見痀僂者承蜩，猶掇之也。仲尼曰："子巧乎！有道邪？"曰："我有道也。五六月累丸二而不墜，則失者錙銖；累三而不墜，則失者十一；累五而不墜，猶掇之也。吾處身也，若厥株拘；吾執臂也，若槁木之枝；雖天地之大，萬物之多，而唯蜩翼之知。吾不反不側，不以萬物易蜩之翼，何爲而不得！"孔子顧謂弟子曰："用志不分，乃凝於神，其痀僂丈人之謂乎！" 《莊子·達生》

白公勝慮亂，罷朝，倒杖而策銳貫頤，血流至於地而不知。鄭人聞之曰："頤之忘，將何爲忘哉！"故曰："其出彌遠者，其智彌少。"此言智周乎遠，則所遺在近也，是以聖人無常行也。 《韓非子·喻老》

宋之鄙人得璞玉而獻之子罕，子罕不受，鄙人曰："此寶也，宜爲君子器，不宜爲細人用。"子罕曰："爾以玉爲寶，我以不受子玉爲寶。"是鄙人欲玉，而子罕不欲玉。故曰："欲不欲，而不貴難得之貨。" 《韓非子·喻老》

子夏見曾子，曾子曰："何肥也？"對曰："戰勝故肥也。"曾子曰："何謂也？"子夏曰："吾入見先王之義則榮之，出見富貴之樂又榮之，兩者戰於胸中，未知勝負，故臞。今先王之義勝，故肥。"是以志之難也，不在勝人，在自勝也。故曰："自勝之謂強。" 《韓非子·喻老》

魏文侯出遊，見路人反裘而負芻。文侯曰："胡爲反裘而負芻。"對曰："臣愛其毛。"文侯曰："若不知其裡盡，而毛無所恃耶？"明年；東陽上計錢布十倍，大夫畢賀。文侯曰："此非所以賀我也。譬無異夫路人反裘而負芻也，將愛其毛，不知其裡盡，毛無所恃也。今吾田不加廣，士民不加眾，而錢十倍，必取之士大夫也。吾

聞之下不安者，上不可居也，此非所以賀也。"《新序・雜事》

　　夫一能應萬，無方而出之務者，唯有道者能之。魯鄙人遺宋元王閉，元王號令於國，有巧者皆來解閉。人莫之能解。兒說之弟子請往解之，乃能解其一，不能解其一，且曰："非可解而我不能解也，固不可解也。"問之魯鄙人。鄙人曰："然，固不可解也，我爲之而知其不可解也。今不爲而知其不可解也，是巧於我。"故如兒說之弟子者，以"不解"解之也。《呂氏春秋・君守》

22

　　人有嫁其子而教之曰："爾行矣，慎無爲善！"曰："不爲善，將爲不善邪"應之曰："善且由弗爲，況不善乎！"此全其天器者。

　　何寧云：《世說新語・賢媛》篇劉笑標注引作"人有嫁其女而教之者，曰：'爾為善，善人疾之。'對曰：'然則當為不善乎？'曰：'善尚不可為，而況不善乎？'與今本異，當是梁時所見《淮南》如是。"

23

　　拘囹圄者以日爲脩，當〔市死〕（原作"死市"，據王念孫校改。）者以日爲短。日之脩短有度也，有所在而短，有所在而脩也，則中不平也。故以不平爲平者，其平不平也。

24

　　嫁女於病消〔渴〕（據劉文典校改。）者，夫死則〔言女妨〕（據劉文典校補。），後難復處也。故沮舍之下不可以坐，倚牆之傍不可以立。

25

　　執獄牢者無病，罪當死者肥澤，刑者多壽，心無累也。良醫者，常治無病之病，故無病。聖人者，常治無患之患，故無患也。

26

　　夫至巧不用〔鉤繩〕（原作“劍”，據王念孫校改。），善閉者不用關楗。
淳于髡之告失火者，此其類。

　　　　傳記言：淳于髡至鄰家，見其竈突之直，而積薪在旁，曰：“此且有火災。”教
　　　使更爲曲突，而遠徙其薪。竈家不聽，後災火果及積薪，而燔其屋，鄰里並救擊，乃
　　　滅止。《新論·見徵》

27

　　以清入濁必困辱，以濁入清必覆傾（以清入濁必困辱，以濁入清必覆傾。）
〈上德〉篇第三章9。

28

　　君子之於善也，猶采薪者見一芥掇之，見青葱則拔之。

29

　　天二氣則成虹，地二氣則泄藏，人二氣則成病。陰陽不能且冬
且夏；月不知畫，日不知夜（天二氣即成虹，地二氣即泄藏，人二氣即生病，陰陽
不能常，且冬且夏，月不知畫，日不知夜。）〈上德〉篇第三章10。

　　　　此段“陰陽不能且冬且夏”句，《文子》作“陰陽不能常，且冬且夏”。《文
　　　子》意謂：若陰陽失常，則冬、夏兩季即錯亂。《淮南子》“能”下似脫“常”
　　　字。

30

　　善射者發不失的，善於射矣，而不善所射。善釣者無所失，善
於釣矣，而不善所釣。故有所善，則〔有〕（植案：據宋本補。）不善矣。

31

　　鍾之與磬也，近之則鍾音充，遠之則磬音章，物固有近不若遠、遠不如近者。

32

　　今日稻生於水，而不能生於湍瀨之流；紫芝生於山，而不能生於盤石之上；慈石能引鐵，及其於銅，則不行也。

33

　　水廣者魚大，山高者木修（川廣者魚大，山高者木修，地廣者德厚。）〈上德〉篇第三章 11 a。廣其地而薄其德，譬猶陶人為器也，揲挻其土而不益厚，破乃愈疾。

　　此段"廣其地而薄其德"句，《文子》作"地廣者德厚"，二者似各有來源。

34

　　聖人不先風吹，不先雷毀，不得已而動，故無累。

35

　　月盛衰於上，則蠃蛖應於下，同氣相動，不可以為遠。

36

　　執彈而招鳥，揮梲而呼狗，欲致之，顧反走。故魚不可以無餌釣也，獸不可以虛〔器〕（原作"氣"，據俞樾校改。）召也（故魚不可以無餌釣，獸不可以空器召。）〈上德〉篇第三章 11 b。

　　此段"故魚不可以無餌釣也"句，與前文文意無關，而〈上德〉篇第三章文句接上文第 33 段"川廣"之後，文意連貫。"故"字當為衍文，或《淮南子》文句次序有錯亂。

37

剝牛皮，韓以爲鼓，正三軍之眾，然爲牛計者，不若服於軶也。
狐白之裘，天子被之而坐廟堂，然爲狐計者，不若走於澤。

38

亡羊而得牛，則莫不利失也；斷指而免頭，則莫不利爲也。故
人之情，於利之中則爭取大焉，於害之中則爭取小焉。

孫志祖云："《困學記聞》引《莊子》佚文云：'亡羊而得牛，斷指而得頭。'"

39

將軍不敢騎白馬，亡者不敢夜揭炬，保者不敢畜嚙狗。

宋人有酤酒者，升概甚平，遇客甚謹，爲酒甚美，縣幟甚高，著然不售，酒酸，怪其
故，問其所知，問長者楊倩，倩曰："汝狗猛耶。"曰："狗猛則酒何故而不售？"
曰："人畏焉。或令孺子懷錢挈壺甕而往酤，而狗迓而齕之，此酒所以酸而不售也。"
《韓非子·外儲說右上》

40

雞知將旦，鶴知夜半，而不免於鼎俎。

41

山有猛獸，林木爲之不斬；園有螫蟲，藜藿爲之不採。（山有猛獸，
林木爲之不斬，園有螫蟲，葵藿爲之不採。）〔故國有賢〔臣〕（君），折衝〔千〕
（原作"君"、"萬"二字，均據王念孫校改。）里（國有賢臣，折衝千里）《上德》篇第三章12。〕

此段"故國有賢臣"三句，原在第六十二節"水濁而魚噞，形勞則神亂"句後，
王念孫校第六十二節云："'故國有賢君'二句，與上意絕不相屬，蓋錯簡也。……
且'賢臣'作'賢君'，亦與上文取譬之義不合。"《文子》作"國有賢臣，
折衝千里"，並在"山以猛獸"四句之後，文意連貫，《淮南子》三句當爲錯

簡。

42

　　爲儒而踞里閭，爲墨而朝吹竽，欲滅迹而走雪中，拯溺者而欲無濡，是非所行而行所非。

43

　　今夫闇飲者，非嘗不遺飲也。使之自以平，則雖愚無矢矣。是故不同于和而可以成事者，天下無之矣。

44

　　求美則不得美，不求美則美矣；求醜則不得醜，求不醜則有醜矣；不求美又不求醜，則無美無醜矣，是謂玄同。

　　　此段文意似本諸《老子》，《老子》第三十九章曰“故致數輿無輿”。《老子》
　　第五十六章亦曰：“塞其兌，閉其門，挫其銳，解其分，和其光，同其塵；是
　　謂玄同。”

45

　　申徒狄負石自沉於淵，而溺者不可以爲抗；弦高誕而存鄭，誕（原有“者”字，據王念孫校刪。）不可以爲常。事有一應，而不可循行。

　　　此段“申徒狄負石自沉於淵”事，《莊子・盜跖》曰：“申徒狄諫而不聽，負
　　石自投於河，爲魚鱉所食。”又，“弦高誕而存鄭”事，另見於《淮南子》，
　　〈泰族訓〉曰：“子囊北而全楚，北不可以爲庸；弦高誕而存鄭，誕不可以爲
　　常。”

46

　　人有多言者，猶百舌之聲。人有少言者，猶不脂之戶也。六畜

生多耳目者不詳，識書著之。

47

百人抗浮，不若一人挈而趨，物固有眾而不若少者。引車者二，〔而六〕（原作“六而”，據楊樹達校改。）後之，事固有相待而成者。

48

兩人俱溺，不能相拯，一人處陸則可矣。故同不可相治，必待異而後成。

49

（原有“千年之松”四字，據王念孫校刪。）下有茯苓，上有兔絲；上有叢著，下有伏龜；聖人從外知內，以見知隱也。

50

喜武，非俠也；喜文，非儒也；好方，非醫也；好馬，非驥也；知音，非瞽也；知味，非庖也。此有一概而未得主名也。

51

被甲者，非為十步之內也，百步之外則爭深淺，深則達五藏，淺則至膚而止矣。死生相去，不可為道里。

52

〔楚王亡其猨於林，木為之殘；宋王亡其珠於池，而魚為之殫。〕（原作“楚王亡其猨，而林木為之殘；宋君亡其珠，池中魚為之殫”，據劉文典校改。）。故澤失火而林憂。

此段"宋王亡其珠於池"事，《呂氏春秋・必己》曰："宋桓司馬有寶珠，抵罪出亡。王使人問珠之所在，曰：'投之池中'，於是竭池而求之，無得，魚死焉。"

53

上求材，臣殘木；上求魚，臣乾谷。上求楫，而下致船；上言若絲，下言若綸。上有一善，下有二譽；上有三衰，下有九殺。

54

大夫種知所以強越，而不知所以存身；萇弘知周之所〔以〕存，而不知身〔之〕（"以"、"存"二字，均據王念孫校補。）所以亡；知遠而不知近。

55

畏馬之辟也不敢騎，懼車之覆也不敢乘，是以虛禍距公利也。

56

不孝弟者或詈父母，生子者所不能任其必孝也，然猶養而長之。

57

范氏之敗，有竊其鍾負而走者，鎗然有聲，懼人聞之，遽掩其耳。憎人聞之，可也；自掩其耳，悖矣。

58

升之不能大於石也，升在石之中；夜之不能修〔於〕（原作"其"，據王念孫校改。）歲也，夜在歲之中；仁義之不能大於道德也，仁義在道德之包。

59

針成幕，蔂成城。事之成敗，必由小生，言有漸也。

60

〔先針而後縷，可以成帷；先縷而後針，不可以成衣。〕（此三句原在"針成幕"句前，據何寧校改。）染者先青而後黑則可，先黑而後青則不可。工人下漆而上丹則可，下丹而上漆則不可。萬事由此，所先後上下，不可不審。

61

水濁而魚噞，形勞則神亂。

62

因媒而嫁，而不因媒而成；因人而交，不因人而親。行合趨同，千里相從；行不合，趨不同，對門不通。

63

海水雖大，不受胇芥。日月不應非其氣，君子不容非其類也。

64

人不愛倕之手，而愛己之指；不愛江、漢之珠，而愛己之鉤。

65

以束薪爲鬼，以火煙爲〔氛〕。以束薪爲鬼，竭而走；以火煙爲〔氛〕（兩"氛"字，原均作"氣"，據蔣禮鴻校改。），殺豚烹狗。先事如此，不如其後。

66

巧者善度，知者善豫。

67

羿死桃部，不給射；慶忌死劍鋒，不給搏。

68

滅非者戶告之曰：「我實不與。」我〔俞〕（原作“誤”，據馬宗霍校改。）亂謗乃愈起。止言以言，止事以事，譬猶揚堁而弭塵，抱薪而救火。流言雪污，譬猶以涅拭素也。

69

矢之於十步貫兕甲，於三百步不能入魯縞；騏驥一日千里，其出致釋駕而僵。

70

大家攻小家則爲暴，大國并小國則爲賢。

71

小馬，（原有“非”字，據俞樾校刪。）大馬之類也，小知，非大知之類也。

此段文字似取自《呂氏春秋·別類》，〈別類〉篇曰：“小方、大方之類也；小馬、大馬之類也；小智、非大智之類也。”

72

被羊裘而賃，固其事也；貂裘而負籠，甚可怪也。

73

以潔白爲污辱，譬猶沐浴而抒溷，薰燧而負矣。

74

治疽不擇善惡（原有“醜”字，據楊樹達校刪。）肉而并割之，農夫不察苗
莠而并耘之，豈不虛哉！

75

壞塘以取龜，發屋而求狸，掘室而求鼠，割脣而治齲，桀、跖
之徒，君子不與。殺戎馬而求狐狸，援兩鱉而失靈龜，斷右臂而爭
一毛，折鏌邪而爭錐刀，用智如此，豈足高乎！

　　此段“折鏌邪而爭錐刀”句，何寧云：“《左傳・昭六年》：‘錐刀之末，皆
　　盡爭之’，及此文所本。”

76

寧百刺以針，无一刺以刀；寧一引重，無久持輕；寧一月饑，
無一旬餓。萬人之蹟，愈於一人之隧。

77

有譽人之力儉者，春至旦，不中員呈，猶譎之。察之，乃其母
也。故小人之譽人，反爲損。

78

東家母死，其子哭之不〔悲〕（原作“哀”，據何寧校改。）。西家子見
之，歸謂其母曰：“社何愛速死，吾必悲哭社。”夫欲其母之死者，
雖死亦不能悲哭矣。謂學不暇者，雖暇亦不能學矣。

79

見竅木浮而知爲舟，見飛蓬轉而知爲車，見鳥迹而知著書，以類取之。

80

以非義爲義，以非禮爲禮，譬猶倮走而迫狂人，盜財而予乞者，竊簡而寫法律，蹲踞而誦《詩》、《書》。

81

割而舍之，鏌邪不斷肉；執而不釋，馬氂截玉。聖人無止，〔爲〕
（原作“無”，據何寧校改。）以歲賢昔，日愈昨也。

82

馬之似鹿者千金，天下無千金之鹿；玉待礛諸而成器，有千金之璧而無錙錘之礛諸。

> 此段文意與《韓非子·外儲說右上》相近，〈外儲說左上〉曰：“夫馬似鹿者而題之千金，然而有百金之馬而無一金之鹿者，馬為人用而鹿不為人用也。”

83

受光於隙照一隅，受光於牖照北壁，受光於戶照室中無遺物，況受光於宇宙乎？天下莫不藉明於其前矣！由此觀之，所受者小則所見者淺，所受者大則所照者博。

84

江出岷山，河出崑崙，濟出王屋，潁出少室，漢出嶓冢，分流舛馳，注於東海，所行則異，所歸者一。

85

　　通於學者若車軸，轉轂之中，不運於己，與之致千里，終而復始，轉無窮之源（通於道者若車軸，轉於轂中，不運於己，與之千里，終而復始，轉於無窮之原也。）〈上德〉篇第三章13。不通於學者若迷惑，告之以東西南北，所居聆聆，背而不得，不知凡要。

　　　　此段文意與〈齊俗訓〉略同，〈齊俗訓〉曰："故：通於道者，如車軸，不運於己，而與轂致千里，轉無窮之原也。不通於道者，若迷惑，告之以東西南北，所居聆聆，一曲而辟，然忽不得，復迷惑也。"今本《淮南子》中有多處重複部份，似分別取自劉安及其門客所輯資料，或後世傳抄有誤，已非原本。

86

　　寒不能生寒，熱不能生熱，不寒不熱能生寒熱。故有形出於無形，未有天地能生天地者也，至深微廣大矣！

87

　　雨之集無能霑，待其止而能有濡；矢之發無能貫，待其止而能有穿；唯止能止眾止。

88

　　因高而爲臺，就下而爲池，各就其勢，不敢更爲。

89

　　聖人用物，若用朱絲約芻拘，若爲土龍以求雨。芻狗待之而求福，土龍待之而得食。

90

　　魯人身善制冠，妻善織履，往徙於越而大困窮。以其所修而遊不用之鄉，譬若樹荷山上，而畜火井中。操鉤上山，揭斧入淵，欲得所求，難也。方車而蹠越，乘桴而入胡，欲無窮，不可得也。

此段文意似本諸《韓非子・說林》，〈說林〉篇曰："魯人身善織屨，妻善織縞，而欲徙於越，或謂之曰：'子必窮矣。'魯人曰：'何也？'曰：'屨為履之也，而越人跣行；縞為冠之也，而越人被髮。以子之所長，游於不用之國，欲使無窮，其可得乎？'"

91

楚王有白蝯，王自射之，則搏矢而熙；使養由其射之，始調弓矯矢，未發而蝯擁〔樹〕(原作"柱"，據王念孫校改。)號矣，有先中中者也。

吳王浮於江，登乎狙之山。眾狙見之，恂然棄而走，逃於深蓁。有一狙焉，委蛇攫搔，見巧乎王。王射之，敏給搏捷矢。王命相者趨射之，狙執死。王顧謂其友顏不疑曰："之狙也，伐其巧恃其便以敖予，以至此殛也！戒之哉！嗟乎，無以汝色驕人哉！"《莊子・徐無鬼》

楚人有白猨，王自射之，則搏矢而熙；使養由基射之，始調弓矯矢，未發而猨擁樹號矣。《太平御覽》卷三百五十引《韓非子》

荊廷嘗有神白猿，荊之善射者莫之能中，荊王請養由基射之。養由基矯弓操矢而往，未之射，而括中之矣，發之則猿應矢而下，則養由基有先中中之者矣。《呂氏春秋・博志》

此段文意似本諸《莊子》，類似記載見於《韓非子》佚文與《呂氏春秋》。

92

和氏之璧，夏后之璜，揖讓而進之，以合歡；夜以投人，則爲怨；時與不時。

93

畫西施之面，美而不可說；規孟賁之目，大而不可畏；君形者亡焉。

94

　　人有昆弟相分者，无量，而眾稱義焉。夫唯無量，故不可得而量也。

95

　　登高使人欲望，臨深使人欲闚，處使然也。射者使人端，釣者使人恭，事使然出。

> 此段資料另見於《說苑·說叢》，〈說叢〉篇曰：“登高使人欲望，臨淵使人欲窺，何也？處地然也。御者使人恭，射者使人端，何也？其形便也。”

96

　　曰殺罷牛可以贖良馬之死，莫之為也。殺牛必亡之數，以必亡贖不必死，未能行之者矣。

97

　　季孫氏劫公家，孔子說之，先順其所為而後與之入政，曰：“舉枉與直，如何而不得？舉直與枉，勿與遂往（故舉枉與直，何如不得，舉直與枉，勿與遂往。）〈上德〉篇第三章14，〈符言〉篇第二十八章a／〔老子曰：〕舉枉與直，如何不得，舉直與枉，勿與遂往。）”。此所謂同污而異塗者（所謂同污而異泥者。）〈符言〉篇第二十八章b。”

> 此段分別見於《文子》〈上德〉與〈符言〉兩篇。〈上德〉篇無“所謂同污而異泥者”句。

98

眾曲不容直，眾枉不容正，故人眾則食狼，狼眾則食人。

99

欲為邪者必相明正，欲為曲者必相達直。公道不立，私欲得容者，自古及今，未嘗聞也。此以善託其醜。

100

眾議成林，無翼而飛，三人成市虎，一里能撓椎。

> 三人成虎，十夫楺椎。眾口所移，毋翼而飛。《戰國策·秦策》

101

夫游沒者，不求沐浴，已自足其中矣。故〔草食〕（原作 "食草"，據王念孫校改。）之獸不疾易藪，水居之蟲不疾易水，行小變而不失常。

> 此段部份文字似取自《莊子·田子方》，〈田子方〉篇曰："草食之獸不疾易藪，水生之蟲不疾易水，行小變而不失其大常也，喜怒哀樂不入於胸次。"

102

信有〔非而禮有失〕（原作 "非禮而失禮"，據王念孫校改。），尾生死其梁柱之下，此信之非也；孔氏不喪出母，此禮之失者。

> 尾生與女子期於梁下，女子不來，水至不去，抱梁柱而死。《莊子·盜跖》

> 子上之母死而不喪。門人問諸子思曰："昔者子之先君子喪出母乎？"曰："然"。"子之不使白也喪之。何也？"子思曰："昔者吾先君子無所失道；道隆則從而隆，道污則從而污。伋則安能？為伋也妻者，是為白也母；不為伋也妻者，是不為白也母。"故孔氏之不喪出母，自子思始也。《禮記·壇弓》

> 此段所引兩則事例，當為前人成說，見於《莊子·盜跖》與《禮記·壇公》。

103

曾子〔至〕（原作"立"，據劉文典、王叔岷校改。）孝，不過勝母之閭；墨子非樂，不入朝歌之邑；曾子立廉，不飲盜泉；所謂養志者也。

孔子至於勝母，暮矣，而不宿；過於盜泉，渴矣，而不飲：惡其名也。《尸子佚文》

邑名勝母，曾子不入；水名盜泉，孔子不飲，醜其聲也。《說苑·說叢》

孔子不飲盜泉之水，曾子不入勝母之閭，避惡去污，不以義恥辱名也。《論衡·問孔》

此段所言事例，仍似前人成說，見於《尸子》佚文，《說苑》與《論衡》也有相似記載。

104

紂爲象箸而箕子唏，魯以偶人葬而孔子歎，故聖人見霜而知冰。

昔者紂爲象箸而箕子怖。以爲象箸必不加於土鉶，必將犀玉之杯。象箸玉杯必不羹菽藿，則必旄象豹胎。旄象豹胎必不衣短褐而食於茅屋之下，則錦衣九重，廣室高臺。吾畏其卒，故怖其始。居五年，紂爲肉圃，設炮烙，登糟邱，臨酒池，紂遂以亡。故箕子見象箸以知天下之禍，故曰："見小曰明。"《韓非子·喻老》

紂爲象箸而箕子怖，以爲象箸必不盛羹於土簋，則必犀玉之杯，玉杯象箸必不盛菽藿，則必旄象豹胎，旄象豹胎必不衣短褐，而舍茅茨之下，則必錦衣九重，高臺廣室也。稱此以求，則天下不足矣。聖人見微以知萌，見端以知末，故見象箸而怖，知天下不足也。《韓非子·說林》

仲尼曰："始作俑者，其無後乎！"爲其象人而用之也。《孟子·梁惠王上》

此段"紂爲象箸而箕子唏"事，當取自《韓非子》，而"魯以偶人葬而孔子歎"，似本諸《孟子》。

105

有鳥將來，張羅而待之，得鳥者，羅之一目也；今爲一目之羅，則無時得鳥矣（有鳥將來，張羅而待之，得鳥者，羅之一目，今爲一目之羅，則無時得鳥，）。

今被甲者，以備矢之至：若使人必知所集，則懸一札而已矣。事或不可前規，物或不可〔豫〕(據王念孫校補)慮（故事或不可前規，物或不可預慮，），卒然不戒而至，故聖人畜道以待時(故聖人畜道待時也。)〈上德〉篇第三章15。

> 此段"物或不可慮"句，王念孫云："'物或不可慮'，文意未明，且與上句不對，《文子》〈上德〉篇'事或不可前規，物或不可預慮'，（賈誼〈鵩鳥賦〉：'天不可預慮兮，道不可預謀。'），即用《淮南》之文。"《文子》此處似非取自《淮南子》，可校後者脫誤。

106

髡屯犁牛，既〔科〕以〔橢〕(原作"捊"、"椭"，據王念孫校改。)，決鼻而羈，生子而犧，尸祝齋戒以沈諸河，河伯豈羞其所從出，辭而不享哉！

> 此段文意近於《論語·雍也》，〈雍也〉篇曰："子謂仲弓曰："犁牛之子騂且角，雖欲勿用，山川其舍諸？"

107

得萬人之兵，不如聞一言之當。得隋侯之珠，不若得事之所由。得和氏之璧，不若得事之所適（〔老子曰：得萬人之兵，不如聞一言之當；得隋侯之珠，不如得事之所由；得和氏之璧，不如得事之所適。）〈符言〉篇第三十章。

108

撰良馬者，非以逐狐狸，將以射麋鹿。砥利劍者，非以斬縞衣，將以斷兕犀。故"高山仰止，景行行止"，鄉者其人。

> 此段"高山仰止，景行行止"兩句，語出《詩經·小雅·車轄》。

109

見彈而求鴞炙，見卵而求〔辰〕（原作"晨"，據俞樾校改）夜，見贖而求成布，雖其理哉，亦不病暮。

　　此段文字似取自《莊子》，〈齊物論〉篇曰："見卵而求時夜，見彈而求鴞炙。"

110

象解其牙，不憎人之利之也；死而棄其招簀，不怨人取之。人能以所不利利人，則可。

111

狂者東走，逐者亦東走，東走則同，所以東走則異。溺者入水，拯之者亦入水，入水則同，所以入水者則異。故聖人同死生，愚人亦同死生，聖人之同死生通於分理，愚人之同死生不知利害所在（〔老子曰：聖人同死生，愚人亦同死生。聖人同死生明於分理，愚人同死生不知利害之所在。〕）〈祥言〉篇第二十九章。

　　　田伯鼎好士而存其君，白公好士而亂荊，其好士則同，其所以爲則異。公孫友自刖而尊百里，豎刁自宮而諂桓公，其自刑則同，其所以自刑之爲則異。慧子曰："狂者東走，逐者亦東走，其東走則同，其所以東走之爲則異。"故曰："同事之人，不可不審察也。"《韓非子·說林》

　　此段文意似本諸《韓非子·說林》。又，〈詮言訓〉第二十一節曰："有智而無為，與無智者同道；有能而無事，與無能者同德。其智也，告之者至，然後覺其動也；使之者至，然後覺其為也。有智若無智，有能若無能，道理為正也。"二者文意相類。

112

徐偃王以仁義亡國，國亡者非必仁義；比干以忠靡其體，被誅者非必忠也。故寒〔者〕（據王念孫校補。）顫，懼者亦顫，此同名而異實。

113

明月之珠出於蚌蜄，周之簡圭生於垢石，大蔡神龜出於溝壑。

114

萬乘之主，冠錙錘之冠，履百金之車。牛皮之賤，正三軍之眾。

115

欲學歌謳者，必先徵羽樂風；欲美和者，（原有 "必先" 二字，據王念孫校刪。）始於〈陽阿〉、〈采菱〉；此皆學其所不學，而欲至其所欲學者。

> 何寧曰："《北堂書鈔》、《藝文類聚》、《太平御覽》引 '欲美和者' 作 '奏雅樂者'，蓋許本也。"

116

爝蟬者務在明其火，釣魚者務在芳其餌。明其火者、所以爝而致之也；芳其餌者、所以誘而利之也。欲致魚者先通水，欲至鳥者先樹木。水積而魚聚，木茂而鳥集(欲致魚者先通谷，欲來鳥者先樹木，水積而魚聚，木茂而鳥集〔；為魚得者，非挈而入淵也，為猿得者，非負而上木也，縱之所利而已〕。)〈上德〉篇第三章16。好弋者先具繳與矰，好魚者先具罟與眾，未有無其具而得其利。

> 此段 "爝蟬者務在明其火" 句，見於《荀子 · 致仕》。

117

遺人馬而解其羈，遺人車而稅其轅，所愛者少而所亡者多，故里人諺曰：“烹牛而不鹽，敗所爲也。”

118

　　桀有得事，堯有遺道，嫫母有所美，西施有所醜。故亡國之法有可隨者，治國之俗有可非者。

119

　　琬琰之玉，在洿泥之中，雖廉者弗釋；獘箅甀〔瓵〕（原作“甄”，據王念孫校改。），在旃茵之上，雖貪者不搏。美之所在，雖污辱、世不能賤；惡之所在，雖高隆、世不能貴。

120

　　春貸秋賦民皆欣，春賦秋貸衆皆怨；得失同，喜怒〔別，爲〕（原作“爲別”，據何寧校改。），其時異也。

121

　　爲魚德者，非挈而入淵，爲蝯賜者，非負而緣木，縱之其所而已。

122

　　貂裘而雜，不若狐裘而粹，故人莫惡於無常行。有相馬而失馬者，然良馬猶在相之中。

123

　　今人放燒（王叔岷云：放燒猶方燒。），或操火往益之，或〔唼〕（原作“接”，據楊樹達校改。）水往救之，兩者皆未有功，而怨德相去亦遠矣。

124

郢人有買屋棟者，求大三圍之木，而人予車轂，跪而度之，巨雖可，而修不足。

125

蘧伯玉以德化，公孫鞅以刑罪，所極一也。病者寢席，醫之用針石，巫之用糈藉，所救鈞也。

126

狸頭愈鼠，雞頭已瘻，虻散積血，斲木愈齲，此類之推者也。膏之殺鱉，鵲矢中蝟，爛灰生蠅，漆見蟹而不乾，此類之不推者也。推與不推，若非而是，若是而非，孰能通其徵！

127

天下無粹白狐，而有粹白之裘，掇之眾白也。善學者，若齊王之食雞，必食其蹠數千，而後足。

此段文意似本諸《呂氏春秋·用眾》，〈用眾〉篇曰：

善學者若齊王之食雞也，必食其跖數千而後足，雖不足，猶若有跖。物固莫不有長，莫不有短。人亦然，故善學者假人之長以補其短。故假人者遂有天下。……天下無粹白之狐，而有粹白之裘，取之眾白也。夫取於眾，此三皇、五帝之所以大立功名也。

128

刀便剃毛，至伐大木，非斧不剋，物固有以剋適成不逮者。

129

視方寸於牛，不知其大於羊；總視其體，乃知其（原有 “大” 字，據王念孫校刪。）相去之遠。

130

孕婦見兔而子缺脣，見糜而子四目。

131

小馬大目，不可謂大馬；大馬之目眇，可謂之眇馬；物固有似
然而似不然者。故決指而身死，或斷臂而顧活，類不可必推。

> 何寧云："《墨子》〈小取〉：'之馬之目眇，則為之馬眇；之馬之目大，而
> 不謂之馬大。'《淮南》即襲此文。《莊子・天下》篇《釋文》司馬彪曰：'狗
> 之目眇，謂之眇狗；狗之目大，不曰大狗。'義與此同。"

132

厲利劍者必以柔砥，擊鍾磬音必以濡木，轂強必以弱輻，兩堅
不能相和，兩強不能相服。故梧桐斷角，馬䠠截玉。

133

媒但者，非學謰他也，但成而生不信。立懂者，非學鬭爭，懂
立而生不讓。故君子不入獄，為其傷恩也；不入市，為其佐廉也；
不可不慎者也。

134

走不以手，縛手走不能疾；飛不以尾，屈尾飛不能遠；物之用
者必待不用者。故使之見者，乃不見者也；使鼓鳴者，乃不鳴者也。

> 〈說林訓〉第四段曰："足以蹍者淺矣，然待所不蹍而後行；智所知者褊矣，
> 然待所不知而後明。"與此段內容相近，強調"無"的作用，似承襲《老子》
> 思想，《老子》第十一章曰："三十輻共一轂，當其無，有車之用。埏埴以為

器，當其無，有器之用。鑿戶牖以為室，當其無，有室之用。故有之以為利，無之以為用。"

135

嘗一臠肉，〔而〕（據王叔岷校補。）知一鑊之味；懸羽與炭，而知燥溼之氣；以小明大。見葉落，而知歲之將暮，睹瓶中之冰，而知天下之寒〔暑〕（據俞樾校補。）；以近論遠。

此段文意似本諸《呂氏春秋·察今》，〈察今〉篇曰："故審堂下之陰，而知日月之行、陰陽之變；見瓶水之冰，而知天下之寒、魚鱉之藏也；嘗一脟肉，而知一鑊之味、一鼎之調。"

136

三人比肩，不能外出戶；〔二〕（原作"一"，據王念孫校改。）人相隨，可以通天下。

137

（原有"足"字，據何寧校刪。）蹍地而為迹，暴行而為影，此易而難。

138

莊王誅里史，孫叔敖制冠浣衣；文公棄荏席，後黴黑，咎犯辭歸，故〔木〕（原作"桑"，據王念孫校改。）葉落而長年悲也。

此段"文公棄荏席"事，見《韓非子·外儲說左》，《說苑·復恩》也有記載。

139

鼎〔鸞〕（原作"錯"，據何寧校改。）日用而不足貴，周鼎不爨而不可賤，物固有以不用而為有用者。地平則水不流，重鈞則衡不傾，物之尤必有所感，物固有以不用為大用者。

140

先倮而浴則可，以（王叔岷云：以浴即已浴）浴而倮不可；先祭而後饗則
可，先饗而後祭則不可；物之先後各有所宜也。

141

祭之日而言狗生，取婦夕而言衰麻，置酒之日而言上冢，渡江
河而言陽侯之波，〔皆所不宜也〕（據何寧校改。）。

142

或曰：知〔天〕（其）且赦也而多殺人，或曰：知〔天〕（兩“天”
字原作“其”，均據王念孫校改。）且赦也而多活人，其望赦同，所利害異。故或
吹火而然，或吹火而滅，〔其〕（據王念孫校補。）所以吹者異也。

143

烹牛以饗其里，而罵其東家母，德不報而身見殆。

144

文王汙膺，鮑申傴背，以成楚國之治。裨諶出郭而知，以成子
產之事。

145

侏儒問（原有“徑”字，據王念孫校刪。）天高于脩人，脩人曰：“不知。”
曰：“子雖不知，猶近之於我。”故凡問事，必於近者。

146

寇難至，躄者告盲者，盲者負而走，兩人皆活，得其所能也。
故使盲者語，使躄者走，失其所也。

147

郢人有鬻其母，爲請于買者曰：“此母老矣！幸善食之而勿苦(劉
文典云："《意林》引，作‘望善飴之。’")。” 此行大不義而欲爲小義者。

此段“幸善食之而勿苦”句，劉文典云："《意林》引，作‘望善飴之。’"
此似《淮南子》有不同文本之證。

148

介蟲之動以固，貞蟲之動以毒螫，熊羆之動以攫搏，兕牛之動
以觝觸，物莫措其所修而用其所短也。

149

治國者若鎒田，去害苗者而已。今沐者墮髮，而猶爲之不止，
以所去者少，所利者多。

150

砥石不利而可以利金，櫽不正而可以正弓，物固有不正而可以
正，不利而可以利。

151

力貴齊，知貴捷。

152

得之同，遫爲上；勝之同，遲爲下。所以貴鏌邪者，以其應物
而斷割也。〔剴〕(原作“剗”，據楊樹達校改。)靡無釋，牛車絕轔。

153

　　爲孔子之窮於陳、蔡而廢六藝，則惑；爲醫之不能自治其病，病而不就藥，則勃矣。

十四　〈說林訓〉辨析

高誘注曰："木叢生曰林。說萬物承皋，若林之聚之，故曰'說林'，因以題篇。"

現存〈說林訓〉資料，包含兩個主要部份，一是俗諺的結集，一是古典文獻重要語句的摘錄。尤其是後者的部份，恐原為〈說林訓〉主要的內容。

近於俗諺性質者有：27，28，31，41，53，54，57，61，65，69，70，77，83，85，86，90，91，98，99，103，109，111，118，125，126，142，145，151，155，159，160，168，169，172，182，183，189，190，191，192，193，204，209，215，217，218 等段。

明確摘自古典文獻的段落有：

第一、取自《莊子》者：1，3，4，12，13，15，32，33，67，
　　　　73，84 等段。

第二、取自《呂氏春秋》者：95，107，119，185 等段。

第三、取自《鄧析子》者：第十三段。

第四、除上述段落外，其他部份均具有文摘的性質。

今按〈說林訓〉文意，分為 239 段。其中見於《文子》者為：〈上德〉篇第三章第 17 段至第 31 段，第 33 段至 35 段，第 37 段至 47a 段，第 48 段至 89 段，第 91 段至 96 段；〈符言〉篇第五章。〈說林訓〉共有 78 段見於《文子》。

1

　　以一世之度制治天下，譬猶客之乘舟，中流遺其劍，遽契其舟
〔舡〕（原作'梳'，據王念孫校改。），暮薄而求之，其不知物類亦甚矣！夫
隨一隅之跡，而不知因天地以游，惑莫大焉。雖時有所合，然而不
足貴也。譬若旱歲之土龍，疾疫之芻狗，是時爲帝者也。

　　　　楚人有涉江者，其劍自舟中墜於水，遽契其舟曰："是吾劍之所從墜。"舟止，
　　從其所契者入水求之。舟已行矣，而劍不行，求劍若此，不亦惑乎？以此故法爲其國
　　與此同。時已徙矣，而法不徙，以此爲治，豈不難哉？《呂氏春秋·察今》

　　　　藥也，其實菫也，桔梗也，雞癰也，豕零也，是時爲帝者也。《莊子·徐無鬼》

　　此段部份文字見於《呂氏春秋》與《莊子》，當是古典文獻摘文的整理。

2

　　〔褅〕（原作'曹氏'，據俞樾校改。）之裂布，蚨者貴之，然非夏后氏之
璜。

3

　　無古無今，無始無終，未有天地而生天地，至深微廣大矣。

　　　　無古無今，無始無終。未有子孫而有子孫，可乎？《莊子·知北遊》

　　此段思想似襲自《莊子》，文字略異。

4

　　足〔所〕（原作"以"，據王念孫校改。）蹍者淺矣，然待所不蹍而後行；
智所知者褊矣，然待所不知而後明（足所踐者淺，然待所不踐而後能行，心所知
者褊，然待所不知而後能明。）〈上德〉篇第三章17

　　　　故足之於地也踐，雖踐，恃其所不蹍而後善博也；人之於知也少，雖少，恃其所

不知而後知天之所謂也。《莊子·徐無鬼》

此段文字取自《莊子》，見於《文子·上德》。〈上德〉篇此處內容與《文子》古本思想不類，似《淮南子》別本資料竄入。

5

游者以足蹶，以手抔，不得其數，愈蹶愈敗；及其能游者，非手足者矣。

此段與〈說山訓〉第一三四段思想相近。

6

鳥飛反鄉，兔走歸窟，狐死首丘，寒將翔水，各哀其所生也（飛鳥反鄉，兔走歸窟，狐死首丘，寒螿得木，各依其所生也。）〈上德〉篇第三章25。

此段"寒將翔水，各哀其所生"兩句，高誘註云："寒將，水鳥。'哀'猶'愛'也。"俞樾云："《文子》〈上德〉篇作'各依其所生'。'哀'與'依'古聲同，此作哀者，即依之假字耳。"陶方琦云："《文選》謝惠連〈擣衣詩〉注引許注：'寒螿，蟬屬也。'案：二注文義並異。"由此可證，《文子》此處當與今《淮南子》屬不同資料來源。

7

毋貽盲者鏡，毋予躄者履，毋〔資〕（原作"賞"，據蔣鴻禮校改。）越人章甫，非其用也。

此段文意似本諸《莊子·逍遙遊》，〈逍遙遊〉篇曰："宋人資章甫而適諸越，越人斷髮文身，無所用之。"

8

椎固有柄，不能自椓；目見百步之外，不能自見其眥（椎固於柄，而不能自椽，目見百步之外，而不能見其睫。)〈上德〉篇第三章28。

9

狗羷不擇甌甌而食，偷肥其體而顧近死；鳳皇高翔千仞之上，故莫之能致(犬豕不擇器而食，愈肥其體，故近死，鳳凰翔於千仞，莫之能致。)〈上德〉篇第三章27。

　　此段見於《文子・上德》，"甌甌"二字，〈上德〉篇作"器"，"偷"字，作"愈"，"顧"字，作"故"。何寧云："偷讀為愈。"二者記述文本略異。

10

月照天下，蝕於詹諸；騰蛇游霧，而殆於蝍蛆；烏力勝日，而服於〔鷯札〕(原作"雛禮"，據王引之校改。)；能有脩短也。

11

莫壽於殤子，而彭祖為夭矣。

　　此段文字取自《莊子・齊物論》，〈齊物論〉篇曰："莫壽於殤子，而彭祖為夭。"。

12

〔綆短〕(原作"短綆"，據王王叔岷校改。)不可以汲深，器小不可以盛大，非其任也。

　　此段文字取自《莊子・至樂》，〈至樂〉篇曰："昔者管子有言，丘甚善之，曰：'褚小者不可以懷大，綆短者不可以汲深。'"

13

怒出於不怒，為出於不為(怒出於不怒，為出於不為。)視於無形，則得其所見矣；聽於無聲，則得其所聞矣（視於無有，則得所見，聽於無聲，則得所聞。）〈上德〉篇第三章24。

> 出怒不怒，則怒出於不怒矣；出爲無爲，則爲出於無爲矣。《莊子·庚桑楚》

> 怒出於不怒，爲出於不爲。視於無有，則得其所見，聽於無聲，則得其所聞。故無形者有形之本，無聲者有聲之母。《鄧析子·轉辭》

此段文字取自《鄧析子》。

14

至味不慊，至言不文，至樂不笑，至音不叫，大匠不斲，〔大庖不豆〕〔原作 ‘大豆不具’，據俞樾校改。〕，大勇不鬥，得道而德從之矣。譬若黃鍾之比宮，太簇之比商，無更調焉。

> 夫相，大官也。處大官者，不欲小察、不欲小智，故曰：大匠不斲，大庖不豆，大勇不鬬，大兵不寇。《呂氏春秋·貴公》

此段 “至味不慊” 等句似古時成說，《老子》第四十一章曰：“故建言有之：明道若昧、進道若退、夷道若纇、上德若谷、大白若辱、廣德若不足，建德若偷。質真若渝，大方無隅，大器晚成，大音希聲，大象無形，道隱無名。”所謂 “建言”，當為古時雋語的集粹。

15

以瓦鉵者全，以金鉵者跂，以玉鉵者發，是故所重者在外，則內爲之掘。

> 以瓦注者巧，以鉤注者憚，以黃金注者殙。其巧一也，而有所矜，則重外也。凡外重者內拙。《莊子·達生》

> 莊子曰：“以瓦殶者翔，以鉤殶者戰，以黃金殶者殆。其祥一也，而有所殆者，必外有所重者也。外有所重者泄，蓋內掘。”《呂氏春秋·去尤》

> 以瓦摳者巧，以鉤摳者憚，以黃金摳者惛；巧一也，而有所矜，則重外也。凡重

外者拙內。《列子·黃帝》

此段似取自《莊子》，而文字略異。

16

逐獸者目不見太山，嗜欲在外，則明所蔽矣。

17

聽有音之音者聾，聽無音之音者聰；不聾不聰，與神明通。

18

卜者操龜，筮者端策，以問於數，安所問之哉！

19

舞者舉節，坐者不期而抃皆如一，所極同也。

20

日出暘谷，入於虞淵，莫知其動，須臾之閒，俛人之頸。

21

人莫欲學御龍，而皆欲學御馬，莫欲學治鬼，而皆欲學治人，急所用也。

22

解門以爲薪，塞井以爲臼，人之從事，或時相似。

23

水火相憎，〔鑶〕（原作“錯”，據何寧校改。）在其間，五味以和。骨肉相愛，讒賊間之，而父子相危(水火相憎，鼎鬲在其間，五味以和；骨肉相愛也，讒人間之，父子相危也。)〈上德〉篇第三章26。

24

夫所以養而害所養，譬猶削足而適履，殺頭而便冠。

25

昌羊去蚤蝨而來蛉窮，除小害而致大賊，故小快而害大利。

26

牆之壞也，不若無也，然逾屋之覆。

〈說山訓〉第十七段曰："牆之壞，愈其立也，冰之泮，愈其凝也，以其反宗。"

27

璧瑗成器，磕諸之功；鏌邪斷割，砥屬之力(璧瑗之器，磕礛之功也，莫邪斷割，砥礪之力也。)〈上德〉篇第三章21。

28

狡兔得而獵犬烹，高鳥盡而強弩藏(狡兔得而獵犬烹，高鳥盡而良弓藏，〔名成功遂身退，天道然也。〕)〈上德〉篇第三章23。

29

蚉與驥，致千里而不飛，無糗糧之資而不飢(虻與驥，致千里而不飛，無裹糧之資而不飢。)〈上德〉篇第三章22。

30

失火而遇雨，失火則不幸，遇雨則幸也，故禍中有福也。

31

鬻棺者欲民之疾〔疫〕（原作“病”，據劉文典校改。）也，畜粟者欲歲之荒飢也。

> 諺曰："鬻棺者欲歲之疫。" 非憎人欲殺之，利在於人死也。《漢書·刑法志》

此段似取自古諺，見於《漢書·刑法志》。

32

水靜則平，平則清，清則見物之形，弗能匿也，故可以為正（水靜則清，清則平，平則易，易則見物之形，形不可併，故可以為正。）〈上德〉篇第三章33。

> 水之性，不雜則清，莫動則平；鬱閉而不流，亦不能清；天德之象也。《莊子·刻意》

此段似本諸《莊子》思想，文字記述略異。

33

川竭而谷虛，丘夷而淵塞，脣竭而齒寒（川竭而谷虛，丘夷而淵塞，脣亡而齒寒。）〈上德〉篇第三章18。

> 此段摘自《莊子·胠篋》，〈胠篋〉篇曰："脣竭則齒寒。" 又曰"夫谷虛而川竭，丘夷而淵實。"

34

河水之深，其壤在山（河水深而壤在山。）〈上德〉篇第三章。

35

鈞之縞也，一端以為冠，一端以為袜，冠則戴〔竢〕（原作"致"，據王念孫校改。）之，袜則蹍履之（紎之為縞也，或為冠，或為袜，冠則戴之，袜則足蹍之。）〈上德〉篇第三章33 。

36

知己者不可誘以物，明於死生者不可卻以危，故善游者不可懼以涉。

37

親莫親於骨肉，節族之屬連也，心失其制，乃反自害，況疏遠乎！

38

聖人之於道，猶葵之與日也，雖不能與終始哉，其鄉之誠〔者〕（據劉文典校補。）也。

39

官池涔則溢，旱則涸；江水之原，淵泉不能竭（〔因高為山即安而不危，因下為淵則魚鱉歸焉。〕）〈上德〉篇第三章30 。

40

蓋非橑不能蔽日，輪非輻不能追疾，然而〔一〕橑、〔一〕輻（據陶鴻慶校補。）未足恃也（蓋非橑不蔽日，輪非輻不追疾，橑輪未足恃也。）〈上德〉篇第三章100 。

41

金勝木者，非以一刃殘林也；土勝水者，非以一墣塞江也（金之勢勝木。一刃不能殘一林，土之勢勝水，一掬不能塞江河，水之勢勝火，一酌不能救一車之薪。）

〈上德〉篇第三章 34 。

42

　　躄者見虎而不走，非勇，勢不便也。

43

　　傾者易覆也，倚者易靼也。幾易助也，溼易雨也(傾易覆也，倚易輆
也，幾易助也，濕易雨也。)〈上德〉篇第三章 37 。

44

　　設鼠者機動，釣魚者泛〔扺〕(原作 "杬" ，據王念孫校改。)，任〔重〕
(原作 "動" ，據于省吾校改。)者車鳴也。

45

　　朔狗能立而不能行，蛇床似糜蕪而不能芳。

46

　　謂許由無德，烏獲無力，莫不醜於色，人莫不奮於其所不足。

47

　　以兔之走，使〔大〕(原作 "犬" ，據孫詒讓校改。)如馬，則逮日歸風；
及其為馬，則又不能走矣。

48

　　冬有雷電，夏有霜雪，然而寒暑之勢不易，小變不足以防大節(冬
有雷，夏有雹，寒暑不變其節。〈上德〉篇第三章 35 。

49

黃帝生陰陽，上駢生耳目，桑林生臂手，此女媧所以七十化也。

50

終日之言必有聖之事，百發之中必有羿、逢蒙之巧，然而世不與也，其守節非也。

51

牛蹄亂顱亦骨也，而世弗灼，必問吉凶於龜者，以其歷歲久矣。

52

近敖倉者不爲之多飯，臨江、河者不爲之多飲，期滿腹而已。

53

蘭〔芷〕（於作 "芷"，據王念孫校改。）**以芳，未嘗見霜，鼓造辟兵，壽盡五月之望**(蘭芷以芳，不得見霜，蟾蜍辟兵，壽在五月之望。)〈上德〉篇第三章38。

　　上段 "鼓造辟兵" 句，高誘注曰："鼓造蓋謂梟。一曰：蝦蟆。" 何寧云："《文子》〈上德〉襲此文 ‘股造’ 作 ‘蟾蜍’，與高注一曰合。" 高誘似曾見後混入《文子》之《淮南子》別本。

54

舌之與齒，孰先礲也？錞之與刃，孰先弊也？繩之與矢，孰先直也(舌之與齒，孰先弊焉？繩之與矢，孰先折焉？)〈上德〉篇第三章40？

55

今鱓之與蛇，蠶之與蠋，狀相類而愛憎異。

56

晉以垂棘之璧得虞、虢，驪戎以美女亡晉國。

57

聾者不謌，無以自樂；盲者不觀，無以接物(聾者不歌，無以自樂，盲者不觀，無以接物。)〈上德〉篇第三章44。

58

觀射者遺其執，觀書者忘其愛，意有所在，則忘其所守。

59

古之所為不可更，則〔椎〕(原作"推"，孫志祖校改。)車至今無蟬匷。

60

使〔倡〕(原作"但"，據俞樾校改。)吹竽，使〔工〕(原作"氐"，據王念孫、俞樾校改。)厭竅，雖中節而不可聽，無其君形者也(使倡吹竽，使工捻竅，雖中節，不可使決，君形亡焉。)〈上德〉篇第三章43。

田連、成竅天下善鼓琴者也，然而田連鼓上，成竅櫟下，而不能成曲，亦共故也。《韓非子·外儲說右》

此段似古時雋語，《韓非子·外儲說右》則舉以實例說明。

61

與死者同病，難為良醫；與亡國同道，難與為謀(與死同病者，難為良醫，與亡國同道者，不可為忠謀。)〈上德〉篇第三章42。

此段見於《文子·上德》，二者文字記述略異。

504

62

為客治飯而自〔食〕（據王念孫校改。）藜藿，名尊於實也。

63

乳犬之噬虎也，伏雞之搏狸，恩之所加，不量其力(乳犬之噬虎，伏雞之搏狸，恩之所加，不量其力。)〈上德〉篇第三章78。

64

使景曲者，形也；使響濁者，聲也(使影曲者，形也；使響濁者，聲也。)〈上德〉篇第三章41。

65

情泄者，中易測。華不時者，不可食也(精泄者，中易殘，華非時者，不可食。)〈上德〉篇第三章39。

上段"情泄者，中易測"兩句，高誘注曰："不閉其情欲，發泄於外，故其中心易測度知也。"《文子·上德》作"精泄者，中易殘"，謂至精耗損，則心神易殘"。二者文字記述當有不同。

66

蹠越者，或以舟，或以車，雖異路，所極一也。

67

佳人不同體，美人不同面，而皆說於目；梨橘棗栗不同味，而皆調於口。

《莊子·天運》有文意相近資料，曰："故譬三皇五帝之禮義法度，其猶柤梨橘柚邪！其味相反而皆可於口。"

68

　　人有盜而富者，富者未必盜；有廉而貧者，貧者未必廉。

69

　　〔蔽〕（原作“蒿”，據王念孫校改。）苗類絮，而不可爲絮；蘗不類布，而可以爲布。

70

　　出林者，不得直道，行險者，不得履繩(步於林者，不得直道，行於險者，不得履繩。)〈上德〉篇第三章45 。

　　　〈繆稱訓〉第六十六節曰：“故行險者不得履繩，出林者不得直道，夜行瞑目而前其手，事有所宜，而明有不容。”

71

　　羿之所以射遠中微者，非弓矢也；造父之所以追速致遠者，非轡銜也。

72

　　海內其所出，故能大(海內其所出，故能大。)〈上德〉篇第三章46；輪復其所過，故能遠。

73

　　羊肉不慕螘，螘慕於羊肉，羊肉羶也；醯（酸）不慕蚋，蚋慕於醯，〔醯〕酸〔也〕（據王念孫校刪補。）。

　　　　羊肉不慕蟻，蟻慕羊肉，羊肉羶也。舜有羶行……《莊子‧徐無鬼》

　　　　缶醯黃，蚋聚之，有酸。《呂氏春秋‧功名》

此段似古諺，《莊子》與《呂氏春秋》均曾引用。

74

嘗一臠肉而知一鑊之味，懸羽與炭而知燥溼之氣，以小見大，以近喻遠。

此段見於〈說山訓〉第一三五段，〈說山訓〉曰：" 嘗一臠肉，而知一鑊之味；懸羽與炭，而知燥溼之氣；以小明大。見葉落，而知歲之將暮，睹瓶中之冰，而知天下之寒暑；以近論遠。" 此處似有脫文。

75

十頃之陂可以灌四十頃，而一頃之陂，〔不〕（據王念孫校改。）可以灌四頃，大小之衰然。

76

明月之光可以遠望，而不可以細書；甚霧之朝可以細書，而不可以（原有 "遠" 字，據莊逵吉校改。）望尋常之外。

77

畫者謹毛而失貌，射者儀小而遺大。

78

治鼠穴而壞里閭，潰小皰而發痤疽，若珠之有纇，玉之有瑕，置之而全，去之而虧。

79

榛巢者處林〔莽〕（原作 "茂"，據孫詒讓校改。）者，安也；窟穴者託埵防者，便也。

80

王子慶忌足躡麋鹿、手搏兕虎，置之冥室之中，不能搏龜鱉，勢不便也。

81

湯放其主而有榮名，崔杼弒其君而被大謗，所爲之則同，其所以爲之則異。

82

呂望使老者奮，項託使嬰兒矜，以類相慕。

83

使葉落者，風搖之，使水濁者，魚撓之 (使葉落者，風搖之也，使水濁者，物撓之也)〈上德〉篇第三章20。

84

虎豹之文來射，蝯蚑之捷來乍。

　　且也虎豹之文來田，猨狙之便來藉。《莊子·應帝王》

　　執狸之狗來思，猿狙之便來藉。《莊子·天地》

　　此段文字似摘自《莊子》，〈應帝王〉、〈天地〉篇均有記述。

85

行一棋不足以見智，彈一弦不足以見悲 (行一棋不足以見知，彈一弦不足以為悲。)〈上德〉篇第三章93。

此段見於《文子·上德》，"見悲"二字，〈上德〉篇作"為悲"，《淮南子》
似涉前"見"字而誤。

86

三寸之管而無當，天下弗能滿；十石而有塞，百斗而足矣(三寸之
管無當，天下不能滿，十石而有塞，百斗而足。)〈上德〉篇第三章50。

87

以籌測江，籌終而以水為測，惑矣。

88

漁者走淵，木者走山，所急者存也。朝之市則走，夕過市則步，
所求者亡也。

89

〔貂〕(原作"豹"，據向宗魯校改。)裘而雜，不若狐裘之粹；白璧有考，
不得為寶；言至純之難也。

90

(原有"戰"字，據王念孫校刪。)兵死之鬼憎神巫，盜賊之輩醜吠拘。

91

無鄉之社易為黍肉，無國之稷易為求福。

92

鱉無耳而目不可以蔽，精於明也。瞽無目而耳不可以察，精於
聰也(鱉無耳而目不可以蔽，精於明也，瞽無目而耳不可以蔽，精於聰也。)〈上德〉篇第三章31。

此段高誘注曰："不可以蔽，蔽知則見也"，又曰："不可以察，查知則聞"。

王引之云："正文、注文皆義不可同。正文當作'鱉無耳而目不可以瞥，精於明也。瞽無目而耳不可以塞，精於聰也。'"高誘見本，與《文子》文字記述不同。

93

遺腹子不思其父，無貌於心也；不夢見像，無形於目也。

94

蝮蛇不可為足，虎豹不可使緣木(蝮蛇不可為足，虎不可為翼。)〈上德〉篇第三章57。馬不食脂，桑扈不啄粟，非廉也。

此段前兩句見於《文子・上德》，二者文字記述略異。

95

秦通崤塞，而魏築城也。飢馬在廄，寂然無聲；投芻其旁，爭心乃生(飢馬在廄，漠然無聲，投芻其旁，爭心乃生。)〈上德〉篇第三章49。

上段"飢馬在廄"等句，何寧云："《呂氏春秋》〈守時〉篇：'飢馬盈廄嘆然，未見芻也；飢狗盈窨，嘆然，未見骨也；見骨與芻，動不可禁。'此《淮南》所本。又見〈秦策〉三應侯說秦王。"

96

引弓而射，非弦不能發矢，弦之為射，百分之一也(張弓而射，非弦不能發，發矢之為射，十分之一。〈上德〉篇第三章48。

此段見於《文子・上德》，二者文字記述略異。

97

道德可常，權不可常，故遁關不可復，亡�不可再。

98

環可以喻員，不必以輪；條可以爲繣，不必以紲。

99

日月不並出，狐不二雄，神龍不匹，猛獸不群，鷙鳥不雙(日不並
出，狐不二雄，神龍不匹，猛獸不群，鷙鳥不雙。〈上德〉篇第三章100。

100

循繩而斲則不過，懸衡而量則不差，植表而望則不惑(循繩而斲，
即不過，縣衡而量，即不差。)〈上德〉篇第三章51。

101

損年則嫌於弟，益年則疑於兄，不如循其理，若其當。

102

人不見龍之飛，舉而能高者，風雨奉之。

103

蠹眾則木折，隙大則牆壞。

104

懸垂之類，有時而隧；枝格之屬，有時而弛(縣古法以類，有時而遂，
杖格之屬，有時而施。)〈上德〉篇第三章52。

此段文字見於《文子‧上德》，二者文意不同。〈上德〉篇第三章彼處前後文
作"循繩而斲，即不過，縣衡而量，即不差。縣古法以類，有時而遂，杖格之
屬，有時而施。是而行之，謂之斷，非而行之，謂之亂"，而《淮南子》分置
三處。于大成先生校《文子》云："締觀文意，似謂：稱古法以例於今，有時

而亦可遽行。然杖格之屬，有時而亦不得不用。言因時而制宜適也。故下文即承之云：‘ 是而行之謂之斷，非而行之謂之亂 ’也。”

105

當凍而不死者，不矢其適；當暑而不喝者，不亡其適；未嘗〔不〕（據王引之校改。）適，亡適。

此段文意與《莊子·達生》相近，〈達生〉篇曰：“忘足，履之適也；忘要，帶之適也；知忘是非，心之適也；不內變，不外從，事會之適也。始乎適而未嘗不適者，忘適之適也。”

106

湯沐具而蟣蝨相弔，大廈成而燕雀相賀，憂樂別也。

107

柳下惠見飴，曰可以養老；盜跖見飴，曰可以黏牡；見物同，而用之異。

仁人之得飴，以養疾侍老也。跖與企足得飴，以開閉取楗也。《呂氏春秋·異用》

此段文意與《呂氏春秋·異用》相近，“柳下惠”一詞，〈異用〉篇作“仁人”，為泛稱之語。《淮南子》與《文子》二書文字互見部份，時有《淮南子》以人物事例說明處，《文子》多使用泛稱之詞。《呂氏春秋》此處與《文子》體例相似，可見古書記述，並非嚴謹一律。

108

蠶食而不飲，〔三〕（原作“二”，據王念孫校改。）二十二日而化；蟬飲而不食，三十日而蛻；蜉蝣不食不飲，三日而死；人食礜石而死，蠶食之而不飢；魚食巴菽而死，鼠食之而肥；類不可必推。

此段資料似與《大戴禮記·易本命》資料同源，〈易本命〉篇曰：“萬物之性各異類：故蠶食而不飲，蟬飲而不食，蜉蝣不飲不食，介鱗夏食冬蟄。”

109

瓦以火成，不可以得火；竹以水生，不可以得水。

110

揚堁而欲弭塵，披裘而以翣翼，豈若適衣而已哉！

111

槁竹有火，弗鑽不難；土中有水，弗掘〔不出〕（原作“無泉”，據王念孫校改。）（竹木有火，不鑽不熏，土中有水，不掘不出。）〈上德〉篇第三章85。

此段見於《文子·上德》，二者文子記述略異，“無泉”二字，王念孫據《文子》校改。

112

蛻象之病，人之寶也；人之病，將有誰寶之者乎

113

為酒人之利而不酤，則〔渴〕（原作“竭”，據楊樹達校改。）；為車人之利而不儌，則不達。握火提人，反先之熱。

114

鄰之母死，往哭之，妻死而不泣，有所劫以然也。

115

西方之倮國，鳥獸弗辟，與為一也。

116

一膊炭熯，掇之則爛指，萬石俱熯，去之十步而不死，同氣異積也(今有一炭然，掇之爛指，〔相近也，〕萬石俱熏，去之十步而不死，同氣而異積也。)〈上德〉篇第三章94。大勇小勇，有似於此。

此段見於《文子·上德》，二者資料來源有異，"一膊炭熯，掇之則爛指"兩句，文意不完，似脫"相近也"三字。

117

今有六尺之席，臥而越之，下才弗難，植而踰之，上才弗易，勢施異也(今有六尺之席，臥而越之，下才不難，立而逾之，上才不易，勢施異也。)〈上德〉篇第三章58。

118

百梅足以為百人酸，一梅不足以為一人和。

119

有以〔噎〕(原作"飯"，據王念孫校改。)死者而禁天下之食，有以車敗者而禁天下之乘，則悖矣。

夫有以饐死者，欲禁天下之食，悖；有以乘舟死者，欲禁天下之船，悖；有以用兵喪其國者，欲偃天下之兵，悖。《呂氏春秋·蕩兵》

此段資料當與《呂氏春秋》同源，內容也與〈說山訓〉第一五三段相近。〈說山訓〉曰："為孔子之窮於陳、蔡而廢六藝，則惑；為醫之不能自治其病，病而不就藥，則勃矣。"

120

釣者靜之，〔罧〕(原作"罛"，據王念孫校改。)者扣舟；罩者抑之，〔罾〕

（原作“罼”，據王念孫校改。）者舉之；為之異，得魚一也。

121

見象牙乃知其大於牛，見虎尾乃知其大於貍，一節見而百節知也。

122

小國不鬥於大國之間，兩鹿不鬥於伏兕之旁。

123

佐祭者得嘗，救鬥者得傷，蔭不祥之木，為雷〔霆〕（原作“電”，據劉文典校改。）所撲（助祭者得嘗，救鬥者得傷，蔽於不祥之木，為雷霆所撲。）〈上德〉篇第三章59。

劉文典云：“《御覽》十三引‘電’作‘霆’。”王叔岷云：“案：《文子》亦作‘霆’。”

124

或謂豕，或謂彘；或謂笠，或謂簦，〔名異實同也〕（據王念孫校補。）。頭蝨與空木之瑟，名同實異也。

125

日月欲明，而浮雲蓋之，蘭〔芷〕（原作“芝”，據王念孫校改。）欲脩，而秋風敗之（日月欲明，浮雲蔽之，叢蘭欲修，秋風敗之。〈上德〉篇第三章60。

126

虎有子，不能搏攫者，輒殺之，為墮武也。

127

龜紐之璽，賢者以為佩，土壤布在田，能者以為富，予（原有 "拯"
字，據王念孫校刪。）溺者金玉，不若尋常之纏〔原有 "索" 字，據王念孫校改。〕（黃
金龜紐，賢者以為佩，土壤布地，能者以為富，故與弱者金玉，不如與之尺素。〈上德〉篇第三章62。

> 此段見於《文子·上德》，"予拯溺者金玉"句，王念孫云："今本'溺'上
> 有'拯'字，乃涉注文而衍。"《文子》無'拯'字。此處與《文子》文字記
> 述略異，資料來源似不同。

128

視書，上有酒者，下必有肉，上有年者，下必有月，以類而取
之。

129

蒙塵而眯，固其理也；為其不出戶而堁之，〔非其道也〕（據王
念孫校補。）。

130

屠者〔藿羹〕（原作 "羹藿"；據王念孫校改。），（原有 "為" 字，據王念孫校刪。）
車者步行，陶者用缺盆，匠人處狹廬，為者不得用，用者弗肯為。

131

轂立三十輻，各盡其力，不得相害。使一輻獨入，眾輻皆棄，
豈能致千里哉（轂虛而中立三十輻，各盡其力，使一軸獨入，眾輻皆棄，何近遠之能至。）
〈上德〉篇第三章63？

> 上段"轂立三十輻"句，《文子》作"轂虛而中立三十輻"，俞樾、蔣禮鴻認
> 為《淮南子》脫"虛而中"三字，但《文子》文字似屬不同資料來源。

132

夜行者掩目而前其手，涉水者解其馬載之舟，事有所宜，而有
所不施。

133

橘柚有鄉，萑葦有叢。獸同足者相從遊，鳥同翼者相從翔(橘柚有
鄉，萑葦有叢，獸同足者相從游，鳥同翼者相從翔。)〈上德〉篇第三章)64。

134

田中之潦，流入於海；附耳之言，聞於千里也(附耳之語，流聞千里)
〈微明〉篇第十九章③。

135

蘇秦步，曰："〔何步？"，趨，曰"何趨？"，趍，曰："何
趍？"(原作"何故？趍，曰：何趍趍？"，據俞樾校改。)。有爲則議，多事固苛。

136

皮將弗覩，毛將何顧！畏首畏尾，身凡有幾！

137

欲觀九州之土，足無千里之行，心無政教之原，而欲為萬民之
也，則難(欲觀九州之地，足無千里之行，無政教之源，而欲為萬民上者難矣〈上德〉篇第三章
65！

138

旳旳者獲，提提者射，故"大白若辱，大德若不足(兇兇者獲，提提
者射，故"大白若辱，廣德若不足。")〈上德〉篇第三章66。"

上段"大白若辱"兩句，語出《老子》第四十一章，王弼注本作"大白若辱、廣德若不足"。

139

未嘗稼穡粟滿倉，未嘗桑蠶絲滿囊，得之不以道，用之必橫。

140

海不受流胔，太山不上小人，旁光不升俎，騊駼不入牲。

〈說山訓〉第六十三段曰："海水雖大，不受胾芥。"

141

中夏用箑，快之，至冬而不知去；褰衣涉水，至〔陸〕（原作"陵"，據王念孫校改。）而不知下；未可以應變。

142

有山無林，有谷無風，有石無金。

143

滿堂之坐，視鉤各異，於環帶一也。

144

獻公之賢，欺於驪姬；叔孫之知，欺於豎牛。故鄭詹入魯，《春秋》曰："佞人來，佞人來。"

上段"故鄭詹入魯"等句，于鬯云："此見《公羊·莊·十七年傳》。"

145

君子有酒，鄙人鼓缶，雖不見好，亦不見醜(君子有酒，小人鞭缶，雖不可好，亦可以醜。)〈上德〉篇第三章67 。

　　此段見於《文子·上德》，二者文字略異，《淮南子》意謂："君子拿出美酒，鄉人敲起瓦缶，雖然不見得協調，但也不見得乖違。""亦不見醜"句，《文子》作"亦可以醜"。《廣雅·釋詁三》："醜，類也。"《文子》意謂："君子拿出美酒，小人鞭打著瓦缶，雖然並非協調，但可比擬相類。"

146

人性便〔衣絲〕(原作"絲衣"，據陳觀樓校改。)帛，或射之則被鎧甲，為其所不便，以得所便(人之性，便衣綿帛，或射之即被甲，為所不便，以其便也。)〈上德〉篇第三章68 。

　　陳觀樓云："'人便絲衣帛'當作'便衣絲帛'。'衣絲帛'與'被鎧甲'相對。《文子》〈上德〉篇作'衣棉帛'。"

147

輻之入轂，各值其鑿，不得相通，猶人臣各守其職(三十輻共一轂，各直一鑿，不得相入，猶人臣各守其職也。)〈上德〉篇第三章69 ，不得相干。

　　此段見於《文子·上德》，文字略異，似資料來源不同。

148

嘗被甲而免射者，被而入水；嘗抱壺而度水者，抱而蒙火；可謂不知類矣。

149

君子之居民上，若以腐索御奔馬，若蹈薄冰、蛟在其下，若入林而遇乳虎。

150

善用人者，若蚈之足，眾而不相害；若脣之與齒，堅柔相摩而不相敗(善用人者，若蚈之足，眾而不相害，若舌之與齒，堅柔相磨而不相敗。)〈上德〉篇第三章70。

151

清醠之美，始於耒耜；黼黻之美，在於杼軸。

152

布之新不如紵，紵之弊不如布，或善為新，或〔善〕(原作“惡”，據王念孫校改。)為故。醫鮦、在頰則好，在顙則醜。繡、以為裳則宜，以為冠則〔議〕(原“譏”，據王念孫校改。)。

153

馬齒非牛蹏，檀根非椅枝，故見其一本而萬物知。

154

石生而堅，蘭生而芳，少〔有〕(原作“自”，據王念孫校改。)其質，長而愈明(石生而堅，芷生而芳，少而有之，長而逾明。)〈上德〉篇第三章71。

155

扶之與提，謝之與讓，〔得之與失，諾之與己也，相去千里〕(原作“故之與先，諾之與已，之與矣”，據俞樾校改。)(扶之與提，謝之與讓，得之與失，諾之與已，相去千里。)〈上德〉篇第三章72。

此段有訛誤，俞樾據《文子·上德》校改。

156

　　污準而粉其顙，腐鼠在壇，燒薰於宮，入水而憎濡，懷臭而求芳，雖善者弗能為工(汙其準，粉其顙，腐鼠在阼，燒薰於堂，入水而增濡，懷臭而求芳，雖善者不能為工。)〈上德〉篇第三章 74 。

157

　　再生者不穫，華〔太早〕(原作 "大早"，據陳觀樓校改。)者，不胥時落(再生者不獲，華太早者，不須霜而落。)〈上德〉篇第三章 73 。

158

　　毋曰不幸，甑終不墜井(無曰不幸，甑終不墮井矣。)〈上德〉篇第三章 91 。抽簪招燐，有何為驚？

　　此段有訛誤，陳觀樓據《文子・上德》校改。

159

　　使人無度河，可；中河使無度，不可。

160

　　見虎一文，不知其武；見驥一毛，不知善走。

161

　　水蠆為蟌，孑孓為蟁，兔齧為螚，物之所為，出於不意，弗知者驚，知者不怪。

162

　　銅英青，金英黃，玉英白，爨燭挒，膏燭澤也，以微知明，以

521

外知內。

163

象肉之味不知於口，鬼神之貌不著於目，捕景之說不形於心。

164

冬冰可折，夏木可結，時難得而易失(冬冰可折，夏木可結，時難得而易得失。)。木方茂盛，終日採而不知；秋風下霜，一夕而殫(木方盛，終日朵之而復生，秋風下霜，一夕而零。)〈上德〉篇第三章75。

165

病熱而強之餐，救暍而飲之寒，救經而引其索，拯溺而授之石，欲救之，反為惡。

166

雖欲謹，亡馬不發戶轔；雖欲豫，就酒不懷蕟。

167

孟賁探鼠穴，鼠無時死，必嚙其指，失其勢也。

168

山雲蒸，柱礎潤；茯苓掘，兔絲死。

169

一家失燻，百家皆燒；讒夫陰謀，百姓暴骸。

170

　　粟得水（原有“溼”字，據劉文典校刪。）而熱，甑得火而液，水中有火，火中有水。疾雷破石，陰陽相薄，〔自然之勢〕（據王念孫校補。）。

171

　　湯沐之於河，有益不多。流潦注海，雖不能益，猶愈於已。

172

　　一目之羅，不可以得鳥；無餌之釣，不可以得魚；遇士無禮，不可以得賢。

173

　　兔絲無根而生，蛇無足而行，魚無耳而聽，蟬無口而鳴，有然之者也。

174

　　鶴壽千歲，以極其游；蜉蝣朝生而暮死，而盡其樂。

175

　　紂醢梅伯，文王與諸侯構之；桀辜諫者，湯使人哭之。狂馬不觸木，猘狗不自投於河，雖聾蟲而不自陷，又況人乎！

176

　　愛熊而食之鹽，愛獺而飲之酒，雖欲養之，非其道。

177

　　心所說，毀舟爲杕；心所欲，毀鍾爲鐸。

178

　　管子以小辱成大榮，蘇秦以百誕成一誠。

179

　　質的張而弓矢集，林木茂而斧斤入，非或召之，形勢所致者也(質
的張而矢射集，林木茂而斧斤入，非或召之也，形勢之所致。)〈上德〉篇第三章77。

180

　　待利而後拯溺人，亦必以利溺人矣(夫待利而登溺者，必將以利溺之矣。)
〈上德〉篇第三章79。

181

　　舟能沈能浮，愚者不加足(舟能浮能沈，愚者不知足焉。)。驥驥驅之不
進，引之不止，人君不以取道里(驥驅之不進，引之不止，人君不以求道里。)〈上
德〉篇第三章80。

182

　　刺我行者，欲與我交；訾我貨者，欲與我市(刺我行者，欲我交，訾我
貨者，欲我市。)〈上德〉篇第三章92。

183

　　以水和水不可食，一絃之瑟不可聽。

184

　　駿馬以〔柳〕(原作"抑"，據何寧校改。)死，直士以正窮；賢者擯於
朝，美女擯於宮。

185

行者思於道，而居者夢於床；慈母吟於〔燕〕（原作"巷"，據王念孫
校改。），適子懷於荊，〔精相往來也〕（據王念孫校補。）。

此段內容與《呂氏春秋·精通》相近，〈精通〉篇曰："身在乎秦，所親愛在
於齊，死而志氣不安，精或往來也。"

186

赤肉縣則烏鵲集，鷹隼鷙則眾鳥散，物之散聚，交感以然。

187

食其食者不毀其器，食其實者不折其枝。塞其源者竭，背其本
者枯。

188

交畫不暢，連環不解，其解之〔以不〕（原作"不以"，據楊樹達校改。）
解。

則其解之也似不解之者，其知之也似不知之也，不知而後知之。《莊子·徐無鬼》

夫一能應萬，無方而出之務者，唯有道者能之。魯鄙人遺宋元王閉，元王號令於
國，有巧者皆來解閉。人莫之能解。兒說之弟子請往解之，乃能解其一，不能解其一，
且曰："非可解而我不能解也，固不可解也。"問之魯鄙人。鄙人曰："然，固不可
解也，我爲之而知其不可解也。今不爲而知其不可解也，是巧於我。"故如兒說之弟
子者，以"不解"解之也。《呂氏春秋·君守》

此段見於《淮南子·人間訓》，〈人間訓〉第二部份（戊）第三章曰："故交
畫不暢，連環不解，物之不通者，聖人不爭也。"

189

臨河而羨魚，不若歸家織網(臨河欲魚，不若歸而織網。)〈上德〉篇第三章87。

190

明月之珠，蚌之病而我之利；虎爪象牙，禽獸之利而我之害。

此段與本篇第一一三段相近。

191

易道良馬，使人欲馳；飲酒而樂，使人欲謳。

192

是而行之，固謂之斷；非而行之，必謂之亂(是而行之，謂之斷，非而行之，謂之亂。)〈上德〉篇第三章53。

193

矢之疾，不過二里也；步之遲，百舍不休，千里可致(矢之疾，不過二里，跬步不休，跛鼈千里，)〈上德〉篇第三章86。

194

聖人處於陰，眾人處於陽。聖人行於水，眾人行於霜。

195

異音者不可聽以一律，異形者不可合於一體。

196

農夫勞而君子養焉，愚者言而知者擇焉(農夫勞而君子養，愚者言而智者擇。)〈上德〉篇第三章 54 。

趙文進諫曰：“農夫勞而君子養焉，政之經也；愚者陳意而知者論焉，教之道也；臣無隱忠，君無蔽言，國之祿也。”《戰國策‧趙策》

197

捨茂木而集於枯，不弋鵠而弋烏，難與有圖。

198

寅丘無鑿，泉源不溥；尋常之谿，灌千頃之澤。

119

見之明白，處之如玉石；見之闇晦，必留其謀(見之明白，處之如玉石，見之黯晦，必留其謀。)〈上德〉篇第三章 55 。

200

以天下之大，託於一人之才，譬若懸千鈞之重於木之一枝。

201

負子而登牆，謂之不祥，為其一人隕而兩人傷。

202

善舉事者，若乘舟而悲歌，一人唱而千人和。

203

不能耕而欲黍粱，不能織而喜采裳，無事而求其功，難矣。

204

有榮華者，必有憔悴；有羅紈者，必有麻蒯（有榮華者，必有愁悴；上有羅紈，下必有麻。）〈上德〉篇第三章 95。

205

鳥有沸波者，河伯爲之不潮，畏其誠也；故一夫出死，千乘不輕。

206

蝮蛇螫人，傅以和堇則愈，物固有重〔害而〕（原作“而害”，據向宗魯校改。）反爲利者。

207

聖人之處亂世，若夏暴而待暮，桑榆之間，逾易忍也。

208

水雖平，必有波；衡雖正，必有差；尺寸雖齊，必有詭（水雖平，必有波，衡雖正，必有差，尺雖齊，必有危。）。非規矩不能定方圓，非準繩不能正曲直；用規矩準繩者，亦有規矩準繩焉（非規矩不能定方圓，非準繩無以正曲直，用規矩者，亦有規矩之心。）〈上德〉篇第三章 82。

209

舟覆乃見善游，馬奔乃見良御。

210

嚼而無味者弗能內於喉，視而無形者不能思於心。

211

兕虎在於後，隨侯之珠在於前，弗及掇者，先避患而後就利。

212

逐鹿者不顧兔，決千金之貨者不爭銖兩之價。

213

弓先調而後求勁，馬先馴而後求良，人先信而後求能(弓先調而後求勁，馬先順而後求良，人先信而後求能。)〈上德〉篇第三章88。

214

陶人棄索，車人掇之；屠者棄銷，而鍛者拾之；所緩急異也。

215

百星之明，不如一月之光，十牖之開，不若一戶之明(百星之明，不如一月之光，十牖畢開，不如一戶之明。)〈上德〉篇第三章56。

216

矢之於十步貫兕甲，及其極，不能入魯縞。

217

太山之高，背而弗見；秋毫之末，視之可察(太山之高，倍而不見，秋毫之末，視之可察。)〈上德〉篇第三章84。

218

山生金，反自刻；木生蠹，反自食；人生事，反自賊(老子曰：山生金，石生玉，反相剝；木生蟲，還自食；人生事，還自賊。)《符言》第五章①。

219

　　巧冶不能鑄木，〔巧匠〕(原作"工巧"，據孫詒讓校改。)不能斲金者，形性然也(巧冶不能消木，良匠不能斲冰，物有不可，如之何君子不留意。)〈上德〉篇第三章89 。

　　此段見於《文子·上德》，《北堂書鈔》卷九十九引公孫尼子云："良匠不能斲冰，良冶不能鑄木。"《文子》記述與《淮南子》略異，當屬不同資料來源。

220

　　白玉不雕，美珠不文，質有餘也。

221

　　故蹞步不休，跛鱉千里；累積不輟，可成丘阜(累𡌧不止，丘山從成。)〈上德〉篇第三章86 。

　　　故蹞步而不休，跛鱉千里；累土而不輟，丘山崇成。《荀子·修身》

　　此段文字似古時諺語，《荀子》曾引用，《淮南子》此處以"故"引述，但與上段文意不相承接，恐摘自《荀子》。又，"累積不輟"句，《文子》作"累𡌧不止"，《說文·土部》："𡌧，墣也。塊，俗𡌧字。""蹞步"與"累𡌧"，正相對為文，"積"字恐誤。

222

　　城成於土，木直於下，非有事焉，所緣使然。

223

　　凡用人之道，若以燧取火，疏之則弗得，數之則弗中，正在疏數之間。

224

　　從朝視夕者移，從枉準直者虧；聖人之偶物也，若以鏡視形，曲得其情。

225

　　楊子見〔岐〕（原作“達”，據莊逵吉校改。）路而哭之，爲其可以南可以北；墨子見練絲而泣之，爲其可以黃可以黑。

226

　　趨舍之相合，猶金石之一調，相去千歲，合一音也。

227

　　鳥不干防者，雖近弗射；其當道，雖遠弗釋。

228

　　酤酒而酸，買肉而臭，然酤酒買肉不離屠沽之家，故求物必於近之者。

229

　　以詐應詐，以譎應譎，若被蓑而救火，〔鑿〕（原作“毀”，據王念孫校改。）瀆而止水，乃愈益多。

230

　　西施、毛嬙，狀貌不可同，世稱其好，美鈞也。堯、舜、禹、湯，法籍殊類，得民心一也。

231

　　聖人者、隨時而舉事，因資而立功，潦則具擢對，旱則修土龍。

232

　　臨菑之女，織紝而思行者，爲之悖戾。室有美貌，繪爲之纂繹。

233

　　徵羽之操，不入鄙人之耳；抮和〔適切〕(原作"切適"，據俞樾校改。)，舉坐而善。

234

　　過府而負手者，希不有盜心；故侮人之鬼者，過社而搖其枝。

235

　　晉陽處父伐楚以救江，故解捽者不在於捌格，在於批〔抶〕(原作"伉"，據王引之校改。)。

236

　　木大者根瞿，山高者基扶(木大者根瞿，山高者基扶。)〈上德〉篇第三章 96 ，蹠巨者走遠，體大者節疏。

　　　　此段後兩句見於〈氾論訓〉，彼處作"體大者節疏，蹠踞者舉遠。"

237

　　狂者傷人，莫之怨也；嬰兒詈老，莫之疾也；賊心〔亡也〕(原作"亾"，據陳觀樓校改。)。

238

尾生之信，不如隨牛之誕，而又況一不信者乎！

尾生與女子期於梁下，女子不來，水至不去，抱梁柱而死。《莊子·盜跖》

239

憂父之疾者子，治之者醫；進獻者祝，治祭者庖。

十五 〈人間訓〉辨析

《淮南子・要略》曰：

〈人間〉者，所以觀禍福之變，察利害之反，鑽脈得失之跡，標舉終始之壇也，分別百事之微，敷陳存亡之機，使人知禍之為福，亡之為得，成之為敗，利之為害也。誠喻至意，則有以傾側偃仰世俗之間，而無傷乎讒賊螫毒者也。

據〈要略〉篇的解說，〈人間訓〉首要說明的有五點：〔甲〕、觀察人間禍福利害的變化；〔乙〕、鑽研世事得失的過程；〔丙〕、揭示事物由產生到終極的變遷；〔丁〕、辨析各種事物的隱微意含；〔戊〕、鋪陳生存與滅亡的關鍵。全篇的宗旨在於：

第一、使人們知道災禍可以轉變成福祉，亡失可以轉變成有得，成功可以轉變成失敗，利益可以轉變成禍害。

第二、使人明曉此中的精義，而能在世俗間周旋俯仰，不會受到讒賊惡毒的傷害。

許慎曰："人間之事，吉凶之中，徵得失之端，反存亡之幾也，故曰'人間'。"這仍是順著〈要略〉篇的提示而為之解詁。今本此篇的內容，實際上可分為五個部份：

第一部份：包含數段文氣不相連貫的資料，說明心術之論在於秉道持要，人間之事，禍與福同門，利與害為鄰，若知人性本清淨恬愉，而制事在儀表規矩，則自養即不勃，而舉事不惑。此或許是本篇一個綱領性的說明。

第二部份：包含六處資料，雜置於全篇之中。此部份說明人間之事的無常與不定。全文以特別體例來敘說，以"或……或……"的方式提出兩相對反的事理，再舉以個別的事例加以解證。其六處的內容分別為：

（甲）

1. 物或損之而益，或益之而損，何以知其然也？

2. 事或欲以利之，適足以害之；或欲害之，乃反以利之。

3. 有功者人臣之所務也，有罪者人臣之所辟也。或有功而見疑，或有罪而益信。何也？

4. 事或奪之而反與之，或與之而反取之。

（乙）

1. 或直於辭而不周於事者，或虧於耳、忤於心而合於實者。

2. 或說聽計當而身疏，或言不用計不行而益親。何以明之？

3. 或無功而先舉，或有功而後賞，何以明之？

4. 或有罪而可賞也，或有功而可罪也。

（丙）

1. 賢主不苟得，忠臣不苟利。何以明之？

2. 忠臣者務崇君之德，諂臣者務廣君之地。何以明之？

（丁）

1. 或譽人而適足以敗之，或毀人而乃反以成之。何以知其然也？

2. 或貪生而反死，或輕死而得生，或徐行而反疾。何以知其然也？

（戊）

1. 事或為之，適足以敗之；或備之，適足以致之。何以知其然也？

2. 或爭利而反強之，或聽從而反止之。何以知其然也？

3. 或明禮義、推道體而不行，或解搆妄言而反當。何以明之？

（己）

1. 物類之相摩，近而異門戶者，眾而難識也。故或類之而非，或不類之而是；或若然而不然者，或〔若不〕然而然者。

　　第三部份：說明聖王布德施惠，並非求報於百姓；郊望禘嘗的祭祀，也非有求於鬼神。君子能致其道，則福祿歸焉，故有陰德者必有陽報，有隱行者必有昭名。此段思想與本篇的篇旨或體例均不相同，恐為他處錯簡。

第四部份：全文可分爲兩章，分別舉出“宋人有好善者”與“近塞上之人”所遭遇禍福變遷的事例，說明“禍福之轉而相生”，“福之爲禍，禍之爲福，化不可極，深不可測”。此兩章內容與本篇篇旨相類，但敍說的方式與第二部份資料有異。

第五部份：全文可分爲三節，舉出多重事例，說明聖人能敬小慎微，動而不失時宜，常從事於無形之外，而不留思盡慮於成事之內，使禍患無所生，應卒而不乏，遭難而能免，故爲天下所貴。此部份資料，從積極面說明聖人處世之道，仍爲本篇的重要部份。

第六部份：論說對人世的不同處置模式，全文思想與第二部份內容相類，但敍說的方式不同，按其文意，可分爲四章。第一章說明世間有用仁義而身死國亡者。第二章，說明知天而不知人，則無以與俗交，知人而不知天，則無以與道遊。第三章，說明有見小行而可以論大體者。第四章，說明聖人舉事不加憂焉，察其所以而已。

今存〈人間訓〉文字約 10414 字，爲其他各篇之冠，但全篇體例並不完整，恐仍爲後人就其殘亂篇章，編輯整理而成。全文見於《文子》者僅 923 字，佔 0.88%，爲《淮南子》書中比例最低，其中包括：〈微明〉篇第八、十、十三、十四、十五章，〈符言〉篇第二十四章與〈上德〉篇第六章。

第一部份：

此部份從人性的本源與處事的制約，來解說禍福利害的變化。主要部份全見於《文子・微明》第八章，似引用“文子外編”資料，加以多重申述發揮。但資料似有脫文與錯簡。其中關於“心”、“術”問題的論述，可能與《管子・心術》等四篇的思想傳承有關。

清淨恬愉，人之性也；儀表規矩，事之制也。知人之性，其自養不勃;知事之制,其舉錯不惑(〔老子曰:〕清靜恬和,人之性也;儀表規矩,事之制也。知人之性,即自養不悖,知事之制,則其舉措不亂。)〈微明〉篇第八章①a。

發一端,散無竟,〔總一筦〕(此據原在"周八極"句後,據俞樾校改。),周八極,謂之心(發一號,散無竟,總一管,謂之心。)。見本而知末,觀指而睹歸,執一而應萬,握要而治詳,謂之術。居智所為,行智所之,事智所秉,動智所由,謂之道(見本而知末,執一而應萬,謂之術。居知所以,行知所之,事知所乘,動知所止,謂之道。)〈微明〉篇第八章①b。道者,置之前而不鐾,錯之後而不軒,內之尋常而不塞,布之天下而不窕。

上段似闡發《管子·心術上》所稱:"心術者,無為而制竅者也。"

是故:使人高賢稱譽己者,心之力也;使人卑下誹謗己者,心之罪也(使人高賢稱譽己者,心之力也,使人卑下誹謗己者,心之過也。)。夫言出於口者,不可止於人;行發於邇者,不可禁於遠。事者,難成而易敗也;名者,難立而易廢也(言出於口,不可禁於人,行發於近,不可禁於遠。事者,難成易敗,名者,難立易廢。)〈微明〉篇第八章②。千里之隄,以螻蟻之穴漏;百尋之屋,以突隙之〔熛〕(原作"煙",據王引之校改。)焚。《堯戒》曰:"戰戰慄慄,日慎一日。人莫躓於山,而躓於〔垤〕(原作"蛭",據莊逵吉校改。)。"

上段"事者,難成而易敗也;名者,難立而易廢也"四句,另見於〈氾論訓〉,〈氾論訓〉第八章曰:"故事有可行而不可言者,有可言而不可行者,有易為而難成者,有難成而易敗者。所謂可行而不可言者,趨舍也;可言而不可行者,偽詐也;易為而難成者,事也;難成而易敗者,名也。此四策者,聖人之所獨見而留意也。"又,"千里之隄"四句似本諸《韓非子·喻老》,〈喻老〉篇曰:"千丈之隄以螻蟻之穴潰,百尺之室以突隙之烟焚。故曰:白圭之行隄也塞其穴,丈人之慎火也塗其隙。是以白圭無水難,丈人無火患。此皆慎易以避難,敬細以遠大者也。""人莫躓於山,而躓於垤"兩句,《呂氏春秋·慎小》曰:"人之情,不蹙於山,而蹙於垤。"

是故:人皆輕小害,易微事,以多悔(凡人皆輕小害,易微事,以至於大患。）〈微明〉篇第八章②b 。患至而後憂之，是猶病者已惓而索良醫也，雖有扁鵲、俞跗之巧，猶不能生也。

夫禍之來也，人自生之；福之來也，人自成之。禍與福同門，利與害為鄰，非神聖人，莫之能分（夫禍之至也，人自生之；福之來也，人自成之。禍與福同門，利與害同鄰，自非至精，莫之能分。）〈微明〉篇第八章③。

上段"禍與福同門，利與害為鄰"兩句，《荀子・大略》曰："禍與福鄰，莫知其門。"

凡人之舉事，莫不先以其知規慮揣度，而後敢以定謀。其或利或害，此愚智之所以異也。曉〔然自〕（原作 '自然'，據王念孫校改。）以為智（原有 "知" 字，據王念孫校刪。）存亡之樞機、禍福之門戶，舉而用之，陷溺於難者，不可勝計也。使知所以為是者，事必可行，則天下無不達之塗矣。

是故：知慮者，禍福之門戶也，動靜者，利害之樞機也（是故智慮者，禍福之門戶也，動靜者，利害之樞機也，）〈微明〉篇第八章④a。百事之變化，國家之治亂，待而後成。

"知慮者，禍福之門戶也"兩句，《管子・霸言》："夫神聖視天下之形，知動靜之時，視先後之稱，知禍福之門。"

是故不溺於難者成。

上句楊樹達稱當為衍文。

是故不可不慎也（不可不慎察也。）〈微明〉篇第八章④b 。

第二部份（甲）：

此部份論述人世間"禍福"、"利害"的交互轉化，事物中"忤合"、"與奪"的不定遷變。按其解說的文體形式，可分為四章。

1

此章論述"物或損之而益，或益之而損"，主要文句見於《文子·符言》第二十四章。〈符言〉篇此章引用《老子》第四十二章經文，就其文體形式，似與解《老》資料有關。〈人間訓〉此處，或引用《文子》解《老》資料，而加以申述。

天下有三危：少德而多寵，一危也；才下而位高，二危也；身無大功而受厚祿，三危也。

上段文字似本諸《國語·魯語》，〈魯語〉曰："苦成氏有三亡：少德而多寵，位下而欲上政，無大功而欲大祿，皆怨府也。"文義也與〈道應訓〉第三十三章相近。〈道應訓〉曰："狐丘丈人謂孫叔敖曰：'人有三怨，子知之乎？'孫叔敖曰：'何謂也？'對曰：'爵高者士妒之，官大者主惡之，祿厚者怨處之。'"

故：物或損之而益，或益之而損（〔老子曰：〕德少而寵多者譏，才下而位高者危，無大功而有厚祿者微，故"物或益之而損，或損之而益。"）〈符言〉篇第二十四章①。何以知其然也？

昔者楚莊王既勝晉於河、雍之間，歸而封孫叔敖，辭而不受，病〔且〕（原作"疽將"，據王念孫、俞樾校改。）死，謂其子曰："吾則死（原有"矣"字，據王念孫校改。），王必封女。女必讓肥饒，〔而受沙石之地。楚越之〕（據王引之、何寧校補。）間有寢丘者，其地确（原有"石"字，據王引之校刪。）而名醜。荆人鬼，越人禨，人莫之利也。"孫叔敖死，王果封其子以肥饒之地，其子辭而不受，請有寢之丘。楚國之〔法〕（原作"俗"，據王引之校改。），功臣二世而爵（"爵"字，俞樾校改為"奪"，楊樹達稱：爵，絕也。）

祿，唯孫叔敖獨存。此所謂損之而益也。

> 孫叔敖疾，將死，戒其子曰："王數封我矣，吾不受也。爲我死，王則封汝，必無受利地。楚、越之閒有寢之丘者，此其地不利，而名甚惡。荆人畏鬼，而越人信禨。可長有者，其唯此也。"孫叔敖死，王果以美地封其子，而子辭，請寢之丘，故至今不失。孫叔敖之知，知不以利爲利矣，知以人之所惡爲己之所喜，此有道者之所以異乎俗也。《呂氏春秋・寶異》

> 孫叔敖疾，將死，戒其子曰："王亟封我矣。吾不受也。爲我死，王則封汝。汝必無受利地。楚越之間有寢丘者，此地不利，而名甚惡。楚人鬼，而越人禨，可長有者，唯此也。"孫叔敖死，王果以美地封其子，子辭而不受，請寢丘，與之，至今不失。《列子・說符》

《淮南子》上段"孫叔敖死後受封"事，似本諸《呂氏春秋・寶異》。

何謂益之而損？昔晉厲公南伐楚，東伐齊，西伐秦，北伐燕，兵橫行天下而無所綣，威服四方而無所詘，遂合諸侯於嘉陵。氣充志驕，淫侈無度，暴虐萬民。內無輔拂之臣，外無諸侯之助。戮殺大臣，親近導諛。明年出遊匠驪氏，欒書、中行偃劫而幽之，諸侯莫之救，百姓莫之哀，三月而死。夫戰勝攻取，地廣而名尊，此天下之所願也，然而終於身死國亡。此所謂益之而損者也。

夫孫叔敖之請有寢之丘，沙石之地，所以累世不奪也。晉厲公之合諸侯於嘉陵，所以身死於匠驪氏也。

眾人皆知利利而病病也，唯聖人知病之爲利，知利之爲病也。夫再實之木根必傷，掘藏之家必有殃，以言大利而反爲害也（眾人皆知利利，而不知病病；唯聖人知病之爲利，利之爲病。故再實之木其根必傷，多藏之家其後必殃，夫大利者反爲害〔，天之道也〕。）〈符言〉篇第二十四章②。張武教智伯奪韓、魏之地而擒於晉陽，申叔時教莊王封陳氏之後而霸天下。孔子讀《易》至〈損〉、〈益〉，未嘗不〔噴〕（原作"憤"，據王念孫校改。）然而歎曰："益損者，其王者之事與！"

上段"眾人皆知利利而病病也"三句,似本諸《老子》,《老子》第七十一章曰:"知不知上,不知知病。夫唯病病,是以不病。聖人不病,以其病病。夫唯病病,是以不病。"《淮南子》"病病"前無"不知"二字。《文子》篇作"不知病病",合於《老子》之旨,《淮南子》脫"不知"二字。又,"掘藏之家必有殃"句,"必有殃"三字,《文子》作"後必殃"。

2

此章論述"事或欲利之,適足以害之;或欲害之,乃反以利之",敘說的體例與前者相同,全章重要部份見於《文子‧微明》第十四章。《淮南子》似引用文子學派的資料,而加以申論。

事或欲(原有"以"字,據王念孫校改。)利之,適足以害之;或欲害之,乃反以利之(〔老子曰:〕事或欲利之,適足以害之,或欲害之,乃足以利之。)。利害之反,禍福之門戶,不可不察也(故禍福之門,利害之反,不可不察也。)〈微明〉篇第十四章① 。

陽虎為亂於魯,魯君令人閉城門而捕之。得者有重賞,失者有重罪。圍三匝,而陽虎將舉劍而伯頤。門者止之曰:"天下探之不窮,我將出子。"陽虎因赴圍而逐,揚劍提戈而走。門者出之。顧反取其出之者,以戈推之,攘袪薄腋。出之者怨之曰:"我非故與子反也,為之蒙死被罪,而乃反傷我!宜矣,其有此難也!"魯君聞陽虎失,問所出之門,使有司拘之,以為傷者,〔戰鬥者也,不傷者,為縱之者。傷者〕(據王念孫校補。)受大賞,而不傷者被重罪。此所謂害之而反利〔之〕(據王念孫校補。)者也。

上段"陽虎為亂於魯"事,何寧云:"事見定公八年《左傳》。"此段見於《太平御覽》卷三百五十一,作"陽虎為亂於魯,魯君令人閉城門而捕之。得者有賞,失者夷族。圍三匝矣,陽虎將舉劍而自刎。門者止之曰:'我將出子。'陽虎左持劍,右提戈,赴圍而走。門者出之。陽虎既出,顧出之者,以戈推之,攘袪薄腋。魯君聞陽虎失，怒所出之門，以為傷者，戰鬥者也，不傷者，為縱之者。傷者受厚，不傷者受重罪也。此所謂害之而反利之者也。"《太平御覽》所引者，似取自《淮南子》不同文本。

何謂欲利之而反害之？楚恭王與晉人戰於鄢陵，戰酣，恭王傷而休。司馬子反渴而求飲，豎陽穀奉酒而進之。子反之爲人也，嗜酒而甘之，不能絕於口，遂醉而臥。恭王欲復戰，使人召司馬子反，辭以心〔疾〕（原作"痛"，據王念孫校改。）。王駕而往視之，入幄中而聞酒臭。恭王大怒曰："今日之戰，不穀親傷，所恃者、司馬也，而司馬又若此，是亡楚國之社稷，而不〔恤〕（原作"率"，據王念孫校改。）率吾眾也。不穀無與復戰矣！"於是罷師而去之，斬司馬子反〔以〕（據王念孫校補。）爲僇。故豎陽穀之進酒也，非欲禍子反也，誠愛而欲快之也，而適足以殺之。此所謂欲利而反害之者也。

奚謂小忠？昔者楚共王與晉厲公戰於鄢陵，楚師敗，而共王傷其目。酣戰之時，司馬子反渴而求飲，豎穀陽操觴酒而進之。子反曰："嘻，退！酒也。"穀陽曰："非酒也。"子反受而飲之。子反之爲人也，嗜酒而甘之，弗能絕於口，而醉。戰既罷，共王欲復戰，令人召司馬子反，司馬子反辭以心疾。共王駕而自往，入其幄中，聞酒臭而還，曰："今日之戰，不穀親傷，所恃者司馬也。而司馬又醉如此，是亡楚國之社稷而不恤吾眾也，不穀無復戰矣。"於是還師而去，斬司馬子反以爲大戮。故豎穀陽之進酒不以讎子反也，其心忠愛之而適足以殺之。故曰："行小忠則大忠之賊也。"《韓非子·十過》

昔荊龔王與晉厲公戰於鄢陵，荊師敗，龔王傷。臨戰，司馬子反渴而求飲，豎陽穀操黍酒而進之。子反叱曰："訾！退！酒也。"豎陽穀對曰："非酒也。"子反曰："亟退，卻也。"豎陽穀又曰："非酒也。"子反受而飲之。子反之爲人也嗜酒，甘而不能絕於口，以醉。戰既罷，龔王欲復戰而謀，使召司馬子反。子反辭以心疾。龔王駕而往視之，入幄中，聞酒臭而還曰："今日之戰，不穀親傷，所恃者司馬也。而司馬又若此，是忘荊國之社稷，而不恤吾眾也。不穀無與復戰矣。"於是罷師去之，斬司馬子反以爲戮。故豎陽穀之進酒也，非以醉子反也，其心以忠也，而適足以殺之，故曰："小忠，大忠之賊也。"《呂氏春秋·權勳》

楚恭王與晉厲公戰于鄢陵之時，司馬子反渴而求飲，豎谷陽持酒而進之。子反曰：

"退！酒也。"谷陽曰："非酒也。"子反又曰："退！酒也。"谷陽又曰："非酒也。"子反受而飲之，醉而寢。恭王欲復戰，使人召子反，子反辭以心疾。于是恭王駕往。入幄，聞酒臭，曰："今日之戰，所恃者司馬；司馬至醉如此，是亡吾國，而不恤吾眾也。吾無以復戰矣！"于是乃誅子反以為戮，還師。夫谷陽之進酒也，非以妒子反，忠愛之而適足以殺之。故曰："小忠，大忠之賊也，小利，大利之殘也。"
《說苑·敬慎》

《淮南子》上引事例，似本諸《韓非子·十過》，《呂氏春秋·勸勳》與《說苑·敬慎》也有相似記載。

夫病〔溫〕（原作'濕'，據王念孫校改。）而強之食，病暍而飲之寒，此眾人之所以為養也，而良醫之所以為病也（夫病溫而強餐之熱，病渴而強飲之寒，此眾人之所養也，而良醫所以為病也。）。悅於目，悅於心，愚者之所利也，然而有道者之所辟也（快於目，說於心，愚者之所利，有道者之所避。）。故聖人先忤而後合，眾人先合而後忤（聖人者，先迕而後合，眾人先合而後迕。）〈微明〉篇第十四章②。

上段"夫病濕而強之食"兩句，見於《文子》與《淮南子·說林》篇第165段，三者文字略異，可能資料來源不同。"濕"字，王念孫據《文子》改作"溫"。

3

此章論述"人臣或有功而見疑，或有罪而益信"，似發揮《文子·微明》第十五章第一段"有功離仁義者即見疑，有罪有仁義者必見信"的思想。〈微明〉篇彼處似屬文子學派的史料。

有功者人臣之所務也，有罪者人臣之所辟也。或有功而見疑，或有罪而益信。何也？則有功者離恩義，有罪者不敢失仁心也。

魏將樂羊攻中山，其子執在城中，城中縣其子以示樂羊。樂羊曰：“君臣之義，不得以子爲私。”攻之愈急。中山因烹其子，而遺之鼎羹與其首，樂羊循而泣之，曰：“是吾子已。”爲使者跪而啜〔一〕（原作“三”，據楊樹達校改。）杯。使者歸報，中山曰：“是伏約死節者也，不可忍也。”遂降之。爲魏文侯大開地，有功。自此之後，日以不信。此所謂**有功而見疑**者也。

何謂**有罪而益信**？孟孫獵而得麑，使秦西巴持歸烹之，麑母隨之而啼。秦西巴弗忍，縱而予之。孟孫歸，求麑安在，秦西巴對曰：“其母隨而啼，臣誠不忍，竊縱而予之。”孟孫怒，逐秦西巴。居一年，取以爲子傅。左右曰：“秦西巴有罪於君，今以爲子傅，何也？”孟孫曰：“夫一麑而弗忍，又何況於人乎！”此謂**有罪而益信**者也（〔老子曰：〕有功離仁義者即見疑，有罪有仁義者必見信。〔故仁義者，事之常順也，天下之尊爵也。〕）〈微明〉篇第十五章①。

> 樂羊爲魏將，攻中山。其子時在中山，中山君烹之，作羹致於樂羊，樂羊食之。古今稱之：樂羊食子以自信，明害父以求法。《戰國策·魏策》

> 樂羊爲魏將而攻中山，其子在中山，中山之君烹其子而遺之羹，樂羊坐於幕下而啜之，盡一杯，文侯謂堵師贊曰：“樂羊以我故而食其子之肉。”答曰：“其子而食之，且誰不食？”樂羊罷中山，文侯賞其功而疑其心。孟孫獵得麑，使秦西巴持之歸，其母隨之而啼，秦西巴弗忍而與之，孟孫歸，至而求麑，答曰：“余弗忍而與其母。”孟孫大怒，逐之，居三月，復召以爲其子傅，其御曰：“麑將罪之，今召以爲子傅何也？”孟孫曰：“夫不忍麑，又且忍吾子乎？”故曰：“巧詐不如拙誠。”樂羊以有功見疑，秦西巴以有罪益信。《韓非子·說林》

> 樂羊爲魏將，以攻中山，其子在中山，中山縣其子示樂羊，樂羊不爲衰志，攻之愈急，中山因烹其子而遺之，樂羊食之盡一杯，中山見其誠也，不忍與之戰，果下之，遂爲魏文侯開地，文侯賞其功而疑其心。孟孫獵得麑，使秦西巴持歸，其母隨而鳴，秦西巴不忍，縱而與之，孟孫怒逐秦西巴，居一年召以爲太子侍，左右曰：“夫秦巴有罪於君，今以爲太子傅，何也？”孟孫曰：“夫以一麑而不忍，又將能忍吾子乎？故曰：‘巧詐不如拙誠’，樂羊以有功而見疑，秦西巴以有罪而益信；由仁與不仁也。”
> 《說苑·貴德》

《淮南子》此章所引兩事例似本諸《韓非子・說林》,〈說林〉篇資料或引自《戰國策》,《說苑・貴德》有同樣記載。

故:趨舍不可不審也。此公孫鞅之所以抵罪於秦,而不得入魏也。功非不大也,然而累足無所踐者,不義之故也。

4

此章論述"事或奪之而反與之,或與之而反取之"。

事或奪之而反與之,或與之而反取之。

智伯求地於魏宣子,宣子〔欲弗〕(原作"弗欲",據俞樾校改。)與之。任登曰:"智伯之強,威行於天下,求地而弗與,是為諸侯先受禍也。不若與之。"宣子曰:"求地不已,為之奈何?"任登曰:"與之,使喜,必將復求地於諸侯,諸侯必植耳。與天下同心而圖之,(原有'一心'二字,據楊樹達校刪。)所得者,非直吾所亡也。"魏宣子裂地而授之。又求地於韓康子,韓康子不敢不予。諸侯皆恐。又求地於趙襄子,襄子弗與。於是智伯乃從韓、魏圍襄子於晉陽。三國通謀,擒智伯而三分其國。此所謂奪人而反為人所奪者也。

智伯索地於魏宣子,魏宣子弗予,任章曰:"何故不予?"宣子曰:"無故請地,故弗予。"任章曰:"無故索地,鄰國必恐,彼重欲無厭,天下必懼,君予之地,智伯必驕而輕敵,鄰邦必懼而相親,以相親之兵待輕敵之國,則智伯之命不長矣。周書曰:'將欲敗之,必姑輔之,將欲取之,必姑予之。'君不如予之以驕智伯。且君何釋以天下圖智氏,而獨以吾國為智氏質乎?"君曰:"善。"乃與之萬戶之邑,智伯大悅。因索地於趙,弗與,因圍晉陽,韓、魏反之外,趙氏應之內,智氏自亡。《韓非子・十過》

昔者智伯瑤率趙、韓、魏而伐范、中行,滅之,反歸,休兵數年,因令人請地於韓,韓康子欲勿與。段規諫曰:"不可不與也。夫知伯之為人也,好利而鷙愎。彼來請地而弗與，則移兵於韓必矣。君其與之。與之彼狃，又將請地他國，他國且有不聽，不聽，則知伯必加之兵。如是韓可以免於患而待其事之變。"康子曰："諾。"因令使者致萬家之縣一於知伯，知伯說。又令人請地於魏，宣子欲勿與，趙葭諫曰："彼請地於韓，韓與之，今請地於魏，魏弗與，則是魏內自強，而外怒知伯也。如弗予，其措兵於魏必矣，不如予之。"宣子"諾"。因令人致萬家之縣一於知伯。知伯又令人之趙請蔡、皋狼之地，趙襄子弗與，知伯因陰約韓、魏將以伐趙。《韓非子・十過》

《淮南子》上段"智伯索地於魏宣子"事，詳見《戰國策・趙策》，《淮南子》上段似本諸《韓非子・十過》。此事例本篇第二部分（乙）第三章重複引述，以說明"有功而後賞"。

何謂與之而反取之？晉獻公欲假道於虞以伐虢，遺虞垂棘之璧與屈產之乘。虞公惑於璧與馬，而欲與之道。宮之奇諫曰："不可！夫虞之與虢，若車之有〔輔〕（輪），〔輔〕（輪）依於車，車亦依〔輔〕（三"輔"字，均據俞樾校改。）。虞之與虢，相恃而勢也。若假之道，虢朝亡而虞夕從之矣。"虞公弗聽，遂假之道。荀息伐虢，遂克之。還反伐虞，又拔之。此所謂與之而反取者也。

奚謂顧小利？昔者晉獻公欲假道於虞以伐虢。荀息曰："君其以垂棘之璧、與屈產之乘，賂虞公，求假道焉，必假我道。"君曰："垂棘之璧，吾先君之寶也；屈產之乘，寡人之駿馬也。若受吾幣不假之道將奈何？"荀息曰："彼不假我道，必不敢受我幣。若受我幣而假我道，則是寶猶取之內府而藏之外府也，馬猶取之內廄而著之外廄也。君勿憂。"君曰："諾。"乃使荀息以垂棘之璧、與屈產之乘，賂虞公而求假道焉。虞公貪利其璧與馬而欲許之。宮之奇諫曰："不可許。夫虞之有虢也，如車之有輔，輔依車，車亦依輔，虞、虢之勢正是也。若假之道，則虢朝亡而虞夕從之矣。不可，願勿許。"虞公弗聽，遂假之道，荀息伐虢之，還反處三年，興兵伐虞，又剋之。荀息牽馬操璧而報獻公，獻公說曰："璧則猶是也。雖然，馬齒亦益長矣。"故虞公之兵殆而地削者何也？愛小利而不慮其害。故曰：顧小利則大利之殘也。《韓非子・十過》

昔者晉獻公使荀息假道於虞以伐虢，荀息曰："請以垂棘之璧與屈產之乘，以賂虞公，而求假道焉，必可得也。"獻公曰："夫垂棘之璧，吾先君之寶也；屈產之乘，寡人之駿也。若受吾幣而不吾假道，將奈何？"荀息曰："不然。彼若不吾假道，必不吾受也。若受我而假我道,是猶取之內府而藏之外府也,猶取之內皁而著之外廄也。君奚患焉?"獻公許之。乃使荀息以屈產之乘為庭實,而加以垂棘之璧,以假道於虞而伐虢。虞公濫於寶與馬,而欲許之。宮之奇諫曰:"不可許也。虞之與虢也,若車之有輔,車依輔,輔亦依車,虞、虢之勢是也。先人有言曰:『脣竭而齒寒。』夫虢之不亡也恃虞,虞之不亡也亦恃虢也。若假之道,則虢朝亡,而虞夕從之矣。奈何其假之道也?"虞公弗聽而假之道,荀息伐虢,克之。還反伐虞,又克之。荀息操璧牽馬而報。獻公喜曰:"璧則猶是也,馬齒亦薄長矣。"故曰,小利大利之殘也。《呂氏春秋·權勳》

《淮南子》上段似本諸《韓非子·十過》,《呂氏春秋·權勳》有同樣記載。

第三部份:

此部份論述聖王之陰德,內容似與〈人間訓〉的篇旨有出入。主要文字見於《文子·上德》第六章。〈上德〉篇似保留"文子外編"的資料,《淮南子》雖然引用此項資料加以申述,但其中似有脫文。

聖王布德施惠,非求(原有"其"字,據劉文典校刪。)報於百姓也;郊望禘嘗,非求於鬼神也。

山致其高而雲〔雨〕(據王念孫校改。)起焉,水致其深而蛟龍生焉,君子致其道而福祿歸焉(〔老子曰:〕山致其高而雲雨起焉,水致其深而蛟龍生焉,君子致其道而德澤流焉。)〈上德〉篇第六章①a 。

上段文意似本諸《荀子·勸學》,〈勸學〉篇曰:"積土成山,風雨興焉;積水成淵,蛟龍生焉;積善成德,而神明自得,聖心備焉。"《論衡·龍虛》曰:"傳曰:山致其高,雲雨起焉。水致其深,蛟龍生焉。"

夫有陰德者必有陽報,有〔隱〕(原作"陰",據王念孫校改。)行者必有昭名(夫有陰德者必有陽報,有隱行者必有昭名。)〈上德〉篇第六章①b 。

古者溝防不修，水爲民害，禹鑿龍門，辟伊闕，平治水土，使民得陸處。百姓不親，五品不愼，契教以君臣之義，父子之親，夫妻之辨，長幼之序，〔朋友之信，〕（據王叔岷校改。）田野不脩，民食不足，后稷乃教之辟地墾草，糞土種穀，令百姓家給人足。故三后之後，無不王者，有陰德也。

> 上段文意與《孟子·滕文公》相近，〈滕文公〉篇曰：“使契爲司徒，教以人倫：父子有親，君臣有義，夫妻有辨，長幼有序，朋友有信。”

周室衰，禮義廢，孔子以三代之道教導於世，其後繼嗣至今不絕者，有隱行也。

> 此章文字《說苑·貴德》加以引述，〈貴德〉篇曰：
>
> > 聖王布德施惠，非求報於百姓也；郊望禘嘗，非求報於鬼神也。山致其高，雲雨起焉；水致其深，蛟龍生焉；君子致其道德而福祿歸焉。夫有陰德者必有陽報，有隱行者必有昭名，古者溝防不修，水爲人害，禹鑿龍門，闢伊闕，平治水土，使民得陸處；百姓不親，五品不遜，契教以君臣之義，父子之親，夫婦之辨，長幼之序；田野不修，民食不足，后稷教之，闢地墾草，糞土樹穀，令百姓家給人足；故三后之後，無不王者，有陰德也。周室衰，禮義廢，孔子以三代之道，教導於後世，繼嗣至今不絕者，有隱行也。

> 下段文意與前段並無直接聯繫，雖然思想內容近於此章，但就處此文體結構來看，恐有脫文。

秦王趙政兼吞天下而亡，智伯侵地而滅，商鞅支解，李斯車裂，三代種德而王，齊桓繼絕而霸。故：樹黍者不穫稷，樹怨者無報德（樹黍者不穫稷，樹怨者無報德。）〈上德〉篇第六章②。

第四部份

此部份說明禍福間的轉化，深不可測。但先舉事例後加以總結的敘說體例，與第二部分不同。

1

此章說明禍福之間的轉化，其變難見。

昔者，宋人〔有〕（據王念孫校補。）好善者，三世不解。家無故而黑牛生白犢，以問先生，先生曰："此吉祥，以饗鬼神。"居一年，其父無故而盲，牛又復生白犢，其父又復使其子以問先生。其子曰："前聽先生言而失明，今又復問之，奈何？"其父曰："聖人之言，先忤而後合。其事未究，固試往復問之。"其子又復問先生，先生曰："此吉祥也，復以饗鬼神。"歸致命其父，其父曰："行先生之言也。"居一年，其子又無故而盲。其後楚攻宋，圍其城。當此之時，易子而食，析骸而炊，丁壯者死，老病童兒皆上城，牢守而不下。楚王大怒，城已破，諸城守者皆屠之。此獨以父子盲之故，得無乘城。軍罷圍解，則父子俱視。

> 宋人有好行仁義者，三世不懈，家無故黑牛生白犢，以問孔子。孔子曰："此吉祥也，以薦上帝。"居一年，其父無故而盲，其牛又復生白犢，其父又復令其子問孔子。其子曰："前問之而失明，又何問乎？"父曰："聖人之言先迕後合，其事未究，姑復問之。"其子又復問孔子。孔子曰："吉祥也。"復教以祭。其子歸致命。其父曰："行孔子之言也。"居一年，其子又無故而盲。其後楚攻宋，圍其城，民易子而食之，析骸而炊之。丁壯者皆乘城而戰，死者大半。此人以父子有疾，皆免。及圍解，而疾俱復。《列子·說符》

> 宋人有好善行者，三世不解。家無故黑牛生白犢，以問孔子。孔子曰："此吉祥也，以享鬼神。"即以犢祭。一年，其父無故而盲。牛又生白犢。其父又使其子問孔子。孔子曰："吉祥也，以享鬼神。"復以犢祭。一年，其子無故而盲。其后楚攻宋，圍其城。當此之時，易子而食之，析骸而炊之。此獨以父子俱盲之故，得毋乘城。軍

罷圍解，父子俱視。此修善積行神報之效也。**《論衡・福虛》**

夫禍福之轉而相生，其變難見也。

2

此章說明禍福之間的變化，深不可測。

近塞之人有善術者，馬無故亡而入胡，人皆弔之。其父曰："此何遽不〔能〕為福乎？"居數月，其馬將胡駿馬而歸，人皆賀之。其父曰："此何遽不〔能〕（兩"能"字，均據王念孫校補。）為禍乎？"家富〔馬良〕（原作"良馬"，據王念孫校改。），其子好騎，墮而折其髀，人皆弔之。其父曰："此何遽不為福乎？"居一年，胡人大入塞，丁壯者〔控〕（原作"引"，據王念孫改。）絃而戰，近塞之人，死者十九，此獨以跛之故，父子相保。

故：福之為禍，禍之為福，化不可極，深不可測也。

第二部份（乙）：

此部份論述事物的遷變難知，如言說的忤合，常與實情相反，功罪的賞罰，也非一定可循。敘說的體例與第二部份相同，按行文的次序，可分為四章。

1

此章論述"或直於辭而不周於事者，或虧於耳、忤於心而合於實者。"

或直於辭而不〔周〕（原作"害"，據王念孫校改。）於事者，或虧於耳、（原有"以"字，據何寧校刪。）忤於心而合於實者。

高陽魋將為室,問匠人。匠人對曰:"未可也。木尙生,加塗其上,必將〔橈〕(原作"撓",據楊樹達校改。)。以生材任重塗,今雖成、後必敗。"高陽魋曰:"不然。夫木枯則益勁,塗乾則益輕。以勁材任輕塗,今雖惡,後必善。"匠人窮於辭,無以對,受令而為室。其始成,姁然善也,而後果敗。此所謂直於辭而〔不周〕(原作"可用",據王念孫校改。)於事者也。

虞慶為屋,謂匠人曰:"屋太尊。"匠人對曰:"此新屋也,塗濡而椽生。"虞慶曰:"不然。夫濡塗重而生椽撓,以撓椽任重塗,此宜卑。更日久則塗乾而椽燥,塗乾則輕,椽燥則直,以直椽任輕塗,此益尊。"匠人詘,為之而屋壞。一曰:虞慶將為屋,匠人曰:"材生而塗濡。夫材生則撓,塗濡則重,以撓任重,今雖成,久必壞。"虞慶曰:"材乾則直,塗乾則輕,今誠得乾,日以輕直,雖久必不壞。"匠人詘,作之,成,有間,屋果壞。《韓非子·外儲說左上》

高陽應將為室,家匠對曰:"未可也。木尙生,加塗其上,必將撓。以生為室,今雖善,後將必敗。"高陽應曰:"緣子之言,則室不敗也。木益枯則勁,塗益乾則輕,以益勁任益輕則不敗。"匠人無辭而對,受令而為之。害之始成也善,其後果敗。高陽應好小察,而不通乎大理也。《呂氏春秋·別類》

《淮南子》上段引述的事例,似本諸《韓非子·外儲說左上》,《呂氏春秋·別類》有相同的記載。

何謂虧於耳、忤於心而合於實?

靖郭君將城薛,賓客多止之,弗聽。靖郭君謂謁者曰:"無為賓通言。"齊人有請見者曰:"臣請道三言而已。過三言,請烹。"靖郭君聞而見之,賓趨而進,再拜而興,因稱曰:"海、大、魚。"則反走。靖郭君止之曰:"願聞其說。"賓曰:"臣不敢以死為熙。"靖郭君曰:"先生不遠道而至此,為寡人稱之!"賓曰:"海大魚,網弗能止也,〔鉤〕(原作"釣",據何寧校改。)弗能牽也。蕩而失水,則螻螘皆得志焉。今夫齊,君之〔海〕(原作"淵",據楊樹達校改。)也。君失齊,則薛能自存乎?"靖郭君曰:"善。"乃止不城薛。此所謂虧於耳、忤於心而得事實者也。

> 靖郭君將城薛，客多以諫。靖郭君謂謁者：“无爲客通。”齊人有請者曰：“臣請三言而已矣！益一言，臣請烹。”靖郭君因見之。客趨而進曰：“海大魚。”因反走。君曰：“客有於此。”客曰：“鄙臣不敢以死爲戲。”君曰：“亡，更言之。”對曰：“君不聞大魚乎？網不能止，鉤不能牽，蕩而失水，則螻蟻得意焉。今夫齊，亦君之水也。君長有齊陰，奚以薛爲？夫齊，雖隆薛之城到於天，猶之無益也。”君曰：“善。”乃輟城薛。《戰國策·齊策》

> 靖郭君將城薛，客多以諫者。靖郭君謂謁者曰：“毋爲客通。”齊人有請見者曰：“臣請三言而已，過三言，臣請烹。”靖郭君因見之，客趨進曰：“海大魚。”因反走。靖郭君曰：“請聞其說。”客曰：“臣不敢以死爲戲。”靖郭君曰：“願爲寡人言之。”答曰：“君聞大魚乎？網不能止，繳不能絓也，蕩而失水，螻蟻得意焉。今夫齊亦君之海也，君長有齊，奚以薛爲？君失齊，雖隆薛城至於天猶無益也。”靖郭君曰：“善。”乃輟，不城薛。《韓非子·說林下》

> 《淮南子》上段引述的事例，似本諸《韓非子·說林下》，〈說林下〉篇似取自《戰國策》。

夫以“無城薛”止城薛，其於以行說，乃不若“海、大、魚”。故物或遠之而近，或近之而遠。

2

> 此章論述“或說聽計當而身疏，或言不用計不行而益親”，重要部份見於《文子·微明》第十五章第二段。〈人間訓〉似引用“文子外編”中受到文子學派影響的史料，加以申論，並舉出“括子”與“無害子”兩事例來說明。

或說聽計當而身疏，或言不用計不行而益親。何以明之？

三國伐齊，圍平陸。括子以報於牛子曰：“三國之地不接於我，踰鄰國而圍平陸，利不足貪也。然則求名於我也。請以齊侯往。”

牛子以爲善。括子出，無害子入，牛子以括子言告無害子。無害子曰："異乎臣之所聞。"牛子曰："國危〔不而〕(而不)安，患結〔不而〕(兩"不而"，原作"而不"，據王念孫校改。"而"，能也。)解，何謂貴智！"無害子曰："臣聞(原有"之有"二字，據王念孫校改。)裂壤土以安社稷者，聞殺身破家以存其國者，不聞出其君以爲封疆者。"牛子不聽無害子之言，而用括子之計，三國之兵罷，而平陸之地存。自此之後，括子日以疏，無害子日以進。

故：謀患而患解，圖國而國存，括子之智得矣。無害子之慮無中於策，謀無益於國，然而心〔周〕(原作"調"，據俞樾校改。)於君，有義行也(雖謀得計當，慮患解圖國存，其事有離仁義者，其功必不遂也。言雖無中於策，其計無益於國，而心周於君，合於仁義者，身必存。)〈微明〉篇第十五章②a。

> 上段文字〈微明〉篇的敘說較爲詳盡，〈人間訓〉引用時或曾加以刪節。下段敘說"人之使用冠履，是因爲頭與腳本身需要寄託之處"，與此節文意並非全然契合，恐爲他章錯簡，誤置於此。上段末句"有義行也"，可下接"故義者"段。

今人待冠而飾首，待履而行地。冠履之於人也，寒不能煖，風不能障，暴不能蔽也，然而戴冠履履者，其所自託者然也。

> 下段爲第三章所舉晉文公與楚戰於城濮事的節要，與此處文意無關，當爲錯簡。陶鴻慶云："'夫咎犯戰勝城濮'，至'其言有貴者也'三十三字，當在下文'吾豈可以先一時之權，而先萬世之利也哉'句下。"

夫咎犯戰勝城濮，而雍季無尺寸之功，然而雍季先賞而咎犯後存者，其言有貴者也。

故：義者，天下之所貴也。百言百當，不若擇趨而審行也(故曰：百言百計常不當者，不若舍趨而審仁義也。)〈微明〉篇第十五章②b。

上段與下文"由此觀之,義者、人之大本也。雖有戰勝存亡之功,不如行義之隆",文意相近。

3

此章論述"或無功而先舉,或有功而後賞",其中引用兩則資料加以解喻,似與解《老》傳承有關。第二則明引《老子》第六十二章經文,而第一則文意與《老子》第五十七章"以正治國,以奇用兵"兩句,義理相近。

或無功而先舉,或有功而後賞,何以明之?

昔晉文公將與楚戰城濮,問於咎犯曰:"為〔之〕（據劉文典校補。）奈何?"咎犯曰:"仁義之事,（原有"君子"二字,據劉文典校刪。）不猒忠信;戰陳之事,不猒詐偽。君其詐之而已矣。"辭咎犯,問雍季,雍季對曰:"焚林而獵,愈多得獸,後必無獸。以詐偽遇人,雖〔愉〕（原作"愈",據俞樾校改。"愉",古"偷"字。）利,後亦無復。君其正之而已矣。"於是不聽雍季之計,而用咎犯之謀,與楚人戰,大破之。還歸賞有功者,先雍季而後咎犯。左右曰:"城濮之戰,咎犯之謀也,君行賞先雍季,何也?"文公曰:"咎犯之言,一時之權也。雍季之言,萬世之利也。吾豈可以（原有"先"字,據王念孫校刪。）一時之權,而〔先〕（原作"後",據王念孫校改。）先萬世之利也哉!"

> 晉文公將與楚人戰,召舅犯問之,曰:"吾將與楚人戰,彼眾我寡,為之奈何?"舅犯曰:"臣聞之,繁禮君子,不厭忠信;戰陣之閒,不厭詐偽。君其詐之而已矣。"文公辭舅犯,因召雍季而問之,曰:"我將與楚人戰,彼眾我寡,為之奈何?"雍季對曰:"焚林而田,偷取多獸,後必無獸;以詐遇民,偷取一時,後必無復。"文公曰:"善。"辭雍季,以舅犯之謀與楚人戰以敗之。歸而行爵,先雍季而後舅犯。群臣曰:"城濮之事,舅犯謀也,夫用其言而後其身可乎?"文公曰:"此非君所知也。夫舅犯言,一時之權也;雍季言,萬世之利也。"仲尼聞之,曰:"文公之霸也宜哉!既知一時之權,又知萬世之利。"《韓非子‧難一》

昔晉文公將與楚人戰於城濮，召咎犯而問曰："楚眾我寡，柰何而可？"咎犯對曰："臣聞繁禮之君，不足於文；繁戰之君，不足於詐。君亦詐之而已。"文公以咎犯言告雍季，雍季曰："竭澤而漁，豈不獲得？而明年無魚。焚藪而田，豈不獲得？而明年無獸。詐偽之道，雖今偷可，後將無復，非長術也"。文公用咎犯之言，而敗楚人於城濮。反而為賞雍季在上。左右諫曰："城濮之功咎犯之謀也。君用其言而賞後其身，或者不可乎！"文公曰："雍季之言，百世之利也，犯之言，一時之務也。焉有以一時之務先百世之利者乎？"孔子聞之曰："臨難用詐，足以卻敵。反而尊賢，足以報德。文公雖不終始，足以霸矣。"賞重則民移之，民移之則成焉。成乎詐，其成毀，其勝敗。天下勝者眾矣，而霸者乃五，文公處其一，知勝之所成也。勝而不知勝之所成，與無勝同。秦勝於戎而敗乎殽，楚勝於諸夏而敗乎柏舉。武王得之矣，故一勝而王天下。眾詐盈國，不可以為安，患非獨外也。《呂氏春秋·義賞》

《淮南子》上段所引事例，本諸《韓非子·難一》，《呂氏春秋·義賞》也有相同記述。

智伯率韓、魏二國伐趙，圍晉陽，決晉水而灌之。城中緣木而處，縣釜而炊。襄子謂於張孟談曰："城中力已盡，糧食匱，〔武〕（原有"乏"字，據王念孫校改。）大夫病，為之奈何？"張孟談曰："亡不能存，危弗能安，無為貴智（原有'士'字，據王念孫校刪。）。臣請試潛行，見韓、魏之君而約之。"乃見韓、魏之君，說之曰："臣聞之，唇亡而齒寒。今智伯率二君而伐趙，趙將亡矣。趙亡，則〔二〕（據王念孫校補，下"二"字同。）君為之次矣。不及今而圖之，禍將及二君。"二君曰："智伯之為人也，〔佷〕（原作"粗"，據楊樹達校改。）中而少親。我謀而泄，事必敗。為之奈何？"張孟談曰："言出君之口，入臣之耳，人孰知之者乎？且同情相成，同利相死，〔二〕君其圖之！"二君乃與張孟談（原有"陰"字，據何寧校刪改。）謀，與之期〔日〕（據何寧校刪補。）。張孟談乃報襄子，至〔期〕（原作"其"·據俞樾校改。）日之夜，趙氏殺其守隄之吏，決水灌智伯。智伯〔軍〕（據王念孫校補。）救水而亂，韓、魏翼而擊之，襄子將卒犯其前，大敗智伯軍，殺其身而三分其國。襄子乃賞有功者，而高赫為賞首。群臣請曰："晉陽之存、張孟談之功也。而赫爲賞首，何也？”襄子曰：“晉陽之圍也，寡人國家危，社稷殆，群臣無不有驕侮之心者，唯赫不失君臣之禮，吾是以先之。”

三國之兵乘晉陽城，遂戰。三月不能拔，因舒軍而圍之，決晉水而灌之。圍晉陽三年，城中巢居而處，懸釜而炊，財食將盡，士卒病羸。襄子謂張孟談曰：“糧食匱，城力盡，士大夫病，吾不能守矣。欲以城下，何如？”張孟談曰：“臣聞之，亡不能存，危不能安，則無爲貴知士也，君釋此計，勿復言也。臣請見韓、魏之君。”襄子曰：“諾。”張孟談於是陰見韓、魏之君曰：“臣聞‘脣亡則齒寒’，今知伯帥二國之君伐趙，趙將亡矣，亡則二君爲之次矣。”二君曰：“我知其然。夫知伯爲人也，中而少親，我謀未遂而未知，則其禍必至，爲之奈何？”張孟談曰：“謀出二君之口，入臣之耳，人莫之知也。”二君即與張孟談陰約三軍，與之期曰，夜遣入晉陽。張孟談以報襄子，襄子再拜之。……《戰國策・趙策》

知伯因陰約韓、魏將以伐趙。……三國之兵果至，至則乘晉陽之城，遂戰，三月弗能拔。因舒軍而圍之，決晉陽之水以灌之，圍晉陽三年。城中巢居而處，懸釜而炊，財食將盡，士大人羸病。襄子謂張孟談曰：“糧食匱，財力盡，士大夫羸病，吾恐不能守矣，欲以城下，何國之可下？”張孟談曰：“臣聞之，亡弗能存，危弗能安，則無爲貴智矣，君失此計者。臣請試潛行而出，見韓、魏之君。”張孟談見韓、魏之君曰：“臣聞脣亡齒寒。今知伯率二君而伐趙，趙將亡矣。趙亡，則二君爲之次。”二君曰：“我知其然也。雖然，知伯之爲人也矙中而少親，我謀而覺，則其禍必至矣，爲之奈何？”張孟談曰：“謀出二君之口而入臣之耳，人莫之知也。”二君因與張孟談約三軍之反，與之期日。夜遣孟談入晉陽以報二君之反於襄子，襄子迎孟談而再拜之，且恐且喜。二君以約遣張孟談，因朝知伯而出，遇智過於轅門之外，智過怪其色，因入見知伯曰：“二君貌將有變。”君曰：“何如？”曰：“其行矜而意高，非他時之節也，君不如先之。”君曰：“吾與二主約謹矣，破趙而三分其地，寡人所以親之，必不侵欺。兵之著於晉陽三年，今且暮將拔之而饗其利，何乃將有他心，必不然，子釋勿憂，勿出於口。”明旦，二主又朝而出，復見智過於轅門，智過入見曰：“君以臣之言告二主乎？”君曰：“何以知之？”曰：“今日二主朝而出，見臣而其色動，而視屬臣，此必有變，君不如殺之。”君曰：“子置勿復言。”智過曰：“不可，必殺之。若不能殺，遂親之。”君曰：“親之奈何？”智過曰：“魏宣子之謀臣曰趙葭，韓康子之謀臣曰段規，此皆能移其君之計，君與其二君約，破趙國因封二子者各萬家之縣一，如是則二主之心可以無變矣。知伯曰：“破趙而三分其地，又封二子者各萬家之縣一，則吾所得者少，不可。"智過見其言之不聽也，出，因更其族爲輔氏。至於期日之夜，趙氏殺其守隄之吏而決其水灌知伯軍，知伯軍救水而亂，韓、魏翼而擊之，襄子將卒犯其前，大敗知伯之軍而擒知伯。知伯身死軍破，國分爲三，爲天下笑。故曰：貪愎好利，則滅國殺身之本也。《韓非子·十過》

《淮南子》上段所引事例，本諸《韓非子·十過》，〈十過〉篇資料似取自《戰國策》。

由此觀之，義者、人之大本也。雖有戰勝存亡之功，不如行義之隆。故〔老子〕（原作"君子"，據王念孫校改。）曰："美言可以市尊，美行可以加人。"

上段"君子曰"三字，《王念孫》云："'君子'本作'老子'。""美言可以市尊"兩句，語出第六十二章。引文與〈道應訓〉第三十一章同，通行本無下"美"字，而"尊"字屬下句。（參閱本書〈道應訓〉第三十一章說明）

4

此章論述"或有罪而值得嘉獎，或有功卻招致責罰"。

或有罪而可賞也，或有功而可罪也。

西門豹治鄴，廩無積粟，府無儲錢，庫無甲兵，官無計會，人數言其過於文侯。文侯身行其縣，果若人言。文侯曰："翟璜任子治鄴，而大亂。子能道則可，不能，將加誅於子。"西門豹曰："臣聞，王主富民，霸主富武，亡國富庫。今〔君〕（原作"王"，據王念孫校改。）欲爲霸王者也，臣故蓄積於民。君以爲不然，臣請升城鼓之，（原有"一鼓"，據莊逵吉、王叔岷校刪。），甲兵粟米可立具也。"於是乃升城而鼓之。一鼓，民被甲括矢、操兵弩而出。再鼓，〔服捷載〕（原作"負輂"，據王念孫校改。）粟而至。文侯曰："罷之！"西門豹曰："與民約信，非一日之積也。一舉而欺之，後不可復用也。燕〔嘗〕（原作"常"何寧校改。）侵魏入城，臣請北擊之，以復侵地。”遂舉兵擊燕，復地而後反。此有罪而可賞者。

上段文字似仍本諸先秦史料，唯不見於今傳文獻。《韓非子・外儲說左上》對“西門豹為鄴令”事有不同記載，〈外儲說左上〉曰：

西門豹為鄴令，清剋潔愨，秋毫之端無私利也，而甚簡左右，左右因相與比周而惡之，居期年，上計，君收其璽，豹自請曰：“臣昔者不知所以治鄴，今臣得矣，願請璽復以治鄴，不當，請伏斧鑕之罪。”文侯不忍而復與之，豹因重斂百姓，急事左右，期年，上計，文侯迎而拜之，豹對曰：“往年臣為君治鄴，而君奪臣璽，今臣為左右治鄴，而君拜臣，臣不能治矣。”遂納璽而去，文侯不受，曰：“寡人曩不知子，今知矣，願子勉為寡人治之。”遂不受。

解扁為東封，上計而入三倍，有司請賞之。文侯曰：“吾土地非益廣也，人民非益眾也，入何以三倍？”對曰：“以多伐木而積之，於春浮之河而鬻之。”文侯曰：“民春以力耕，〔夏〕（原作“暑”，據王念孫校改。）以強耘，秋以收斂，冬間無事，〔又〕（原作“以”，據王念孫校改。）伐林而積之，負軏而浮之河，是用民不得休息也。民以弊矣，雖有三倍之入，將焉用之？”此有功而可罪者。

第二部份（丙）：

此部份資料，雖與第二部分（甲）、（乙）部份標示簡要義理於前然後舉以事例申述的體例相同，但其論述的義理卻有差異。

1

此章論述“賢主不苟且取得，忠臣不苟且取利”。

賢主不苟得，忠臣不苟利。何以明之？

中行穆伯攻鼓，弗能下。餽聞倫曰：“鼓之嗇夫，聞倫知之。請無罷武大夫，而鼓可得也。”穆伯弗應。左右曰：“不折一戟，不傷一卒，而鼓可得也，君奚爲弗使”穆伯曰：“聞倫爲人，佞而不仁。若使聞倫下之，吾可以勿賞乎？若賞之，是賞佞人。佞人得志，是使晉國之武，舍仁而〔爲〕（原作“後”，據王叔岷、呂傳元校改。）佞，雖得鼓，將何所用之！”攻城者、欲以廣地也。得地而不取者，見其本而知其末也。

> 晉荀吳帥師伐鮮虞，圍鼓。鼓人或請以城叛，穆子弗許。左右曰：“師徒不勤，而可以獲城，何故不爲？”穆子曰：“吾聞諸叔向曰：‘好惡不愆，民知所適，事無不濟。’或以吾城叛，吾所甚惡也；人以城來，吾獨何好焉？賞所甚惡，若所好何？若其弗賞，是失信也，何以庇民？力能則進，否則退，量力而行。吾不可以欲城而邇姦，所喪滋多。”《左傳·昭公十五年》

《淮南子》上段文字似出自先秦文獻，《左傳·昭公十五年》有類似記載。

秦穆公使孟盟舉兵襲鄭，過周以東。鄭之賈人弦高、蹇他相與謀曰：“師行數千里，數絕諸侯之地，其勢必襲鄭。凡襲國者，以爲無備也。今示以知其情，必不敢進。”乃矯鄭伯之命，以十二牛勞之。三率相與謀曰：“凡襲人者，以爲弗知。今已知之矣，守備必固，進必無功。”乃還師而反。晉先軫舉兵擊之，大破之殽。鄭伯乃以存國之功賞弦高，弦高辭之曰：“誕而得賞，鄭國之信廢矣。爲國而無信，是俗敗也。賞一人而敗國俗，仁者弗爲也。以不信得厚賞，義者弗爲也。”遂以其屬徙東夷，終身不反。

> 鄭賈人弦高、奚施將西市於周，道遇秦師，曰：“嘻！師所從來者遠矣，此必襲鄭。”遽使奚施歸告，乃矯鄭伯之命以勞之，曰：“寡君固聞大國之將至久矣。大國不至，寡君與士卒竊爲大國憂，日無所與爲，惟恐士卒罷弊與糗糧匱乏。何其久也，使人臣犒勞以璧，膳以十二牛。”秦三帥對曰：“寡君之無使也，使其三臣丙也、術也、視也於東邊候晉之道，過是，以迷惑陷入大國之地。”不敢固辭，再拜稽首受之。三帥乃懼而謀曰：“我行數千里，數絕諸侯之地以襲人，未至而人已先知之矣，此其

備必已盛矣。"還師去之。《呂氏春秋·悔過》

《淮南子》上段文字似本諸先秦資料，《呂氏春秋·悔過》有類似記載。

故：仁者不以欲傷生，知者不以利害義。聖人之思脩，愚人之
思叕。

2

此章論述"忠臣致力使君王德性崇高，佞臣竭力使君王土地擴張"。

忠臣者務崇君之德，諂臣者務廣君之地。何以明之？

陳夏徵舒弒其君，楚莊王伐之，陳人聽令。莊王以討有罪，遣
卒戍陳，大夫畢賀。申叔時使於齊，〔及〕（原作"反"）還而不賀。莊
王曰："陳爲無道，寡人起九軍以討之，征暴亂，誅罪人，群臣皆
賀，而子獨不賀，何也？"申叔時曰："牽牛蹊人之田，田主殺其
人而奪之牛。罪則有之，罰亦重矣。今君王以陳爲無道，興兵而攻
之，因以誅罪人，遣人戍陳。諸侯聞之，以王爲非誅罪人也，貪陳
國也。蓋聞君子不棄義以取利。"王曰："善！"乃罷陳之戍，立
陳之後。諸侯聞之，皆朝於楚。此務崇君之德者也。

冬，楚子爲陳夏氏亂故，伐陳。謂陳人："無動！將討於少西氏。"遂入陳，殺
夏徵舒，轘諸栗門。因縣陳。陳侯在晉。申叔時使於齊，反，復命而退。王使讓之，
曰："夏徵舒爲不道，弒其君，寡人以諸侯討而戮之，諸侯、縣公皆慶寡人，女獨不
慶寡人，何故？"對曰："猶可辭乎？"王曰："可哉！"曰："夏徵舒弒其君，其
罪大矣；討而戮之，君之義也。抑人亦有言曰：'牽牛以蹊人之田，而奪之牛。牽牛
以蹊者，信有罪矣；而奪之牛，罰已重矣。'諸侯之從也，曰討有罪也。今縣陳，貪
其富也。以討召諸侯，而以貪歸之，無乃不可乎？"王曰："善哉！吾未之聞也。反
之，可乎？"對曰："吾儕小人所謂'取諸其懷而與之'也。"乃復封陳。鄉取一人
焉以歸，謂之夏州。故《書》曰"楚子入陳。納公孫寧、儀行父于陳"，書有禮也。

《左傳·宣公十一年》

《淮南子》上段所引資料似本諸《左傳》。《太平御覽》卷三百五曰："陳夏徵舒殺其君,楚莊王伐之,陳人聽令。莊王已討有罪,遣卒戍陳,大夫畢賀。申叔時使於齊,及還而不賀。莊王曰:'陳為無道,寡人起六軍以討之,征暴亂,誅罪人,群臣皆賀,而子獨不賀。'申叔時曰:'人有牽牛而徑躁於人之田中,田主殺其人而奪之牛。罪則有之,罰亦重矣。今君王以陳為無道,舉兵而征之,因誅罪人,遣卒戍陳。諸侯聞之,非以王為非誅罪人也,貪陳國也。蓋聞君子不棄義以取利。'王曰:'善!'乃罷陳之戍。後諸侯聞之,朝於楚。"《太平御覽》引文與今本多處文字略異,恐為不同文本。

張武為智伯謀曰:"晉六將軍,中行文子最弱,而上下離心,可伐以廣地。"於是伐范、中行。滅之矣,又教智伯求地於韓、魏、趙。韓、魏裂地而授之,趙氏不與,乃率韓、魏而伐趙,圍之晉陽三年。三國陰謀同計,以擊智氏,遂滅之。此務為君廣地者也。

上段"智伯求地於韓、魏、趙"事,另見於〈主術訓〉、〈齊俗訓〉、〈氾論訓〉三處,各處引用文字詳略不同。

夫為君崇德者霸,為君廣地者滅。

故:千乘之國,行文德者王,湯、武是也;萬乘之國,好廣地者亡,智伯是也。

*

下段體例與此部份資料不合,似他處錯簡。

非其事者勿仍也,非其名者勿就也(原有"無故有顯名者勿處也",據王念孫校刪。),無功而富貴者勿居也。夫就人之名者廢,仍人之事者敗,無功而大利者後將為害。譬猶緣高木而望四方也,雖愉樂哉,然而疾風至,未嘗不恐也。患及身,然後憂之,六驥追之,弗能及也。

是故忠臣之事君也，計功而受賞，不爲苟得；〔量〕（原作"積"，據王念孫校改。）力而受官，不貪爵祿。其所能者，受之勿辭也；其所不能者，與之勿喜也。辭所能則匱，欲所不能則惑。辭所不能而受所能，則得無損墮之勢，而無不勝之任矣。

昔者智伯驕，伐范中行而克之，又劫韓、魏之君而割其地。尚以爲不足，遂興兵伐趙。韓、魏反之，軍敗晉陽之下，身死高梁之東，頭爲飲器，國分爲三，爲天下笑。此不知足之禍也。老子曰："知足不辱，知止不殆，可以修久。"此之謂也。

上章引《老子》第四十六章經文。"可以修久"中"修"字，《老子》竹簡本、帛書本與王弼本均作"長"，劉安避其父劉長諱而改。

第二部份（丁）：

此部份資料體例與第二部份相同，說明人間事務的遷變不定。

1

此章論述"或稱譽別人而恰足以使他敗壞，或毀謗別人反而使他成功。

或譽人而適足以敗之，或毀人而乃反以成之。何以知其然也？

費無忌復於荆平王曰："晉之所以霸者，近諸夏也。而荆之所以不能與之爭者，以其僻遠也。（原有"楚"。字，據王念孫校刪）王若欲從諸侯，不若大城城父，而令太子建守焉，以來北方，王自收其南。是得天下也。"楚王悅之，因命太子建守城父，命伍子奢傅之。居一年，伍子奢遊人於王側，言太子甚仁且勇，能得民心。王以告費無忌，無忌曰："臣固聞之，太子內撫百姓，外約諸侯，齊、晉又輔之，將以害楚，其事已構矣。”王曰：“爲我太子，又尙何求”曰：“以秦女之事怨王。”王因殺太子建而誅伍子奢。此所謂見譽而爲禍者也。

上段“此所謂見譽而爲禍者也”句，與前文“或譽人而適足以敗之”，二者文意略異，何寧校改此句作“譽人而適禍之”。上段事例敘說二事，文意較爲複雜，或原屬他段殘文，而爲後人編定。

何謂毀人而反利之？

唐子短陳駢子於齊威王。威王欲殺之，陳駢子與其屬出亡，奔薛。孟嘗君聞之，使人以車迎之。至，而養以芻豢黍粱五味之膳，日三至。冬日被裘罽，夏日服絺綌；出則乘牢車、駕良馬。孟嘗君問之：曰“夫子生於齊，長於齊，夫子亦何思於齊？”對曰：“臣思夫唐子者。”孟嘗君曰：“唐子者、非短子者耶？”曰：“是也。”孟嘗君曰：“子何爲思之？”對曰：“臣之處於齊也，糲粢之飯，藜藿之羹，冬日寒凍，夏日則暑傷。自唐子之短臣也，以身歸君，食芻豢，飯黍〔粱〕（原作“粢”，據王念孫校改。），服輕暖，乘牢良，臣故思之。”此謂毀人而反利之者也。

是故：毀譽之言，不可不審也。

2

此章論述“或貪生而反死，或輕死而得生，或徐行而反疾”，但敘說的程序並不完整，恐有脫文，經後人整編而成。

或貪生而反死，或輕死而得生，或徐行而反疾。何以知其然也？

魯人有爲父報讎於齊者，刳其腹而見其心，坐而正冠，起而更衣，徐行而出門，上車而步馬，顏色不變。其御欲驅，撫而止之曰：
"今日爲父報讎以出死，非爲生也。今事已成矣，又何去之！"追
者曰："此有節行之人，不可殺也。"解圍而去之。使〔彼〕（原作
'被'，據劉家立、楊樹達校改。）衣不暇帶，冠不及正，蒲伏而走，上車而馳，
必不能自免於千步之中矣。今坐而正冠，起而更衣，徐行而出門，
上車而步馬，顏色不變，此眾人所以爲死也，而乃反以得活。此所
謂〔徐而步，遲而速也〕（原作"徐而馳遲於步也"，據何寧校改。）。夫走者，
人之所以爲疾也；步者，人之所以爲遲也。今〔乃反〕（原作'反乃'，
據王念孫校改。）以人之所〔以〕（據王念孫校補。）爲遲者（原有"反"字，據王念孫校
刪。）爲疾，明於分也。有知徐之爲疾、遲之爲速者，則幾於道矣。

> 上段"徐而馳遲於步也"句，陶鴻慶校云："'此所謂徐而於疾，馳遲於步也'，
> 當作'此所謂徐而步疾於馳也'。"顧廣圻校云："'徐而遲'，有脫。疑作
> '徐疾於走'承'徐行'言之，'馳遲於步'，承'步馬'言之。"何寧校云：
> "疑當作'徐而疾，遲而步'，與上文'或徐行而反疾'相應。下文'有知徐
> 之爲疾，遲之爲速者，則幾於道矣'，是其證。今本有奪誤，又多後人臆補，
> 故不可讀。"

故：黃帝亡其玄珠，使離朱、捷剟索之，而弗能得之也，於是
使忽怳，而後能得之。

> 黃帝遊乎赤水之北，登乎崑崙之丘而南望，還歸遺其玄珠。使知索之而不得，使
> 離朱索之而不得，使喫詬索之而不得也。乃使象罔，象罔得之。黃帝曰："異哉！象
> 罔乃可以得之乎？"《莊子・天地》

第五部份：

此部份敘說聖人"敬小愼微，動不失時"，故禍患不能傷。全文體例與第二部

分不同。主要文句見於《文子·微明》第十章，與《淮南子》似屬同源資料。

①

聖人敬小慎微，動不失時，百射重戒，禍乃不滋。計福勿及，慮禍過之；同日被霜，蔽者不傷；愚者有備，與知者同功（〔老子曰：〕道者敬小微，動不失時，百射重戒，禍乃不滋。計福不及，慮禍過之；同日被霜，蔽者不傷；愚者有備，與智者同功。）〈微明〉篇第十章①。夫燔火在縹烟之中也，一指〔之〕（據何寧校補。）所能息也；塘漏若鼷穴，一墣之所能塞也。及至火之燔孟諸而炎雲〔夢〕（原作“臺”，據楊樹達校改。），而水決九江而漸荆州，雖起三軍之眾，弗能救也。

夫積愛成福，積怨成禍（夫積愛成福，積憎成禍。）〈微明〉篇第十章②a。若癰疽之必潰也，所浼者多矣。

諸御鞅復於簡公曰：“陳成常、宰予二子者，甚相憎也。臣恐其構難而危國也。君不如去一人。”簡公不聽。居無幾何，陳成常果〔殺〕（原作“攻”，據王念孫校改。）宰予於庭中，而弒簡公於朝。此不知敬小之所生也。

> 齊簡公之在魯也，闞止有寵焉。及即位，使爲政。陳成子憚之，驟顧諸朝。諸御鞅言於公曰：“陳、闞不可並也，君其擇焉！”弗聽。子我夕，陳逆殺人，逢之，遂執以入。陳氏方睦，使疾，而遺之潘沐，備酒肉焉，饗守囚者，醉而殺之，而逃。子我盟諸陳於陳宗。《左傳·哀公十四年》
>
> 齊簡公有臣曰諸御鞅，諫於簡公曰：“陳成常與宰予，之二臣者甚相憎也，臣恐其相攻也。相攻唯固則危上矣。願君之去一人也。”簡公曰：“非而細人所能識也。”居無幾何，陳成常果攻宰予於庭，即簡公於廟。簡公喟焉太息曰：“余不能用鞅之言以至此患也。”失其數，無其勢，雖悔無聽鞅也，與無悔同，是不知恃可恃而恃不恃也。周鼎著象，爲其理之通也。理通，君道也。《呂氏春秋·慎勢》
>
> 齊景公有臣曰諸御鞅，諫簡公曰：“田常與宰予，此二人者甚相憎也，臣恐其相攻；相攻雖叛而危之，不可。願君去一人。”簡公曰：“非細人之所敢議也。”居無

幾何，田常果攻宰予於庭，賊簡公於朝，簡公喟焉太息，曰：“余不用鞅之言以至此患也。故忠臣之言，不可不察也。”《說苑·正諫》

《淮南子》上段引述事例，似本諸《呂氏春秋·慎勢》，《左傳》似保存此事的原始記錄，《說苑·正諫》曾加以引述。

魯季氏與郈氏鬭雞，郈氏介其雞，而季氏爲之金距。季氏之雞不勝，季平子怒，因侵郈氏之宮而築之。郈昭伯怒，傷之魯昭公曰：“〔禘〕（原作“禱”，據劉文典校改。）於襄公之廟，舞者二〔八〕（原作‘人’，據吳仁傑、吳承仕校改。）而已，其餘盡舞於季氏。季氏之無道無上，久矣。弗誅，必危社稷。”公以告子家駒，子家駒曰：“季氏之得眾，三家爲一。其德厚，其威強，君胡得之！”昭公弗聽，使郈昭伯將卒以攻之。仲孫氏、叔孫氏相與謀曰：“無季氏，死亡無日矣。”遂興兵以救之。郈昭伯不勝而死，魯昭公出奔齊。

季、郈雞鬥。季氏介其雞，郈氏爲之金距。平子怒，益宮於郈氏，且讓之。故郈昭伯亦怨平子。臧昭伯之從弟會爲讒於臧氏，而逃於季氏。臧氏執旃。平子怒，拘臧氏老。將禘於襄公，萬者二人，其眾萬於季氏。臧孫曰：“此之謂不能庸先君之廟。”大夫遂怨平子。《左傳·昭公二十五年》

昭公將弒季氏，告子家駒曰：“季氏爲無道，僭於公室久矣，吾欲弒之，何如？”子家駒曰：“諸侯僭於天子，大夫僭於諸侯久矣！”昭公曰：“吾何僭矣哉？”子家駒曰：“設兩觀，乘大路，朱干，玉戚，以舞〈大夏〉，八佾以舞〈大武〉，此皆天子之禮也。且夫牛馬維婁，委己者也，而柔焉。季氏得民眾久矣，君無多辱焉！”公不從其言，終弒之而敗焉。走之齊。《公羊傳·昭公二十五年》

魯季氏與郈氏鬥雞。郈氏介其雞，季氏爲之金距。季氏之雞不勝。季平子怒，因歸郈氏之宮而益其宅。郈昭伯怒，傷之於昭公曰：“禘於襄公之廟也，舞者二人而已，其餘盡舞於季氏。季氏之無道無上久矣，弗誅必危社稷。”公怒不審，乃使郈昭伯將師徒以攻季氏，遂入其宮。仲孫氏、叔孫氏相與謀曰：“無季氏，則吾族也死亡無日矣。”遂起甲以往，陷西北隅以入之，三家爲一，郈昭伯不勝而死。昭公懼，遂出奔齊，卒於乾侯。魯昭聽傷而不辯其義，懼以魯國不勝季氏，而不知仲、叔氏之恐而與季氏同患也，是不達乎人心也。不達乎人心，位雖尊，何益於安也？以魯國恐不勝一季氏，況於三季？同惡固相助。權物若此其過也。非獨仲、叔氏也，魯國皆恐。魯國

皆恐，則是與一國爲敵也，其得至乾侯而卒猶遠。《呂氏春秋·察微》

　齊景公有臣曰諸御鞅，諫簡公曰：“田常與宰予，此二人者甚相憎也，臣恐其相攻；相攻雖叛而危之，不可。願君去一人。”簡公曰：“非細人之所敢議也。”居無幾何，田常果攻宰予於庭，賊簡公於朝，簡公喟焉太息，曰：“余不用鞅之言以至此患也。故忠臣之言，不可不察也。”《說苑·正諫》

《淮南子》上段引“魯季氏與郈氏鬥雞”事，似本諸《左傳》，《呂氏春秋·察微》記述有同樣資料，《說苑·正諫》也有引述。

故：禍之所從生者，始於雞〔足〕（原作‘定’，據王念孫校改。）；及其大也，至於亡社稷。

故：蔡女蕩舟，齊師大侵楚。兩人構怨，廷殺宰予，簡公遇殺，身死無後，陳氏代之，齊乃無呂。兩家鬥雞，季氏金距，郈〔氏〕（原作“公”字，據俞樾校改。）作難，魯昭公出走。

上段舉出三個事例的因果關係，但此章並未敘說關於“蔡女蕩舟，齊師大侵楚”之事，恐有脫漏。

故：師之所處，生以棘楚。禍生而不蚤滅，若火之得燥，水之得濕，浸而益大。癰疽發於指，其痛遍於體。故蠹〔蝶蹄〕（原作“啄剖”，據何寧校改。）梁柱，蟲蝱走牛羊，此之謂也。

②

人皆務於救患之備，而莫能知使患無生。夫使患無生，易於救患（人皆知救患，莫知使患無生。夫使患無生易，施於救患難。）《微明》篇第十章②b 而莫能〔知〕（原作“加”，據何寧校改。）務爲，則未可與言術也。

晉公子重耳過曹，曹君欲見其駢脅，使之袒而捕魚。釐負羈止之曰：“公子、非常〔人〕（據王念孫校補。）也。從者三人，皆霸王之佐也。遇之無禮，必爲國憂。”君弗聽。重耳反國，起師而伐曹，遂滅之。身死人手，社稷爲墟，禍生於袓而捕魚。齊、楚欲救曹，不能存也。聽釐負羈之言，則無亡患矣。

> 奚謂國小無禮？昔者晉公子重耳出亡過於曹，曹君袒裼而觀之。釐負羈與叔瞻侍於前。叔瞻謂曹君曰：「臣觀晉公子非常人也。君遇之無禮，彼若有時反國而起兵，即恐爲曹傷，君不如殺之。」曹君弗聽。釐負羈歸而不樂，其妻問之曰：「公從外來而有不樂之色，何也？」負羈曰：「吾聞之：有福不及，禍來連我。今日吾君召晉公子，其遇之無禮，我與在前。吾是以不樂。」其妻曰：「吾觀晉公子，萬乘之主也。其左右從者，萬乘之相也。今窮而出亡過於曹，曹遇之無禮，此若反國，必誅無禮，則曹其首也。子奚不先自貳焉？」負羈曰：「諾。」盛黃金於壺，充之以餐，加璧其上，夜令人遺公子。公子見使者，再拜受其餐而辭其璧。公子自曹入楚自楚入秦。入秦三年，秦穆公召群臣而謀曰：「昔者晉獻公與寡人交，諸侯莫弗聞。獻公不幸離群臣，出入十年矣，嗣子不善，吾恐此將令其宗廟不祓除而社稷不血食也。如是弗定，則非與人交之道。吾欲輔重耳而入之晉，何如？」群臣皆曰善。公因起卒。革車五百乘，疇騎二千，步卒五萬，輔重耳入之于晉，立爲晉君。重耳即位三年，舉兵而伐曹矣。因令人告曹君曰：「懸叔瞻而出之。我且殺而以爲大戮。」又令人告釐負羈曰：「軍旅薄城，吾知子不違也。其表子之閭，寡人將以爲令，令軍勿敢犯。」曹人聞之率其親戚而保釐負羈之閭者七百餘家。此禮之所用也。故曹小國也，而迫於晉、楚之間，其君之危猶累卵也，而以無禮涖之，此所以絕世也。故曰：「國小無禮，不用諫臣，則絕世之勢也。」《韓非子·十過》

《淮南子》上段引述資料，似本諸《韓非子·十過》。

今不務使患無生，患生而救之，雖有聖知，弗能爲謀（今人不務使患無生，而務施救於患，雖神人不能爲謀。），且患禍之所由來者，萬端無方。是故聖人深居以避辱，靜安以待時。小人不知禍福之門戶，妄動而絓羅網，雖曲爲之備，何足以全其身（患禍之所由來，萬萬無方，聖人深居以避患，靜默以待時。小人不知禍福之門，動而陷於刑，雖曲爲之備，不足以全身。）〈微明〉篇第十章②c。！譬猶失火而鑿池，被裘而用筲也。且塘有萬穴，塞其一，魚何遽無由出？室有百戶，閉其一，盜何遽無從入？夫牆之壞也於隙，劍之折必有齧，聖人見之〔蚤〕（原作「密」，據陳觀樓校改。），故萬物莫能傷也。

太宰子朱侍〔食〕（原作“飯”，據何寧校改。）於令尹子國，令尹子國啜羹而熱，〔援〕（原作‘投’，據王念孫校改。）卮漿而沃之。明日，太宰子朱辭官而歸。其僕曰：“楚太宰、未易得也。辭官去之，何也？”子朱曰：“令尹輕行而簡禮，其辱人不難。”明年，伏郎尹而笞之三百（《太平御覽》八百六十一引，作“明日伏節，尹怒而笞之三百。”）。夫〔上〕仕者，先避〔患而後就利，先遠辱而後求名。太宰子朱〕（據王念孫校補。）之見終始微矣（故上士先避患而後就利，先遠辱而後求名。）〈微明〉篇第十章③。

上段“夫仕者先避”句有脫漏，王念孫據《文子》補十二字。

夫鴻鵠之未孚於卵也，一指蔑之，則靡而無形矣；及至其筋骨之已就，而羽翮之既成也，則奮翼揮䎘，凌乎浮雲，背負青天，膺摩赤霄，翱翔乎忽荒之上，析惕乎虹蜺之間，雖有勁弩、利矰微繳，蒲苴之子巧，亦弗能加也。江水之始出於岷山也，可褰衣而越也；及至乎下洞庭，騖石城，經丹徒，起波濤，舟杭一日不能濟也。

是故：聖人者，常從事於無形之外，而不留思盡慮於成事之內，是故患禍弗能傷也（故聖人常從事於無形之外，而不留心於已成之內，是以禍患無由至〔，非譽不能塵垢〕。）〈微明〉篇第十章④。

③

人或問於孔子曰：“顏回何如人也？”曰：“仁人也。丘弗如也。”“子貢何如人也？”曰：“辯人也。丘弗如也。”“子路何如人也？”曰：“勇人也。丘弗如也。”賓曰：“三人皆賢夫子，而爲夫子役，何也？”孔子曰：“丘能仁且忍，辨且訥，勇且怯。以三子之能，易丘一道，丘弗爲也。”孔子知所施之也。

子夏問孔子曰：“顏回之爲人奚若？”子曰：“回之仁，賢於丘也。”曰：“子貢之爲人奚若？"子曰："賜之辯，賢於丘也。"曰："子路之爲人奚若？"子曰："由之勇，賢於丘也。"曰："子張之爲人奚若？"子曰："師之莊，賢於丘也。"子夏避席而問曰："然則四子者，何爲事夫子。"曰："居！吾語汝。夫回能仁而不能反，賜能辯而不能訥，由能勇而不能怯，師能莊而不能同。兼四子之有以易吾，吾弗許也。此其所以事吾而不貳也。"《列子·仲尼》

子夏問仲尼曰："顏淵之爲人也，何若？"曰："回之信，賢於丘也。"曰："子貢之爲人也，何若？"曰："賜之敏，賢於丘也。"曰："子路之爲人也，何若？"曰："由之勇，賢於丘也。"曰："子張之爲人也，何若？"曰："師之莊，賢於丘也。"於是子夏避席而問曰："然則四者何爲事先生？"曰："坐，吾語汝。回能信而不能反，賜能敏而不能屈，由能勇而不能怯，師能莊而不能同。兼此四子者，丘不爲也。夫所謂至聖之士，必見進退之利，屈伸之用者也。"《說苑·雜事》

或問於孔子曰："顏淵何人也？"曰："仁人也，丘不如也。""子貢何人也？"曰："辯人也，丘弗如也。""子路何人也？"曰："勇人也，丘弗如也。"客曰："三子者皆賢於夫子，而爲夫子服役，何也？"孔子曰："丘能仁且忍，辯且訥，勇且怯。以三子之能，易丘之道，弗爲也。"孔子知所設施之矣。有高才潔行，無知明以設施之，則與愚而無操者同一實也。《論衡·定賢》

《淮南子》上段所引資料，另見於《列子·仲尼》、《說苑·雜事》與《論衡·定賢》等篇。

秦牛缺徑於山中而遇盜，奪之車馬，解其橐笥，拖其衣被。盜還反顧之，無懼色憂志，驩然有以自得也。盜遂問之曰："吾奪子財貨，劫子以刀，而志不動，何也"秦牛缺曰："車馬所以載身也，衣被所以揜形也。聖人不以所養害其養。"盜相視而笑曰："夫不以欲傷生，不以利累形者，世之聖人也。以此而見王者，必且以我爲事也。"還反殺之。此能以知知矣，而未能以知不知也；能勇於敢，而未能勇於不敢也。凡有道者，應卒而不乏，遭難而能免，故天下貴之。今知所以自行也，而未知所以爲人行也，其所論未之究者也。人能由昭昭於冥冥，則幾於道矣。《詩》曰："人亦有言，無哲不愚。"此之謂也。

牛缺居上地，大儒也，下之邯鄲，遇盜於耦沙之中。盜求其橐中之載則與之，求其車馬則與之，求其衣被則與之。牛缺出而去。盜相謂曰：「此天下之顯人也，今辱之如此，此必愬我於萬乘之主，萬乘之主必以國誅我，我必不生，不若相與追而殺之，以滅其跡。」於是相與趨之，行三十里，及而殺之。此以知故也。《呂氏春秋‧必己》

《淮南子》上段所引資料，似本諸《呂氏春秋‧貴己》。「聖人不以所養害其養」、「夫不以欲傷生，不以利累形者，世之聖人也」等句，思想近於《莊子》，〈讓王〉篇曰：「能尊生者，雖貴富不以養傷身，雖貧賤不以利累形。」又，引《詩》語出《詩經‧大雅‧蕩》。

第二部份（戊）：

此部份資料的體例與第二部份相同，論述人間情事的發展或處置，並無可依循的必然準則。

1

此章論述「事情有時特意去作為，恰足以敗壞，有時著意去防範，恰足以招致。」

事或為之，適足以敗之；或備之，適足以致之。何以知其然也？

秦皇〔披〕（原作「挾」，據吳承仕、何寧叫校改。）錄圖，見其傳曰：「亡秦者、胡也。」因發卒五十萬，使蒙公、楊翁子，將，築脩城，西屬流沙，北擊遼水，東結朝鮮，中國內郡輓車而餉之。

又利越之犀角、象齒、翡翠、珠璣，乃使尉屠睢發卒五十萬，為五軍，一軍塞鐔城之嶺，一軍守九嶷之塞，一軍處番禺之都，一軍守南野之界，一軍結餘干之水。三年不解甲弛弩。使監祿（原有「無以」二字，據王念孫校刪。）轉餉，又以卒鑿渠而通糧道，以與越人戰，殺西嘔君譯吁宋。而越人皆入叢薄中，與禽獸處，莫肯為秦虜。相置桀駿以爲將，而夜攻秦人，大破之，殺尉屠睢，伏尸流血數十萬。乃發適戍以備之。

當此之時，男子不得脩農畝，婦人不得剟麻考縷，羸弱服格於道，大夫箕會於衢，病者不得養，死者不得葬。於是陳勝起於大澤，奮臂大呼，天下席卷，而至於戲。劉、項興義，兵隨而定，若折槁振落，遂失天下。禍在備胡而利越也。欲知築脩城以備亡，而不知築脩城之所以亡也；發適戍以備越，而不知難之從中發也。

夫〔鳥〕（據王念孫校補。）鵲先識歲之多風也，去〔喬〕（原作"高"，據陶方琦校改。）木而巢扶枝，大人過之則探轂，嬰兒過之則挑其卵，知備遠難而忘近患。故秦之設備也，烏鵲之智也。

2

此章論述"有時以利害關係來勸阻，反而使人強要去作，有時以順從其意來勸說，反而使他能制止。

或爭利而反強之，或聽從而反止之。何以知其然也？

魯哀公欲西益宅，史爭之，以爲西益宅不祥。哀公作色而怒，左右數諫不聽，乃以問其傅宰折睢曰："吾欲益宅，而史以爲不祥。子以爲何如？"宰折睢曰："天下有三不祥，西益宅不與焉。"哀公大悅而喜。頃，復問曰："何謂三不祥"對曰："不行禮義，一不祥也；嗜慾無止，二不祥也；不聽強諫，三不祥也。"哀公默然深念，憤然自反，遂不西益宅。夫史以爭爲可以止之，而不知不爭而反取之也。

俗有大諱四。一曰諱西益宅。西益宅謂之不祥。不祥，必有死亡。相懼以此，故世莫敢西益宅。防禁所從來者遠矣。傳曰："魯哀公欲西益宅，史爭以爲不祥。哀公作色而怒，左右數諫而弗聽。以問其傅宰質睢曰：吾欲西益宅，史以爲不祥，何如？宰質睢曰：天下有三不祥，西益宅不與焉。哀公大說。有頃，復問曰：何謂三不祥？對曰：不行禮義，一不祥也；嗜欲無止，二不祥也；不聽規諫，三不祥也。哀公繆然深惟，慨然自反，遂不益宅。”令史與宰質睢止其益宅，徒爲煩擾，則西益宅祥與不祥，未可知也。令史、質睢以爲西益宅審不祥，則史與質睢與今俗人等也。《論衡·四諱》

哀公問於孔子曰：“寡人聞之，東益宅不祥，信有之乎？”孔子曰：“不祥有五，而東益不與焉。夫損人而益己，身之不祥也；棄老取幼，家之不祥也；釋賢用不肖，國之不祥也；老者不教，幼者不學，俗之不祥也；聖人伏匿，愚者擅權，天下之不祥也。故不祥有五，而東益不與焉。詩曰：‘反敬爾儀，天命不又。’未聞東益之與爲命也。”《新序》卷五

哀公問之於孔子曰：“寡人聞東益不祥，信有之乎？”孔子曰：“不祥有五，而東益不與焉。夫損人自益，身之不祥；棄老而取幼，家之不祥；擇賢而任不肖，國之不祥；老者不教，幼者不學，俗之不祥；聖人伏匿，愚者擅權，天下不祥。不祥有五，東益不與焉。”《孔子家語·正論解》

《淮南子》上段所引“魯哀公欲西益宅”事，見於《論衡·四諱》。“折睢”，《論衡》作“質睢”。“折”、“質”二字，音近通假，而《新序》、《孔子家語》作“孔子”，恐爲不同傳聞。

知者離路而得道，愚者守道而失路。夫兒說之巧，於閉結無不解。非能閉結而盡解之也，不解不可解也。至乎以弗解解之者，可與及言論矣。

3

此章論述“或以闡明禮義推論道術來勸說，反而無濟於事，或以荒誕虛妄的話來解決糾紛，反而恰如得當。”

或明禮義、推道〔理〕（原作“體”，據何寧校改。）而不行，或解搆妄言而反當。何以明之？

孔子行〔於東野〕（原作“遊”，據王念孫校改。），馬失，食農夫之稼，野人怒，取〔其〕（據何寧校補。）馬而繫之。〔使〕（據王念孫校補。）子貢往說之，〔畢〕（原作‘卑’，據王念孫校改。）辭而不能得也。孔子曰：“夫以人之所不能聽說人，譬以大牢享野獸，以〈九韶〉樂飛鳥也。予之罪也，非彼人之過也。”乃使馬圉往說之。至，見野人曰：“子耕於東海至於西海。吾馬之失，安得不食子之苗？”野人大喜，解馬而與之。

> 孔子行道而息，馬逸，食人之稼，野人取其馬。子貢請往說之，畢辭，野人不聽。有鄙人始事孔子者曰：“請往說之。”因謂野人曰：“子不耕於東海，吾不耕於西海也，吾馬何得不食子之禾？”其野人大說，相謂曰：“說亦皆如此其辯也，獨如嚮之人？”解馬而與之。說如此其無方也而猶行，外物豈可必哉？（呂氏春秋・必己）

《淮南子》上段引述資料，似本諸《呂氏春秋・必己》。

說若此其無方也，而反行。事有所至，而巧不若拙，故聖人量鑿而正枘。夫歌〈采菱〉，發〈陽阿〉，鄙人聽之，不若（此）〈延〔露〕（路）（原“此”、“路”二字，據王念孫校刪。）〉〔以和〕（原作“陽局”，據王念孫校改。），非歌者拙也，聽者異也。故交畫不暢，連環不解，物之不通者，聖人不爭也。

第六部份：

此部份按文意分為四章，論述的體例與前後兩章不同。其中第一與第二章，主要部份見於《文子・微明》第十三章第一、二兩段。此章引用〈達生〉、〈列禦寇〉、〈知北遊〉等篇文字。〈微明〉篇第十三章全文可分為五段，全見於《淮南子》，除此處外，尚見於〈俶真訓〉與〈謬稱〉篇。〈微明〉篇第十三章思想不但與《莊子》有關，其中又涉及“道、德、仁、義”四者在人文建構中的作用，深具黃老哲學思想的特徵。同時，此章強調“周於時”、“外化而內不化”、“龍變”等人格修持的要求，與似受到《莊子》思想的影響。因此，〈微明〉篇第十三章，可能屬“文子外編”，其中保留著南方黃老思想發展的史料，與《淮南子》此處引用者同源。

1

此章敘說“行仁義者，需周知世變”。

仁者，百姓之所慕也；義者，眾庶之所高也（〔老子曰：〕仁者，人之所慕也，義者，人之所高也。）。為人之所慕，行人之所高（為人所慕，為人所高，），此嚴父之所以教子，而忠臣之所以事君也。然世或用之而身死國亡者，不〔周〕（原作“同”，據王念孫校改。）於時也（或身死國亡者，不周於時也。）〈微明〉篇第十三章①a。

昔徐偃王好行仁義，陸地而朝者三十二國。王孫厲謂楚〔文〕（原作“莊”，據向宗魯校改。）王曰：“王不伐徐，必反朝徐。”王曰：“偃王、有道之君也，好行仁義，不可伐也。”王孫厲曰：“臣聞之，大之與小，強之與弱也，猶石之投卵，虎之啗豚，又何疑焉！且也為文而不能達其德，為武而不能任其力，亂莫大焉。”楚王曰：“善！”乃舉兵而伐徐，遂滅之。此知仁義而不知世變者也（故知仁義而不知世權者〔，不達於道也〕。）〈微明〉篇第十三章①b。

古者文王處豐、鎬之間，地方百里，行仁義而懷西戎，遂王天下。徐偃王處漢東，地方五百里，行仁義，割地而朝者三十有六國，荊文王恐其害己也，舉兵伐徐，遂滅之。故文王行仁義而王天下，偃王行仁義而喪其國，是仁義用於古不用於今也。故曰：世異則事異。《韓非子·五蠹》

王孫厲謂楚文王曰：“徐偃王好行仁義之道，漢東諸侯三十二國盡服矣！王若不伐，楚必事徐。”王曰：“若信有道，不可伐也。”對曰：“大之伐小，強之伐弱，猶大魚之吞小魚也，若虎之食豚也，惡有其不得理？”文王興師伐徐，殘之。徐偃王將死，曰："吾賴於文德而不明武備，好行仁義之道而不知詐人之心，以至於此。"
夫古之王者其有備乎？《說苑·指武》

《淮南子》上段所引事例，似本諸《韓非子·五蠹》，《說苑·指武》也有相
同引述。

申菽、杜茝，美人之所懷服也，及漸之於滫，則不能保其芳矣。
古者，五帝貴德，三王用義，五霸任力（五帝貴德，三王用義，五伯任力。）。
今取帝王之道，而施之五霸之世（今取帝王之道，施於五伯之世〔，非其道也〕。）
〈微明〉篇第十三章①c，是由乘驥逐人於榛薄，而簑笠盤旋也。

之根是為芷，其漸之滫，君子不近，庶人不服。其質非不美也，所漸者然也。《荀
子·勸學》

今霜降而樹穀，冰泮而求穫，欲其食則難矣。故《易》曰："潛
龍勿用"者，言時之不可以行也。故："君子終日乾乾，夕惕若厲，
無咎"。終日乾乾，以陽動也；夕惕若厲，以陰息也。因日以動，
因夜以息，唯有道者能行之。夫徐偃王為義而滅，燕子噲行仁而亡，
哀公好儒而削，代君為墨而殘。滅亡削殘，暴亂之所致也，而四君
獨以為仁義儒墨而亡者，遭時之務異也。非仁義儒墨不〔可〕（據顧
廣圻校改。）行，非其世而用之，則為之擒矣。

夫戟者，所以攻城也，鏡者，所以照形也。宮人得戟則以刈葵，
盲者得鏡則以蓋卮（劉文典云："《初學記》〈器用部〉、《白帖》十三引，'蓋卮'下并有
'盲者不可貽以鏡，亂主不可舉以疵'十四字。"），不知所施之也。故：善鄙（原有'不'
字，據王念孫校刪。）同，誹譽在俗；趨舍（原有'不'字，據王念孫校刪。）同，逆
順在〔時〕（原作"君"，據王叔岷校改。）（故善否同，非譽在俗，趨行等，逆順在時。）
〈微明〉篇第十三章①d。狂譎不受祿而誅，段干木辭相而顯。所行同也，而利
害異者，時使然也。故：聖人雖有其志，不遇其世，僅足以容身，
何功名知可致？

2

此章敍說"知天之所為，知人之所行，則可處身於世"。此章思想似本諸《莊子·大宗師》，〈大宗師〉篇曰："知天之所為，知人之所為者，至矣。知天之所為者，天而生也；知人之所為者，以其知之所知，以養其知之所不知，終其天年而不中道夭者，是知之盛也。"

知天之所為，知人之所行，則有以〔徑〕（原作 '任'，據王念孫校改。）於世矣。知天而不知人，則無以與俗交；知人而不知天，則無以與道遊（知天之所為，知人之所行，即有以經於世矣。知天而不知人，即無以與俗交，知人而不知天，無以與道游。）〈微明〉篇第十三章②a。

單豹倍世離俗，巖居谷飲，不衣絲麻，不食五穀，行年七十，猶有童子之色，卒而遇饑虎，殺而食之。張毅好恭，過宮室廊廟必趨，見門閭聚眾必下，廝徒馬圉，皆與之伉禮，然不終其壽，內熱而死。豹養其內而虎食其外，毅脩其外而疾攻其內。故直意適情，則堅強賊之；以身役物，則陰陽食之（直志適情，即堅強賊之，以身役物，即陰陽食之。）〈微明〉篇第十三章②b。此皆載物而〔虧〕（原作 '戲'，據楊樹達校改。）乎其調者也。

> 魯有單豹者，巖居而水飲，不與民共利，行年七十而猶有嬰兒之色；不幸遇餓虎，餓虎殺而食之。有張毅者，高門縣薄，無不走也，行年四十而有內熱之病以死。豹養其內而虎食其外，毅養其外而病攻其內，此二子者，皆不鞭其後者也。《莊子·達生》

> 張毅好恭，門閭帷薄，聚居眾，無不趨，輿隸嬋媛小童，無不敬，以定其身，不終其壽，內熱而死。單豹好術，離俗棄塵，不食穀實，不衣芮溫，身處山林巖堀，以全其生，不盡其年，而虎食之。《呂氏春秋·必己》

《淮南子》上段所引事例，似本諸《莊子·達生》，另見於《呂氏春秋·必己》又，"以身役物，則陰陽食之"兩句，《莊子·列御寇》曰："離內刑者，陰陽食之。"

得道之士，外化而內不化。外化、所以入人也，內不化、所以全其身也（得道之人，外化而內不化；外化所以知人也，內不化所以全身也。）。故內有一定之操，而外能詘伸、嬴縮、卷舒，與物推移，故萬舉而不陷（故內有一定之操，而外能屈伸，與物推移，萬舉而不陷。）。所以貴聖人者，以其能龍變也。今捲捲然守一節，推一行，雖以毀碎滅沈，猶且弗易者，此察於小好，而塞於大道也（所貴乎道者，貴其龍變也。守一節，推一行，雖以成滿猶不易，拘於小好而塞於大道。）〈微明〉篇第十三章②c。

> 上段文意似本夫《莊子・知北遊》，〈知北遊〉篇曰："古之人，外化而內不化，今之人，內化而外不化。與物化者，一不化者也。安化安不化，安與之相縻，必與之莫多。"

3

> 此章論述"見小行即可以論大體"，故"聖人行於小微，而通於大理"。

趙宣孟活飢人於委桑之下，而天下稱仁焉；荆佽非犯〔江〕（原作"河"，據王念孫校改。）中之難（"犯江中知難"，事見〈道應訓〉及《呂氏春秋》〈知分〉篇。），不失其守，而天下稱勇焉；是故見小行則可以論大體矣。

> 上段"趙宣孟活飢人於委桑之下"事，見《左傳・宣公二年》與《呂氏春秋・報更》"荆佽非犯江中之難"事，見《呂氏春秋・知分》與《淮南子・道應》第四十九章。。

田子方見老馬於通，喟然有志焉，以問其御曰，"此何馬也？"其御曰："此故公家畜也。老罷而不爲用，出而鬻之。"田子方曰："少而貪其力，老而棄其身，仁者弗爲也。"束帛以贖之。罷武聞之，知所歸心矣。

> 昔者田子方出，見老馬於道，喟然有志焉，以問於御者曰："此何馬也？"曰："故公家畜也，罷而不爲用，故出放也。"田子方曰："少盡其力，而老去其身，仁

者不爲也。"束帛而贖之。窮士聞之,知所歸心矣。《詩》曰:"湯降不遲,聖敬日躋。"《韓詩外傳》卷八

《淮南子》上段所引資料,似本諸《韓詩外傳》。

齊莊公出獵,有一蟲舉足將搏其輪,問其御曰:"此何蟲也?"對曰:"此所謂螳螂者也。其爲蟲也,知進而不知卻,不量力而輕敵。"莊公曰:"此爲人,必爲天下勇武矣!"迴車而避之。勇武聞之,知所盡死矣。

汝不知夫螳螂乎?怒其臂以當車轍,不知其不勝任也,是其才之美者也。戒之,慎之!《莊子·人間世》

齊莊公出獵,有螳蜋舉足將搏其輪,問其御曰:"此何蟲也?"御對曰:"此是螳蜋也。其爲蟲也,知進而不知退,不量力而輕就敵。"莊公曰:"以爲人必爲天下勇士矣。"於是迴車避之,而勇士歸之。《詩》曰:"湯降不遲"。《韓詩外傳》卷八

《淮南子》上段所引資料,似本諸《韓詩外傳》,《莊子·人間世》也有類似記述。

故田子方隱一老馬而魏國戴之,齊莊公避一螳蜋而勇武歸之。湯教祝網者,而四十國朝;文王葬死人之骸,而九夷歸之;武王蔭暍人於樾下,左擁而右扇之,而天下懷(原有"其德"二字,據王念孫、陳觀樓校刪。);越王句踐一決獄不辜,援龍淵而切其股,血流至足,以自罰也,而戰武(原有'士'字,據王念孫、陳觀樓校刪。)必(原有'其'字,據王念孫校、陳觀樓刪。)死,。故聖人行之於小,則可以覆大矣;審之於近,則可以懷遠矣。

孫叔敖決期思之水而灌雩婁之野,莊王知其可以爲令尹也。子發辯擊劇而勞佚齊,楚國知其可以爲兵主也。此皆形於小微,而通於大理者也。

4

此章論述"聖人舉事，察其所以，能得其數，無所用多。"

聖人之舉事，不加憂焉，察其所以而已矣。今萬人調鍾，不能比之律；誠得知〔音〕（據何寧校補。）者，一人而足矣。說者之論，亦猶此也。誠得其數，則無所用多矣。夫車之所以能轉千里者，以其要在三寸之轄。夫勸人而弗能使也，禁人而弗能止也，其所由者非理也。

昔者，衛君朝於吳，吳王囚之，欲流之於海者。說者冠蓋相望，而弗能止。魯君聞之，撤鍾鼓之縣，縞素而朝。仲尼入見曰："君胡爲有憂色？"魯君曰："諸侯無親，以諸侯爲親。大夫無黨，以大夫爲黨。今衛君朝於吳（原有"王"字，據王念孫校刪。），吳王囚之而欲流之於海。孰意衛君之仁義而遭此難也！吾欲免之而不能，爲之奈何？"仲尼曰："若欲免之，則請子貢行。"魯君召子貢，授之將軍之〔節〕（原作"印"，據何寧校改。），子貢辭曰："貴無益於解患，在所由之道。"斂躬而行，至於吳，見太宰嚭。太宰嚭甚悅之，欲薦之於王。貢曰："子不能行說於王，奈何吾因子也！"太宰嚭曰："子焉知嚭之不能也？"子貢曰："衛君之來也，衛國之半曰：'不若朝於晉。'；其半曰：'不若朝於吳。'然衛君以爲吳可以歸骸骨也，故束身以受命。今子受衛君而囚之，又欲流之於海，是賞言朝於晉者，而罰言朝於吳也。且衛君之來也，諸侯皆以爲著龜兆。今朝於吳而不利，則皆移心於晉矣。子之欲成霸王之業，不亦難乎！"太宰嚭入，復之於王。王報出令於百官曰："比十日，而衛君之禮不具者死！"子貢可謂知所以說矣。

魯哀公爲室而大，公宣子諫，曰："室大，眾與人處則譁，少與人處則悲。願公之適。"公曰："寡人聞命矣。"築室不輟。公宣子復見曰："國小而室大,百姓聞之必怨吾君,諸侯聞之必輕吾國。"魯君曰："聞命矣。"築室不輟。公宣子復見曰："左昭而右穆,爲大室以臨二先君之廟,得無害於〔孝〕（原作"子",據劉文典說校改。）乎?"公乃令罷役除版而去之。魯君之欲爲室誠矣,公宣子止之必矣,然三說而一聽者,其二者非其道也。

夫臨河而釣,日入而不能得一儵魚者,非江河魚不食也,所以餌之者非其欲也。及至良工執竿,投而擐脣吻者,能以其所欲而釣者也。

夫物無不可奈何,有人無奈何。鉛之與丹,異類殊色,而可以爲丹者,得其數也。故繁稱文辭,無益於說,審其所由而已矣。

第二部份（己）：

此部份說明"事物間的變化,或類之而非,或不類之而是;或若然而不然者,或若不然而然者"。

物類之相摩,近而異門戶者,衆而難識也。故或類之而非,或不類之而是;或若然而不然者,或〔若不〕（原作'若不',據王引之校改。）然而然者。

諺曰："鳶墮腐鼠而虞氏以亡。"何謂也?曰："虞氏、梁之大富人也。家充盈殷富,金錢無量,財貨無〔皆〕（原作"貲",據何寧校補。）。升高樓,臨大路,設樂陳酒,〔擊博樓上〕（原作'積博其上',據莊逵吉校改。）。游俠相隨而行樓下,〔樓〕（原作'博',據莊逵吉校改。）上者射朋,中,反兩而笑,飛鳶適墮其腐鼠而中游俠。游俠相與言曰:
"虞氏富樂之日久矣,而常有輕易人之志。吾不敢侵犯,而乃辱我以腐鼠。如此不報,無以立〔矜〕（原作"務",據王引之校改。）於天下。請與公勠力一志，悉率徒屬，而必（原有 "以" 字，據王叔岷校刪。）滅其家。〔其夜乃攻虞氏，大滅齊家。〕（據王念孫校補。）"此所謂類之而非者也。

> 虞氏者，梁之富人也。家充殷盛，錢帛無量，財貨無訾。登高樓，臨大路，設樂陳酒，擊博樓上。俠客相隨而行。樓上博者射，明瓊張中，反兩檎魚而笑。飛鳶適墜其腐鼠而中之。俠客相與言曰："虞氏富樂之日久矣，而常有輕易人之志。吾不侵犯之，而乃辱我以腐鼠。此而不報，無以立懂於天下。請與若等勠力一志，率徒屬，必滅其家爲。"等倫皆許諾。至期日之夜，聚眾積兵以攻虞氏，大滅其家。《列子·說符》

何謂非類而是？

屈建告石乞曰："白公勝將爲亂。"石乞曰："不然。白公勝卑身下士，不敢驕賢。其家無筦籥之信、關楗之固。大斗斛以出，輕斤兩以內。而乃論之，以不宜也。"屈建曰："此乃所以反也。"居三年，白公勝果爲亂，殺令尹子椒、司馬子期。此所謂弗類而是者也。

> 石乞侍坐於屈建。屈建曰："白公其爲亂乎？"石乞曰："是何言也？白公至於室無營所，下士者三人與己相若，臣者五人，所與同衣者千人。白公之行若此，何故爲亂？"屈建曰："此建之所謂亂也。以君子行，則可於國家行。過禮則國家疑之，且苟不難下其臣，必不難高其君矣。建是以知夫子將爲亂也。"處十月，白公果爲亂。《說苑·權謀》

何謂若然而不然？

子發爲上蔡令，民有罪當刑，獄斷論定，決於令（原有 '尹' 字，據王念孫校刪。）前，子發喟然有悽愴之心。罪人已刑而不忘其恩。此其後，子發〔服〕（原作 '盤'，據俞樾校改。）罪威王而出奔。刑者遂襲恩者，恩者逃之於城下之廬。追者至，〔蹀〕（原作 "踹"，據吳承仕校改。）足而怒曰："子發〔親〕（原作 '視'，據王念孫校改。）決吾罪而被吾刑，吾怨之憯於骨髓。使我得其肉而食之，其知猒乎！"追者皆以爲然而不索其內，果活子發。此所謂若然而不若然者。

王念孫云："《韓子》〈外儲說左〉篇載子皋出走之事，與此相似。"〈外儲說左〉曰：

孔子相衞，弟子子皋爲獄吏，刖人足，所跀者守門，人有惡孔子於衞君者曰："尼欲作亂。"衞君欲執孔子，孔子走，弟子皆逃，子皋從出門，跀危引之而逃之門下室中，吏追不得，夜半，子皋問跀危曰："吾不能虧主之法令而親刖子之足，是子報仇之時也，而子何故乃肯逃我？我何以得此於子？"跀危曰："吾斷足也，固吾罪當之，不可奈何。然方公之獄治臣也，公傾側法令，先後臣以言，欲臣之免也甚，而臣知之。及獄決罪定，公憱然不悅，形於顏色，臣見又知之。非私臣而然也，夫天性仁心固然也，此臣之所以悅而德公也。"《韓非子·外儲說左》

何謂〔若不然而〕（原作 '而若然'，據王引之校改。）然者？

昔越王句踐卑下吳王夫差，請身爲臣、妻爲妾，奉四時之祭祀，而入春秋之貢職，委社稷，效民力，〔居爲隱〕（原作 '隱居爲'，據王念孫校改。）蔽，而戰爲鋒行，禮甚卑，辭甚服，其離叛之心遠矣，然而甲卒三千人以擒夫差於姑胥。〔此若不然而然也。〕（據何寧校補。）

此四策者，不可不審也。夫事之所以難知者，以其竄端匿跡，立私於公，倚邪於正，而以〔瞀〕（原作 "勝"，據蔣鴻禮校改）惑人之心者也。若使人之所懷於內者，與所見於外者，若合符節，則天下無亡國〔敗〕（原作 "破"，據何寧校改。）家矣。夫狐之〔搏〕（原作 '捕'，據王念孫校改。）雉也，必先卑體〔弭毛〕（原作 "彌耳"，據王念孫校改。），以待其來出。雉見而信之，故可得而擒也。使狐瞋目植〔雎〕（原作 "睹"，據吳承仕校改。），見必殺之勢，雉亦知驚憚遠飛，以避其怒矣。夫人僑之相欺也，非直禽獸之詐計也，物類相似若然，而不可從外論者，眾而難識矣，是故不可不察也。

十六 〈脩務訓〉辨析

《淮南子·要略》曰：

> 〈脩務〉者，所以為人之於道未淹，味論未深，見其文辭，反之以清淨
> 為常，括淡為本，則懈墮分學，縱欲適情，欲以偷自佚，而塞於大道也。
> 今夫狂者無憂，聖人亦無憂。聖人無憂，和以德也；狂者無憂，不知禍
> 福也。故通而無為也，與塞而無為也同，其無為則同，其所以無為則異。
> 故為之浮稱流說其所以能聽，所以便學者孳孳以自幾也。

因此，〈脩務訓〉的宗旨在於：批判人們對於道術未能透徹體悟，對於道
論不能深刻認知，見到字面上所說以清靜為常理，恬淡為根本，就縱容懈怠而
拋棄學習，放鬆欲念而盡情適意，妄想以此苟且得到自己的安逸，但實際上卻
是阻塞了通往大道的途徑。

癲狂的人是沒有憂慮的，聖人也是沒有憂慮的。聖人沒有憂慮，是因為保
持德行的平和，癲狂的人沒有憂慮是不知道禍福的所在。所以，通達於道術中
的「無為」（因循著無，以統制著為），與阻塞於大道間的「無為」（無有作
為），二者表現出的「無所作為」看似相同，但它們之所以如此展現的緣由卻
極其不同。此篇用通常顯明易解的道理，使學者明曉需只有勤勉不倦的學習，
自己方能真正實有所。

就〈要略〉篇所作的說明，〈脩務訓〉的撰寫：（甲）詳盡地闡明「無為」
的意義，以糾正對於「無為」錯誤的認知；（乙）提出「為學」的積極意義。

高誘注此篇篇旨曰：「脩，勉。務，趨。聖人趨時，冠敝弗顧，履遺不取，
必用仁義之道以濟萬民。故曰修務，因以題篇。」

高誘注文的含意似與〈要略〉篇所言有異。尤其並未提到對於「無為」觀
念的辨析，這與今本此篇資料的編輯要旨也有出入。今本〈脩務訓〉文字僅存

約 5035 字，若除去可能爲他處錯簡者，所餘不足 4000 字，此篇當有較多的殘失。案今本資料的文意編排，全篇可分爲三個部份：

第一部份：包含三處資料，分置全篇之中。此部份當爲〈脩務訓〉的主要內容，其中強調積極性的"作爲"與"脩、學"。（甲）處：首先辨析"無爲"的真義，認爲"無爲"並不是消極性地"寂然無聲，漠然不動"，而是要透過"起天下之利"、"除百姓之害"的事功之後，所表現的一種得道心態。"無爲"之義在於："使私志不得入公道，嗜欲不得枉正術"，"循理舉事，因資立功"，而"事成不伐，功立名弗有"。（乙）處：辨析人性的資質不同，不能棄學而循性。學習不可以中途而止，因爲，"知者之所短，不若愚者之所脩；賢者之所不足，不若眾人之所有餘"。名聲可通過努力建立起來，功業可透過奮鬥來完成，不自強而能有成功者，天下所未有。（丙）處：說明難以成功之事可使人成就極大功業，因此，君子脩美，雖未能即時有利，福必將後至。

第二部份：說明聖人的舉事，雖然具體的作法不同，但都符合道理的準則，都爲著拯救國家的危亡與傾覆，心中總是不忘記要有利於他人。此部份資料與本篇旨意似有出入。

第三部份：說明人若沒有真正的認知，就會被一些現象所迷惑。只有通達事理的人，不能以怪物驚嚇；明白道理的人，不能以奇事驚動；明察言辭的人，不能以虛名眩惑；審知物形的人，不能以假象欺騙。此部份資料也與本篇的意旨有出入。

此篇部份資料見於《文子》者有 579 字，約佔 11.4%，包括：〈自然〉篇第九、十兩章，〈精誠〉篇第十九與第二十一章。

第一部份（甲）：

此部份資料主要在辨析"無為"之真義，其中主要文字見於《文子・自然》第九、十兩章。《文子》此兩章的結構為：

① 所謂無為者，非謂其引之不來，推之不去，迫而不應，感而不動，堅滯而不流，捲握而不散。謂其私志不入公道，嗜欲不挂正術，循理而舉事，因資而立功，推自然之勢，曲故不得容，事成而身不伐，功立而名不有。若夫水用舟，沙用鳩，泥用輴，山用樏，夏瀆冬陂，因高為山，因下為池，非吾所為也。

② 聖人不恥身之賤，惡道之不行也；不憂命之短，憂百姓之窮也。故常虛而無為，抱素見樸，不與物雜。　　　　　　　　　　　　　　〈自然〉篇第九章

① 古之立帝王者，非以奉養其欲也；聖人踐位者，非以逸樂其身也。為天下之民，強陵弱，眾暴寡，詐者欺愚，勇者侵怯；又為其懷智不以相教，積財不以相分，故立天子以齊一之。為一人之明，不能遍照海內，故立三公九卿以輔翼之。為絕國殊俗，不得被澤，故立諸侯以教誨之。是以天地四時無不應也，官無隱事，國無遺利，所以衣寒食飢，養老弱，息勞倦，無不以也。

② 神農形悴，堯瘦癯，舜黧黑，禹胼胝，伊尹負鼎而干湯，呂望鼓刀而入周，百里奚傳賣，管仲束縛，孔子無黔突，墨子無煖席，非以貪祿慕位，將欲起天下之利，除萬民之害也。自天子至於庶人，四體不勤，思慮不困，於事求贍者，未之聞也。　　　　　　　〈自然〉篇第十章

〈自然〉篇此兩章文義並不連貫，似"文子外編"殘文竄入。其見於〈脩務訓〉的句序為：第九章②→第十章①②→第九章①。〈脩務訓〉此章資料也非完整，有錯簡脫漏，〈自然〉篇兩章資料，雖然敘說方式與今本《淮南子》不同，但句序的連接似較後者為佳。

或曰："無為者，寂然無聲，漠然不動，引之不來，推之不往，如此者，乃得道之像。吾以為不然。"

嘗試問之矣："若夫神農、堯、舜、禹、湯，可謂聖人乎？"

有論者必不能廢。以五聖觀之，則莫得無爲，明矣。古者，民茹草飲水，采樹木之實，食蠃蛖之肉，時多〔疹〕（原作“疾”，據王念孫校改。）病毒傷之〔患〕（原作“害”，據何寧校改。）。於是神農乃始教民播種五穀，〔相土地燥濕肥墝高下之宜〕（原作“相土地宜燥濕肥墝高下”，據何寧校改。），嘗百草之滋味，水泉之甘苦，令民知所避就。當此之時，一日而（原有“遇”字，據王念孫校刪。）七十毒。堯立孝慈仁愛，使民如子弟。西教沃民，東至黑齒，北撫幽都，南道交趾。放讙兜於崇山，竄三苗於三危，流共工於幽州，殛鯀於羽山。舜作室，築牆茨屋，辟地樹穀，令民皆知去巖穴，各有家室。南征三苗，道死蒼梧。禹沐（原有“浴”字，據王念孫校刪。）霪雨，櫛〔疾〕（原作“扶”，據俞樾校改。）風，決江疏河，鑿龍門，闢伊闕，脩彭蠡之防（劉文典云：“《北堂書鈔》四引，作‘鑿昆隆，開呂梁，修彭離。’”），乘四載，隨山栞木，平治水土，定千八百國。湯夙興夜寐，以致聰明；輕賦簿斂，以寬民氓；布德施惠，以振困窮；弔死問疾，以養孤孀。百姓親附，政令流行，乃整兵鳴條，困夏南巢，譙以其過，放之歷山。此五聖者、天下之盛主，勞形盡慮，爲民興利除害而不懈。

> 《淮南子》上段所稱“五聖之事蹟”，先秦典籍多有記述，如：《管子·形勢解》曰：“神農教耕生穀，以致民利，禹身決瀆，斬高橋下，以致民利，湯武征伐無道，誅殺暴亂，以致民利，故明王之動作雖異，其利民同也。”《莊子·在宥》曰：“堯於是放讙兜於崇山，投三苗於三峗，流共工於幽都。”《韓非子·五蠹》曰：“堯欲傳天下於舜，鯀諫曰：‘不祥哉！孰以天下而傳之於匹夫乎？’堯不聽，舉兵而誅，殺鯀於羽山之郊。共工又諫曰：‘孰以天下而傳之於匹夫乎？’堯不聽，又舉兵而誅，共工於幽州之都。”

奉一爵酒，不知於色，挈一石之尊則白汗交流，又況贏天下之憂，而〔任〕（據王念孫校補。）海內之事者乎？其重於尊亦遠矣！且夫聖人者，不恥身之賤，而愧道之不行；不憂命之短，而憂百姓之窮（聖人不恥身之賤，惡道之不行也；不憂命之短，憂百姓之窮也。〔故常虛而無爲，抱素見樸，不與物雜。〕）《自然》第九章②。是故禹（原有"之"字，據王念孫校刪。）爲水，以身解於陽盱之阿；湯旱，以身禱於桑山之林之際。聖人憂民，如此其明也，而稱以"無爲"，豈不悖哉！

> 以下數段，文意與上文不相通貫，而後文"若吾所謂無爲者"段，似可直接承接上段"且夫聖人者"，文氣通暢。〈自然〉篇第九章句序即如此。〈自然〉篇第九章"聖人不恥身之賤"段，"故常虛而無爲"三句，未見於《淮南子》，全段敘說的方向也與見於〈脩務訓〉者不同。

且古之立帝王者，非以奉養其欲也；聖人踐位者，非以逸樂其身也（〔老子曰：〕古之立帝王者，非以奉養其欲也；聖人踐位者，非以逸樂其身也。）。為天下強掩弱，眾暴寡，〔智〕（原作"詐"，據何寧校改。）欺愚，勇侵怯，懷知而不以相教，積財而不以相分，故立天子以齊一之（為天下〔之民，〕強陵弱，眾暴寡，詐者欺愚，勇者侵怯；〔又為其〕懷智不以相教，積財不以相分，故立天子以齊一之。）。為一人聰明而不足以遍照海內，故立三公九卿以輔翼之。〔為〕（據王叔岷校補。）絕國殊俗，僻遠幽間之處，不能被德承澤，故立諸侯以教誨之（為一人之明，不能遍照海內，故立三公九卿以輔翼之。為絕國殊俗，不得被澤，故立諸侯以教誨之。）。是以地無不任，時無不應，官無隱事，國無遺利（是以天地四時無不應也，官無隱事，國無遺利。）。所以衣寒食飢，養老弱而息勞倦也（所以衣寒食飢，養老弱，息勞倦〔，無不以也〕。）《自然》第十章①。

> 上段就"古之立帝王者"與"聖人踐位者"而言，下段插入"蒙恥辱以干世主"的"聖人"，文氣不能通貫，此處恐有脫漏。

若以布衣徒步之人觀之，則伊尹負鼎而干湯，呂望鼓刀而入周，百里奚轉鬻，管仲束縛，孔子無黔突，墨子無煖席（神農形悴，堯瘦臞，舜黧黑，禹胼胝，伊尹負鼎而干湯，呂望鼓刀而入周，百里奚傳賣，管仲束縛，孔子無黔突，墨子無煖席，）。是以聖人不高山、不廣河，蒙恥辱以干世主，非以貪祿慕位，欲事起天下〔之〕（據王念孫校補。）利而除萬民之害（非以貪祿慕位，將欲起天下之利，除萬民之害也。）《自然》第十章②。

蓋聞傳書曰：神農憔悴，堯瘦臞，舜黴黑，禹胼胝。由此觀之，則聖人之憂勞百姓甚矣！故自天子以下，至于庶人，四肢不動，思慮不用，事治求贍者，未之聞也（自天子至於庶人，四體不勤，思慮不困，於事求贍者，未之聞也。）《自然》第十章③。

下段文意似有不足，前後段之間恐有脫文。

夫地勢、水東流，人必事焉，然後水潦得谷行。禾稼春生，人必加功焉，故五穀得遂長。聽其自流，待其自生，則〔大〕（原作“鯀”，據向宗魯、王叔岷校改。）禹之功不立，而后稷之智不用。

若吾所謂“無為”者，私志不得入公道，嗜欲不得枉正術，循理而舉事，因資而立〔功〕（據王念孫校補。），〔推〕（原“權”，據王念孫校改。）自然之勢，而曲故不得容者，事成而身弗伐，功立而名弗有（〔老子曰：〕所謂無為者，非謂其引之不來，推之不去，迫而不應，感而不動，〔堅滯而不流，捲握而不散〕。謂其私志不入公道，嗜欲不挂正術，循理而舉事，因資而立功，推自然之勢，曲故不得容，事成而身不伐，功立而名不有。）；非謂其感而不應，〔敂〕（原作“攻”，據王引之校改。）而不動者。若夫以火熯井，以〔甕〕（原作“淮”，據蔣禮鴻校改。）灌山，此用已而背自然，故謂之有為。若夫水之用舟，沙之用鳩，泥之用輴，山之用蔂，夏瀆而冬陂，因高為〔山〕（原作“田”，據王念孫校改。），因下為池，此非吾所謂為之（若夫水用舟，沙用鳩，泥用輴，山用樏，夏瀆冬陂，因高為山，因下為池，非吾所為也。）《自然》第九章①。

上段“若夫水之用舟”數句，見於《呂氏春秋·審分覽》，〈審分覽〉曰：“水用舟，陸用車，塗用輴，沙用鳩，山用樏，因其勢也。”

第二部份：

此部份論述聖人的處事，在於"殊體而合于理"、"所由異路而同歸"、"存危定傾若一"而"志不忘于欲利人"。不但内容與本篇篇旨有異，文字亦不完整，行文語氣與論說的義理並不連貫，恐有闕文或錯簡。部份文句見於《文子·精誠》第十九章。〈精誠〉篇第十九章，文意亦不能通貫，似"文子外編"殘文竄入。

聖人之從事也，殊體而合于理，其所由異路而同歸，其存危定傾若一，志不忘于欲利人（老子曰：聖人之從事也，所由異路而同歸，存亡定傾若一，志不忘乎欲利人也。）《精誠》第十九章①。何以明之？

昔者，楚欲攻宋，墨子聞而悼之，自魯趨而〔往〕（據王念孫校改。），十日十夜，足重繭而不休息，裂（原有"衣"字，據王念孫校刪。）裳裹足，至於郢，見楚王，曰："臣聞大王舉兵將攻宋，計必得宋而後攻之乎？亡其苦眾勞民，頓兵〔剉〕（原作"挫"，據王念孫校改。）銳，負天下以不義之名，而不得咫尺之地，猶且攻之乎？"王曰："必不得宋，又且爲不義，曷爲攻之！"墨子曰："臣見大王之必傷義而不得宋。"王曰："公輸、天下之巧〔工〕（原作"士"，據劉文典校改。），作雲梯之械設以攻宋，曷爲弗取！"墨子曰："令公輸設攻，臣請守之。"於是公輸般設攻宋之械，墨子設守宋之備，九攻而墨子九卻之，弗能入。於是乃偃兵，輟不攻宋。

公輸般爲高雲梯，欲以攻宋。墨子聞之，自魯往，裂裳裹足，日夜不休，十日十夜而至於郢，見荆王曰："臣北方之鄙人也，聞大王將攻宋，信有之乎？"王曰："然。"墨子曰："必得宋乃攻之？亡其不得宋且不義，猶攻之乎？"王曰："必不得宋，且有不義，則曷爲攻之？"墨子曰："甚善。臣以宋必不可得。"王曰："公輸般，天下之巧工也，已爲攻宋之械矣。"墨子曰："請令公輸般試攻之，臣請試守之。"於是公輸般設攻宋之械，墨子設守宋之備。公輸般九攻之，墨子九卻之不能入，故荆輟不攻宋。墨子能以術禦荆，免宋之難者，此之謂也。《呂氏春秋·愛類》

上段引述資料，似本諸《呂氏春秋·愛類》，《淮南子》以"墨子跌蹏而趨千里，以存楚、宋"，說明聖人之從事"其存危定傾若一"。

段干木辭祿而處家，魏文侯過其閭而軾之。其僕曰："君何爲軾？"文侯曰："段干木在，是以軾。"其僕曰："段干木、布衣之士，君軾其閭，不已甚乎？"文侯曰："段干木不趨勢利，懷君子之道，隱處窮巷，聲施千里，寡人敢勿軾乎！段干木光于德，寡人光于勢；段干木富于義，寡人富于財。勢不若德尊，財不若義高。〔段〕（據何寧校補。）干木雖以己易寡人不爲，吾日悠悠慚于影，子何以輕之哉！"其後秦將起兵伐魏，司馬庾諫曰："段干木、賢者，其君禮之，天下莫不知，諸侯莫不聞。舉兵伐之，無乃妨於義乎！"於是秦乃偃兵，輟不攻魏。夫墨子〔跌〕（原作"跌"，據王引之校改。）蹏而趨千里，以存楚、宋；段干木闔門不出，以安秦、魏；夫行與止也，其勢相反，而皆可以存國，此所謂異路而同歸者也。

> 魏文侯過段干木之閭而軾之，其僕曰："君胡爲軾？"曰："此非段干木之閭歟？段干木蓋賢者也，吾安敢不軾？且吾聞段干木未嘗肯以己易寡人也，吾安敢驕之？段干木光乎德，寡人光乎地；段干木當乎義，寡人富乎財。"其僕曰："然則君何不相之？"於是君請相之，段干木不肯受。則君乃致祿百萬，而時往館之。於是國人皆喜，相與誦之曰："吾君好正，段干木之敬；吾君好忠，段干木之隆。"居無幾何，秦興兵欲攻魏，司馬唐諫秦君曰："段干木賢者也，而魏禮之，天下莫不聞，無乃不可加兵乎！"秦君以爲然，乃按兵輟不敢攻之，魏文侯可謂善用兵矣。嘗聞君子之用兵，莫見其形，其功已成，其此之謂也。野人之用兵也，鼓聲則似雷，號呼則動地，塵氣充天，流矢如雨，扶傷輿死，履腸涉血，無罪之民其死者量於澤矣，而國之存亡、主之死生猶不可知也，其離仁義亦遠矣。《呂氏春秋·期賢》

上段所引資料，似本諸《呂氏春秋·期賢》，《淮南子》以"魏文侯禮段干木"事例，說明段干木雖與墨子的舉錯不同，然皆可以存國。以下兩段分別以"汲水之器雖有不同，但皆可救火"、"各地歌謠雖音聲不同，而皆可樂"、"九夷八狄雖哭聲不同，但皆爲悲"三例，推衍"異路而同歸"之旨。此章的結構似先說明"聖人之從事也，殊體而合于理"，然後申論"其所由異路而同歸"、

"其存危定傾若一"、"志不忘于欲利人"。但全章僅對"異路而同歸者"敘說較詳,下段文義似嫌不足,其中恐有闕文。

今夫救火者,汲水而趨之,或以甕瓴,或以盆盂,其方員銳橢不同,盛水各異,其於滅火,鈞也。故秦、楚、燕、魏之歌也,異轉而皆樂,九夷八狄之哭也,殊聲而皆悲,一也。

夫歌者,樂之徵也,哭者,悲之效也。憤於中則應於外,故在所以感〔之矣〕（據俞樾校補。）（故秦楚燕魏之歌,異聲而皆樂,九夷八狄之哭,異聲而皆哀。夫歌者,樂之徵,哭者,哀之效也。悁於中,發於外,故在所以感之矣。）《精誠》第十九章②a。夫聖人之心,日夜不忘于欲利人,其澤之所及者,效亦大矣（聖人之心,日夜不忘乎欲利人,其澤之所及亦遠矣。）《精誠》第十九章②b。

第一部份（乙）：

1

此章批判"非議為學的人"認為人性不可變異,強調"為學"的重要,與〈要略〉篇所言的篇旨契合。其中仍以第一人稱的"吾"來敘說,承接第一部份（甲）處的體例。全章並未有與《文子》互見文字。

世俗廢衰,而非學者多〔曰〕（據俞樾、何寧校補。）:"人性各有所脩短,若魚之躍,老鵲之駮,此自然者,不可損益。"吾以為不然。

夫魚者躍,鵲者駮也,猶〔人之為人,馬之為馬〕（原作'人馬之為人馬',據劉文典校改。）,筋骨形體,所受於天,不可變。以此論之,則不類矣。夫馬之為草駒之時,跳躍揚蹄,翹尾而走,人不能制,齗咋足以嚙肌碎骨,蹴踶足以破盧陷匈。及至圉人擾之,良御教之,掩以衡扼,連以轡銜,則雖歷險超壍,弗敢辭。故其形之為馬,馬不可化；其可駕御，教之所爲也。馬、聾蟲也，而可以通氣志，猶待教而成，又況人乎！

且夫身正性善，發憤而成仁，〔惽〕（原作"帽"，據王念孫校改。）憑而爲義，性命可說，不待學問而合於道者，堯、舜、文王也；沉湎耽荒，不可教以道，不可喻以德，嚴父弗能正，賢師不能化者，丹朱、商均也。曼頰皓齒，形夸骨佳，不待脂粉芳澤而性可說者，西施、陽文也；嗛睽哆㖞，籧篨戚施，雖粉白黛黑弗能爲美者，嫫母、仳㑇也。夫上不及堯、舜，下不〔若〕（原作"及"，據王念孫校改。）商均，美不及西施，惡不若嫫母，此教訓之所諭也，而芳澤之所施。

且子有弒父者，然而天下莫疏其子，何也？愛父者眾也。儒有邪辟者，而先王之道不廢，何也？其行之者多也。今以爲學者之有過而非學者，則是以一〔噎〕（原作"飽"，據王念孫校改。）之故，絕穀不食；以一躓之難，輟足不行，惑也。今有良馬，不待策錣而行，駑馬雖兩錣之不能進；爲此不用策錣而御，則愚矣。夫怯夫操利劍，擊則不能斷，刺則不能自入；及至勇武，攘捲一摚，則摺脅傷幹；爲此棄干將、鏌邪而以手戰，則悖矣。

所謂言者，齊於眾而同於俗。今不稱九天之頂，則言黃泉之底，是兩末之端議，何可以公論乎！夫〔亭歷〕（原作"橘抽"，據王念孫校改。）冬生，而人曰冬死，死者眾，薺麥夏死，人曰夏生，生者眾。江河之回曲，亦時有南北者，而人謂江、河東流；攝提鎮星日月東行，而人謂星辰日月西移者；以大氐爲本。胡人有知利者，而人謂之駤，越人有重遲者，而人謂之訬；以多者名之。

若夫堯眉八彩，九竅通洞，而公正無私，一言而萬民齊；舜二瞳子，是謂重明，作事成法，出言成章；禹耳參漏，是謂大通，興利除害，疏河決江；文王四乳，是謂大仁，天下所歸，百姓所親；皋陶馬喙，是謂至信，決獄明白，察於人情；〔啓〕（原作"禹"，據王引

594

之校改。）生於石，契生於卵，史皇產而能書，羿〔右〕（原作"左"，據劉
文典校改。）臂脩而善射。若此九賢者，千歲而一出，猶繼踵而生。今
無五聖之天奉，四俊之才難，欲棄學而循性，是謂猶釋船而欲碾水
也。

夫純〔鈞〕（原作"鉤"，據王念孫校改。）、魚腸劍之始下型，擊則不能
斷，刺則不能入，及加之砥礪，摩其鋒鍔，則水斷龍舟，陸剸犀甲。
明鏡之始下型，矇然未見形容；及其〔扢〕（原作"粉"，據王念孫校改。）
以玄錫，度以白旄，鬢眉微毫可得而察。夫學、亦人之砥錫也，而
謂學無益者，所以論之過。

2

此章論述人不能盡知全能，智者的短處，不如愚者的長處，賢人的不足，不如
普通人的有餘。需靠著教導與訓練，方可使知識廣為人所接受。"故學不可以
已"。但全章各段之間，文意似不能承續，恐有脫文。

知者之所短，不若愚者之所脩；賢者之所不足，不若眾人之〔所〕
（據王念孫校補。）有餘。何以知其然？夫宋畫吳冶，刻刑鏤法亂脩曲出，
其為微妙，堯、舜之聖不能及。蔡之幼女，衛之稚質，梱纂組，雜
奇彩，抑黑質，揚赤文，禹、湯之智不能逮。

上段之後似有脫文。以下數段文意與上文不類，似錯簡或有脫文。

夫天之所覆，地之所載，包於六合之內，託於宇宙之間，陰陽
之所生，血氣之精，含牙戴角，前爪後距，奮翼攫肆，蚑行蟯動之
蟲，喜而合，怒而鬥，見利而就，避害而去，其情一也。雖所好惡，
其與人無以異。然其爪牙雖利，筋骨雖彊，不免制於人者，知不能
相通，才力不能相一也。各有其自然之勢，無稟受於外，故力竭功

沮。

夫雁順風〔而飛〕（據王念孫校補。），以愛氣力，銜蘆而翔，以備
繒弋，蟄知爲垤，獾貉爲曲穴，虎豹有茂草，野彘有艽莦、槎櫛，
堀虛連比，以像宮室，陰以防雨，〔晏〕（原作“景”，據王引之校改。）以蔽
日，此亦鳥獸之所以知求合於其所利。

> 一言而非，四馬不能追；一言不急，四馬不能及。順風而飛，以助氣力；銜葭而
> 翔，以備短戈。《說苑·說叢》

今使人生於辟陋之國，長於窮僻漏室之下，長無兄弟，少無父
母，目未嘗見禮節，耳未嘗聞先古，獨守專室而不出門〔戶〕（據王
念孫校補。），使其性雖愚，然其知者必寡矣。

昔者，倉頡作書，容成造曆，胡曹爲衣，后稷耕稼，儀狄作酒，
奚仲爲車。此六人者，皆有神明之道，聖智之跡，故人作一事而遺
後世，非能一人而獨兼有之。各悉其知，貴其所欲達，遂爲天下備。
今使六子者易事，而明弗能見者何？萬物至眾，而知不足以奄之。
周室以後，無六子之賢，而皆脩其業；當世之人，無一人之才，而
知（原有“其”字，據王念孫校刪。）六賢之道者何？教順施續而知能流通。由
此觀之，學不可以已，明矣。

> 上段以“由此觀之，學不可以已，明矣”作為結語，似此章資料的總結。“胡
> 曹為衣”句，孫至祖云“〈氾論訓〉‘伯余初作衣’，此以為胡曹，自相乖異。”
> 〈脩務訓〉資料似與〈氾論訓〉來源不同。

3

> 此章以美玉成器在於礛諸之功，直木成輪來自檃括之力，說明為學砥礪的功
> 效。合於〈要略〉篇所言此章的篇旨，但與《文子》並無互見文字。

　　今夫盲者，目不能別晝夜、分白黑，然而搏琴撫弦，參彈復徽，攫援摽拂，手若薇蒙，不失一弦。使未嘗鼓〔琴〕（原作"瑟"，據俞樾校改。）者，雖有離朱之明，攫掇之捷，猶不能屈伸其指。何則？服習積貫之所致。故弓待檠而後能調，劍待砥而後能利。玉堅無敵，鏤以爲獸，首尾成形，礛諸之功。木直中繩，揉以爲輪，其曲中規，隱栝之力。唐碧堅忍之類，猶可刻鏤，（原有"揉"字，據王念孫校刪。）以成器用，又況心意乎！

　　且夫精神滑淖纖微，倏忽變化，與物推移，雲蒸風行，在所設施。君子有能精搖摩監，砥礪其才，自〔誠〕（原作"試"，據揚樹達校改。）神明，覽物之博，通物之壅，觀始卒之端，見無外之境，以逍遙仿佯於塵埃之外，超然獨立，卓然離世：此聖人之所以游心。而〔晚世之人〕（據揚樹達、何寧校補。）不能閑居靜思，鼓琴讀書，追觀上古；〔友〕（原作"及"，據陶鴻慶、向宗魯校改。）賢大夫，學問講辯，日以自娛；〔疏遠〕（原作"蘇援"，據向宗魯校改。）世事，〔分別白黑〕（原作"分白黑利害"，據王念孫校改。），籌策得失，以觀禍福；設儀立度，（原有"可"字，據向宗魯校刪。）以爲法則，窮道本末，究事之情，立是廢非，明示後人；死有遺業，生有榮名：如此者，人才之所能逮。然而莫能至焉者，偷慢懈惰多（原有"不"字，據俞樾校改。）暇日之故。

　　　　道雖邇，不行不至；事雖小，不爲不成。其爲人也多暇日者，其出入不遠矣。《荀子·脩身》

　　　　今人誠能砥礪其材，自誠其神明，睹物之應，通道之要，觀始卒之端，覽無外之境，逍遙乎無方之內，彷徉乎塵埃之外，卓然獨立，超然絕世，此上聖之所遊神也。然晚世之人，莫能閑居心思，鼓琴讀書，追觀上古，友賢大夫；學問講辯日以自虞，疏遠世事分明利害，籌策得失，以觀禍福，設義立度，以爲法式；窮追本末，究事之情，死有遺業，生有榮名；此皆人材之所能建也，然莫能爲者，偷慢懈墮，多暇日之故也，是以失本而無名。《說苑·建本》

　　《淮南子》上段似發揮《荀子·脩身》的義理，而爲《說苑·見本》篇所引述。

"君子有能精搖摩監"句，向宗魯云："'摩監'當作'纂覽'，〈要略〉篇
'精搖纂覽'許注'靡小皆覽之。'"何寧云："向說是也。許作'靡覽'，
高作'摩監'，摩，纂古通，監、覽義近。"又，楊樹達云："'此聖人之所
以游心，而不能閑居靜思'云云，上下文義不相承接，文當脫誤。《說苑》〈本
願〉篇'卓然獨立，超然絕世，此上聖之所遊神也。然晚世之人，莫能閒居心
思，鼓琴讀書'，即本此文。疑此文亦當有'然晚世之人'五字，而傳寫挽之
也。

　　夫瘠地之民多有心者，勞也；沃地之民多不才者，饒也。由此
觀之，知〔而〕（原作"人"，據王叔岷校改。）無務，不若愚而好學。自人君
公卿至于庶人，不自彊而功成者，天下未之有也。《詩》云："日
就月將，學有緝熙于光明。"此之謂也。

4

此章分別申論"名可務立，功可彊成"，全文主要部份見於《文子・精誠》第
二十一章。〈精誠〉此章文意不完整，恐為"文子外編"殘文竄入。又，此章
"夫七尺之形"段，敘說"自強而成功者"之意，與全章結構有異，恐為錯簡。

　　名可務立，功可彊成（文子曰：名可強立，功可強成。），故君子積志委
正，以趣明師：勵節亢高，以絕世俗。何以明之？

　　昔者，南榮疇恥聖道之獨亡於己（昔南榮趌恥聖道而獨亡於己），身淬霜
露，敕蹻趹〔步〕（據王念孫校改。），跋涉山川，冒蒙荊棘，百舍重跰，
不敢休息，南見老聃，受教一言，精神曉泠，鈍聞條達，欣然七日
不食，如饗太牢（南見老子。受教一言，精神曉靈，屯閉條達，辛苦十日不食，如享太
牢。）。是以明照四海，名施後世，達略天地，察分秋毫，稱譽〔華〕
（原作"葉"，據王念孫校改。）語，至今不休（是以明照海內，名立後世，智絡天地，察
分秋毫，稱譽華語，至今不休。）。此所謂名可彊立者。（此謂名可強立也。《精誠》

第二十一章①）。

……南榮趎贏糧，七日七夜至老子之所。老子曰：“子自楚之所來乎？”南榮趎曰：“唯。”老子曰：“子何與人偕來之眾也？”南榮趎懼然顧其後。老子曰：“子不知吾所謂乎？”南榮趎俯而慚，仰而歎曰：“今者吾忘吾答，因失吾問。”老子曰：“何謂也？”南榮趎曰：“不知乎？人謂我朱愚。知乎？反愁我軀。不仁則害人，仁則反愁我身，不義則傷彼，義則反愁我己。我安逃此而可？此三言者，趎之所患也，願因楚而問之。”老子曰：“向吾見若眉睫之間，吾因以得汝矣，今汝又言而信之。若規規然若喪父母，揭竿而求諸海也。女亡人哉，惘惘乎！汝欲反汝情性而無由入，可憐哉！”南榮趎請入就舍，召其所好，去其所惡，十日自愁，復見老子。老子曰：“汝自洒濯，熟哉鬱鬱乎！然而其中津津乎猶有惡也。夫外韄者不可繁而捉，將內揵；內韄者不可繆而捉，將外揵。外內韄者，道德不能持，而況放道而行者乎！”南榮趎曰：“里人有病，里人問之，病者能言其病，然其病，病者猶未病也。若趎之聞大道，譬猶飲藥以加病也，趎願聞衛生之經而已矣。”老子曰：“衛生之經，能抱一乎？能勿失乎？能無卜筮而知吉凶乎？能止乎？能已乎？能舍諸人而求諸己乎？能翛然乎？能侗然乎？能兒子乎？兒子終日嗥而嗌不嗄，和之至也；終日握而手不掜，共其德也；終日視而目不瞬，偏不在外也。行不知所之，居不知所為，與物委蛇，而同其波。是衛生之經已。”南榮趎曰：“然則是至人之德已乎？”曰：“非也。是乃所謂冰解凍釋者，能乎？夫至人者，相與交食乎地而交樂乎天，不以人物利害相攖，不相與為怪，不相與為謀，不相與為事，翛然而往，侗然而來。是謂衛生之經已。”曰：“然則是至乎？”曰：“未也。吾固告汝曰：‘能兒子乎？’兒子動不知所為，行不知所之，身若槁木之枝而心若死灰。若是者，禍亦不至，福亦不來，。禍福無有，惡有人災也！”《莊子·庚桑楚》

昔者南榮趎醜聖道之忘乎已，故步陟山川，坌冒楚棘，彌道千餘，百舍重繭，而不敢久息。既遇老聃，噩若慈父，鴈行避景，夔立弛進，而后敢問。見教一高言，若饑十日而得大牢焉。是達若天地，行生後世。《賈誼·新書》

《淮南子》上段“南榮疇問學於老子”事，見於《莊子》，《淮南子》此處的敘說，與《新書》的內容較為接近，可能本諸後者，並以此事例來解釋“名可強立”的觀念。

吳與楚戰，莫囂大心撫其御之手曰：“今日距彊敵，犯白刃，蒙矢石，戰而身死，卒勝民（原又“治”字，據於校刪。）全，我社稷可以庶幾

乎！”遂入不返，決腹斷頭，不旋踵運軌而死。申包胥〔曰：“吾〕
(據俞樾校補。) 竭筋力以赴嚴敵，伏尸流血，不過一卒之才，不如約身
卑辭，求救於諸侯。”於是乃贏糧跣走，跋涉谷行，上峭山，赴深
谿，游川水，犯津關，躐蒙籠，蹠沙石，蹠達膝〔暴〕(據王叔岷校改。)，
曾繭重胝，七日七夜，至於秦庭。鶴跱而不食，晝吟宵哭，面若死
灰，顏色黴黑，涕液交集，以見秦王，曰：“吳為封豨脩蛇，蠶食
上國，虐始於楚。寡君失社稷，越在草茅。百姓離散，夫婦男女不
遑啓處。使下臣告急。”秦王乃發車千乘，步卒七萬，屬之子虎，
踰塞而東，擊吳濁水之上，果大破之，以存楚國，烈藏廟堂，著於
憲法。此功之可彊成者也。

> 昔者吳與楚戰於柏舉，兩御之間夫卒交。莫敖大心撫其御之手，顧而大息曰：“嗟
> 乎子乎，楚國亡之月至矣！吾將深入吳軍，若扑一人，若捽一人，以與大心者也，社
> 稷其為庶幾乎？”故斷脰決腹，壹瞑而萬世不視，不知所益，以憂社稷者，莫敖大心
> 是也。
>
> 昔吳與楚戰於柏舉，三戰入郢。寡君身出，大夫悉屬，百姓離散。棼冒勃蘇曰：
> “吾被堅執銳，赴強敵而死，此猶一卒也，不若奔諸侯。”於是贏糧潛行，上崢山，
> 踰深谿，蹠穿膝暴，七日而薄秦王之朝。雀立不轉，晝吟宵哭。七日不得告。水漿無
> 入口，癗而殫悶，旄不知人。秦王聞而走之，冠帶不相及，左奉其首，右濡其口，勃
> 蘇乃蘇。秦王身問之：“子孰誰也？”棼冒勃蘇對曰：“臣非異，楚使新造蟄棼冒勃
> 蘇。吳與楚人戰於柏舉，三戰入郢。寡君身出，大夫悉屬，百姓離散。使下臣來告亡，
> 且求救。”秦王顧令不起：“寡人聞之，萬乘之君，得罪一士，社稷其危，今此之謂
> 也。”遂出革車千乘，卒萬人，屬之子滿與子虎，下塞以東，與吳人戰於濁水而大敗
> 之，亦聞於遂浦。故勞其身，愁其思，以憂社稷者，棼冒勃蘇是也。《戰國策·楚策》

《淮南子》上段“吳楚柏舉之戰申包胥乞兵於秦”事，似本諸《戰國策》，用
以說明“功可彊成”。“莫囂”，《戰國策》作“莫敖”，“申包胥”即“棼
冒勃蘇”。下段文字解說“自強而成功者”，與此章首段所標顯的義理不同，
恐為錯簡。

夫七尺之形，心知憂愁勞苦，膚知疾痛寒暑，人情一也。聖

人知時之難得，務〔之〕（據何寧校補。）可趣也，苦身勞形，焦心怖肝，不避煩難，不違危殆。蓋聞子發之戰，進如激矢，合如雷電，解如風雨，員之中規，方之中矩，破敵陷陳，莫能壅禦，澤戰必克，攻城必下。彼非輕身而樂死，務在於前，遺利於後，故名立而不墮。此自強而成功者也。

是故：田者不強，囷倉不盈；官御不屬，心意不精；將相不強，功烈不成；侯正懈惰，後世無名（故田者不強，囷倉不滿；官不屬，誠心不精；將相不強，功烈不成；王侯懈怠，後世無名。）《精誠》第二十一章②。《詩》云：“我馬唯騏，六轡如絲。載馳載驅，周爰諮諏。”以言人之有所務也。

引《詩》出自《詩經・小雅・皇皇者華》。

第三部份：

此部份資料論述聖人通達事理，能明辨是非，不為外物所惑，俗人則反是。各段之間似有脫文，文意並非完整。又，全文敘說的內容，似與本篇強調“脩務”之旨，不能直接契合，恐為他處錯簡，或有大量文字的殘失。

通於物者不可驚以怪，喻於道者不可動以奇，察於辭者不可燿以名，審於形者不可遯以狀。

世俗之人，多尊古而賤今，故為道者必託之于神農、黃帝而後能入說。亂世闇主，高遠其所從來，因而貴之；為學者，蔽於論而尊其所聞，相與危坐而稱之，正領而誦之。此見是非之分不明。

夫尊古而卑今，學者之流也。且以狶韋氏之流觀今之世，夫孰能不波，唯至人乃能遊於世而不僻，順人而不失己。彼教不學，承意不彼。　《莊子・外物》

《淮南子》上段"世俗之人，多尊古而賤今"之說，可與《莊子・外物》對比，二者義理的指向並非相同。

夫無規矩，雖奚仲不能以定方圓；無準繩，雖魯班不能以定曲直。是故鍾子期死，而伯牙絕絃破琴，知世莫賞也；惠施死，而莊子寢說〔不〕（據王叔岷校改。）言，見世莫可爲語者也。

> 莊子送葬，過惠子之墓，顧謂從者曰："郢人堊慢其鼻端若蠅翼，使匠石斲之。匠石運斤成風，聽而斲之，盡堊而鼻不傷，郢人立不失容。宋元君聞之，召匠石曰：'嘗試爲寡人爲之。'匠石曰：'臣則嘗能斲之。雖然，臣之質死久矣。'自夫子之死也，吾無以爲質矣，吾無與言之矣。"《莊子・徐無鬼》

> 凡賢人之德有以知之也。伯牙鼓琴，鍾子期聽之，方鼓琴而志在太山，鍾子期曰："善哉乎鼓琴，巍巍乎若太山。"少選之間，而志在流水，鍾子期又曰："善哉乎鼓琴，湯湯乎若流水。"鍾子期死，伯牙破琴絕絃，終身不復鼓琴，以爲世無足復爲鼓琴者。非獨琴若此也，賢者亦然。雖有賢者，而無禮以接之，賢奚由盡忠？猶御之不善，驥不自千里也。鍾子期死，伯牙破琴絕絃，終身不復鼓琴，以爲世無足復爲鼓琴者。《呂氏春秋・本味》

> 伯牙鼓琴，鍾子期聽之。方鼓琴志在山。鍾子期曰："善哉鼓琴，巍巍乎如太山！"志在流水。鍾子期曰："善哉鼓琴，洋洋乎若江河！"鍾子期死，伯牙擗琴絕絃，終身不復鼓琴，以爲世無足與鼓琴也。非獨琴如此，賢者亦有之。苟非其時，則賢者將奚由得遂其功哉？《韓詩外傳》卷九

> 鍾子期死，而伯牙絕弦破琴，知世莫可爲鼓也；惠施卒，而莊子深瞑不言，見世莫可與語也。《說苑・說叢》

《淮南子》上段"鍾子期死，伯牙絕絃破琴"與"惠施死，莊子寢說不言"二事，當爲古時成說，見於《莊子》、《呂氏春秋》與《韓詩外傳》，《淮南子》引用前人資料，或與《說苑》引述者同源，而文字略異。

＊

夫項託年七歲爲孔子師，孔子有以聽其言也。以年之少，爲閭丈人說，救敲不給，何道之能明也！

昔者，謝子見於秦惠王，惠王說之。以問唐姑梁，唐姑梁曰：
"謝子、山東辨士，固〔奮〕（原作"權"，據王引之校改。）說以取少主。"
惠王因藏怒而待之，後日復見，逆而弗聽。非其說異也，所以聽者
易。

> 東方之墨者謝子將西見秦惠王。惠王問秦之墨者唐姑果。唐姑果恐王之親謝子賢
> 於己也，對曰："謝子東方之辯士也，其為人甚險，將奮於說以取少主也。"王因藏
> 怒以待之。謝子至，說王，王弗聽。謝子不說，遂辭而行。凡聽言以求善也。所言苟
> 善，雖奮於取少主，何損？所言不善，雖不奮於取少主，何益？不以善為之愨，而徒
> 以取少主為之悖，惠王失所以為聽矣。《呂氏春秋‧去宥》

上段文字似本諸《呂氏春秋》，強調"聽者"的心理變化，而產生不同的回應
態度，與《呂氏春秋》的論述方向不同。

＊

夫以徵為羽，非絃之罪；以甘為苦，非味之過。楚人有烹猴而
召其鄰人，〔鄰人〕（據王念孫校補。）以為狗羹也而甘之。後聞其猴也，
據地而吐之，盡寫其〔所〕（據王念孫校補。）食。此未始知味者也。邯
鄲師有出新曲者，託之李奇，諸人皆爭學之。後知其非也，而皆棄
其曲。此未始知音者也。鄙人有得玉璞者，喜其狀，以為寶而藏之。
以示人，人以為石也，因而棄之。此未始知玉者也。故有符於中，
則貴是而同今古；無以聽其說，則所從來者遠而貴之耳。此和氏之
所以泣血於荊山之下。

> 上段"楚人有烹猴而召其鄰人"句，何寧云："《意林》引作'楚人有烹狙召
> 隣，隣者以為狗羹，食甚美。後聞其狙，據地吐之，未始知味者也'。文略異。"
> "邯鄲師有出新曲者"句，何寧云，"《意林》引作'邯鄲師有吹者，託名李
> 奇，人爭學之。後知其非，皆棄其曲。未始知音也。'文小異。"植案：《意
> 林》所引，或為《淮南子》別本。

今劍或絕側嬴文，齧缺卷鉦，而稱以頃襄之劍，則貴人爭帶之。

琴或撥剌枉橈，闊解漏越，而稱以楚莊之琴，側室爭鼓之。苗山之
〔鋌〕（原作"鋋"，據王念孫校改。），羊頭之銷，雖水斷龍舟，陸剸兕甲，
莫之服帶。山桐之琴，澗梓之腹，雖鳴廉隅脩營，唐牙，莫之鼓也。
通人則不然。服劍者期於銛利，而不期於墨陽、莫邪；乘馬者期於
千里，而不期於驊騮、綠耳；鼓琴者期於鳴廉脩營，而不期於濫脅、
號鍾；誦《詩》、《書》者期於通道略物，而不期於〈洪範〉、〈商
頌〉。聖人見是非，若白黑之於目辨；清濁之於耳聽。眾人則不然，
中無主以受之。譬若遺腹子之上隴，以禮哭泣之，而無所歸心。

故夫孿子之相似者，唯其母能知之；玉石之相類者，唯良工能
識之；書傳之微者，唯聖人能論之。今取新聖人書，名之孔、墨，
則弟子句指而受者必眾矣。故美人者，非必西施之種；通士者，不
必孔、墨之類。曉然意有所通於物，

故作書以喻意，以為知者也。誠得清明之士，執玄鑑於心，照
物明白，不為古今易意，攄書明指以示之，雖闔棺亦不恨矣。

昔晉平公令官為鐘，鐘成而示師曠，師曠曰："鐘音不調。"
平公曰："寡人以示工，工皆以為調。而以為不調，何也"師曠曰，
"使後世無知音者則已，若有知音者，必知鐘之不調。"故師曠之
欲善調鐘也，以為後之有知音者也。

> 晉平公鑄為大鐘，使工聽之，皆以為調矣。師曠曰："不調，請更鑄之。"平公
> 曰："工皆以為調矣。"師曠曰："後世有知音者，將知鐘之不調也，臣竊為君恥之。"
> 至於師涓，而果知鐘之不調也。是師曠欲善調鐘，以為後世之知音者也。《呂氏春秋·長
> 見》

《淮南子》上段似取自《呂氏春秋·長見》。〈長見〉篇論述智之所以相過，
以其長見與短見，唯有聖人能上知千歲，下知千歲，並舉多重事例加以佐證。

第二部份（丙）：

此部份資料論述君子應當修美立節，乃能成就聖賢之實，合於此篇"脩務"的
意旨，應屬《淮南子》原本資料。全文未有與《文子》互見文字。

三代與我同行，五伯與我齊智，彼獨有聖知之實，我曾無有閭
里之聞，窮巷之知者何？彼並身而立節，我誕謾而悠忽。

今夫毛牆、西施，天下之美人，若使之銜腐鼠，蒙蝟皮，衣〔狗〕
（原作"豹"，據向宗魯校改。）裘，帶死蛇，則布衣韋帶之人，過者莫不左右
睥睨而掩鼻。嘗試使之施芳澤，正娥眉，設笄珥，衣阿錫，曳齊紈，
粉白黛黑，佩玉環，揄〔一〕（據王念孫校補。）步，雜芝若，籠蒙（原有"目"
字，據劉績、俞樾校刪。）視，冶由笑，目流眺，口曾撓，奇牙出，靨酺搖，
則雖王公大人，有嚴志頡頏之行者，無不〔憚〕（原作"憚"字，據錢大昕、
莊逵吉校改。）悇憛心而悅其色矣。

今以中人之才，蒙愚惑之智，被污辱之行，無本業所修、方術
所務，焉得無有睥〔睨〕（原作"面"，據劉家立、楊樹達校改。）掩鼻之容哉！

今鼓舞者，繞身若環，曾撓摩地，扶〔於〕（原作"旋"，據王念孫校改。）
猗那，動容轉曲，便〔娟〕（原作"媚"，據王念孫校改。）擬神，身若秋藥被
風，髮若結旌，騁馳若騖。木熙者，舉梧檟，據句枉。蝯自縱，好
茂葉；龍夭矯，燕枝拘；援豐條，舞扶疏；龍從鳥集，搏援攫肆，
蔑蒙踊躍。〔則〕（原作"且"，據王念孫校改。）夫觀者莫不為之損心酸足，
彼乃始徐行微笑，被衣修擢。夫舞者非柔縱，而木熙者非眇勁，淹
浸（原有"漬"字，據王念孫校刪。）漸靡使然也。

是故生木之長，莫見其益，有時而修；砥礪礛堅，莫見其損，
有時而薄。藜〔藿〕（原作"藋"，據王念孫校改。）之生，蝹蝹然日加數寸，
不可以為〔盧〕（原作"櫨"，據俞樾校改。）棟；楩枏豫章之生也，七年而

後知，故可以爲棺舟。夫事有易成者名小，難成者功大。君子修美，雖未有利，福將在後至。故《詩》云：“日就月將，學有緝熙于光明。”此之謂也。

引《詩》出自《詩經·周頌·敬之》。

十七 〈泰族訓〉辨析

《淮南子·要略》曰：

〈泰族〉者，橫八極，致高崇，上明三光，下和水土，經古今之道，治倫理之序，摠萬方之指，而歸之一本，以經緯治道，紀綱王事。乃原心術，理情性，以館清平之靈，澄澈神明之精，以與天和相嬰薄。所以覽五帝三王，懷天氣，抱天心，執中含和，德形於內，以菪凝天地，發起陰陽，序四時，正流方，綏之斯寧，推之斯行，乃以陶冶萬物，游化群生，唱而和，動而隨，四海之內，一心同歸。故景星見，祥風至，黃龍下，鳳巢列樹，麟止郊野。德不內形，而行其法藉，專用制度，神祇弗應，福祥不歸，四海不賓，兆民弗化。故德形於內，治之大本。此《鴻烈》之〈泰族〉也。

許慎注曰："泰言古今之道，萬物之指，族於一理，明其所謂，故曰'泰族'。"

據〈要略〉篇所言，〈泰族訓〉的論述是橫貫八方，達致高崇，顯明日月星辰的照現，應和水土大地的安寧，經略古今的方術，安置倫理的秩序，總攬萬物的要旨，而歸結出唯一絕對的本源，並此以籌謀治國的大道，規劃君王的事業。

它探索心術的根源，順理情性的顯發，使清純平和的心靈得到安止，澄清神明的精氣，以能協同於自然運行的和諧。

它也觀覽了五帝三王的實情：說明五帝三王是擁懷自然之氣，抱持自然之質，執守中和，因而德性形成於內，並凝聚顯立在天地之間。他們引發著陰陽的運作，釐訂了四時的序列，正治各方的物類，並加以安撫，使之寧定，推引使之行運，以來陶冶萬物，化育群生。倡導於上，人民就應和於下，行動於前，

607

百姓就跟隨於後,四海之內,協同一心,無不歸服。這樣,福兆之星出現,祥瑞之風到來,黃龍下降於世,鳳凰築巢於樹,麒麟安息於郊。

它同時也說明,若是不能在內成就了德行,就徒然實行過往的舊文法典,擅自獨斷使用這些制度,神靈是不會感應的,福祉吉祥之事也不會降臨,四海不會順服,萬民更不能歸化。所以強調德行於內,這是治理天下的根本。

就〈要略〉篇所作的說明,〈泰族訓〉的撰寫的宗旨集中在以下四點上:

第一、闡釋包容一切存在而運作的"道"("摠萬方之指,而歸之一本")。

第二、探索人性精神的根源("原心術,理情性")。

第三、觀覽五帝三王的德業("覽五帝三王")。

第一,強調以德爲治的準則("德形於內,治之大本")。

就現存〈泰族訓〉的文字來看,此篇資料應原屬儒家思想的傳承,但受到南方《莊》學的影響。全篇完整地表現了此種哲學探討的觀念結構。恐並非按《鴻烈》先定的理論架構,而撰述成篇。按今本的資料的內容,全篇可分爲四個部份:

第一部份:主要論述天地萬物的自然運作,與聖人因循天道化育天下,全文可分爲三章。第一章,說明萬物的運化,不知其所爲而功成。聖人象之,精誠內形,懷天氣,抱天心,執中含和,而神化天下。第二章,說明天地陰陽的造化,非有所爲,而物皆自然;聖主在上,靜漠恬淡,推其誠心,而下民盡從。第三章,說明聖人治天下,因民之所有以滌蕩之,因民之所好而爲之節文。此部份資料的構成相當特殊,三章資料均具有相似的敍說體例,如各章的起首分別爲:"天設日月,列星辰,調陰陽,張四時,日以暴之,夜以息之,風以乾之,雨露以濡之……"、"天致其高,地致其厚,月照其夜,日照其晝,陰陽化,列星朗,非其道而物自然……"、"天地四時,非生萬物也,神明接,陰陽和,而萬物生之……"。此或說明這部份資料原先屬於道家傳承的史料,經劉安及其門人編輯而成。

第二部份:此部份主要論述聖人菧政施教的法則,可分爲七章。第一章,說明聖人施政的原則,"仰取象於天,俯取度於地,中取法於人"。第二章,說明天地之道，極則反，盈則損，因此，聖人事窮則更爲，法弊即改制。第三章，說明聖人兼用萬物之利，萬民之力，包容併覆而裁制，故所治者廣。第四章，說明事碎難治，法煩難行，求多難贍，因此，聖人之治，功不厭約，事不厭省，求不厭寡。第五章，說明聖人以道統法，以精誠動化，上修禮義，下任賢德。第六章，說明聖人以仁義爲準繩，屈以求伸，枉以求直。自養得其節，養民得其心。第七章，說明爲治之本，復返本性，所謂得天下，乃在得天下之心。

第三部份：說明學的重要，爲學在於明於天人之際，通於治亂之本，能觀六藝之廣崇，窮道德之淵深。

第四部份：包含數段文意不相連貫的資料。分別說明聖人能見始知終，不惑於小利，能愛人知人。

本篇今存約 9098 字，其中見於《文子》者約 3501 字，佔〈泰族訓〉的 28.4%。全篇見於《文子》者有：〈精誠〉篇第一、二章；〈自然〉篇第四章；〈上禮〉篇第三章；〈上仁〉篇第六章；〈下德〉篇第一、二、五章；〈上義〉篇第一、十一章；〈符言〉篇第二十二章；〈微明〉篇第五、六章。

第一部份：

1

此章論述萬物本然運作的實情。對其不可知見的運化而言，稱之為"神明"，對其無為正道的運作來說，則稱之為"自然"。全文發揮〈要略〉篇所稱"摠萬方之指，而歸之一本"的宗旨。此章重要部份文字見於《文子・精誠》第二章。其全文如下：

> 天設日月，列星辰，張四時，調陰陽；日以暴之，夜以息之，風以乾之，雨露以濡之；其生物也，莫見其所養而萬物長；其殺物也，莫見其所

喪而萬物亡,此謂神明。

是故聖人象之,其起福也,不見其所以而福起;其除禍也,不見其所由而禍除。稽之不得,察之不虛,日計不足,歲計有餘,寂然無聲,一言而大動天下,是以天心動化者也。

故精誠內形,氣動於天,景星見,黃龍下,鳳凰至,醴泉出,嘉穀生,河不滿溢,海不波湧。逆天暴物,即日月薄蝕,五星失行,四時相乘,晝冥宵光,山崩川涸,冬雷夏霜。天之與人有以相通。故國之殂亡也,天文變,世俗亂,虹蜺見。萬物有以相連,精氣有以相薄。故神明之事,不可以智巧為也,不可以強力致也。

故大人與天地合德,與日月合明,與鬼神合靈,與四時合信,懷天心,抱地氣,執沖含和,不下堂而行四海,變易習俗,民化遷善,若出諸己,能以神化者也。

〈精誠〉篇此章論述"天道"、"自然"、"精神"、"精誠"等重要觀念,全章段落分明,似保留"文子外編"較為完整的資料。〈泰族訓〉此章與此項資料同源,但文句與段落並不整齊,恐有脫文。

天設日月,列星辰,調陰陽,張四時,日以暴之,夜以息之,風以乾之,雨露以濡之(老子曰:天設日月,列星辰,張四時,調陰陽;日以暴之,夜以息之,風以乾之,雨露以濡之。)。其生物也,莫見其所養而物長;其殺物也,莫見其所喪而物亡,此之謂神明(其生物也,莫見其所養而萬物長;其殺物也,莫見其所喪而萬物亡,此謂神明。)〈精誠〉篇第二章①a。聖人象之,故其起福也,不見其所由而福起;其除禍也,不見其所以而禍除(是故聖人象之,其起福也,不見其所以而福起;其除禍也,不見其所由而禍除。)。遠之則邇,延之則疏:稽之弗得,察之不虛;日計〔不足〕(原作"無算",據王叔岷、何寧校改。),歲計有餘(稽之不得,察之不虛,日計不足,歲計之有餘。)〈精誠〉篇第二章①b。

天地之道,莫見其所以長物而物長,莫見其所以亡物而物亡。聖人之道亦然:其興福也,人莫之見而福興矣;其除禍也,人莫之知而禍除矣。故曰神人。(尸子)

今吾日計之而不足,歲計之而餘。(莊子·庚桑楚)

《淮南子》上段資料，似發揮上引《尸子》文字的思想，《漢書・藝文志》著錄〈尸子〉二十篇，列為雜家，班固自注曰：“名佼，魯人，秦相商君師之。鞅死，佼逃入蜀。”據傳，劉安因被控謀反自殺後，後人曾遷徙入蜀，劉安所輯與撰述資料或曾在蜀地流傳，不知是否曾與《尸子》資料相混，因《淮南子》中多處文字見於《尸子》，如：〈精神訓〉曰：“故子夏見曾子，一臞一肥，曾子問其故”段，《御覽》卷三百七十八引《尸子》佚文曰：“閔子騫肥。子貢曰：“何肥也？”子騫曰：“吾出，見美車馬則欲之；聞先王之言則又欲之。兩心相與戰，今先王之言勝，故肥。”〈主術訓〉曰：“故靈王好細腰，而民有殺食自飢也；越王好勇，而民皆處危爭死。”《尸子・處道》曰：“昔者句踐好勇而民輕死，靈王好細腰而民多餓。夫死與餓，民之所惡也，君誠好之，百姓自然，而況仁義乎！”〈繆稱訓〉曰：“故終年為車，無三寸之鐉”，《藝文類聚》七十一、《太平御覽》七百七十三引《尸子》云：“文軒六駃題，無四寸之鍵，則車不行，小亡則大者不成也。”〈齊俗訓〉曰：“往古來今謂之宙，四方上下謂之宇”，《莊子・齊物論》〈釋文〉引《尸子》曰：“天地四方曰宇，往古今來曰宙。”〈詮言訓〉曰：“辟地墾草者，后稷也”段，《尸子・仁意》曰：“治水潦者禹也，播五種者后稷也，聽獄折衷者皋陶也。舜無為也，而天下以為父母，愛天下莫甚焉。”又，“周公齩朘不收於前，鍾鼓不解於縣”段，《尸子・分》曰：“周公之治天下也，酒肉不徹於苛，鐘鼓不解於懸，聽樂而國治，勞無事焉；飲酒而賢舉，智無事焉；自為而民富，仁無事焉。知此道也者，眾賢為役，愚智盡情矣。”又，“故不憂天下之亂，而樂其身之治者”段，《尸子》曰：“費子陽謂子思曰：‘吾念周室將滅，涕泣不可禁也。’子思曰：‘然。今以一人之身憂世之不治而涕泣不禁，是憂河水濁而以泣清之也。’”〈兵略訓〉曰：“故聖人之用兵也，若櫛髮耨苗”段，《尸子・恕》云：“農夫之耨，去害苗者也。賢者之治，去害義者也。”又，〈說山訓〉：“江、河所以能長百谷者，能下之也”段，《尸子・明堂》曰：“孔子曰：‘大哉，河海乎！下之也。’夫河下天下之川故廣，人下天下之士故大。”又，“曾子至孝”段，《尸子》佚文曰：“孔子至於勝母，暮矣，而不宿；過於盜泉，渴矣，而不飲：惡其名也。”

夫濕之至也，莫見其形，而炭已重矣；風之至也，莫見其象，而木已動矣。日之行也，不見其移，騏驥倍日而馳，草木為之靡，縣烽未轉，而日在其前。故天之且風，草木未動而鳥已翔矣；其且雨也，陰曀未集而魚已喞矣，以陰陽之氣相動也。故寒暑燥濕，以類相從；聲響疾徐，以音相應也。故《易》曰：“鳴鶴在陰，其子和之。”

上段舉以自然運作的現象，申述聖人起福除禍，不見其所由。但文句有錯亂。“日之行也”句後，似當接“草木為之纍”，以與前文句法一致。又，劉文典云：“‘縣烽未轉’，《御覽》八百九十六引，作‘縣烽未薄’，又引注云：‘縣烽，馬蹄下雞舌也。’與今注迥殊，疑許、高之異。”引《易》出自〈中孚〉九二爻辭。

高宗諒闇，三年不言，四海之內，寂然無聲：一言聲然，大動天下。是以天心咶嗌者也（寂然無聲，一言而大動天下，是以天心動化者也。）〈精誠〉篇第二章②。故一動其本而百枝皆應，若春雨之灌萬物也，渾然而流，沛然而施，無地而不澍，無物而不生。故聖人者懷天心，聲然能動化天下者也。

故：精誠感於內，形氣動於天，則景星見，黃龍下，祥鳳至，醴泉出，嘉穀生，河不滿溢，海不溶波（故精誠內形，氣動於天，景星見，黃龍下，鳳凰至，醴泉出，嘉穀生，河不滿溢，海不波湧。）〈精誠〉篇第二章③a。故《詩》云：“懷柔百神，及河嶠岳。”逆天暴物，則日月薄蝕，五星失行，四時干乖，晝冥宵光，山崩川涸，冬雷夏霜（逆天暴物，即日月薄蝕，五星失行，四時相乖，晝冥宵光，山崩川涸，冬雷夏霜。）。《詩》云：“正月繁霜，我心憂傷。”天之與人有以相通也（天之與人有以相通。）〈精誠〉篇第二章③b。

引《詩》分別見於《詩經·周頌·時邁》與《詩經·小雅·正月》。

故：國危亡而天文變，世惑亂而虹蜺見，萬物有以相連，精祲有以相蕩也（故國之殂亡也，天文變，世俗亂，虹蜺見。萬物有以相連，精氣有以相薄。）〈精誠〉篇第二章③c。

故：神明之事，不可以智巧為也，不可以筋力致也。（故神明之事，不可以智巧為也，不可以強力致也。）〈精誠〉篇第二章③d 天地所包，陰陽所嘔，雨露所濡，以生萬〔殊〕（原作“物”，據王念孫校改。）。〔翡翠玳瑁〕（原在“瑤碧玉珠”句後，據王念孫校改。），瑤碧玉珠，文彩明朗，潤澤若濡，摩而不玩，久而不渝，奚仲不能〔放〕（原作“旅”，據俞樾校改。），魯般不能造，此之謂大巧。宋人有以象爲其君爲楮葉者，三年而成；莖柯豪芒，鋒殺顏澤，亂之楮葉之中而不可知也。列子曰：“使天地三年而成一葉，則萬物之有葉者寡矣。夫天地之施化也，嘔之而生，吹之而落，豈此契契哉！”

夫物有常容，因乘以導之，因隨物之容。故靜則建乎德，動則順乎道。宋人有爲其君以象爲楮葉者，三年而成。豐殺莖柯，毫芒繁澤，亂之楮葉之中而不可別也。此人遂以功食祿於宋邦。列子聞之曰：“使天地三年而成一葉，則物之有葉者寡矣。”故不乘天地之資，而載一人之身；不隨道理之數，而學一人之智；此皆一葉之行也。故多耕之稼，后稷不能羨也；豐年大禾，臧獲不能惡也。以一人力，則后稷不足；隨自然，則臧獲有餘。故曰：“恃萬物之自然而不敢爲也。”《韓非子·喻老》

宋人有爲其君以玉爲楮葉者，三年而成，鋒殺莖柯，毫芒繁澤，亂之楮葉中而不可別也。此人遂以巧食宋國。子列子聞之曰：“使天地之生物，三年而成一葉，則物之有葉者寡矣。故聖人恃道化而不恃智巧。”《列子·說符》

《淮南子》上段“神明之事，不可以智巧爲”兩句，似發揮《韓非子·喻老》論述“因順”的思想，“宋人有以象爲期君爲楮葉者”段，文字即取自〈喻老〉篇。

故：凡可度者、小也，可數者、少也。至大、非度之所能及也，至衆、非數之所能領也。故九州不可頃畝也，八極不可道里也，太山不可丈尺也，江海不可斗斛也。

故：大人者，與天地合德，〔與〕日月合明，〔與〕（兩“與”字，據王念孫校補。）鬼神合靈，與四時合信（故大人與天地合德，與日月合明，與鬼神合

613

靈，與四時合信，）。

上段引文與《易傳》思想相近，"天地"、"故大人者"句出自〈文言傳〉：
"夫大人者，與天地合其德，與日月合其明，與四時和其序，與鬼神合其吉凶。"

故：聖人懷天〔心〕（原作"氣"，據俞樾校改。），抱〔地氣〕（原作"天心"，據俞樾校改。），執中含和，不下廟堂而〔行於〕（原作"衍"，據王念孫校改。）四海，變習易俗，民化而遷善，若性諸己，能以神化也。（懷天心，抱地氣，執沖含和，不下堂而行四海，變易習俗，民化遷善，若出諸己，能以神化者也。）〈精誠〉篇第二章④《詩》云："神之聽之，終和且平。"夫鬼神視之無形，聽之無聲，然而郊天、望山川，禱祠而求福，雩兌而請雨，卜筮而決事。《詩》曰："神之格思，不可度思，矧可射思！"此之謂也。

引《詩》分別見於《詩經‧小雅‧伐木》與《詩經‧大雅‧仰》。

2

此章仍敘說"自然無為"之旨，部份文字見於《文子‧精誠》第一章。〈精誠〉第一章全文如下：

> 天致其高，地致其厚，日月照，列星朗，陰陽和，非有為焉，正其道而物自然。陰陽四時非生萬物也，雨露時降非養草木也，神明接，陰陽和，萬物生矣。
>
> 夫道者，藏精於內，棲神于於心，靜漠恬澹，悅穆胸中，廓然無形，寂然無聲，官府若無事，朝廷若無人，無隱士，無逸民，無勞役，無冤刑，天下莫不仰上之德，象主之旨，絕國殊俗莫不重譯而至，非家至而人見之也，推其誠心，施之天下而已。
>
> 故賞善罰暴者，正令也，其所以能行者，精誠也。令雖明不能獨行，必待精誠。故總道以被民而民弗從者，精誠弗至也。

〈精誠〉篇此章主旨說明萬物依循"道"的本然運作，聖人本乎精誠而據道以被民。似保留"文子外編"較為完整的精要資料。〈泰族訓〉此章與之同源，但文字與句序均有脫漏訛誤。

天致其高，地致其厚，月照其夜，日照其畫，〔列星朗，陰陽化〕（原"陰陽化"句在"列星朗"前，據王念孫校改。），〔非有為焉，正〕（據王念孫校補。）其道而物自然（〔老子曰：〕天致其高，地致其厚，日月照，列星朗，陰陽和，非有為焉，正其道而物自然。）。故陰陽四時，非生萬物也；雨露時降，非養草木也；神明接，陰陽和，而萬物生矣（陰陽四時非生萬物也，雨露時降非養草木也，神明接，陰陽和，萬物生矣。）〈精誠〉篇第一章①。故高山深林，非為虎豹也；大木茂枝，非為飛鳥也；〔源流〕（原作‘流源’，據王念孫校改。）千里，〔深淵〕（原作"淵深"，據王念孫校改。）百仞，非為蛟龍也；致其高崇，成其廣大，山居木棲，巢〔跂〕（原作"枝"，據俞樾校改。）穴藏，水潛陸行，各得其所寧焉。

夫大生小，多生少，天之道也。故丘阜不能生雲雨，涔水不能生魚鱉者，小也。牛馬之氣蒸生蟣虱，蟣虱之氣蒸不能生牛馬。故化生於外，非生於內也。夫蛟龍伏寢於淵，而卵〔剖〕（原作‘割’，據王念孫校改。）於陵；螣蛇雄鳴於上風，雌鳴於下風而化成形，精之至也。故聖人養心，莫善於誠，至誠而能動化矣。今夫道者，藏精於內，棲神於心，靜漠恬淡，〔說〕（原作"訟"，據王引之校改。）繆胸中，（夫道者，藏精於內，棲神於心，靜漠恬澹，悅穆胸中）邪氣無所留滯，四枝節族，毛蒸理泄，則機樞調利，百脈九竅莫不順比，其所居神者得其位也，豈節拊而毛修之哉！

上段"螣蛇雄鳴於上風"兩句，似本諸《莊子·天運》，〈天運〉篇曰："蟲，雄鳴於上風，雌應於下風而風化。"

聖主在上，廓然無形，寂然無聲，官府若無事，朝廷若無人，無隱士，無軼民，無勞役，無冤刑，四海之內莫不仰上之德，象主之指，夷狄之國重譯而至，非戶辯而家說之也，推其誠心，施之天下而已矣。（廓然無形，寂然無聲。官府若無事，朝廷若無人，無隱士，無逸民，無勞役，無冤刑，天下莫不仰上之德，象主之旨，絕國殊俗莫不重譯而至，非家至而人見之也；推其誠心，施之天下而已。）〈精誠〉篇第一章②《詩》曰："惠此中國，以綏四方。"內順而外寧矣。

> 夫形重者則身勞，事眾者則心煩，心煩者則刑罰縱橫而無所立，身勞者則百端迴邪而無所就，是以君子之為治也，塊然若無事，寂然若無聲；官府若無吏，亭落若無民，閭里不訟於巷，老幼不愁於庭。近者無所議，遠者無所聽，郵驛無夜行之吏，鄉閭無夜名之征。犬不夜吠，鳥不夜鳴，老者息於堂，丁壯者耕耘於田，在朝者忠於君，在家者孝於親，於是賞善罰惡而潤色之，興辟雍庠序而教誨之，然後賢愚異議、廉鄙異科、長幼異節、上下有差、強弱相扶、小大相懷、尊卑相承、屬行相隨、不言而信、不怒而威，豈恃堅甲利兵，深刑刻法，朝夕切切而後行哉！《新語·至德》

《淮南子》上段與《新語·至德》文意相近，或曾本諸後者資料而撰寫。"聖主在上"句，〈至德〉篇作"是以君子之為治"。引《詩》語出《詩經·大雅·民勞》。

大王亶父處邠，狄人攻之，杖策而去，百姓攜幼扶老，負釜甑，踰梁山，而國乎岐周，非令之所能召也。秦穆公為野人食駿馬肉之傷也，飲之美酒，韓之戰，以其死力報，非券之所〔能〕（據王念孫校補。）責也。〔宓〕（原作"密"，據何寧校改。）子治亶父，巫馬期往觀化焉，見夜漁者得小即釋之，非刑之所能禁也。孔子為魯司寇，道不拾遺，市（原有"買"字，據王念孫校刪。）不豫賈，田漁皆讓長，而斑白不戴負，非法之所能致也。

> 仲尼將為司寇，沈猶氏不敢朝飲其羊，公慎氏出其妻，慎潰氏踰境而徙，魯之粥牛馬者不豫賈，必蚤正以待之也。居於闕黨，闕黨之子弟罔不分，有親者取多，孝弟以化之也。儒者在本朝則美政，在下位則美俗。儒之為人下如是矣。《荀子·儒孝》

《淮南子》上段"大王亶父避狄人"事，另見於〈氾論訓〉，"秦穆公飲野人酒"、"宓子治亶父"二事，均見於〈道應訓〉，"孔子為魯司寇"事，《荀子・儒孝》另有記述。

　　夫矢之所以射遠貫〔堅〕（原作“牢”，據何寧校改。）者，弩力也；其所以中的剖微者，〔人〕（原作‘正’，據王念孫校改。）心也。賞善罰暴者，政令也；其所以能行者，精誠也。（故賞善罰暴者，正令也，其所以能行者，精誠也）故弩雖強不能獨中，令雖明不能獨行，（令雖明不能獨行，必待精誠。）必〔有〕（原作‘自’，據劉文典校改。）精氣所以與之施道。故攄道以被民，而民弗從者，誠心弗施也（故總道以被民而民弗從者，精誠弗至也。）〈精誠〉篇第一章③。

　　上段說明天道生育萬物是神化；聖人法天，也是神化；而神化是出於聖人的精誠，合於中庸所稱“至誠而不動者，未之有也。”

3

　　此章論述“因順”的思想，所謂“物皆自然”，能“因即大，化則細”。首五句，何寧云：“上文云：‘故陰陽四時，非生萬物也；雨露時降，非養草木也；神明接，陰陽和，而萬物生矣。’其文不遠，此不當重出。且彼文所以明萬物之生出於自然，各得其所寧，此進而闡述為治之道，在於因民之性，乃重述上文，斯為贅設。疑是讀者所約書，以明上下文義之承接，故致寫者誤入耳。”全章引述強調人倫價值的思想，似屬受到家影響之儒家思想資料。其中部份文字見於《文子・自然》第六章第一段。〈自然〉篇彼處論述“因循”的觀念，是《文子》重要的思想之一，〈自然〉篇該段之後另有大量文字不見於《淮南子》。《淮南子》此章，或引用保存於《文子》中“文子外編”同源的資料，而加以申論。《淮南子》以“禹”、“后稷”、“湯”、“武”的具體人例，來代替《文子》以普遍性來指稱的“瀆水者”、“生稼者”“征伐者”。

　　天地四時，非生萬物也，神明接，陰陽和，而萬物生。聖人之治天下，非易民性也，拊循其所有而滌蕩之。故因則大，化則細矣（老子曰：）以道治天下，非易人性也，因其所有而條暢之，故因即大，作即小。）〈自然〉篇第六章a。禹鑿龍門，闢伊闕，決江濬河，東注之海，因水之流也。后稷墾草發菑，糞土樹穀，使五種各得其宜，因地之勢也。湯、武革車三百乘，甲卒三千人，討暴亂，制夏、商，因民之欲也（古之濬水者，因水之流也；生稼者，因地之宜也；征伐者，因民之欲也。）。故能因，則無敵於天下矣（能因則無敵於天下矣。）〈自然〉篇第六章b。

上段"故因則大"兩句，高誘注曰："化而欲作，則小矣。"《文子·自然》篇第六章作"故因即大，作即小"，〈道原〉篇第十章作"能因即大，作即細"。王念孫云："'化'字義不可通。'化'當為'作'，字之誤也。聖人順民性而條暢之，所謂因也。反是，則為作矣。"向宗魯云："《長短經》〈是非〉篇引孟子曰：'天道因則大，化則細'云云。《慎子》〈因循〉篇：'天道因則大，化則細。因也者，因人之情也。人莫不自為也，化而使之為我，則莫可得而用。'皆《淮南》所本。"植案：《長短經》引孟子曰："天道因則大，化則細，因也者，因人之情也"，與《慎子》文字全同。《長短經》引《孟子》四次，均未見今本《孟子》。"化則細"似就"天道"而言，"作則細"似指聖人之施為，二者可能為不同記述。《淮南子》此處當為"作則細"。

夫物有以自然，而後人事有治也（物必有自然而後人事有治也。）〈自然〉篇第六章c。故良匠不能斲金，巧冶不能鑠木，金之勢不可斲，而木之性不可鑠也。埏埴而為器，窬木而為舟，鑠鐵而為刃，鑄金而為鐘，因其可也。駕馬服牛，令雞司夜，令狗守門，因其然也。

民有好色之性，故有大婚之禮；有飲食之性，故有大饗之誼；有喜樂之性，故有鍾鼓筦絃之音；有悲哀之性，故有衰絰哭踊之節。故先王之制法也，因民之所好，而為之節文者也（故先王之制法，因民之性而為之節文。）〈自然〉篇第六章d。因其好色而制婚姻之禮，故男女有別；因其喜音而正《雅》、《頌》之聲，故風俗不流；因其寧家室、樂妻子〔而〕教之以〔孝〕（原作"順"，據劉文典說改。），故父子有親；因其喜朋友而教之以悌，故長幼有序。然後脩朝聘以明貴賤，〔鄉〕（原作"饗"，

據王念孫校改。）飲習射以明長幼，時搜振旅以習用兵也，入學庠序以修
人倫。此皆人之所有於性，而聖人之所匠成也。

故：無其性，不可教訓；有其性，無其養，不能遵道（無其性，不
可使順教；其有性，無其資，不可使遵道。）。繭之性爲絲，然非得工女煮以熱
湯而抽其統紀，則不能成絲。卵之〔性〕（原作"化"，據何寧校改。）爲雛，
非慈雌嘔煖覆伏，累日積久，則不能爲雛。人之性有仁義之資，非
聖王爲之法度而教導之，則不可使鄉方（人之性有仁義之資，其非聖人爲之法
度，不可使向方。）〈自然〉篇第六章 e 。

> 繭之性爲絲，弗得女工燔以沸湯，抽其統理，不成爲絲。卵之性爲雛，不得良雞
> 覆伏孚育，積日累久，則不成爲雛。夫人性善，非得明王聖主扶攜，內之以道，則不
> 成爲君子。《詩》曰："天生蒸民，其命匪諶，靡不有初，鮮克有終。"言惟明王聖
> 主然後使之然也。《韓詩外傳》卷五

《淮南子》上段"繭之性爲絲"數句，似取自《韓詩外傳》。

故：先王之教也，因其所喜以勸善，因其所惡以禁奸，故刑罰
不用而威行如流，政令約省而化燿如神（因其所惡以禁姦，故刑罰不用，威行
如神。）。如因其性，則天下聽從；拂其性，則法縣而不用（因其性即天
下聽從；怫其性，即法度張而不用。）〈自然〉篇第六章 f 。

第二部份：

此部份資料氾論聖人的施政，與其處世的方略，可分爲七章。

1

此章解說五帝三王蒞政施教的"參五"之道，但資料極不完整。全文主要部份

見於《文子·上禮》第三章第一段。〈上禮〉篇此段文意亦不能通貫，似摘引他書而成，當為《淮南子》別本殘文竄入。

昔者，五帝三王之蒞政施教，必用參五。何謂參五？仰取象於天，俯取度於地，中取法於人（〔老子曰：〕昔者之聖王，仰取象於天，俯取度於地，中取法於人。）〈上禮〉篇第三章①a。

乃立明堂之朝，行明堂之令，以調陰陽之氣，而和四時之節，以辟〔疹〕（原作"疾"，據王念孫校改。）病之菑。

上句之前似有脫文，下文"俯視地理"、"中考乎人德"，分別申述"地"與"人"，而缺言"天"之事。蔣禮鴻云："'乃立明堂之朝'上脫'仰□天□'一句。上文提綱三句曰：'仰取象於天，俯取度於地，中取法於人。'下文三節分疏，其二節之首，曰：'俯視地理;，曰'中考乎人德'，則此有脫句可知。"

俯視地理，以制度量，察陵陸水澤肥墝高下之宜，立事生財，以除飢寒之患（調陰陽之氣，和四時之節，察陵陸水澤肥墝高下之宜，以立事生財，除飢寒之患，辟疾疢之災。〈上禮〉篇第三章①b）。

中考乎人德，以制禮樂，行仁義之道，以治人倫（中受人事，以制禮樂，行仁義之道，以治人倫。）而除暴亂之禍。乃澄列金、木、水、火、土之性，〔以〕（原作'故'，據王念孫校改。）立父子之親而成家；別〔五音〕（原"五音"在"清濁"句後。）清濁六律相生之數，以立君臣之義而成國；察四時季孟之序，以立長幼之禮而成官（列金木水火土之性，以立父子之親而成家；聽五音清濁六律相生之數，以立君臣之義而成國；察四時孟仲季之序，以立長幼之節而成官;）〈上禮〉篇第三章①c；此之謂參。

上段文字有誤，王念孫據《文子·上禮》改"故"為"作"，"清濁五音"為"五音清濁"。

制君臣之義，父子之親，夫婦之辨，長幼之序，朋友之際，此之謂五。

前文對"參"詳加解釋，而上段言"五"僅此一段，其中恐有脫文。以下兩節，文氣與前段不相連貫，前後亦似有脫文。

乃裂地而州之，分職而治之，築城而居之，割宅而異之，分財而衣食之，立大學而教誨之，夙興夜寐而勞力之。此治之紀綱也（列地而州之，分國而治之，立大學以教之，此治之綱紀也。）。然得其人則舉，失其人則廢（得道即舉，失道即廢。）〈上禮〉篇第三章①d。

堯治天下，政教平，德潤洽。在位七十載，乃求所屬天下之統，令四岳揚側陋。四岳舉舜而薦之堯，堯乃妻以二女，以觀其內；任以百官，以觀其外；既入大麓，烈風雷雨而不迷，乃屬以九子，贈以昭華之玉，而傳天下焉。以為雖有法度，而朱弗能統也。

2

此章論說聖人法天道，能盛而不衰，盈而不虧。全文幾乎均見於《文子·上禮》第三章第二段。〈上禮〉篇"聖人"一詞，〈泰族訓〉分別列出"神農"、"夔"、"倉頡"、"湯"具體的人物，〈上禮〉篇"尚賢"，〈泰族訓〉則以"堯之舉禹、契、后稷、皋陶"的實例來說明。此章所言與上章義理有別，今本《文子》則合編為一章。〈上禮〉篇此段仍似《淮南子》殘文竄入。

夫物未嘗有張而不弛、成而不毀者也，唯聖人能盛而不衰，盈而不虧（夫物未嘗有張而不弛，盛而不敗者也，唯聖人可盛而不敗。）〈上禮〉篇第三章②a。

神農之初作琴也，〔以歸神杜淫，反其天心，及其衰也，流而不反，淫而好色，至於亡國。〕（原作"以歸神；及其淫也，反其天心"，據王念孫校補。）。夔之初作樂也，皆合六律而調五音，以通八風；及其衰也，以沈湎淫康，不顧政治，至於滅亡（聖人初作樂也，以歸神杜淫，反其天心；〔至其衰也，流而不反，淫而好色，不顧正法，流及後世，〕至於亡國。）〈上禮〉篇第三章②b。

　　昔伏羲氏作琴，所以禦邪僻，防心淫，以修身理性，反其天真。《琴操》

　　《淮南子》上段"神農之初作琴也"七句，文字有奪誤，王念孫據《文子・上禮》校改。

　　蒼頡之初作書，以辯治百官，領理萬事，愚者得以不忘，智者得以〔遠志〕（原作"志遠"，據何寧校改。）；及至其衰也，為奸刻偽書，以解有罪，以殺不辜（其作書也，以領理百事，愚者以不忘，智者以記事；及其衰也，為姦偽以解有罪，以殺不辜。）〈上禮〉篇第三章②c。

　　湯之初作囿也，以奉宗廟鮮犧之具，簡士卒，習射御，以戒不虞；及至其衰也，馳騁獵射，以奪民時，罷民之力（其作囿也，以成宗廟之具，簡士卒以戒不虞；及其衰也，馳騁弋獵，以奪民時，以罷民力。）〈上禮〉篇第三章②d。

　　劉文典云："《初學記》〈居處部〉引，作'馳騁游獵，以奪人之時，勞人之力'。"植案：《初學記》引文，似出自不同文本。

　　堯之舉禹、契、后稷、皋陶，政教平，奸宄息，獄訟止而衣食足，賢者勸善而不肖者懷其德；及至其末，朋黨比周，各推其與，廢公趨私，外內相推舉，奸人在朝而賢者隱處（其上賢也，以平教化，正獄訟，賢者在位，能者在職，澤施於下，萬民懷德；至其衰也，朋黨比周，各推其所與，廢公趨私，外內相舉，姦人在位，賢者隱處。）〈上禮〉篇第三章②e。

　　故《易》之失也卦，《書》之失也敷，樂之失也淫，《詩》之失也辟，《禮》之失也忮，《春秋》之失也訾。

此段已見〈詮言訓〉而略異，又與下文"故易之失鬼"段內容相近，當為錯簡。王念孫云："此六句非《淮南》原文，乃後人取〈詮言訓〉文附入，而加以增改者也。"又，下段敘說"聖人事窮而更為，法弊而改制"，與前文文義似有出入，此處恐有脫文。

天地之道，極則反，盈則損（天地之道，極則反，益則損。）。五色雖朗，有時而渝；茂木豐草，有時而落；物有隆殺，不得自若。故聖人事窮而更為，法弊而改制（故聖人治弊而改制，事終而更為。）〈上禮〉篇第三章③，非樂變古易常也，將以救敗扶衰，黜淫濟非，以調天地之氣，順萬物之宜也。

3

此章論述聖人懷萬物而不同，法效天道，不拘一時之利，緒業多端，趨行多方，兼用裁使而成功立事。主要部份見於《文子·自然》第四章。《文子》似《淮南子》別本的殘文而〈泰族訓〉原或有更為詳盡的敘說，今本似有錯簡與脫文。

聖人天覆地載，日月照，陰陽調，四時化，〔懷〕萬物〔而〕（植案："懷"、"而"二字，據《文子·自然》篇補。）不同，無故無新，無疏無親，故能法天（〔老子曰：〕聖人天覆地載，日月照臨，陰陽和，四時化，懷萬物而不同，無故無新，無疏無親，故能法天者。）。〈自然〉篇第四章①a天不一時，地不一利，人不一事，是以緒業不得不多端，趨行不得不殊方（天不一時，地不一材，人不一事，故緒業多端，趨行多方。）〈自然〉篇第四章①b。

以下是對於聖人緒業多端、趨行殊方的解說，但其中有脫文錯簡。

五行異氣而皆〔和〕（原作"適調"，據莊逵吉、王念孫校改。），六藝異科而皆（原有"同"字，據莊逵吉、王念孫校刪。）道。溫惠柔良者，《詩》之風也，淳厖敦厚者，《書》之教也；清明條達者，《易》之義也；恭儉尊讓者，《禮》之為也；寬裕簡易者，《樂》之化也；刺幾辯義者，《春秋》之靡也。

故《易》之失鬼，《樂》之失淫，《詩》之失愚，《書》之失拘，《禮》之失忮，《春秋》之失訾。

孔子曰："入其國，其教可知也。其為人也：溫柔敦厚，《詩》教也；疏通知遠，《書》教也；廣博易良，《樂》教也；絜靜精微，《易》教也；恭儉莊敬，《禮》教也；屬辭比事，《春秋》教也。故《詩》之失，愚；《書》之失，誣；《樂》之失，奢；《易》之失，賊；《禮》之失，煩；《春秋》之失，亂。其為人也：溫柔敦厚而不愚，則深於《詩》者也；疏通知遠而不誣，則深於《書》者也；廣博易良而不奢，則深於《樂》者也；絜靜精微而不賊，則深於《易》者也；恭儉莊敬而不煩，則深於《禮》者也；屬辭比事而不亂，則深於《春秋》者也。"〈禮記·經解〉

《淮南子》此處資料似取自《禮記·經解》。但前文論述"六藝異科而皆同道"，下文云"六者，聖人兼用而財制之"，似不需插入"六藝之失"段，上段恐為錯簡。

六者，聖人兼用而財制之。

失本則亂，得本則治。其美在〔和〕（原作"調"，據王念孫校改。），其失在權（其美在和，其失在權）〈上禮〉篇第三章④。

上句似錯簡，或當屬上章"天地之道"段。

水、火、金、木、土、穀，異物而皆任，規矩權衡準繩，異形而皆施，丹青膠漆，不同而皆用，各有所適，物各有宜。輪圓輿方，轅從衡橫，勢施便也。驂欲馳，服欲步，帶不猒新，鉤不猒故，處地宜也。

此處似有脫文，又下段似屬前文論"六藝"段，部份文字取自《孔子家語》。

〈關雎〉興於鳥，而君子美之，為其雌雄之不〔乘〕（原作"乖"，據王念孫校改。）居也；〈鹿鳴〉興於獸，而君子大之，取其見食而相呼也。泓之戰，軍敗君獲，而《春秋》大之，取其不鼓不成列也；宋伯姬坐燒而死，而《春秋》大之，取其不踰禮而行也。

孔子曰："小辯害義，小言破道，〈關雎〉興于鳥，而君子美之，取其雄雌之有

別。〈鹿鳴〉興於獸，而君子大之，取其得食而相呼。若以鳥獸之名嫌之，固不可行也。"《孔子家語·好生》

　　成功立事，豈足多哉，方指所言，而取一概焉爾。王喬、赤松去塵埃之間，離群慝之紛，吸陰陽之和，食天地之精，呼而出故，吸而入新，躡虛輕舉，乘雲遊霧，可謂養性矣，而未可謂孝子也。周公誅管叔、蔡叔，以平國弭亂，可謂忠臣也矣，而未可謂〔悌〕（據孫詒讓校改。）弟也。湯放桀，武王誅紂，以為天下去殘除賊，可謂惠君矣，而未可謂忠臣矣也。樂羊攻中山，未能下，中山烹其子，而食之以示威，可謂良將矣，而未可謂慈父也。故可乎可，而不可乎不可；不可乎不可，而可乎可。

　　　此處上下兩段間，文氣不相連貫，恐有脫文。"故可乎可"數句，《莊子·齊物論》曰："可乎可，不可乎不可。道行之而成，物謂之而然。"《莊子釋文》引崔本於〈齊物論〉篇"無物不然無物不可"句下有"可於可，而不可於不可；不可於不可，而可於可也"十九字，與此處文字同。

　　舜、許由異行而皆聖，伊尹、伯夷異道而皆仁，箕子、比干異趨而皆賢。

　　　以下兩段舉出"用兵"的兩個事例，說明聖人兼用而裁使之義。俞樾校訂"勇者"當為"輕者"，並刪除"信者可令持約，而不可令變"十二字，更將下"五者"改為"四者"，恐不可從。此處當為"用兵之事"的二則資料。

　　故：用兵者，或輕或重，或貪或廉，此四者相反而不可一無也（故用兵者，或輕或重，或貪或廉，四者相反，不可一也。）。輕者欲發，重者欲止，貪者欲取，廉者不利非其有（輕者欲發，重者欲止，貪者欲取，廉者不利非其有也。）。

　　故：勇者可令進鬥，而不可令持牢；重者可令埴固，而不可令凌敵；貪者可令進取，而不可令守職；廉者可令守分，而不可令進取；信者可令持約，而不可令應變（故勇者可令進鬥，不可令持堅；重者可令固守，不可令凌敵；貪者可令攻取，不可令分財；廉者可令守分，不可令進取；信者可令持約，不可令應變。）。五者相反，聖人兼用而財使之（五者，聖人兼用而材使之。）〈自然〉篇第四章②。

夫天地不包一物，陰陽不生一類（夫天地不懷一物，陰陽不產一類。〔聖人不辭其負薪之言以廣其名〕）。海不讓水潦以成其大，山不讓土石以成其高（故海不讓水潦以成其大，山林不讓枉撓以成其崇。）。夫守一隅而遺萬方，取一物而棄其餘，則其所得者鮮，而所治者淺矣（夫守一隅而遺萬方，取一物而棄其餘，即所得者寡，而所治者淺矣。）〈自然〉篇第四章④。

4

此章略論聖人"功約、事省、求寡"之施政要領，主要部份見於《文子·上仁》第六章第一至第三段。〈上仁〉篇此三段似摘引他書，當為《淮南子》別本殘文竄入，但保留其部份舊文。

①

治大者，道不可以小；地廣者，制不可以狹；位高者，事不可以煩；民眾者，教不可以苛(老子曰：)治大者，道不可以小；地廣者，制不可以狹；位高者，事不可以煩；民眾者，教不可以苛。）。夫事〔煩〕（原作"碎"，據何寧校改。）、難治也，法〔苛〕（原作"煩"，據何寧校改。）、難行也，求多、難贍也(事煩難治，法苛難行，求多難贍。)。寸而度之，至丈必差；銖而稱之，至石必過。石秤丈量，徑而寡失(寸而度之，至丈必差，銖而稱之，至石必過，石稱丈量，徑而寡失。)；簡絲數米，煩而不察。故大較易為智，曲辯難為慧(大較易為智，曲辯難為慧。)〈上仁〉篇第六章①a。

上段"夫事碎難治"兩句，何寧據《文子·上仁》校改。以下三段均申論上段所言的義理。

故：無益於治而有益於煩者，聖人不為；無益於用而有益於費者，智者弗行也（故無益於治，有益於亂者，聖人不為也。無益於用者，有益於費者，智者不行也。）〈上仁〉篇第六章①b。

故：功不厭約，事不厭省，求不厭寡（故功不厭約，事不厭省，求不厭寡。）。功約，易成也；事省，易治也；求寡，易澹也。眾易之，於以任人，易矣（功約易成，事省易治，求寡易瞻，任於眾人則易。）〈上仁〉篇第六章①c！

孔子曰："小辯破言，小利破義，小藝破道，〔道〕（據俞樾校改。）小〔則〕（原作"見"，據俞樾校改。）不達，〔達〕（據王念孫校補。）必簡（故小辯害義，小義破道，道小必不通，通必簡。）〈上仁〉篇第六章①d。"

> 子曰："辨而不小。夫小辨破言，小言破義，小義破道，道小不通，通道必簡。是故、循弦以觀於樂，足以辨風矣；爾雅以觀於古，足以辨言矣。傳言以象，反舌皆至，可謂簡矣。夫道不簡則不行，不行則不樂。夫弈十稘之變，由九不可既也，而況天下之言乎？"《大戴禮記·小辨》

《淮南子》上段引"孔子曰"，似取自《大戴禮記·小辨》。

②

河以逶蛇，故能遠；山以陵遲，故能高（原有"陰陽無為、故能和"兩句，據王念孫校刪。）；道以優游，故能化。夫徹於一事，察於一辭，審於一技，可以曲說，而未可〔以〕（據王叔岷校補。）廣應也（河以逶迤故能遠，山以陵遲故能高，道以優游故能化。夫通於一伎，審於一事，察於一能，可以曲說，不可以廣應也。）〈上仁〉篇第六章②。蓼菜成行，甌甌有堩，秤薪而爨，數米而炊，可以治小，而未可以治大也。員中規，方中矩，動成獸，止成文，可以愉舞，而不可以陳軍。滌盃而食，洗爵而飲，盥而後饋，可以養少，而不可以餉眾。今夫祭者，屠割烹殺，剝狗燒豕，調平五味者，庖也；陳簠簋，列樽俎，設邊豆者，祝也；齊明盛服，淵默而不言，神之所依者，尸也。宰、祝雖不能，尸不越樽俎而代之。

道也者，通乎無上，詳乎無窮，運乎諸生。是故辨于一言，察于一治，攻于一事者，可以曲說，而不可以廣舉。聖人由此知言之不可兼也。《管子・宙合》

《淮南子》上段文意似本諸《管子・宙合》，"員中規"等句另見於〈詮言訓〉第四十四節。

故：張瑟者、小絃急而大絃緩，立事者、賤者勞而貴者逸(夫調音者，小絃急，大絃緩，立事者，賤者勞，貴者佚。)〈上仁〉篇第六章①。舜爲天子，彈五絃之琴，謌〈南風〉之詩，而天下治。周公肴臑不收於前，鍾鼓不解於懸，而四夷服。趙政書決獄、而夜理書，御史冠蓋接於郡縣，覆稽趨留，戍五嶺以備越，築脩城以守胡，然奸邪萌生，盜賊群居，事愈煩而亂愈生。

5

此章論述"法者治之具，而非所以為治"的一系列問題。按行文敘說方向的不同，可分為四節。

①

此節論述聖人以天心動化，精誠感人，非"法"所生。首句以"故"起首，可能承襲上章末段"趙政決獄"之事，而轉折至"法"作用的說明上。全文主要部份見於《文子・上仁》第六章四、五兩段。〈上仁〉篇此兩段仍似《淮南子》別本殘文竄入。"黃帝曰"句，另見於《淮南子・詮言》與《文子・符言》第十一章。

故：法者、治之具也，而非所以爲治也。〔亦〕(原作"而"，據王念孫校改。)猶弓矢、中之具，而非所以中也。

黃帝曰："芒芒昧昧，因天之威，與元同氣(道之言曰："芒芒昧昧，因天之威，與天同氣。")。"故同氣者帝，同義者王，同力者霸，無一焉者亡(同氣者帝，同義者王，同功者霸，無一焉者亡。)〈上仁〉篇第六章④。

　　故：人主有伐國之志，邑犬群嗥，雄雞夜鳴，庫兵動而戎馬驚；今日解怨偃兵，家老甘臥，巷無聚人，妖蔷不生。非法之應也，精氣之動也。

　　故：不言而信，不施而仁，不怒而威，是以天心動化者也；施而仁，言而信，怒而威，是以精誠感之者也；施而不仁，言而不信，怒而不威，是以外貌為之者也(故不言而信，不施而仁，不怒而威，是以天心動化者也；施而仁，言而信，怒而威，是以精誠為之者也；施而不仁，言而不信，怒而不威，是以外貌為之者也。)〈上仁〉篇第六章⑤a。

　　故：有道以統之，法雖少，足以化矣；無道以行之，法雖眾，足以亂矣(故有道以理之，法雖少，足以治；無道以理之，法雖眾，足以亂。)〈上仁〉篇第六章⑤b。

　　②

　　　　此節強調治身基於"養神"，而治國以"養化"為上，"法"為其次。全文辨析"養生"與"治國"的本末方式，說理精要而明晰，似古典思想史料的摘錄。主要部份見於《文子·下德》第一章，與第二章第一段。《文子》恐為"文子外編"殘文的竄入。

　　治身，太上養神，其次養形([老子曰：]治身，太上養神，其次養形。)〈下德〉篇第一章a；治國，太上養化，其次正法(治國，太上養化，其次正法。)〈下德〉篇第一章c。神清志平，百節皆寧，養性之本也；肥肌膚，充腸腹，供嗜欲，養生之末也(神情意平，百節皆寧，養生之本也；肥肌膚，充腹腸，開嗜欲，養生之末也。)〈下德〉篇第一章b。民交讓爭處卑，委利爭受寡，力事爭就勞，日化上遷善而不知其所以然，此治之〔本〕(原作"上"，據王念孫校改。)也(民交讓爭處卑，財利爭受少，事力爭就勞，日化上而遷善，不知其所以然，治之本也。)。利賞而勸善，畏刑而不為非，法令正於上而百姓服於下，此治之末也（利賞而勸善，畏刑而不敢為非，法令正於上，百姓服於下，治之末也。）。上世養本而下世事末（上世養本，而下世事末。）〈下德〉篇第一章d，此太平之所以不起也。夫欲治之主不世出，而可與（原有“興”字，據俞樾校刪。）治之臣不萬一，以〔不〕（據王念孫校補。）萬一求不世出，此所以千歲不一會也（〔老子曰：〕欲治之主不世出，可與治之臣不萬一，以不世出求不萬一，此至治所以千歲不一也。〔蓋霸王之功不世立也，〕）〈下德〉篇第二章a。

下文發揮前段“養神”與“養化”的思想，主要部份見於《文子·下德》篇第二章第二段。

水之性，淖以清，窮谷之污，生以青苔，不治其性也。掘其所流而深之，茨其所決而高之，使得循勢而行，乘衰而流，雖有腐髑流漸（原作“漸”，據楊樹達校改。），弗能污也。其性非異也，通之與不通也。風俗猶此也。誠決其善志，防其邪心，啓其善道，塞其奸路，與同〔民〕（據何寧校補。）出一道，則民性可善，而風俗可美也（順其善意，防其邪心，與民同出一道，則民可善，風俗可美。）〈下德〉篇第二章b。

所以貴扁鵲者，非貴其隨病而調藥也，貴其摩息脈〔而〕（原作“血”，據何寧校改。）知病之所從生也。所以貴聖人者，非貴〔其〕（據何寧校補。）隨罪而鑒刑也，貴其知亂之所由起也（所貴聖人者，非貴其隨罪而作刑也，貴其知亂之所生也。）〈下德〉篇第二章c。若不修其風俗，而縱之淫辟，乃隨之以刑，繩之〔以〕（原作‘法’，據王念孫校改。）法，雖殘賊天下，弗能禁也（若開其銳端，而縱之放僻淫佚，而棄之以法，隨之以刑，雖殘賊天下不能禁其姦矣。）〈下德〉篇第二章d。

禹以夏王，桀以夏亡，湯以殷王，紂以殷亡，非法度不存也，紀綱不張，風俗壞也。三代之法不亡、而世不治者，無三代之〔聖〕（原作“智”，據何寧校改。）也。六律具存，而莫能聽者，無師曠之耳也。故法雖在，必待聖而後治，律雖具，必待耳而後聽。故國之所以存者，非以有法也，以有賢人也；其所以亡者，非以無法也，以無聖人也。晉獻公欲伐虞，宮之奇存焉，為之寢不安席，食不甘味，而不敢加兵焉。賂以寶玉駿馬，宮之奇諫而不聽，言而不用，越疆而去。荀息伐之，兵不血刃，抱寶牽馬而去。故守不待渠塹而固，攻不待衝〔隆〕（原作"降"，據劉文典批語校改。）而拔，得賢之與失賢也。故臧武仲以其智存魯，而天下莫能亡也；璩伯玉以其仁寧衛，而天下莫能危也。《易》曰："豐其屋，蔀其家，窺其戶，闃其無人。"無人者、非無眾庶也，言无聖人以統理之也。

> 獻公朝諸大夫而問焉，曰："寡人夜者寢而不寐，其意也何？"諸大夫有進對者曰："寢不安與？其諸侍御有不在側者與？"獻公不應。荀息進曰："虞郭見與？"獻公揖而進之，遂與之入而謀曰"吾欲攻郭，則虞救之；攻虞，則郭救之，如之何？願與子慮之。"荀息對曰："君若用臣之謀，則今日取郭，而明日取虞爾，君何憂焉？"獻公曰："然則奈何？"荀息曰："請以屈產之乘與垂棘之白璧，往必可得也。則寶出之內藏，藏之外府；馬出之內廄，繫之外廄爾，君何喪焉？"獻公曰："諾。雖然，宮之奇存焉，如之何？"荀息曰："宮之奇知則知矣！雖然，虞公貪而好寶，見寶必不從其言，請終以往。"於是終以往，虞公見寶許諾。宮之奇果諫："記曰：'脣亡則齒寒。'虞、郭之相救，非相爲賜，則晉今日取郭，而明日虞從而亡爾。君請勿許也。"虞公不從其言，終假之道以取郭。還，四年，反取虞。虞公抱寶牽馬而至。荀息見曰："臣之謀何如？"獻公曰："子之謀則已行矣，寶則吾寶也，雖然，吾馬之齒亦已長矣！"蓋戲之也。〈公羊傳·僖公二年〉

上段所舉"晉獻公欲伐虞"之事例，似本諸《公羊傳》，所引《易》，語出《易經·豐卦》上六爻辭。

③

此節論述法的施行，必須建立在民知禮義的教化基礎上。全文主要部份見於《文子·上禮》第三章第三段。〈上禮〉篇此段以"聖人之道曰"的形式來引述，全段文意完整，似保留與《淮南子》同源的"文子外編"資料，其中有見於竹簡《文子》者。

民無廉恥，不可治也；非修禮義，廉恥不立（〔聖人之道曰：〕非修禮義，廉恥不立。）。民不知禮義，法弗能正也；非崇善廢醜，不向禮義（民無廉恥，不可以治；不知禮義，法不能正；非崇善廢醜，不嚮禮義。）。**無法不可以為治也，不知禮義，不可以行法也**（無法不可以為治，不知禮義，不可以行法。）。**法能殺不孝者，而不能使人為孔、曾之行；法能刑竊盜者，而不能使人為伯夷之廉**（法能殺不孝者，不能使人孝；能刑盜者，不能使人廉。）〈上禮〉篇第三章③a。

> 孔子弟子七十，養徒三千人，皆入孝出悌，言為文章，行為儀表，教之所成也。墨子服役者百八十人，皆可使赴火蹈刃，死不還踵，化之所致也。夫刻肌膚，鑱皮革，被創流血，至難也，然越〔人〕（據王念孫校補。）為之，以求榮也。

前文強調 "法" 的效用不如 "禮義"，故 "法" 雖能殺不孝者、刑竊盜者，但不能陶治孔、曾之行，伯夷之廉，而上段敘說孔墨弟子的教化，二者文意無關，上段當為錯簡，或古注文竄入。

聖王在上，明好惡以示之，經誹譽以導之，親賢而進之，賤不肖而退之（聖王在上，明好惡以示人，經非譽以導之，親賢而進之，賤不肖而退之。）〈上禮〉篇第三章③b，**無被創流血之苦，而有高世尊顯之名，民孰不從？**

古者法設而不犯，刑錯而不用，非可刑而不刑也，百工維時，庶績咸熙，禮義修而任賢德也（刑錯而不用，禮義修而任賢德也。）〈上禮〉篇第三章③c。

故舉天下之高以為三公，一國之高以為九卿，一縣之高以為二十七大夫，一鄉之高以為八十一元士（故天下之高，以為三公；一州之高，以為九卿；一國之高，以為二十七大夫；一鄉之高，以為八十一元士。）〈上禮〉篇第三章④a。

上段文字似本諸《禮記・王制》，〈王制〉篇曰："天子：三公，九卿，二十七大夫，八十一元士。大國：三卿；皆命於天子；下大夫五人，上士二十七人。次國：三卿；二卿命於天子，一卿命於其君；下大夫五人，上士二十七人。小國：二卿；皆命於其君；下大夫五人，上士二十七人。"又，下段資料與上段文氣不相連貫，可能為注文竄入，或後人據他處資料所增添。上段末句，似可直接下接"英俊豪傑，各以小大之材處其位"段。

故知過萬人者謂之英，千人者謂之俊，百人者謂之豪，十人者謂之傑（智過萬人者謂之英，千人者謂之雋，百人者謂之傑，十人者謂之豪。）。明於天道，察於地理，通於人情，大足以容眾，德足以懷遠，信足以一異，知足以知變者，人之英也（明於天地之道，通於人情之理，大足以容眾，惠足以懷遠，智足以知權，人英也。）。德足以教化，行足以隱義，仁足以得眾，明足以照下者，人之俊也（德足以教化，行足以隱義，信足以得眾，明足以照下，人雋也。）。行足以為儀表，知足以決嫌疑，廉足以分財，信可使守約，作事可法，出言可道者，人之豪也（行可以為儀表，智足以決嫌疑，信可以守約，廉可以使分財，作事可法，出言可道，人傑也。）。守職而不廢，處義而不比，見難不苟免，見利不苟得者，人之傑也（守職不廢，處義不比，見難不苟免，見利不苟得，人豪也。）〈上禮〉篇第三章④b。

上段資料"信足以一異，知足以知變者，人之英也"段，與竹簡《文子》編號0198文字相近。竹簡殘文作"以一異知足以〔知權彊足以蜀（獨）立，節□〕"。"信足以一異"句，不見於今本《文子》，當為誤奪，而"智足以知權"句，與竹簡本同。

英俊豪傑，各以小大之材處其位，得其宜，由本流末，以重制輕，上唱而民和，上動而下隨，四海之內，一心同歸，背貪鄙而向〔禮義〕（原作"義理"，據何寧校改。），其於化民也，若風之搖草木（英俊豪傑，各以大小之材處其位，由本流末，以重制輕，上唱下和，四海之內，一心同歸，背貪鄙，鄉仁義，其於化民，若風之靡草。）〈上禮〉篇第三章④c，無之而不靡。

今使愚教知，使不肖臨賢，雖嚴刑罰，民弗從也（今使不肖臨賢，雖嚴刑不能禁其姦。）。小不能制大，弱不能使強也（小不能制大，弱不能使強〔，天地之性也〕。）。故聖主者舉賢以立功，不肖主舉其所與同（故聖人舉賢以立功，不肖之主舉其所與同。）。文王舉太公望、召公奭而王，桓公任管仲，隰朋而霸，此舉賢以立功也。夫差用太宰嚭而滅，秦任李斯、趙高而亡，此舉所與同。故觀其所舉，而治亂可見也；察其黨與，而賢不肖可論也（觀其所舉，治亂分矣；察其黨與，賢不肖可論也。）〈上禮〉篇第三章⑤。

6

此章論述聖人"動於權而統於善"，能"屈以求伸"、"枉則求直"，"一以仁義為準繩"。主要部份見於《文子·上義》第十一章。"權"的觀念雖與晉學傳承有關，但〈上義〉篇此章各段之間，文意並不連貫，恐為《淮南子》殘文混入。

夫聖人之屈者以求伸也，枉者以求直也（〔老子曰：〕屈者所以求伸也，枉者所以求直也。〔屈寸伸尺，小枉大直，君子為之〕。）〈上義〉篇第十一章①；故雖出邪辟之道，行幽昧之塗，將欲以〔興〕（原作"直"，據王念孫校改。）大道，成大功。猶出林之中不得直道，拯溺之人不得不濡足也。

伊尹憂天下之不治，調和五味，負鼎俎而行，五就桀，五就湯，將欲以濁為清，以危為寧也。周公股肱周室，輔翼成王，管叔、蔡叔奉公子祿父而欲為亂，周公誅之以定天下，緣不得已也。管子憂周室之卑，諸侯之力征，夷狄伐中國，民不得寧處，故蒙恥辱而不死，將欲以憂〔中國〕（原作"夷狄"，據顧廣圻、劉家立校改。）之患，平夷狄之亂也。孔子欲行王道，東南西北七十說而無所偶，故因衛夫人、彌子瑕而欲通其道。此皆欲平險除穢，由冥冥至炤炤，動於權而統於善者也。

夫觀逐者於其反也，而觀行者於其終也。故舜放弟，周公殺兄，猶之為仁也；文公樹米，曾子架羊，猶之為知也。當今之世，醜必託善以自為解，邪必蒙正以自為〔辭〕（原作"辟"，據王念孫校改。）。游不論國，仕不擇官，行不辟污，曰：“伊尹之道也”。分別爭財，親戚（原有“兄弟”二字，據劉家立校刪。）構怨，骨肉相賊，曰：“周公之義也”。行無廉恥，辱而不死，曰：“管子之趨也”。行貨賂，趣勢門，立私廢公，比周而取容，曰：“孔子之術也”。此使君子小人紛然殽亂，莫知其是非者也。

太公田不足以償種，漁不足以償網，治天下有餘智。文公種米，曾子架羊，孫叔敖相楚，三年不知軛在衡後，務大者固忘小。《說苑·雜言》

故百川并流，不注海者不為（原有“川”字，據俞樾校刪。）谷；趨行〔踳〕（原作“蹐”，據王念孫校改。）馳，不歸善者不為君子（百川並流，不注海者不為谷；趨行殊方，不歸善者不為君子。）。故善言歸乎可行，善行歸乎仁義（善言貴乎可行，善行貴乎仁義。）〈上義〉篇第十一章②。田子方、段干木輕爵祿而重其身，不以欲傷生，不以利累形。李克竭股肱之力，領理百官，輯穆萬民，使其君生無廢事，死無遺憂，此異行而歸於善者。張儀、蘇秦家無常居，身無定君，約從衡之事，爲傾覆之謀，濁亂天下，撓滑諸侯，使百姓不遑啓居，或從或橫，或合眾弱，或輔富強，此異行而歸於醜者也。

下段評斷“君子之過”與“小人之可”的差異，文意與前後段有別，恐為他處錯簡。《說苑·雜言》引述曰：“君子之過猶日月之蝕也，何害於明？小人可也，猶狗之吠盜，狸之夜見，何益於善？夫智者不妄為，勇者不妄殺。”

故君子之過也，猶日月之蝕，何害於明（夫君子之過，猶日月之蝕，不害於明。）〈上義〉篇第十一章③！小人之可也，猶狗之晝吠，鴟之夜見，何益於善！

夫知者不妄〔為，勇者不妄〕（據王念孫校改。）發，擇善而為之，計義而行之，故事成而功足賴也，身死而名足稱也（故智者不妄為，〔勇者不妄殺，〕擇是而為之，計禮而行之。故事成而功足恃也，身死而名足稱也。）。雖有知能，必以仁義為之本，然后可立也。知能蹲馳，百事並行，聖人一以仁義為之準繩，中之者謂之君子，弗中者謂之小人（雖有智能，必以仁義為本而後立，智能並行，聖人一以仁義為準繩，中繩者謂之君子，不中繩者謂之小人。）。君子雖死亡，其名不滅；小人雖得勢，其罪不除（君子雖死亡，其名不滅；小人雖得勢，其罪不除。）〈上義〉篇第十一章④a。

使人左〔手〕（據劉文典校補。）據天下之圖而右〔手〕（據向宗魯校補。）刿〔其〕（據俞樾校補。）喉，愚者不為也，身貴於天下也（左手據天下之圖，而右手刿其喉，雖愚者不為，身貴於天下也。）。死君親之難，視死若歸，義重於身也（死君親之難者，視死如歸，義重於身也。）。天下，大利也，比之身則小；身，〔所〕（原作"之"，據俞樾校改。）重也，比之義則輕（故天下大利也，比之身即小；身之所重也，比之仁義即輕。）；義，所全也。《詩》曰："愷悌君子，求福不回。"言以〔仁〕（原作"信"，據陶鴻慶校改。）義為準繩也（此以仁義為準繩者也。）〈上義〉篇第十一章④b。

此段文義見於〈精神訓〉，該篇第三部份第三章，曰："尊勢厚利，人之所貪也。使之左手據天下之圖而右手刿其喉，愚夫不為。由此觀之，身貴於天下也。"引《詩》語出《詩經‧大雅‧旱麓》。

7

此章論述得天下在於得天下之心，而能得天下之心，則在於自得。按其敘說方式，可分為兩節。全文主要部份見於《文子‧下德》第五章。〈下德〉篇此章之首，引有《老子》第三十三章"勝人者有力，自勝者強"。但此兩句經文，與〈下德〉篇此章文意無關。〈下德〉篇此章，似《淮南子》殘文混入，而經今本《文子》編輯者所改動整編。

①

此節論述"為治之本"在於能"反性命之情"以自得，節儉養民而得民心。

〔能〕（原作“欲”，據王念孫校改。）成霸王之業者，必得勝者也。能得勝者，必強者也。能強者，必用人力者也（〔老子曰：“勝人者有力，自勝者強。”〕能強者，必用人力者也。）。能用人力者，必得人心者也（能用人力者，必得人心者也。）。能得人心者，必自得者也（能得人心者，必自得者也。）〈下德〉篇第五章①a。

故心者、身之本也，身者、國之本也。

上段與此處義理無直接關連，似注文或錯簡竄入，刪除此段，則上下文之間，文氣通貫。

未有得己而失人者也，未有失己而得人者也（未有得己而失人者也，未有失己而得人者也。）〈下德〉篇第五章①b。

故：為治之本，務在寧民；寧民之本，在於足用；足用之本，在於勿奪時；勿奪時之本，在於省事；省事之本，在於節用；節用之本，在於反性（故為治之本，務在安民；安民之本，在於足用；足用之本，在於不奪時；不奪時之本，在於省事；省事之本，在於節用；節用之本，在於去驕。去驕之本，在於虛無。）〈下德〉篇第五章①c。未有能搖其本而靜其末，濁其源而清其流者也。

上段見於〈詮言訓〉第九章。

故：知性之情者，不務性之所無以為；知命之情者，不憂命之所無奈何（故知生之情者，不務生之所無以為，知命之情者，不憂命之所無奈何。）〈下德〉篇第五章②a。故：不高宮室者，非愛木也；不大鍾鼎者，非愛金也。直行性命之情，而制度可以為萬民儀。今目悅五色，口嚼滋味，耳淫五聲，七竅交爭，以害其性，日引邪欲而澆其〔天和〕（原作“身夫調”，據王念孫校改。），身弗能治，奈天下何（目悅五色，口惟滋味，耳淫五聲，七竅交爭，以害一性，日引邪欲竭其天和，身且不能治，奈治天下何！）〈下德〉篇第五章②b！故自養得其節，則養民得其心矣。

②

　　此節論述"有天下者"需"運天下之力，得天下之心"，乃能以道而持有天下。

　　所謂有天下者，非謂其履勢位、受傳籍、稱尊號也；言運天下之力，而得天下之心(所謂得天下者，非謂其履勢位，稱尊號，言其運天下心，得天下力也。)〈下德〉篇第五章③a。

　　紂之地，左東海，右流沙，前交阯，後幽都。師起容〔閻〕(原作"關"，據何寧校改。)**，至浦水，**(原有"士"字，據莊逵吉、何寧校刪。)**億有餘萬，然皆倒矢而射，傍戟而戰。武王左操黃鉞，右執白旄以麾之，則瓦解而走，遂土崩而下。紂有南面之名，而無一人之〔譽〕**(原作"德"，據王念孫校改。)**，此失天下也**(有南面之名，無一人之譽，此失天下也。)。**故桀、紂不為王，湯、武不為放**(故桀紂不為王，湯武不為放。)〈下德〉篇第五章③b。

　　周處酆鎬之〔間〕(據何寧校補。)**，地方不過百里，而誓紂牧之野，入據殷國，朝成湯之廟，表商容之閭，封比干之墓，解箕子之囚，乃折枹毀鼓，偃五兵，縱牛馬，搢笏而朝天下，百姓謌謳而樂之，諸侯執禽而朝之，得民心也。**

　　闔閭伐楚，五戰入郢，燒高府之粟，破九龍之鍾，鞭荊平王之墓，舍昭王之宮。昭王奔隨，百姓父兄攜幼扶老而隨之，乃相率而為致勇之寇(馬宗霍云：此句不誤。"之"與"於"通。)**，皆方命奮臂而為之鬥。當此之時，無將〔率〕**(原作"卒"，據王念孫校改。)**以行列之，各致其死，卻吳兵，復楚地。靈王作章華之臺，發乾谿之役，外內搔動，百姓罷弊，棄疾乘民之怨而立公子比，百姓放臂而去之，餓於乾谿，食〔菱〕**(原作"莽"，據劉文典校改。)**飲水，枕塊而死。楚國山川不變，土地不易，民性不殊，昭王則相率而殉之，靈王則倍畔而去之，得民之與失民也。**

　　以下三段以"故"的形式，作為上述義理的總結。

故：天子得道，守在四夷；天子失道，守在諸侯。諸侯得道，守在四鄰；諸侯失道，守在四境（故天下得道，守在四夷；天下失道，守在諸侯；諸侯得道，守在四境；諸侯失道，守在左右。）〈下德〉篇第五章④a。〔《文子》中"天下"當爲"天子"之誤。〕

故：湯處毫七十里，文王處酆百里，皆令行禁止於天下。周之衰也，戎伐凡伯于楚丘以歸。故得道則以百里之地令於諸侯，失道則以天下之大畏於冀州。

故曰：無恃其不吾奪也，有天下之義。而得人心者必自得者。恃吾不可奪（故曰：無恃其不吾奪也，恃吾不可奪也。）。行可奪之道，而非篡弑之行，無益於持天下矣（行可奪之道，而非篡弑之行，無益於持天下矣。）〈下德〉篇第五章④b。

第三部份：

此部份述學道之事，爲學有益於人，人之爲智，在於問學之所加。全文按序說的方式，可分爲四節，其中主要部份見於《文子・符言》第二十二章。全文如下：

> 言者所以通己於人也，聞者所以通人於己也。既闇且聾，人道不通。故有闇聾之病者，莫知事通。豈獨形骸有闇聾哉！心亦有之塞也。莫知所通，此闇聾之類也。
> 夫道之爲宗也，有形者皆生焉，其爲親也亦戚矣；饗穀食氣者皆壽焉，其爲君也亦惠矣；諸智者學焉，其爲師也亦明矣。
> 人皆以無用害有用，故知不博而日不足。以博奕之日問道，聞見深矣。不聞與不問，猶闇聾之比於人也。

《文子》所論述之"聞道"與"聽道"觀念，均爲古本《文子》重要思想，定州竹簡《文子》保留此種資料殘簡。我們認爲《文子》此章，似"文子外編"

所保留受到文子學派影響之思想史料，〈泰族訓〉引用並加以申述，但今本此
處資料錯亂。

①

　　凡人之所以生者，衣與食也。今囚之冥室之中，雖養之以芻豢、
衣之以綺繡，不能樂也，以目之無見，耳之無聞。穿隙穴，見雨零，
則快然而〔笑〕（原作“嘆之”，據王念孫校改。），況開戶發牖，從冥冥見炤
炤乎！從冥冥，見炤炤，猶尚肆然而喜，又況出室坐堂，見日月光！
見日月光，曠然而樂，又況登太山，履石封，以望八荒，視天都若
蓋，江、河若帶，（原有“又況”二字，據王念孫校刪。）萬物在其閒者乎！其爲
樂豈不大哉！

> 上段行文方式近於《莊子‧徐無鬼》：“子不聞夫越之流人乎？去國數日，見
> 其所知而喜；去國旬月，見所嘗見於國中者喜；及期年也，見似人者而喜矣；
> 不亦去人滋久，思人滋深乎？夫逃虛空者，藜藋柱乎鼪鼬之逕，踉位其空，聞
> 人足音跫然而喜矣，又況乎昆弟親戚之謦欬其側者乎！久矣，夫莫以真人之言
> 謦欬吾君之側乎！”以下數段似他處錯簡，或屬下節，若刪除此數段，則上段
> 可接下文“夫觀六藝之廣崇”段，文氣通暢，語意完整。

且聾者，耳形具而無能聞也，盲者，目形存而無能見也。

> 　　目之與形，吾不知其異也，而盲者不能自見；耳之與形，吾不知其異也，而聾者
> 不能自聞。《莊子‧庚桑楚》

> 上段似取自《莊子‧庚桑楚》，文中敘說“聾者不能聞”、“盲者不能見”，
> 與下段所舉“瘖者不言”、“聾者不聞”，前後文意欠連貫，似有脫文，或為
> 錯簡。

夫言者，所以通己於人也，聞者，所以通人於己也（老子曰：）
言者所以通己於人也，聞者所以通人於己也。）。瘖者不言，聾者不聞，

既瘖且聾，人道不通（既闇且聾，人道不通。）。故有瘖聾之病者（故
有闇聾之病者，莫知事通。）），雖破家求醫，不顧其費。豈獨形骸
有瘖聾哉？心志亦有之（豈獨形骸有闇聾哉！心亦有之塞也。）。夫指
之拘也，莫不事申也，心之塞也，莫知務通也，不明於類也（莫
知所通，此闇聾之類也。）〈符言〉篇第二十二章①。

　　孟子曰：“今有無名之指，屈而不信，非疾痛害事也。如有能信之者，則不遠秦
　　楚之路，爲指之不若人也。指不若人，則知惡之；心不若人，則不知惡。此之謂不知
　　類也。”《孟子·告子上》

　　瞽者無以與乎文章之觀，聾者無以與乎鐘鼓之聲。豈唯形骸有聾盲哉？夫知亦有
　　之。《莊子·逍遙遊》

上段文意似本諸《孟子·告子上》與《莊子·逍遙遊》。

夫觀六藝之廣崇，窮道德之淵深，達乎無上，至乎無下，運乎無極，
翔乎無形，廣於四海，崇於太山，富於江、河，曠然而通，照然而
明，天地之間無所〔擊〕（原作 “繫”，據俞樾說教改。）戾，其所以監觀，豈
不大哉！

　　②

　　此節敘說“學”與“不學”之分別。上文“且聾者，耳形具而無能聞也”至“莫
　　知務通也，不明於類也”，似屬於此段內容。

　　人之所知者淺，而物變無窮，曩不知而今知之，非知益多也，
問學之所加也。夫物常見則識之，嘗爲則能之，故〔困〕（原作 “因”，
據俞樾校改。）其患則造其備，犯其難則得其便。夫以一世之壽，而觀千
歲之知、今古之論，雖未嘗更也，其道理素具，可不謂有術乎！

　　人欲知高下而不能，教之用管準則說；欲知輕重而無以，予之
以權衡則喜；欲知遠近而不能，教之以金目則快（原有 ‘射’ 字，據陳觀樓校
刪。）；又況（原有 “知” 字，據俞樾校刪。）應無方而不窮（原有 “哉” 字，據俞樾校刪。），

犯大難而不懾，見煩繆而不惑，晏然自得，其為樂也，豈直一說之快哉！

夫道，有形者皆生焉，其為親亦戚矣；享穀食氣者皆受焉，其為君亦惠矣；諸有智者皆學焉，其為師亦博矣（夫道之為宗也，有形者皆生焉，其為親也亦戚矣；饗穀食氣者皆壽焉，其為君也亦惠矣；諸智者學焉，其為師也亦明矣。）〈符言〉篇第二十二章②。射者數發不中，人教之以儀則喜矣，又況生儀者乎！

人莫不知學之有益於己也，然而不能者，嬉戲害〔之〕（原作“人”，據王念孫校刪。）也。人皆多以無用害有用，故知不博而日不足（人皆以無用害有用，故知不博而日不足。）以鑿觀池之力耕，則田野必辟矣。以積土山之高修堤防，則水用必足矣。以食狗馬鴻雁之費養士，則名譽必榮矣。以弋獵博弈之日誦《詩》讀《書》，〔則〕（據劉文典校補。）聞識必博矣。故不學之與學也，猶瘖聾之比於人也（以博奕之日問道，聞見深矣。不聞與不問，猶闇聾之比於人也。）〈符言〉篇第二十二章③。

③

此節論述為學在於“能明於天人之分，通於治亂之本。”主要部份，見於《淮南子・上義》第一章。其全文如下：

凡學者，能明於天人之分，通於治亂之本，澄心清意以存之，見其終始，反於虛無，可謂達矣。

治之本，仁義也，其末，法度也。人之所生者，本也，其所不生者，末也。本末，一體也，其兩愛之，性也。先本後末，謂之君子；先末後本，謂之小人。

法之生也，以輔義，重法棄義，是貴其冠履而忘其首足也。仁義者，廣崇也，不益其厚而張其廣者毀，不廣其基而增其高者覆。故不大其棟，不能任重。任重莫若棟，任國莫若德。人主之有民，猶城之有基，木之有根。根深即本固，基厚即上安。

故事不本於道德者，不可以為經；言不合於先王者，不可以為道。便說掇取，一行一功之術，非天下通道也。

〈上義〉篇此章文意完整，結構嚴謹，思想內容與周王室史官的思想傳承有關，似屬與《淮南子》同源的資料。

凡學者能明於天人之分，通於治亂之本，澄心清意以存之，見其終始，可謂知略矣（〔老子曰：〕凡學者，能明於天人之分，通於治亂之本，澄心清意以存之，見其終始，〔反於虛無，〕可謂達矣。）〈上義〉篇第一章①a。天之所為，禽獸草木；人之所為，禮節制度，搆而為宮室，制而為舟輿是也。

治之所以為本者，仁義也；所以為末者，法度也（治之本，仁義也，其末，法度也。）。凡人之所以事生者，本也；其所以事死者，末也（人之所生者，本也，其所不生者，末也。）。本末，一體也；其兩愛之，（原有“一”字，據王念孫校刪。）性也（本末，一體也，其兩愛之，性也。）。先本後末，謂之君子，以末害本，謂之小人（先本後末，謂之君子；先末後本，謂之小人。）〈上義〉篇第一章①b。君子與小人之性非異也，〔在所〕（原作“所在”，據王念孫校改。）先後而已矣。

草木，洪者為本，而殺者為末。禽獸之性，大者為首，而小者為尾。末大於本則折，尾大於要則不掉矣。故食其口而百節肥，灌其本而枝葉美，天地之性（原有“也天地之生”五字，據王念孫校刪，“性”讀作“生”。）物也有本末，其養物也有先後，人之於治也，豈得無終始哉！故仁義者、治之本也，今不知事修其本，而務治其末，是釋其根而灌其枝也。

且法之生也，以輔仁義，今重法而棄〔仁〕（據王念孫校補。）義，是貴其冠履而忘其頭足也（法之生也，以輔義，重法棄義，是貴其冠履而忘其首足也。）。故仁義者、為厚基者也，不益其厚而張其廣者毀，不廣其基而增其高者覆（仁義者，廣崇也，不益其厚而張其廣者毀，不廣其基而增其高者覆。）。趙政不增其德而累其高，故滅；智伯不行仁義而務廣地，故亡（原有“其”字，據王念孫校刪。）。《國語》曰：“不大其棟，不能任重。重莫若國，棟莫若德。”（故不大其棟，不能任重。任重莫若棟，任國莫若德。）國主之有民也，猶城之有基，木之有根。根深即〔木〕（原作“本”，據王念孫校改。）固，基美則上寧（人主之有民，猶城之有基，木之有根。根深即本固，基厚即上安。）〈上義〉篇第一章② 。

> 子叔聲伯如晉謝季文子，郤犫欲予之邑，弗受也。歸，鮑國謂之曰：“子何辭苦成叔之邑，欲信讓耶，抑知其不可乎？”對曰：“吾聞之，不厚其棟，不能任重。重莫如國，棟莫如德。夫苦成叔家欲任兩國而無大德，其不存也，亡無日矣。譬之如疾，余恐易焉。”《國語·魯語》

上引《國語》語出《國語·魯語》，亦見於《文子·上義》，三者文字略異。

五帝三王之道，天下之綱紀，治之儀表也。今商鞅之啓塞，申子之三符，韓非之〈孤憤〉，張儀、蘇秦之從衡，皆掇取之權，一切之術也，非治之大本，事之恒常，可博聞而世傳者也。子囊北而全楚，北不可以爲庸；弦高誕而存鄭，誕不可以爲常。今夫〈雅〉、〈頌〉之聲，皆發於詞，本於情，故君臣以睦，父子以親。故〈韶〉、〈夏〉之樂也，聲浸乎金石，潤乎草木。今取怨思之聲，施之於絃管，聞其音者，不淫則悲，淫則亂男女之辯，悲則感怨思之氣，豈所謂樂哉！趙王遷流於房陵，思故鄉，作爲〈山〔木〕（原作“水”，據王念孫校改。）〉之嘔，聞者莫不殞涕。荊軻西刺秦王，高漸離、宋意爲擊筑，而歌於易水之上，聞者莫不瞋目裂眥，髮植穿冠。因以此聲爲樂而入宗廟，豈古之所謂樂哉！故弁冕輅輿，可服而不可好也；大羹之和，可食而不可嗜也；朱絃漏越，一唱而三歎，可聽而不可快也。故無聲者、正其可聽者也，其無味者、正其足味者也。〔呋〕（原作‘吠’，據王念孫校改。）聲清於耳，兼味快於口，非其貴也。

> 上段“一切之術”句，于省吾云：“按古言一切與今俗異。《史記·李斯傳》：‘請一切逐客’，〈正義〉：‘一切猶一例。’上言‘今商鞅之啓塞，申子之三符，韓非之〈孤憤〉，張儀、蘇秦之從衡’，下言‘非治之大本，事之恆常’，故曰一例之術也。”植案：《文子·上義》作“一功之術”，文義似更爲明顯。

　　故事不本於道德者，不可以為儀；言不合乎先王者，不可以為道（故事不本於道德者，不可以為經；言不合於先王者，不可以為道。）。音不調乎〈雅〉、〈頌〉者，不可以為樂。故五子之言，所以便說掇取也，非天下之通義也（便說掇取，〔一行一功之術〕，非天下通道也。）〈上義〉篇第一章③。

第四部份：

　　此部份包含數節散論的資料，彼此之間文意並不連貫。部份文字見於《文子・微明》第五、六兩章。《文子》此兩章資料相當雜亂，顯然是《淮南子》別本殘文混入。

　　①

　　此節論述聖人見始即能知終，其中有部份錯簡。

　　聖王之設政施教也，必察其終始（〔老子曰：〕（聖人立教施政，必察其終始。），其縣法立儀，必原其本末，不苟以一事備一物而已矣。見其造而思其功（見其造恩。），觀其源而知其流，故博施而不竭，彌久而不垢。夫水出於山而入於海，稼生於田而藏於倉，聖人見其所生，則知其所歸矣。故舜深藏黃金於嶄岩之山，所以塞貪鄙之心也。儀狄為酒，禹飲而甘之，遂疏儀狄而絕旨酒，所以遏流湎之行也。師延為平公鼓朝謌北鄙之音，師曠曰：“此亡國之樂也。”大息而〔止〕（據俞樾校補。）撫之，所以防淫辟之風也。

　　　　晉平公觴之於施夷之臺，酒酣，靈公起，公曰：“有新聲，願請以示。”平公曰：“善。”乃召師涓，令坐師曠之旁，援琴鼓之。未終，師曠撫止之，曰：“此亡國之聲，不可遂也。”《韓非子・十過》

　　　　晉平公觴之施夷之臺，酒酣，靈公起曰：“有新聲，願請奏以示公。”公曰：“善。”乃召師涓，令坐師曠之旁，援琴鼓之。未終，曠撫而止之，曰：“此亡國之聲，不可

遂也。"《論衡·紀妖》

《淮南子》上段"故舜深藏黃金於嶄巖之山"等數句，何寧云："陸賈《新語》〈術事〉篇'故舜棄黃金於嶄巖之山，禹捐珠玉於五湖之淵，將以杜淫邪之欲，絕琦瑋之情。'，即本文及〈原道訓〉高注所本。""儀狄為酒"事，劉文典云："《北堂書鈔》卷四十五〈流刑〉條下，即《淮南》此文，作'儀狄造酒，禹嘗而美之，曰：彼世必有以酒亡國者。乃疏儀狄。'""師延為平公鼓朝謌北鄙之音"事，似本諸《韓非子·十過》，《論衡·紀妖》亦有相同記載。

故：民知書而德衰，知數而厚衰，知券契而信衰，知械機而實衰（故民知書則德衰，知數而仁衰，知券契而信衰，知機械而實衰。）〈微明〉篇第五章①。巧詐藏於胸中，則純白不備，而神德不全矣。

上段文意似本諸《莊子·天地》，〈天地〉篇曰："機心存於胸中，則純白不備；純白不備，則神生不定，神生不定者，道之所不載也。"

〔瑟〕（原作"琴"，據王念孫校改。）不鳴，而二十五絃各以其聲應；軸不〔運〕（原作"連"，據劉文典、何寧校改。），而三十輻各以其力旋疾（瑟不鳴而二十五弦各以其聲應，軸不運於己而三十輻各以其力旋。）。絃有緩急小大然后〔能〕（據王念孫校改。）成曲，車有勞軼動靜而后能致遠（弦有緩急，然後能成曲，車有勞佚，然後能致遠。）。使有聲音，乃無聲者也；能致千里者，乃不動者也（使有聲者，乃無聲也；使有轉者，乃無轉也。）。故上下異道則治，同道則亂（上下異道，易治即亂。）〈微明〉篇第五章②a。

位高而道大者從，事大而道小者凶（位高而道大者從，事大而道小者凶。）。故小快害義，小慧害道，小辯害治，苛〔峭〕（原作"削"，據劉文典校改。）傷德（小德害義，小善害道，小辯害治，苛悄傷德。）。大政不險，故民易道；至治寬裕，故下不（原有"相"字，據王念孫校刪。）賊；至忠復素，故民無匿（原有"情"字，據王念孫校刪。）（大正不險，故民易導；至治優游，故下不賊，至忠復素，故民無偽匿。）〈微明〉篇第五章②b。

上段《淮南子》多處字誤，劉文典、王念孫據《文子‧微明》校改。"故小快害義"等句，《說苑》引述，〈說叢〉篇曰："夫小快害義，小慧害道，小辨害治，苟心傷德，大政不險。"

②

此節敘說"聖人見福於重閉之内，而慮患於九拂之外"。

商鞅爲秦立相坐之法，而百姓怨矣；吳起爲楚〔張〕(據王引之校補。)減爵之令，而功臣畔矣（〔老子曰：〕相坐之法立，即百姓怨。減爵之令張，即功臣叛。）。商鞅之立法也，吳起之用兵也，天下之善者也。然商鞅以法亡秦，察於刀筆之跡，而不知治亂之本也（故察於刀筆之跡者，不知治亂之本；）。吳起以兵弱楚，習於行陳之事，而不知廟戰之權也（習於行陣之事者，不知廟戰之權。）〈微明〉篇第六章a。

晉獻公之伐驪，得其女，非不善也，然而史蘇嘆之，見其四世之被禍也。吳王夫差破齊艾陵，勝晉黃池，非不捷也，而子胥憂之，見其必擒於越也。小白奔莒，重耳奔曹，非不困也，而鮑叔、咎犯隨而輔之，知其可與至於霸也。句踐棲於會稽，修政不殆，謨慮不休，知禍之爲福也。襄子再勝而有憂色，畏福之爲禍也。故齊桓公亡汝陽之田而霸，知伯兼三晉之地而亡。聖人見福（原有 '禍' ，據王念孫校刪改。）於重閉之内，而慮患於九拂之外者也（聖人見福於重關之内，慮患於冥冥之外。）〈微明〉篇第六章b。

③

此節敘說"事有利於小而害於大"，唯"愚者惑於小利而望其大害"。

螟蚕一歲再〔登〕(原作 "收" ，據王念孫校改。)，非不利也，然而王法禁之者，爲其殘桑也。離先稻熟，而農夫耨之，不以小利傷大穫也。

家老異飯而食，殊器而享，子婦跣而上堂，跪而斟羹，非不費也，然而不可省者，爲其害義也。得媒而結言，聘納而取婦，〔袀〕（原作‘初’，據孫詒讓校改。）綩而親迎，非不煩也，然而不可易者，所以防淫也。使民居處相司，有罪相覺，於以舉奸，非不掇也，然而〔不可行者，爲其〕（據王念孫校補。）傷和睦之心，而構仇讎之怨。故事有鑿一孔而〔開〕（原作"生"，據俞樾校改。）百隙，樹一物而生萬葉者。所鑿不足以爲便，而所開足以爲敗；所樹不足以爲利，而所生足以爲濊。**愚者惑於小利，而忘其大害**（愚者惑於小利而忘大害。）〈微明〉篇第六章c。

昌羊去蚤蝨，而人弗〔席〕（原作‘庠’，據王念孫校改。）者，爲其來蛉窮也。貍執鼠，而不可脫於庭者，爲搏雞也。**故事有利於小而害於大，得於此而亡於彼者**（故事有利於小而害於大，得於此而忘於彼。）〈微明〉篇第六章d。

故行棋者，或食兩而路窮，或予踦而取勝。偷利不可以爲行，而智術不可以爲法。

④

此節敘說"仁者愛人，智者知人"，似因襲儒家思想。

故仁知、人材之美者也。所謂仁者、愛人也，所謂知者、知人也。**愛人則無虐刑矣，知人則無亂政矣**（故仁莫大於愛人，智莫大於知人，愛人即無怨刑，知人即無亂政。）〈微明〉篇第六章e。

治由文理，則無悖謬之事矣；刑不侵濫，則無暴虐之行矣。上無煩〔亂之〕（原作‘之亂’，據劉文典校改。）治，下無怨望之心，則百殘除而中和作矣，此三代之所〔以〕昌〔也〕（"以"、"也"二字，據王念孫校補。）。故《書》曰："能哲且惠，黎民懷之。何憂讙兜，何遷有苗！"

引《書》見《書經・皋陶謨》。

知伯有五過人之材，而不免於身死人手者，不愛人也。齊王建有三過人之巧，而身虜於秦者，不知賢也。故仁莫大於愛人，知莫大於知人。二者不立，雖察慧捷巧，劬祿疾力，不免於亂也。

參考書目

（僅限本書參考引用者）

淮南鴻烈解／正統《道藏》本／台灣新文豐出版影印

淮南鴻烈解／台北藝文印書館景印北宋小字本 1994 年

太平御覽／四部叢刊三編　台灣商務印書館重印 1992 年

群書治要／台灣商務印書館重印 1937 年版

意林／台灣商務印書館重印

讀淮南子雜志／王念孫／江蘇古籍出版社 1985 年

經義述聞／王引之／江蘇古籍出版社 1985 年

淮南子雜記／王紹蘭／中華書局《學術筆記叢刊》排印本 1988 年

淮南子叢錄　洪頤煊

讀淮南子平議／俞樾／收入《諸子平議》／上海商務印書館 1935 年

讀淮南子劄記／陶鴻慶／收入《讀諸子雜記》／

淮南子札迻／　孫詒讓／收入《札迻》／中華書局 1989 年

校淮南子／于鬯／收入《香草續校書》／台灣崧高書社排印本 1985 年

淮南鴻烈集解／劉文典／中華書局 1989 年

淮南子集證／劉家立／台灣廣文書局影印 1978 年

淮南子舊注參正／馬宗霍／齊魯書社 1984 年

淮南子校錄拾遺／劉文典／上海商務印書館 1938 年

淮南子新證／于省吾／收入《諸子新證》／台灣樂天出版社影印 1970 年

淮南子證聞／楊樹達／上海古籍出版社 1985 年

淮南子校記／蔣禮鴻／上海古籍出版社 1986 年

淮南子斠證／王叔岷／收入《諸子斠證》台灣世界書局 1964 年

淮南子斠理　鄭良樹　1969 年嘉新水泥公司文化基金會叢書

讀淮南子鴻烈集解校記／劉殿爵／香港中文大學聯合書院學報第六期

淮南子校釋／于大成／台灣 1969 年油印本

淮南子校釋／張雙棣／1997 年北京大學出版社

淮南子集釋／何寧／1998 年 中華書局

淮南子逐字索引／劉殿爵／台灣商務印書館 1992 年

劉子集證／王叔岷／台聯國風出版社 1975 年

莊子校詮／王叔岷／中央研究院歷史語言研究所 1994 年

莊子新探／張恆壽／湖北人民出版社 1983 年

管子／四部叢刊影宋本

呂氏春秋校釋／陳奇猷 校注／學林出版社 1984 年

呂氏春秋研究／王範之／內蒙古大學 1993 年

說苑／四部叢刊影平湖葛氏傅樸堂藏明鈔本

逸周書彙校集注／黃懷信　張懋鎔　田旭東／上海古籍出版社 1995 年

《文子》與道家思想發展兩岸學術研討會論文集／台北輔仁大學 1996 年

國家圖書館出版品預行編目資料

《淮南子》與《文子》考辨／丁源架著. --初
版. --臺北市：萬卷樓，民88
面；　公分
參考書目：面
ISBN 957-739-228-8(平裝)

1.淮南子-研究與考訂 2.文子-研究與
考訂

122.29　　　　　　　　　　88011944

《淮南子》與《文子》考辨

著　　　者：丁原植
發　行　人：許錟輝
出　版　者：萬卷樓圖書有限公司
　　　　　　台北市和平東路一段 67 號 14 樓之 1
　　　　　　電話(02)23216565・23952992
　　　　　　FAX(02)23944113
　　　　　　劃撥帳號 15624015
出版登記證：新聞局局版臺業字第 5655 號
網 站 網 址：http://www.wanjuan.com.tw/
E 　-mail：wanjuan@tpts5.seed.net.tw
經 銷 代 理：紅螞蟻圖書有限公司
　　　　　　台北市內湖區文德路 210 巷 30 弄 25 號
　　　　　　電話(02)27999490
　　　　　　FAX(02)27995284
承 印 廠 商：晟齊實業有限公司
電 腦 排 版：浩瀚電腦排版股份有限公司
定　　　價：800 元
出 版 日 期：民國 88 年 9 月初版